经师人师
楷模师表

贺教师节

承担纵向项目
不是主业

季羡林

教育部哲学社会科学研究重大课题攻关项目
"十三五"国家重点出版物出版规划项目

建立公开规范的住房公积金制度研究

RESEARCH ON ESTABLISHING AN OPEN AND
STANDARDIZED HOUSING PROVIDENT FUND SYSTEM

王先柱
等著

中国财经出版传媒集团
经济科学出版社
Economic Science Press

图书在版编目（CIP）数据

建立公开规范的住房公积金制度研究/王先柱等著．
—北京：经济科学出版社，2020.6
教育部哲学社会科学研究重大课题攻关项目
ISBN 978－7－5218－1592－4

Ⅰ.①建… Ⅱ.①王… Ⅲ.①住房基金－公积金制度－研究－中国 Ⅳ.①F299.233.1

中国版本图书馆 CIP 数据核字（2020）第 086854 号

责任编辑：王红英
责任校对：杨　海
责任印制：李　鹏　范　艳

建立公开规范的住房公积金制度研究
王先柱　等著
经济科学出版社出版、发行　新华书店经销
社址：北京市海淀区阜成路甲 28 号　邮编：100142
总编部电话：010－88191217　发行部电话：010－88191522
网址：www.esp.com.cn
电子邮箱：esp@esp.com.cn
天猫网店：经济科学出版社旗舰店
网址：http：//jjkxcbs.tmall.com
北京季蜂印刷有限公司印装
787×1092　16 开　32.75 印张　620000 字
2020 年 8 月第 1 版　2020 年 8 月第 1 次印刷
ISBN 978－7－5218－1592－4　定价：110.00 元
（图书出现印装问题，本社负责调换。电话：010－88191510）
（版权所有　侵权必究　打击盗版　举报热线：010－88191661
QQ：2242791300　营销中心电话：010－88191537
电子邮箱：dbts@esp.com.cn）

课题组主要成员

课题负责人　王先柱

著　作　者　王先柱　高　波　张志鹏
　　　　　　　吴义东　王　敏　年崇文

其 他 成 员　刘洪玉　吴　璟　毛丰付　陈　峰

编审委员会成员

主 任 吕 萍
委 员 李洪波 柳 敏 陈迈利 刘来喜
樊曙华 孙怡虹 孙丽丽

总　序

哲学社会科学是人们认识世界、改造世界的重要工具，是推动历史发展和社会进步的重要力量，其发展水平反映了一个民族的思维能力、精神品格、文明素质，体现了一个国家的综合国力和国际竞争力。一个国家的发展水平，既取决于自然科学发展水平，也取决于哲学社会科学发展水平。

党和国家高度重视哲学社会科学。党的十八大提出要建设哲学社会科学创新体系，推进马克思主义中国化、时代化、大众化，坚持不懈用中国特色社会主义理论体系武装全党、教育人民。2016年5月17日，习近平总书记亲自主持召开哲学社会科学工作座谈会并发表重要讲话。讲话从坚持和发展中国特色社会主义事业全局的高度，深刻阐释了哲学社会科学的战略地位，全面分析了哲学社会科学面临的新形势，明确了加快构建中国特色哲学社会科学的新目标，对哲学社会科学工作者提出了新期待，体现了我们党对哲学社会科学发展规律的认识达到了一个新高度，是一篇新形势下繁荣发展我国哲学社会科学事业的纲领性文献，为哲学社会科学事业提供了强大精神动力，指明了前进方向。

高校是我国哲学社会科学事业的主力军。贯彻落实习近平总书记哲学社会科学座谈会重要讲话精神，加快构建中国特色哲学社会科学，高校应发挥重要作用：要坚持和巩固马克思主义的指导地位，用中国化的马克思主义指导哲学社会科学；要实施以育人育才为中心的哲学社会科学整体发展战略，构筑学生、学术、学科一体的综合发展体系；要以人为本，从人抓起，积极实施人才工程，构建种类齐全、梯队衔接的高校哲学社会科学人才体系；要深化科研管理体制改革，发挥高校人才、智力和学科优势，提升学术原创能力，激发创新创造活力，建设中国特色新型高校智库；要加强组织领导、做好统筹规划、营造良好学术生态，形成统筹推进高校哲学社会科学发展新格局。

哲学社会科学研究重大课题攻关项目计划是教育部贯彻落实党中央决策部署的一项重大举措，是实施"高校哲学社会科学繁荣计划"的重要内容。重大攻关项目采取招投标的组织方式，按照"公平竞争，择优立项，严格管理，铸造精品"的要求进行，每年评审立项约40个项目。项目研究实行首席专家负责制，鼓励跨学科、跨学校、跨地区的联合研究，协同创新。重大攻关项目以解决国家现代化建设过程中重大理论和实际问题为主攻方向，以提升为党和政府咨询决策服务能力和推动哲学社会科学发展为战略目标，集合优秀研究团队和顶尖人才联合攻关。自2003年以来，项目开展取得了丰硕成果，形成了特色品牌。一大批标志性成果纷纷涌现，一大批科研名家脱颖而出，高校哲学社会科学整体实力和社会影响力快速提升。国务院副总理刘延东同志做出重要批示，指出重大攻关项目有效调动各方面的积极性，产生了一批重要成果，影响广泛，成效显著；要总结经验，再接再厉，紧密服务国家需求，更好地优化资源，突出重点，多出精品，多出人才，为经济社会发展做出新的贡献。

作为教育部社科研究项目中的拳头产品，我们始终秉持以管理创新服务学术创新的理念，坚持科学管理、民主管理、依法管理，切实增强服务意识，不断创新管理模式，健全管理制度，加强对重大攻关项目的选题遴选、评审立项、组织开题、中期检查到最终成果鉴定的全过程管理，逐渐探索并形成一套成熟有效、符合学术研究规律的管理办法，努力将重大攻关项目打造成学术精品工程。我们将项目最终成果汇编成"教育部哲学社会科学研究重大课题攻关项目成果文库"统一组织出版。经济科学出版社倾全社之力，精心组织编辑力量，努力铸造出版精品。国学大师季羡林先生为本文库题词："经时济世 继往开来——贺教育部重大攻关项目成果出版"；欧阳中石先生题写了"教育部哲学社会科学研究重大课题攻关项目"的书名，充分体现了他们对繁荣发展高校哲学社会科学的深切勉励和由衷期望。

伟大的时代呼唤伟大的理论，伟大的理论推动伟大的实践。高校哲学社会科学将不忘初心，继续前进。深入贯彻落实习近平总书记系列重要讲话精神，坚持道路自信、理论自信、制度自信、文化自信，立足中国、借鉴国外、挖掘历史、把握当代、关怀人类、面向未来，立时代之潮头、发思想之先声，为加快构建中国特色哲学社会科学，实现中华民族伟大复兴的中国梦做出新的更大贡献！

教育部社会科学司

前　言

　　古话讲"安居才能乐业"，也讲"有恒产者有恒心"，说明住房及其产权既是基础性的生活必需品，也是重要的激励因素和社会稳定因素。改革开放以来，中国的房地产制度进行了系统深刻的变革，取得了举世瞩目的成就，人民的居住条件获得了极大改善，房地产市场成为配置住房资源的决定性基础。与此同时，面对中低收入群体的保障性住房也得到快速发展。

　　在住房制度转型的初期，为了解决普遍性的收入不高，建设资金不足的问题，住房公积金制度应运而生。作为一项住房金融制度创新，住房公积金曾经在筹集建房资金、激励住房消费、转变住房观念、助推住房市场化转型等方面发挥了难以替代的作用。不过，随着人们收入的普遍提高，房地产市场地位的日益增强，住房公积金制度的功能与效果受到了日益广泛的关注，加快住房公积金制度改革的呼声不断高涨。

　　从更为宏观的角度来看，当前我国外部经济环境总体趋紧，国内经济存在下行压力，这其中虽有周期性的因素，但更多是结构性、体制性的因素。在政府调控宏观经济能力不断增强的同时，实体经济与虚拟经济的发展还存在着不均衡和不协调的问题，特别是住房领域不平衡、不充分发展矛盾持续存在，金融体系改革还在路上，这些状况都对住房公积金制度提出了更高的要求。因为住房公积金是一项既关系到房地产业，也关系到金融业，还关系到政府调控的具有多重功能的制度安排。

　　具体到我国住房制度改革上，近年来中央明确提出了要坚持房子是用来住的、不是用来炒的定位，要求建立多主体供给、多渠道保障、租购并举的住房制度，落实好一城一策、因城施策、城市政府主体责任的长效调控机制。这些改革方向也对现行的住房公积金制度提出了全新的要求，即在支持中低收入群众购房的同时要杜绝利用公积金炒房。此外，住房公积金制度在落实租购并举的过程中也将其功能扩展到提供租房方面。

基于上述市场转型、宏观经济和住房制度多方面的影响，我国住房公积金制度需要重点完善两个方面：公平公开与规范高效。公平公开强调在公积金制度的覆盖面上持续扩大到城市中低收入群体和农民工群体；规范高效突出住房公积金在使用及监管等流程上持续改进。本书正是聚焦于这两个方面，对住房公积金制度的现状、评价及其改革方向进行了深入研究。

结合中国实际与国际经验，要同步实现提升公平公开与规范高效这两个目的，政策性住宅金融机构应成为未来住房公积金发展的方向。当然，这一转变并非易事，本书虽然提出了从住房公积金转变为政策性住宅金融的构建设想、运营思路、商业模式、公司治理和监管等实施路径，但最终能否实现转变，还有待更为深入的改革创新。围绕着持续推进的住房公积金改革实践带来的新课题，将是我们研究团队在未来努力的方向。

摘　要

本书聚焦于住房公积金制度的"公平公开"与"规范高效"两个方面，循序渐进地研究了八个主要问题，由此构成了全书的八篇及二十三章。虽然每个篇章各有侧重，但在整体上沿着住房公积金制度的定位出发，讨论了现状及其存在的问题，最后提出可行的改革思路。

绪论是对住房公积金制度研究的一个总体评述和本书的研究思路，为全书研究提供了一个"集散地"和"路线图"。在全面总结学界研究成果的基础上，提出了本书关注的新问题和思考的新方向。

第一篇"制度背景与功能定位"包括3章，分别研究了住房公积金制度背景、住房公积金政策演变和住房公积金功能定位问题。

第二篇"作用发挥与'扩面'需求"包括4章，分别研究了住房公积金促进住房消费、住房公积金推进新型城镇化、住房公积金助推农民工市民化、住房公积金扩大使用范围等问题。

第三篇"制度公平与保障差异"包括2章，在分析住房公积金制度公平性的基础上，实证研究了住房公积金保障差异。

第四篇"运行机制与公众评价"包括3章，分别研究了住房公积金运行效率测评、住房公积金制度社会认知、住房公积金制度满意度评价等问题。

第五篇"管理体制与机构效能"包括3章，分别研究了住房公积金管理委员会属性与公众认知、住房公积金管理中心运行与公众认知、住房公积金管理体制改革等问题。

第六篇"风险研判与系统防控"包括4章，分别研究了住房公积金贷款信用风险、住房公积金流动性风险、住房公积金操作风险以及住房公积金运行风险管控路径。

第七篇"国际模式与经验借鉴"包括2章，分别研究了新加坡中央公积金制度借鉴与国外政策性住房金融模式借鉴。

第八篇"公开规范与改革路径"包括2章，集中研究了住房公积金制度改革思路与建立中国特色的政策性住宅金融机构。

Abstract

　　Focusing on the "fairness & openness" and "standardization & efficiency" of the housing provident fund system, this book has studied eight major problems step by step, thus forming the eight chapters and twenty-three chapters of the book. Although each chapter has its own emphasis, on the whole, along the positioning of the Housing Provident Fund system, we have discussed the status quo and its existing problems, and finally proposed feasible reform ideas.

　　The introduction is an overall review of the study of the Housing Provident Fund system and the research ideas of this book, which provides a "distribution center" and "road map" for the study of the whole book. On the basis of comprehensively summarizing the research results of the academia, the new problems and new directions of thinking in this book are put forward.

　　The first part "Institutional background and functional positioning" consists of three chapters, which respectively study the background of Housing Provident Fund system, the evolution of Housing Provident Fund policy and the positioning of Housing Provident Fund function.

　　The second part "Role and the 'expansion' needs includes four chapters, which respectively study the housing accumulation fund to promote housing consumption, the Housing Accumulation Fund to promote new urbanization, the Housing Accumulation Fund to promote the urbanization of migrant workers, and the expansion of the Housing Accumulation Fund.

　　The third part "Institutional Equity and Security Differences" includes two chapters. Based on the analysis of the fairness of the Housing Provident Fund system, the empirical study on the Housing Provident Fund protection differences.

　　The fourth part "Operational mechanism and public evaluation" includes three chapters, which respectively study the operation efficiency of Housing Provident Fund, the social cognition of Housing Provident Fund system, and the satisfaction evaluation of Housing Provident Fund system.

The fifth part "Management system and institutional effectiveness" includes three chapters, which respectively study the attributes and public perception of the Housing Provident Fund Management Committee, the operation and public awareness of the Housing Provident Fund management center, and the reform of the Housing Provident Fund management system.

The sixth part "Risk judgment and system prevention and control" includes four chapters, which respectively study the risk of Housing Provident Fund loans, the liquidity risk of Housing Provident Fund, the operational risk of Housing Provident Fund, and the risk management and control path of Housing Provident Fund.

The seventh part "International models and experiences" includes two chapters, which respectively study the Singapore Housing Provident Fund system and the foreign policy housing finance model.

The eighth part "Open standardization and reform paths" includes two chapters, focusing on the specific measures and reforms of the Housing Provident Fund system.

目录

绪论　1

　　第一节　研究意义与总体框架　2

　　第二节　住房公积金制度的定位、效果与改革　4

　　第三节　问题聚焦与主要内容　16

第一篇 制度背景与功能定位　21

第一章 住房公积金制度背景　23

　　第一节　住房公积金制度的建立　23

　　第二节　住房公积金制度的框架　26

　　第三节　住房公积金制度的法律属性　34

第二章 住房公积金政策演变　41

　　第一节　住房公积金的政策梳理　41

　　第二节　住房公积金政策取向的阶段性演变　46

　　第三节　住房公积金政策功能变化的动力与张力　56

第三章 住房公积金功能定位　59

　　第一节　"住有所居"目标下住房公积金角色　59

　　第二节　住房公积金的政策性金融功能　62

第三节　住房公积金制度的目标定位　68

第二篇

作用发挥与"扩面"需求　73

第四章 ▶ 住房公积金促进住房消费　75

第一节　住房公积金的重大独特作用　75
第二节　公积金贷款对住房市场的影响　81
第三节　贷款作用于住房消费的理论模型　85
第四节　公积金贷款效应的实证检验　88
第五节　对促进住房消费作用的未来展望　95

第五章 ▶ 住房公积金推进新型城镇化　97

第一节　新型城镇化对住房公积金的需求　97
第二节　住房公积金推进新型城镇化的路径　99
第三节　住房公积金推进新型城镇化的成效　104
第四节　住房公积金推进新型城镇化的典型案例　127
第五节　住房公积金推进新型城镇化的提升方向　131

第六章 ▶ 住房公积金助推农民工市民化　134

第一节　农民工市民化的艰巨任务　134
第二节　农民工的经济条件与购房需求　141
第三节　农民工对住房公积金制度的认知状况　149
第四节　农民工购房压力的区域差异性　156
第五节　住房公积金支持农民工购房的效应与对策　158

第七章 ▶ 住房公积金扩大使用范围　172

第一节　住房公积金扩大使用范围的必要性　172
第二节　住房公积金扩大使用范围的典型案例　177
第三节　对住房公积金扩大使用范围的深入思考　182

第三篇 制度公平与保障差异 185

第八章 住房公积金制度公平性 187

第一节 制度公平性的内涵与价值 187

第二节 住房公积金制度公平问题的多种表现 190

第三节 改善住房公积金制度公平性的思路 195

第九章 住房公积金保障差异 197

第一节 住房公积金的定位与运行错位 197

第二节 住房公积金的福利效应机制 199

第三节 住房公积金运行错位的经验证据 203

第四节 减小公积金制度所产生的"马太效应" 209

第四篇 运行机制与公众评价 213

第十章 住房公积金运行效率测评 215

第一节 住房公积金运行效率的研究基础 215

第二节 住房公积金运行效率的测评方法与指标 217

第三节 住房公积金运行效率的实际测算 220

第十一章 住房公积金制度社会认知 230

第一节 公众对住房公积金制度的总体认知 230

第二节 公众对住房公积金运行状况的认知 236

第三节 基于公众认知的总结反思和改进方向 243

第十二章 住房公积金制度满意度评价 245

第一节 住房公积金制度满意度的特征分析 245

第二节 住房公积金缴纳与贷款满意度的实证分析 248

第三节　住房公积金制度满意度的提升路径　257

第五篇

管理体制与机构效能　259

第十三章 ▶ 住房公积金管理委员会的属性与公众认知　261

　　第一节　管委会的属性与决策有效性　261
　　第二节　公众对管委会的认知评价　266
　　第三节　管委会效能的改进思路　276

第十四章 ▶ 住房公积金管理中心的运行与公众认知　280

　　第一节　管理中心面临的现实挑战　280
　　第二节　社会公众对管理中心的认知状况　285
　　第三节　改进管理中心运行的对策建议　293

第十五章 ▶ 住房公积金管理体制改革　295

　　第一节　住房公积金市（地）管理体制的利弊　295
　　第二节　住房公积金省级统一管理的方案　300
　　第三节　住房公积金实现全国统筹管理的设想　303
　　第四节　住房公积金管理体制的改革方向　305

第六篇

风险研判与系统防控　309

第十六章 ▶ 住房公积金贷款信用风险　311

　　第一节　住房公积金信用风险的主要类型　311
　　第二节　住房公积金贷款信用风险的背景与重点　313
　　第三节　住房公积金逾期风险的特征与评估　316
　　第四节　住房公积金逾期风险的命题与模型　324
　　第五节　住房公积金逾期风险的实证结论　329

第十七章 ▶ 住房公积金流动性风险　341

　　第一节　住房公积金流动性现状分析　341
　　第二节　住房公积金流动性风险的主要特征　354
　　第三节　上海市住房公积金流动性风险的实证分析　360
　　第四节　住房公积金流动性风险的成因及其应对措施　369

第十八章 ▶ 住房公积金操作风险　376

　　第一节　住房公积金操作风险的典型案例　376
　　第二节　公众对住房公积金操作风险的认知　380
　　第三节　住房公积金操作风险的量化评估　384
　　第四节　住房公积金操作风险的实证研究　386

第十九章 ▶ 住房公积金运行风险管控路径　394

　　第一节　住房公积金信用风险管控的基本观点　394
　　第二节　住房公积金贷款信用风险的管控路径　396
　　第三节　住房公积金流动性风险的管控路径　406
　　第四节　住房公积金操作风险的管控路径　408

第七篇

国际模式与经验借鉴　411

第二十章 ▶ 新加坡中央公积金制度借鉴　413

　　第一节　新加坡中央公积金制度的主要内容　413
　　第二节　新加坡中央公积金制度的成效与问题　418
　　第三节　新加坡中央公积金制度对我国的启示　421

第二十一章 ▶ 国外政策性住房金融模式借鉴　426

　　第一节　政策性住房金融的实现模式　426
　　第二节　美国"两房"贷款证券化的经验做法　432
　　第三节　经验借鉴与政策启示　439

第八篇

公开规范与改革路径　443

第二十二章 ▶ 住房公积金制度改革思路　445

第一节　公开规范成为住房公积金制度改革共识　445

第二节　公开规范住房公积金制度的公众认知　448

第三节　住房公积金制度公开规范水平的提升路径　456

第二十三章 ▶ 建立中国特色的政策性住宅金融机构　461

第一节　住房公积金制度改革的方案选择　461

第二节　实现住房公积金制度新功能的方案选择　463

第三节　提升住房公积金政策性金融功能的举措　465

参考文献　469

Contents

Introduction 1

    01   Research significance and overall framework   2

    02   The position, effect and reform of the Housing Provident Fund system   4

    03   Problem focus and main content   16

Part I
Institutional background and functional positioning   21

Chapter 1 Background of the Housing Provident Fund System   23

    1.1   Establishment of the Housing Provident Fund System   23

    1.2   Framework of Housing Provident Fund System   26

    1.3   Legal attributes of the Housing Provident Fund System   34

Chapter 2 Evolution of the Housing Provident Fund Policy   41

    2.1   Housing Provident Fund Policy combing   41

    2.2   Phased evolution of the Housing Provident Fund Policy orientation   46

    2.3   Motivation and tension of the functional changes of the Housing Provident Fund Policy   56

Chapter 3 Functional positioning of Housing Provident Fund　　59

　　3.1 The role of Housing Provident Fund under the goal of "living in residence"　　59

　　3.2 Policy-based financial functions of the Housing Provident Fund　　62

　　3.3 Target positioning of the Housing Provident Fund System　　68

Part Ⅱ
Role and the "expansion" needs　　73

Chapter 4 Housing Provident Fund promotes housing consumption　　75

　　4.1 Major unique role of Housing Provident Fund　　75

　　4.2 Impact of Provident Fund Loans on the housing market　　81

　　4.3 Theoretical model of loans acting on housing consumption　　85

　　4.4 Empirical test of the effect of Provident Fund Loans　　88

　　4.5 Future outlook on the role of housing consumption　　95

Chapter 5 Housing Provident Fund promotes new urbanization　　97

　　5.1 New urbanization needs for Housing Provident Fund　　97

　　5.2 The path of Housing Provident Fund to promote new urbanization　　99

　　5.3 Effect of Housing Provident Fund on new urbanization　　104

　　5.4 Typical cases of Housing Provident Funds to promote new urbanization　　127

　　5.5 Housing Provident Fund promotes the direction of new urbanization　　131

Chapter 6 Housing Provident Fund boosts the peasant workers' citizenship　　134

　　6.1 The arduous task of peasant workers' citizenization　　134

　　6.2 Economic conditions and housing demand of peasant workers　　141

　　6.3 Cognition of peasant workers on the Housing Provident Fund system　　149

　　6.4 Regional differences in the pressure of peasant workers to buy houses　　156

    6.5   The effect and countermeasures of Housing Provident Fund to support peasant workers to purchase houses   158

Chapter 7   Expanding the scope of use of Housing Provident Fund   172

    7.1   Necessity of expanding the scope of using Housing Provident Fund   172

    7.2   Typical cases of expanding the use of Housing Provident Fund   177

    7.3   In-depth thinking on the expansion of the use of Housing Provident Fund   182

Part Ⅲ
Institutional Equity and Security Differences   185

Chapter 8   Fairness of the Housing Provident Fund System   187

    8.1   The connotation and value of institutional fairness   187

    8.2   Multiple performances of the equity of the Housing Provident Fund System   190

    8.3   Thoughts on improving the fairness of the Housing Provident Fund System   195

Chapter 9   Differences in Housing Provident Fund protection   197

    9.1   Positioning and operation misplacement of Housing Provident Fund   197

    9.2   The welfare effect mechanism of Housing Provident Fund   199

    9.3   Empirical evidence of misplacement of Housing Provident Fund   203

    9.4   Reduce the "Matthew Effect" produced by the Provident Fund System   209

Part Ⅳ
Operational mechanism and public evaluation   213

Chapter 10   Evaluation of operational efficiency of Housing Provident Fund   215

    10.1   Research fundamentals of operational efficiency of Housing Provident Fund   215

10.2　Methods and indicators for measuring the operational efficiency of Housing Provident Fund　217

10.3　Actual measurement of operational efficiency of Housing Provide Fund　220

Chapter 11　Social cognition of the Housing Provident Fund System　230

11.1　The general public perception of the Housing Provident Fund System　230

11.2　Public awareness of the operation of the Housing Provident Fund　236

11.3　Rethinking and improving directions based on public cognition　243

Chapter 12　Housing Provident Fund System satisfaction evaluation　245

12.1　Analysis of the characteristics of satisfaction of Housing Provident Fund System　245

12.2　Empirical analysis of Housing Provident Fund payment and loan satisfaction　248

12.3　The path to improve the satisfaction of the Housing Provident Fund System　257

Part V
Management system and institutional effectiveness　259

Chapter 13　Housing Provident Fund management committee attributes and public cognition　261

13.1　Management committee's attributes and decision making effectiveness　261

13.2　Public cognitive evaluation of the management committee　266

13.3　Improvements in the effectiveness of the management committee　276

Chapter 14　Operation and public cognition of Housing Provident Fund management center　280

14.1　Realistic challenges for management centers　280

14.2　Public Cognition of Management Centers　285

14.3　Suggestions for improving the operation of the management center　293

Chapter 15　Reform of Housing Provident Fund Management System　295

　　15.1　Advantages and disadvantages of the Housing Provident Fund city (region) management system　295

　　15.2　Program for the unified management of the Housing Provident Fund at the provincial level　300

　　15.3　The idea of realizing the overall management of the Housing Provident Fund　303

　　15.4　Reform direction of Housing Provident Fund management system　305

Part Ⅵ
Risk judgement and system prevention and control　309

Chapter 16　Credit risk of Housing Provident Fund Loans　311

　　16.1　Main types of Housing Provident Fund credit risk　311

　　16.2　Background and focus of credit risk of Housing Provident Fund Loans　313

　　16.3　Characteristics and assessment of overdue risk of Housing Provident Fund　316

　　16.4　Propositions and models of overdue risk of Housing Provident Fund　324

　　16.5　Empirical conclusions on the overdue risk of Housing Provident Fund　329

Chapter 17　Housing Provident Fund liquidity risk　341

　　17.1　Analysis of the current status of Housing Provident Fund liquidity　341

　　17.2　Main characteristics of liquidity risk of Housing Provident Funds　354

　　17.3　Empirical analysis of Shanghai Housing Provident Fund liquidity risk　360

　　17.4　Causes of liquidity risk of Housing Provident Fund and its counter measures　369

Chapter 18　Risks of Housing Provident Fund operation　376

　　18.1　Typical cases of operational risk of Housing Provident Funds　376

18. 2　Public perception of the public operation risk of Housing Provident Fund　380

18. 3　Quantitative assessment of operational risk of Housing Provident Funds　384

18. 4　Empirical study on operational risk of Housing Provident Funds　386

Chapter 19　Housing Provident Fund operation risk management path　394

19. 1　Basic views on Housing Provident Fund credit risk management　394

19. 2　Management and control ideas for credit risk of Housing Provident Fund Loans　396

19. 3　Management and control of liquidity risk of Housing Provident Fund　406

19. 4　Controlling the risk of Housing Provident Fund operational risk　408

Part VII
International models and experiences　411

Chapter 20　Reference to the central Provident Fund System in Singapore　413

20. 1　Main contents of the Singapore Central Provident Fund System　413

20. 2　Effectiveness and problems of the Central Provident Fund System　418

20. 3　Enlightenment of the Central Provident Fund System to China　421

Chapter 21　References to Foreign Policy Housing Finance Models　426

21. 1　Implementation mode of Policy Housing Finance　426

21. 2　US "Two-room" loan securitization experiences　432

21. 3　Lessons learned and policy implications　439

Part VIII
Open standardization and reform path　443

Chapter 22　Reform ideas of Housing Provident Fund System　445

22. 1　Openness and standardization become the consensus of reform of the Housing Provident Fund System　445

22.2　Public cognition of the openness and standardization Housing Provident Fund System　448

22.3　The path to promote the openness and standardization of the Housing Provident Fund System　456

Chapter 23　Reform measures for the Housing Provident Fund System　461

23.1　Alternatives to the reform of the Housing Provident Fund System　461

23.2　Options for the realization of the new functions of the Housing Provident Fund System　463

23.3　Measures to enhance the policy financial function of the Housing Provident Fund　465

References　469

绪 论

住房公积金是指国家机关、国有企业、城镇集体企业、外商投资企业、城镇私营企业及其他城镇企业、事业单位、民办非企业单位、社会团体及其在职职工缴存的长期住房储金。住房公积金全部归职工个人所有，记入职工个人的住房公积金账户，定向用于职工建造、购买、翻建、大修、租赁自住住房，具有强制性、互助性、保障性、长期性、普遍性和专用性等特点。

中国的住房公积金制度，是在由计划体制主导向市场体制主导的演变过程中，借鉴新加坡的住房制度经验并结合本国国情而产生的一项住房金融制度创新。1991年5月，上海市基于新加坡公积金制度的成功经验，率先建立了具有中国特色的住房公积金制度。1992年起，北京、天津、南京、武汉等城市相继开展了试点工作，建立了符合本地实际的住房公积金制度。1994年，国务院在总结上述城市试点工作经验的基础上，发布了《国务院关于深化城镇住房制度改革的决定》，充分肯定了住房公积金制度的作用。随后，全国普遍建立了住房公积金制度。1999年，国务院在总结各地住房公积金制度的基础上，颁布实施了《住房公积金管理条例》。2002年3月，国务院根据全国住房公积金制度的发展情况，公布了《国务院关于修改〈住房公积金管理条例〉的决定》，对全国统一的《住房公积金管理条例》进行了相应的修改。此后，国家各部门颁布了一系列的规章制度，逐步完善了住房公积金制度。2015年11月，国务院法制办就《住房公积金管理条例（修订送审稿）》公开征求社会各界意见，这也是该条例时隔13年的再次大修，但修订送审稿至今仍未正式颁布实施。本项目的研究对象就是上述逐步形成的住房公积金制度，所论证的核心问题是如何"建立公开规范的住房公积金制度"。

第一节 研究意义与总体框架

住房公积金制度经过20多年的演变与发展，不仅成为我国住房金融体系的重要组成部分，也是世界上最大的社会性住房金融制度（social housing finance program）（Jie Chen & Lan Deng, 2014）。据《全国住房公积金2017年年度报告》[①]，当前公积金缴纳职工已超过1.37亿人，缴存总额12.48万亿元，累计发放个人住房贷款7.56万亿元，其资金规模和影响范围可见一斑。纵览住房公积金在我国启动试点、推广发展、改革完善的制度演变史，正是经济社会发展中"摸着石头过河"的典型案例，也是住房市场化改革进程中提高居民住房支付能力的重要措施。

但是，随着我国经济形势的深化发展和人民群众需求升级，住房公积金制度也面临着新的挑战和变革要求。中国共产党第十八届中央委员会第三次全体会议于2013年11月12日通过《中共中央关于全面深化改革若干重大问题的决定》（以下简称《决定》），《决定》第十二项推进社会事业改革创新第45条中提出："健全符合国情的住房保障和供应体系，建立公开规范的住房公积金制度，改进住房公积金提取、使用、监管机制。"这一论述既为住房公积金制度的改革提出了明确的方向和要求，也为住房公积金研究展现了未来的方向。2017年10月党的十九大报告中更是明确提出，中国特色社会主义已进入新时代，当前社会主要矛盾已经转化为人民日益增长的美好生活需要和不平衡不充分的发展之间的矛盾。具体在住房领域，要求加快建立多主体供给、多渠道保障和租购并举的住房制度，实现让全体人民住有所居。本课题就是从这些纲领性的论述出发，结合不断发展的新的实践，对我国住房公积金制度的现实作用、新增需求、存在问题、体制机制以及风险状况进行系统性深入研究，提出有独立见解和操作性的改革方案。

从住房公积金制度建立至今，学术界对于其关注程度与日俱增，尤其自2005年以来，该制度已成为房地产政策及房地产金融研究领域的热点之一（见图0-1）。

[①] 资料来源：住房城乡建设部、财政部、中国人民银行于2018年5月30日发布。

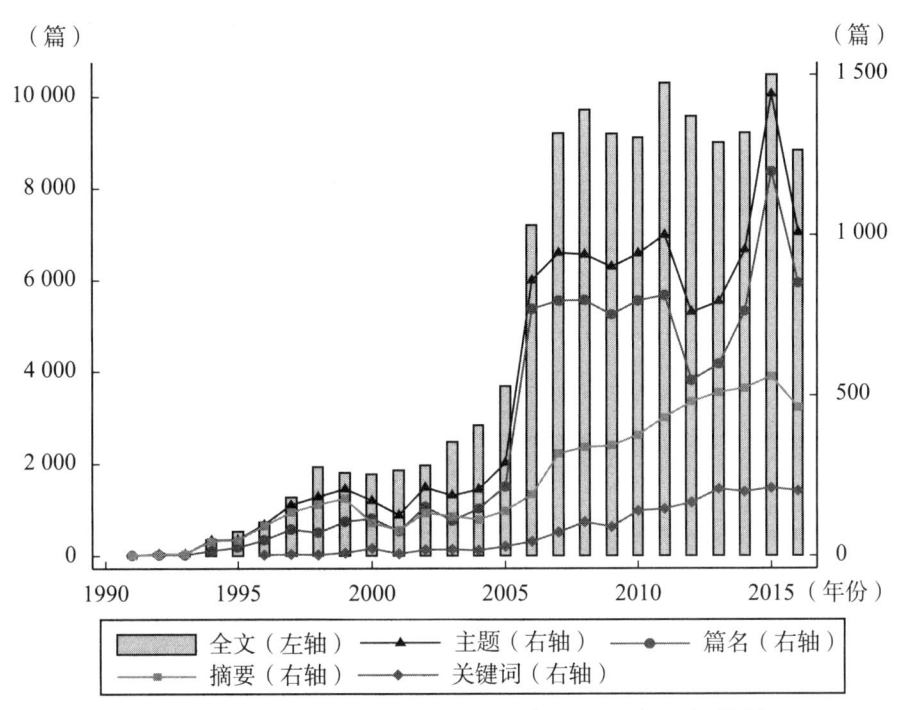

图0-1　CNKI历年收录的有关住房公积金文献数量

注：检索方式：在 CNKI 中分别将全文、主题、篇名、摘要和关键词设定为"住房公积金"，检索范围为期刊、特色期刊、博士学位论文、硕士学位论文、国际会议、国内会议和报纸 7 个子库。

资料来源：笔者总结与整理。

从现有研究分析来看，住房公积金制度的研究主要集中于国内学术界，且沿用了政策研究的基本范式和架构，主要围绕设计初衷、运行现状和改革方向三个维度展开（见表0-1）。首先，在制度设计初衷层面，学术界详细论述了住房公积金的制度环境和政策安排；其次，就政策运行现状而言，这是学术界重点研究的内容，研究重心主要集中在公积金绩效评价和风险评估，并结合国际视角对住房金融的制度模式和政策效果加以对比分析；最后，学术界关于住房公积金制度的改革方向也莫衷一是，在制度改革原则上就存在明显的存废之争，且改革"药方"目前仍置身于百家争鸣的状态。住房公积金制度"改什么"以及"如何改"等问题还需要业界和学术界的大量摸索与研究，基于此，本节尝试着对现有相关研究进行梳理和归纳，以期更为清晰、系统地展示现有研究成果，以此为住房公积金制度的改革提供参考。

表0-1　　　　我国住房公积金制度研究的总体框架

住房公积金制度设计初衷	制度环境	背景及目标	政策背景
			政策目标
	政策设计	对象	群体界定
		工具	资金归集
			资金安排
		机构	管理体系
住房公积金政策运行现状	绩效评价	客观层面	保障作用/支持力度
			制度公平
			运行效率
			管理效果
		主观层面	公众评价与社会认知
	风险评估	非系统性风险	信用风险
			管理风险
			流动性风险等
		系统性风险	市场风险
			制度和法律风险等
	国际比较	模式及效果	制度模式比较
			政策效果比较
住房公积金未来改革方向	原则与目标	存废之争	保存和完善
			替换和废除
	改革措施	对象	覆盖群体
		工具	制度公平
			政策效率
		机构	管理体系

第二节　住房公积金制度的定位、效果与改革

早在20世纪90年代初，时任中国银行副行长周小川（1992）通过详细梳理新加坡中央公积金（CPF）制度，强调了我国不宜实施过多与经济实力不相对称的社会保险制度，并指出新加坡公积金自存自用、强制储蓄的做法值得我们思

考。90年代末，国务院正式颁布了《住房公积金管理条例》（以下简称《条例》），明确指出了住房公积金制度作为一项由城镇单位及其职工共同缴纳的长期住房储金，着眼于促进城镇住房建设和提高城镇居民居住水平。这虽然从参与群体、制度性质和政策目标三个维度概括了住房公积金制度的政策定位，但略显笼统，因此也引发了学术界对于该制度属性定位的广泛讨论。

其一，从国际视角梳理，住房金融模式可概括为四类，即公共住房银行、强制住房储蓄、合同住房储蓄和商业资本市场（刘洪玉等，2011）。显然，住房公积金制度属于强制住房储蓄的范畴。其二，住房公积金强制从参缴单位和职工个人归集资金，并由住房公积金管理中心这一专业组织机构负责资金运作和分配，当参缴职工面临失业、退休、重病等情况时，其个人住房公积金便可提取使用，能发挥一定的保障作用。因此，从这个意义上说，住房公积金制度也可以定义为一种特殊的社会保障税（肖文海，2008）。其三，住房公积金通过向参缴职工发放低息贷款和为廉租房建设提供补充资金，甚至还可以提取用于支付住房租金和物业费等，为广大职工提供住房消费资金，帮助居民实现住房需求，实现了住房从实物分配向货币分配的过渡（Stanley Chi-Wai Yeung & Rodney Howes，2006），由此看来，住房公积金制度也可理解成一种住房补贴形式。

除了上述对住房公积金制度的政策属性定位之外，该制度的功能定位也十分受人关注。总的来说，住房公积金制度的功能定位拥有两层含义，包括服务对象和服务目标。第一，从服务对象角度来看，学术界讨论的焦点集中在住房公积金制度究竟是普惠还是特惠、应该坚持封闭式还是实行开放式这两项问题上。对于前者，公积金制度饱受这方面质疑和批判（李海明，2012；孙玥，2014），人们大多倡议住房公积金制度要充分体现其"互助性"和"保障性"，即应对中低收入群体进行适当政策倾斜，发挥制度特惠作用。同时，对于购买首套房的参缴群体需凸显其普惠优势，但要防止制度运行过程中出现"劫贫济富"的不公现象，即应该在对中低收入群体特惠的基础上实现对所有群体的普惠。对于后者，当前住房公积金制度运行设计相对封闭，具体表现在资金来源、贷款发放、存贷利率等诸多方面，虽然这种相对封闭的运营模式能够夯实公积金制度的政策性基础，但无疑也给该制度的发展套上了"枷锁"，因此学术界广泛建议要扩大制度覆盖面、扩大资金使用范围、调整公积金存贷利率以及开展资产证券化试点等，以此打破当前住房公积金"封闭牢笼"的现状，这也是住房公积金制度长远发展、城乡统筹、社会公平和房地产市场健康发展的现实要求（左楠，2013；张泓铭，2016；彭加亮、罗祎，2016）。

第二，从服务目标角度来看，住房公积金制度主要面临三大疑问：问题一，如何确保该制度发挥促进住房消费的积极作用；问题二，如何衔接该制度与其他住房市场政策工具；问题三，如何实现该制度"副作用"的最小化。就问题一来说，住房公积金制度不仅能够提供大量的资金积累（Tai-Chee Wong & Adriel Yap，2003），减轻政府财政负担（Yonghua Zou，2014），更重要的则是为城镇居民实现购房提供了方便可行的融资渠道。因此，发挥住房公积金制度的积极作用需要紧扣其设计初衷和属性定位，依靠科学的制度设计和缜密的政策实施。就问题二而言，由于我国住房市场的政策工具众多，且各类宏观调控政策频出，所以如何将住房公积金制度与各类政策工具协调使用也成为了学术界关注的热点，如该制度与经济适用房、廉租房以及其他政策性住房金融安排配合衔接等（刘金祥、邢远阁，2017）。针对问题三，大量研究表明住房公积金制度在公平、效率、风险等方面存在一定的制度问题，所以如何让该制度扬长避短，在发挥积极贡献的同时抑制问题的产生，一直也是各界共同探讨的焦点。因下文将对此展开介绍，此处暂不赘述。

住房公积金制度和政策究竟发挥了怎样的作用？总体看来，研究者既有对该制度贡献的普遍肯定，也存在一些关于该制度的广泛争议。全面了解这些肯定与争议的内容，对于探索住房公积金的功能定位具有重要作用。

一、对制度贡献的普遍肯定

（一）优化住房筹资机制和分配机制

住房公积金制度在我国住房市场改革的关键时期确立起来，大胆突破了以往住房资金融通市场有限公众参与（limited public involvement）的瓶颈（Robert M. Buckley et al.，2016），在积极发挥政府引导作用的同时，充分调动包括单位和个人等社会力量广泛参与其中（周薇、黄道光，2015），并逐渐形成政府、集体和职工个人共同承担住房建设和消费的筹资机制（朱婷，2012）。虽然《条例》要求城镇在职职工均需缴纳个人住房公积金，带有一定的制度强制性，但这旨在实现政策实施的畅通性，以此保证公积金规模的不断累积和资金链周转的正常运行。同时，住房公积金制度改变了计划经济体制下我国住房的分配机制，逐渐从实物分配向货币分配转变（刘洪玉，2011），而在此之前，对于用人单位和职工个人而言，实物分房的合理性和公平性一直饱受争议。再加上住房的价值远非其面积能够单独决定，简单而机械地将住房分配标准与职工工龄及其职务高低挂钩也并非十分科学。如果没有缜密细致的监管体系，容易在住房实物分配环节产生寻租和合谋等不良现象，不仅影响职工的工作积极性，同时容易滋生贪腐等后果。由此可见，住房货币分配机制比实物分配效果更加公平，同时分配效率也大为提高。住房公积金制度在优化我国住房筹资机制和分配机制方面功不可没。

（二）改善城镇职工住房消费状况

新加坡中央公积金的保障范围涵盖了养老、医疗及住房等多个方面（孙博，2014），与新加坡中央公积金制度不同的是，中国住房公积金制度的主要目标是促进城镇职工住房消费、提高职工居住质量，这也充分体现出其资金专用性。自20世纪90年代以来，住房公积金的资金规模与日俱增，保障的群体范围也越来越广。据2016年3月15日住建部副部长陆克华回答记者提问的内容可知，我国共有1亿缴存职工通过使用住房公积金解决了住房问题，这展示了公积金在促进住房消费方面发挥着不可或缺的作用。事实上，学术界对于公积金在改善城镇职工住房消费中发挥的作用也持肯定态度。在从普遍提供公共住房向日益增长的私人住房需求转变中，住房公积金起着较为明显的保障、支持、促进和改善作用（肖作平、尹林辉，2010；黄大志等，2013；葛扬等，2015；王先柱、吴义东，2017）。相比较住房商业贷款，城市职工更青睐于公积金贷款，这主要源于公积金贷款的低息优势较为突出。与此同时，该制度不仅对于购买住房有积极成效，研究还发现住房公积金对城市流动人口的定居意愿同样有着显著的促进作用（汪润泉、刘一伟，2017）。这样看来，公积金能够增强城市的人口吸引力，对流动人口尤其是广大务工人员的"城市梦"有着正向引导作用。由于城市间的差异性十分明显，尤其在住房价格等层面，住房公积金制度在对进城人口尤其是新生代农民工城市定居方面的影响也存在明显的区域差异性（刘一伟，2017）。总的来说，住房公积金对于城市常住人口和流动人口的住房消费水平都起到明显的提升作用，这也正是该项制度的重要贡献。

（三）助推住房市场化改革与发展

20世纪末我国房改虽动力机制完备，但由于起始阶段缺乏有效的工具和手段，导致房改障碍重重。之所以说其缺乏有效工具及手段，是因为倘若不从制度上进行根本性变革和创新，就难以真正实现住房市场化改革的预定目标，并且城镇居民家庭在改善型住房需求方面对社会保障体系的完善具有较强的依赖性（周京奎，2011）。住房公积金制度的确立明显加快了我国住房市场化改革的进程，其拥有资金规模庞大、来源稳定、成本低廉等比较优势（李海涛、侯纲，2013），不仅提高了居民住房支付能力，并且减轻了政府财政负担，这也意味着住房公积金制度在促进住房消费的同时，也增加了住房市场供给（包林梅，2012），为我国的城镇住房体制顺利转轨（刘丽巍，2013）、推进住房货币化分配、培育政策性住房抵押贷款制度（路君平等，2013；包林梅，2012）、促进住房金融体系发展做出了重大贡献。同时，住房公积金制度在引导居民住房观念转换（刘丽巍，2013；亢飞，2013）、解决职工住房问题（路君平等，2013）、推动房地产市场发展等方面发挥了建设性作用。可以看出，我国房地产市场的发展与住房公积金之间已产生较强相关性，并且很多学者对于住房公积金的历史贡献给予了高度评价，这在很大程度上表明该制度在我国住房市场中的重要地位，至今仍是住房市场建设的重要抓手之一。

二、制度问题的广泛争议

（一）保障能力争议

住房公积金制度是我国政策性住房金融的重要工具之一，因此其制度定位应着眼于广大中低收入家庭的住房保障和住房支付能力提升。然而，近年来学术界对住房公积金制度的属性定位质疑众多，认为制度现实运行与其设计初衷之间存在定位偏移（张爱菊、孟莲，2011）。从服务对象角度来看，公积金制度本应体现其社会互助及合作的法律属性（李海明，2012），但目前该制度对于中低收入群体的保障和支持力度不够理想，暂未达到预期效果（孙玥，2014）。康书隆等（2017）基于面板 IV-2SLS 回归，发现公积金对无房无贷以及有房有贷缴存家庭的消费并无显著影响，而其仅能提高有房无贷家庭的消费水平。并且，虽然有学者认为住房公积金对新生代流动人口定居意愿有正向促进作用（汪润泉、刘一伟，2017），但也有研究提出了不同的看法，认为这一影响并不显著（梁土坤，2017）。其实，不仅住房公积金制度在服务对象上有错位现象，作为其"母体"的新加坡中央公积金制度，虽看似完美，但也没有充分体现互助共济的制度优势（龙玉其、刘巧红，2013）。与此同时，有学者指出住房公积金制度发挥的保障作用极为有限（殷俊、彭聪，2014），甚至有日趋弱化的态势（何代欣，2015）。由此可见，从现有的研究角度分析，住房公积金的政策功能有偏离其设计初衷的风险，这对公积金制度的可持续发展带来了较大不确定性。

那么，究竟这种属性定位的模糊化出自何因呢？有研究指出，这种定位模糊可能源于公积金制度缺乏十分明确的基本价值观念，同时利益相关者成为政策制定主体（陈友华，2014）。而正是这种在制度安排上出现的错位，又进一步导致了住房市场高需求与居民对高房价有高承受力共存的现象（周京奎，2012）。所以，住房公积金制度确实存在着不少谜团，其中之一便是功能定位之谜（黄燕芬、李怡达，2017），在当前的时代背景下，明确和规范公积金制度定位已经成为不可忽视的重要问题，也关系到该制度的长远发展和居民的利益保障。

(二) 制度公平争议

各界对于我国住房公积金制度公平性的议论可谓由来已久且历久弥新，而对该问题研究的直接导火索应归结于2006年底世界银行（World Bank）发布的《中国经济季报》，报告中直截了当地指出了住房公积金使得我国城镇较高收入家庭受益，这引起了关于公积金公平性问题的争论。且随后央视也披露了公积金缴存人群中，收入居前20%的职工个贷总额占比将近44.9%，而收入靠后20%的职工个贷额占比仅为3.7%[①]，再次说明住房公积金的受益群体主要是高收入家庭，这也进一步揭示了该制度公平性缺失的问题已十分严重。由于公积金制度作为保障性住房政策的重要成分，可以将其视为收入再分配的一种机制，制度公平性的重要程度可想而知。学术界对住房公积金制度的诟病大多起因于对其公平性的怀疑，主要可概括成制度设计不公和作用结果不公。就制度设计层面而言，住房公积金在缴存规则、覆盖范围、存贷关系（浩春杏，2010）以及增值受益分配（杨兵，2010）等关键环节存在明显社会不公。当然，也正是源于政策安排上的公平缺失，进一步导致住房公积金作用结果也不尽如人意。正因为如此，大量学者纷纷指责住房公积金存在"劫贫济富"现象（周京奎，2010；王先柱、吴义东，2017）。更进一步，徐跃进等（2017）基于某典型城市微观数据，通过实证和政策模拟等量化评估了公积金"互助收益"规律，研究也发现现行公积金制度可能存在对职工住房需求支持力度和公平性不足的问题，但具体表征为"两端补贴中间"，却非单纯的"劫贫济富"。除了不同家庭维度的对照，公共部门和私营企业之间的公积金作用效果也存在两极分化的态势（李文静，2013）。而周京奎（2011）通过hedonic模型估计了住宅特征价格，并将其分解到住宅结构特征需求和住宅邻里特征需求，利用中国城市住户调查数据（CHIPS），发现住房公积金的支持效果具有结构性差异，具体表现为公积金对社会地位较高的家庭在提高住宅结构特征需求上提供了更多支持，而对社会地位较低家庭在住宅邻里特征需求方面的贡献度较高。此外，仍有研究对公积金公平性态度相对乐观，陈峰、邓保同（2015）通过普惠测度模型对其展开研究，认为其依然具备普惠可及性，但若不加以变革，公积金制度的不公平将在未来逐渐放大，2016年后其互助功能也将基本丧失。

总之，由于住房公积金制度缺乏公平性，被人们喻作"富人俱乐部"，其应有的保障作用难以得到发挥，进而也挫伤了中低收入群体的参与积极性（殷俊、彭聪，2016）。追问住房公积金制度产生不公的缘由，大致可以归纳为两大维度，

[①] 资料来源：国家审计署发布的2006年中央预算执行情况审计报告。

包括制度本身和制度环境（杨兵，2010）。就制度本身来看，由于住房公积金贷款条件宽松且不稳定、贷款额度调整随意性大等因素（朱婷，2012），容易导致社会弱势群体的利益难以得到保障。并且个别公积金管理中心管理不当，容易发生钻制度空子的现象。而就制度环境而言，由于我国正处于市场化改革的进程之中，在收入分配、制度建设等诸多方面存在继续改革和完善的空间（万卉，2015），所以，住房公积金制度存在公平缺失的现象也就不难理解了。

（三）运行效率争议

如同住房公积金制度的公平性研究一样，该制度的效率问题也一直被各界热议。作为一项长期住房储金，我国住房公积金的规模总量十分庞大。这些数以万亿的资金若缺乏行之有效的管理办法和投资渠道，"躺在账上"着实可惜。其实不仅我国住房公积金政策的运行效率饱受争议，新加坡中央公积金制度也被学术界通常认定是一种反帕累托效率的安排（陈志国，2000），一项发展了半个多世纪的住房制度尚且如此，由此借鉴而来的住房公积金制度受到效率不高的质疑也就不足为奇了。

从经济学视角解释，市场经济中的效率是指资源配置的优化（周威、叶剑平，2009），之所以住房公积金制度效率受到质疑，主要原因在于资金的配置优化程度不高，具体表现在业务操作和资金使用等方面。其一，在业务操作上，住房公积金当前委托商业银行办理相关贷款等业务，但由于其本身盈利点少，办理手续费用较低，更为关键的是公积金贷款和商业贷款间存在一定的替换关系，这些因素导致商业银行在办理公积金贷款业务时积极性不够，业务操作效率也随之降低（关永宏、段淳林，2007）。其二，在资金使用上，当前公积金在实际运行中存在使用难和使用不充分的问题（王西枘、汪梦，2010），这直接影响到公积金资金的使用效率。同时，向鹏成、李春梅（2015）运用包络法（DEA）计算和对比了不同城市的公积金管理效率，研究发现各地存在明显的差异性，并通过进一步研究指出法律规定、外部监管、统筹机制、业务模式以及工资标准等方面的不一致导致了这种差异性。显然，当前各市独立运营公积金做法的科学性有待商榷，因为这无疑给公积金的资金市际流通设置了阀门，致使其行政味道浓厚，资金流动性管理不均（张恩逸，2008），再加上公积金的资金专用性约束，使用面偏窄，因此其资金效率难以提升。为了改变公积金使用条件偏紧、办理手续复杂、结余资金偏多等影响其效率的现状，住建部、财政部和中国人民银行于2015年9月29日联合下发了《关于切实提高住房公积金使用效率的通知》，这为提高住房公积金的运行效率奠定了制度基础，并且随着近来异地贷款服务的逐渐放开，公积金运行效率也将进一步得以提高（陈峰、邓保同，2016）。

（四）各类风险争议

历史的教训曾经一次次警诫人们，房地产市场向来是风险的集聚地和爆发地，中央高层也频频要求防范各类金融风险。而住房公积金是住房市场的金融工具，集双重特征于一身，因此公积金的风险也引起了人们关注。大体上讲，住房公积金的主要风险源可概括为贷款人信用风险、流动性风险、制度管理风险、外部市场风险以及除非系统性风险之外的风险。

其一，贷款人信用风险是住房公积金贷款最大的风险渠道（赵乃丽，2013），而公积金信用风险从严格意义上可区分为两层含义，即贷款逾期风险和提前还款风险。公积金逾期风险的成因应重点归咎于贷款人的还款能力不足或偿债意愿缺失，导致其不能还款或不想还款，也是包括住房公积金贷款在内的住房抵押贷款最常见的风险种类，这就对管理中心进行贷款决策提出了严格把关的要求，而当前信用担保中缺乏有效的法律保证又加剧了这一风险（袁彤琳，2012）。同时，公积金提前还款风险也逐渐引发学术界讨论，虽然提前还款看似信用表征良好，但这对住房公积金的正常运行带来了较大困扰和难度。提前还款干扰了公积金正常资金安排，增加了服务成本；而且提前还款的发生往往在利率下降的时候，进而导致公积金的收益率下降，增加了潜在投资风险（王福林、贾生华，2003；刘洪玉等，2011）。所以，不论是逾期还是提前还款，都加剧了公积金的信用风险。

其二，住房公积金流动性风险也逐渐成为近些年学者们关注的重点。通常看来，住房公积金的资金规模巨大，并且资金使用效率并非很高，存在大量的资金结余。然而，当各地2015年住房公积金年度报告出炉的时候，有媒体就曾爆料出京沪等地住房公积金收支倒挂，进入了"啃老本"时期，且公积金活期资金池已明显缺水。事实上，在此之前，就有学者已经指出公积金出现流动性危机的观点（陈杰，2010；赵乃丽，2013），再加上近些年市场调控的需求，住房公积金在多地已经捉襟见肘，属地化管理同时也阻碍了资金的跨域调动，进而也出现了流动不均的现状。

其三，住房公积金制度管理风险也一直饱受诟病，各类有关公积金骗存骗贷的新闻案件已屡见不鲜，这主要归咎于当前我国住房公积金存在监管等方面的漏洞所致（陶学国，2010；赵乃丽，2013；佟广军，2014）。同时，有学者更加严厉地提出公积金管理体制已经与当前我国经济社会发展形势不相适应，而这种管理体制上的落后已经成为该制度进一步发展的障碍（陈余芳、黄燕芬，2017）。

其四，除了上述非系统性风险之外，住房公积金制度同时还面临着诸多系统性风险的考验，如经济周期、经济结构调整以及法律制度等也可能会给公积金的运行带来很多不确定性（黄燕芬、李怡达，2017）。

住房公积金不仅自身存在多种风险，同时还会对住房市场带来一定的冲击，而其中的负面冲击必然也会给楼市的平稳发展带来挑战。关于公积金对于楼市产生的不良影响，主要可归结为助推房价泡沫化风险。虽然大量研究肯定了住房公积金对于居民住房消费产生了显著的促进作用，但同时也有不少学者对公积金助涨房价表示了担忧。唐明哲和库尔森（2017）通过2011年中国家庭金融调查数据（CHFS）等研究发现公积金能够在一定程度上刺激住房投资。顾澄龙等（2015）以2005~2011年我国55个大中城市为研究样本，实证结果表明住房公积金能够显著促进房价上涨，且若取消这一制度，房价将会下降13.5个百分点。杨刚、王洪卫（2012）运用状态空间模型和卡尔曼滤波解法，分析了公积金对上海市住房市场价格与成交量的影响，更是一针见血地指出公积金已成为助推房价泡沫化的重要原因之一。杨黎明、余劲（2013）基于2002~2011年7个二线城市面板数据，运用状态空间模型实证分析了公积金贷款对房价的短期动态影响，进一步得出公积金在房价高的城市表现出更强的助推力。所以，就现有研究来看，不能否认住房公积金对于房价泡沫化的助推作用，这不但加剧了楼市泡沫风险，也给公积金制度自身的发展带来了压力。

三、对制度改革方向的争议

住房公积金制度的改革取向也是一个社会关注较高的问题，在这方面，既有关于制度存废的争论，也有具体改革思路的分析。

"工欲善其事，必先利其器"，对我国住房保障政策进行优化和改革，既是群众呼声，又是时代要求。那么，究竟该如何进行制度改革，已经成为各界普遍关心的问题。而从总体目标和原则上看，主要包含两种不同的看法。

第一种是建议逐步取消现行的住房公积金制度，寻找制度替代品。持该观点的人数相对较少，较具代表性的是2016年全国两会人大代表费东斌从企业发展、职工收入以及供给侧结构性改革等方面建议用其他保障性住房政策替代住房公积金制度。同时，中国劳动学会副会长苏海南在接受《中国经济周刊》采访时也建议取消住房公积金制度。当然，也有少数学者认同这一观点（革昕等，2017）。该制度的"存废之争"主要源于前文所述的多方不适，而近年来的楼市高烧又将其推向风口浪尖。

第二种则是建议不能因噎废食，应从住房公积金制度本身入手，寻找改革和完善的良方，这也是当前最为主流的观点。党的十八届三中全会明确提出"建立公开、规范的住房公积金制度，改进公积金提取、使用、监管机制"。与此同时，中央也明确要求"健全符合中国国情的住房保障和供应体系""研究建立住宅政策性金融机构"和"把进城落户农民完全纳入城镇住房和社会保障体系",为此,在2002年的《条例》基础上,2015年国务院再次启动该《条例》修订工作,并就修订送审稿向社会公开征求意见,拟从公积金缴存、使用等多维度对《条例》进行再修改和再完善,汇集社会力量对住房公积金制度进行顶层设计。所以,住房公积金制度改革的目标与原则已经十分清晰,政策制定者已就这一制度的改革完善做出了明确的部署和要求,以求惠及更多居民,为继续推动我国房地产市场的发展做出更大的制度贡献。

四、具体的改革建议

(一) 调整受惠对象

不论是农业转移人口还是城镇的中低收入群体,都需要社会政策的保障和支持,住房问题尤为突出。当前我国住房公积金制度的覆盖群体主要是城镇在职职工,并在城镇职工住房消费方面发挥了重要作用。但公积金"劫贫济富"的制度问题一直广受诟病,即学术界质疑该制度造成了中低收入群体对高收入群体的"逆向补贴",这种资源错配的现象无疑否定了住房公积金制度的保障性,同时也会加剧社会分配的不公,尤其在当前住房成为家庭财富代名词的背景下,这又进一步助长了贫富差距。为此,刘洪玉等(2011)提出住房公积金制度要坚持对所有就业群体发挥"普惠性",并强调应加强向中低收入群体的"特惠性",这一观点也得到了周京奎(2011)、王先柱和张志鹏(2015)等大批学者的认同。与此同时,随着我国进城务工人员的队伍越来越大,广大新市民的生活面貌也逐渐为社会所关注,解决好这部分群体的住房问题具有很强的必要性,包括统筹城乡发展(左楠,2013;张泓铭,2016)、促进社会公平、满足农民工自身居住需求以及助力楼市去库存等(彭加亮、罗祎,2016)。

实际上,住房与城乡建设部早在2007年3月就首次提出要将农民工群体纳入公积金保障范畴,但10多年过去了效果仍不明显,祝仲坤、冷晨昕(2017)结合中国劳动力动态调查(CLDS2012)数据,从不同维度展示了当前我国农民工群体住房公积金的运行现状,指出当前农民工公积金的缴存率极低,依靠公积金解决农民工住房问题的设想"几无实现的可能",这背后的问题主要出在制度设计不完善、农民工缴存意愿不强、维权意识不够等方面(朱晶、左楠,2015;祝仲坤,2016;赵利梅、陈红霞,2016)。因此,下一步改革要重点对农民工等群体的住房公积金保障政策进行科学设计,提高政策的可操作性和实施效果。

（二）优化政策工具

作为一项保障性住房政策，住房公积金如何发挥作用关键是如何优化政策工具。陈杰（2010）认为虽然公积金制度在我国仍有继续保留的价值，但必须要对其功能定位和组织体制进行重大调整。同时，也要注重协调该政策与外部环境的互动关系（龙朝阳等，2010）。从现有的研究来看，优化公积金政策工具的内容主要涵盖资金归集、资金使用、保值增值及其监管等。

第一，在住房公积金归集层面，首先，现行的政策对缴纳公积金给予了强制性要求，虽然有声音开始质疑其合理合法性，但结合我国作为发展中国家等实际，短期内强制性仍有继续执行的必要性（刘洪玉等，2011；尚莉，2015）。其次，在缴存标准上，2005 年提出的"保低限高"政策要求获得了学术界的普遍支持（李运华、殷玉如，2015），即单位和职工的缴存比例均在 5% ~ 12% 的区间浮动，这也是对缴存比例的统一和规范，有利于缩小缴纳差异，促进制度公平。在缴存基数上，各地应该严格按照标准计算出公积金月缴存额，并分别对高收入群体和低收入群体进行上下限的限制。同时，公积金作为公共住房金融的一种形式，其正常运行离不开政府的力量支撑（周京奎，2010），所以在公积金的归集上不仅要凸显市场决定性，还要由政府作牵引，确保资金的正常化运转。

第二，在住房公积金使用层面，现有研究的关注点主要集中在两个维度，包括资金使用方法和资金使用范围。首先，就公积金使用方法而言，这是其首要职责任务所在，需要尽力维持和实现"两低一高"的总格局，即低门槛、低利率和高效率，也正是为了凸显住房公积金贷款的优势，惠及更多住房刚需家庭，从而体现该制度的保障性和互助性。并且有学者提议可以考虑实施具有差异性和层次性的贷款策略（杨巧，2014），旨在充分发挥住房公积金对不同家庭的住房消费支持作用。为此，有研究通过各家庭公积金缴存状况、居住水平、购房历史、贷款情况和信用记录等总结出了一套相对简便的公积金贷款额度计算公式[①]，用以确定不同家庭的合理授信额度，提高公积金贷款科学性（王永凤，2015）。同时，就公积金使用范围而言，很多学者认为当前限制性条件过于烦琐，在确保资金安全和遏制住房投资的前提下，应该适当放宽资金的取、贷政策，扩大资金使用范围（周京奎，2010；黄修民，2010；陈峰、邓保同，2016；李燕、刘传哲，2016）。而从《条例》修订送审稿可以发现，住房公积金的使用范围已经拓展到住房租金和物业费等领域，这也是对各界的积极回应。并且随着住房公积金异地转移接续业务在全国范围内的展开，公积金实现了"账随人走、钱随账走"，其

[①] 具体可参考有关研究原文，此处不再赘述。

异地贷款也得以"松绑",当然,这一举措固然意义重大,但同时也要平衡好公积金的便利性和安全性(陈杰,2017)。除此之外,公积金贷款证券化也成为近期新的研究话题,主要由于证券化具有提高资金使用效率、扩大资金来源渠道等优势。然而,当前我国住房公积金管理仍处于各市分管的状态,导致证券化发起人过于分散,这也成为了我国公积金贷款证券化面临的重要掣肘(邹晓梅、张明,2016)。同时,诸如公积金贷款服务机构的选择、贷款担保方式以及税务等也是证券化进程中亟须解决的问题。因此可设立省级或全国性的政府支持机构(如住房银行等)负责住房公积金贷款证券化,将公积金贷款支持证券纳入央行合格抵押品范围。同时,可根据"税收中性原则"免除证券化后的公积金贷款利息收入营业税。

第三,在住房公积金保值增值层面,由于资金池规模庞大,因此具有相对较高的保值增值潜力。同时,住房公积金制度理念应从筹措住房建设资金、发放低息贷款转向构建住房社会保障政策体系(朱晓喆,2011)。因此,在这一理念转变的基础上,很多研究也对此提供了思路借鉴。一是加大对廉租房(朱晓喆,2011)、保障房(周雯珺、袁志忠,2012)等的投资力度,这种考虑主要源于对中低收入家庭的住房需求的满足;二是继续优化对国债的投资(陈淑云、李嘉,2016),张昊等(2010)的研究表明半年期定期存款和三年期凭证式国债具有更高的投资价值,且依照8∶2的比例进行投资时有助于实现高收益和低风险的双重目标。此外,也有学者曾建言应将住房公积金与居民养老保险进行整合(余功斌、牟伟,2015),其中有一项考虑便是提高公积金保值增值的能力。

第四,在住房公积金监管层面,很多学者也对此进行了较为全面的讨论,这主要是因住房公积金管理效率不高、资金运营风险持续加大等所致,强化对公积金的监管具有很强的必要性。但是,住房公积金在监管层面约束机制尚待健全(杨京星,2006),这显然不利于资金的安全、有效利用。尤其在近些年我国各地住房公积金领域贪腐案件时有发生,加强公积金的监管已经成为各界关切。为此,要提高缴存职工的知情权、话语权以及决策参与权等,同时要实现公积金管理的法制化、制度化和透明化(王先柱、吴义东,2017)。此外,在构建住房公积金绩效评价体系时,除财务指标外,还应该将内部管理和居民满意等纳入评价框架(陈献东,2015)。

(三) 规范管理机构

当前我国住房公积金管理中心属于行政化机构,实行管委会决策、中心运作、银行专户存储以及财政监督的管理体制,且管委会成员采取"三三制"构成办法①。但从全国抽样调查数据来看，将近85%的受访群体对住房公积金管理机构及人员构成并不了解（王先柱等，2016）。与此同时，公积金在管理过程中不断暴露出的效率低和风险高等问题，也倒逼政府不得不对现有的公积金管理机构及其运营方式进行调整和规范。同时，学术界对于机构改革的呼声也日益增高（黄修民，2010；李运华、殷玉如，2015），甚至建议就形式松散、风险承担与决策不对称等问题建议取消管委会这一决策机构（万卉，2015）。而在2006年，就有学者指出该问题的要点在于分离住房公积金管理中心两方面的职能（曾筱清、翟彦杰，2006），一方面是行使政府授权的职能，另一方面是企业化经营的职能，且要通过制度化手段解决对管理机构的监管与法律责任追究的问题。为此，刘洪玉等（2011）指出应设立全国层面公积金管理中心，同时有学者建议构建一套完备的制约机制，并通过去行政化致力于建设专业化金融管理机构（杨巧，2014；董登新、乐海燕，2015），如住房合作银行（王开泉，2015）、住房储蓄银行或住房基金等（汪利娜，2016）。

第三节　问题聚焦与主要内容

纵观现有研究成果，学术界所取得的总体认识包括多个方面：一是系统性论述了住房公积金制度在我国的确立、发展历程；二是充分肯定了住房公积金制度在促进我国城镇职工住房消费、完善住房金融体系以及助力房地产市场发展中做出的重要贡献；三是全面揭示了住房公积金在制度安排及实施过程中出现的深层次问题；四是探索了住房公积金制度未来改革和完善的思路。

当然，现有研究也有自身的局限和不足之处，这主要可归结为以下三个方面：

第一，研究视角较为单一。现有研究专注于将住房公积金切分成不同的维度进行分析，这种"庖丁解牛"的方法本身无可厚非，也是经济学研究的主要范式和惯用手段。但作为住房政策研究，其不同维度之间以及与外界之间必定存在多种互动联系，如：制度公平要求扩大政策覆盖面，而覆盖面的扩大又将导致风险程度的增加；提高公积金运行效率的手段之一是扩大使用范围，但这也将加剧资金的回收难度；全国层面住房公积金资金存量确实较为充足，但由于各地的收支

---

① 《条例》第八条规定：住房公积金管理委员会的成员中，人民政府负责人和建设、财政、人民银行等有关部门负责人以及有关专家占1/3，工会代表和职工代表占1/3，单位代表占1/3。

差异明显，其流动性也差异悬殊。类似的情况不胜枚举，因此我们不能简单的就一个问题要求充分最大化，而应该综合考虑其牵动效应以及整个制度体系的最优化。

第二，研究方法不全面。现有关于住房公积金制度的研究以定性分析为主，主要从制度条例、宏观市场、楼市政策、各地运行概况等入手，归纳和总结住房公积金制度的运行状况和政策问题等，即从宏观和主观上回答了"是什么"的问题，但就其中的内在机理和传递机制并未能提供有效的分析框架，即没有证据充分地回答"为什么"的问题，如此情况下得出的政策建议难免会带有主观臆测性且缺乏说服力。这可能是受制于住房公积金等相关数据的捕获难度较大等因素，但即便如此，作为住房政策研究，我们并不能完全通过表象而进行主观判断和推理，必须要对政策的传导路径和影响程度进行技术处理，以及对制度改革的可能结果进行政策模拟和预判。因此，从方法上进行补充和完善能够让该领域的研究更加深入，也会对住房公积金制度的改革提供强有力的技术支撑。

第三，研究带有时空局限性。公积金制度是我国一项重要的住房政策安排，虽然在制度设计和实际运行中存在不足和问题，但这并不能掩盖该制度的重大历史贡献。现有的研究大多忽视了制度的演变和市场的发展等外部因素对公积金制度的冲击和影响，而单纯研究对其进行利弊分析，这难免会导致分析结果缺乏客观性。即没有区分好公积金制度中的某个问题是区域性问题还是全局性问题，是历史性问题还是暂时性问题，这无疑使得研究建议也存在模糊性。因此，应用发展和辩证的眼光看待住房公积金制度的优和劣，我们不能因为公积金当前的制度问题而否定了以往的贡献，也不能因为公积金在此地的制度问题而推此及彼地也存在同样问题，以此更好的为该制度的持续健康发展提供良方。

在未来住房公积金制度的政策研究中，应该充分借鉴现有的学术研究成果，克服在公积金制度研究中视角单一、方法不全和时空局限等问题，从而对该制度进行客观、科学、全面的评价。并在"建立公开、规范的住房公积金制度"目标指引下，对其存在的制度问题进行科学解答，提出经得起历史检验的政策思路，以此为我国政策性住房金融政策的优化发展奠定理论基础和提供科学指导。

由于住房公积金制度建立时间较长，内容广泛，影响面较大，各地存在差异，所以要实现公开规范的住房公积金制度是一件复杂的系统工程，涉及多个层面的问题。概括而言，在实现住房公积金制度改革之前需要在理论和实证上回答下述问题（见图 0-2）。

一是我国住房公积金制度建立的时代背景如何？从 20 世纪 90 年代发展至今的 20 余年间，住房公积金经历了怎样的政策演变？随着我国经济社会迅速发展和房地产市场不断变革，住房公积金制度的功能定位是否发生变化？

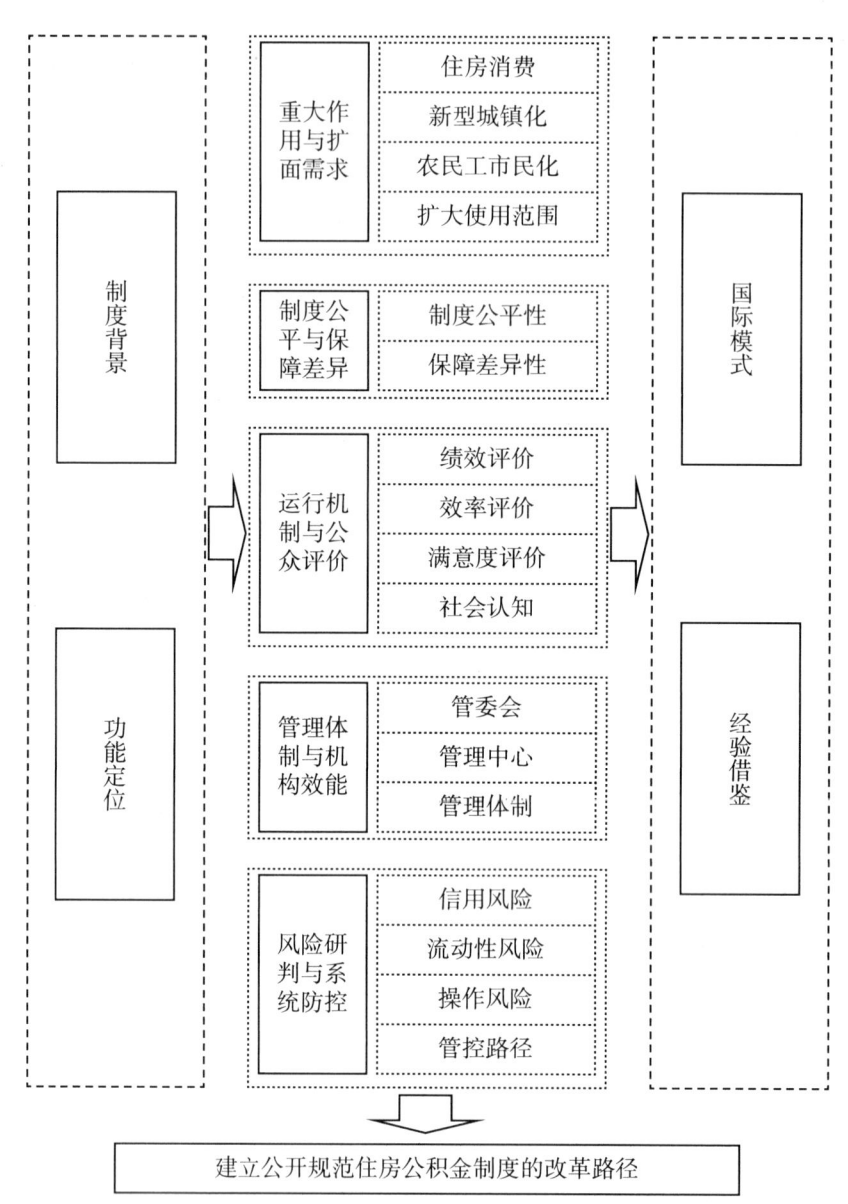

图 0-2　本书研究思路框架

二是住房公积金制度在促进城镇职工住房消费方面是否起到了应有的预期效果？在新型城镇化快速推进的过程中，住房公积金是否应该进行相应的制度调整，以适应城镇化的新需求？对于大量的进城务工人员和其他新市民群体，能否将其纳入住房公积金制度覆盖范围？需不需要在公积金制度的使用上作出一些专门的制度安排，对新市民群体予以特殊的倾斜和优惠？当前住房公积金的使用范围是否需要作出相应调整？

三是对于缴纳住房公积金的职工群体，他们是否公平地享受到了住房公积金的政策实惠？住房公积金制度的公平性该如何保障？当前中国经济呈现显著的区域异质性，东、中、西部地区和一、二、三、四线城市的经济发展和房地产市场等方面存在明显差异，在此背景下，如何通过差异化政策设计实现公积金保障的效应？

四是现阶段住房公积金制度在解决居民住房问题上到底发挥了什么作用？发挥作用的途径和方式是什么？能否对住房公积金的运行机制和效率进行科学测度和客观评价？广大缴存职工和社会群体对于当前住房公积金制度的满意程度和认知状况如何？

五是当前住房公积金的管理体制是以城市为单位进行管理，这种管理体制主要的利弊各是什么？如果需要改革的话，那么应该提高到全国统管还是全省统管，各自的可行性在哪？现代公积金的运营机制实际上是管理中心和受托银行共同管理，这种双重管理运营的机制到底产生了哪些弊端，需不需要改革？改革的方向有哪些？是继续维持目前的事业单位属性还是经营机构，如果不能转为经营机构的话那么事业单位和银行双方的边界该如何界定？

六是住房公积金的运行风险如何？借款人还贷信用风险、住房公积金资金池流动性风险、管理中心操作风险等各自诱发因素和危害程度如何？当前住房公积金的监管机制适不适应公积金安全的要求？如果不适应，应该怎样进行改革？

七是在中国日益开放的经济环境下，很多的经验需要借鉴相关国家的制度，主要经济体国家中，是否都有政府支持居民住房的融资制度安排？各自的模式和机制安排如何？这种融资制度安排在不同国家的差异性很大，其背后的异同点能否加以提炼？这些融资制度安排对于我国有哪些启示？

八是为了实现党的十八届三中全会提出的"建立公开规范的住房公积金制度"和党的十九大提出的"让全体人民住有所居"的政策目标，以及为适应当前房地产市场平稳健康发展长效机制的新需求，住房公积金制度该如何进行改革和完善？制度改革的目标和具体实施方案该如何制定？

为了回答上述问题，近4年以来，课题组成员先后采取了专家座谈会、问卷调查、个案访谈、实证分析等多种研究方法，稳步推进课题研究。在2015年12月及2016年6月进行了两次社会调查，深入多个省份和城市的公积金管理中心。课题组共发放住房公积金社会调查问卷共2 661份，覆盖了全国数十个城市。课题组使用的数据还包括统计局数据和一些住房公积金管理中心的数据库。深入的调研和准确的数据是研究得以完成的重要保证。为了集思广益，课题组还先后召开了6次研讨会，听取各位专家意见和建议，获取监管部门领导和公积金管理部门专家的精准指导。

通过研究，课题组认为研究焦点应当回归到住房公积金制度建立之初的功能定位上。这是因为，公开和规范住房公积金都是为了更好地发挥其特定的功能定位。历史回顾和理论分析都表明，住房公积金制度的最核心最主要的功能定位是为了通过降低购房成本来促进中低收入群体的住房消费。为了实现这一目的，需要应用最新的金融平台、金融手段和金融资源。为此又需要努力实现住房公积金在流动性和风险控制两者之间的平衡。针对这一功能定位，本课题除了系统分析住房公积金制度的基础之外，进一步研究了住房公积金扩大覆盖面后的效果，探讨了住房公积金在解决中低收入群体住房保障问题上的效果与如何实现公平；分析了住房公积金在管理中的风险管控问题，提出了进一步改革和完善住房公积金制度的系统思路。

依据上述研究思路，本书由八个篇章构成，其内在逻辑联系如图 0-2 所示。即由制度背景与功能定位作为研究的出发点，通过分析住房公积金制度的作用，解析当前扩大覆盖面的新需求；然后从制度公平出发，分析住房公积金对于不同群体的保障差异；之后对住房公积金的运行机制、管理体制和风险防控进行了系统研究，最后在借鉴国际政策性住房金融的基础上，提出建立公开规范住房公积金制度的改革思路和措施。

第一篇

制度背景与功能定位

"建立公开规范的住房公积金制度"的核心是科学确立其功能定位和服务对象定位。为此，不仅需要洞察住房公积金制度所处的时代背景变化，更要了解住房公积金制度当前面临的突出问题。作为一项相对稳定的制度，住房公积金既要在《住房公积金管理条例》的框架下运行，也需要进行因地制宜的政策调整。全面了解住房公积金制度的这些特点，紧密结合当前住房市场的变化形势，提出未来我国住房公积金制度的功能定位，这是本篇的基本内容。

为此，本篇先后研究了住房公积金制度背景、住房公积金政策演变和住房公积金功能定位三个问题。

在"第一章：住房公积金制度背景"中，集中介绍了住房公积金制度的建立背景、住房公积金制度的框架和住房公积金制度的法律属性，深入讨论了住房公积金制度在现实中遇到的挑战。

在"第二章：住房公积金政策演变"中，系统总结和介绍了全国及各地住房公积金政策，总结了住房公积金政策取向的阶段性演变，分析了住房公积金政策功能变化的动力与张力。

在"第三章：住房公积金功能定位"中，首先讨论了租购并举住房制度下的住房公积金角色，然后讨论了住房公积金的政策性金融功能，最后提出了住房公积金制度的目标定位。

第一章

住房公积金制度背景

我国住房公积金制度自实施以来，通过不断修正、完善和发展，在管理体制、监管体系、运行规则、业务发展等方面都取得较大进展，在改善职工住房条件、建立住房保障制度、推动住房金融体系建设和促进住宅和房地产行业发展等方面发挥了重要作用。了解住房公积金制度建立的背景、基本内容和法律属性，有利于甄别住房公积金制度在实际运行中出现的突出问题。

第一节 住房公积金制度的建立

住房公积金制度是在中国经济体制改革，尤其是在住房制度变迁大背景中建立、发展和完善的。1978年中国共产党第十一届三中全会之后，中国开始了以促进住房商品化与市场化为目标的城镇住房体制改革进程。然而1989~1990年由于种种原因，全国房改总体上陷入停滞状态。这期间中央政府不再主动作为创新制度的供给者而出现，而是鼓励地方政府发挥主观能动性和创造性来进行政策创新。上海有关决策者在总结上一阶段房改失败的主要教训时认识到，没有为居民提供匹配的住房财力资源就匆忙出售公房或推出租金改革，都是难以获得成功的。为此，借鉴新加坡经验，率先推出了住房公积金制度。该制度很快在全国进行推广，并为中央政府所吸纳，成为全国性政策（刘洪玉，2011）。

自1991年在上海实施住房公积金制度以来，住房公积金制度可以分为试点阶段、全面推行阶段、制度确立阶段和制度完善发展阶段四个阶段。

1991~1993年是试点阶段。1991年5月1日，《上海市住房制度改革实施方案》正式出台，提出"推行公积金、提租发补贴、配房买债券、买房给优惠、建立房委会"五项重点房改措施，其中"公积金"是这五项房改中最重要也最具创新的一项。这是"公积金"这个字眼第一次出现在中国房改政策文件中。在《上海市住房制度改革实施方案》配套实施细则《上海市公积金暂行办法》中，对公积金的定义、对象和范围、缴交、管理、使用等内容进行了具体规定。在《上海市住房委员会章程》中对住房公积金组织机构、职责范围进行了具体的规定。在《关于本市单位和职工缴交公积金和发放住房提租补贴的暂行办法》中对缴交公积金的范围、公积金的月缴交额、公积金的缴交办法等进行了具体的规定，在《上海市公积金管理中心章程》中对公积金中心的职责范围、组织机构等进行了具体的规定，初步构建了包括公积金缴纳、提取、使用和管理在内的公积金制度体系。上海市于1991年2月19日批准建立上海市公积金管理中心，负责归集、管理、使用和偿还房改资金。

1992年，北京、天津、南京、武汉等城市相继试行符合本地实际的住房公积金制度，这是中国住房公积金制度继在上海建立之后的首轮试点。由于住房公积金在住房资金的筹集方面确实发挥了作用，使得这一制度得以迅速发展。1993年该制度陆续扩展到辽宁省、黑龙江省和湖北省等地。到1993年全国已有26个省、自治区、直辖市在房改方案中规定实施住房公积金制度。1993年末全国有131个城市建立住房公积金制度，覆盖全国地级城市的60%，归集住房公积金110亿元。这个时期住房公积金制度在多个城市的实践，既积累了丰富的经验，也为下一步在全国推广奠定了基础。

1994~1998年是全面推行阶段。1994年7月18日，国务院颁布了《国务院关于深化城镇住房制度改革的决定》，正式肯定了住房公积金制度在城镇住房制度改革中的作用，要求在全国全面推行住房公积金制度。同年11月23日，财政部、国务院住房制度改革领导小组、中国人民银行等制定了《建立住房公积金制度的暂行规定》，对住房公积金的定义、缴存、支付、使用及管理等作了进一步的规定。截至1998年底，住房公积金制度已扩展到全国231个地级以上城市，437个市、县。全国住房公积金缴存总额达到1 231亿元，发放住房公积金贷款830亿元。住房公积金在全国的全面推行，对促进全国住房建设、加快城镇住房制度改革发挥了不可或缺的作用。

1999~2014是制度确立与完善阶段。1999年3月17日国务院第15次常务会议通过了《住房公积金管理条例》（以下简称《条例》），这标志着中国住房公积金制度正式进入了法制化、规范化发展的新时期。《条例》对公积金的覆盖面、使用范围、增值收益的用途、风险防范、住房委员会的人员组成及违反条例的处罚措施等进行了规范。1999年下半年《住房公积金财务管理办法》和《住房公积金会计核算办法》下发，各地普遍调整了会计科目，对住房公积金和其他的住房资金实行了分账管理、分账核算，初步规范了住房公积金财务管理和会计核算工作。2002年3月，《国务院关于修改〈住房公积金管理条例〉的决定》（以下简称《决定》）进一步扩大了住房公积金的缴纳主体，增加了同级财政部门以及中国人民银行的分支机构等监督部门，完善了管理机构。《条例》和《决定》的发布与实施，使得住房公积金制度进入到了有法可依阶段，并进一步促进了住房公积金制度在各地业务的发展。

2002年以来，建设部、财政部、中国人民银行等监管机构针对中国住房公积金制度存在的问题，出台了一系列相关政策。2002年5月13日国务院下发了《关于进一步加强住房公积金管理的通知》。2002年6月19日建设部等十部委联合发布了《关于完善住房公积金决策制度的意见》。同日，建设部等九部委联合发布了《关于住房公积金管理机构调整工作的实施意见》。2006年9月财政部发布了《关于加强住房公积金管理等有关问题的通知》。这些法律规定的颁布与实施，一方面加强了对住房公积金的管理与监督，完善了住房公积金制度，另一方面促进了住房公积金制度的发展，使得其在支持住房消费过程中发挥着越来越重要的作用。

进入2010年，面向中低收入家庭和"夹心阶层"的公共租赁住房开始进入了住房保障体系，而且其发展前景被政府和社会各界普遍看好。因此相关政府部门和专家学者又开始探索住房公积金参与公共租赁住房建设和运营的可能性。住房公积金参与保障性住房建设的这些新思考和新探索，意味着1999年以来体系架构和功能已基本稳定的住房公积金制度，又将发生一些新的变革，以便更好地适应新形势下住房保障制度建设的需要。

2015年至今是制度完善发展阶段。以《住房公积金管理条例（修订送审稿）》为标志，住房公积金制度开始从健全城镇住房制度、强化管理、维护缴存者权益、解决住房问题等方面进行制度的发展和完善，向着特别是扩大制度覆盖面，增强金融功能，强化监管力度等方面改革。

从我国住房公积金制度建立的背景及其过程可以发现，住房公积金在中国最初出现时，政策设计者的初衷是归集来自居民与企业的资金用于住房建设和开发。住房公积金作为一种义务性的长期储金，建立了一种由居民、企业和政府三者共同负担的建房资金筹集机制，有效扩宽了住房开发融资来源，大大增大了住房建设与消费资金的积累规模。随着住房开发投资来源逐渐实现了市场化，住房开发建设资金短缺不再是主要矛盾，因而住房公积金逐步转为支持住房消费信贷，以提高职工住房消费能力为主要目标。

第二节 住房公积金制度的框架

住房公积金的管理实行住房公积金管理委员会决策、住房公积金管理中心运作、银行专户存储、财政监督的原则，这些原则也初步勾勒出住房公积金制度的基本框架，在这些制度规则的基础上可以归纳和总结住房公积金的制度特点。

一、住房公积金的决策

财政部、国务院住房制度改革领导小组、中国人民银行于1994年11月23日联合下发的《建立住房公积金制度的暂行规定》中第十七、十八条规定，"各市（县）人民政府负责制定住房公积金的归集、使用、管理等有关具体规定，审批住房公积金的使用计划和财务收支预决算，实施对住房公积金管理机构的领导和监督""住房公积金管理机构的具体设置，由当地人民政府确定"。根据上述规定，早期我国住房公积金治理基本上是地方政府职能的延伸，体现地方意志。全国性统一治理格局的形成应当追溯至1999年国务院制定并颁布的《住房公积金管理条例》，根据该条例第四条规定，我国住房公积金的治理模式被概括为"住房委员会（2002年修改后的《条例》更名为：住房公积金管理委员会）决策、住房公积金管理中心运作、银行专户存储、财政监督"。2015年《住房公积金管理条例》（修订送审稿）继续沿用了以前相关条例，但目前该条例尚未实施。

（一）决策机构

住房公积金决策机构设置首见于1999年《住房公积金管理条例》，时称"住房委员会"，2002年《条例》修改后更名为住房公积金管理委员会，并沿用至今。设立住房公积金管理决策机构的行政区范围为：直辖市、省会市、设区的市，每个行政区范围设立一个住房公积金管理委员会。从住房公积金制度沿革可以清楚地看到，无论是住房委员会还是住房公积金管理委员会，均是从地方人民政府延伸和演变而来的，具有明显的路径依赖和地方政府主导性。

（二）决策职责

住房公积金决策机构承担的具体职责范围最初仅为制定和调整具体管理措施、拟定具体缴存比例、确定最高贷款额度、审批相关计划及执行情况的报告，后逐步扩大，包括审议增值收益分配方案、确定购买国债比例、指定受委托银行等。

（三）人员构成

根据《关于完善住房公积金决策制度的意见》的规定：住房公积金管理委员会委员总数原则上不超过 25 人，直辖市和省会城市可以适当增加，但原则上不超过 30 人。住房公积金管理委员会设主任委员 1 人，副主任委员 1～3 人。具体人员构成应包括政府代表、专家、企业代表、工会和职工代表，政府代表和专家、企业代表、工会和职工代表各占 1/3。每届任期 5 年，可以连任。

（四）议事规则

根据现行规范，管委会的议事主要采取会议制度，会议至少每季度召开一次。决议实行"三分之二"表决机制。建立了有关决议的书面记录制度，实行决策备案制度。

二、住房公积金的管理和运作

（一）管理机构

2002 年《住房公积金管理条例》第十条规定：直辖市和省、自治区人民政府所在地的市以及其他设区的市应当设立住房公积金管理中心，负责住房公积金的管理运作。住房公积金管理中心是独立的事业单位法人，直属城市人民政府。

（二）管理职责

住房公积金管理中心的职责可以划分为：行政管理职责和资本运营职责。前者包括：编制、执行住房公积金的归集、使用计划；负责记载职工住房公积金的缴存、提取、使用等情况；负责住房公积金的核算；审批住房公积金的提取、使用；编制住房公积金归集、使用计划执行情况的报告；对单位依法履行住房公积金缴存义务进行监督和管理；承办住房委员会决定的其他事项。后者包括：审批职工住房公积金贷款申请，独立承担贷款风险；在保证住房公积金提取和贷款的前提下，经住房公积金管理委员会批准，使用住房公积金购买国债；不得对外提供担保；负责住房公积金的保值和归还。

（三）组织原则

有关住房公积金管理中心的组织规范目前仅限于有关人事任免方面，具体包括：管理中心负责人由住房公积金管理委员会推荐，按照干部管理权限审批；管理中心分支机构的人事任免由中心负责；相关人员实行竞争上岗、择优聘用，竞争性保证了人才优势；相关人员不得兼职，以保证职员全部精力用于相关业务。

三、住房公积金的缴存

（一）缴存主体

1994年根据《关于建立住房公积金的暂行规定》规定，住房公积金的缴纳主体包括所有党政机关、群众团体、事业单位和企业的固定职工、劳动合同制职工以及三资企业中方员工，而离职、退休职工以及临时工、三资企业外方职工不缴纳住房公积金。1999年《住房公积金管理条例》规定，国家机关、国有企业、城镇集体企业、外商投资企业、城镇私营企业及其他城镇企业、事业单位及其在职职工缴存住房公积金。2002年在《国务院关于修改〈住房公积金管理条例〉的决定》中增加了民办非企业单位和社会团体及其在职职工缴存住房公积金。2005年，建设部、财政部、中国人民银行在《住房公积金管理若干具体问题的指导意见》中扩大了公积金的覆盖面，提出有条件的地方，城镇单位聘用进城务工人员，单位和职工可缴存住房公积金；城镇个体工商户、自由职业人员可申请缴存住房公积金。目前，上海、北京、大连、南京、长沙等城市已经将城镇个体工商户、自由职业人员纳入住房公积金的覆盖范围，大连、长春、东莞等市还将外来农民工纳入住房公积金的覆盖范围。

（二）缴存客体

缴存客体是指职工工资，主要包括两部分，职工个人缴存的住房公积金和职工所在单位为职工缴存的住房公积金。根据现行《住房公积金管理条例》，这两部分都属于职工个人所有。

（三）缴存比例和缴存基数

1994年《建立住房公积金制度的暂行规定》中规定起步阶段职工个人和所在单位按职工个人工资和职工工资总额的5%缴纳住房公积金，1999年《住房公积金管理条例》中条件有所放松，提出有条件的城市，可以适当提高缴存比例。2005年1月建设部、财政部、中国人民银行发布《关于住房公积金管理若干具体问题的指导意见》，提出严格按照《条例》规定程序，合理确定住房公积金缴存比例。单位和职工缴存比例不应低于5%，原则上不高于12%。具体缴存比例由各地住房公积金委员会拟定，经本级人民政府审核后，报省、自治区、直辖市人民政府批准才可实施。

随着住房公积金政策的推广与深入，同时与经济发展和人均收入增长相一致，住房公积金的缴存率整体上在不断提高。而且在实际操作中，全国各地根据自身情况对住房公积金缴存率进行了灵活的调整，呈现出丰富的地区多样性。

（四）公积金补缴

单位发生合并、分立、撤销、破产、解散或者改制等情形的，应当为职工补缴以前欠缴（包括未缴和少缴）的住房公积金。单位合并、分立和改制时无力补缴住房公积金的，应当明确住房公积金缴存责任主体，才能办理合并、分立和改制等有关事项。新设立的单位，应当按照规定及时办理住房公积金缴存手续。

（五）缴存管理机构

缴存管理机构主要有中国人民银行、住房公积金管理委员会等。其中，中国人民银行负责制定住房公积金的存、贷利率，经征求国务院建设行政主管部门的意见后，报国务院批准。住房公积金管理委员会拟定住房公积金的具体缴存比例。

（六）缴存业务机构

住房公积金具体的缴存业务由住房公积金管理委员会按照中国人民银行的有关规定指定受委托办理住房公积金金融业务的商业银行，住房公积金管理中心与受委托银行签订委托合同，委托指定银行办理住房公积金贷款、结算等金融业务和住房公积金账户的设立、缴存、归还等手续。

四、公积金的使用途径

(一) 公积金提取

住房公积金尽管属于个人所有,但并不是随意提取或使用的。其使用有着较明确的规定。根据2002《条例》,当公积金缴存者满足:购买、建造、翻建、大修自住住房,偿还购房贷款本息,支付超出家庭工资收入的规定比例的房租,离休或退休,完全丧失劳动能力,出境定居等任一条件时才可以提取属于个人部分的公积金。

(二) 公积金使用

1994年《建立住房公积金制度的暂行规定》中规定了住房公积金主要用于职工购买、建造、大修自住住房的抵押贷款;城市经济适用住房建设贷款;单位购买、建设住房抵押贷款;经住房委员会批准,购买国债。这个阶段大部分公积金贷款主要用于住房建设贷款,而用于住房消费领域较少。1999年之后,以《住房公积金管理条例》颁布为标志,公积金使用范围缩小,主要用于向缴存住房公积金的职工在购买、建造、翻建、大修自住住房时提供住房公积金贷款和购买国债。而住房公积金的增值收益则用于建立住房公积金贷款风险准备金、住房公积金管理中心的管理费用和建设城市廉租住房的补充资金。由此,大部分城市住房公积金逐步转变使用方向,用于公积金缴纳主体的提取和住房贷款。以上海为例,1997年个人购房贷款占当年贷款总量之比突破50%,达到51.95%,1998年上升到78.38%,2001年起已完全用于个人购房贷款。

(三) 具体流程

缴存住房公积金的职工申请提取或贷款有着相同的程序,先由住房公积金使用人向住房公积金管理中心提出提取或贷款申请,住房公积金管理中心应当自受理申请之日起3日或15日内作出答复,同意或不同意,并通知申请人;准予提取或贷款的,由受委托银行办理支付手续,见图1-1。

《住房公积金管理条例》为住房公积金的提取和使用确定了基本途径。但一些城市为了提高住房公积金的使用效率,更好地发挥住房公积金的住房保障功能,根据各地实际情况不断创新住房公积金提取和使用制度,做了有益尝试。

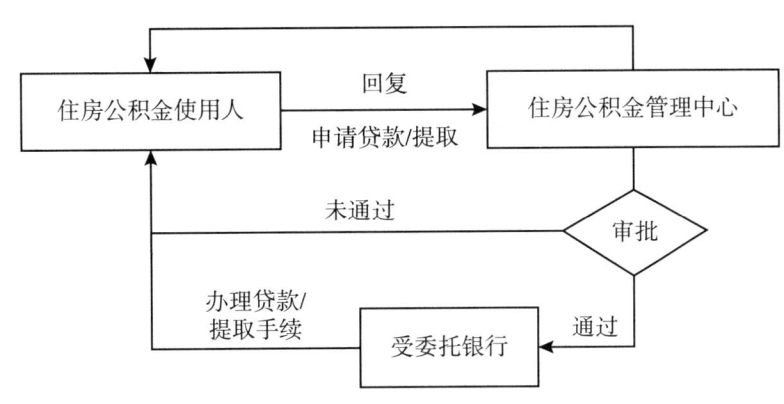

```
     ┌─────────────────────────回复──────────────────────┐
     │                                                   │
┌────┴──────────┐    申请贷款/提取    ┌──────────────────┐
│ 住房公积金使用人 │ ───────────────→ │ 住房公积金管理中心 │
└────┬──────────┘                    └──────────┬───────┘
     │         未通过                            │
     │  ←──────────────────────────────        ┌─┴─┐
     │                                         │审批│
     │     办理贷款/     ┌──────────┐   通过   └─┬─┘
     └──── 提取手续 ──── │ 受委托银行 │ ←────────┘
                        └──────────┘
```

图 1-1　住房公积金提取与贷款流程

在住房公积金提取方面，上海市、南京市允许低保、失业和家庭生活严重困难职工提取住房公积金支付房租、物业专项维修资金、物业服务费等费用。大连市还允许因疾病、子女上大学等造成家庭困难的职工提取住房公积金用于生活开支。在住房公积金贷款方面，北京市、上海市、长春市等地对政策性住房公积金贷款给予低首付、贷款担保费补贴等优惠政策，重庆市还允许购房人以直系亲属名义申请住房公积金贷款或提取直系亲属的公积金作为购房首付款。在上海市等地甚至还可以申请提取住房公积金来补贴生活开支。

不过在鼓励各地根据本地实际情况进行创新的同时，从国家层面来说，还是需要对住房公积金的总体运作方向作出必要的规范和指导，而这就涉及对住房公积金的定位与目标的根本认识。

五、公积金的监督管理

根据我国《住房公积金管理条例》第五章"监督"的体例和内容设计，我国住房公积金的监管制度指的是对住房公积金内部治理机构及其工作人员依法履行职责行为的监管，监管对象是住房公积金管委会及管理中心，监管主体包括负有监管职责的建设、财政、央行、银监会、审计、监察以及缴存单位和职工。根据监管主体，住房公积金监管体系可以划分为：包括行政监管、行政监察、审计监督在内的政府监管体系和社会监督系统。社会监督主体的监管方式和监管手段较为简单。根据《条例》规定，公积金缴存单位和个人以及其他社会公众可以通过信息查询、控告或者检举的方式实现监督职能。相比之下，无论是从监管主体的设置，还是在实际监管实践中，政府监督在整个公积金监管体系中都明显居于绝对主导地位。因此可以说，我国住房公积金监管制度是以行政监管为主，审计监督和社会监督为辅，建立了从中央到地方多层级的立体监管体系。

(一) 监管机构设置

中央监管机构。1999 年《住房公积金管理条例》颁布后,建设部正式成为主管部门,会同中国人民银行、财政部共同对全国住房公积金制度履行监管职责。2003 年国务院机构改革,设立中国银行业监督管理委员会,继承了原央行享有的对金融机构的监管职责。

地方监管机构。1999 年《条例》出台前,地方住房公积金监管机构设置基本上为市(县)一级设置,治理状态基本属于自营自管。1999 年《条例》出台后,省级政府中建设行政主管部门被赋予了"业务指导"职能。2002 年《条例》修改后,才正式从法律上建立起省级行政监管制度,明确赋予了省、自治区建设行政主管部门会同同级财政部门以及中国人民银行分支机构对辖区内公积金制度的监管职责,自此在省、自治区行政区范围内确立了二级监管体系。

省级监管机构。省级监管机构设置与中央监管机构设置一脉相承,也可以划分省级行政监管部门、省级行政监察部门及审计监督部门,其中行政监管部门包括省级建设主管部门、省级财政主管部门、央行分支机构、银监会分支机构。

市级监管机构。1999 年《条例》正式确立地方财政监督制度,即省级以下行政区范围内承担住房公积金制度行政监督职责的机构主要为地方财政部门,同时辅之以同级审计部门的审计监督和行政监察部门的行政监察。2002 年修改的《条例》由于调整了住房公积金地方治理机构的设置,因此承担行政监管职责的市级财政部门限于省会市、设区的市的财政部门,县级政府财政部门不再属于地方行政监管机构之列。

(二) 监管方式和手段

行政监管。根据上述规范,中央监督部门依法享有规范制定权,即通过"制定住房公积金政策"对全国住房公积金制度实施监管的职权。此外,作为上级监管部门,中央监管部门和省(自治区)监督部门共同享有的监管手段包括联合执法检查、定期通报、业务考核等。地方(市级)财政部门属于日常监管机构,体现了"财政监督"的基本制度原则,其监管手段包括建议、审批和专项检查等。

行政监察。行政监察是指行政监察部门依据《监察法》对各级住房公积金治理机构中的相关公务人员进行的监察,其监察对象主要是公务人员,依据《中华人民共和国宪法》和《中华人民共和国行政监察法》,监察部监察手段包括:检查、调查、建议和行政处分。

审计监督。在住房公积金管理中运用审计职能的方式有三种类型,内部审计、社会审计和国家审计。内部审计是指住房公积金管理中心内审机构对自身业务进行的审计，内部审计属于公积金管理中心的内控制度。社会审计目前只是行政监管机构在履行监管职能时借助的一种手段，其实施完全基于行政监管机构的委托，并非一种独立的监管措施。因此，作为外部监管制度的审计监督仅指国家审计监督。国家审计可以采取以下方式履行对公积金制度的审计职责：第一，国家审计机关对公积金管理中心进行年度审计和专项审计；第二，市级审计部门对住房公积金管理中心负责人进行经济责任审计。

六、住房公积金的特点

1994年由财政部颁布的《关于建立住房公积金的暂行规定》是全国性第一部关于住房公积金的法律规则。作为第一部涉及住房公积金的专门法律规定，1994年版本的《关于建立住房公积金的暂行规定》虽然还比较粗糙，但已经十分明确地体现了住房公积金的几大特征，即"普遍性""强制性""长期性""保障性""互助性""专用性"。这些特征正是住房公积金制度生命力的灵魂所在，也基本被后来的政策法规延续至今。因此，住房公积金制度初始定位可以归结为：在法律上具有普遍强制性、在功能上具有互助性、在本质上具有福利性、在使用上具有专用性并具有住房保障目标的长期性住房储蓄制度（见表1-1）。

表1-1　　　　　　　　　住房公积金的特点

特点	含义
强制性	指住房公积金以行政法规为强制性保障，凡城镇在职职工及其所在单位都必须按规定的缴存基数、缴存比例建立并按月缴存住房公积金
互助性	指住房公积金由住房公积金管理中心集中管理，融通使用，把个人有限资金集中起来，形成规模效应，为购买自住住房的职工提供政策性贷款支持，形成职工间的互帮互助
保障性	指住房公积金定向用于职工住房，并可通过安全运作实现合理增值，公积金的增值收益除了提取贷款风险准备金和中心的管理费用之外，全部用于弥补城市廉租房建设资金的不足
长期性	住房公积金是长期住房储金，每个城镇职工参加工作后即开始缴存，直到退休销户退还，其间只有符合条件才能提取或贷款
普遍性	指所有城镇在职职工，不论单位性质、家庭收入、是否已有住房，都应按国家规定缴存住房公积金
专用性	住房公积金是解决职工住房问题的专项资金，定向用于职工买房、建造、翻建、大修自住住房，任何单位和个人不得挪作他用

第三节 住房公积金制度的法律属性

我国的住房公积金制度由一系列法规、政策和文件构成，梳理和分析这些制度内容的法律属性是进一步认识住房公积金功能定位，推动未来改革的基础。

一、住房公积金法律属性的理论渊源

衣食住行都是人类社会生活的基本需要，与"住"相对应的住房问题从来没有离开人们讨论的范围。住宅权与受教育权、生育权等一样属于基本人权，这一点已经得到国际社会的广泛承认。1948年《世界人权宣言》第25条第一款规定："人人有权享受为维持他本人和家属的健康和福利所需的生活水准，包括食物、衣着、住房、医疗和必要的社会服务；在遭受事业、疾病、残废、守寡、衰老或在其他不能控制的情况下丧失谋生能力时，有权享受保障。这一规定已经将住房，连同衣着、食物、医疗等一并列入了人类基本权利之列，囊括了住房为公民生存必需之意[①]。"1981年国际社会又进一步通过了《住宅人权宣言》，将"享有良好环境，适宜于人类的住所"，即住宅权，纳入基本人权的范畴。我国政府也以实际行动确认了这一基本人权。党的十七大报告中已经提及"住有所居"目标，说明政府已经明确了保障公民基本住房需求的任务，认可了公民的住宅权。

住宅权（the right to adequate housing），又称适宜或充分住宅权，是指公民有权获取可负担得起的适宜于人类居住的、有良好的物质设备和基础服务设施的、具有安全、健康和尊严，并不受歧视的住房权利（金俭，2004，第55页）。基本权利必然与国家义务相呼应。公民住宅权的另一层含义，便是国家的住房保障义务。住房这种商品的特殊性在于，它是一种有限的资源，使用周期长，且具有一般生活必需品所难以比拟的高价值，从而使得住房问题解决起来更加的困难。简单来看，国家要保障公民的住宅权可以从两方面着手，一是直接投资建设保障性住房，也就是常说的"补砖头"，二是向购房者提供住房补贴，也即"补人头"。然而从各国经验来看，即使是西方发达国家的政府也很难纯粹靠财政的支持解决

---

① 联合国官方译本，http://www.ohchr.org/EN/UDHR/Pages/Language.aspx? Lang ID = chn，1998年12月。

公民尤其是中低收入者的住房问题。而要在短时间内凭借个人收入购买住房这种价值很大却又是生活必需品的商品，对于多数公民，尤其是中低收入者而言更是非常困难。如此，负有住房保障义务的国家就要通过政府力量的介入和支撑，通过一系列符合自身国情的制度设计，来解决居民购房或租房的资金来源问题，也即住房融资问题。正是基于此，住房公积金制度的设计体现出模仿与独创的双重结合，它以强制储蓄的方式建立互助性长期住房储蓄资金，从而为解决居民住房问题开辟融资渠道，实现党的十九大报告中提出的"住有所居"住房保障目标。从这个角度上讲，住房公积金这样的政策性住房金融制度，在住房保障体系中，尤其是像我国这样的发展中国家，承担的是极其核心的角色。

二、住房公积金的所有权属性

住房公积金具有私人所有权属性。目前，这一点已经被现有的法律明确规定，只是我们需要从理论上赋予其正当性与合理性。分析住房公积金的构成和来源就不难看出，住房公积金本身带有很强的"工资性"。每月从职工工资扣缴的那一部分公积金，本身就来自用人单位给予职工的劳动报酬，当然是归职工个人所有；而用人单位每月为职工缴存的那一部分公积金实际上是"以货币的形式、按《条例》规定的方式分配给职工，从而达到转换住房分配机制、实现住房分配货币化的目的，因而亦具有明显的工资性"（曾筱清、翟彦杰，2006），当然也应该属于职工所有。清楚了住房公积金的权属问题，住房公积金制度相关法律关系就很容易厘清，很多制度运行障碍也能被消除。一方面，职工对其住房公积金账户内的住房公积金享有所有权，住房公积金管理部门只是负责资金管理和运行，职工与住房公积金管理部门之间构成法律上的委托关系。因此决策机构的构成中必须包括能切实代表民意影响决策方向的职工代表和学者，而且决策过程必须透明。而公积金的运行机构根据决策机构的决策管理、运用住房公积金，但需按照法定标准向职工支付利息，并承担资金运营的风险。另一方面，对于用人单位未支付或少支付的那部分住房公积金，职工则享有给付请求权。根据《条例》第二十三条的规定，企业为其在职职工缴存的住房公积金从企业成本中列支。这也就意味着用人单位支付住房公积金并不减少企业的利润，企业不能以盈利情况抗辩职工住房公积金的给付请求权。恰如企业用工就要向职工支付劳动报酬一样，企业用工就必须为职工缴纳住房公积金，这也就是所谓的"工资性"。

三、住房公积金的法律质疑

住房公积金制度作为住房货币化改革的产物,一方面提高了居民的住房消费能力,另一方面也为支持保障性住房建设做出了巨大的贡献。然而,在近年来不断飙升的房价和不断扩张的居民住房需求下,制度设计的缺陷也开始逐渐暴露,制度运行偏离了住房保障的制度设计目标,一系列公平性争议甚至引发了一些人对住房公积金存在必要性的质疑。当前,我国只明确了住房公积金的使用目的,即住房公积金是专用于住房的"长期住房储金",但对单位和个人住房公积金来源的属性,对住房公积金的使用方式没有做出明确规定,从而影响了住房公积金缴费的合理控制和住房公积金的合理使用,不利于控制成员间的收入差距,不利于保证成员间住房公积金享受的公平(朱婷,2012)。具体表现在以下两大方面:

一是住房公积金的法律属性不明确(欧阳林等,2006;曾筱清、翟彦杰,2006)。《住房公积金管理条例》明确规定了公积金的来源,即公积金由个人及其单位共同缴纳,归职工个人所有。但是,公积金来源到底是职工工资的强制扣除,还是单位发放的员工福利,文件并没有作出明确的规定与说明。因此学术界关于住房公积金的法律属性存在三种观点:一是强制储蓄性质(钱凯,2007),认为住房公积金是国家以强制手段要求居民购买为购房储蓄,并辅之以一定的政策优惠;二是社会保障税性质,以住房公积金与养老金相类比,认为社会保障税包括社会保障缴款、纳税人、雇员、雇主、自由职业者、失业者、工作年龄、养老金领用者、纳税期间9个要素,这种观点在我国缺乏立法的支持;三是住房补贴性质,实行房改之后,我国取消了实物分房而代之以住房货币化,住房公积金为单位和国家对居民购房的一种货币补贴(肖文海,2008)。李海明(2012)认为,从法律定性上,住房公积金具有延期支付、有限的个人产权、社会互助与合作三种法律属性。

由于对住房公积金来源的属性没有明确界定,没有成为居民收入调控点(朱婷,2012),我国的公积金缴费政策比较宽松,有一个可自由选择的浮动比例区间,一般来说,单位和个人的公积金缴费率可在5%~12%选择。由于浮动区间的存在,选择最高和最低缴费率的单位,职工公积金收入相差一倍多。除公积金缴费有浮动区间外,各地还对住房公积金的最低和最高起征点,最低和最高缴存额进行了规定。一般情况下,各地住房公积金最低起征点即缴费工资基数下限为当地上年度最低工资标准,上限为当地上年平均工资的2~3倍。有些地方还对住房公积金的月缴存额上下限进行了规定。由于缴费率和缴存基数的累积效应,最后,成员的公积金账户收入差距高达5~10倍,甚至更高。这种差距不利于社会公平，不利于低收入者住房保障目标的实现。

二是住房公积金的权益维护不充分。《住房公积金管理条例》明确规定了公积金的两种使用方式——提取和贷款。关于提取，《住房公积金管理条例》规定，职工除离休退休、完全丧失劳动能力并与单位终止劳动关系、出境定居等情形可以提取职工住房公积金账户内的存储余额外，还可在"购买、建造、翻建、大修自住住房""偿还购房贷款本息""房租超出家庭工资收入的规定比例"时提取账户余额。由此可见，公积金提取的实质就是职工自我使用自己积累的住房储金，这一使用方式具有自助属性。只不过，如果将住房公积金提取的条件设计得不合理则会造成潜在的不公平和导致住房公积金的缴纳沦落成为部分人投资获益的手段（杨兵，2010）。比如，将房租费用过高作为住房公积金提取的条件，会导致住房公积金功能的弱化。关于贷款，《住房公积金管理条例》规定，"缴存住房公积金的职工，在购买、建造、翻建、大修自住住房时，可以向住房公积金管理中心申请住房公积金贷款""住房公积金的存、贷利率由中国人民银行提出，经征求国务院建设行政主管部门的意见后，报国务院批准"。由于公积金贷款资金完全来自职工缴存，且我国公积金一直实行"低存低贷"的特殊利率政策，这就意味着我国公积金贷款具有互助属性。

由于我国未对住房公积金使用的互助与自助性质进行明确界定，因此也不可能对住房公积金使用过程中成员利益不公等问题进行周全的考虑与处理，从而容易导致住房公积金使用中的结果不公（朱婷，2012）。我国住房公积金是强制积累的"低存低贷"基金。住房公积金账户的存款利率，当年缴存按商业银行活期利率记入个人住房公积金账户，上年结转按商业银行三个月定期存款利率记入个人账户，住房公积金贷款按低于同期商业银行贷款利率的中国人民银行规定利率执行。"低存"对个人来说存在公积金收益损失，公积金打算通过"低贷"设计以弥补个人"低存"造成的损失。但是，由于没有对"低存低贷"这一互助性质进行明确界定，因此不可能对"低存低贷"中获益职工的获益度进行明确限制，也不可能对"低存低贷"中收益损失职工的损失进行明确弥补，从而导致收益不公（汪利娜，2003；韩立达、李耘倩，2009）。

到目前为止，我国公积金成员真正使用公积金贷款的人并不多，有些人在建购住房时虽提取了自己的公积金，但未进行公积金贷款；有些人则从未动用过公积金，直到退休才一次性提取自己的公积金。对于这些从未使用公积金贷款或使用不多的人来说，他们的住房公积金"低存"损失无法获得或无法全部获得补偿；而对于使用了住房公积金贷款的人来说，他们的"低存"损失从"低贷"中获得了补偿或超额补偿，公积金没有完全实现公平互助，不利于成员结果公平（杨兵，2010；李海明，2013）。而且，住房公积金使用的互助与自助性质不明确不利于公积金的合理使用和住房保障目标的实现。因为住房公积金互助与自助两种使用性质的模糊并存不便于住房公积金的明确和规范使用，容易导致公积金资金沉淀或不足，影响到公积金住房保障作用的发挥。

四、住房公积金法律制度的公平与效率

如何看待当前的住房公积金制度的法律基础，研究者通常从效率和公平两个维度进行深入解读。

（一）从效率视角解读住房公积金法律制度

1. 涉及住房公积金的相关机构存在的问题

住房公积金管理机构的设置存在缺陷：《住房公积金管理条例》第七条、第十条，并没有设置国家级和省级专业性的住房公积金管理机构的相关规定。归集资金不在省或者国家范围内进行统筹，容易使得各住房公积金管理中心或者各分中心之间无法有效地调动资金以提高资金使用率。资金充足而不使用，则易使其贬值。资金僵化而不易调动，则不利于地区的经济发展。

住房公积金管理机构的法律属性与职能不匹配。该模式适用于该行业的经济发展水平比较高，市场机制比较完善，只是对于难以靠市场本身进行克服的市场失灵问题需要解决的领域。而当前我国的实际情况是房地产市场以及竞争机制并不完善，并且该市场存在结构性的缺陷。采用此种模式易产生管理委员会与管理中心无法各尽其职以及发挥效用的风险。

2. 住房公积金的管理费用以及廉租房建设资金与财政资金的性质混同

《住房公积金管理条例》第三十条规定，住房公积金的管理费用以及用于廉租住房建设资金的性质为政府财政。这使得住房公积金管理中心在资金管理运用上出现"行政化"倾向，与负责公积金的归集、保值和增值的独立的事业单位的住房公积金管理中心的职责相冲突。住房公积金管理中心在日常的工作中以管理为主，侧重公积金的收缴，而易忽视运营，这无疑使由于低存低贷造成的利息损失的低收入家庭的损失扩大。住房公积金管理中心把广大缴存者的储备资金当作"准政府资金"运用。实际上，以金融模式运转的缴存者的储备资金在行政权力的影响和控制下是难以实现保值和增值的。而且，为得到互助而缴存的储金的性质被转换成了政府资金，资金的所有权通过一个独立的单位被转移为政府，使得政府不花任何代价就可对该部分资金行使所有权。

3. 住房公积金的监督机制流于形式

相对于银行业、证券业、保险业监督机构和监督模式，住房公积金监管机构

有待健全，监管责任也不够落实，监管力量和投入明显不足，监管部门之间协调沟通不够，监管合力不强，缺乏具有专业素质的人才、监管方式和手段，监督效率不高。特别是仅通过外部监管促进强化内部控制、建立自我约束和制约机制的效果不理想。

4. 住房公积金的申贷手续烦琐

住房公积金管理委员会权责过于分散。作为事业单位的住房公积金管理中心与商业性住房金融在使用功能上具有相似性并且易于受到行政权力的束缚。住房公积金管理委员会、住房公积金管理中心和受委托银行共同运作的模式在运行过程中可能产生"内部人控制"和"寻租"现象，无法有效地促进资金的使用率，也无法有效地防范风险以实现融资担保的职能。

（二）以公平视角解读住房公积金法律制度

作为一项民生性质的工程，住房公积金政策的绩效评价应当遵循公共政策绩效评价的一般规律，即注重以下三个方面：政策效果性（effectiveness）评价、政策效率性（efficiency）评价和政策公平性（equality）评价。所谓的公平性，可从横向公平和纵向公平来分别考察，也可以从机会公平、规则公平与结果公平的视角来审视。在住房制度改革中，低存低贷模式的制度设计是使得缴存者以放弃存款的高利率以获取贷款的低利率。因此，住房公积金制度的强制缴交是采用互助性的方式以提升职工的住房消费能力。

1. 住房公积金的利率运行方式不合理

《住房公积金管理条例》规定住房公积金的缴存数额为职工本人工资的一定比例。因此，住房公积金的缴存以职工工资为基础，当前收入分配中的不合理现象又被完全投影到住房公积金的分配上。建设部、财政部、人民银行联合颁发的《关于住房公积金管理若干具体问题的指导意见》规定，各城市应结合当地实际情况，缴存比例不应低于5%，原则上不高于12%。合理确定住房公积金缴存比例，原则上不应超过职工工作地所在设区城市统计部门公布的上一年度职工月平均工资的2倍或3倍。根据《财政部、国家税务总局关于住房公积金、医疗保险金、养老保险金征收个人所得税问题的通知》规定，企业和个人按照国家或地方政府规定的比例提取的住房公积金，不计入个人当期的工资、薪金收入，免予征收个人所得税。个人领取原缴存的住房公积金时，免予征收个人所得税。同时，职工个人按规定所计利息收入免征利息所得税。由于缴存基数为工资，因此，高工资者所享受的对于个人所得税和利息所得税的免税优惠大于中低工资者。实质是，中低工资者所应享有的公共资源被高工资者所占有。

从贷款的条件分析，公积金贷款有额度限制，贷款额度依缴款能力而定，

"存贷挂钩、多存多贷、少存少贷、不存不贷"。这意味着，收入高者更易申请到数额更多的住房公积金贷款，而中低收入者较难申请。实际上，一般而言，中低收入者改善自己生活环境的能力弱于高收入者，而高收入者的生活水平本就高于中低收入者。高收入人群的住房金融信贷也应是商业银行提供的高利率的贷款。因此，住房公积金制度使得中低收入者用自己的储蓄资金为高收入者购房提供了补贴。收入越高受益越大，收入越低受益越小，住房公积金制度的互助性功能反而让弱者帮助了强者。

2. 住房公积金属地化管理模式使地区发展不均衡

《住房公积金管理条例》第八条规定"直辖市和省、自治区人民政府所在地的市以及其他设区的市地、州、盟，应当设立住房公积金管理委员会，作为住房公积金管理的决策机构"。据此可知，住房公积金制度实行属地化封闭管理。由于法规没有统一规定缴存比例和缴存基数，受各地经济发展水平、群众住房消费取向等因素的影响，住房公积金制度的发展状况在不同地区之间存在着较大差异。因此，从全国住房公积金的宏观管理情况来看，政策的优越性和互助性特点未能得到充分的体现。

3. 住房公积金对中低收入群体的保障机制不健全

住房公积金法律制度的制定初衷在于提高民众的住房消费能力，但是在居民的收入差距扩大以及房地产市场不完善的情况下，该制度的运行机制已使得民众的住房消费能力的差距被进一步拉大。随着住房公积金制度的特性逐渐被消解，该制度逐步以一种与商业性住房金融相似的金融制度的姿态出现，在当前的金融体系框架下无法体现制度功能，既不公平也无效率。变化的社会环境对住房公积金法律制度有了不同的时代要求。这就要求住房公积金制度转变职能。因此，以政策性金融制度将其改造，增加政府信用，加强对中低收入者的倾斜力度，为中低收入人群提供政策性住房金融支持是住房公积金制度的必然的改革趋势。

第二章

住房公积金政策演变

住房公积金的制度功能是通过一系列具体政策体现的，这些政策既受相关的法律法规的限制，又需要与不同时期的经济形势、房地产政策相适应。通过研究住房公积金政策的演变及其所蕴含的主要功能，有助于理解住房公积金制度发展的内在机制和一般规律。本章拟通过不同政策维度来揭示住房公积金制度问题的根本原因。在对政策内容和演进阶段界定的前提下，基于政策文本的量化分析，经由不同阶段政策焦点的探究以及制度特征的分析，找出制度错位原因所在，进而指出未来的改革取向。

第一节 住房公积金的政策梳理

为了系统总结分析住房公积金政策的特点及其演变，本章对住房公积金制度发展进程中的代表性政策文件予以梳理（见表2-1）。这些住房公积金制度政策内容主要分为三大部分：一是住房公积金制度覆盖面，也就是哪些群体应当被纳入制度中；二是住房公积金功能，表现为通过缴存、提取、使用、增值收益等环节的设计以实现既定政策目标；三是管理机构职能，包括住房公积金管理中心、住房公积金管理委员会以及监管机构等住房公积金运作机构如何调整、改进、变革的过程。

表 2-1　　　　　　　　住房公积金制度代表性政策梳理

颁布时间	文件名	主要内容	发布单位
1991年5月	《上海市住房制度改革实施方案》	推行公积金、提租发补贴，配房买债券，买房给优惠，建立房委会	上海市政府
1994年7月	《关于深化城镇住房制度改革的决定》	提出建立住房公积金的意义，明确缴存公积金的对象和范围，住房公积金缴存额计算及来源，并提出建立和完善住房公积金制度	国务院
1998年7月	《关于进一步深化城镇住房制度改革加快住房建设的通知》	停止住房实物分配，逐步实行住房分配货币化；建立和完善以经济适用房为主的多层次城镇住房供应体系，发展住房金融	国务院
1999年4月	《住房公积金管理条例》	加强对住房公积金的管理，维护住房公积金所有者的合法权益，促进城镇住房建设，提高城镇居民的居住水平	国务院
2002年4月	《住房公积金管理条例》（修订版）	重新设计住房公积金决策机构、重新定位住房公积金管理中心、强化建设行政主管部门职责、划分财政部门职责、扩大住房公积金缴存范围	国务院
2015年11月	《住房公积金管理条例》（修订送审稿）	放宽缴存范围和提取条件、增强资金流动性、拓宽资金保值增值渠道	国务院法制办
2016年6月	《加快培育和发展住房租赁市场的若干意见》	鼓励住房租赁消费。落实提取住房公积金支付房租政策。明确各方权利义务，保护承租人和出租人合法权益	国务院办公厅
2017年12月	《关于维护住房公积金缴存职工购房贷款权益的通知》	压缩审批时间、严格业务考核、公开办事流程、促进部门信息共享、提高办事效率	住建部、财政部、中国人民银行、国土资源部

续表

颁布时间	文件名	主要内容	发布单位
2018年5月	《关于开展治理违规提取住房公积金工作的通知》	规范改进提取政策、优化提取审核流程、实施失信联合惩戒、推进部门信息共享	住建部、财政部、中国人民银行、公安部

与全国住房公积金政策相适应,各地也先后出台了多项公积金政策,表 2-2 列举了部分地区住房公积金制度政策调整及其主要目的。

表 2-2　　　　　各地住房公积金制度改革内容

时间	地区	政策调整	主要目的
2006年4月	安徽省	关于加强住房公积金行政监督的通知	提高行政监管
2007年1月	南京市	关于调整住房公积金贷款有关政策的通知	抑制住房投资
2009年4月	陕西省	进一步加强住房公积金管理提高使用率的意见	提高使用率
2010年6月	上海市	住房公积金个人购买经济适用住房贷款实施细则	加强住房保障
2010年7月	海南省	非"正式工"也应享住房公积金	提高覆盖面
2011年2月	广西壮族自治区	加快发展公共租赁住房的实施意见	加强住房保障
2013年4月	北京市	关于实行住房公积金个人贷款差别化政策的通知	加强住房保障
2014年11月	湖北省	中低收入家庭可提取公积金支付保障房房租	加强住房保障
2015年6月	新疆维吾尔自治区	住房公积金贷款额度普遍提高	刺激住房消费
2016年12月	河南省	进一步扩大住房公积金制度受益范围的若干意见	扩大覆盖面
2017年3月	山东省	进一步推动非户籍人口在城镇落户通知	扩大覆盖面
2017年11月	广州市	个人自愿缴存使用住房公积金办法	尝试自愿缴存
2017年11月	沈阳市	推动非户籍人口在城市落户实施方案	扩大覆盖面

资料来源:各地住房公积金中心官方网站的政策文献整理归纳。

从表 2-1 中可以大体看出,各地对住房公积金制度不断进行新的探索,实质上就是在全国性的政策框架约束范围内根据本地区具体情况扩大公积金的使用范围，提升公积金的消费功能，提高治理机制的水平和效率，保障广大居民尤其是中低收入者基本住房需求，实现由"住者有其屋"到"住有所居"目标的转变。

各部门、各地区颁布的政策文件是最能反映住房公积金制度各个阶段关注焦点的资料，从中可以分析制度特征及贯彻其中的定位思考，但遗憾的是这些资料却没有得到充分挖掘。基于对住房公积金功能的探索，本章对这些政策进行了初步的统计分析。发现在整理的住房公积金政策中有38件政策文件涉及制度覆盖面，125件政策文件涉及住房公积金功能以及149件政策文件涉及住房公积金机构职能，具体分布如表2-3所示。从中可以看出，关于机构职能方面的政策文件数量最多，体现出管理机构在制度运行中的关键作用；管理中心作为管理体系的核心环节，最受政策瞩目，既要落实管委会等决策机构所制定的相关政策，又要提升效率，改进服务，努力维持良好的公众形象，因而应作为改革的着力点予以足够重视。

表2-3　住房公积金制度政策数量按类型分布（1991~2017年）

政策内容维度	政策分类	政策主题
制度覆盖面（38）	公有制单位（21）	公有制单位职工（21）
	非公有制单位（9）	非公有制单位职工（9）
	新市民（8）	农民工、个体工商户、自由职业者等（8）
住房公积金功能（125）	缴存（36）	缴存比例、基数、提取程序等（36）
	提取（44）	抑制住房投资（8）
		拓宽提取范围（5）
		规范提取程序（31）
	使用（28）	单位建房、公租房、发行债券（28）
	增值收益（17）	来源、分配、程序等（17）
机构职能（149）	管理（63）	风险控制（14）
		管理方式（15）
		管理内容（34）
	决策（46）	管委会相关规定（46）
	监督（40）	监督机构职责、监督方式等（40）

注：括号内数字表示该政策文本数量。

结合20多年来我国住房公积金制度演进的特点，根据标志性政策事件可以将我国住房公积金政策演变路径划分为四个阶段：一是试点阶段（1991~1993年）；二是推广阶段（1994~1998年）；三是确立完善阶段（1999~2014年）；四是改革阶段（2015年至今）。图2-1描述了不同阶段的标志性事件及其内容。

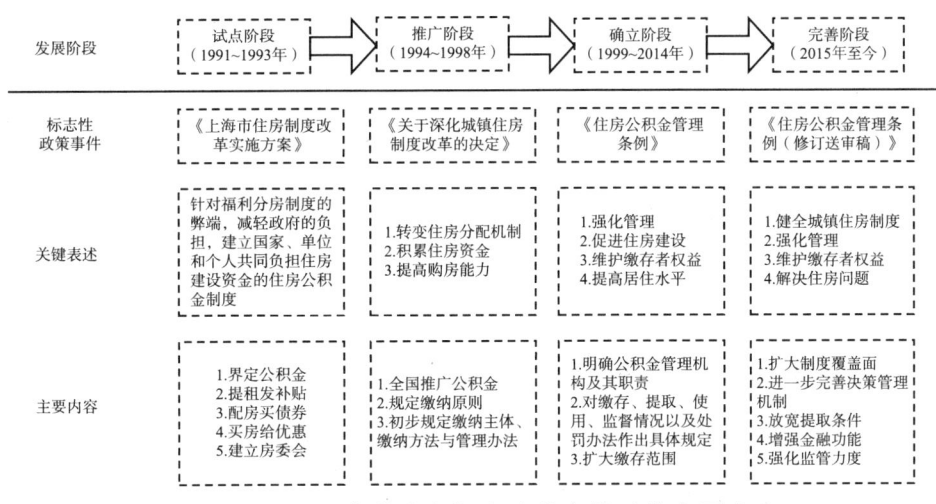

发展阶段	试点阶段（1991~1993年）	推广阶段（1994~1998年）	确立阶段（1999~2014年）	完善阶段（2015年至今）
标志性政策事件	《上海市住房制度改革实施方案》	《关于深化城镇住房制度改革的决定》	《住房公积金管理条例》	《住房公积金管理条例（修订送审稿）》
关键表述	针对福利分房制度的弊端，减轻政府的负担，建立国家、单位和个人共同负担住房建设资金的住房公积金制度	1.转变住房分配机制 2.积累住房资金 3.提高购房能力	1.强化管理 2.促进住房建设 3.维护缴存者权益 4.提高居住水平	1.健全城镇住房制度 2.强化管理 3.维护缴存者权益 4.解决住房问题
主要内容	1.界定公积金 2.提租发补贴 3.配房买债券 4.买房给优惠 5.建立房委会	1.全国推广公积金 2.规定缴纳原则 3.初步规定缴纳主体、缴纳方法与管理办法	1.明确公积金管理机构及其职责 2.对缴存、提取、使用、监督情况以及处罚办法作出具体规定 3.扩大缴存范围	1.扩大制度覆盖面 2.进一步完善决策管理机制 3.放宽提取条件 4.增强金融功能 5.强化监管力度

图2-1 不同演进阶段标志政策事件及其主要内容

根据上述政策内容分类和阶段划分，不同阶段我国住房公积金制度政策内容数量分布情况如表2-4所示，可以看出确立阶段政策数量占比明显最多，确立阶段处于我国改革开放深入发展时期，经济社会的变化对制度造成了一定的冲击，也影响了居民的住房需求，因而相关政策的制定也需要适应这一变化以更好地满足居民的住房愿望。这一阶段政策密集的特点也有利于探究制度演进的内在逻辑，进而发掘其中存在的内部矛盾。

表2-4　　　　　住房公积金制度政策数量按阶段分布

政策维度	政策主题	试点阶段	推广阶段	确立阶段	改革阶段
制度覆盖面（38）	公有制单位职工（21）	6	4	8	3
	非公有制单位职工（9）	1	0	4	4
	农民工、自由职业者等（8）	0	0	3	6
住房公积金功能（125）	缴存比例、基数、提取程序等（36）	11	5	16	4
	抑制住房投资（8）	0	0	8	0
	拓宽提取范围（5）	0	0	1	4
	规范提取程序（31）	9	8	10	4
	单位建房、公租房、发行债券（28）	5	3	17	3
	来源、分配、程序等（17）	2	3	10	2

续表

政策维度	政策主题	试点阶段	推广阶段	确立阶段	改革阶段
机构职能（149）	风险控制（14）	0	2	12	0
	管理方式（15）	0	3	23	8
	管理内容（34）	11	4	26	5
	管委会相关规定（46）	4	2	7	1
	监督机构职责、监督方式等（40）	3	3	30	4
	合计	52	37	175	48

注：括号内数字表示该政策文本数量。

第二节 住房公积金政策取向的阶段性演变

基于住房公积金政策分布的阶段性特点，可以将我国住房公积金制度演进路径划分为4个阶段。采取定量和定性两种研究方法，对不同阶段的政策文件进行量化分析和内容挖掘，以便呈现住房公积金制度演进规律，进而揭示制度问题出现的根本原因以及未来的改革取向，如图2-2所示。

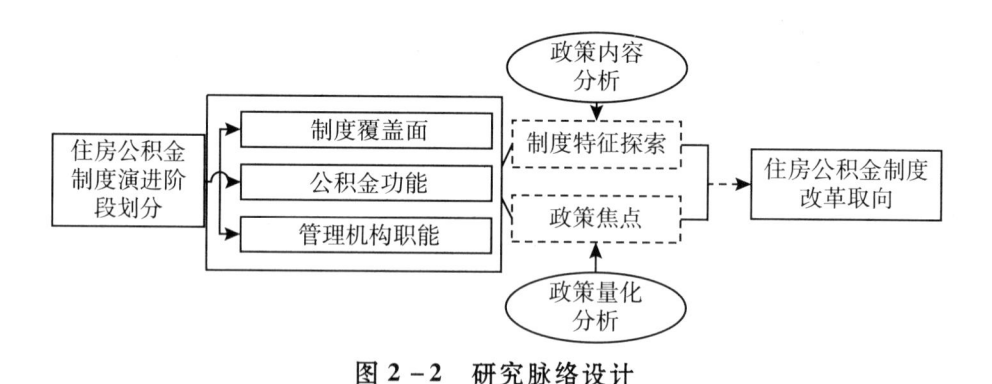

图2-2 研究脉络设计

一、住房公积金制度试点阶段的政策取向

依据上述方法，对住房公积金制度试点阶段的政策关键内容分布整理得出表2-5和图2-3。从表2-5和图2-3中可以看出，试点阶段的目标群体仅为公有制单位职工，这一方面体现制度设计者"摸着石头过河"的谨慎态度，公有

制单位职工流动性小、收入较为稳定,以他们开展试点风险较小;另一方面非公有制单位和新市民并没有被纳入考虑范围,制度设立之初即显示出机会不公平的弊病。从功能方面看,相关政策文件对缴存、提取和使用等基本功能环节做出了初步设计,这些设计从缴存上可以体现出公积金的强制性和互助性,从提取和使用上可以体现出公积金的专用性和福利性,是制度的核心意义所在,兼顾了国家、单位和个人三者的利益,有利于迅速积累住房建设所急需的资金。从机构职能方面看,试点阶段主要针对管理机构的构建,成立公积金管理中心,负责归集、管理和使用。《上海市公积金管理中心章程》把公积金管理中心定位为非营利的事业经济实体单位,行政性和金融性这两个有根本区别的性质并存,机构职能性质的模糊不清也反映出住房公积金制度的出现并没有经过成熟准备和思考,具有临时性和探索性。

表 2-5　　　　　　试点阶段制度关键政策的内容分布

年份	政策文件	公有制单位	非公有制单位	新市民	缴存	提取	使用	增值收益	决策	管理	监督
1991	《上海市住房制度改革实施方案》	●			●	●	●		●	●	●
1991	《上海市住房委员会章程》								●		
1991	《上海市公积金管理中心章程》									●	
1991	《上海市房改资金金融管理暂行办法》				●	●				●	
1991	《江苏省城镇住房制度改革实施意见》	●	●		●	●					
1992	《中央在京党政机关住房制度改革实施方案》				●		●			●	

注:黑点表示有内容分布。

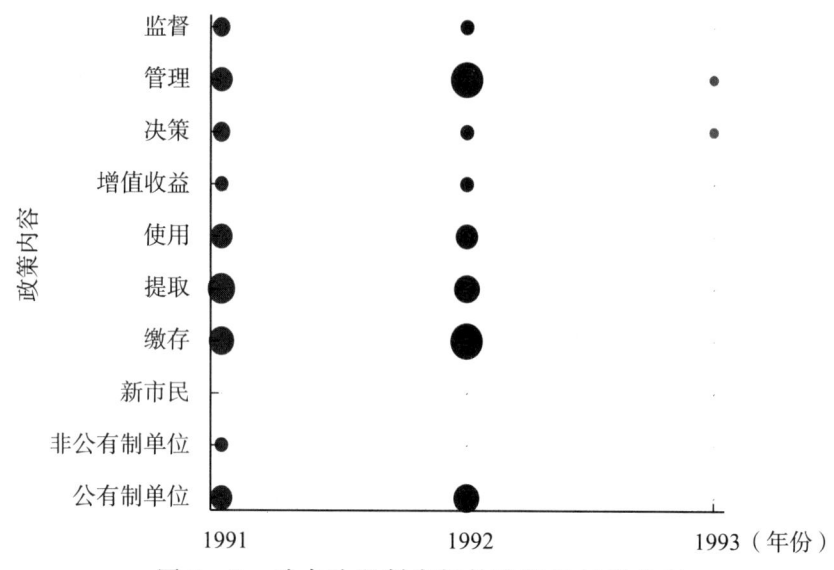

图 2-3 试点阶段制度相关政策的年度分布

注：原点大小代表政策数量的多少。

通过上述阐述并结合对表 2-5 中试点阶段关键政策文件的探究可知，试点阶段政策的焦点是机制转换，通过强制性缴存保证资金来源的稳定性，并以制度的互助、低息和免税的福利特点增强制度的吸引力，改变了以往解决住房问题主要依靠政府和单位的观念，培养了职工的住房储蓄习惯。到 1993 年末，全国有 26 个省实施了住房公积金制度，覆盖了地级城市的 60%，归集资金达到 110 亿元[①]，制度的现实和潜在作用开始展现。

二、住房公积金制度推广阶段的政策取向

1994 年 7 月，国务院颁布《关于深化城镇住房制度改革的决定》，肯定了住房公积金制度在体制转换中的贡献，要求全国范围内所有行政和企事业单位建立该制度，权威性政策文件的出台加速了制度在全国范围内的推广。

在图 2-4 中，从覆盖面上来看，住房公积金制度仍然是只有公有制单位的职工才有机会享受的权益，住房公积金制度覆盖面的拓宽仅仅是地区而非行业，其他行业职工缴存情况并不理想，机会上的不公平现象没有得到明显改善。从功能上看，推广阶段涉及提取环节的政策数量最多，由于公积金的专用性，对提取

---

① 资料来源：住房和城乡建设部网站。

环节的改革可以反映制度对居民住房消费的支持力度，体现出推广阶段政策焦点的变化。从管理职能上看，住房公积金管理方式更为聚焦，针对各地住房公积金管理机构管理方式不一，各自为政的现象，要求各个管理中心必须建立起内部的管理、监督和检查体系，逐步实现管理的规范化、电算化以及科学化，但推广阶段对管理方式的要求较为笼统，各地对这一要求的执行情况不一，管理混乱现象频出，因而需要权威性、可执行性强的全国性政策文件出台以规范住房公积金管理体系，促进制度的进一步发展。

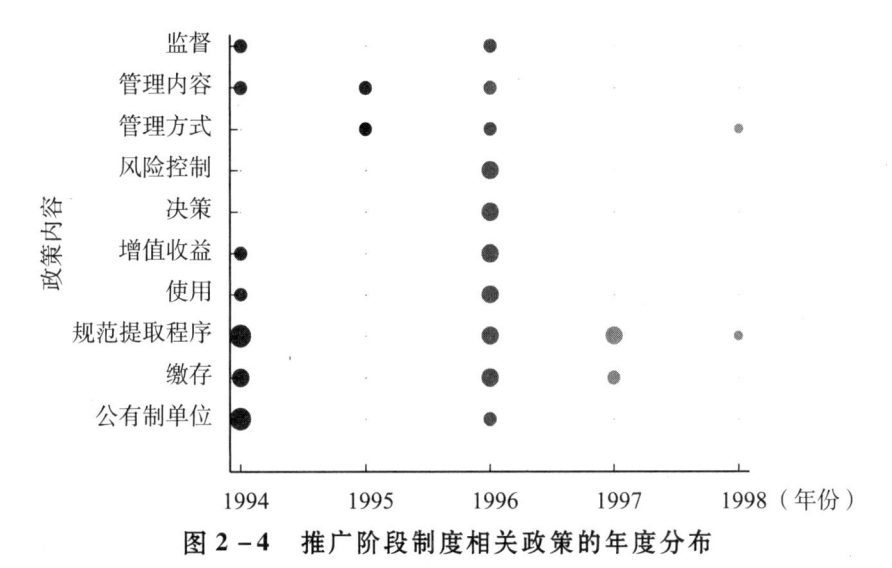

图 2-4　推广阶段制度相关政策的年度分布

注：原点大小代表政策数量的多少。

由以上内容并结合对表 2-6 关键政策内容的探究可知，推广阶段的政策焦点为住房消费，国务院颁发的《关于进一步深化城镇住房制度改革》提出停止福利分房制度，公积金贷款方向主要为住房消费，这表明住房公积金完成了机制转换的阶段性任务，开始着力于提升居民的购建房能力。住房公积金制度在全国范围内的推广对促进住房建设、加快住房制度改革起到了重要作用。截至 1998 年底，所有城市都已建立起住房公积金制度，覆盖面也由行政事业单位扩展到了国企，缴存率有所提高，归集额由 1994 年的 110 亿元增长至 1 231 亿元，增长迅猛（李锋，2016，第 57 页）。

表 2-6　　　　　　　推广阶段制度关键政策的内容分布

年份	政策文件	公有制单位	缴存	规范提取程序	使用	增值收益	决策	风险控制	管理方式	管理内容	监督
1994	《国务院关于深化城镇住房制度改革的决定》	●	●							●	●
1994	《建立住房公积金制度的暂行规定》	●	●	●	●					●	●
1996	《上海市住房公积金条例》	●	●	●	●	●					
1996	《关于加强住房公积金管理意见》		●	●	●	●	●	●	●	●	●

注：黑点表示有内容分布。

三、住房公积金制度确立阶段的政策取向

确立阶段的开端的标志性事件是《住房公积金管理条例》（1999 年颁布，2002 年修订，以下简称《条例》）的出台，这标志着住房公积金制度开始进入法制化、规范化阶段。

从图 2-5 中可以看出，确立阶段时间跨度较长，同时颁布的政策文件最为密集，这一现象的发生与制度发展环境的变化直接相关。进入确立阶段之后，外部环境发生了深刻变化：城市化加速发展、人口老龄化显现、金融市场的冲击和国企改制，住房公积金的可持续性面临挑战（刘丽巍，2013）；鉴于商业性抵押贷款已经发展起来的现实，中高收入者可以从商业银行贷款购房，因而住房公积金被寄予了新的期待，那就是发挥住房保障的作用，更好地满足中低收入者的基本住房需求。世界银行在 2006 年第三季度发布的《中国经济季报》直言不讳地指出住房公积金制度存在公平性缺失和效率低下的弊端，这一报告加剧了人们的担忧。制度未来的定位方向备受关注。

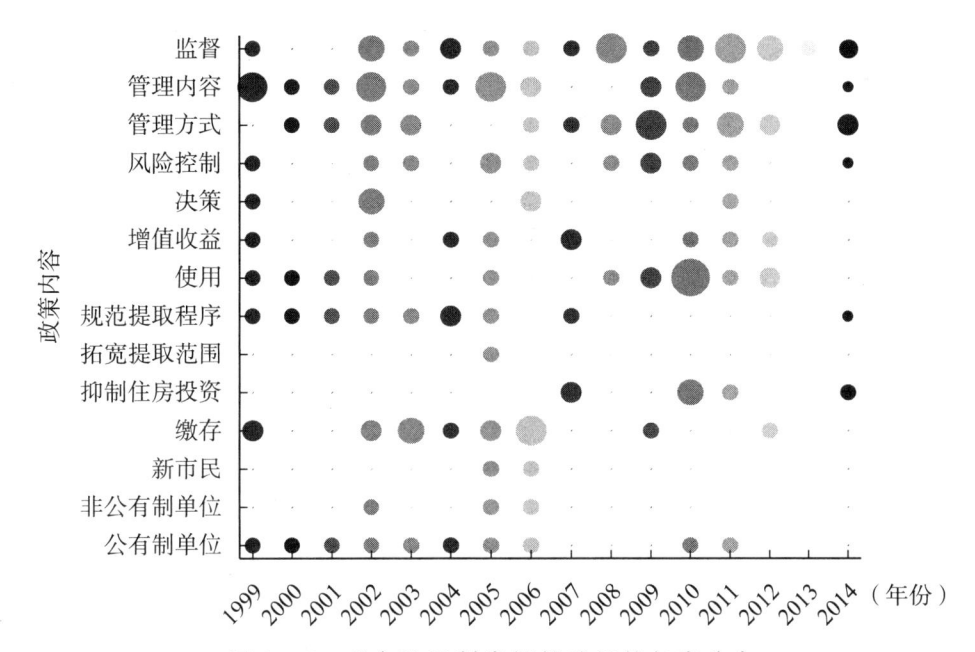

图 2-5 确立阶段制度相关政策的年度分布

注：原点大小代表政策数量的多少。

由图 2-5 中政策数量的多少以及增减变化情况，可以将确立阶段分为四个时期，以此更好地判定制度的发展方向。第一时期（1999~2004 年）的政策焦点是管理的规范化，以《条例》为代表的一系列规范性文件的出台，使得管理更具操作性，实现了法制化。第二时期（2005~2006 年）政策的焦点是覆盖面的拓宽，《关于住房公积金管理若干具体问题的指导意见》（以下简称《指导意见》）等一系列文件在《条例》把非公有制单位职工纳入覆盖范围的基础上，进一步规定新市民也可以享有缴纳公积金的权力，突破了需要有挂靠单位的制约，促进了制度的长远发展。第三时期（2007~2011 年）政策的焦点侧重公平性的提升，一方面通过对缴存比例、缴存基数和多套房贷款的限制来缩小由于制度财富再分配功能而导致住房消费能力差距拉大，另一方面运用闲余资金来支持经济适用房建设则体现出对低收入群体的关怀。第四时期（2012~2014 年）政策焦点在于管理方式的改善，通过规范服务程序、提高信息化程度、公开业务信息等措施，努力树立更好的公众形象。

通过以上分析并结合表 2-7 可知，确立阶段制度的保障性功能开始体现，努力满足更广大人民的基本住房需求。然而已有数据表明，确立阶段的相关政策对公平性和效率的提升实际效果比较有限，虽然抑制了投资性的购房需求，但并没有真正提升中低收入群体的住房消费能力。

表 2-7　　　　　　　　确立阶段制度关键政策的内容分布

年份	政策文件	公有制单位	非公有制单位	新市民	缴存	抑制住房投资	拓宽提取范围	规范提取程序	使用	增值收益	决策	风险控制	管理方式	管理内容	监督
1999	《住房公积金管理条例》	●			●		●	●	●	●				●	●
2001	《关于纠正住房公积金管理中心兴办实体经济、投资、参股问题的通知》									●				●	
2003	《关于住房公积金管理中心职责和内部授权管理的指导意见》											●	●	●	
2005	《关于住房公积金管理若干具体问题的指导意见》	●	●	●			●	●				●		●	
2006	《关于解决农民工问题的若干意见》			●											
2006	《关于住房公积金管理几个具体问题的通知》	●	●		●										
2010	《国务院关于坚决遏制部分城市房价过快上涨的通知》					●									

续表

年份	政策文件	政策内容											
		公有制单位	非公有制单位	新市民	缴存	抑制住房投资	拓宽提取范围	规范提取程序	使用	增值收益	决策	风险控制	管理方式	管理内容	监督
2010	《关于加快发展公共租赁住房的指导意见》								●						
2011	《关于加强和改进住房公积金服务工作的通知》												●		
2012	《关于进一步加强住房公积金监管工作的通知》														●
2014	《关于开展住房公积金廉政风险防控检查工作的通知》											●			●
2014	《关于发展住房公积金个人住房贷款业务的通知》					●	●					●	●	●	

注：黑点表示有内容分布。

四、住房公积金制度完善阶段的政策取向

2015年，住建部起草的《住房公积金管理条例（修订送审稿）》（以下简称《送审稿》）向社会公开征求意见，《送审稿》中明确提出维护缴存者合法权益，支持其解决住房问题的目标，标志着制度的演进开始进入了一个新的阶段。

从图2-6中可以看出，在覆盖面方面完善阶段相关政策文件对新市民更为关注，通过支持住房公积金异地贷款、允许个人缴存等方式提高新市民缴存积极

性，另外在中国内地就业的港澳台同胞也可以缴纳住房公积金，基本上实现了对城镇居民的全覆盖。在功能方面，完善阶段的政策着重于拓宽使用和提取范围，提取范围由以往支持拥有自有住房到"租售并举"，侧重于"住有所居"目标的实现。在使用方面，由于住房公积金使用渠道狭窄，面对提取率日渐提升情况应对乏力，资金流动性风险加剧，影响了制度作用的发挥。近年来各地开始探索通过发行证券以及贴息方式进行融资，缓解资金不足状态，以求更好地应对流动性风险。在管理方面，完善阶段的政策对管理内容、管理方式以及监督涉及较多，一直以来住房公积金管理处于以市为中心的封闭运营状态，各市之间沟通较少，同时各市管理中心也没有直接上级机构可以协调和监督，因而管理中心容易被地方政府的意志左右，成为其实现短期利益的工具。针对这一情况，《送审稿》提出有条件的地区可以探索建立省级管理和监督机构，强化对各管理中心的协调和监督，以便更好地落实既定政策目标。

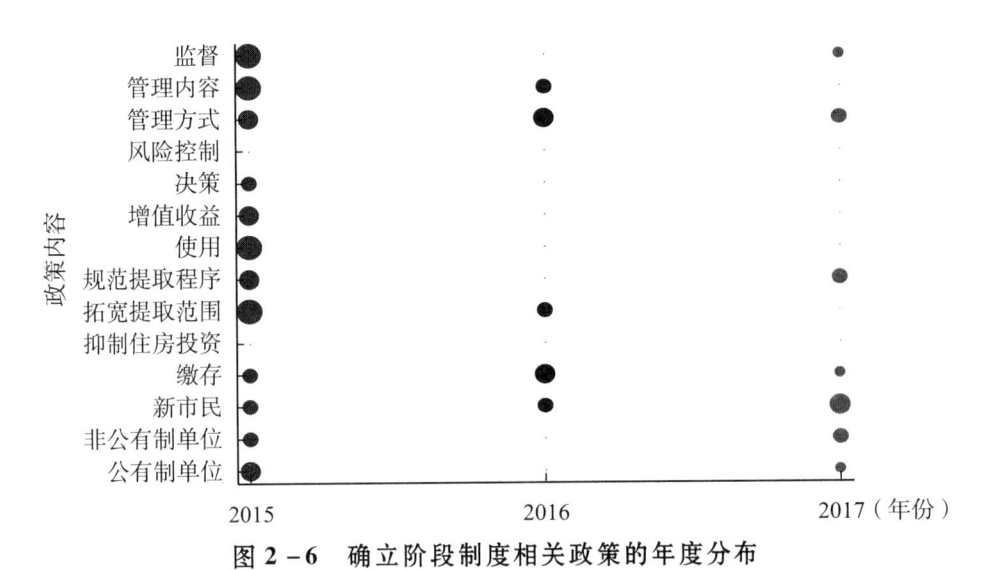

图 2-6 确立阶段制度相关政策的年度分布

注：原点大小代表政策数量的多少。

完善阶段政策焦点是在继续发挥制度保障性的同时开始注重金融功能的发挥，通过拓宽提取范围，提高资金使用效率，帮助全体居民尤其是中低收入者解决住房问题，投融资渠道的拓宽则可以为政策目标的实现提供强有力的支持，然而管理机构的事业单位属性与金融功能发挥的本质矛盾需要进一步解决。在完善阶段，各地在既有政策约束下拓宽住房公积金住房消费功能，提升金融属性，以求更好地满足广大居民住有所居的期盼，而这一目标的真正实现需要在下一步改革中破除体制机制障碍，并予以更强的支持力度（见表 2-8）。

表 2-8 完善阶段制度关键政策的内容分布

年份	政策文件	公有制单位	非公有制单位	新市民	缴存	抑制住房投资	拓宽提取范围	规范提取程序	使用	增值收益	决策	风险控制	管理方式	管理内容	监督
2015	《关于放宽提取住房公积金支付房租条件的通知》						●						●	●	
2015	《关于印发〈地方政府一般债券发行管理暂行办法〉的通知》									●					
2015	《关于住房公积金异地个人住房贷款有关操作问题的通知》								●					●	
2015	《关于切实提高住房公积金使用效率的通知》								●				●	●	●
2015	《住房公积金管理条例（修订送审稿）》	●	●	●			●	●	●					●	
2017	《关于在内地（大陆）就业的港澳台同胞享有住房公积金待遇有关问题的意见》			●											

续表

年份	政策文件	公有制单位	非公有制单位	新市民	缴存	抑制住房投资	拓宽提取范围	规范提取程序	使用	增值收益	决策	风险控制	管理方式	管理内容	监督
政策内容																
2017	《中央国家机关住房公积金缴存八项新服务措施出台》	●	●	●											

注：黑点表示有内容分布。

第三节 住房公积金政策功能变化的动力与张力

上一节中四个阶段住房公积金政策功能的演变，显示了我国住房公积金制度还没有成为一个稳定、公开、规范的制度。出现这些政策的演变，具有多方面的内在动力。

一是功能定位不够合理。虽然说制度总会出现演变，但是在一定时期内，其功能定位是较为稳定的。由于住房公积金制度在建立之初就存在着特殊性，其功能定位很快就与社会主义市场经济条件下的新发展出现了不适应。没有对改革的前瞻性，就难免不断尾随改革进程来调整。

二是制度基础缺乏规范。如第一章所述，我国住房公积金制度的法律基础并不够坚实，法规的稳定性也较差，这就使得制度缺乏必要的规范。一旦遇到特定时期突出问题的冲击，住房公积金制度就通过政策来发生转变，成为解决阶段性问题的一种手段。

三是受房地产市场影响大。2000年以来，我国房地产市场获得了快速发展，市场的波动比较明显。每一次针对房地产市场的调控都难免波及住房公积金制度。由于不同城市房地产价格、投资、销售额等变化剧烈，这也进一步刺激了住房公积金政策频繁调整。

四是房地产市场长效机制建设的客观要求。实现房地产市场健康发展，探索建立房地产市场的长效机制是我国近年来一直努力的方向。作为住房制度的重要组成部分，住房公积金政策的演变既是实现"住有所居，"保障中低收入群体住房的公积金定位的要求，也是服从和服务于房地产市场长效机制建设的这一总体目标的需要。

根据对住房公积金制度演进路径的论述还可以发现，制度出现错位现象的内在原因在于没有处理好住房金融和住房保障二者之间的关系，这两者之间的张力通过政策的调整表现出来，政策取向在住房公积金的金融功能与保障功能之间被拉动和变化。具体而言，存在着以下几方面的住房公积金政策演变的内在张力。

第一，覆盖面不断拓宽，不同行业的居民都被纳入政策覆盖范围，但新市民的公积金缴存情况不容乐观。

试点阶段只有公务员等公有性质单位职员才可以缴纳公积金，其他职工不实行公积金办法；直到确立阶段这一界限才被打破，《条例》（1999 年）把城镇私营企业及其他城镇企业纳入制度当中，《条例》（2002 年）更是进一步把民办非企业单位和社会团体纳入制度当中，实现了所有有组织挂靠的职工都享受公积金，制度的互助性开始得以体现。2005 年实施的《指导意见》等一系列规定有条件的地方新市民也可以缴纳公积金，摆脱了挂靠组织的限制，制度的发展取得了重要进展，公平性不断增强。制度实施至今，全国越来越多的地方开始为新市民缴纳公积金。然而，截至目前没有强制性文件规定企业必须为新市民缴纳公积金，很多企业出于减轻自身负担的考虑不愿意为新市民缴纳公积金，而地方政府为了短期利益往往对此视而不见，制度的公平性难以保证。根据《2016 年农民工监测调查报告》，我国农民工总数达 2.8 亿，然而其中 30% 住在宿舍，10% 住在工棚区，居住情况并不理想，住房公积金制度并没有达到预期的目的，制度的保障性没有充分体现。

第二，制度的保障性持续增强，由制度所引发的家庭财富差距扩大现象有所缓解，但并没有根本消除。

制度设立伊始，住房公积金最显著的功能是机制转换。这一目标实现之后，住房公积金转而支持住房消费，作为社会保障体系"五险一金"的重要环节，公平性应为其题中应有之义，然而由于住房公积金具有工资性，缴纳金额与收入挂钩，导致高收入群体购房能力提升，住房公积金的互助性和福利性非但没有帮助中低收入群体解决住房问题，反而由于其专用性激发了高收入群体的购房欲望，进而助推房价上涨，使得中低收入群体解决住房问题变得更为困难。针对这种情况，确立阶段出台一系列政策，通过"保一限二禁三"、限定缴存比例和缴存基数等方式，防范利用公积金进行投资行为，保障住房公积金的提取仅限于满足基本住房需求。考虑到中低收入者解决住房问题更为困难的现状，完善阶段拟定的《送审稿》等多项政策中扩大了公积金的提取范围，居民可以选择负担相对较轻的租房解决居住问题。不容忽视的是，由于制度具有收入再分配功能，使得财富差距进一步拉大，更有研究指出制度的公平性总体上并没有得到改善，也未能促进居住水平的提高，制度的金融性与保障性相违背，其互助性不仅仅表现在国家、单位和个人之间，更应体现在"先富"和"后富"之间，通过"先富"帮助"后富"，予以"后富"者也就是中低收入者更强的支持。

第三，制度的金融功能开始得到重视，但作用真正的发挥尚需破除体制机制障碍。

自2001年《关于纠正住房公积金管理中心兴办经济实体、投资、参股问题的通知》颁布以来，公积金遵循"低存低贷、封闭运行"的管理原则，投融资渠道狭窄；尽管这种模式有利于保证资金的安全性，但却难以应对流动性风险和外部金融冲击，资金存量大的优势难以发挥，而且更为严重的是会阻碍制度价值的实现。近年来，以武汉、杭州为代表的部分城市开展公积金贷款证券化的工作，防范流动性风险，《送审稿》中允许管理中心购买高信用等级的金融产品以实现资金保值增值的目标。不过，各地管理中心是事业单位性质，没有承担金融风险的能力和责任，一旦投资遭受损失，只有缴存者为其买单，资金的安全性无法保证，金融功能的发挥更是无从谈起。住房公积金"公"的目的已经显现，而"金"的作用尚未发挥，当前呼声日渐强烈的政策性住宅金融机构的设立是实现"公"和"金"平衡的有效举措，但是其成为现实尚需具备相应的技术条件、人员条件以及组织条件。

第四，公积金管理体系更为规范，而管理体系僵化的情况始终存在。

自《条例》（1999年）实施以来，住房公积金逐渐形成"管委会决策、中心运作、专户存储、财政监督"的管理体系，管理机构也被定义为不以营利为目的的事业单位。在制度演进过程中，管理体系逐步规范，具体表现为：管委会成员代表性增强、管理机构权责更为明确、监督力度不断加强；连续三年（2008~2010年）开展的住房公积金专项治理工作有效解决了住房公积金管理过程中的诸多弊病，推进了管理工作的规范化进程；管理中心在制度演进中也加快推进自身透明化、网络化和效率化进程，以公众服务为工作导向，着力提升公众对管理的满意度。但与此同时，由于行政化的管理模式与资金管理市场化的需求相脱节，造成管理体系的决策职能虚化、管理中心权责失衡、监督职责不明的问题日渐显现，饱受社会各界批评。如何能在保证政策性目标的情况下满足资金市场化运作需要，不但关系到能否消除管理体系存在的弊端，更是解决制度错位之关键。

第三章

住房公积金功能定位

住房公积金制度与政策的演变历史表明，住房公积金制度需要适应中国社会主义市场经济体制建设的大进程和住房制度改革的新进展，确定科学合理的目标定位，不断完善住房公积金的基本功能，从而使其在新时代焕发出新的价值。

第一节 "住有所居"目标下住房公积金角色

党的十九大报告中强调："坚持房子是用来住的、不是用来炒的定位，加快建立多主体供给、多渠道保障、租购并举的住房制度，让全体人民住有所居。"目前，各地对于建立租购并举的住房制度进行了积极又多样化的探索，有不少现实问题需要解决。住房公积金在建立租购并举住房制度中具有解决低收入群体住房问题的独特作用，应当也能够成为新时代中国住房制度中的合理组成部分。

综合国内外相关研究，可以了解到在租购并举住房制度下，既有执行许多重大独特任务的机遇，也有转变自身功能定位的挑战。

第一，建立多主体供给、多渠道保障、租购并举住房制度已成为重大政策转变，发展租赁市场是构建房地产市场长效机制的关键环节。

大量研究表明，一国住房自有率并不是越高越好。2008年的全球金融危机已经使得很多国家重新审视更高的住房自有率带来的成本与风险。从长期来看，更高的住房自有率往往会带来金融风险的集聚。反之，一个有效的住房租赁市场在促进劳动力的流动（Oswald，1996）、降低年轻家庭风险（Mulder，2006；Rappaport，2010）、稳定住房市场避免大起大落（吉姆·凯梅尼，2010）等方面，都具有重要的社会经济优势。

2015年国务院在《关于深入推进新型城镇化建设的若干意见》中首次提出："以满足新市民的住房需求为主要出发点，建立购房与租房并举、市场配置与政府保障相结合的住房制度"；国家"十三五"规划纲要则进一步明确了建立租购并举的住房制度为主要方向。2017年7月，住建部等九部门联合印发了《关于在人口净流入的大中城市加快发展住房租赁市场的通知》，要求在人口净流入的大中城市，加快发展住房租赁市场，并选取了广州、南京等12个城市作为首批开展住房租赁试点的单位。研究者认为，党的十九大进一步将"多主体供给"放在住房制度第一位，标志着我国住房市场调控由短期进入长期，由政策调整转为战略调整。政策抓手从依靠市场和政府到多渠道保障；政策方向从单纯强调保障性住房建设到租购并举；政策覆盖面从困难家庭到全体人民。多主体供给是基础，多渠道保障是保证，租购并举是方向，三者之间密切联系，相辅相成（黄燕芬、张超，2017）。

第二，我国住房租赁市场的发展潜力尚未充分利用，必须采取多样化措施满足日益增长的住房租赁需求。

德国、日本、美国、中国香港等发达国家和地区，租赁人群占比在40%~65%之间，租赁市场非常成熟。德国注重租金管制，日本注重政府主导的公租房供应；美国强调租赁发展的公平和可负担原则；香港地区的租赁保障专业分工合理（张宇、刘洪玉，2008）。中国的租赁市场占整个房地产交易市场的比重仅为6%，远低于美国的50%和日本的72%。根据国家统计局数据，2015年全国房地产开发企业房屋出租收入仅为住房销售收入的2.43%。我国住房租赁潜在需求巨大，包括2.45亿外来人口、2 000万租房大学生、1.5亿农村留守人群。到2030年，城镇租赁总人口将达到2.7亿人，长期租赁人群占比将超过30%。如果将长期租赁、先租后买、短期租赁等包括在内的话，我国大城市实际租赁人口占比已接近50%（李宇嘉，2017）。研究者认为，住房租赁市场的发展存在着资源利用不足、供求结构失衡、市场运行不规范、竞争不公平、管理缺位等问题，这些问题是由租金水平低、租房需求高度集中、只售不租的商品住房开发经营模式、存量住房结构调整不足、租赁市场管理法规体系不健全、内容不完善等造成的（王丽艳、王澍蔚、王振坡，2014）。大力推进住房租赁市场的建设，不仅有利于形成住房梯级消费，还有助于丰富、完善房地产市场体系和市场结构，从广度和深度上推进市场化改革（王丽艳等，2014）。

第三，我国房地产市场的发展与住房公积金之间已产生较强相关性，公积金应加强对中低收入群体保障的"特惠性"。

住房公积金制度不仅是我国住房金融体系的重要组成部分，也已成为世界上最大的社会性住房金融制度（Jie Chen & Lan Deng，2014）。当前我国住房公积金制度的覆盖群体主要是城镇在职职工，该制度在城镇职工住房消费方面发挥了重要作用。但公积金"劫贫济富"的制度问题一直广受诟病，即学术界质疑该制度造成了中低收入群体对高收入群体的"逆向补贴"（周京奎，2010；王先柱、吴义东，2017；徐跃进等，2017）。与此同时，当前农民工公积金的缴存率极低，依靠公积金解决农民工住房问题的设想"几无实现的可能"（朱晶、左楠，2015；祝仲坤，2016；赵利梅、陈红霞，2016）。为此，刘洪玉等（2011）提出住房公积金制度要坚持对所有就业群体发挥"普惠性"，并强调应加强向中低收入群体的"特惠性"，这一观点得到了周京奎（2011）等大批学者的认同。公积金面临的一大挑战便是如何鼓励尚未购房的职工参与并实现其购房，下一步的重点保障对象可从收入维度和工作维度进行双向界定，即社会中低收入群体和以农民工为主的新市民群体。

第四，多地积极探索公积金对"租购并举"住房制度的配套服务，借助住房公积金这一普惠性金融降低租房、购房消费的门槛。

作为当前我国政策性住房金融、普惠性住房金融的主体——住房公积金，应当适时探索进一步改革的方向。如果要夯实住房居住和公共产品的属性，住房公积金应该发挥更大的作用（陈杰，2010；郭林，2012）。研究者提出，要创新住房公积金归集、提取和贷款政策，支持新市民、无房户、转移人口等人群体面地、低成本地、稳定地通过租房在城市"扎根"。借助住房公积金这个普惠性金融，降低租房消费的门槛，让广大百姓感受到，租房能获得从行业监管、税收优惠、金融普惠等多方位的扶持，进而培育老百姓全新的住房消费模式，即"先租后买"的理性消费和梯次安居的理念（李宇嘉，2017）。在实践中，按照租购并举的要求，各地住房公积金提取用途上，已经扩展到了支付房租。综合各地数据来看，提取额度在 600~2 000 元不等，但多数占到了月支付租金的 30%~50%。然而，研究者也提出，公积金支付房租尚未解决"租购同权"问题，"租购同权"是突破住房租赁市场发展瓶颈的关键点，以"租购同权"促"租售并举"，将建立起我国住房租赁市场发展的长效机制（黄燕芬、张超，2017）。

第五，住房公积金能够在解决中低收入群体租购住房上发挥独特作用，但其功能的全面发挥有待于制度机制的不断优化。

住房公积金解决中低收入群体居住问题的优势体现在三个方面，一是由于中国城市房价的分化，中低收入群体依靠住房公积金已经难以在一、二线城市购房居住，但是通过住房公积金缴纳房租却有很高的可行性，如果通过相关机制的建立，让在一、二线城市的中低收入群体能够享受部分城市公共资源，从而有效提升这部分人群的保障水平。二是在三、四线城市，住房公积金在为中低收入群体提供租金的同时，也有可能逐步转变为提供购房支持。三是以住房公积金来推动租购并举，有助于促进将更多中低收入群体纳入住房保障体系，同时也会推动更多企业为员工缴纳公积金，通过公积金与租房市场相联结，还有助于建立社会保障体系的大数据基础、信用体系。正是由于住房公积金具有比商业银行更为多样化的推动租购并举住房制度实现的途径，因此，需要大力推进住房公积金制度机制优化的研究，包括要明确住房公积金在新住房制度条件下的新定位；建立"先租后买"的住房公积金支持体系；建立"购买共有产权住房可使用住房公积金贷款"的运行机制等（李宇嘉，2017）。

第二节　住房公积金的政策性金融功能

作为我国政策性住房金融制度的主要代表，住房公积金毋庸置疑需要在住房制度调整与改革中不断完善，以更好地适应建立住房市场长效机制的新环境和新需求。无论从字面意思还是从实际功能来判断，住房公积金身兼政策属性和金融属性双重身份，即"公"和"金"的具体内涵。以往对住房公积金制度的关注点主要集中于"公"的层面，包括政策的保障性、互助性和公平性等。而在住房市场快速发展且高度分化的背景下，亟须通过供给侧改革解决住房市场发展不平衡、不充分的结构性矛盾，住房公积金这项惠及数亿城镇职工且规模总量超过十万亿元的住房制度，在继续发挥"公"的同时，迫切需要拓展至"金"的层面（高波，2017），通过提升金融功能，更好地反哺其政策功能的发挥和提升。当前，政策背景、现实需求和内在逻辑均在对住房公积金制度改革不断施压，改革的时机和条件均已基本成熟，应借助改革东风，顺应时代步伐，推动住房公积金制度转型升级，朝着建立政策性住宅金融机构的方向进行改革。

一、提升住房公积金政策性金融功能的现实需求

第一，深化供给侧结构性改革，优化存量资源配置，扩大优质增量供给，实现供需动态平衡，推动高质量发展，建设现代化经济体系的时代需求。

党的十九大报告对我国今后一个时期的经济发展指明了方向，提出了以供给侧结构性改革为主线，推动经济发展质量变革、效率变革、动力变革。同时，

2017年底中央经济工作会议也明确指出了推动高质量发展是当前和今后一个时期确定发展思路、制定经济政策、实施宏观调控的根本要求，必须加快形成推动高质量发展的指标体系、政策体系、标准体系、统计体系、绩效评价、政绩考核。在此时代背景下，根据全国住房城乡建设工作会议的要求，住房城乡建设工作应紧扣我国社会主要矛盾变化，着力解决住房城乡建设领域发展不平衡不充分问题。由此可见，需要将供给侧结构性改革的理念贯穿到经济建设的方方面面，这其中自然也包括房地产市场的持续健康发展。此外，在推进以人为本的新型城镇化进程中，需要着重解决好"三个1亿人"问题[1]，而不论是落户城镇、棚区改造还是就近城镇化，首要问题依旧是解决好这"三个1亿人"的住房问题。实际上，推动住房公积金制度金融功能的提升体现出优化住房市场的制度供给，而该制度供给的本身也着眼于从供给端调控住房金融资源配置，实现政策性住房金融的供需动态平衡，进而为推动房地产市场高质量发展的政策体系、标准体系、绩效评价等奠定良好基础，为建设现代化经济体系做出贡献，也为新型城镇化建设夯实住房市场基础。

第二，坚持"房住不炒"的基本定位，加快建立多主体供给、多渠道保障、租购并举的住房制度，完善促进房地产市场平稳健康发展长效机制的市场需求。

当前，落实"房住不炒"、让住房重归居住属性已成为各界普遍共识，房地产调控也出现明显质变，从过去以"限"（限购、限贷、限售、限价、限商）为代表的短效机制向长效机制转变，短期调控和长效机制的衔接更密切，从一城一策向定向调控的多城多策、一城多策转变。房住不炒、遏制投机、多渠道供应、租售并举，正逐渐成为楼市调控政策主流。尤其在2017年，楼市进入了调控密集期，共计约110座城市出台了250余条调控政策，如此"最严"调控举措，效果也十分显著，房屋库存出现明显下降，价格涨幅得到抑制。从国家统计局公布的数据来看，2017年热点城市新建商品住宅价格走势总体平稳，多数城市已低于去年同期价格水平，70个大中城市中一线城市房价环比下降，二、三线城市房价环比略有上涨，一线和三线城市房价同比涨幅不断回落[2]。长效机制的建设，实质就是市场的稳定和房住不炒的实现。虽然楼市调控取得了较为明显的成绩，但建立楼市长效机制仍然任重道远，高房价、高分化、结构单一等依然对房地产市场平稳健康发展带来了较大挑战。少数二线城市房价调控的压力仍然巨大。2017年底召开的全国住房城乡建设工作会议明确指出要增加住房租赁供给、保障困难群众居住需求、发展共有产权房等，同时也强调了改革完善住房公积金制

---

[1] "三个1亿人"即促进约1亿农业转移人口落户城镇，改造约1亿人居住的城镇棚户区和城中村，引导约1亿人在中西部地区就近城镇化。

[2] 资料来源：国家统计局网站。

度，提高住房公积金管理服务水平。诚然，从过去的经验梳理分析，对于房地产市场调控、保障刚需、发展租赁而言，住房公积金都扮演着十分重要的角色，房地产市场长效机制的构建更是离不开政策性住房金融体系的建设。因此，以住房公积金制度改革为抓手，提升其政策性住房金融功能，必将对我国房地产市场平稳健康发展产生积极而深远的影响，而如何通过完善住房公积金制度设计，助力房地产市场实现多主体供应、多渠道保障、租购并举，正是值得深入研究的现实问题。

第三，满足人民多层次住房需求，形成高端有市场、中端有支持、低端有保障的楼市供应格局，实现全体人民"住有所居"的民生需求。

从国际范围来看，各国的购房压力冷热不均、差异明显。我国房价收入比目前正处于高位，这也意味着居民购房压力显著高于其他国家和地区。然而，住房市场的结构单一化使得居民实现"住有所居"的梦想依旧困难重重。以住房租赁市场为例，不论从全国平均水平还是主要城市的国际横向对比，我国住房租赁市场发育程度较为滞后，住房租赁的市场空间显著偏小。因此，构建高端有市场、中端有支持、低端有保障"三位一体"的市场格局对于楼市健康发展、满足人民多层次住房需求意义重大。而在商品房市场已经基本实现满足人民需求的现状下，建立和拓展中低收入群体的住房支持和保障渠道已成为房地产市场发展的当务之急，这也充分体现了中央经济工作会议提出的加快建立多主体供应、多渠道保障、租购并举的住房制度这一基本遵循。对于中低收入群体，又往往以流动人口为代表，官方统计资料表明，2016年我国流动人口规模已达2.45亿人[①]，在推进新型城镇化建设的进程中，"家庭式迁移"日益成为流动人口迁移的主要趋势，对城市居住的独立性、权属和质量提出了现实需求（冯长春等，2017）。由此可见，作为保障性住房政策，住房公积金必须与时俱进，突破属地化、沉淀化、封闭化的制度禁锢，通过提升政策性金融功能真正用好用活公积金，使其在保障和支持中低收入群体和社会"夹心层"住房方面发挥政策性住房金融的优势。

第四，建立公开规范的住房公积金制度，改进公积金提取、使用、监管机制，提高住房公积金管理服务水平的制度需求。

住房公积金制度作为一项来自新加坡的"舶来品"，经过20多年的运行和发展，为我国住房市场化改革做出了重大历史贡献，也为我国广大城镇居民实现住房梦创造了实实在在的福利。但随着我国经济社会的跨越式发展，住房市场可谓日新月异，房地产市场的主要矛盾已由房改初期的供不应求，转变为如今发展不

---

① 资料来源：《2017中国流动人口发展报告》。

平衡不充分的问题，结构性矛盾日益凸显。住房公积金虽然在《条例》的框架下稳步实施，但受时代背景约束和实施过程中不确定因素干扰等，公积金制度的内在机制与外在环境的适应性逐渐显得有些出入，在提取、使用、监管等各方面都暴露出不同程度的制度问题，各界对此也各执一词，住房公积金制度陷入众口难调的尴尬窘境。自党的十八届三中全会提出建立公开规范的住房公积金制度以来，公积金便高频出现在公众视野，各部门也在积极行动，谋求制度改革之道。2015 年《条例》迎来了时隔十三年的大修，对于提升住房公积金政策性金融功能等作出明确要求。同时，《住房城乡建设事业"十三五"规划纲要》也从规范缴存政策、支持个人住房消费、促进资金保值增值、提升统筹管理层次、建立健全监管机制等五个方面对住房公积金制度未来一个时期的改革方面进行了具体部署，不仅再次强调了提升住房公积金政策性金融功能，还提出了研究提高住房公积金统筹管理层次，允许符合国家规定条件的省（区）实行省级统筹管理。这些思路和提法可谓我国住房公积金发展史上的重大制度创新，也必将对住房公积金制度的转型升级产生巨大的推动力。概览近五年来住房公积金的发展状况，可见其年度缴存额、缴存余额、个贷余额均逐年增加，年度缴存额增长率也一直处于 10%～20% 区间高位运行，个贷额总体保持增长，尤其 2015 年之后增长迅速，个贷率全国平均水平也已接近 90%，且上涨势头明显（见图 3-1、图 3-2）。

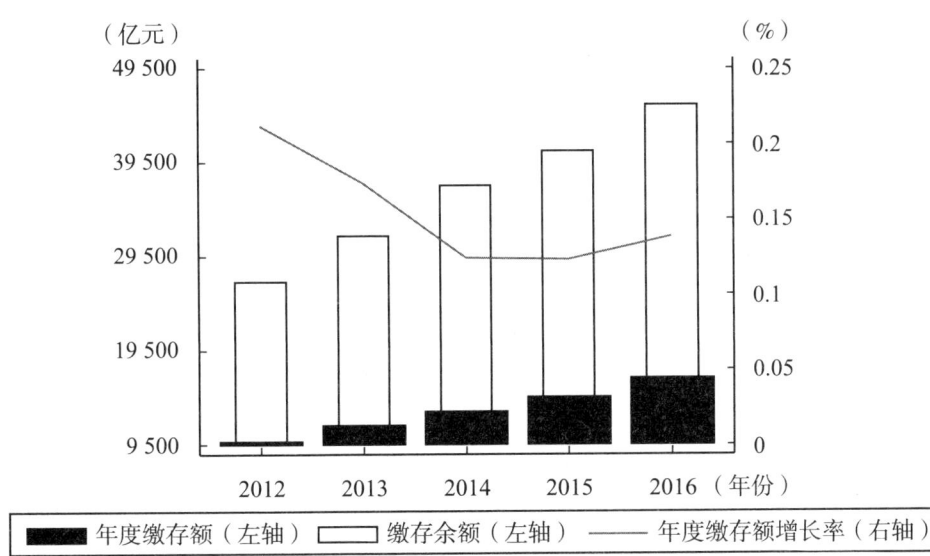

图 3-1　住房公积金缴存金额及增长速度

资料来源：住房城乡建设部、财政部、中国人民银行联合发布《全国住房公积金 2016 年年度报告》，2017 年。

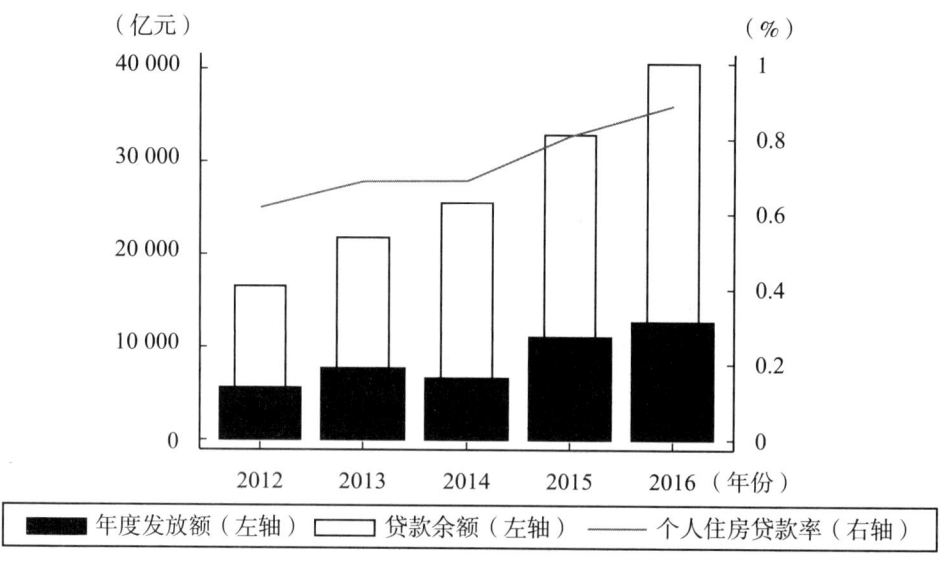

图 3-2　住房公积金个贷额及个贷率

资料来源：住房城乡建设部、财政部、中国人民银行联合发布《全国住房公积金 2016 年年度报告》，2017 年。

如此规模庞大、受益面广、增长迅速的政策性住房金融资金池，必须要有与之相匹配的、科学高效的政策机制才能使其运转。2017 年底全国住房城乡建设工作会议又一次要求改革完善住房公积金制度，提高住房公积金管理服务水平，足见公积金制度改革已经势在必行，而寻求政策性与金融功能的平衡点将成为未来住房公积金制度改革的关键和突破口。

二、提升住房公积金政策性金融功能的内在逻辑

第一，以提升政策性金融功能为视角，寻求住房公积金"政策属性"与"金融属性"的平衡点，有利于优化住房公积金制度设计，用好用活住房公积金。

住房公积金制度的改革需要洞察社会热点、民生意愿和改革趋势，准确把握当前我国住房公积金制度软肋，在确保该制度政策属性定位的同时，通过对其条例设计、管理体制、资金运作等层面作出相应调整和完善，提升住房公积金政策性金融功能，并通过发挥公积金金融属性反哺其政策属性，进而提升公积金制度自身生存能力和对外保障及支持能力。换言之，按照坚持定位、资源重组、统一谋划、分步推进的思路，突破以往公积金缺乏活力、运作闭塞的瓶颈，寻求住房公积金政策属性和金融属性的平衡点。既做到"用好"，又做到"用活"，在"用好"的基础上实现"用活"，在"用活"的状态下推进"用好"，形成住房

公积金政策属性与金融属性相互促进、共同发展的良性互动，依托供给侧改革推动住房公积金制度转型升级，从根本上化解住房公积金制度面临的"疑难杂症"，从而为实现建立公开规范的住房公积金制度，提升公积金管理服务水平的目标奠定坚实的基础。

第二，以住房公积金制度改革为抓手，探索我国政策性住房金融的发展路径，有利于完善住房金融体系，助推住房金融市场协调创新发展。

住房公积金制度的改革需要立足住房制度改革，最终思想在于助力构建符合中国国情的、科学完备的政策性住房金融体系。住房公积金制度如何通过步步改革走出现实困境，并以此为抓手，通过体制调整与机制优化，搭建政策性住房金融框架。尤其在当前我国商业性住房金融发展日臻完善的背景下，实现政策性住房金融与其协调发展、双轨并进，关系到我国住房金融市场的健康程度和可持续发展动力。因此，探索我国政策性住房金融的发展路径，已经成为完善住房金融体系的必要内容。而作为我国政策性住房金融的主要成分，住房公积金制度必须要积极作为、主动发力，凸显其现有的政策属性，增强其应有的金融属性，肩负起国家政策性住房金融体系的创建任务。通过系统性回答住房公积金怎么归集、怎么管理、怎么使用、怎么风控四个维度的问题，深入论证提升住房公积金政策性金融功能的现实需求、内在逻辑与实现路径，进而设计出一整套行之有效的公积金制度改革方案，为推动我国住房金融市场协调创新发展提供思路。

第三，以实现全体人民住有所居为目标，发掘政策性住房金融的作用空间，有利于构建"三位一体"的住房市场格局，促进房地产市场长效机制建设。

住房公积金制度的改革需要瞄准居民的多层次住房需求，围绕"多主体供给、多渠道保障、租购并举"的住房制度设计思路，深度剖析住房公积金制度在实现全体人民住有所居这一民生目标过程中所能发挥的潜力，提出政策性住房金融的构建方案，论述政策性住房金融在形成低端有保障、中端有支持、高端有市场"三位一体"住房市场格局中的重要意义。在资金归集层面，提升住房公积金政策性金融功能可扩大资金来源渠道，有助于公积金制度覆盖面不断扩大，惠及更多居民，实现制度的帕累托优化，满足更多中低收入群体住房刚需；在资金管理方面，提升住房公积金政策性金融功能可有效提升资金管理效率和管理能力，落实管理责任，明晰管理权限，更便于地方和中央分清事权，实施差别化和精细化操作；在资金使用方面，提升住房公积金政策性金融功能可增强公积金保值增值能力，拓展资金运用方式，保障住房刚需和支持改善性住房消费，还能对保障房建设、住房租赁市场发展等提供政策支撑；在资金风控方面，提升住房公积金政策性金融功能可提高管理部门风险防范意识和管控能力，确保不发生系统性金融风险。因此，金融属性的提升能够带动住房公积金"集、管、用、控"四个维度环环相扣、相互协调，有助于促进房地产市场平稳健康发展长效机制建设。

第三节 住房公积金制度的目标定位

定位问题关系到制度的根本，也是其根本立足点所在，一项制度只有定位明确、运行顺畅才能发挥其作用，维持自身生命力。就住房公积金制度而言，通过对制度演进路径的回顾和特征的分析可以得出，制度出现错位的根本原因在于其是住房金融还是住房保障的目的没有厘清：如果是住房金融的话，目标群体应当是中高收入群体，因为贷款给这类群体更能规避违约风险，提高资金的收益率；而如果是住房保障，则目标群体应为中低收入群体，因为这类群体解决住房问题的愿望更加迫切而且依靠自身很难解决住房问题。鉴于当前我国商业住房抵押贷款体系已经建立起来的现实，中高收入群体完全可以从商业银行贷款解决住房问题，如果住房公积金制度继续支持中高收入群体再加上制度福利性和互助性的特征，将会助长不公平现象的发生，丧失其作为政策性金融的基本立足点。当前，很多城市由于贷款人数较多，资金紧张，面临流动性风险，而投融资渠道狭窄更是使得这一现象加剧，因而金融功能的作用不容忽视。通过上述分析并结合住房公积金发展特征可以得出，当前我国住房公积金制度应在政策性住房金融的基础上增强社会保障功能，在保证"福利"的前提下侧重"特惠"，也就是加大对中低收入群体住房保障的支持力度，以改善制度的公平性。

公积金制度的定位直接取决于其独特的功能作用，或者简单来说，公积金的用途到底是什么？更进一步来说，需要明确住房公积金制度在设立之初的功能用途在今天发生了哪些改变，还有哪些依然存在。当公积金的用途清晰确定后，就可以依据这一用途来设立相应的管理体制和运行机制。在住房商品化改革已经完成的新形势下，住房公积金制度的互助性、保障性功能日益衰减，在运行和监管方面的问题也日益突出。未来的住房公积金制度向何处去？结合我国经济社会发展的状况与各国住房政策性金融的经验，住房公积金制度的定位上必须聚焦在两个方面：用于满足住房消费和通过金融功能提升从而反哺住房消费。

一、始终要把解决中低收入群体住房问题作为公积金制度改革的出发点

公积金是一种政策性住房金融，既然是政策性的，就不仅要求达到效率目

标，而且还要实现公平目标。在早期住房公积金时，就是希望通过这样的互助储蓄设计，能够让那些工薪阶层的群体具有购房能力。随着这一群体住房问题的解决，公积金制度需要进一步扩展，为更多中低收入群体提供住房保障。这也是今天公积金制度有必要存在的根本依据。如果没有这样一个人数众多的中低收入群体的存在，没有他们购房的困难，也就没有必要继续坚持住房公积金制度，就完全可以交由市场来解决住房问题。

无论从近期来看，还是从中国城镇化的中长期来看，都存在着购房有困难的中低收入群体。解决他们的住房问题，单纯依靠市场调节是比较困难的，而公积金制度恰恰能够发挥互助、低息的独特作用，帮助一些人尽快获得住房。

既然公积金的核心用途是为中低收入群体解决住房问题的，因此，公积金制度就应该作为政策性住房金融体系的内容而存在。具体来说，公积金制度的政策性主要体现在三个方面：

一是优惠性，即国家对符合条件的群体提供政策优惠或者是财政补贴。例如强制资金配套、低息贷款等，都是体现了政策的公平导向和扶助导向。住房公积金个人住房贷款和商业银行个人住房贷款约2个百分点利差。这种政策上的优惠也是公积金制度得以存在的经济基础，也是吸引更多人参与的基础。

二是开放性，即公积金制度应该向所有愿意参与的中低收入人群开放，让更多的人能够享受到这一政策优惠。这就意味着，要不断降低准入门槛，创造条件让更多的中低收入群体能够缴纳和使用公积金，努力做到覆盖所有中低收入群体。

三是阶段性，即依据人们收入水平和住房条件的转变，公积金制度的政策功能也在逐步变化。在早期阶段，公积金主要为广大工薪阶层解决住房难题提供帮助。自1991年建立到1999年以前，住房公积金以支持城市住房建设为主；1999年《住房公积金管理条例》出台后，住房公积金停止发放住房建设贷款，制度的主要功能调整为加快住房货币化分配，推动住房制度改革，发放住房消费贷款，扩大职工住房消费需求。2009年，为促进房地产市场健康稳定发展，拓宽保障性住房建设资金来源，加快保障性住房建设，促进经济平稳较快增长，加快解决城镇中低收入家庭住房问题，开展利用住房公积金贷款支持保障性住房建设试点工作。随着这一群体住房问题的有效改善，公积金的政策目标将转向城镇化过程中的那些外来常住人口特别是农民工住房问题。这一群体规模巨大，收入较低，住房支付能力相对不足。将其纳入住房公积金制度，增加住房资金积累，提供个人住房贷款，既有利于这一群体在城镇安居，平等享受城镇公共服务，提升城镇化水平和质量，实现"三个1亿人"的城镇化发展目标，也有利于培育新的住房消费群体，形成新的住房消费增长点。将来在城镇化完成后，公积金制度又将聚焦在社会中规模很小的低收入群体。

二、通过增强公积金的金融功能来不断提高制度运行效率

　　传统公积金制度强调了住房功能，却忽视了金融功能的提升。这既有当时金融环境的制约，也有管理体制的不顺。如果公积金制度没有一定的金融功能，就难以有效实现保值增值目的，也难以提高解决住房问题的能力，因此，需要不断增强公积金的金融功能。

　　一是盈利性，目前执行的公积金按揭抵押贷款业务实质上是一种贴息贷款，更强调对缴费群体的补助，而非增值。其后果是资金池越做越小，挤占了有效资源，难以从长期达到扩大增强覆盖面和覆盖力度的目的。因此，从中长期来看，公积金应该进行多元化的运作，把资金做活。通过资金的增值，来增进更大的福利。另外应该有一定程度的资产方面的运作，包括安全性证券的购买、投资。

　　二是流动性，资金的收益来自在不同领域的流动使用。为了提供公积金的使用效率，提高盈利性，就必须实现资金管理的"大一统"，实现资金的跨省调度，补足余缺；甚至能够实现短期拆借，长期发债。

　　三是安全性，公积金的性质决定了只是一种低风险的资金管理运营模式。在实现金融功能的同时如何尽可能保障资金的安全，有效避免各地资金的违规挪用，防范资金的高风险经营。

　　为了实现上述住房公积金的功能及其目标定位，需要从以下多方面的政策维度着手推进。

　　首先，保障新市民的缴存权益。新市民与其他劳动者一样，同样为城镇建设做出了重大贡献，因而理应同样缴纳公积金并享受制度的福利性，然而尽管有相关政策支持新市民缴纳住房公积金，但是这些文件多是指导性文件，缺乏强制性，由于新市民流动性较强、收入不稳定的特点，实施起来困难较大，只有少部分地区开展新市民缴纳公积金试点工作，而且由于新市民群体行动力较弱、缴存意识不强，公积金覆盖情况并不理想。因而，政府应加快出台强制性政策，保障新市民缴纳公积金的权利，并建立公积金异地存取机制，为新市民缴纳公积金创造便利条件。同时管理中心和政府宣传部门也要采取措施，大力宣传缴纳公积金的益处，营造积极主动缴纳公积金的社会氛围。

　　其次，增强制度的公平性。作为我国政策性金融的主体，公平性应是其题中应有之义。当前，公积金提取条件的放宽、对多套房贷款和缴存比例的限制和为公共租赁房建设提供资金的政策都起到了增强公平性的作用。然而，由于住房公

积金的工资性特征，中低收入群体的住房消费能力不足，面对高企的房价依然束手无策；因此，如果要继续提升制度的公平性，应当鉴别不同收入水平的缴存群体，通过差异化首付款条件以及贷款利率，对中低收入群体提供更强的政策支持力度，提升其住房消费能力。另外，租房一次性投入资金较少，通过租房解决住房问题相对容易，尤其对收入较低的公众来说无疑是解决住房困难的有效方式，租房已然成为房地产市场发展的一种必然趋势，"租售同权"政策的施行将会进一步推动我国租房市场的发展，所以住房公积金应当为租房提供便利条件，通过简化提取手续、提供贴息补贴等方式鼓励通过租房方式解决住房问题。

再次，发挥公积金的金融功能。自《条例》实施以来，我国住房公积金资金管理一直遵循"低存低贷、封闭运行"的管理模式，投融资渠道狭窄，公积金的增值方式只能依靠发放低利率的公积金贷款和国债，面对通货膨胀风险和流动性风险应对能力不足，更是难以保证制度作用的发挥。故而，应当通过开展抵押贷款证券化的业务来缓解公积金紧张状态，降低流动性风险，有条件的地区可以把闲置资金投入资本市场获取更高的收益率，做大资金池，为实现制度目的提供更强的资金支持。

最后，转变管理机构职能。《条例》中规定，住房公积金管理按照"管委会决策、中心运作、专户存储、财政监督"的原则，管理中心为不以营利为目的的独立事业单位。管理机构职业单位的职能定位虽然有利于保证制度的权威性，有助于制度的推行，然而管理中心的工作重心为资金管理，资金的管理应当遵循市场机制，发挥自身属性，因而两者之间存在本质矛盾。这一矛盾的解决应当采取循序渐进的方式：一是建立规范化的管理体系，提升管理效率和透明度，增强公众的满意度，适度发展经济功能；二是探索建立国家一级和省级一级住房公积金管理机构和决策机构，打破以市为中心的地域化分割现状，构建信息化平台，实现全国联网，便于公积金异地存取和贷款，各地之间也可以实现信息沟通，各地资金余缺不平衡状况也能够缓解；三是应该成立政策性住宅金融机构，各地的住房公积金管理机构应该整合为其网点，盘活存量资金，提升资金的金融功能，发挥公积金积累巨额资金的优势，利用市场工具，为解决住房问题发挥更大作用。

第二篇

作用发挥与"扩面"需求

20多年来,住房公积金制度在解决我国住房问题、促进住房消费、推进新型城镇化建设等方面作用显著。进入新时代以来,住房公积金继续担负着原有的功能,同时要解决住房市场上出现的新需求和新问题。为此,住房公积金应如何发挥其基础性作用、扩大覆盖面、增加保障范围成为本篇需要深入研究的突出问题。总结住房公积金曾经发挥的重大独特作用,分析住房公积金扩大覆盖面和保障范围的必要性、可行性及操作性是本篇的基本内容。

为此,本篇先后研究了住房公积金促进住房消费、住房公积金推进新型城镇化、住房公积金助推农民工市民化和住房公积金扩大使用范围四个问题。前两个问题重点介绍住房公积金的作用发挥;后两个问题分析了住房公积金覆盖面的扩大。

在"第四章:住房公积金促进住房消费"中,首先简要回顾了住房公积金制度建立以来取得的基础性作用。在此基础上,分析了住房公积金相对于商业银行住房贷款的差异,实证分析了住房公积金在促进住房消费中的独特作用,讨论了今后住房公积金促进住房消费的方向。

在"第五章：住房公积金推进新型城镇化"中，首先介绍了住房公积金支撑新型城镇化建设中新任务；其次，分析了住房公积金在推进新型城镇化建设中的路径及其在推进新型城镇化建设中的成效，包括住房公积金支持经济适用房建设、住房公积金贷款支持棚户区改造、住房公积金贷款支持公共租赁住房建设等；最后，讨论了今后住房公积金在推进新型城镇化中的可能扮演角色。

在"第六章：住房公积金助推农民工市民化"中，首先介绍了城镇化进程中的农民工市民化难题；其次调查分析了农民工的经济条件与购房需求、农民工对住房公积金制度的认知、农民工购房压力区域差异性；再次分析了住房公积金支持农民工购房的作用，最后提出了扩大住房公积金覆盖面的政策建议。

在"第七章：住房公积金扩大使用范围"中，首先介绍了扩大住房公积金使用范围的必要性，分析了扩大住房公积金使用范围的市场需求性，包括住房公积金支付房租需求、住房公积金支付物业费的需求、住房公积金支付重大疾病的需求等；其次分析了扩大住房公积金使用范围的可行性和扩大住房公积金使用范围的可操作性；最后讨论了扩大住房公积金使用范围的未来发展。

第四章

住房公积金促进住房消费

住房公积金制度建立的初衷就是归集来自居民与企业的资金用于住房建设和开发。随着住房市场的发展，住房公积金逐步转为支持住房消费信贷，以提高职工住房消费能力为主要目标。与此同时，住房公积金的社会保障性功能和政策支持性功能逐步增加。作为住房公积金的核心功能，促进住房消费不仅在过去取得显著成效，在将来也依然存在着需求。

第一节 住房公积金的重大独特作用

住房公积金制度是我国在福利住房制度向住房市场化、商品化改革的过程中，完善城镇住房制度的重大突破，标志着一个由国家支持、单位资助、依靠职工群众自己力量解决住房问题的市场化机制开始形成。住房公积金制度的产生与发展，对我国住房体制市场化改革发挥了积极的推动作用。与此同时，住房体制和整体经济改革的深入开展又逐步暴露了住房公积金制度存在的各种问题。在全面深化改革的大背景下，客观准确地总结住房公积金制度的历史作用，是改革住房公积金制度、建立公开规范的住房公积金制度的前提。概括而言，我国的住房公积金制度自建立以来，在房地产市场建立和转型过程中发挥了以下几方面举足轻重的独特作用。

一、住房公积金在住房制度转型中的作用

（一）住房公积金制度有力地推动了住房制度改革的历史进程

住房公积金制度的意义，在于打破了住房由国家和单位揽下来的格局，构建了国家、单位、个人三位一体的住房筹资机制，为住房建设提供了长期稳定的资金来源，加快了住房建设和解困的步伐，大大缓解了住房供给短缺的矛盾；调动了职工自主解决住房问题的积极性，"主动、互助"的积极观念取代了"等、靠、要"的消极思想；增加工资中的住房消费含量，提高了职工的购房支付能力，推动了房地产市场的发育、发展和住房分配货币化的进程。

20世纪末我国房改虽动力机制完备，但由于起始阶段缺乏有效的工具和手段，导致房改障碍重重。之所以说其缺乏有效工具及手段，是因为倘若不从制度上进行根本性变革和创新，就难以真正实现住房市场化改革的预定目标，并且城镇居民家庭在改善型住房需求方面对社会保障体系的完善具有较强的依赖性（周京奎，2011）。住房公积金制度的确立明显加快了我国住房市场化改革的进程，其拥有资金规模庞大、来源稳定、成本低廉等比较优势（黄大志，2013），不仅提高了居民住房支付能力，并且减轻了政府财政负担，这也意味着住房公积金制度在促进住房消费的同时，也增加了住房市场供给，为我国的城镇住房体制顺利转轨（刘丽巍，2013）、推进住房货币化分配、培育政策性住房抵押贷款制度（路君平等，2013；包林梅，2012）、促进住房金融体系发展做出了重大贡献。同时，住房公积金制度在引导居民住房观念转换（刘丽巍，2013；亢飞，2013）、解决职工住房问题（路君平等，2013）、推动房地产市场发展等方面发挥了建设性作用。可以看出，我国房地产市场的发展与住房公积金之间已产生较强相关性，并且很多学者对于住房公积金的历史贡献给予了高度评价，这在很大程度上表明该制度在我国住房市场中的重要地位，至今仍是住房市场建设的重要抓手之一。

（二）住房公积金制度在建立住房保障体系中发挥了重要作用

首先，这项制度具有普遍保障性质，每个职工都可以依法享受住房公积金制度的政策优惠，得到一定比例的住房保障收入；其次，住房公积金通过发放个人住房贷款增强了职工住房消费能力，支持了职工改善住房条件；最后，住房公积金通过运作增值，为保障房建设，帮助城镇低收入家庭解决基本的住房问题提供

了补充资金。

根据《全国住房公积金 2017 年年度报告》显示，住房公积金有力支持职工基本住房消费，切实减轻职工住房消费负担。截至 2017 年末，累计发放个人住房贷款 3 082.57 万笔、75 602.83 亿元，个人住房贷款余额 45 049.78 亿元，个人住房贷款率 87.27%。2017 年，住房公积金提取额 12 729.80 亿元，其中住房消费类提取 10 118.95 亿元，占当年提取额的 79.49%；住房租赁提取 444.76 亿元，同比增长 22.21%，住房租赁提取人数 495.52 万人，人均提取金额 0.9 万元，住房公积金帮助职工通过租赁解决住房问题的力度加大。2017 年，发放住房公积金个人住房贷款 254.76 万笔、9 534.85 亿元。住房公积金个人住房贷款利率比同期商业性个人住房贷款基准利率低 1.65~2 个百分点，2017 年发放的住房公积金贷款可为贷款职工节约利息支出 1 944.70 亿元，平均每笔贷款可节约 7.63 万元。2017 年发放的个人住房贷款中，中、低收入群体占 96.05%，首套住房贷款占 86.24%，144（含）平方米以下普通住房占 89.20%，住房公积金贷款以支持中低收入职工购买首套普通住房为主。2017 年，发放公转商贴息贷款 13.48 万笔、604.35 亿元，当年贴息 20.86 亿元，通过贴息扩大了住房公积金制度的受益群体，使更多的缴存职工享受到低息住房公积金贷款。

（三）住房公积金制度促进了住房金融的发展

住房公积金制度出现，促进了政策性和商业性并存的住房信贷体系的建立，成为住房金融体系的重要组成部分。住房公积金制度将归集的资金集中来进行管理和运作，通过自我积累和互助的形式，合理引导住房消费，起到了一般性居民储蓄存款所起不到的作用。从建制初期的筹集资金建房到支持个人住房消费的信贷方式的转变，住房公积金制度对培育和繁荣住房金融市场，促进和保持房地产市场持续健康发展起到了直接推动作用。此外，住房公积金制度在金融方面也发挥了优势，为政府宏观调控提供了有效的工具。住房公积金制度一直坚持"低存低贷"的原则，已经成为鼓励和支持自主性住房、支持工薪阶层购房的最好形式。

住房公积金制度在我国住房市场改革的关键时期确立起来，大胆突破了以往住房资金融通市场有限公众参与（limited public involvement）的瓶颈（Robert M. Buckley et al.，2016），在积极发挥政府引导作用的同时，充分调动包括单位和个人等社会力量广泛参与其中（周薇、黄道光，2015），并逐渐形成政府、集体和职工个人共同承担住房建设和消费的筹资机制（薛燕，2011）。虽然《条例》要求城镇在职职工均需缴纳个人住房公积金，带有一定的制度强制性，但这旨在实现政策实施的畅通性，以此保证公积金规模的不断累积和资金链周转的正常运行。同时，住房公积金制度改变了计划经济体制下我国住房的分配机制，逐渐从实物分配向货币分配转变（薛燕，2011），而在此之前，对于用人单位和职工个人而言，实物分房的合理性和公平性一直饱受争议。再加上住房的价值远非其面积能够单独决定的，简单而机械地将住房分配标准与职工工龄及其职务高低挂钩也并非十分科学。如果没有缜密细致的监管体系，容易在住房实物分配环节产生寻租和合谋等不良现象，不仅影响职工的工作积极性，同时容易滋生贪腐等后果。由此可见，住房货币分配机制比实物分配效果更加公平，同时分配效率也大为提高。住房公积金制度在优化我国住房筹资机制和分配机制方面功不可没。

（四）住房公积金制度促进了住房消费

从 1992 年起，住房公积金对支持职工购买公房发挥了积极的作用。住房公积金已成为职工购房贷款首选和贷后还款的重要资金来源之一，大大提高了职工购房支付能力、减轻了其还贷压力，因而深受广大群众的拥护，得到了广泛的认可和参与。作为一项与市民生活息息相关的民生制度，住房公积金制度已经深入人心。

与新加坡中央公积金制度不同的是，新加坡中央公积金的保障范围涵盖了养老、医疗及住房等多个方面（孙博，2014），而中国住房公积金制度的主要目标便是促进城镇职工住房消费、提高职工居住质量，这也充分体现出其资金专用性。自 20 世纪 90 年代以来，住房公积金的资金规模与日俱增，保障的群体范围也越来越广。据 2016 年 3 月 15 日住建部副部长陆克华回答记者提问的内容，我国共有 1 亿缴存职工通过使用住房公积金解决了住房问题，这展示了公积金在促进住房消费方面发挥着不可或缺的作用。事实上，学术界对于公积金在改善城镇职工住房消费中发挥的作用也持肯定态度。在从普遍提供公共住房向日益增长的私人住房需求转变中，住房公积金起着较为明显的保障、支持、促进和改善作用（肖作平、尹林辉，2010；黄大志等，2013；葛扬，2015；上官鸣、刘婧，2015；王先柱、吴义东，2017）。相比较住房商业贷款，城市职工更青睐于公积金贷款，这主要源于公积金贷款的低息优势较为突出。与此同时，该制度不仅对于购买住房有积极成效，研究还发现住房公积金对城市流动人口的定居意愿同样有着显著的促进作用（汪润泉、刘一伟，2017）。这样看来，公积金能够增强城市的人口吸引力，对流动人口尤其是广大务工人员的"城市梦"有着正向引导作用。由于城市间的差异性十分明显，尤其在住房价格等层面，住房公积金制度在对进城人口尤其是新生代农民工城市定居方面的影响也存在明显的区域差异性（刘一伟，2017）。总的来说，住房公积金对于城市常住人口和流动人口的住房消费水平都起到明显的提升作用，这也正是该项制度的重要贡献。

二、住房公积金在宏观经济调控中的作用

在新的宏观经济形势下,房地产市场供需结构也随之发生变化,供需的结构性矛盾突出。住房公积金的作用在新的领域继续发挥作用,特别是其政策性金融功能,对培育和提升住房消费能力、推进新型城镇化、降低影子银行信贷风险、促进房地产市场平稳健康发展具有重要意义。概括而言,住房公积金制度在宏观经济调控中具有以下几方面的独特作用。

(一)短期内公积金制度成为化解产能过剩风险的"调节阀"

中国房地产行业经过十几年快速发展,房地产市场波动较为剧烈。房价持续上涨,使得资金大量流入房地产领域,包括银行信贷、地产相关的债券、信托资金、非标产品、民间借贷等。而在房价上涨期间,由于可提供足值的土地、房产等担保,违约风险极低。一旦房价出现拐点,市场转向,对于大量依赖外部融资的房地产企业,除了后续融资困难,资金链断裂,担保物价值缩水,从而违约风险加剧。这将对以土地财政作为重要收入来源的地方政府产生巨大的收入下滑风险,进而引发地方债务危机。

一旦房地产销量低迷,存量增加,开发商的资金链面临巨大压力,造成影子银行的信贷违约,进而引发信用风险危机。鉴于影子银行部门的资金直接或间接来自银行,因此影子银行体系的风险可能波及传统银行。中国影子银行体系划分为三个部分,一是服务于实体经济或者向实体经济提供融资服务的业务体系,称为影子银行Ⅰ;二是服务于资本市场专门用于二级市场交易的传统业务体系,称为影子银行Ⅱ;三是衍生品体系所承载的流动性,称为影子银行Ⅲ。目前,虽然中国影子银行仍处于初级阶段,但该体系发展与膨胀速度惊人。

中国房地产金融有三大支柱:银行、资产管理机构(非银类)和证券市场,这三大金融支柱在国内与国外具有类似性,只是阶段不同而已。但中国的问题在于,在三大支柱中衍生出一股力量:影子银行。由于受信贷规模限制、存贷比、资本充足率约束以及贷款投向等多因素影响,通过委托贷款绕道表外,可以降低监管成本,委托贷款往往是银行腾挪信贷的重要工具。从社会融资总规模占比来看,新增委托贷款从2009年的不足5%,到2013年和2014年增长到15%,增长速度极快。截至2016年6月底,各大类资管产品的规模总计约88万亿元。但资管行业监管标准不统一,资管产品缺乏统一的监测监控和隐性刚性兑付。

中国对房地产融资的监管口径在传统上是围绕银行系统展开的,在银行和信托的地产融资业务,均纳入银监系统的监管范围。监管虽然是分业进行的,但在

地产融资的实际业务中，其实已经是一种混业状态。在过去，银行资金通过私募基金、券商资管计划等非银行系统，暗度陈仓，大规模进入房地产业，催生出了庞大的影子银行体系。根据中国人民银行统计，2016年末银行业表外理财资产超过26万亿元，同比增长超过30%，比同期贷款增速高约20个百分点。

2017年初监管层的一系列动作，很大程度上是针对日渐扩张的影子银行体系。特别是证券投资基金业协会在2月13日发布的《证券期货经营机构私募资产管理计划备案管理规范第4号——私募资产管理计划投资房地产开发企业、项目》，直指非银类资管机构通过资管计划嵌套方式，规避银行监管系统。另外，从2016年第三季度起，央行开始就表外理财纳入"宏观审慎评估体系"（以下简称"MPA"）对广义信贷指标开展模拟测算。2017年第一季度开始，央行在MPA评估时正式将表外理财纳入广义信贷范围。可见，本轮政策出台，是在"一行三会"的整体部署之下进行的，在影子银行全面渗透到房地产的同时，中国房地产也进入大金融监管时代。

为了化解和防范上述一系列的潜在风险，作为住房金融的重要组成部分——住房公积金制度要积极改革，增加功能，力争成为抑制市场波动的"调节阀"，在市场低迷时，成为拉动住房消费的重要力量；在市场繁荣时，成为协助抑制房价过快增长的便捷因素。

（二）中期公积金制度成为新型城镇化的"助推器"

2014年9月16日，国务院总理李克强主持召开推进新型城镇化建设试点工作座谈会时指出，新型城镇化要公布实施差别化落户政策；探索实行转移支付同农业转移人口市民化挂钩；允许地方通过股权融资、项目融资、特许经营等方式吸引社会资本投入，拓宽融资渠道，提高城市基础设施承载能力；把进城农民纳入城镇住房和社会保障体系，促进约1亿农业转移人口落户城镇，不能让他们"悬在半空"；要科学规划，创新保障房投融资机制和土地使用政策，更多吸引社会资金，加强公共配套设施建设，促进约1亿人居住的各类棚户区和城中村加快改造，让困难群众早日"出棚进楼"、安居乐业。根据相关数据，发现举家外出的农民工数量不断增长，他们进城的住房问题同步积累。

深入来看，在新型城镇化进程中，"把进城农民纳入城镇住房和社会保障体系""创新保障房投融资机制和土地使用政策"都是最为艰巨的任务。解决这些问题，不仅需要有充足的土地资源和资金投入，还需要有日益健全的融资服务体系和完善的社会保障体系。从目前公积金的地位来看，完全有可能在新型城镇化过程中发挥基础性作用，既为保障房的建设等集资金，也为进城农民提供全方位的生活保障。

（三）长期公积金制度成为实现社会和谐平等的"润滑剂"

随着转型改革和新型城镇化的完成，中国将进入中等发达国家行列，未来社会住房领域的主要矛盾不再是一部分低收入群体的住房问题。绝大多数的人已经实现了一定质量的"住有所居"，但总有极少部分的人的居住条件还比较差，一些人的社会保障比较缺乏。在此情况下，公积金仅仅成为一种补充性、针对性的制度安排，专门用于极少数群体的住房保障及其他保障问题的解决。住房公积金制度作为一种社会运行的"润滑剂"，长期发挥着缩减收入差距、提升社会平等、促进社会和谐的作用。

党的十八届三中全会明确提出要建立公开规范的住房公积金制度，就是要着力解决包括其公平性缺失在内的各种问题，使其更加符合新常态下我国住房市场发展的新要求。住房公积金是一种政策性住房金融，既然是政策性的，就不仅要求达到效率目标，而且还要实现公平目标。在早期住房公积金时，就是希望通过这样的互助储蓄设计，能够让那些工薪阶层的群体具有购房能力。随着这一群体住房问题的解决，公积金制度需要进一步扩展，为更多中低收入群体提供住房保障。这也是今天公积金制度有必要存在的根本依据。如果没有这样一个人数众多的中低收入群体的存在，没有他们购房的困难，则完全可以交由市场来解决住房问题。无论从近期来看，还是从中国城镇化的中长期来看，都存在着购房有困难的中低收入群体。解决他们的住房问题，单纯依靠市场调节是比较困难的，而住房公积金制度恰恰能够发挥互助、低息的独特作用，帮助一些人尽快获得住房。

第二节 公积金贷款对住房市场的影响

众所周知，房地产市场属于资金密集型市场，不论是开发建设还是消费投资，都需要庞大而密集的资金流作支撑。其资金吞吐量非一般产业所能企及，而管理和调配这一资金流的重任便落在了住房金融机构的肩上，它也成为居民获取购房贷款的最主要渠道。笼统来看，我国针对居民的住房贷款大致可分为商业性贷款（以商业银行住房抵押贷款为主）和政策性贷款（以住房公积金贷款为主），两类贷款因其属性定位和制度安排各有差异，因此它们的实施效果也不尽相同。

然而，在当今政府、开发商、家庭等多方博弈的环境下，住房公积金与商业贷款都难逃褒贬不一的命运。并且，房产俨然成为了家庭财富的代名词，再加上高库存与高房价的"双高"叠加以及宏观经济下行压力持续加大等，我国房地产市场的境遇变得愈加复杂。究竟如何搭配使用两种住房贷款，兼顾既得利益者和应得利益者的双向福利，推动房地产市场降房价与去库存稳步向前，促使其实现"卡尔多—希克斯改进"，这已成为我们难以回避且亟待回答的问题。以上海市为例，作为我国的经济中心和金融中心等，20世纪90年代初，上海市借鉴新加坡经验率先试点建立住房公积金制度，可谓制度根基最为扎实、市场条件最为成熟。进入21世纪以来，上海市住房商业贷款额逐年递增，且公积金贷款量也加速上涨（见图4-1），这也进一步表明了住房市场对于资金的依赖程度越来越高。

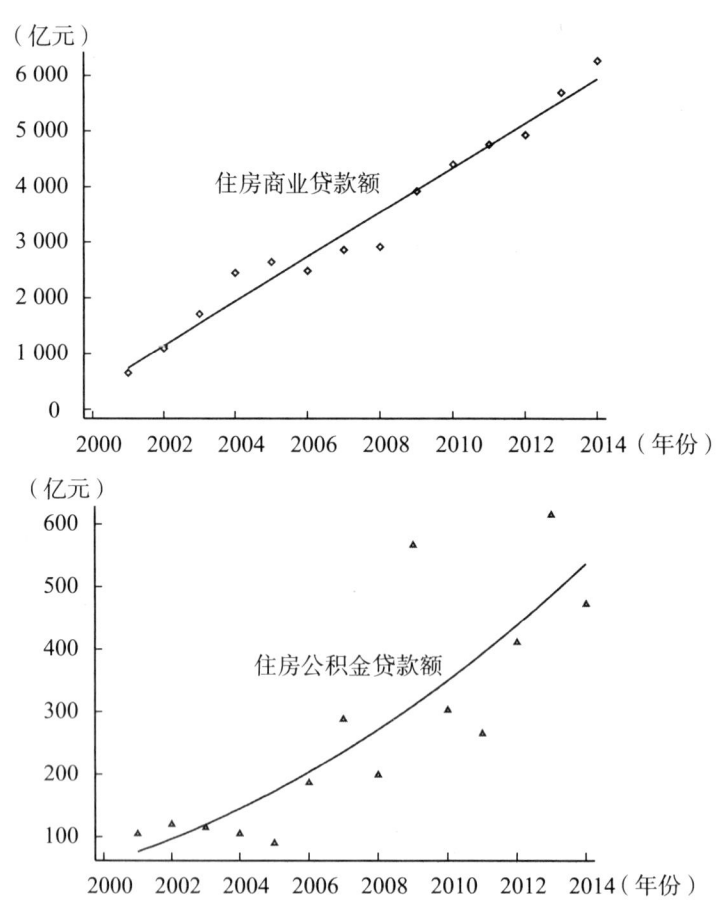

图4-1 上海市住房商业贷款额和住房公积金贷款额走势

资料来源：2001~2015年《上海统计年鉴》、《上海市住房公积金制度执行情况公报》及《中国统计年鉴》。实证分析部分同。

与此同时，图4-2报告了2015年我国35个大中城市房价收入比的分布情况，为了防止商品房销售价格被低估，本章将经济适用房、棚改房、限价房、动迁房等可售型保障性住房排除在外。从中可以看出，样本城市的房价收入比均达到5倍以上，一线城市及重点二线城市的房价收入比已经远超总体均值，并且深圳市和上海市的这一比例更是突破了20。由此可见，当前的楼市高房价的特征已经十分明显。耐人寻味的是，35个大中城市的房价收入比分布状况和住房公积金夫妻双贷上限房价比①分布状况呈现出颠倒特征（见图4-3），即一线城市与重点二线城市的公积金双贷上限房价比普遍低于其他样本城市（以购买100平方米的住房为例），公积金贷款在高房价区对于居民购房的支持作用并不显著。这也表明了住房公积金贷款的作用在一、二线城市已经逐渐被高房价所埋没，而在其他中西部城市，公积金贷款的作用相对还很明显。从这种意义上讲，我们似乎可以推断住房贷款方式的选择与房价之间存在一定的相关性，那么，个人住房贷款与房地产价格及消费之间究竟存在着何种关联，便成为本章关注的焦点。

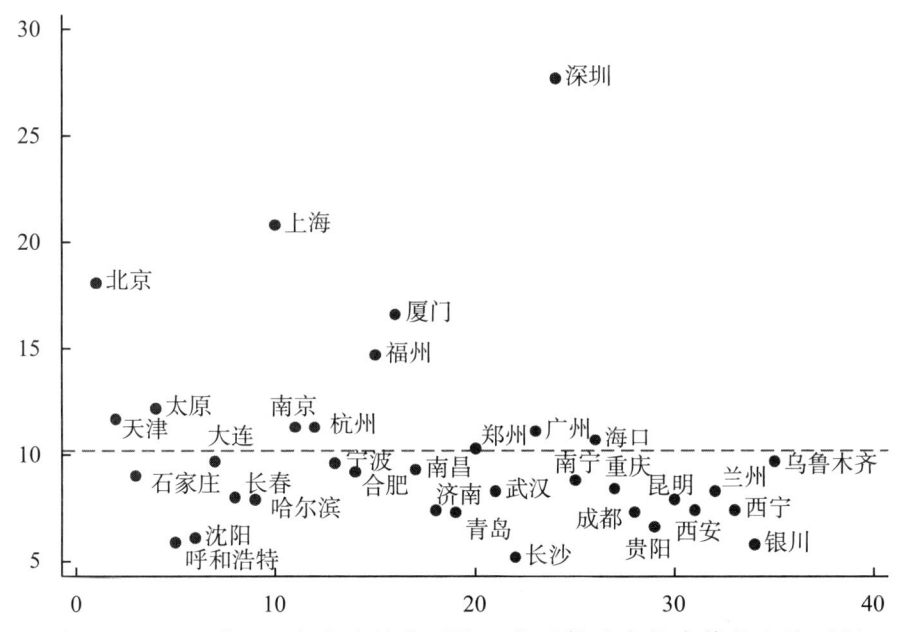

图4-2　2015年35个大中城市剔除可售型保障房的房价收入比对照

注：纵轴虚线表示35个大中城市房价收入比均值。
资料来源：易居研究院和CRIC数据系统整理所得。

---

① 本章定义住房公积金夫妻双贷上限房价比＝夫妻双方均符合公积金贷款的户公积金贷款额上限/当地房价，以此来衡量公积金贷款对于购房的支持力度相对大小。

图 4-3　2015 年 35 个大中城市公积金夫妻双贷上限房价比对照

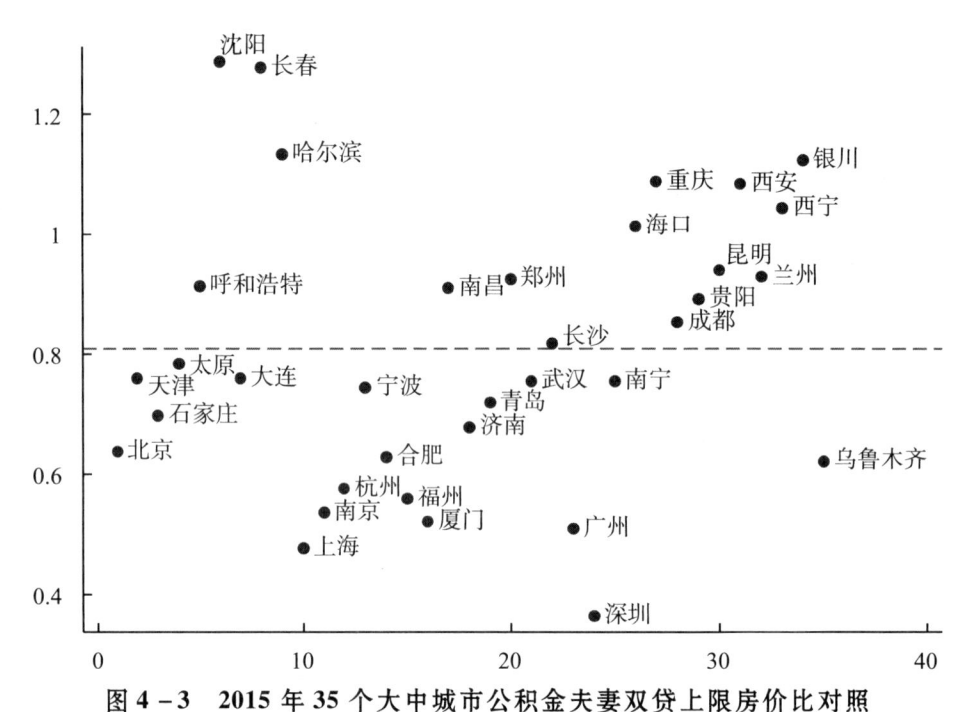

注：纵轴虚线表示 35 个大中城市住房公积金夫妻双贷最高限与房价比均值。
资料来源：融 360 网和南方财富网整理所得。

  国内外学者关于住房信贷及其对住房市场影响等方面的研究也成果颇丰。根据美联储政策顾问乔纳等（2016）对 17 个发达经济体相关数据的研究，发现发达经济体的银行业务在过去 45 年中发生了重大变化。从 1928~1970 年，房地产信贷占全部银行信贷的比重由 30% 升到 35%；到了 2007 年，这一比重接近 60%，而其余的 40% 的银行信贷中也有相当一部分可能是为商业房地产融资的。住房的投资属性与金融杠杆的结合往往会导致房地产泡沫并威胁到金融稳定（Allen & Gale，2010）。戴国强、刘川巍（2007）明确指出个人住房贷款已发展成为我国银行业最重要的资产业务之一，并且未来仍有很大发展空间。同时，随着住房金融的不断发展成熟，信贷对于房价的解释力也越来越强，并已经成为居民购房的最重要影响因素（李勇刚、高波，2012）。其原因在于高房价刺激了住房信贷扩张，这又反过来拉动了住房需求，进而推升了房价（Pei Kuang，2014）。然而，这种循环往复容易引发房价泡沫（Gautam Goswami et al.，2014）。并且大量的事实证明，我国的房地产投资者往往是非理性的（叶光亮等，2011），且存在一定的贷款拖欠和违约风险（况伟大，2014）。由此看来，住房市场的扩张对国民经济并非有益（Piotr Lis，2015），利用金融杠杆哄抬房价甚至会给经济社会带来灾难性后果。究其原因，目前我国银行信贷占比过半，住房金融风险相对集中，房企道德风险严重，金融市场发展不平衡，并且住房金融政策对房价的作用存在区域差异（杨黎明，余劲，2013），这使得我国住房金融体系显得较为脆弱。但也有学者对此持乐观态度，认为我国住房金融仍处于优质客户开发和价格竞争阶段，信用风险总体可控，然而，倘若简单地从不良率低，就得出住房贷款属于优质资产是值得商榷的，我们有必要重新审视"住房抵押贷款为优质资产"这一观念。为此，需要控制房价风险，有效预防房地产投机，降低楼市杠杆，减少对房地产投资的过度依赖。同时，还可以考虑建立个人住房抵押贷款保险制度和构建政策性住房金融机构等，以此确保住房金融市场与房地产市场的良性互动与健康发展。

总的来说，现有文献大多集中在住房金融的重要性及其风险防范等层面，研究视角较为单一，并且未能紧密结合楼市当前背景分析不同贷款形式的作用差异。本章联系房地产市场当下形势，基于理论模型推导，结合实证检验，系统阐述住房商业贷款与住房公积金贷款对于住房消费及房价波动的不同政策实施效果，旨在为住房市场降低房价及减少库存提供思路参考。

第三节　贷款作用于住房消费的理论模型

本章的理论模型主要基于现代微观经济学中供需曲线及市场均衡理论。我们不妨设住房市场中某家庭需要获取购房贷款资金 Ω，自筹资金为 Y_0，每套住房的平均造价为 μ_1。则该家的购房预算约束线为：

$$Y \leq Y_0 + \Omega - R$$

其中，R 为其需要支付的贷款利息总额。显然，这等同于贷款资金 Ω 中的一部分需要用于支付利息 R。不妨设该家庭可以自由选择贷款方式，本章考虑单独使用住房商业贷款和住房公积金贷款的两种情形，并依据住房市场的短期和长期均衡行为对此进行分类讨论。

（一）住房市场短期情形

（1）若通过住房商业贷款的方式获取该项贷款资金 Ω，则市场中增加的住房消费为：

$$\Delta Q_{d1} = \frac{(1-r_1) \cdot \Omega}{P_0}$$

其中，r_1 为住房商业贷款利率，P_0 为初始均衡状态下住房价格。

(2) 若通过住房公积金贷款的方式获取该项贷款资金 Ω，则市场中增加的住房消费为：

$$\Delta Q_{d2} = \frac{(1 - r_2) \cdot \Omega}{P_0}$$

其中，r_2 为住房公积金贷款利率。

由于住房公积金贷款享有"低息"优势，住房商业贷款的利率高于住房公积金贷款利率，即 $r_1 > r_2$，则有 $\Delta Q_{d1} < \Delta Q_{d2}$，即住房公积金贷款相对而言更能促进住房消费。

图 4-4 直观反映了住房市场供需曲线短期变动轨迹。在初始稳态下，住房供给曲线 S 和住房需求曲线 D 相交于均衡点 M_0。D_1 表示当该市场通过住房商业贷款注资 Ω 时的需求曲线，D_2 则表示通过住房公积金贷款注资 Ω 时的需求曲线，新的市场均衡点分别为 M_1 和 M_2。由前述分析可知，由于 $\Delta Q_{d1} < \Delta Q_{d2}$，表明 D_2 位于 D_1 的右侧。同时，本章假设短期内住房供给不能很快地对住房需求量的变化作出反应。由此可得，住房公积金贷款后的房价稳态值 P_2 高于住房商业贷款后的房价稳态值 P_1，这表明了在短期市场中，住房公积金贷款和住房商业贷款均能拉动房价上涨，且前者对于房价的拉动作用更加明显。

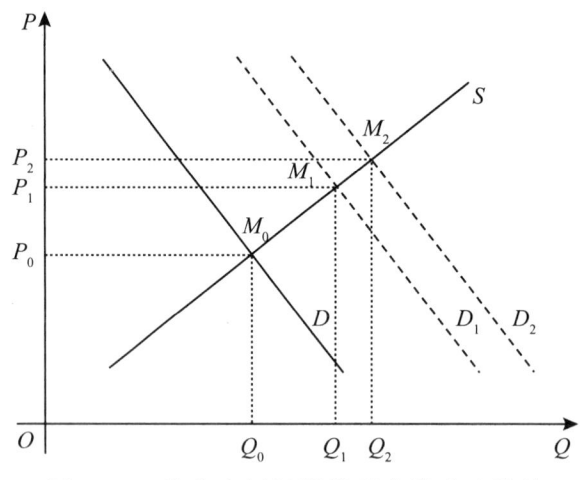

图 4-4 住房市场短期供需曲线变动比较

（二）住房市场长期情形

在长期市场中，由于房地产开发商获得了购房者的住房贷款 Ω，假使其全部用于投入住房生产。但长期中我们需要考虑生产要素成本上升以及通货膨胀等因素，设生产要素成本上升率为 c，通货膨胀率为 π，此时的单位住房造价为 μ_2，即 $\mu_2 = \mu_1 \cdot (1 + c) \cdot (1 + \pi)$，显然 $\mu_2 > \mu_1$。

同样地，考虑单独使用住房商业贷款和住房公积金贷款的两种情形，则折现后的开发商获得资金分别为：

$$\Omega_1 = \frac{(1-r_1) \cdot \Omega}{(1+c) \cdot (1+\pi)}$$

和

$$\Omega_2 = \frac{(1-r_2) \cdot \Omega}{(1+c) \cdot (1+\pi)}$$

其中，Ω_1为住房商业贷款方式下的开发商所得资金现值，Ω_2为住房公积金贷款方式下的开发商所得资金现值。

（1）若贷款方式为住房商业贷款，则市场中增加的住房供给为：

$$\Delta Q_{s1} = \frac{\Omega_1}{\mu_2} = \frac{(1-r_1) \cdot \Omega}{\mu_2 \cdot (1+c) \cdot (1+\pi)}$$

（2）若贷款方式为住房公积金贷款，则市场中增加的住房供给为：

$$\Delta Q_{s2} = \frac{\Omega_2}{\mu_2} = \frac{(1-r_2) \cdot \Omega}{\mu_2 \cdot (1+c) \cdot (1+\pi)}$$

同理，由于住房商业贷款的利率高于住房公积金贷款利率，即$r_1 > r_2$，则有$\Delta Q_{s1} < \Delta Q_{s2}$成立，印证了对于住房长期市场而言，住房公积金贷款比住房商业贷款更能促进住房消费，这与其短期情形保持一致。同时，若记$\Delta_1 = \Delta Q_{d2} - \Delta Q_{d1}$，$\Delta_2 = \Delta Q_{s2} - \Delta Q_{s1}$，且$\Delta = \Delta_2 - \Delta_1$，则有$\Delta = (\Delta Q_{s2} - \Delta Q_{s1}) - (\Delta Q_{d2} - \Delta Q_{d1})$成立。即：

$$\Delta = \left(\frac{(1-r_2) \cdot \Omega}{\mu_2 \cdot (1+c) \cdot (1+\pi)} - \frac{(1-r_1) \cdot \Omega}{\mu_2 \cdot (1+c) \cdot (1+\pi)}\right)$$

$$- \left(\frac{(1-r_2) \cdot \Omega}{P_0} - \frac{(1-r_1) \cdot \Omega}{P_0}\right)$$

$$= \frac{(r_1-r_2) \cdot \Omega}{\mu_2 \cdot (1+c) \cdot (1+\pi)} - \frac{(r_1-r_2) \cdot \Omega}{P_0}$$

显然，在住房市场处于上一个稳态时，根据利润最大化原则，我们设房地产开发商的边际利润为0，即$MP = 0$，此时$\mu_1 = p_0$。根据前述分析可知，由于$\mu_2 > \mu_1$，则有$\mu_2 \cdot (1+c) \cdot (1+\pi) > p_0$成立，即$\Delta < 0$。这意味着在新的两种情形下，两条供给曲线间距小于两条需求曲线间距。

同样地，我们记$\Delta_3 = \Delta Q_{d1} - \Delta Q_{s1}$，$\Delta_4 = \Delta Q_{d2} - \Delta Q_{s2}$，则存在如下结论：

$$\Delta_3 = \Delta Q_{s1} - \Delta Q_{d1} = \frac{(1-r_1) \cdot \Omega}{\mu_2 \cdot (1+c) \cdot (1+\pi)} - \frac{(1-r_1) \cdot \Omega}{P_0} < 0$$

$$\Delta_4 = \Delta Q_{s2} - \Delta Q_{d2} = \frac{(1-r_2) \cdot \Omega}{\mu_2 \cdot (1+c) \cdot (1+\pi)} - \frac{(1-r_2) \cdot \Omega}{P_0} < 0$$

这表明了针对住房市场的长期情形,供给曲线的向右位移量小于需求曲线的向右位移量。

图4-5直观地展示了住房市场长期供需曲线变动状况。由图4-5可见,住房商业贷款及住房公积金贷款的两类情形产生了新的均衡点M_3和M_4,其对应的住房均衡价格分别为P_3和P_4。结合上述理论推导可知$P_4 > P_3$。这也说明了从住房市场长期来看,住房公积金贷款后的房价稳态值P_4高于住房商业贷款后的房价稳态值P_3。同时,若令$\Delta_5 = P_2 - P_1$,$\Delta_6 = P_4 - P_3$,则有$\Delta' = \Delta_6 - \Delta_5 < 0$成立,这表明在长期内,由于住房供给对于住房需求增加所作出的有效反应,住房公积金贷款和住房商业贷款对房价拉动作用的差距逐渐收缩。

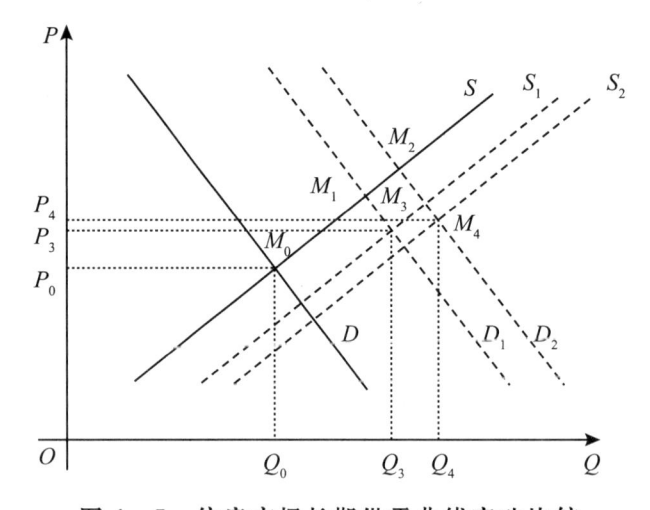

图4-5 住房市场长期供需曲线变动比较

从理论模型反映的结果来看,无论住房市场的短期还是长期情形,住房公积金贷款和住房商业贷款均能促进住房消费以及拉动房价上涨,且前者的正向作用比后者更强。在短期内,住房公积金贷款比住房商业贷款对房价的拉动作用更为明显,而从长期来看,二者的作用差距则逐渐缩小。

第四节 公积金贷款效应的实证检验

为了对上述理论模型的推导结果予以证实,本章为此选取时间序列向量自回归(VAR)模型进行实证分析。为了避免伪回归导致的错误结论,本章首先对其进行ADF单位根检验(见表4-1),检验结果显示,上述四项序列均为同阶单整，且为 I(1) 序列。

表 4-1　　　　　　　　ADF 单位根检验结果

变量	检验形式 (C, T, n)	1%临界值	5%临界值	10%临界值	ADF 统计量	平稳性
HML	(C, T, 0)	-4.06	-3.12	-2.70	0.06	非平稳
ΔHML	(C, 0, 0)	-4.12	-3.14	-2.71	-3.20	平稳
HPF	(C, 0, 0)	-4.06	-3.12	-2.70	-1.61	非平稳
ΔHPF	(C, 0, 1)	-4.20	-3.18	-2.73	-3.93	平稳
SALE	(C, 0, 0)	-4.89	-3.83	-3.36	-2.54	非平稳
ΔSALE	(C, T, 1)	-4.99	-3.88	-3.39	-5.68	平稳
HP	(C, T, 0)	-4.89	-3.23	-3.36	-2.60	非平稳
ΔHP	(C, 0, 0)	-4.12	-3.14	-2.71	-3.93	平稳

由于 HML、HPF、SALE 以及 HP 序列均为一阶单整，由此可知，它们之间可能存在协整关系。表 4-2 为变量之间的 Johansen 协整检验结果，特征根迹检验表明在 5% 的显著水平下各变量具有协整关系，即各变量之间存在长期稳定的关系。

表 4-2　　　　　变量之间的 Johansen 协整检验结果

原假设	特征值	迹统计量	5%临界值	P 值
None*	0.9509	145.0737	47.8561	0.0000
At most 1*	0.7286	66.6909	29.7971	0.0000
At most 2*	0.5290	32.7781	15.4947	0.0001
At most 3*	0.3982	13.2043	3.8415	0.0003

注：* 表示在 5% 的显著性水平下拒绝原假设。

同时，表 4-3 报告了 Granger 因果检验结果，据此可知，住房商业贷款（HML）、住房公积金贷款（HPF）均为住房销售量（SALE）与房价（HP）的 Granger 原因，而其反向关系并不成立。这也进一步证实了住房商业贷款和住房公积金贷款均能影响住房销售量，同时也对房价波动产生作用。

表 4-3　　　　　　　　　Granger 因果检验结果

原假设	卡方值	自由度	值	检验结果
HML 不是 SALE 的 Granger 原因	11.0897	1	0.0009	拒绝
SALE 不是 HML 的 Granger 原因	0.0977	1	0.7546	不拒绝
HPF 不是 SALE 的 Granger 原因	8.5326	1	0.0133	拒绝
SALE 不是 HPF 的 Granger 原因	1.8667	1	0.1719	不拒绝
HML 不是 HP 的 Granger 原因	7.6587	1	0.0065	拒绝
HP 不是 HML 的 Granger 原因	1.2929	1	0.2555	不拒绝
HPF 不是 HP 的 Granger 原因	9.8256	1	0.0036	拒绝
HP 不是 HPF 的 Granger 原因	0.3112	1	0.5770	不拒绝

基于上述各项检验结果，为了进一步对比住房商业贷款和住房公积金贷款对于住房销售和房价产生的不同影响，本章接着对其进行脉冲响应分析。图 4-6 分别显示了住房商业贷款（HML）与住房公积金贷款（HPF）对于住房销售（SALE）的脉冲响应趋势，从中可知，两类贷款对住房消费的冲击作用均是由正转负，并且住房公积金贷款的冲击作用表现得更为显著，虽然在第 2 期后其负向冲击强于商业贷款，但是从长远来看，该负向冲击作用有向横轴收敛的趋势，而商业贷款在此后的负向冲击中表现得稳中有增，这也说明了住房公积金贷款对于促进住房销售的作用更加明显。同时，图 4-7 报告了住房商业贷款（HML）与

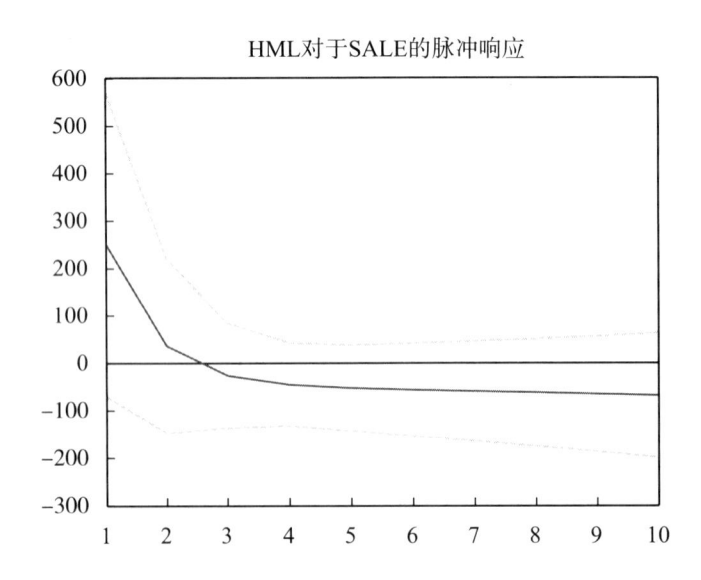

HML对于SALE的脉冲响应

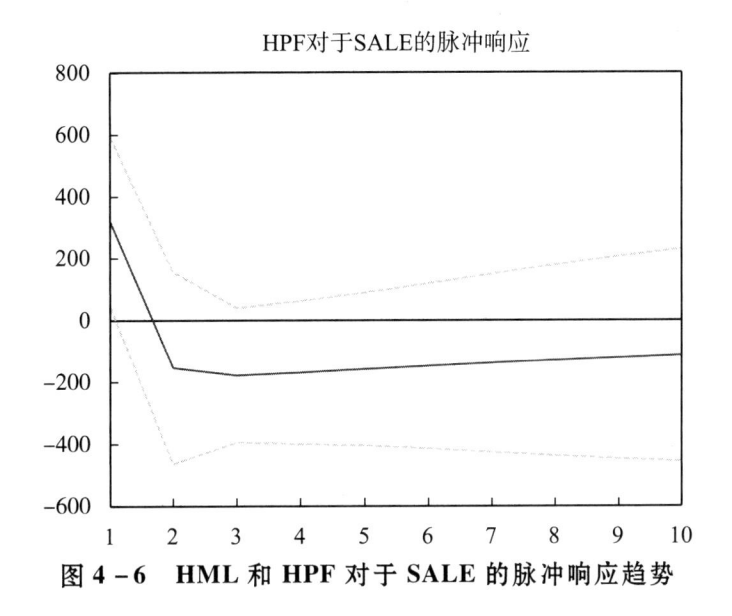

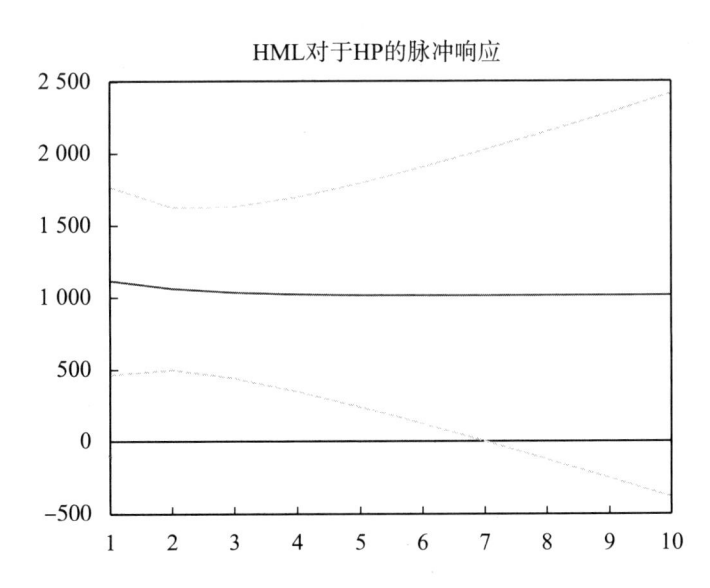

图 4-6　HML 和 HPF 对于 SALE 的脉冲响应趋势

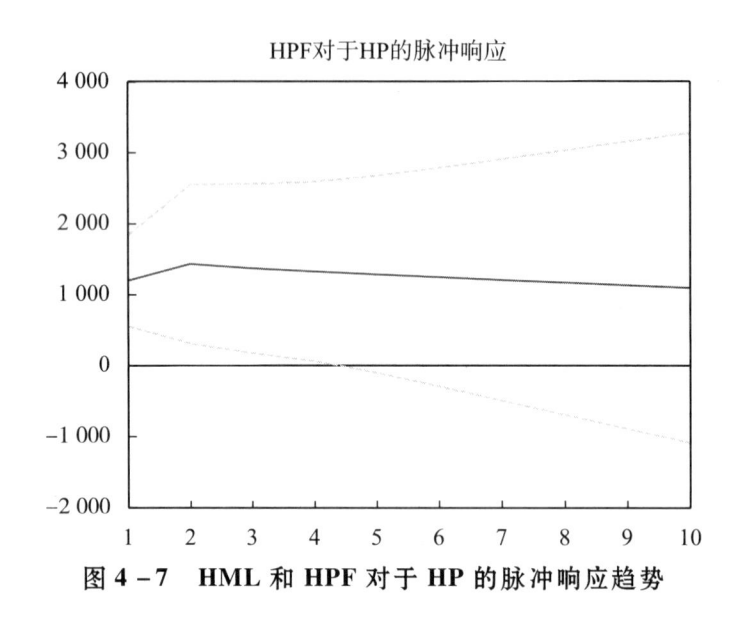

HPF对于HP的脉冲响应

图 4-7　HML 和 HPF 对于 HP 的脉冲响应趋势

住房公积金贷款（HPF）对于房价（HP）的脉冲响应趋势，由图可知，HML 与 HPF 均会对 HP 产生正向冲击作用，且二者都表现得较为平稳。相比较而言，HPF 的短期正向冲击作用更强，且在第 2 期达到最大，而从长期来看，HML 与 HPF 的作用结果较为相近。由此可见，短期内住房公积金贷款比商业贷款对于房价的拉动作用更大，长期内二者的拉动作用趋于近似。因此，实证检验结果与理论推导结论具有一致性。

　　由于各变量均为 I(1) 序列，更进一步地，为了分析每一个结构冲击对内生变量变化的贡献度，进而评价不同结构冲击的重要性，本章接着对住房销售（SALE）和房价（HP）分别进行方差分解。从 SALE 的方差分解结果来看（见图 4-8），其来自自身的解释和来自 HML 的解释在不同时期表现相当，在第 10 期时，其方差解释的近 80% 源自自身，而 HML 的解释量仅占 20% 左右。而与此不同的是，HPF 对于 SALE 的方差解释量要显著高于 HML，尤其是随着时期的延长，两条曲线表现出合拢趋势，且来自自身的解释与来自 HPF 的解释约各占一半。由此可见，HPF 对于 SALE 的影响程度比 HML 更大。

　　同理，就 HP 的方差分解结果而言（见图 4-9），总体上 HPF 的方差解释量高于 HML，在长期中，二者对于 HP 的方差解释大体相近。这表明了 HPF 对于 HP 的作用程度高于 HML。所以，方差分解的结果与上文理论模型推导结果以及脉冲响应分析结果保持一致，三者都证实了住房公积金贷款对于住房销售的促进作用更强，同时其对于房价的正向拉动作用比住房商业贷款也更为明显。

图 4-8 SALE 方差分解结果

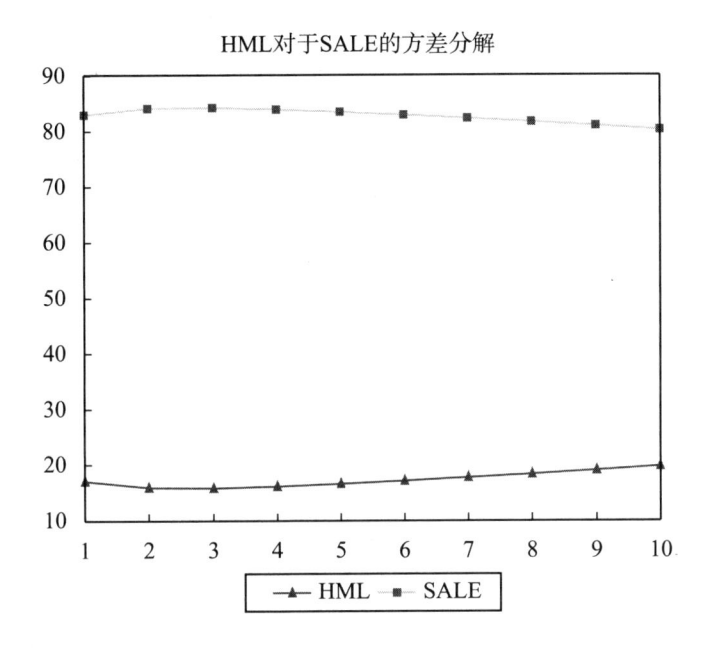

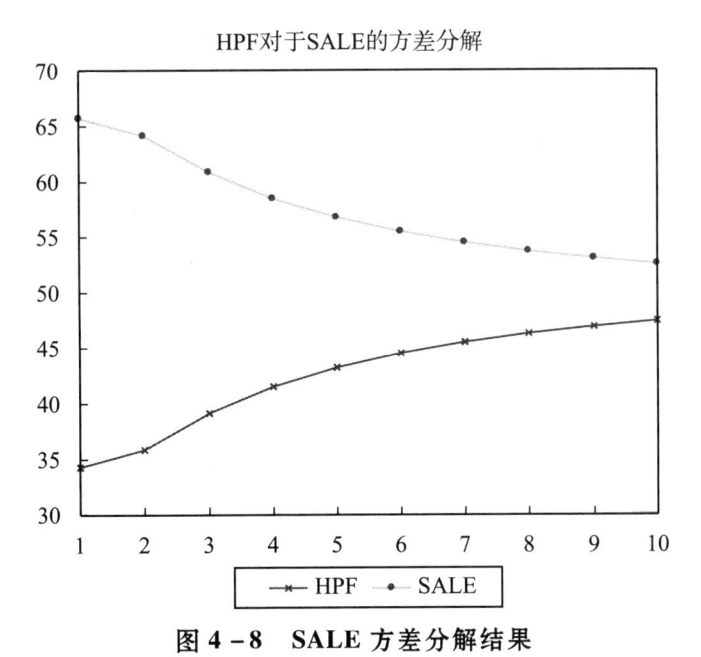

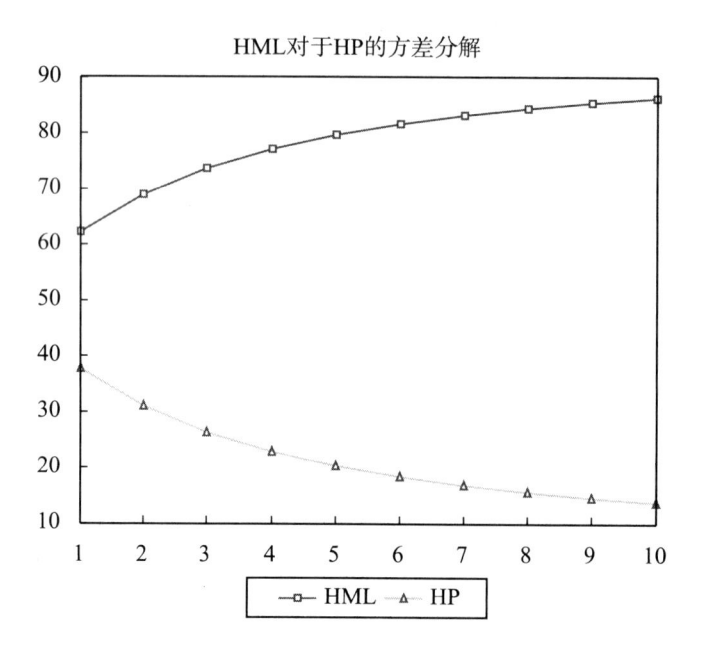

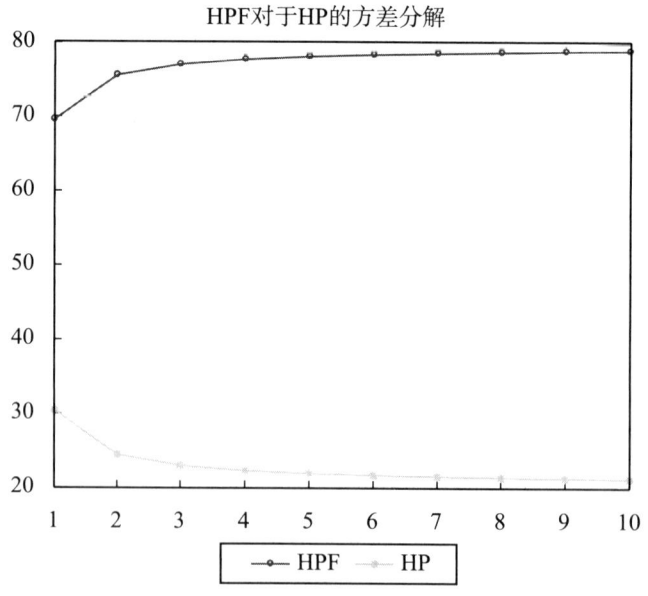

图 4-9 HP 方差分解结果

第五节 对促进住房消费作用的未来展望

本章围绕住房公积金贷款与商业贷款对住房市场产生的不同影响，重点论证两种房贷类型对住房销售和房价的内在作用。通过构建理论模型，从住房市场的短期情形和长期情形分别对照不同房贷类型所引发的供需及均衡变动。在此基础上，本章以上海市为例，选择时间序列 VAR 模型展开实证分析，且实证检验结果与理论模型推导结果具有一致性。研究结果表明：第一，住房商业贷款和住房公积金贷款均能显著促进住房消费，且住房公积金的促进作用更为明显；第二，住房商业贷款与住房公积金贷款均会对房价产生正向推动作用，但短期内后者的推动作用强于前者，长期内二者作用差距有所收缩。图 4-10 直观地展示了公积金贷款、住房商业贷款与房价的内在关联。

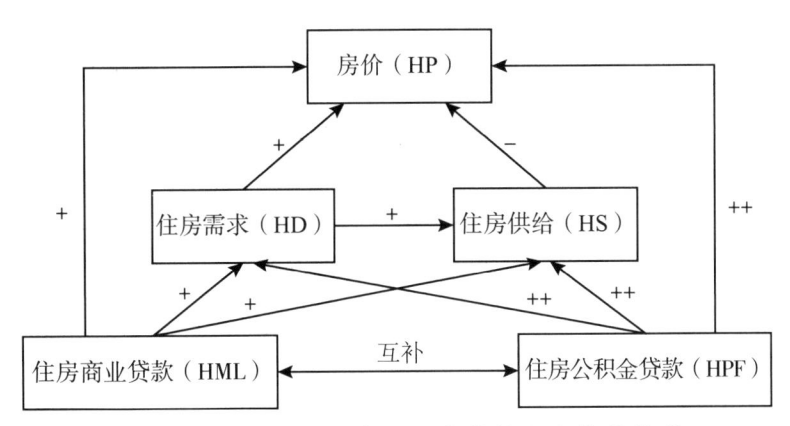

图 4-10 住房公积金、商业贷款与房价的关联

总体上讲，由于两种贷款形式的属性定位和制度安排各有差异，因此其实施效果也必然不尽相同。相比较而言，住房商业贷款因其拥有资金流动性更强、放贷力度更大、贷款群体更广等优势而成为房贷市场的最主要资金获取渠道。与此同时，住房公积金贷款则是对住房金融体系的进一步补充与完善，也因"互助性"而被誉为"穷人的福利馅饼"，公积金贷款因其具有针对性更强、贷款利息更低、保障性和福利性更突出等优势也已经成为我国住房金融市场中不可或缺的重要组成部分。并且，基于住房商业贷款对房价影响更温和以及住房公积金贷款对住房消费促进作用更显著的研究结果，本章的实证研究得出如下政策启示：

第一，改革与完善住房金融体系。就现阶段我国房地产金融而言，大致存在体系不完备、制度不完善、结构不合理、层次较单一、风险较集中和发展较滞后等突出问题，因此，摆在政府和金融机构面前最为根本的难题便是如何改革与完善我国的住房金融体系。首先，要进一步丰富住房融资方式，规范和创新房地产金融产品。按照党的十八届三中全会提出"研究建立住宅政策性金融机构"的要求，试点建立住房银行，利用"组合拳"分散住房金融风险。住房银行不仅可以降低融资成本，获取大量的外部资金，进而为广大居民家庭提供低息购房贷款，同时还可以通过专业化运营提升资金运作效率，降低金融风险。其次，推进住房金融政策与住房市场同步发展，如在住房公积金政策的扩面、提效与严控等方面加强改革。加大立法力度，遏制房地产投机，运用政策手段区分投资需求与消费需求，防止楼市炒作者利用住房金融杠杆推动房价非理性化上涨。最后，加强对住房贷款风险的监管与控制，加快住房领域资产证券化的试点进程，充分利用大数据等现代分析手段设计更高分析精度、更高分析频率和更低应用成本的住房贷款风险评价与预测模型和管理系统，为贷前审核、贷后跟踪监测等环节提供决策支持，提升住房贷款风险管理水平。

第二，鼓励实施差别化的住房融资策略。当前我国房地产市场的分化现象比较严重，一、二线城市高房价与三、四线城市高库存并存，这也使得楼市调控显得较为被动和棘手。针对如此现状，"一刀切"的做法必然会适得其反，因此，必须坚持因地制宜和因城施策的原则，以住房市场主要矛盾为政策导向，有差别化地实施住房融资策略。2013年7月20日起央行就已经对商业银行全面放开金融机构贷款利率管制，但央行决定，为继续严格执行差别化的住房信贷政策，促进房地产市场健康发展，个人住房贷款利率浮动区间暂不作调整，其利率下限仍为基准利率的0.7倍不变。这个政策即使在当前严厉的房地产调控背景下也并没有改变。具体而言，由于一、二线热点城市的房价居高不下，而房价对于商业贷款的敏感性低于公积金贷款，因此我们建议一、二线热点城市应更多地发挥住房商业贷款的优势，政府应该适当地将限贷、限购、提高贷款利率和首付款率以及征收房产税等手段相结合，遏制房地产市场投机行为，抑制房价泡沫的继续扩大势头，引导房价逐渐回归理性区间。与之不同的是，三、四线城市的房地产市场主要聚焦于"去库存"，而住房公积金贷款对于住房消费的促进作用高于商贷，因此建议三、四线城市应更加注重利用公积金房贷渠道，继续扩大公积金政策覆盖面，优先加强三、四线城市间的公积金贷款异地互认以增强其资金流动性，为居民贷款购房提供便利，促进住房消费，助力楼市去库存。当然，要高度重视公积金贷款的资金风险，尤其是扩面群体的贷款风险（如农民工、个体工商户等），需要通过建立贷款风险评估及预警机制加以管控，以此确保住房融资市场健康稳定发展。

第五章

住房公积金推进新型城镇化

住房公积金在促进住房体制改革、增加住房供应、解决居民住房问题、加快住房金融发展、支持城镇居民住房保障等诸多方面发挥了显著的积极作用。这些积极作用对于我国面临的新型城镇化历史任务更具特殊意义。全面总结住房公积金在推进新型城镇化的路径与成效，探索住房公积金在今后实现新型城镇化的可能需求，是创新和发展住房公积金制度的重要依据。

第一节 新型城镇化对住房公积金的需求

新型城镇化是指以人为本、四化同步、优化布局、生态文明、传承文化的新型城镇化道路。新型城镇化的内容和任务集中体现在由国家发改委会同公安部、财政部、国土部等14部门编制的《国家新型城镇化规划（2014—2020）》（2014年3月16日）之中，它提出了"一条主线、四大任务、五项改革"的新型城镇化之路。"一条主线"即走以人为本、四化同步、优化布局、生态文明、文化传承的中国特色新型城镇化道路。"四大任务"是指有序推进农业转移人口市民化，优化城镇化布局和形态，提高城市可持续发展能力，推动城乡发展一体化。"五项改革"是指统筹推进人口管理、土地管理、资金保障、城镇住房、生态环保等制度改革，完善城镇化发展体制机制。

关于"新型城镇化"具体任务，2014年3月李克强总理在政府工作报告中明确提出了解决"三个1亿人"的目标：促进约1亿农业转移人口落户城镇，改造约1亿人居住的城镇棚户区和城中村，引导约1亿人在中西部地区就近城镇化。这一目标是在2013年底的中央农村工作会议上首次提出的，实现这一目标的期限是到2020年。具体来说，提出"三个1亿人"的城镇化任务是有明确的现实指向的。(1) 促进约1亿农业转移人口落户城镇。以2013年数据为例，按照常住人口计算的城镇化率为53.7%，而户籍人口城镇化率仅为35.7%左右，即在2013年仍有2.89亿人处于"人户分离人口"的状态。通俗了说就是这2.89亿人只是"半城镇化"，即工作生活在城镇（市），户口在农村。处于"半城镇化"状态的人口，生活和工作在城市却不能平等地享受城镇（市）的医疗、子女教育、养老等社会公共服务和福利。(2) 改造约1亿人居住的城镇棚户区和城中村。城市中高楼林立和棚户区（贫民窟）连片并存的状态，增加了城市管理的难度，严重影响国家的城镇（市）化和现代化进程。(3) 引导约1亿人在中西部地区就近城镇化。2011年我国东中西部地区城镇化率分别为61%、47%和43%。2012年，京津冀、长三角、珠三角三大城市群以3%左右的国土面积，集聚了约13%的人口，创造了36%左右的国内生产总值。西部城镇化率低、城镇化发展速度慢，已经严重影响了国家城镇化的整体推进。

当然，新型城镇化的推进还面临着一些困难和挑战。资金需求特别是住房建设融资需求是当前最为突出的一个挑战。近年来，随着市场经济发展，要素价格、资源价格以及资产价格不断向市场定价回归，劳动力价格也倾向于市场化定价。在这一过程中，一些大城市以房地产为代表的资产价格迅猛上涨，远远脱离了城镇居民收入水平。另外，受国内物流成本较高、通货膨胀等因素影响，我国居民生活成本不断提升，对就业增长形成双向压力。这不仅影响农民工的市民化进程，甚至影响到了大学毕业生的就业乃至市民化进程，因而减少城镇化阻力的要求也日益强烈。

目前我国有大约2.6亿进城的农民工，其中跨省外出农民工达1.2亿人，由于二元土地制度的存在与改革的滞后，这些所谓的"新市民"并未完成彻底的城镇化。绝大部分农民工在城市的居住条件很差，合伙借住或租住于设施简陋、环境恶劣、空间狭窄、房租便宜的临时住房，聚居在城乡接合地带或"城中村"。表5-1统计了2008~2015年间我国外出农民工的住房情况。由于没有相对稳定的、适于家居生活的住所，数以亿计的农民工不断地在城乡之间流动，过着候鸟式的生活，农民工的身心健康、生存发展、心理归宿、子女教育等权益难以得到保障，城乡经济社会的协调可持续发展也受到很大制约。

表 5-1　　　外出农民工的住房情况占比（2008~2015 年）　　　单位：%

项目	2008 年	2009 年	2010 年	2011 年	2012 年	2013 年	2014 年	2015 年
单位宿舍	35.1	33.9	33.8	32.4	32.3	28.6	28.3	28.7
工地工棚	10.0	10.3	10.7	10.2	10.4	11.9	11.7	11.1
生产经营场所	6.8	7.6	7.5	5.9	6.1	5.8	5.5	4.8
与他人合租住房	16.7	17.5	18.0	19.3	19.7	18.5	18.4	18.1
独立租赁住房	18.8	17.1	16.0	14.3	13.5	18.2	18.5	18.9
务工地自购房	0.9	0.8	0.9	0.7	0.6	0.9	1.0	1.3
乡外从业回家居住	8.5	9.3	9.6	13.2	13.8	13.0	13.3	14.0
其他	3.2	3.5	3.5	4.0	3.6	3.1	3.3	3.1

资料来源：国家统计局，《中国农民工监测调查报告》（历年）。

由中国社会科学院发布的《中国农业转移人口市民化进程报告》测算表明，目前我国农业转移人口市民化的人均公共成本约为 13 万元。新型城镇化中仅住房保障一项，每年大约需要 2 万亿~3 万亿元的财政资金投入。更不要说交通道路、养老医疗、文化娱乐等基础设施建设的资金需求了。这样一笔巨额资金需求，显然需要从多个渠道、多种方式进行筹集。首先，肯定要用政府的财政资金；其次，要鼓励社会资本进入以前政府一直控制的公共设施领域，减轻政府的资金压力；最后，可以适当使用各类金融工具筹集相关的资金。

在新型城镇化的资金需求规模庞大的情况下，住房公积金和地方住房金融的特有功能定位能够成为一种重要的渠道，并成为新型城镇化推进的积极力量。一是因为长期以来，住房公积金作为解决居民住房问题的专门机构，已经集聚了一定规模的资金和运营的经验，能够承担推进新型城镇化住房建设的核心任务。二是新型城镇化更加重视城市的集群发展，基础设施尤其是中小城镇基础设施贷款需求大幅增加。这些资金需求通常需要在当地进行筹集使用。住房公积金管理机构分布在全国各大中城市，能够直接覆盖到县（区）的中小城镇。三是新型城镇化需要解决农民"融入"城市的问题，在支持保障房建设、教育、娱乐文化、生态保护等方面，提出了更高要求和更多需求。住房公积金所具有的社会保障功能在一定程度上有助于解决农民融入城市的问题。

第二节　住房公积金推进新型城镇化的路径

近十几年来我国商品住房市场的快速发展是社会和经济多方面因素共同作用

的结果，住房公积金不是唯一的因素，但住房公积金对于住房市场化快速发展的贡献无疑是重要和积极的。在推进新型城镇化建设中，住房公积金和地方住房金融同样发挥着重要的作用，其主要作用路径包括以下几个方面（见图5-1）。

```
            住房公积金和地方住房金融在推进
                新型城镇化建设中的路径
    ┌──────┬──────────┬──────┬──────┬──────┬──────┐
 住房公积金  调整简化公    住房公积金  住房公积金  住房公积金  发挥住房公
 制度覆盖到  积金提取条    支持经济适  贷款支持棚  贷款支持公  积金的医疗
   农民工   件、适时创   用房建设   户区改造   共租赁住房  等保障功能
           新公积金贷                            建设
           款政策
```

图5-1　住房公积金助推新型城镇化的路径

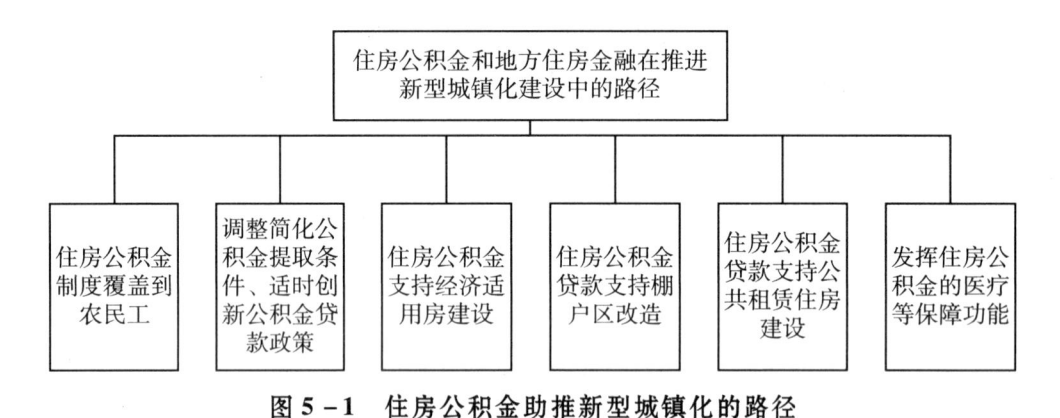

一、公积金制度覆盖到农民工，助力农业转移人口落户城镇

经过多年的探索，住房公积金制度覆盖到农民工已经从设想变成为现实。2005年建设部、财政部、中国人民银行《关于住房公积金管理若干具体问题的指导意见》（以下简称《指导意见》）明确指出："有条件的地方，城镇单位聘用进城务工人员，单位和职工可缴存住房公积金。"《指导意见》虽然未直接使用农民工一词，但进城务工人员涵盖了农民工，这给农民工建立住房公积金制度打开了一扇门，但附加了条件——有条件的地方，农民工能享受住房公积金制度；没有条件的地方，不会强制单位把住房公积金制度覆盖到农民工。给不给农民工建立住房公积金制度带有或然性，农民工几乎没有自主权。

《指导意见》之后，建设部、财政部、中国人民银行下发了《关于住房公积金管理几个具体问题的通知》，对《条例》规定的"在职职工"界定为由单位支付工资的各类人员（不包括外方及港、澳、台人员）。按照这个界定，农民工属于"在职职工"。紧接着，《国务院关于解决农民工问题的若干意见》下发，提出"有条件的地方，城镇单位聘用农民工，用人单位和个人可缴存住房公积金，用于农民工购买或租赁自住住房"。至此，针对农民工建立住房公积金问题第一次以国务院文件形式予以明确，意味着农民工建立住房公积金制度开始起步。在2015年11月住房城乡建设部组织起草《住房公积金管理条例（修订送审稿）》中规定，"本条例所称住房公积金，是指单位和职工缴存的具有保障性和互助性

的个人住房资金"。所称单位,是指国家机关、事业单位、企业、有雇工的个体工商户、民办非企业单位、社会团体等组织;所称职工,是指与单位建立劳动关系的劳动者、无雇工的个体工商户、非全日制从业人员以及其他灵活就业人员。这就更进一步将农民工在内的各类灵活就业人员都覆盖在公积金制度保障范围之内,为新型城镇化建设特别是推动农业转移人口落户城镇提供了有利条件。

二、调整简化公积金提取条件,协助无房市民改善居住水平

2015 年《住房公积金管理条例(修订送审稿)》中规定,职工有下列情形之一的,可以提取职工住房公积金账户内的存储余额:(一)购买、建造、大修、装修自住住房的;(二)离休、退休的;(三)完全丧失劳动能力,并与单位终止劳动关系的;(四)出境定居的;(五)偿还住房贷款本息的;(六)无房职工支付自住住房租金的;(七)支付自住住房物业费的。在上述用途中,职工购买、建造、大修、装修自住住房的;偿还住房贷款本息的;无房职工支付自住住房租金的;支付自住住房物业费的四项都直接有助于解决职工及其家庭的居住难题,改善居住条件,为新型城镇化的实现提供基础。在实践中,一些城市的公积金管理中心也积极创新公积金的提取政策。

例如,开通了先提后贷、按月划转还贷、职工家庭在本市无自有住房且租赁住房的可提取公积金支付房租、职工在本市范围内购自住房的可提取父母(子女)的公积金、职工本人因大病造成家庭生活困难的提取夫妻双方公积金等业务;取消两次购房提取间隔 5 年限制;实行个人账户封存满两年未重新开户可销户提取;调整了贷前提取公积金资金流向,职工购房提取住房公积金时,资金可转入提取个人银行账户,等等。这些政策调整有效地发挥了住房公积金的积极作用,促进了住房消费,推进了新型城镇化的基础建设。

三、适时创新公积金贷款政策,有效降低职工购房压力

住房公积金贷款利率和商业性个人住房抵押贷款基准利率始终保持了 2 个百分点左右的利差,这是住房公积金协助职工购房、推进新型城镇化建设的另一个重要渠道。近几年来,为了更好地发挥公积金贷款的促进作用,一些城市积极探索政策创新。在贷款发放上,实施了"提高贷款额、放宽贷款门槛、降低首付比例、延长贷款期限、异地购房贷款"等新政策。这些政策的实施,对加快中小城市的新型城镇化具有重要的促进作用。

四、公积金支持经济适用房建设，帮助更多家庭圆"住房梦"

经济适用房是指具有社会保障性质的商品住宅，它是根据国家经济适用住房建设计划安排建设的，是由国家统一下达计划、用地实行由地方政府行政划拨方式、免收土地出让金、对各种经批准的收费实行减半征收、出售价格按保微利的原则确定的，具有经济性和适用性的特点。国家为了解决中低收入家庭住房困难和启动市场消费，经济适用房于1998年适时推出。住房公积金贷款支持保障性住房建设的意向，最早见于2008年12月20日。国务院办公厅下发的《关于促进房地产市场健康发展的若干意见》中，提出"为拓宽保障性住房建设资金来源，充分发挥住房公积金的使用效益，选择部分有条件的地区进行试点，在确保资金安全的前提下，将本地区部分住房公积金闲置资金补充用于经济适用住房等住房建设"。2009年10月试点正式启动。包括住建部在内的七部委在《关于利用住房公积金贷款支持保障性住房建设试点工作的实施意见》（以下简称《实施意见》）中明确提出，在优先保证职工提取和个人住房贷款、留足备付准备金的前提下，可将50%以内的住房公积金结余资金贷款支持保障性住房建设。

2010年8月5日，住建部在其网站上公布了第一批利用住房公积金贷款支持保障性住房建设的试点城市。北京、天津、重庆、唐山、运城、包头、大连、长春、哈尔滨、无锡、杭州、宁波、淮南、青岛、济南、福州、厦门、洛阳、武汉、长沙、儋州、攀枝花、昆明、西安、兰州、西宁、银川、乌鲁木齐28个城市入列其中。敲定试点城市后，相关部门再次发布《关于做好利用住房公积金贷款支持保障性住房建设试点工作的通知》，对项目贷款期限作出明确规定：经济适用住房和列入保障性住房规划的城市棚户区改造项目安置用房建设贷款，贷款期限最长不超过三年；政府投资的公共租赁住房建设贷款，贷款期限最长不超过五年。项目贷款到期后，贷款本息必须全额收回。在新型城镇化的背景下，住房公积金贷款用于建设经济适用住房对解决一些城市低收入人群的住房问题具有重要作用，也是实现新型城镇化建设的一个重要途径。

五、公积金贷款支持棚户区改造，推动城区发展加速进行

能否改造约1亿人居住的城镇棚户区和城中村对于实现新型城镇具有极其重要的作用。2013年6月26日，在国务院常务会上，李克强总理曾再次强调棚户

区改造的重要性，要求调整优化投资安排，压缩一般性投资，集中资金重点用在棚户区改造这个"刀刃"上。棚户区改造面临的最大难题有两个，一是资金，二是安置。目前，棚户区改造的资金来源主要有财政、信贷、民资、债券及企业和公众自筹等渠道。在此过程中，一些省市在采取增加财政补助、加大银行信贷支持、吸引民间资本参与、扩大债券融资、企业和群众自筹等办法筹集资金的同时，也积极探索住房公积金贷款支持保障性住房建设的试点，利用住房公积金贷款支持城市棚户区改造项目安置用房建设。显然，这样的尝试对于完成新型城镇化目标具有一定的补充性作用。

六、公积金贷款支持公共租赁住房建设，解决低收入人群住房难题

在新型城镇化的进程中，需要着力解决包括大学毕业生等在内的城市工作人员的住房问题。公共租赁房是对住房困难人群的一种过渡性的解决方案，旨在为不属于低收入人群但住房困难的人员，提供住房帮助。公共租赁房不归个人所有，而是由政府或公共机构所有，用低于市场价或者承租者承受起的价格，向新就业职工出租，其中包括一些新的大学毕业生、外地迁移到城市工作的群体等。这些人员又被称为住房的"夹心层"，他们不能租廉租房[①]，却买不起经济适用房；不能买经济适用房，又买不起商品房；刚刚毕业，收入不低但没有积蓄，买不起房又租不到便宜、稳定的房。"夹心层"现象普遍出现之后，北京、天津、上海、常州、青岛等城市陆续开工建设或收购了一定规模的公共租赁房房源。这种由政府建设、低于市场租金限价出租、能长期稳定居住的保障性住房，为填补住房保障体系的空白提供了可能。为了缓解政府建设公共租赁房的资金压力，一些地方政府开始探索和利用公积金贷款来支持公共租赁住房建设。

七、发挥公积金的医疗等保障功能，支持"人"的城镇化

新型城镇化的关键是让农民工进城以后找到归属感，让农业转移人口在城镇落户，让他们能在社会保障、医疗卫生、教育、文化等基本公共服务方面享受跟城市居民同等的待遇，让他们不仅能安居还能乐业，只有这样，发展新型城镇化

---

① 根据《国务院批转发展改革委关于2013年深化经济体制改革重点工作意见的通知》和《国务院办公厅关于保障性安居工程建设和管理的指导意见》等文件精神，从2014年起，各地公共租赁住房和廉租住房并轨运行，并轨后统称为公共租赁住房。

才能成为中国经济持续健康发展的强大引擎。为了增强农业转移人口的社会保障，解决他们在医疗卫生等方面的生活难题。住房公积金开始尝试增加这方面的功能，为"人"的城镇化提供支持。"住房公积金看病"是指当拥有住房公积金账户的民众，身患相关重大疾病时，可以提取住房公积金用于疾病的治疗。用住房公积金看病，广西、天津、重庆、西安、秦皇岛、长沙等地在不同时期都有类似规定。在买不起高价房的情况下，对于那些低收入群体而言，能利用手中闲置的住房公积金来租房或看病，无疑是一种福音。而从利民角度上讲，"公积金看病"则是对公积金人性化管理的一项好举措。正因为此，这项政策一出台就博得了包括普通民众、专家学者在内的社会各界人士的普遍认同，拥有着强大的民意支持。

第三节　住房公积金推进新型城镇化的成效

综上所述，可知住房公积金和地方住房金融随着形势任务的发展，其原有的功能定位较好地对接在推进新型城镇化的战略行动上。经过近年来的制度创新、政策调整、城市试点、各地改革，住房公积金和地方住房金融在多种路径上推进了新型城镇化的建设，也已经取得了显著的初步成效。

一、住房公积金制度覆盖农民工的成效

随着住房公积金制度覆盖面从城市职工向农民工的逐步扩展，其推动城镇化的成效也在逐步展现出来。目前虽然没有总体统计数据，但从各省市的试点中得以反映。

相对走在住房公积金"扩面"前列的是浙江省湖州市，早在 2005 年该市就积极研究进城务工人员的住房问题，针对其流动性较大的特点，探索将他们纳入住房公积金制度。例如，一些企业为农民工建立住房公积金账户，提高他们的住房费用支付能力。当时规定，"农民工正常缴费 6 个月后，就可以向银行申请年利率在 4.05% 左右的公积金贷款了，如果期限在 5 年以下，贷款利率还可以再适度降低"。在贷款额度上，农民工申请住房公积金贷款最多可贷 6.3 万元，最长的贷款期限为 20 年。据 2011 年《湖州市住房公积金事业"十二五"发展纲要》公布，五年来，有 4 200 多家非公企业 10 万多名职工新参加了公积金制度，其中农民工达 6 万多人；向 2 251 户低收入贷款家庭发放利息补贴 250.31 万元；帮助

9 300 多名新就业大学生和引进人才建立公积金制度，1 611 人享受优惠政策，发放贷款 5.2 亿元；共有 1 521 户家庭贷款 1.64 亿元购买了经济适用房，使政府推出的这项惠民政策得以顺利实施，有力地帮助了中低收入职工解决住房困难。

2014 年以来，越来越多的省市将农民工纳入住房公积金的保障对象，在探索中取得了初步成效。例如，2015 年 1 月 7 日，山东省多部门联合印发《关于进一步做好农民工缴存使用住房公积金工作的意见》（以下简称《意见》）。《意见》规定，2017 年将劳动关系稳定的农民工基本纳入住房公积金制度覆盖范围。《意见》要求用人单位为工作稳定的农民工缴存住房公积金，最低缴存基数可按职工工作所在地上一年度月最低工资标准计算，缴存比例不低于 5%；农民工购买、建造自住住房，可凭当地住房公积金管理部门规定的有效证明材料，提取本人及其配偶住房公积金账户内存储余额。农民工租住自住住房的，凭有效证明材料可申请提取住房公积金，提取金额不超过当期个人实际支付的房租额。公积金可用来买房、租房、建房，家庭遇到困难或离职可提走，农民工连续正常缴存住房公积金 6 个月（含 6 个月）以上，购买工作所在地自住住房的，可按规定申请住房公积金贷款。农民工在户籍所在地购买自住住房的，可持工作所在地住房公积金管理部门出具的缴存证明，向户籍所在地住房公积金管理部门申请住房公积金贷款。另外，农民工遇到突发事件造成家庭生活严重困难的，凭有效证明材料可提取本人住房公积金账户内存储余额。非本地户籍农民工与单位终止劳动关系、本地户籍农民工与单位终止劳动关系 6 个月以上未就业的，可凭有效证明材料提取住房公积金。此前，在 2014 年 9 月山东省枣庄市已经制定出台了住房公积金归集管理办法，将农民工纳入覆盖范围，并率先在滕州市试点，取得了一定成效。

2015 年 5 月 21 日，四川省政府办公厅印发关于《进一步扩大住房公积金制度覆盖面的指导意见》，将进一步提高住房公积金的覆盖面，机关事业单位聘用人员、社区工作人员、大学生村官、"三支一扶"人员、劳务派遣人员、在城镇有稳定工作的进城务工人员等均被纳入缴纳范围。拿着公积金，租房买房都可以用。这也意味着，今后进城务工人员也可以通过公积金买房子了。2015 年 10 月，贵州省政府出台《关于进一步做好为农民工服务工作的实施意见》（以下简称《意见》），提出要逐步将在城镇稳定就业的农民工纳入住房公积金制度实施范围。《意见》要求，各地政府要将解决农民工住房问题纳入住房发展规划，将符合条件的外来务工人员纳入公共租赁住房保障范围，积极支持和鼓励符合条件的农民工购买或租赁商品住房，并按规定享受购房相关税收等优惠政策。在农民工比较集中的开发区、产业园区，集中建设宿舍型或单元型小户型公共租赁住房，面向用人单位或农民工出租。

二、调整简化公积金提取条件的成效

虽然住房公积金提取的用途有多种，但支持购房和住房条件改善是重要内容。至 2017 年末住房公积金提取总额 73 224.38 亿元，占缴存总额的 58.65%。其中，2017 年全年住房公积金提取额 12 729.80 亿元，占全年缴存额的 67.98%；比上年减少 2.22%。其中，住房消费类提取 10 118.95 亿元，非住房消费类提取 2 610.85 亿元，分别占 79.49%、20.51%。从图 5-2 中可见，提取住房公积金中，用于购买、翻建、大修住房的占到 30.85%，有力地支持了新型城镇化的建设。

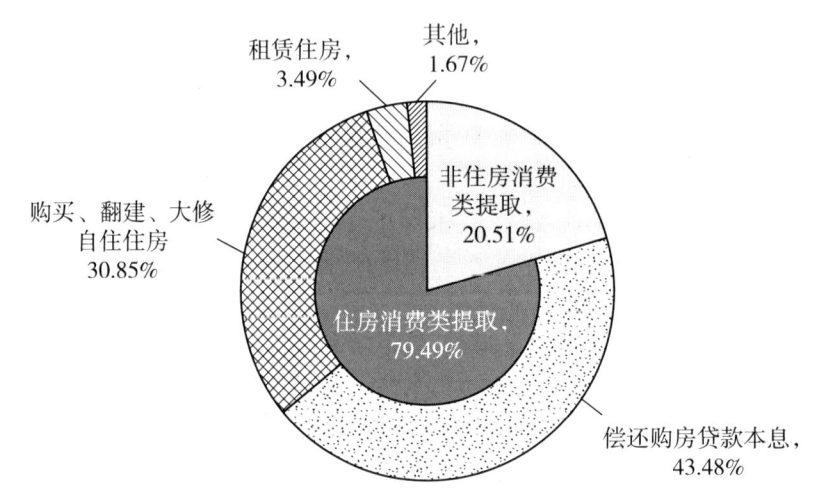

图 5-2　2017 年提取额按提取原因分类占比

资料来源：全国住房公积金 2017 年年度报告①。

三、适时创新公积金贷款政策的成效

个人住房贷款是缴存职工购买、建造、翻建、大修自住住房的重要来源，也是新型城镇化建设的重要资金来源。经过各地住房公积金贷款政策的务实创新，其功能作用得到了有效发挥。截至 2017 年末，累计发放个人住房贷款 3 082.57 万笔、75 602.83 亿元，分别比上年末增长 9.05% 和 14.44%；个人住房贷款余

---

① 如无特殊说明，本章所用数据均来自住房和城乡建设部、财政部、中国人民银行联合印发的《全国住房公积金 2017 年年度报告》。

额 45 049.78 亿元，比上年末增长 11.14%；个人住房贷款率 87.27%，比上年末减少 1.57 个百分点（见表 5-2）。

其中，发放住房公积金个人住房贷款 254.76 万笔、9 534.85 亿元，分别比上年降低 22.21% 和 24.93%；回收个人住房贷款 5 022.86 亿元，比上年降低 0.23%；全年个人住房贷款新增余额 4 514.55 亿元，市场占有率（全年住房公积金个人住房贷款新增余额占商业性个人住房贷款和住房公积金个人住房贷款新增余额总和的比例）为 17.06%，保持了近 1/5 的高位。

表 5-2　　　　　　2017 年住房公积金个人住房贷款情况

地区	放贷笔数（万笔）	贷款发放额（亿元）	累计放贷笔数（万笔）	贷款总额（亿元）	个人住房贷款余额（亿元）	个人住房贷款率（%）
全国	254.76	9 534.85	3 082.57	75 602.83	45 049.78	87.27
北京	5.78	535.78	102.77	5 527.32	3 500.20	94.11
天津	2.80	120.09	94.67	2 844.04	1 372.43	111.33
河北	6.68	222.31	92.60	2 065.30	1 338.12	75.26
山西	5.32	179.07	48.73	975.77	656.83	72.09
内蒙古	7.96	265.84	96.33	1 677.39	891.47	76.13
辽宁	12.42	419.71	156.65	3 382.51	1 955.38	86.40
吉林	5.90	198.82	62.80	1 323.35	847.34	83.25
黑龙江	7.47	260.13	79.82	1 630.10	889.28	69.29
上海	9.28	586.28	243.09	7 059.10	3 531.01	98.68
江苏	21.57	747.89	279.45	6 954.31	3 750.63	97.41
浙江	13.09	622.90	164.54	5 055.91	2 902.47	101.24
安徽	9.77	287.09	116.36	2 485.54	1 532.12	101.26
福建	5.78	243.58	90.73	2 303.90	1 373.58	99.89
江西	6.17	213.38	67.67	1 532.54	1 010.98	97.33
山东	19.09	658.90	183.98	4 230.44	2 589.11	83.53
河南	10.23	304.01	109.17	2 353.71	1 543.30	80.90
湖北	10.82	351.62	115.37	2 660.31	1 639.33	80.96
湖南	11.59	377.10	114.62	2 211.99	1 415.51	87.29
广东	15.08	661.25	161.82	5 291.56	3 429.61	73.50
广西	6.70	224.85	61.68	1 280.44	879.24	88.28

续表

地区	放贷笔数（万笔）	贷款发放额（亿元）	累计放贷笔数（万笔）	贷款总额（亿元）	个人住房贷款余额（亿元）	个人住房贷款率（%）
海南	1.90	79.53	15.13	403.29	304.85	89.82
重庆	5.82	203.95	48.78	1 240.39	871.70	97.60
四川	14.20	464.62	135.41	3 079.93	2 071.41	85.51
贵州	6.42	198.87	59.31	1 233.34	840.78	97.10
云南	9.02	328.38	110.82	2 010.37	1 105.96	85.25
西藏	1.03	56.96	7.09	226.57	138.52	62.78
陕西	7.59	240.78	62.84	1 280.01	872.94	76.01
甘肃	5.64	182.83	67.08	1 088.04	661.53	74.99
青海	1.92	66.80	23.33	374.93	167.23	57.92
宁夏	2.01	66.92	24.67	450.67	216.78	81.94
新疆	5.24	152.12	80.61	1 298.82	712.33	73.37
新疆兵团	0.47	12.49	4.65	70.94	37.81	33.57

资料来源：全国住房公积金2017年年度报告。

（一）公积金贷款发放额情况

按照国家统计局2015年最新区域分类标准，本部分将地区分为东中西和东北四个区域，对其住房公积金贷款发放情况分别分析如下：

从东部地区来看（见图5-3），2014~2017年，表现出如下特征：（1）从规模存量来看，最高的为江苏，其贷款发放额为747.89亿元，最低的为海南，其贷款发放额为79.52亿元；（2）从规模增量来看，排在前三的分别为山东、北京、浙江，其规模增量分别为288.77亿元、227.87亿元和194.82亿元；（3）从规模增速来看，排在前三的为山东、北京及海南，其增长率分别为78.02%、73.97%、68.32%。除了天津出现存量、增量和增速的负增长之外，其余东部城市在存量、增量和增速方面都增长明显。

从西部地区来看（见图5-4），2014~2017年，表现出如下特征：（1）从规模存量来看，最高的为四川，其规模存量达464.62亿元，最低的为西藏，其规模存量为56.96亿元；（2）从规模增量来看，排在前三的分别为四川、云南和内蒙古，其规模增量分别为191.98亿元、165.11亿元和118.64亿元；（3）从规模增速来看，排在前三的为西藏、陕西和云南，其中西藏增速最高，其增长率为172.02%，陕西次之为116.28%，云南最低为101.13%。

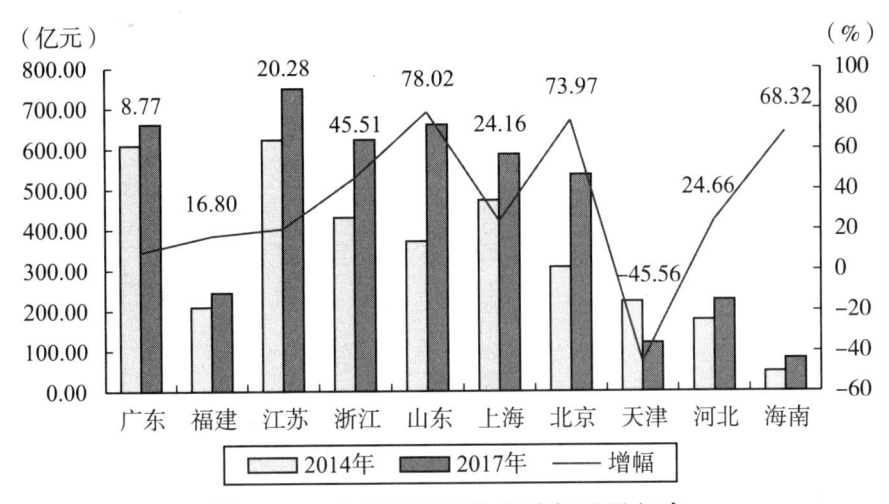

图 5-3 东部地区贷款发放额及增长率

资料来源：全国住房公积金 2017 年年度报告。[①]

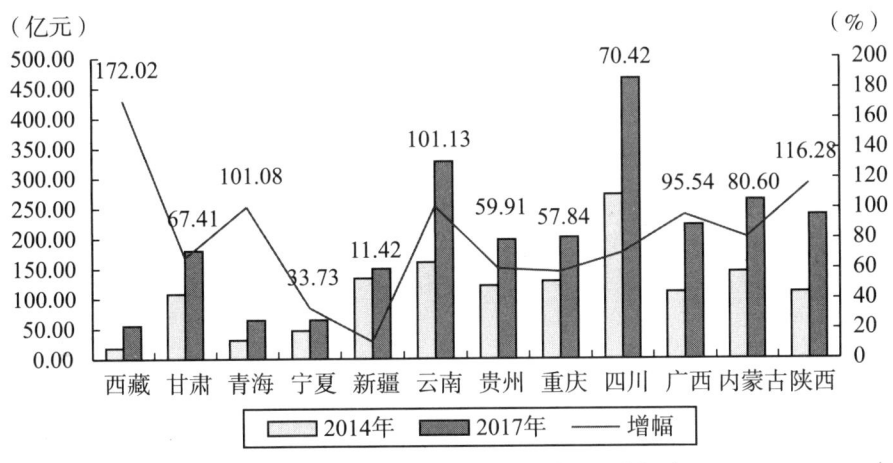

图 5-4 西部地区贷款发放额及增长率

资料来源：全国住房公积金 2017 年年度报告。

从中部地区来看（见图 5-5），2014~2017 年，表现出如下特征：（1）从规模存量来看，最高的为湖南，其贷款总额为 377.1 亿元；（2）从规模增量来看，排在前三的分别为湖南、江西及山西，其规模增量分别为 195.15 亿元、86.71 亿元和 78.65 亿元；（3）从规模增速来看，排在前三的分别为湖南、山西及江西，其中湖南的规模增速最快，达 107.25%，山西和江西增速分别为 93.88% 和 58.36%。

---

① 本章图表资料来源均为全国住房公积金 2017 年年度报告，除特别注明外。

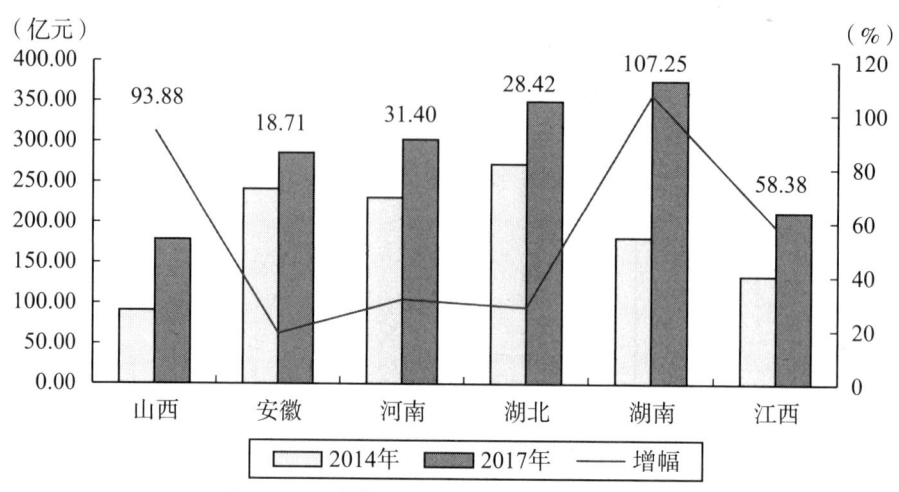

图 5-5 中部地区贷款发放额及增长率

从东北地区来看（见图 5-6），2014~2017 年，表现出如下特征：（1）从规模存量来看，最高的为辽宁，其规模存量达 419.71 亿元、最低的为吉林，其规模存量为 198.82 亿元；（2）从规模增量来看，黑龙江的规模增量最高，其规模增量为 138.92 亿元、其次为吉林，其规模增量为 101.96 亿元，最低的为辽宁，其规模增量为 83.36 亿元；（3）从规模增速来看，增长最快的是黑龙江，其增长率为 114.61%，其次为吉林，达到 72.2%，最低的为辽宁，其规模增长率为 32.09%。

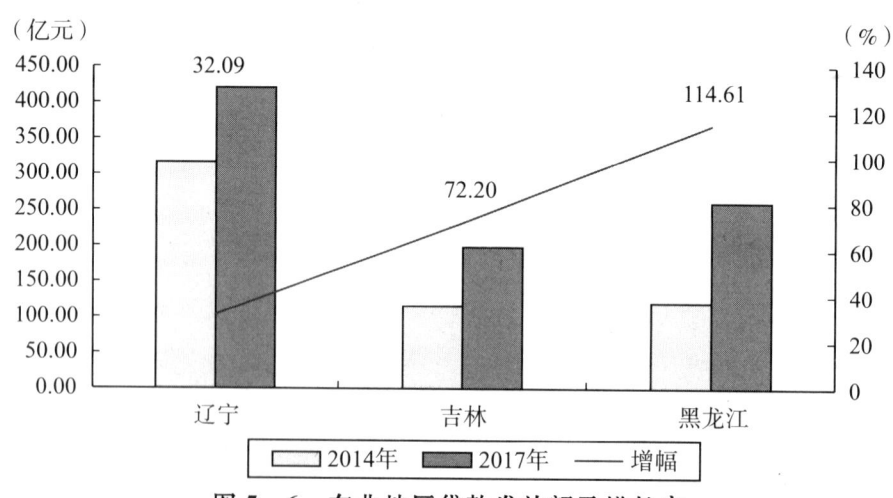

图 5-6 东北地区贷款发放额及增长率

2014~2017 年，通过对中东西及东北四个区域的观测，得出除了天津，其余城市的公积金贷款发放额都是增加的，其增长率涨幅明显。

（二）公积金的贷款总额情况

本部分分别从东中西及东北四个区域，对其公积金贷款总额情况进行描述。从东部地区来看（见图 5-7），2014~2017 年，表现出如下特征：（1）从规模存量来看，最高的为上海，其贷款总额为 7 059.1 亿元，最低的为海南，其贷款总额为 403.29 亿元；（2）从规模增量来看，排在前三的分别为上海、江苏、北京，其规模增量分别为 2 963.74 亿元、2 720.74 亿元和 2 458.05 亿元；（3）从规模增速来看，排在前三的分别为海南、山东和北京。其增长率分别为 111.49%、82.48% 及 80.09%。

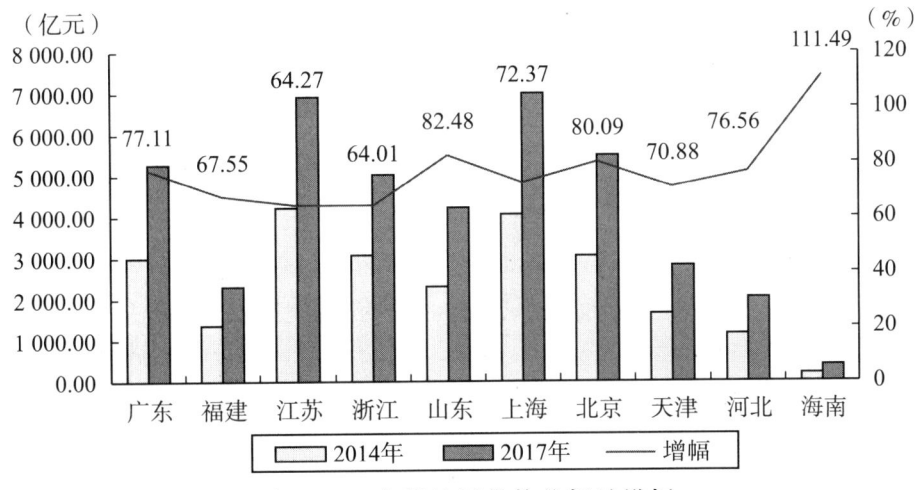

图 5-7 东部地区贷款总额及增幅

从西部地区来看（见图 5-8），2014~2017 年，表现出如下特征：（1）从规模存量来看，最高的为四川，其贷款总额为 3 079.83 亿元，最低的为西藏 226.57 亿元；（2）从规模增量来看，排在前三的分别为四川、云南及内蒙古。其规模增量分别为 1 537.1 亿元、902.03 亿元及 765.48 亿元；（3）从规模增速来看，排在前三的为西藏、甘肃和贵州，其增长率分别为 164.87%、121.83% 及 100.62%。

从中部地区来看（见图 5-9），2014~2017 年，表现出如下特征：（1）从规模存量来看，最高的为湖北，其贷款总额为 2 660.31 亿元，最低的为山西，其贷款总额为 975.77 亿元；（2）从规模增量来看，排在前三的分别为湖北、河南、安徽，其规模增量分别为 1 200.97 亿元、1 177.44 亿元及 1 102.06 亿元；（3）从规模增速来看，排在前三的为江西、山西、河南，其增长率分别为 149.39%、118.64% 及 100.09%。

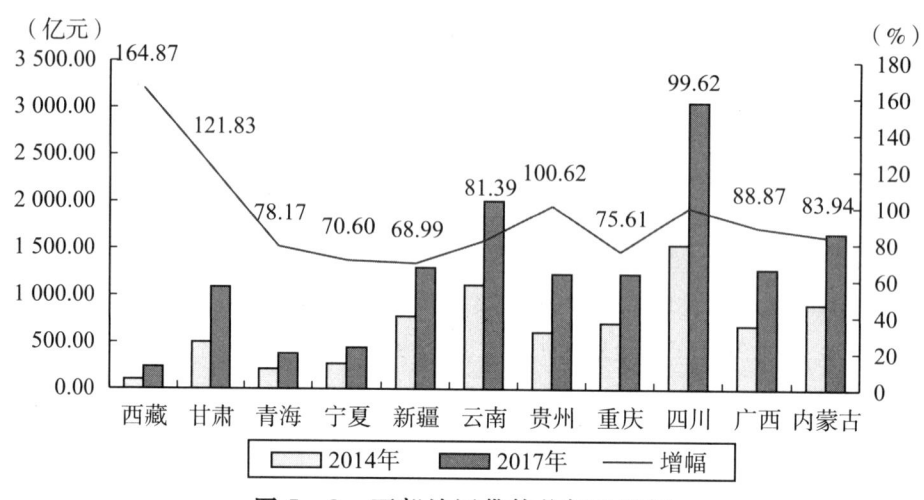

图 5-8 西部地区贷款总额及增幅

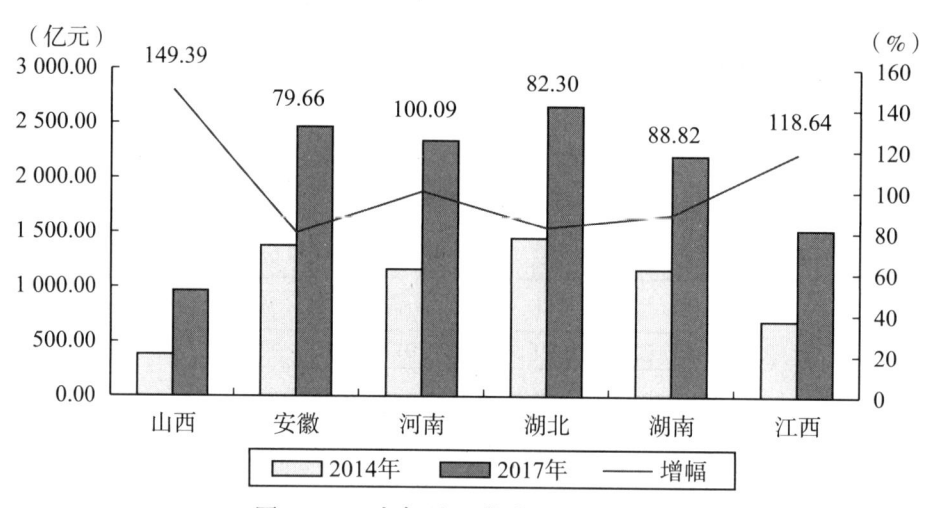

图 5-9 中部地区贷款总额及增幅

从东北地区来看（见图 5-10），2014~2017 年，表现出如下特征：（1）从规模存量来看，最高的为辽宁，其贷款总额为 3 382.51 亿元，最低的为吉林，其贷款总额为 1 323.35 亿元；（2）从规模增量来看，辽宁的增幅最高，为 1 300.13 亿元，其次为黑龙江，增幅为 689.33 亿元，最低的为吉林，为 594.63 亿元。（3）从规模增速来看，吉林省的增长速率最高，为 81.6%，黑龙江省为 73.09%，最低为辽宁省，为 62.43%。

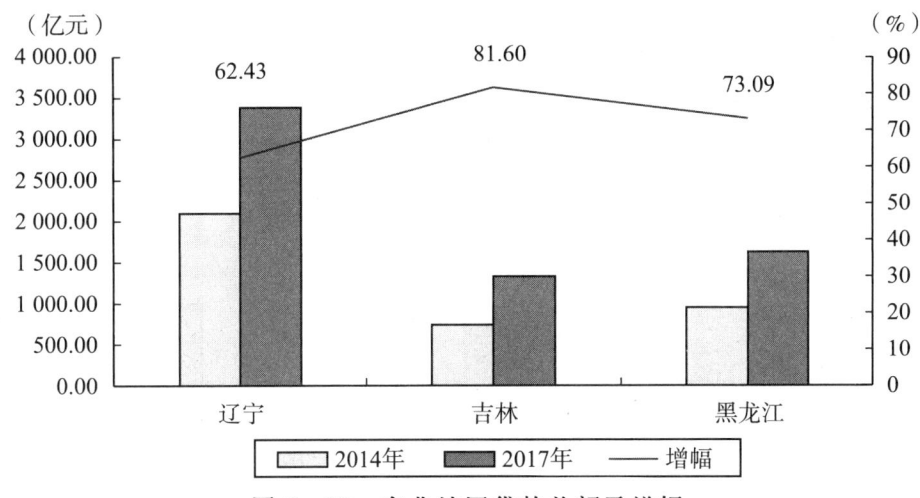

图 5-10 东北地区贷款总额及增幅

2014~2017 年，发现东中西及东北地区的贷款总额大幅增加，其增长率也出现很明显的增长，很多城市的规模增速都出现了 100% 的增幅。东部地区的公积金贷款总额依然大于中西部城市。

（三）住房公积金每万笔贷款发放情况

本部分将地区分为东中西和东北四个区域，对其住房公积金贷款发放情况分别分析如下：

从东部地区来看（见图 5-11），2014~2017 年，表现出如下特征：（1）从规模存量来看，最高的为北京，其每万笔贷款发放量为 92.7 亿元，最低的为河北，其每万笔贷款发放量为 33.28 亿元；（2）从规模增量来看，排在前三的分别为北京、上海及海南，其每万笔贷款发放额分别为 30.23 亿元、24.3 亿元及 14.39 亿元；（3）从规模增速来看，排名前三的分别为上海、海南及北京，其增长速率分别为 62.58%、52.38% 及 48.39%。

从西部地区来看（见图 5-12），2014~2017 年，表现出如下特征：（1）从规模存量来看，最高的为西藏，其每万笔贷款发放量为 56.96 亿元，最低的为新疆，其每万笔贷款发放量为 29.03 亿元；（2）从规模增量来看，排在前三的分别为西藏、青海和甘肃，其每万笔贷款发放额分别为 30.23 亿元、14.66 亿元及 10.67 亿元；（3）从规模增速来看，排名前三的分别为青海、西藏、甘肃，其增长速率分别为 72.83%、52.34% 及 49.06%。

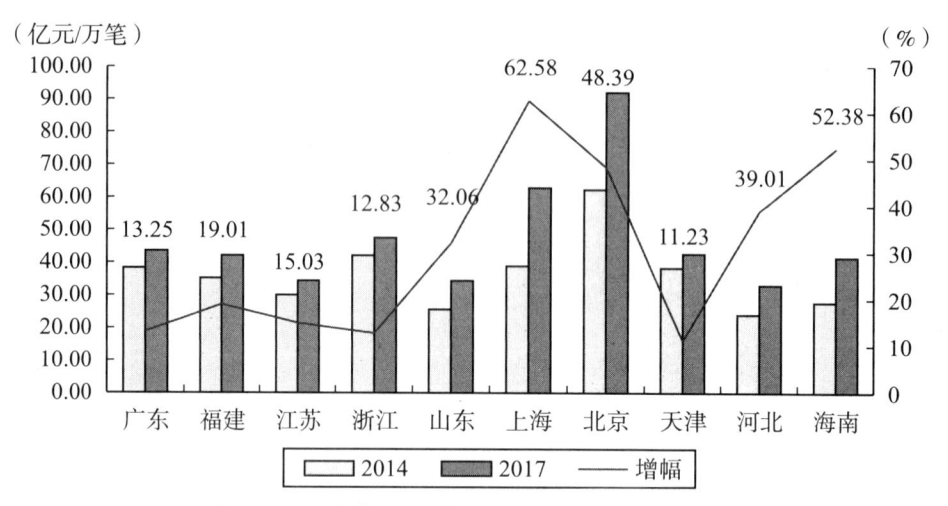

图 5-11 东部地区每万笔贷款发放额及增幅

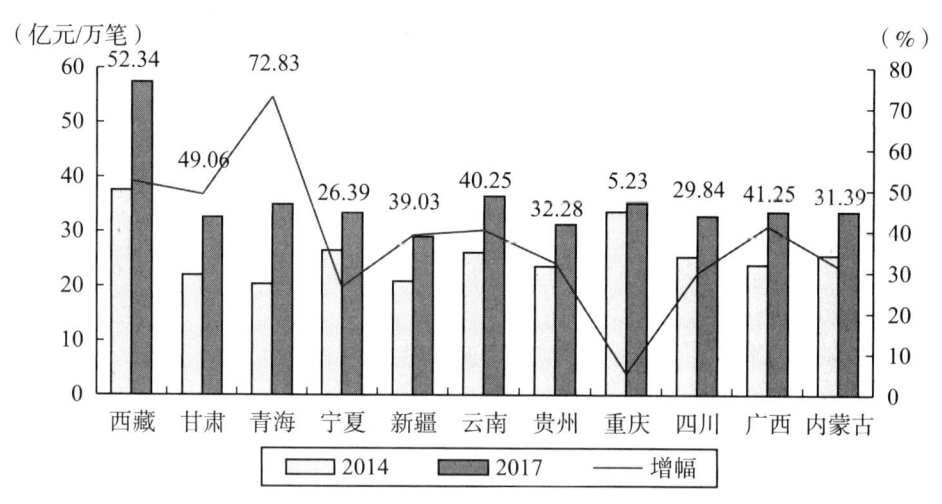

图 5-12 西部地区每万笔贷款发放额及增幅

从中部地区来看（见图 5-13），2014~2017 年，表现出如下特征：（1）从规模存量来看，最高的为河南，其每万笔贷款发放量为 34.82 亿元，最低的为安徽，其每万笔贷款发放量为 29.38 亿元；（2）从规模增量来看，排在前三的分别为山西、河南、湖南，其每万笔贷款发放额分别为 10.51 亿元、10.38 亿元及 7.99 亿元；（3）从规模增速来看，排名前三的分别为山西、河南、湖南，其增长速率分别为 45.4%、41.89% 及 32.55%。

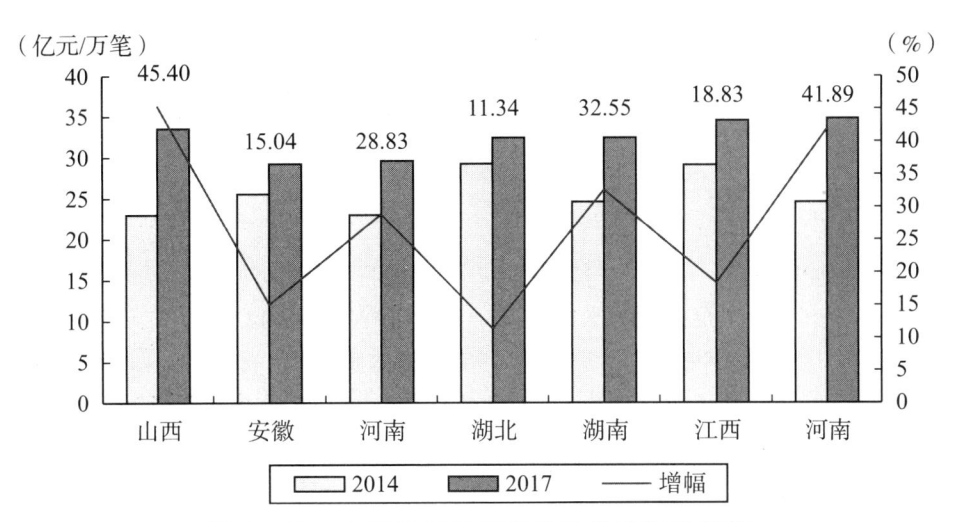

图 5-13 中部地区每万笔贷款发放额及增幅

从东北地区来看（见图 5-14），2014~2017 年，表现出如下特征：（1）从规模存量来看，最高的为黑龙江，其每万笔贷款发放量为 34.82 亿元，最低的为吉林，其每万笔贷款发放量为 33.7 亿元；（2）从规模增量来看，辽宁、吉林、黑龙江，其每万笔贷款发放额分别为 7 亿元、9.08 亿元及 10.31 亿元；（3）从规模增速来看，辽宁、吉林、黑龙江，其增长速率分别为 26.13%、36.88% 及 41.89%。

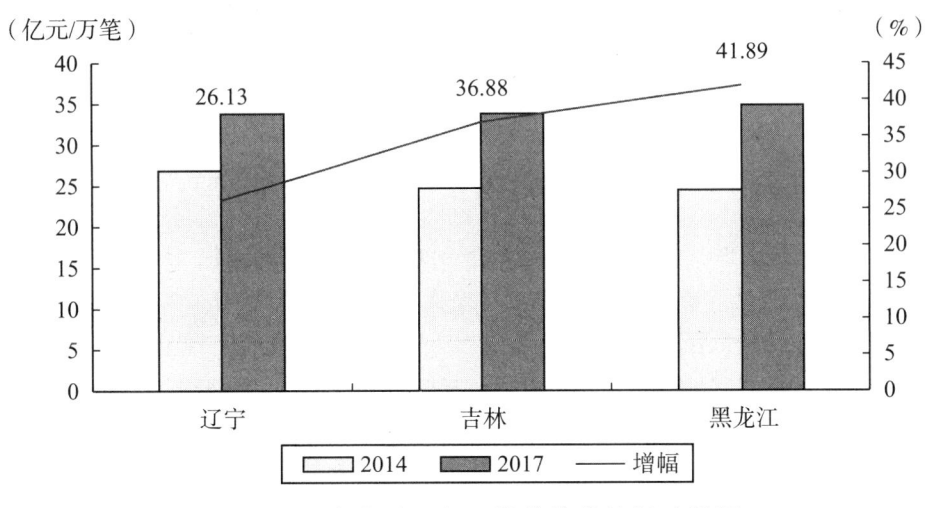

图 5-14 东北地区每万笔贷款发放额及增幅

综上所述，2014~2017 年，每万笔贷款余额东部最多的省份是北京，西部是西藏，中部为河南，东北为黑龙江。不仅公积金每万笔贷款发放额出现了大幅度增长，而且增长速率很高。

（四）公积金个人住房贷款率情况

本部分将地区分为东中西和东北四个区域，对其住房公积金贷款发放情况分别分析如下：

从东部地区来看（见图5-15），2014~2017年，表现出如下特征：（1）从个人住房贷款率来看，最高的为天津，其个人住房贷款率为111.33%，最低的为广东，其个人住房贷款率为73.5%；（2）从规模增量来看，排在前三的分别为山东、上海及浙江，其增幅分别为16.78%、16.63%和16.49%；（3）从规模增速来看，排名前三的分别为天津、河南及北京，其增长速率分别为34.95%、33.94%及26.85%。

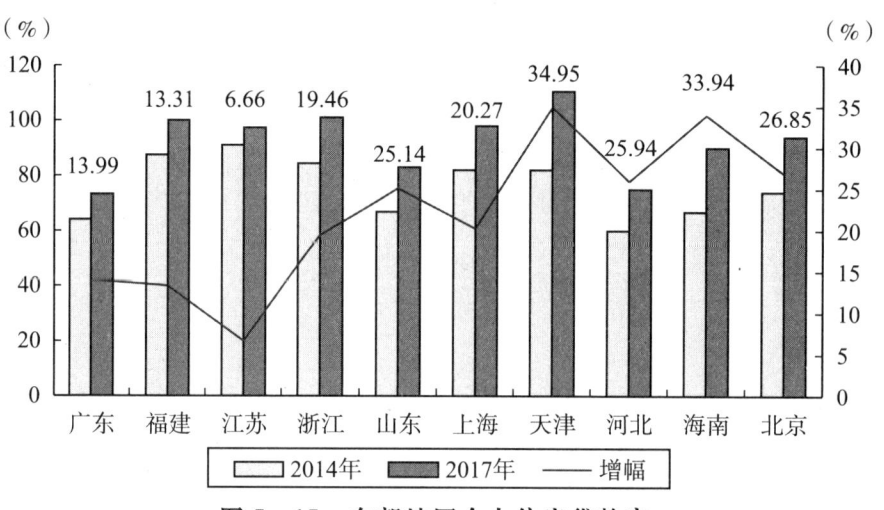

图5-15 东部地区个人住房贷款率

从西部地区来看（见图5-16），2014~2017年，表现出如下特征：（1）从个人住房贷款率来看，最高的为重庆，其个人住房贷款率为97.6%，最低的为西藏，其个人住房贷款率是62.78%；（2）从规模增量来看，排在前三的分别为陕西、甘肃及西藏，其增长幅度分别为32.35%、30.83%、28.43%；（3）从规模增速来看，排名前三的分别为西藏、陕西、甘肃，其增长速率分别为83.09%、74.1%及69.81%。

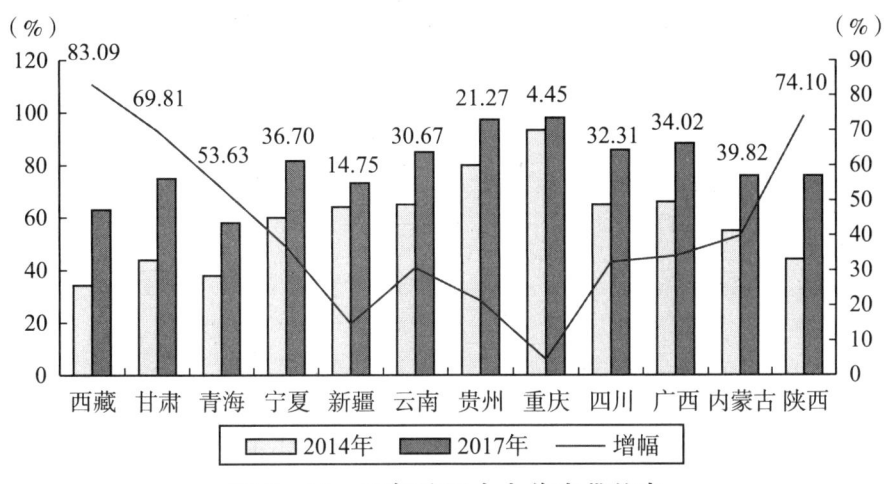

图 5-16 西部地区个人住房贷款率

从中部地区来看（见图 5-17），2014~2017年，表现出如下特征：（1）从个人住房贷款率来看，最高的为安徽，其个人住房贷款率为101.26%，最低的为山西，其个人住房贷款率是72.09%；（2）从规模增量来看，排在前三的分别为山西、江西、安徽，其增长幅度分别为48.19%、35.57%、23.26%；（3）从规模增速来看，排名前三的分别为山西、江西、河南，其增长速率分别为201.63%、57.59%及40.35%。

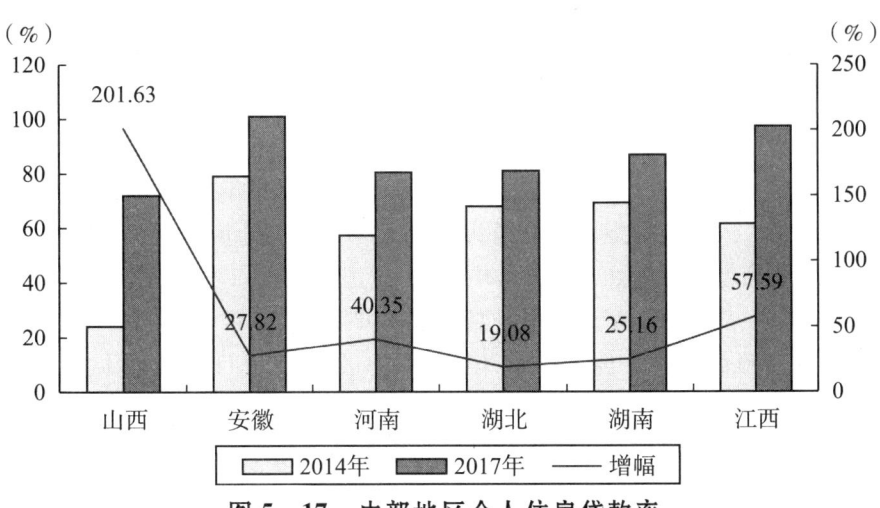

图 5-17 中部地区个人住房贷款率

从东北地区来看（见图 5-18），2014~2017年，表现出如下特征：（1）从个人住房贷款率来看，辽宁、吉林、黑龙江的个人住房贷款率分别为86.4%、83.25%和69、29%；（2）从规模增量来看，辽宁、吉林、黑龙江的增幅分别为

第五章 住房公积金推进新型城镇化

17.94%、19.83%、16.21%；（3）从规模增速来看，辽宁、吉林、黑龙江的增长率分别为26.21%、31.27%和30.54%。

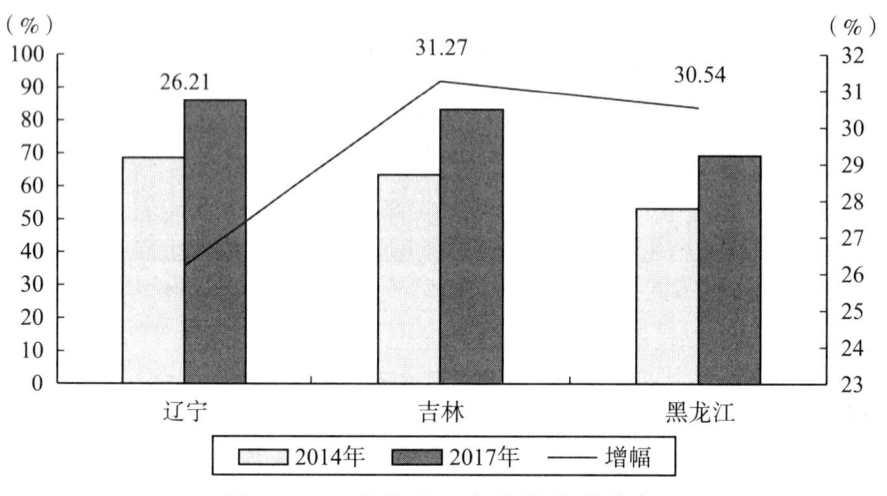

图5-18　东北地区个人住房贷款率

综上，通过对东中西及东北地区个人住房贷款率的分析，发现住房公积金贷款涨幅十分明显，并且个人住房贷款率相比于2014年显著增强，对于大多数省份，其增长幅度大约在10%~40%。

四、住房公积金支持经济适用房建设成效

按照住房城乡建设部、财政部等七部委印发的《关于利用住房公积金贷款支持保障性住房建设试点工作的实施意见》的规定，2016年末，经住房城乡建设部会同财政部、人民银行批准，全国共有项目贷款试点城市85个，试点项目390个，计划贷款额度1 105.46亿元。2016年，全国发放试点项目贷款20.79亿元。截至2016年末，累计发放试点项目贷款862.07亿元，累计收回项目贷款本金735.96亿元。项目贷款余额126.11亿元。288个试点项目的贷款本息已结清。其中，经济适用住房贷款233.64亿元，各省数据见表5-3。这些数据表明住房公积金在支持经济适用房等保障性住房建设中的重要作用，能够成为助推新型城镇化的一个力量。

表 5 - 3　　2016 年住房公积金试点项目贷款情况表

地区	试点项目数（个）	贷款发放额（亿元）	回收额（亿元）	累计发放额（亿元）	累计回收额（亿元）	贷款余额（亿元）
全国	390	20.79	205.10	862.07	735.96	126.11
北京	34	12.07	91.90	193.09	170.32	22.77
天津	7	0	0	24.79	24.79	0
河北	19	0	6.31	30.40	23.81	6.59
山西	10	1.31	1.40	10.34	8.23	2.11
内蒙古	9	0	4.24	13.22	12.26	0.96
辽宁	8	0	3.86	31.98	18.08	13.90
吉林	12	0	1.31	15.60	14.48	1.12
黑龙江	5	0	6.66	50.18	48.68	1.50
上海	20	2.86	4.19	95.47	89.49	5.98
江苏	4	0	1.70	10.58	8.42	2.16
浙江	10	0	0	14.92	14.92	0
安徽	23	0.32	8.45	37.94	34.02	3.92
福建	4	0	0	8.75	8.75	0
江西	6	0.38	1.37	6.79	3.91	2.88
山东	24	0.10	2.19	23.20	22.91	0.29
河南	13	0	1.68	10.58	10.30	0.28
湖北	4	0	0.38	7.30	7.30	0
湖南	15	0.40	9.91	26.74	19.95	6.79
广东	5	0	1.85	3.55	1.95	1.60
广西	4	0	0.11	2.26	2.22	0.04
海南	3	0	0.39	3.74	3.74	0
重庆	4	0	6.00	30.00	30.00	0
四川	38	0	7.96	32.69	26.78	5.91
贵州	14	0	5.52	14.32	10.32	4.00
云南	3	0	0.40	7.46	4.99	2.47
西藏	—	—	—	—	—	—
陕西	31	3.35	15.68	83.10	48.88	34.22
甘肃	17	0	4.77	14.28	13.56	0.72

续表

地区	试点项目数（个）	贷款发放额（亿元）	回收额（亿元）	累计发放额（亿元）	累计回收额（亿元）	贷款余额（亿元）
青海	4	0	0.39	2.07	1.63	0.44
宁夏	7	0	4.30	8.74	8.74	0
新疆	32	0	9.18	44.05	39.53	4.52
新疆兵团	1	0	3.00	3.94	3.00	0.94

注：由于 2017 年部分数据缺失，因此采用 2016 年住房公积金试点项目贷款数据进行分析。

资料来源：全国住房公积金 2016 年年度报告。

（一）公积金贷款项目试点个数

本部分分别从东中西及东北四个区域，对公积金贷款总额情况进行描述：

从东部地区来看（见图 5－19），2014～2016 年，表现出如下特征：（1）从公积金试点贷款项目个数来看，贷款项目数最多的为北京，为 34 个，最低的为海南有 3 个；（2）从规模减少量来看，减少最多的前三个城市分别为福建、山东以及河北，其减少量分别为 6 个、4 个和 4 个；（3）从规模增速来看，除了上海出现正增长以外，其余城市贷款项目试点数都在降低。

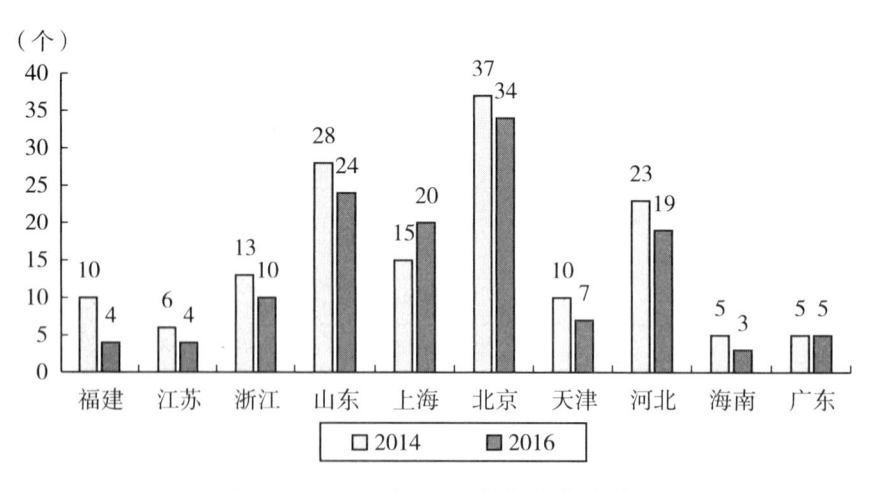

图 5－19　西部地区个人试点个数

从西部地区来看（见图 5－20），2014～2016 年，表现出如下特征：（1）从公积金试点贷款项目个数来看，贷款项目数最多的为四川，为 38 个，最低的为云南，均为 3 个；（2）从规模减少量来看，减少最多的前三个城市分别为重庆、内蒙古以及青海，其减少量分别为 8 个、5 个和 5 个；（3）从规模增速来看，除了陕西贷款项目试点数增多以外，其余城市贷款项目试点数均为下降或持平状态。

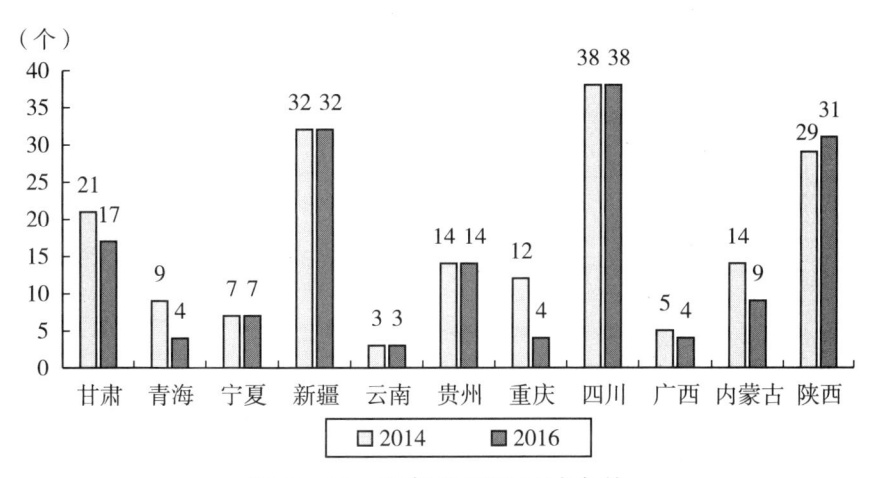

图 5-20　西部地区项目试点数

从中部地区来看（见图 5-21），2014~2016 年，表现出如下特征：（1）从公积金试点贷款项目个数来看，贷款项目数最多的为安徽，为 23 个，最低的为湖北，贷款试点项目数为 4 个；（2）从规模减少幅度来看，减少最多的分别为河南和湖北，其减少量分别为 4 个和 2 个；（3）从规模增速来看，除了山西贷款项目试点数增多以外，其余城市贷款项目试点数均为下降或持平状态。

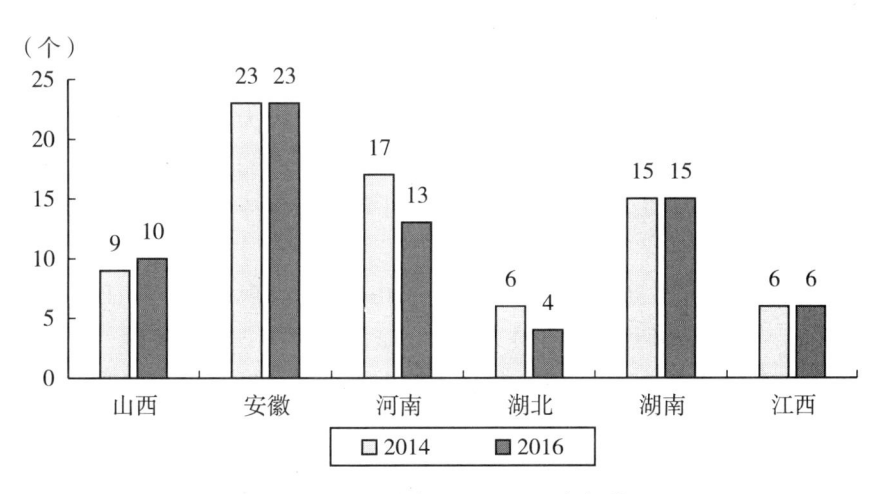

图 5-21　中部地区项目试点数

从东北部地区来看（见图 5-22），2014~2016 年，表现出如下特征：（1）从公积金试点贷款项目个数来看，贷款项目数最多的为吉林，为 12 个，最低的为黑龙江，贷款试点项目数为5个；（2）从规模减少幅度来看，吉林、黑龙江公积金项目贷款数均保持不变，仅辽宁下降1个试点数。

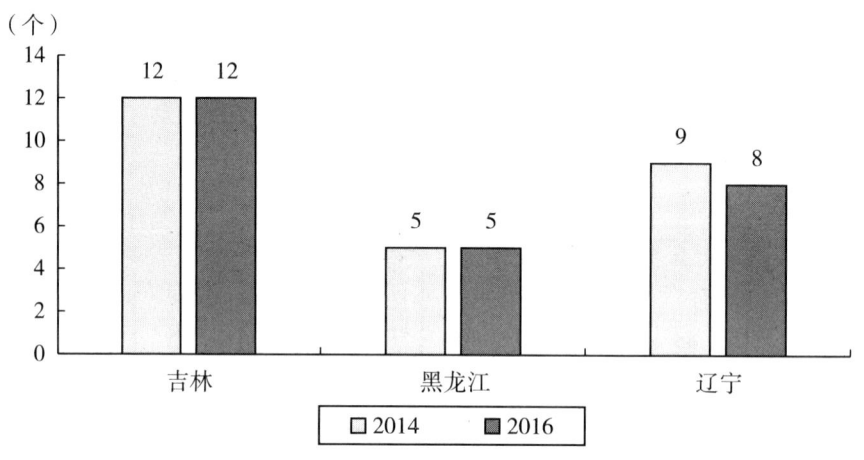

图 5-22 东北地区项目试点数

通过对东中西及东北四个区域的分析，发现公积金贷款项目试点数除了陕西和山西，其余省份的项目试点数均保持不变或减少。东部地区项目试点数均减少，中西部地区项目试点数各有一个省份试点数增加，其余减少或保持不变。东北地区项目除了辽宁减少，其余保持不变。

（二）贷款余额情况

从东部地区来看（见图5-23），2014~2016年，表现出如下特征：（1）从规模总量来看，贷款余额最多的城市为北京，贷款余额为22.77亿元，福建、浙江、天津、海南项目贷款余额均为0；（2）从规模减少量来看，减少最多的前三个城市为北京、上海和天津，减少幅度分别为111.14亿元、49.7亿元、12.02亿元。

从西部地区来看（见图5-24），2014~2016年，表现出如下特征：（1）从规模总量来看，贷款余额最多的省份为陕西，贷款余额为34.22亿元，最低的为宁夏和重庆，贷款余额均为0；（2）从规模减少量来看，减少最多的前三个区域为新疆、四川、重庆，减少额分别为12.34亿元、11.11亿元、11亿元。

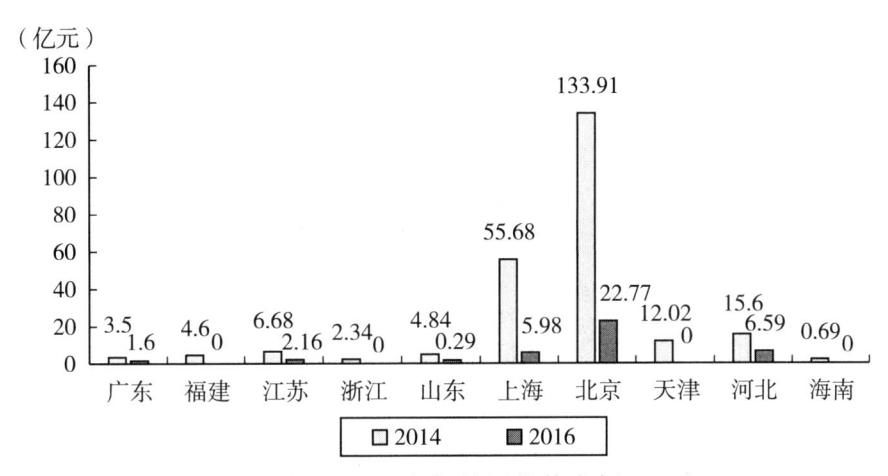

图 5-23　东部地区贷款余额

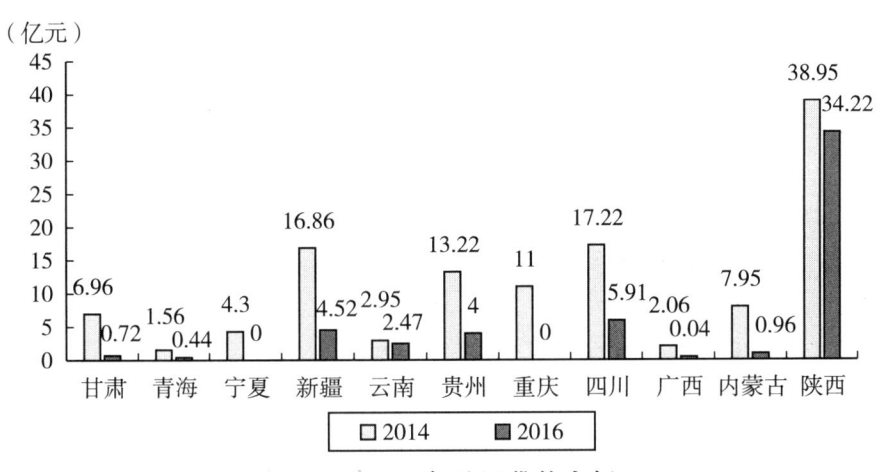

图 5-24　西部地区贷款余额

从中部地区来看（见图 5-25），2014~2016 年，表现出如下特征：（1）从规模总量来看，贷款余额最多的省份为湖南，贷款余额为 6.79 亿元，最低的省份为湖北，贷款余额为 0 元；（2）从规模减少量来看，减少最多的前三个省份为安徽、湖南、湖北，减少额分别为 15.2 亿元、11.96 亿元、2.32 亿元。

从东北地区来看（见图 5-26），2014~2016 年，表现出如下特征：（1）从规模总量来看，辽宁的贷款余额为 13.9 亿元，是三个省中余额最多的省份，吉林贷款余额为 1.12 亿元，是三个省中贷款余额最少的省份；（2）从规模减少量来看，辽宁省贷款余额下降了 3.17 亿元，吉林省下降 2.14 亿元、黑龙江下降的幅度最大，为 11.64 亿元。

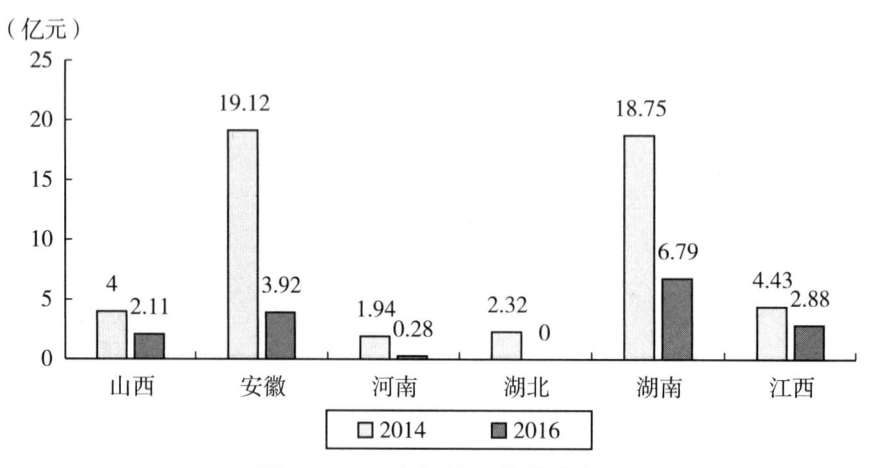

图 5-25 中部地区贷款余额

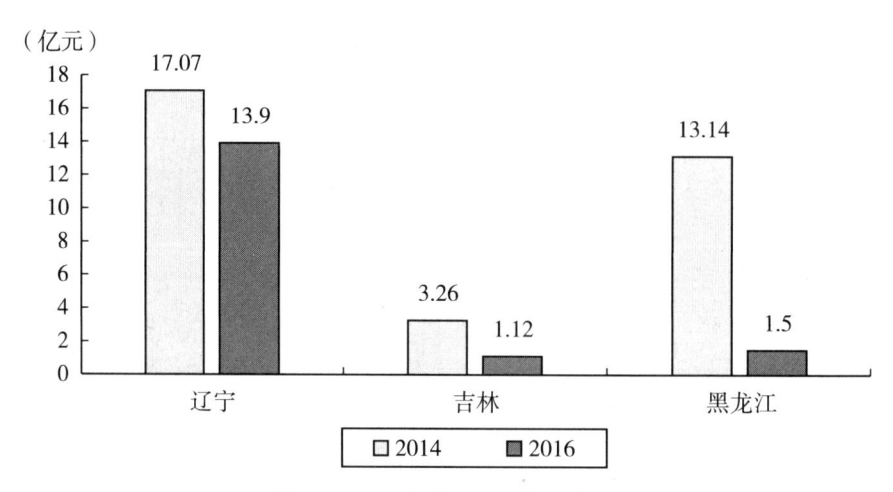

图 5-26 东北地区贷款余额

综上，通过对中东西及东北地区的贷款余额分析，发现 2014~2016 年各省市公积金贷款余额显著下降。

从各省市的实践情况来看，住房公积金在促进经济适用房的建设中也起了明显作用。从 2012 年起，以贵阳市小河区翁岩公共租赁住房（三号地块）工程和云岩区杨惠村保障性住房工程为例，两个公共租赁住房为试点项目的住房公积金项目贷款，体现了贵阳市对《国务院关于进一步促进贵州经济社会又好又快发展的若干意见》精神的贯彻落实，有力促进了贵阳市经济社会的发展和保障性住房的建设；近期随着国家房地产市场政策的变化，中心贷款增速迅猛，为缓解资金紧张局面，满足职工贷款需求，中心积极与市财政等部门及借款人对接，于 2015 年 10 月 19 日和 2016 年 4 月 21 日分别提前偿还了 2.4 亿元和 2.26 亿元住房公积金贷款本息，提前 4 年结清贷款本息，累计回收全部本金 6.39 亿元，利息 0.82 亿元。近 4 年的项目贷款试点工作期间，贵阳市住房公积金管理中心严格执行资金封闭管理规定，落实抵押措施、加强贷后检查，实现工程项目概算完成率 100%，贷款本息回收率达到 100%，没有发生逾期、工程质量事故以及违规违纪问题，确保了试点项目贷款资金放得出、用得好、收得回，取得了良好的社会效益和经济效益，为贵阳市保障性住房建设提供了资金支持，节约大量利息支出。

根据住建部《关于继续做好住房公积金试点有关工作的函》文件精神，结合贵阳市实际情况，未来该中心将不再新增住房公积金项目贷款，从而将有限的资金全面投入个人住房贷款中，全力以赴地为贵阳市中低收入职工家庭解决住房问题，助力贵阳市房地产市场的稳定和健康发展。

五、住房公积金贷款支持棚户区改造的成效

截至 2016 年末，全国累计发放棚户区改造安置用房公积金贷款 334.36 亿元。这些贷款在试点地区有力地促进了棚户区的改造，缓解了资金压力。2007~2012 年，山东省将棚户区改造纳入城镇保障性安居工程，累计改造各类棚户区 48.2 万户，近 200 万棚户区困难群众住房条件得到明显改善，缓解了城市内部二元矛盾，提升了城镇综合承载能力，促进了经济增长与社会和谐。但目前仍有部分群众居住在环境较差、住房简陋、安全隐患多的棚户区或城中村。为进一步加大棚户区改造力度，截至 2016 年末，全国累计发放棚户区改造安置用房公积金贷款 334.36 亿元。这些贷款在试点地区有力地促进了棚户区的改造，缓解了资金压力。2017 年，我国各类棚户区改造开工 609 万套，顺利完成年度目标任务，完成投资 1.84 万亿元。从各省市来看，公积金支持棚户区的效果也很明显。如 2007~2012 年，山东省将棚户区改造纳入城镇保障性安居工程，累计改造各类棚户区 48.2 万户，近 200 万棚户区困难群众住房条件得到明显改善，缓解了城市内部二元矛盾，提升了城镇综合承载能力。再如，安徽省芜湖市在解决进城务工农民购房困难、支持棚户区改造被征收人家庭购买自住住房、满足灵活就业人员住房公积金缴存使用需求上不断地探索实践，取得了显著成效，也积累了宝贵经验。湖北十堰市出台了《关于住房公积金支持服务棚户区改造工作的通知》文件，对已建立住房公积金制度的棚改居民，如需购房或装修房屋的，可优先办理住房公积金提取和贷款业务。无工作单位的棚户区改造居民，可比照自由职业者、个体工商户、进城务工人员，按照自愿原则申请建立住房公积金账户，自主缴存住房公积金后，可享受住房公积金提取和贷款的政策支持。据报道，住房和城乡建设部公布 2018 年继续扎实推进新一轮棚改工作，将改造各类棚户区 580

万套。在未来，住房公积金助推棚户区改造任重道远。

六、住房公积金贷款支持公共租赁住房建设的成效

截至 2016 年末，累计发放支持公共租赁住房的住房公积金贷款 294.07 亿元。其中，公共租赁住房项目 115 个，1 961.55 万平方米。在这些试点项目中，公积金贷款有效地发挥了促进保障房建设，加快新型城镇化进程的作用。在《全国住房公积金 2017 年年度报告》中显示，住房公积金帮助职工通过租赁解决住房问题的力度加大，2017 年住房租赁提取 444.76 亿元，同比增长 22.21%，住房租赁提取人数达 495.52 万人，人均提取金额为 0.9 万元。

从全国各地情况来看，住房公积金贷款在支持公共租赁住房建设上也发挥了积极的补充作用。例如，《广西壮族自治区住房公积金 2017 年年度报告》显示，广西各地住房公积金中心还从住房供应端大力支持保障性住房建设，2017 年，全区提取城市廉租住房（公共租赁住房）建设补充资金达 8.52 亿元，同比增长 13.3%，累计提取城市廉租住房（公共租赁住房）建设补充资金 61.34 亿元，为广西保障性住房建设提供稳定的资金支持。再如，上海市采取了多种措施推动住房公积金积极参与上海住房租赁市场的培育和发展。在 2015 年上海市住房公积金推出无住房职工可提取公积金支付租赁费用；2016 年推出通过手机短信续提公积金支付租赁费用；2017 年 11 月，上海市公积金管理中心与上海市房地产经纪行业协会合作，与 14 家具有较大规模的住房租赁企业共同签署住房公积金租赁提取集中办理业务合作协议。

七、发挥住房公积金的医疗等保障功能的成效

虽然住房公积金提供医疗等保障的做法刚推出不久，但这一做法对解决城市新市民在医疗等方面的困难无疑是有效的，也有利于新型城镇化的落实。目前，一些地方的住房公积金管理中心都推出了各具特色的做法，并取得了初步成效。例如，2009 年 6 月，《长沙市住房公积金管理条例》（以下简称《条例》）规定，四类情形下职工可以申请提取本人住房公积金账户内的存储余额：租住本市廉租房的，享受城镇居民最低生活保障的，因本人或者其配偶、父母、子女遭受重大疾病等突发事件造成家庭生活特别困难的，与单位终止或者解除劳动关系、连续失业 2 年以上的。该《条例》中有可以提取住房公积金用于治疗重大疾病这一项。2010 年出台的《广西住房公积金业务管理规范（试行）》明文规定，从 2010 年起，"家庭成员患重大疾病的"可以办理住房公积金的"非销户提取"。

"重大疾病"是指列入医保保障范围的重大疾病,"家庭成员"指父母、配偶及受监护的子女。郑州市的《公积金管理条例》规定,患重大疾病可以提取住房公积金。9种重大疾病是指:(1) 慢性肾衰竭(尿毒症);(2) 恶性肿瘤;(3) 再生障碍性贫血;(4) 慢性重型肝炎;(5) 心脏瓣膜置换手术;(6) 冠性动脉旁路手术;(7) 颅内肿瘤开颅摘除手求;(8) 重大器官移植手术;(9) 主动脉手术。本人、配偶及其父母、子女患9种重大疾病的,均可提取住房公积金。

第四节 住房公积金推进新型城镇化的典型案例

一、马鞍山市新型城镇化的建设状况

马鞍山市开展新型城镇化试点具有较好的基础和条件,全市工业化水平较高,第二产业比重达55.4%,为城镇化的发展提供了有力的产业支撑。中国社科院城市发展与环境研究所2013年公布了阶段性研究成果《中国城镇化质量报告》,对我国286个地级及以上城市的城镇化质量进行了详细解析。其中,马鞍山排在第49位。马鞍山市2016年的城镇化率已经达到66.49%,力争2020年城镇化率达到75%。因此成为多个部委关于城镇化建设的先行试点。

马鞍山市在美好乡村建设、城区和集镇建设、城镇化的产业支撑、土地流转、农民转移就业等方面情况,推进迅速、成效明显,对于安徽省各地推进新型城镇化建设具有借鉴意义。目前,马鞍山市在推进农民工市民化等方面已经有了良好的基础。马鞍山市把建立覆盖城乡社会保险制度作为统筹城乡发展、改善民生的重要内容,基本形成制度覆盖全域、关系转移贯通、待遇水平适度、服务城乡一体,具有马鞍山特色的社会保险体系。以其创新性和样本性被各级政府、媒体及公众广为关注,被称为"医疗保险马鞍山模式"。2007年,该市城镇居民医保制度被列入"中国十大地方公共决策实验";2009年1月实施的城乡统筹医保制度,实现了医保制度由城镇保障向城乡统筹的跨越,成为深入贯彻落实科学发展观和建设和谐社会的样板工程,被人力资源和社会保障部作为医疗保障"马鞍山模式"向全国推广。

同时,马鞍山市围绕保障城乡居民"老有所养"的宗旨,遵循社会保险基本原则和发展规律,按照"优先构建制度、低水平起步、贯通制度通道、逐步消除碎片"的思路,不断加快城乡养老保险制度建设。2005年,实施被征地农民基

本养老保障制度并列入"民生工程",在安徽省率先建成。2012年,市区成为全国第四批城乡居民社会养老保险试点城市,马鞍山市创立的新农保参保方式、老年人免费保障、经办服务流程等许多做法,为国家和安徽省完善社会保险制度提供了有益借鉴。

在新型城镇化的进程中,今后需要解决的重点问题包括城市新居民的住房问题,以及住房保障所需要的资金。在解决这两个问题上,马鞍山市住房公积金和地方住房金融借鉴全国各地先进经验,积极探索,已经做出了许多有效贡献。

二、马鞍山市住房公积金发展成就

伴随着住房公积金制度的发展与完善,截至2017年末,马鞍山市全年归集住房公积金达到32.13亿元,较去年同期增长0.56%,公积金归集保持继续增长的态势。全市全年支取使用公积金26.92亿元,较同期增长3.37%。全年发放个人住房公积金贷款16.39亿元,较去年同期下降20.14%,公积金贷款有所回落。

图5-27为全市历年个人住房公积金贷款人数情况,可以看出,由于住房公积金政策在2000年之前还处在起步阶段,利用住房公积金贷款人数偏少;2000年后,享受到住房公积金政策的人数逐年增加,使用住房公积金贷款买房的人数整体上也呈现逐年上涨趋势,由1998年的21人到2017年的6 300人,增长达300倍。

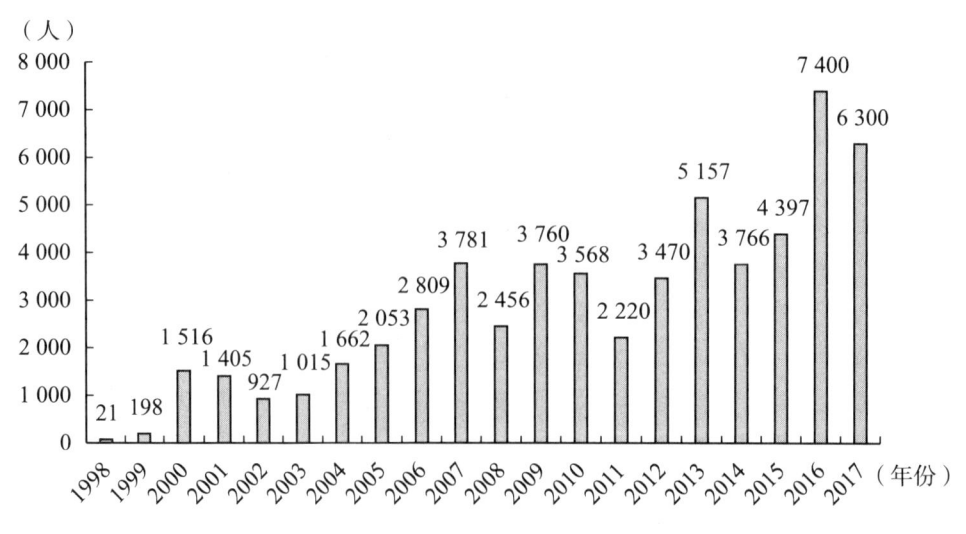

图5-27 全市历年个人住房公积金贷款人数情况

全市历年个人住房公积金贷款情况见图5-28。由图5-28可知,住房公积金贷款总体上逐年增长；由 1998 年的 90 万元增长到 2016 年的 205 300 万元，增长幅度达 2 281 倍。其中贷款额在 2016 年最大，值为 205 300 万元。马鞍山全市初步建立了区县、开发区、园区公积金协调联系网，各区县、园区确立了分管领导、经办部门、联系人，中心安排人员对市、各区县、园区等全部走访，一方面进行对接；另一方面深入企业进行宣传，全市公积金归集扩面网络基本形成，为下一步扩面工作打下基础。博望区及各乡镇的机关事业单位劳务派遣人员、乡镇政府聘用人员建立起住房公积金。博望镇率先为全镇 91 名村居干部缴存公积金，三镇聘用人员已陆续开户 106 人。全市新增开户单位 193 家，新增人员 1.37 万人。个体工商户、自由职业缴存公积金人数已有 2 053 人。

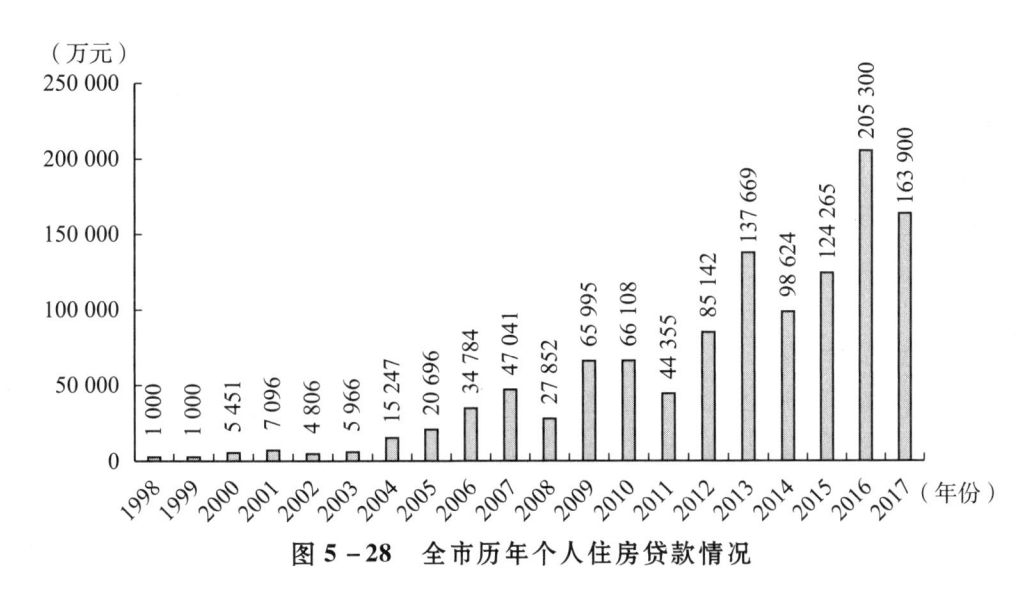

图 5-28 全市历年个人住房贷款情况

三、马鞍山市住房公积金推进新型城镇化的主要做法

（一）加大住房公积金归集力度，让更多城市新移民纳入制度保障

重点在机关事业单位外聘人员及国有、集体企业、股份制企业和具有一定规模和经济效益的私营企业中推进住房公积金制度，督促单位建立住房公积金制度，维护职工的合法权益。结合年度单位公积金基数调整和年度单位公积金缴存年检，对比单位养老保险人数，通过电话、上门、发催建函等形式督促单位建立公积金制度。同时积极与市人力资源、市劳动职业介绍所等部门加强沟通协作，建立扩面联动机制，向用人（用工）单位宣传公积金政策，做好人事代理或劳务派遣人员的公积金代理开户缴存和公积金扩面工作，共同维护职工的权益。2017

年马鞍山市住房公积金共计收入（归集）32.13 亿元，同比增长 0.56%。截至 2017 年底，缴存总额 282.59 亿元，缴存余额 89.27 亿元，同比分别增长 12.83%、6.2%。全年新增开户单位 234 家，新开户人员达 2.08 万人，同时市县各缴存单位按年度正常调整了缴存基数，缴存额较上年也有所增长。

（二）职工提取公积金人数增加，满足居民购房、还贷的需求

2017 年马鞍山市职工因购住房、归还住房贷款、离退休等提取住房公积金 26.92 亿元，同比增长 3.37%；占当年缴存额的比率 83.78%，比上年同期增加 2.27 个百分点。随着个人的结余公积金增多，导致单笔提取的绝对额增多。在房地产市场不景气的情况下，提取的住房公积金有力地支持了居民购房、还贷的需求。

（三）住房公积金贷款稳步增长，扶持职工购房作用明显

2012 年以来，马鞍山市住房公积金贷款政策积极跟进，特别对年轻职工首次购房贷款门槛降低，刚性需求得到进一步释放，改善性需求也不同程度增加；管理中心动态关注市场，适时研判预期，加强资金调度，保持平稳运行。2016 年，全年我市住房公积金贷款户数达 0.63 万户，总的贷款额为 16.39 亿元，平均每户贷款额为 260 158.7 元。数据表明，越来越多的居民利用住房公积金在市区购房，有效地实现了城市新移民市民化的转变。

（四）城市廉租房补充资金提取持续增加，有力支持了城市的保障住房建设

至 2014 年末，累计提取可供财政使用的城市廉租房补充资金 27 583 万元，已上缴财政或用于城市廉租房建设及租金补贴发放 18 304 万元。至 2015 年末，累计提取可供财政使用的城市廉租房补充资金 38 862 万元，已上缴财政或用于城市廉租房建设及租金补贴发放 27 583 万元。至 2016 年末，累计提取可供财政使用的城市廉租房补充资金 46 118 万元，已上缴财政或用于城市廉租房建设及租金补贴发放 40 472 万元。至 2017 年末，累计提取可供财政使用的城市廉租房补充资金 61 469 万元，已上缴财政或用于城市廉租房建设及租金补贴发放 47 726 万元。这些专项用于城市廉租住房建设使用的住房公积金收益，有力地促进了马鞍山市的保障住房建设。

第五节　住房公积金推进新型城镇化的提升方向

随着住房公积金制度的拓展与创新，其在推进新型城镇化建设中的作用不断增强。地方住房金融的发展也有效地为新型城镇化融资提供了基础。不过，相对于新型城镇化的战略任务和巨量资金需求而言，住房公积金所能够提供的支持还很有限，也存诸多不足。主要表现在三个方面：一是推动农业转移人口落户城镇的任务艰巨，虽然农民工已经被纳入住房公积金的覆盖范围，但如何提升农民工的缴费积极性仍然是一个难题。二是改造城镇棚户区和城中村中的作用依然有限。三是住房公积金和地方住房金融在引导约1亿人在中西部地区就近城镇化上还需要有新进展，一些西部省份的住房公积金使用效率也有待提升。

为此，需要从多个方面加以深化改革，通过制度机制和方法策略上的创新，增强住房公积金和地方住房金融在推进新型城镇化建设中的作用。具体来说，建议在以下三方面加以努力。

首先，加快住房公积金覆盖农民工落地后的相关制度完善。农民工加入住房公积金在实践上还有一些实际困难，包括：农民工绝大多数服务非公有制企业，限于知识、技能的局限本身可替代性较强，维权意识及能力较弱，企业主出于成本核算，一般拒绝为其缴存住房公积金及其他社会保险。并且农民工工资不固定，流动性大，同行业报酬差异大，地域差异明显，缴存基数及缴存比例确定比较困难。由于其流动性大，挂靠单位管理难度也比较大，其本身的务工时间受农作物生长周期限制较大，缴存难以正常、连续。因此，针对农民工发放住房贷款风险较高。农民工收入的不稳定性是住房公积金贷款最大的风险点。这也就要求在制度覆盖农民工的时候解决好农民工在缴存管理、使用、流动等方面的问题。具体来说，需要在人员资金管理上，借助信息化手段，建立类似于托管户的管理账户，农民工缴存住房公积金不再采用传统的单位集中管理，而采用大账户按行业或地域划分进行集中管理，避免由于其工作的不固定导致频繁地办理封存、启封、内部转移等业务，方便管理。在使用上一定要区别正常缴存职工，体现便利、灵活的特点。总体上，力争做到无工不交便可取，正常缴存正常用。至于流动这里主要指的是不同地市间的转移。农民工务工虽不稳定，但具有一定的群体性和地域性。其工作一般由血缘、亲属、同乡之间等相互介绍。另外很多地市的劳务输出、输入地在一定时间内较为稳定。这也就使得农民工的住房公积金流动大多应在居住地、打工地。如何做好这两地之间的流动也是值得探索。为规避农民工住房公积金贷款风险，贷款发放前，要合理确定其可贷款年限、可贷款额度，贷款发放时可以要求提供一定的担保，大多数中心采用置业担保、房产抵押、自然人担保等方式。由于大多数农户经济实力相对不高，应根据农村新社区住房建设的实际资金需求、农户的收入水平、集体承受能力、财政补助资金等来确定其贷款的年限和额度。一般来讲，应和各地农村信用社发放的农户贷款额度相匹配，如额度在3万~10万，年限在10年以内。而担保方式，最具实际操作意义的就是房产抵押、土地抵押、贷款农户提供第三方抵押、正常缴存公积金职工担保等其他连带方式以抵御贷款风险。

其次，通过产业—金融一体化来提升西部地区住房公积金效能。在西部地区，一方面存在着城镇化进程缓慢的问题；另一方面也存在着住房公积金使用效率不高的问题。曾有统计显示，我国上海、北京、天津、浙江、江苏、福建6省市的运用率超过60%，而海南、西藏、河南、甘肃、河北、贵州等地资金运用率不足30%，甚至一些地区在10%左右徘徊，城市间住房公积金使用效率不均衡，差异过大。从制约西部地区城镇化的因素来看，西部地区有相当一部分城市属于资源型城市，具有产业结构单一、功能不完善和企业所有制结构单一的特点；产业结构层次较低，创造就业岗位有限；西部地区幅员面积大，城市之间距离远，难以形成合理的城镇体系；劳动力素质低影响进城打工者的收入及落户。针对西部城镇化的难题，需要产业发展和金融发展"双轮驱动"。具体到住房公积金上，一方面，要求住房公积金与金融机构积极配合，将当地的产业发展与住房消费结合起来。例如，可以尝试推出公积金贷款和个人创业贷款的组合贷款；推出保障房公积金贷款、公积金异地贷款及创新公积金与商业按揭贴息和置换组合，让更多人享受公积金低息优惠信贷政策。另一方面，则建议西部地区的住房公积金管理中心积极参与到保障住房建设的融资进程中，为经济适用房、公共租赁住房和棚户区改造提供贷款，协助当地的新型城镇化建设。

再次，加快建立政策性的住房金融机构。欧美及日本、新加坡等国的住房政策表明，住房金融体系不仅是政府实施住房公共政策的最有效渠道，也是住房市场健康有序发展的重要保证，凡是有着健全住房金融体系的国家，大都能够有效避免房地产金融泡沫的发生。日本有住宅金融公库，新加坡有中央公积金局，美国有房利美、房地美和吉利美，德国有住房储蓄银行，还有建房互助信贷合作社等，而我国住房金融建设相对落后。对于现有商业性住房金融来说，住房价格、房地产业发展速度及环保问题目前还不是商业银行主要考虑的问题，而主要是把房贷作为一项新业务，以盈利为目的。所以，我国特别需要政策性的住房金融机构，以体现国家住房福利政策意图。尽管我国仿效新加坡实行了住房公积金制度，但目前政策性金融的功能不够强大。今后关于住房公积金制度的改革，要运用政策手段鼓励住房储蓄，设立专业的住房金融机构。此前，住房和城乡建设部拟将住房公积金中心升格为住房保障银行，此思路将有利于发挥住房公积金和地方住房金融在推进新型城镇化进程中的作用。根据国际经验，设计中的住房保障银行主要包括两部分，即开发贷款和个人贷款，涉及的业务远比目前的住房公积金更多、更复杂、更广，甚至住房保障银行作为银行身份来讲，当前银行所涉及的业务范围都可以涉及。住房保障银行，顾名思义，就是要利用其"政策性"优势，发挥其对于保障性住房、中小套型住宅项目建设的贷款支持力度，发挥其对于中低收入者的住房保障作用，通过住房保障银行的资金进一步落实保障性住房体系建设。住房保障银行成立之后，要通过"差别化"措施与政策，发挥住房保障银行对于首套自住需求、中小套型商品住宅的房贷支持力度。

随着我国经济发展进入新常态，住房公积金制度的改革发展面临新形势、新任务。《住房公积金管理条例（修订送审稿）》将进一步将改革创新落到实处。相信通过制度创新、机制创新和方法创新，住房公积金将会更有效地扩大覆盖面，促进住房消费，推进新型城镇化建设的全面实现。

第六章

住房公积金助推农民工市民化

新型城镇化目标的实现离不开农民工的市民化。农民工市民化的关键就在于在城镇拥有稳定的居所,解决其住房问题是民生建设的重要问题。了解当前农民工的总体状况及其在市民化进程中遇到的困境是进一步推进城镇化建设的基础。

第一节 农民工市民化的艰巨任务

"农民工"是伴随着中国市场经济发展而出现的,是基于户籍制度与农村剩余劳动力转移双重作用的产物,该群体仍为农村户籍,但从事非农业劳动(赵晔琴、梁翠玲,2014)。也可以说,农民工是城乡二元体制下的产物,是城市化发展过程中出现的特殊社会群体(张泓铭,2016)。不同研究者对农民工的具体定义存在细微的差异性,如丁富军、吕萍(2010)将农民工定义为户籍在农村,但进城从事非农生产工作的劳动者。而王凯、侯爱敏、霍青(2010)将农民工概念定义为来源于农村地区、拥有农业户口、在非农村地区从事非农工作、工资为主要收入来源、收入相对偏低的社会群体。从称谓上来说,农民工同时又被称为城市外来流动人口、外来人员及暂住人员，这些称谓皆等同于农民工[①]。

目前，界定农民工概念的标准主要基于户籍和就业两个方面。在户籍方面，研究者皆认为农民工的户口为"农业户口"（杨思远，2005），而从职业来看，农民工从事的工作为非农经济活动。根据农民工务工地与户籍地的距离，将农民工分为"离土不离乡"和"离乡又离土"两种类型，前者是受雇于当地乡镇企业的农民工，后者则离开家乡，受雇于城市企业或者从事个体经济活动。从法律上看，农民工的基本法律特征包括两个方面：一方面，农民工的身份始终是农民，主要是基于户籍制度，农民工有土地承包权，但也需要履行相应的农民义务；另一方面，农民工在职业属性上为工人，从事的工作以体力劳动为主，工资收入成为其主要的经济来源（邓保国、傅晓，2006）。

在农民工30多年的发展历程中，代际分化出现了，从而产生了"新生代农民工"的命题。2010年，国务院文件中首次提出"新生代农民工"的概念，主要定义改革开放后出生的农民工群体，而这一群体与其父辈"老一代农民工"之间存在较大的差异性（王春光，2001）。后期，研究者对新生代农民工的界定更为具体，主要指1980年后出生，并在20世纪90年代以后进入城市务工的群体。而这种代际分化所反映的是两代农民工的不同价值导向和意识形态，主要原因归结于新生代农民工的受教育程度普遍较高（王东、秦伟，2002）。从住房消费角度来看，新生代农民工的居住的边缘化和隔离化仍然很严重（朱妍、李煜，2013）。总体来说，新生代农民工具有更为强烈的市民化意愿，但是低收入水平与高房价之间的矛盾阻碍其扎根城市。

基于上述界定，依据多方面研究，可以概括出当前农民工的总体情况[②]。

一、农民工总量增速放缓，农民工本地化明显

据统计，近年我国农民工总量持续增加，在我国总人口的比例也逐步增加，

---

① 主要指标解释如下。
城镇化：是指农村人口转化为城镇人口的过程。
城镇化率：即一个地区常住城镇的人口占该地区总人口的比例。
农民工：指户籍仍在农村，在本地从事非农产业或外出从业6个月及以上的劳动者。
本地农民工：指在户籍所在乡镇地域以内从业的农民工。
外出农民工：指在户籍所在乡镇地域外从业的农民工。
东部地区包括北京、天津、河北、辽宁、上海、江苏、浙江、福建、山东、广东、海南11个省（市）；中部地区包括山西、吉林、黑龙江、安徽、江西、河南、湖北、湖南8省；西部地区包括内蒙古、广西、重庆、四川、贵州、云南、西藏、陕西、甘肃、青海、宁夏、新疆12个省（自治区）。
② 本章第一部分相关数据皆是根据2009～2015年中国统计局发布的《农民工监测调查报告》整理得出。

2016年我国农民工总量达到28 171万人，占据人口总量的20.37%（见图6-1）。在农民工总量增长方面（见图6-2），农民工总量年增长率在2010年达到峰值，在此以后农民工总量的年增长速度放缓，呈现波动性下降趋势。而本地农民工总量年增长率在2010年的时候实现了突破，增长速度快于外出农民工，且在2015年，本地农民工总量的年增长率出现回升趋势，而外出农民工总量的年增长率则持续下降，两者之间的差距呈现扩大化趋势，这种趋势将有利于实现新型城镇化下"就近城镇化"的目标。

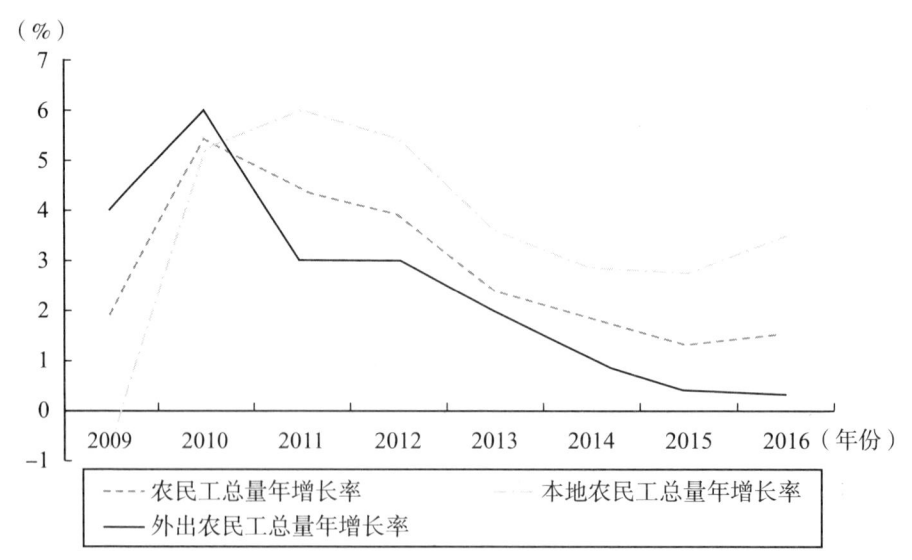

图6-1 农民工总量占全国人口的比例

图6-2 农民工总量增长情况

二、中、西部地区农民工总量增长趋势明显

在农民工总量区域分布上，东部地区的农民工总量多于中部地区，而中部地区的农民工总量则多于西部地区，但东部地区农民工总量在 2012 年以后呈下降趋势，而中部地区农民工总量持续上涨，两者之间差距逐步缩小。但西部地区的农民工总量增长缓慢，其与中部地区的农民工总量之间的差距呈现扩大趋势（见图 6-3）。

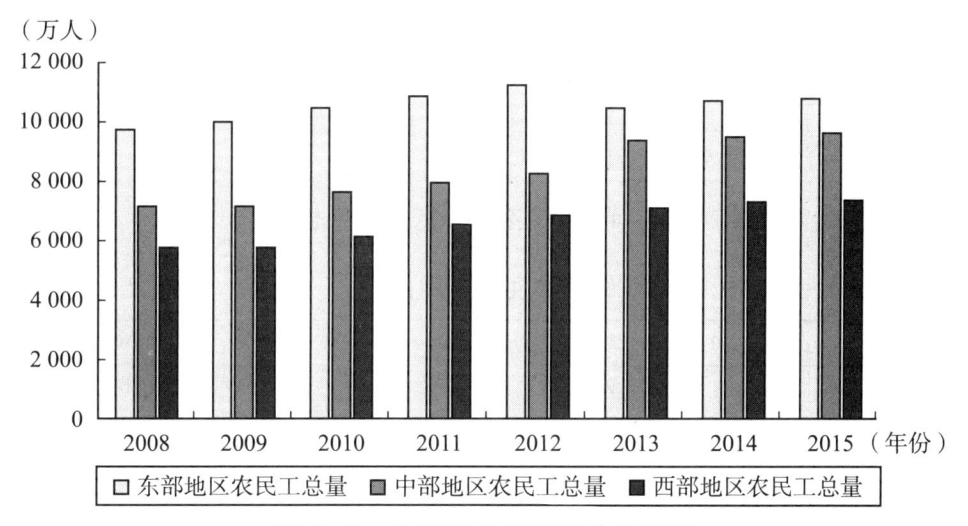

图 6-3 农民工总量区域分布情况

从不同区域农民工总量年增长率来看，东部地区农民工总量年增长率在 2010~2013 年呈现下降趋势，且在 2013 年为负增长；中部地区农民工总量年增长率在 2012 年达到了一个小峰值，而在 2013 年则达到了大峰值，此后也整体下降；而西部地区农民工总量增长速度波动性不大，但呈下降趋势。整体来看，东中西部农民工总量的增长速度都逐渐放缓，三者之间总的差距在不断缩小（见图 6-4）。

三、农民工呈现高龄化趋势，文化水平以初中为主

从农民工年龄角度来看，2011~2015 年整体上每个年龄段的农民工比例波动不是很大，其中 16~20 岁和 21~30 岁的农民工比例呈现下降趋势，31~40 岁和 41~50 岁农民工比例呈现波动性上涨趋势，而 50 岁以上的农民工比例逐年上升，这与早期农民工的年龄逐步增大有关，也说明为农民工提供合理的社会保障政策

迫在眉睫（见表6-1）。

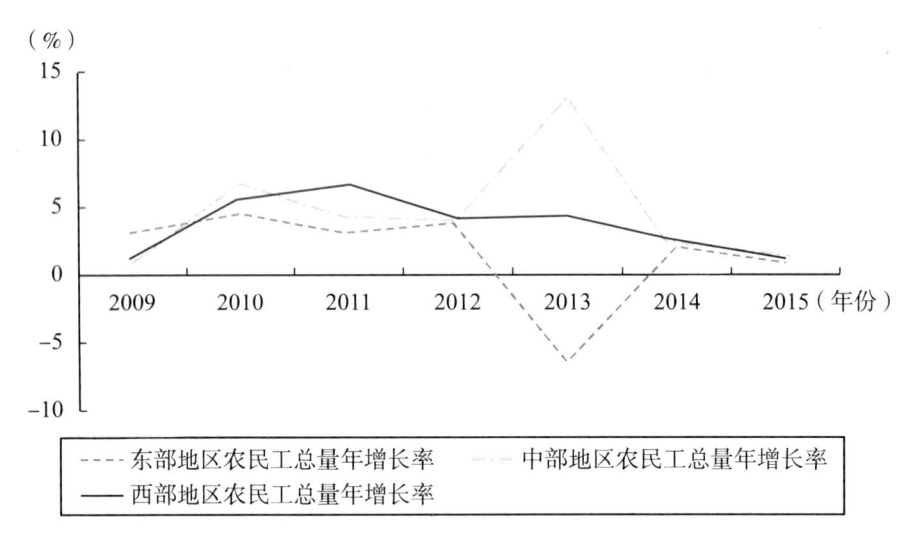

图6-4 不同区域农民工总量走势

表6-1　　　　　　　　农民工年龄构成　　　　　　　　单位：%

年份	16~20岁	21~30岁	31~40岁	41~50岁	50岁以上
2011	6.3	32.7	22.7	24	14.3
2012	4.9	31.9	22.5	25.6	15.1
2013	4.7	30.8	22.9	26.4	15.2
2014	3.5	30.2	22.8	26.4	17.1
2015	3.7	29.2	22.3	26.9	17.9

在农民工文化程度方面，主要以初中文化为主，小学和高中文化占据次要比例，而未上过学的农民工比例为1.1%，整体上来看，农民工的文化水平普遍不高，这也使得大部分农民工的工作处于体力支出的环节（见表6-2）。

表6-2　　　　　　　　农民工文化程度构成　　　　　　　　单位：%

年份	未上过学	小学	初中	高中	大专及以上
2014	1.1	14.8	60.3	16.5	7.3
2015	1.1	14	59.7	16.9	8.3

在对农民工总量分布、农民工年龄以及文化程度比较分析中，不难发现农民工市民化问题呈现出多元化的发展趋势，在这种客观背景下不能把城镇化简单等

同于城市建设，而是要围绕人的城镇化这一核心，实现就业方式、人居环境、社会保障等一系列由"乡"到"城"的转变。要坚持以人为本，就是要合理引导人口流动，有序推进农业转移人口市民化，稳步推进城镇基本公共服务常住人口全覆盖，不断提高人口素质，在城镇化过程中促进人的全面发展和社会公平正义，使全体居民共享现代化建设成果。

四、东中西部地区农民工收入差距有加大趋势，居住压力较大

但是目前农民工市民化存在着诸多困难，从农民工收入方面来说，农民工月均工资水平上涨明显，从2008年1 340元到2015年的3 072元（见图6-5）。分区域来看，在2012年之前，东中西部地区农民工月均工资水平差距不大，而2012年以后，东部地区农民工月均收入增长速度加快，而西部地区农民工月均收入高于中部地区，中部地区农民工月均收入的增长速度减缓，三者之间的差距在不断扩大。

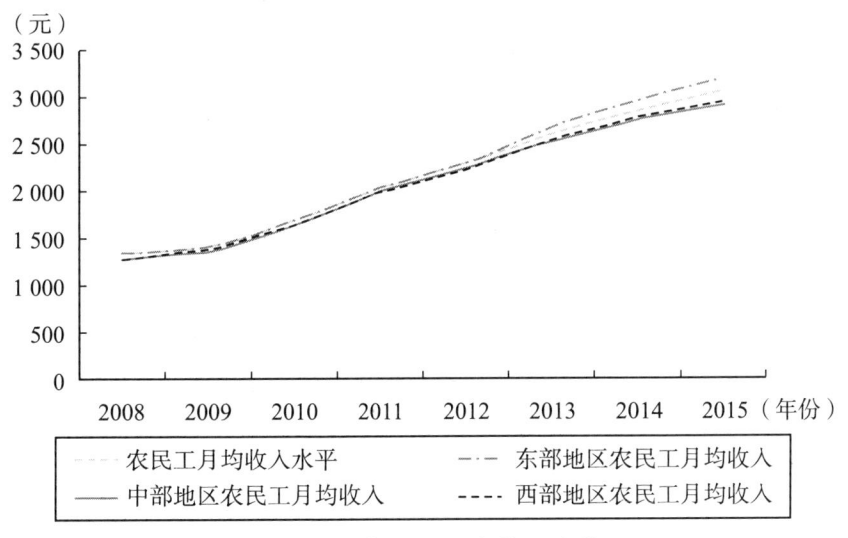

图6-5 农民工月均收入走势

进一步分析外出农民工的居住状况十分有意义，从表6-3中可以看到2013~2015年外出农民工的消费支出不断增加，其居住支出也增长，但居住支出占总消费的比重却整体下降。分区域来看，2013~2014年中部地区外出农民工的居住支出占消费的比重高于东部地区和西部地区，而西部地区的比例在2013年和2015年皆是最低。而外出农民工的居住环境近年有所改善，但整体仍不乐观。

表6-3　　外出农民工在不同地区务工月均生活消费和居住支出

地区	生活消费支出（元/人）			居住支出（元/人）			居住支出占比（%）		
	2013年	2014年	2015年	2013年	2014年	2015年	2013年	2014年	2015年
东部地区	902	954	1 028	454	447	480	50.3	46.8	46.7
中部地区	811	861	911	441	414	425	54.3	48.0	46.7
西部地区	909	957	1 025	443	449	469	48.7	46.9	45.8
合计	892	944	1 012	453	445	475	50.7	47.1	46.9

根据表5-1的数据，总量近3亿的农民工中，仅有1.3%在城镇拥有住房。事实上，农民工在我国城市化发展历程中起到举足轻重的作用，然而，在高楼林立的城市中，农民工群体盖起了这些高楼，却没有一个自己的"家"，更无法享受到城市中良好的社会保障政策。作为低收入群体，农民工在务工城市主要租住在生活环境较差的棚户区，很少有农民工在城镇拥有自己的住房。伴随着新生代农民工的涌现，他们对居住环境有了要求，更渴望融入城市，成为城市的一分子。

据《2018年农民工监测调查报告》的数据，在进城农民工中，他们人均居住面积继续提高。进城农民工人均居住面积20.2平方米，比上年增加0.4平方米；户人均居住面积在5平方米及以下的农民工户占4.4%，比上年下降0.2个百分点。从不同规模城市来看，进城农民工人均居住面积均有提高。其中，500万人以上城市中，人均居住面积15.9平方米，比上年增加0.2平方米；50万人以下城市中，人均居住面积23.7平方米，比上年增加0.4平方米。在进城农民工户中，购买住房的占19%，与上年持平。其中，购买商品房的占17.4%，与上年持平。租房居住的占61.3%，比上年提高0.3个百分点；单位或雇主提供住房的占12.9%，比上年下降0.4个百分点。在进城农民工户中，2.9%享受保障性住房，比上年提高0.2个百分点。其中，1.3%租赁公租房，比上年提高0.2个百分点；1.6%自购保障性住房，与上年持平。在进城农民工户住房中，有洗澡设施的占82.1%，比上年提高1.9个百分点；使用净化处理自来水的占87.7%，比上年提高0.7个百分点；独用厕所的占71.9%，比上年提高0.5个百分点；能上网的占92.1%，比上年提高2.5个百分点；拥有电冰箱、洗衣机、汽车（包括经营用车）的比重分别为63.7%、63.0%和24.8%，分别比上年提高3.6、4.6和3.5个百分点。[①]

[①] 《2018年农民工监测调查报告》，国家统计局网站，http://www.stats.gov.cn/tjsj/zxfb/201904/t20190429_1662268.html。

深入来看，阻碍农民工群体扎根城市的最主要因素就是住房问题，其原因主要有四个方面：一是农民工群体收入较低，无资金购买住房；二是涉及农民工住房的相关保障性政策较少，农民工购房资金基本上处于自筹阶段；三是近年房价上涨趋势明显，农民工收入与房价之间的差距越来越大；四是农民土地财产权利退出机制仍然不完善，难以实现住房的梯度消费。现阶段，毋庸置疑的是农民工是城镇化建设的主要推动力，而农民工的市民化不仅是城镇化的需要，更是民生建设的需要，也是建设和谐社会的需要，而阻碍农民工市民化的最主要因素就是住房问题，如何解决农民工群体市民化的住房问题是城镇化建设的"牛鼻子"。

第二节 农民工的经济条件与购房需求

为了更好地掌握不同群体对住房公积金制度的认知和评价，住房公积金课题组在 2015 年 12 月及 2016 年 6 月进行了两次社会调查。住房公积金课题组共发放住房公积金社会调查问卷 2 661 份，其中以农民工为调查对象的社会问卷总数为 440 份。为了更加合理地研究新型城镇化、农民工市民化和住房公积金扩面问题，本章的第二节基于 440 份农民工调查问卷，研究农民工群体的基本特征、生活状况以及对住房公积金的认知。通过对农民工进行问卷调查，可以实地了解农民工的现实生活状况以及农民工内心的真实想法，调查的农民工主要分布在上海、北京、广州、杭州、南京等东部城市，合肥、邵阳、芜湖、蚌埠等中部城市以及西安、兰州、嘉峪关等西部城市，共计 46 所城市（见图 6 - 6）。

一、受访农民工基本情况分析

（一）被调查农民工家庭人口基本情况

被调查农民工的基本情况主要涉及其文化程度、家庭人口数以及抚养老人情况等方面，再分析农民工家庭的基本经济情况及其购房情况。首先，从被调查者的基本情况来看，已婚农民工比例为 75%，未婚农民工为 20%，离异或丧偶农民工为 5%；年龄集中在 20~50 岁，其中 20~30 岁农民工比例达到 37%，30~40 岁农民工比例为 22%，40~50 岁农民工比例为 28%，50~60 岁农民工比例为 6.1%，其他年龄段比例为 6.9%，这也与社会现实相符合；表 6-4 中，受访农民工的文化程度普遍不高，其中，初中文化水平的农民工比例最大，为 31.5%，高中学历的农民工比例为20%，大专及高职学历者占14%。

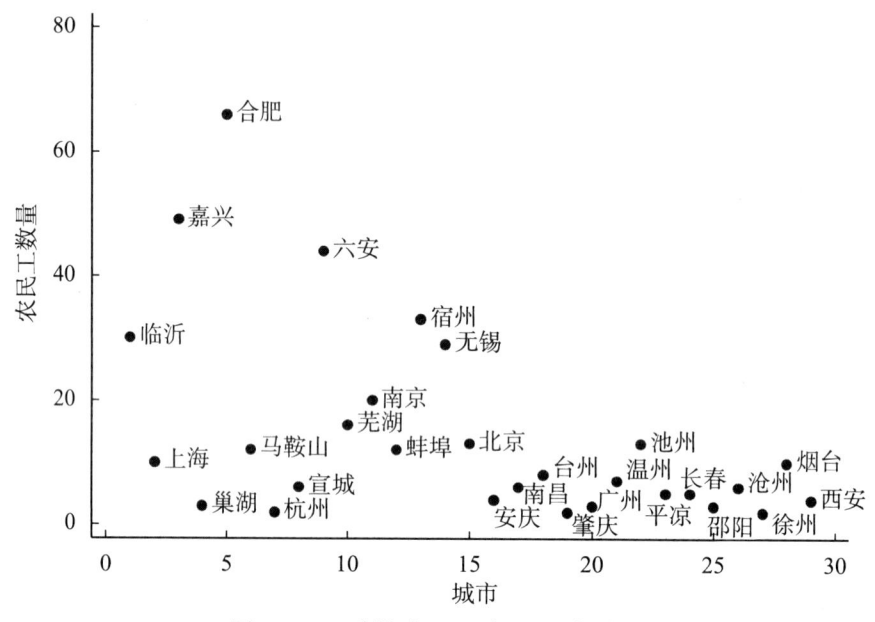

图6-6 受访农民工务工城市分布

注：扬州、铜陵、兰州、淮北、歙县、云浮、东莞、白银、庆阳、天水、亳州、桐城、嘉峪关、太原、新乡、鹤岗、渭南涉及问卷数量皆为1份，为保证图表的简洁，故图6-6中未包含这些城市。

资料来源：课题组开展的问卷调查。

表6-4　　　　　　　　受访农民工文化程度　　　　　　　　单位：%

文化程度	没上过学	小学	初中	高中	中专/职高	大专/高职及以上	大学本科
比例	0.5	7	31.5	20	17	14	10

注：农民工拥有农村户籍而在城市务工的人员，包括大中专院校毕业后户口在农村而在城市工作的中高学历人员。

资料来源：课题组开展的问卷调查。

另外，受访农民工家庭人口总数主要为3口、4口和5口之家（见图6-7），而其需要赡养的老人数主要为2位，占了42%的比例，其次是需要赡养4位老人的情况，占了28%（见图6-8），可以看到被调查农民工的家庭压力很大。

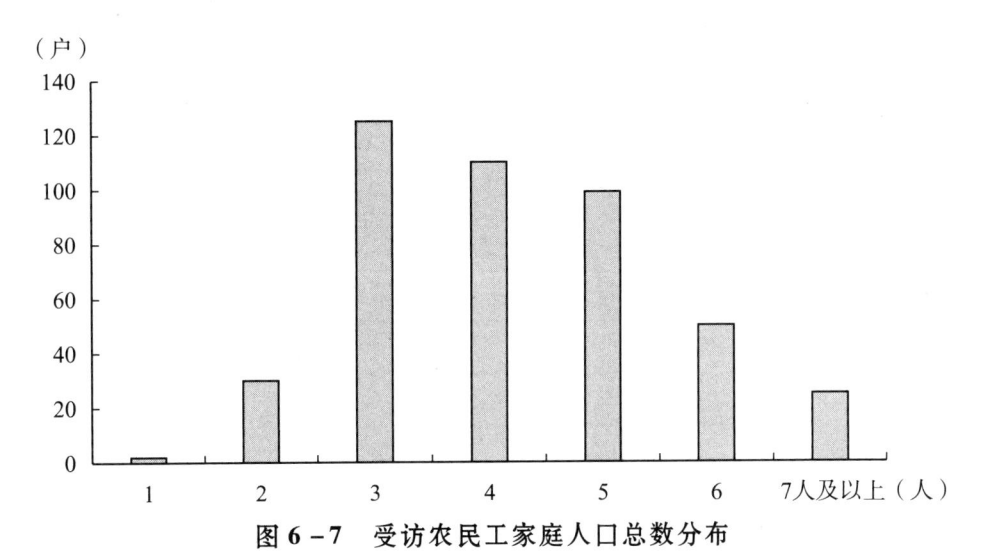

图 6-7 受访农民工家庭人口总数分布

资料来源：课题组开展的问卷调查。

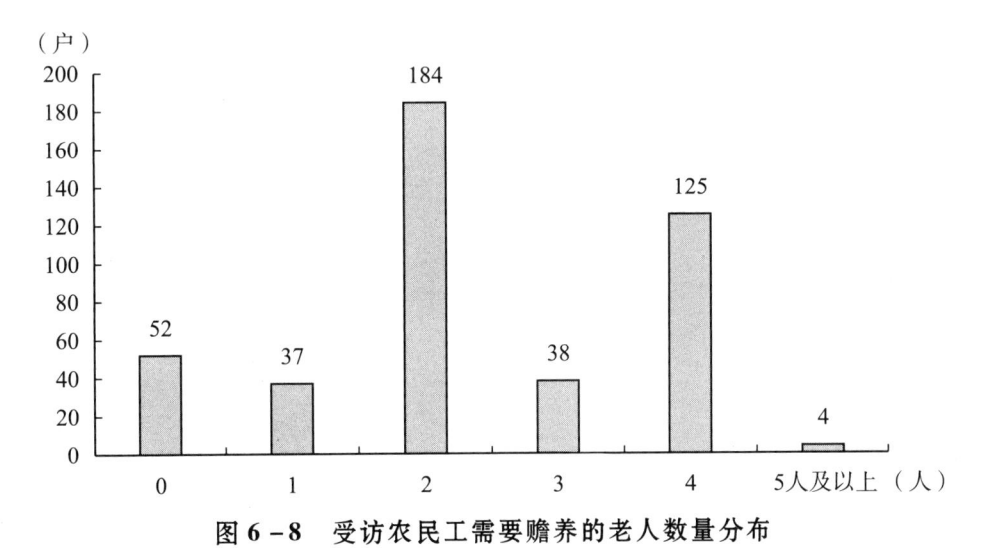

图 6-8 受访农民工需要赡养的老人数量分布

资料来源：课题组开展的问卷调查。

（二）被调查农民工家庭经济情况

从农民工家庭经济情况来看，农民工家庭年度税后工资总额整体低于 10 万元，累计比例达到了 78.4%，其中 2 万~5 万元占的比例最大，达到了 39.4%。从受访农民工家庭存款总额来看，总额在 1 万元以下的占 21%，而 1 万~5 万元存款总额占的比例最大，为 27%，5 万~10 万存款总额占的比例为 23%，而 10 万~20 万存款总额的比例为 15%，20 万以上的存款总额占比为 14%；在负债方面，大部分受访农民工负债总额都少于1万元，负债总额在5万元以上的为少数。而从农民工家庭年消费占总收入的比重中可以看到，消费支出占家庭收入60%~70%比例农民工数量最多，为21%，其次是50%~60%的比例为15%，而消费占收入40%~50%的农民工数量达到了17%（见表6-5、图6-9和图6-10）。

表6-5　　　　　　　受访农民工家庭年度税后工资总额

工资总额（元）	受访农民工数量（人）	比例（%）	累计百分比（%）
1万及以下	28	6.4	6.4
1万~2万	18	4	10.4
2万~5万	126	29	39.4
6万~10万	173	39	78.4
10万~20万	73	16.6	95
20万~50万	22	5	100

资料来源：课题组开展的问卷调查。

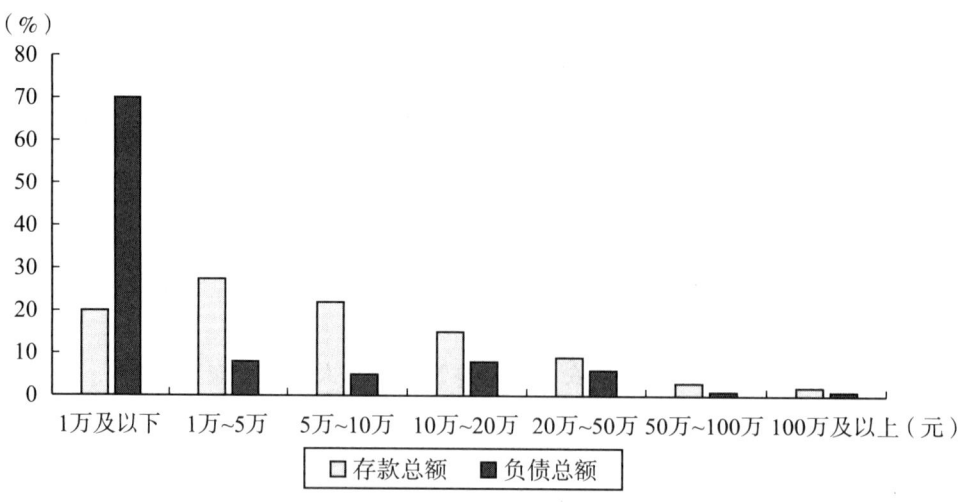

图6-9　受访农民工家庭存款情况以及负债情况

资料来源：课题组开展的问卷调查。

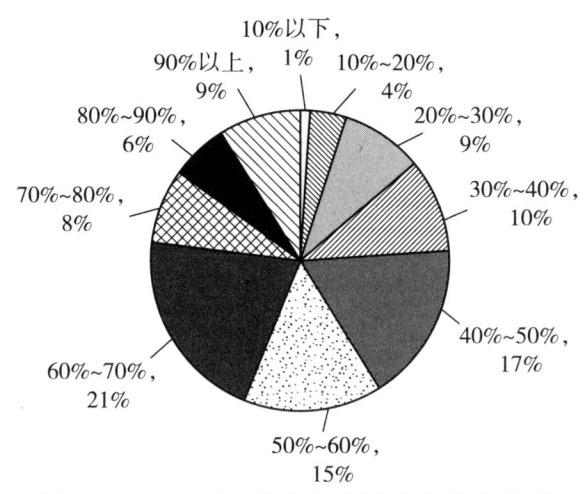

图 6-10　农民工家庭年度消费占收入比重

资料来源：课题组开展的问卷调查。

(三) 被调查农民工享有的社会保障政策情况

在受访农民工中，有13%的农民工没有享受到任何社会保障政策，只享有养老保险、医疗保险、失业保险和生育保险的比例皆较低，享有这四类基本保障政策中的两项及以上的比例达到了37%，而享有公积金和其他保障政策的比例为23%（见图6-11）。整体来看受访农民工的家庭的消费需求较大，其家庭经济整体实力一般，且农民工享受的社会保障政策较少，相关政策需要进一步完善，才能保障社会的公平。

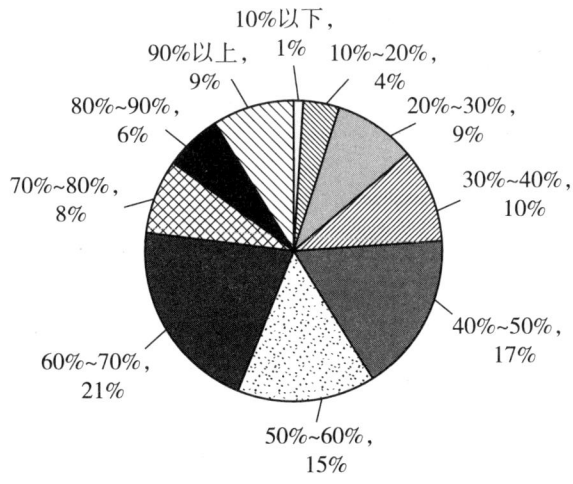

图 6-11　受访农民工家庭享有的社会保障政策

资料来源：课题组开展的问卷调查。

二、未购房农民工生活现状分析

（一）农民工居住条件分析

调查中，已购房农民工为230人，未购房农民工为210人，现就未购房农民工群体的生活状况进行细化分析。未购房农民工的主要居住方式如图6-12所示：租住商品房的农民工比例最大，占据34%，其次居住在父母、亲友家的比例为25%，居住在单位宿舍的比例为12%，而租住政策性住房的农民工仅为5%，其中，租房农民工的月平均房租为1 076元（根据问卷调查数据计算得出）。

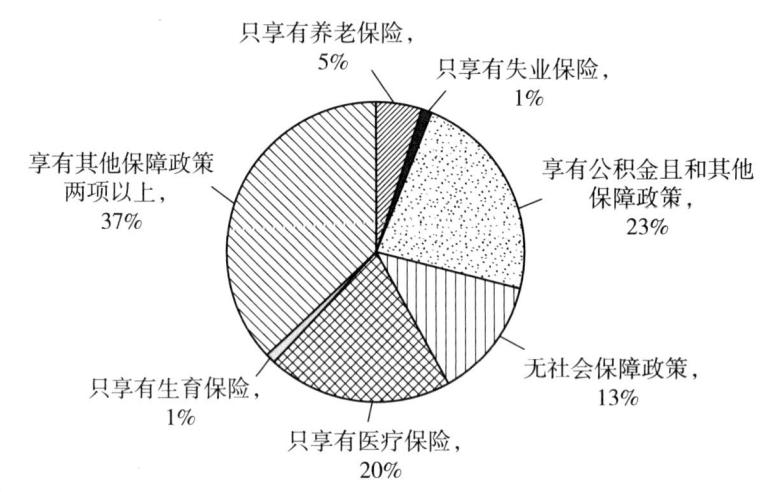

图6-12 未购房农民工居住方式

资料来源：课题组开展的问卷调查。

关于未购房农民工的居住面积（见图6-13），未买房的被调查农民工目前的居住面积主要在60平方米以下，占了32%，60~90平方米占了27%，90~144平方米的占了30%，结合农民工家庭人口总数来分析，整体来说未购房农民工的居住面积较紧张。

农民工对自己目前居住环境的整体看法是不乐观的（见图6-14），一般满意和不太满意的占了52%，认为比较满意的占了30%。

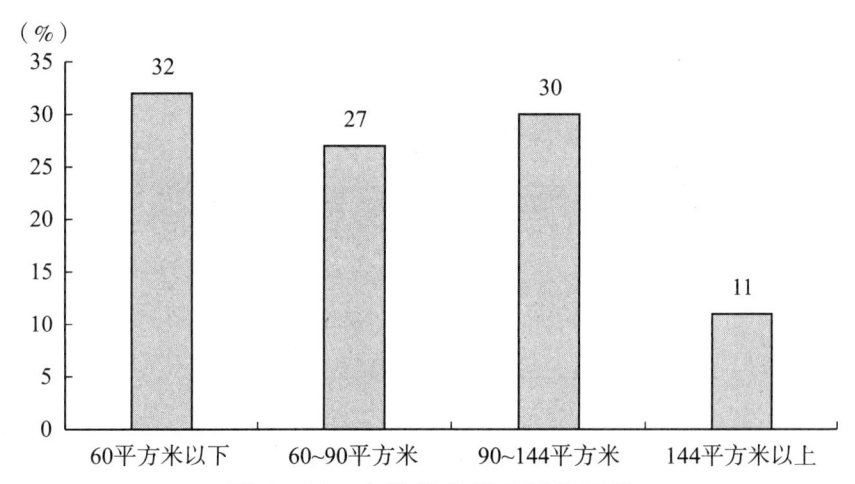

图 6-13　未购房农民工居住面积

资料来源：课题组开展的问卷调查。

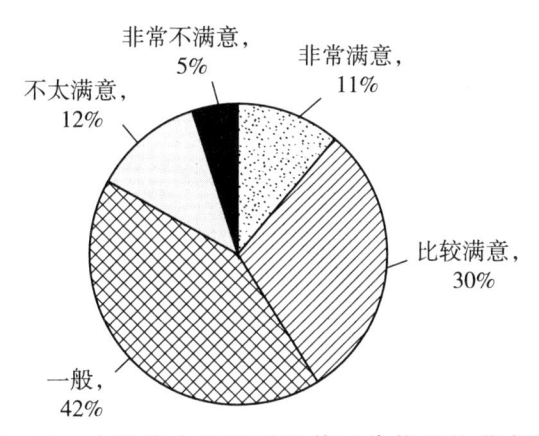

图 6-14　未购房农民工对目前居住状况的满意程度

资料来源：课题组开展的问卷调查。

（二）农民工购房压力分析

而未购房农民工目前购房压力较大（见图 6-15），明确表示压力较大和压力非常大的比例累计达到了 52%，表示没有压力的仅占 6%，不难看出未购房农民工的购房压力很大。

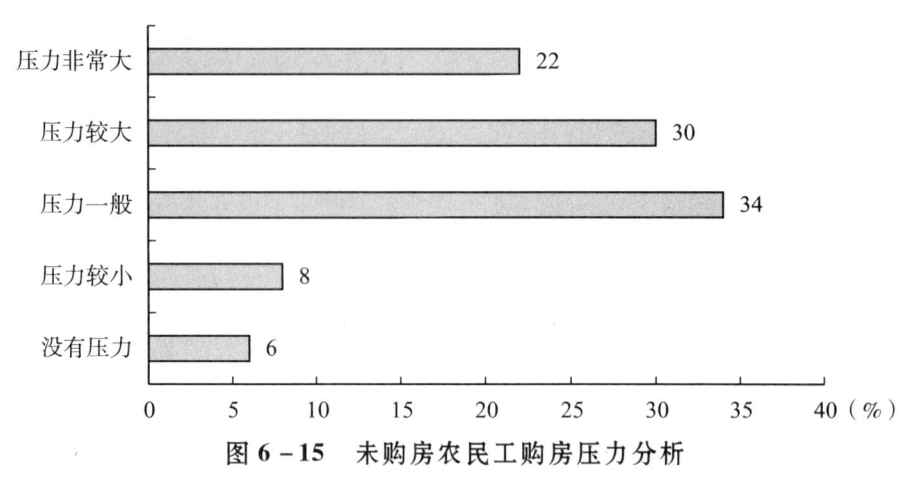

图 6-15　未购房农民工购房压力分析

资料来源：课题组开展的问卷调查。

如图 6-16 所示，农民工暂未买房的主要原因是没有足够的首付款，比例高达 35%，其他原因的占了 27%。另外 12% 的原因是有足够的首付款，但难以筹集其余资金，而房价波动使得 10% 的农民工处于观望状态，明确表示购房资金充裕的仅占 10%。综合未购房农民工的居住状况以及其购房压力，不难看到未购房农民工群体的住房满意度不高，且购房压力较大，作为低收入群体，他们更需要相应的社会保障政策来改善生活。

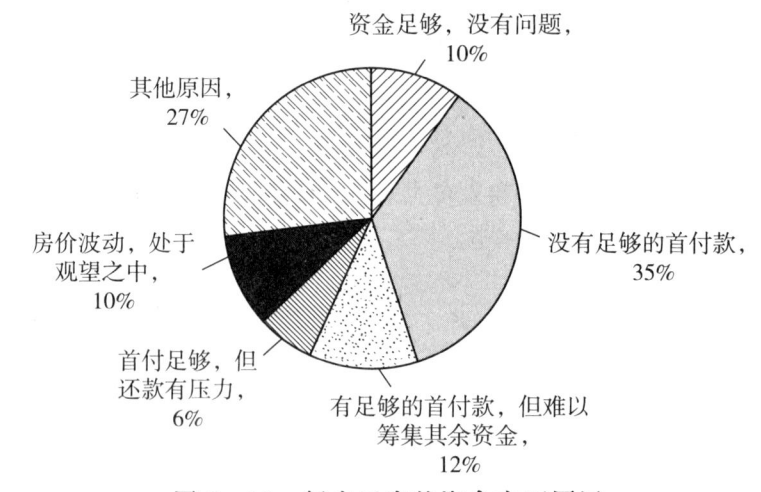

图 6-16　暂未买房的资金方面原因

资料来源：课题组开展的问卷调查。

第三节　农民工对住房公积金制度的认知状况

住房公积金作为一项重要的住房保障政策，应有效惠及农民工群体，帮助农民工实现"住有所居"的目标。扩大住房公积金覆盖面并建立公开规范的住房公积金制度已成为社会的呼声。在扩大住房公积金覆盖面方面，将农民工、个体工商户等低收入群体纳入住房公积金缴存范围是住房公积金扩面改革的重要内容。本章基于宏观经济数据以及微观调查数据的基础上，深入剖析农民工群体的生活、居住现状，比较研究农民工群体扎根城镇的能力，分析其在城镇购房的主观意愿与客观能力。

一、对住房公积金制度的了解和评价

推动农民工市民化，需要帮助农民工在城镇实现"住有所居"，通过对被调查农民工基本的经济状况分析，可以看到农民工购房的压力较大，而住房公积金作为一项重要的住房保障政策，其并未有效惠及农民工群体。分析农民工群体对住房公积金制度的认知情况，能够为住房公积金改革提供有效参考。如图6-17

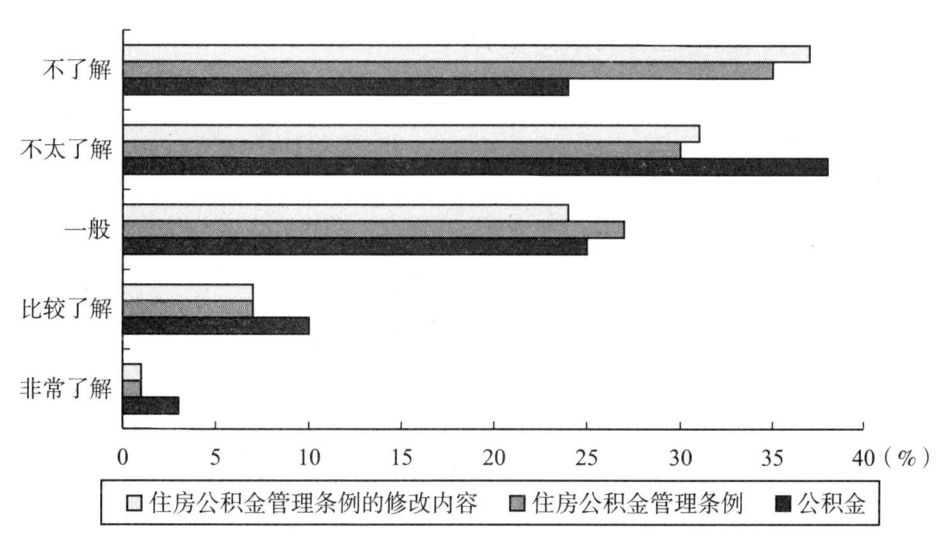

图 6-17　农民工对公积金制度、管理条例及其修改内容的了解程度
资料来源：课题组开展的问卷调查。

所示，被调查农民工对公积金制度、公积金管理条例及住房公积金管理条例的修改内容都不够了解，而对目前住房公积金制度的评价中高达40%的农民工表示不了解（见图6-18），有38%的农民工肯定了住房公积金制度，但认为公积金制度需要继续完善，认为不太有用的占了21%，认为很完善的仅为1%，由此可见农民工对住房公积金制度的整体评价不高。

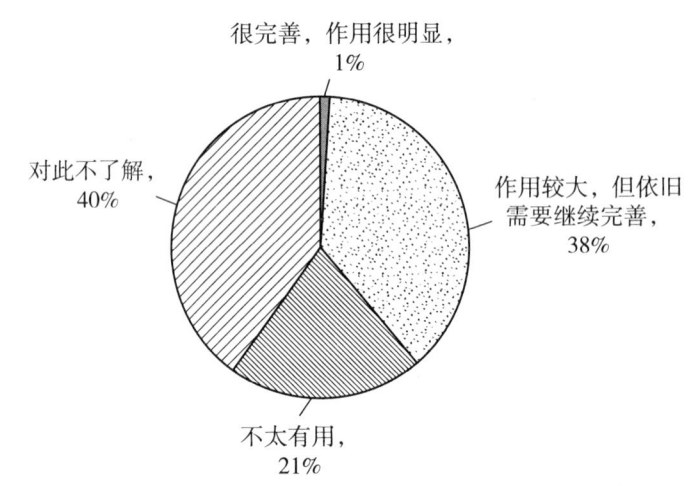

图6-18 农民工对目前住房公积金制度的评价

资料来源：课题组开展的问卷调查。

二、农民工对住房公积金公平性评价

从图6-19中可以看到被调查农民工对住房公积金制度的公平性评价，除了

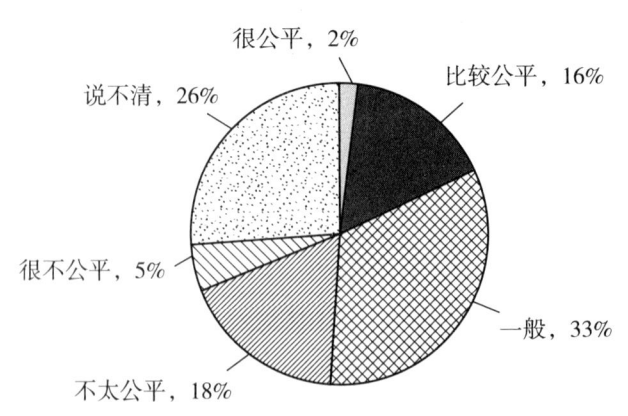

图6-19 农民工对住房公积金公平性评价

资料来源：课题组开展的问卷调查。

26%的农民工未做判断之外,有33%的农民工认为公积金的公平性一般,而明确认为不公平的占了23%,认为比较公平和很公平的比例累计18%。

同样,在对住房公积金是否有助于实现社会公平的看法中(见图6-20),被调查农民工认为一般的比例最高,达到了23%,而说不清楚的比例为最大,为25%,认为十分有帮助的仅为5%,认为较为帮助的有22%。而图6-21中,农民工对住房公积金存在"劫贫济富"的嫌疑的看法是比较客观的,认为一般的比例最大,为35%,比较赞同公积金存在"劫贫济富"的比例为18%,不太赞同的为17%。

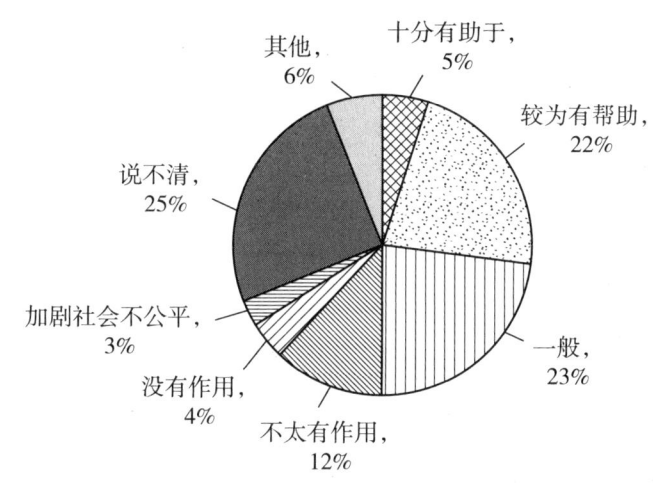

图6-20 农民工对住房公积金制度是否有助于实现社会公平的看法

资料来源:课题组开展的问卷调查。

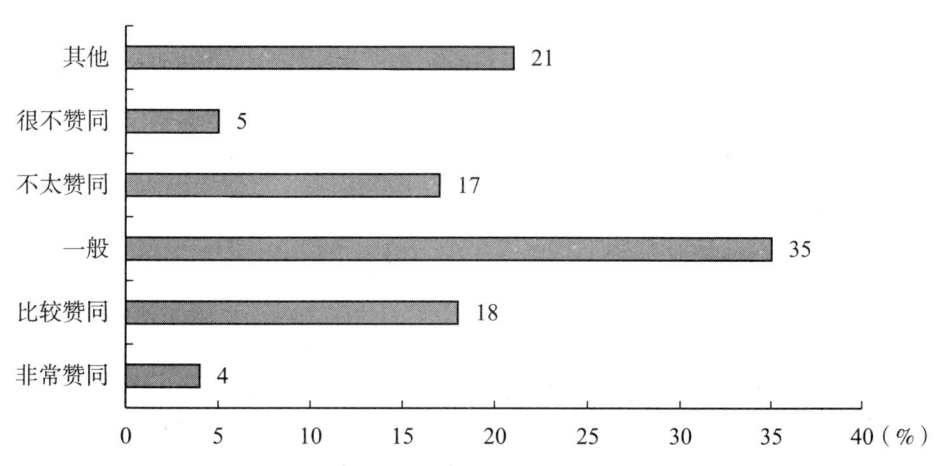

图6-21 农民工对住房公积金存在"劫贫济富"的嫌疑的看法

资料来源:课题组开展的问卷调查。

在对住房公积金使得较高收入家庭受益的看法中（见图6-22），51%的农民工保持中立的观点，而支持这种看法的农民工比例略高于反对看法，说明被调查农民工对住房公积金公平性的整体评价较为客观。

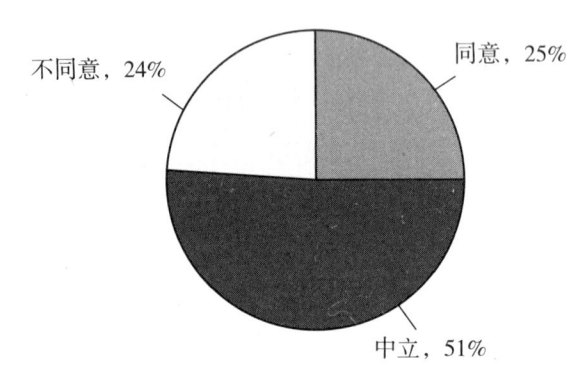

图 6-22　农民工对住房公积金使得较高收入家庭受益的看法

资料来源：课题组开展的问卷调查。

三、农民工对住房公积金使用效率的评价

首先分析农民工对住房公积金使用范围的评价（见图6-23），认为住房公积金的使用范围一般的农民工的比例最大，其次认为住房公积金使用范围较小，由此可见，受访农民工整体认为住房公积金的使用范围需要扩大。而对住房公积

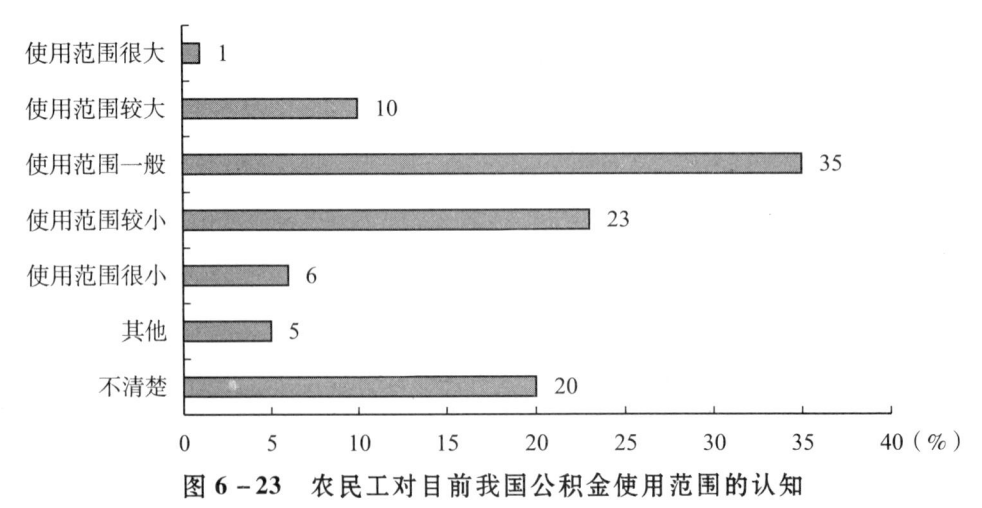

图 6-23　农民工对目前我国公积金使用范围的认知

资料来源：课题组开展的问卷调查。

金的使用效率的评价上（见表6-6），表示不清楚的比例最高为35%，认为效率一般的比例为31%，认为效率很低和较低的比例分别为9%和13%，不难看出受访群众对住房公积金使用效率方面的评价并不高，住房公积金的使用效率有待进一步提高。

表6-6　　　　　　　对目前住房公积金的使用效率的评价

评价	人数	比例（%）	累计百分比（%）
效率很高	8	2	2
效率较高	47	10	12
效率一般	136	31	43
效率较低	55	13	56
效率很低	39	9	65
不清楚	155	35	100

资料来源：课题组开展的问卷调查。

其次分析农民工缴存住房公积金的意愿，在住房公积金改革的关卡口，学术界普遍支持将农民工群体纳入住房公积金覆盖面，而作为"主角"的农民工群体是否有主观意愿缴存公积金，这是最主要也是最基础的问题。在调查中，课题组发现绝大部分的农民工是支持将农民工纳入住房公积金缴存范围的，如图6-24中所示，30%以上的农民工支持尝试将农民工纳入公积金缴存范围，而20%以上的农民工明确支持这个举措，仅有7%左右的农民工不支持。

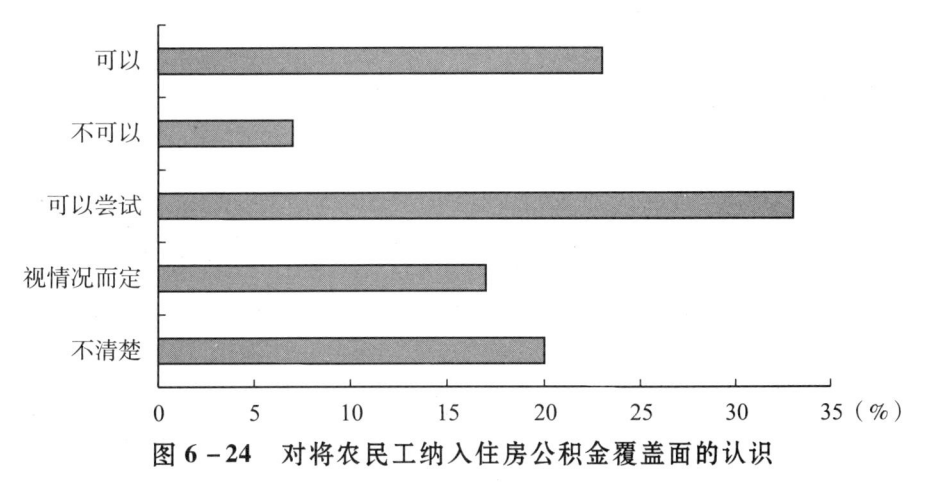

图6-24　对将农民工纳入住房公积金覆盖面的认识

资料来源：课题组开展的问卷调查。

而针对农民工是否愿意缴纳问题，这代表着农民工群体缴存的主观意愿，从

图 6-25 中可以看到 38% 的农民工缴存公积金的意愿为一般，比较愿意和非常愿意的比例高达 43%，明确表示不愿意的农民工比例为 19%，综合农民工对住房公积金的了解程度来看，有一部分农民工并不了解住房公积金制度，结合他们的相应缴纳意愿，我们能够看到农民工群体缴存住房公积金的主观意愿比较强烈。

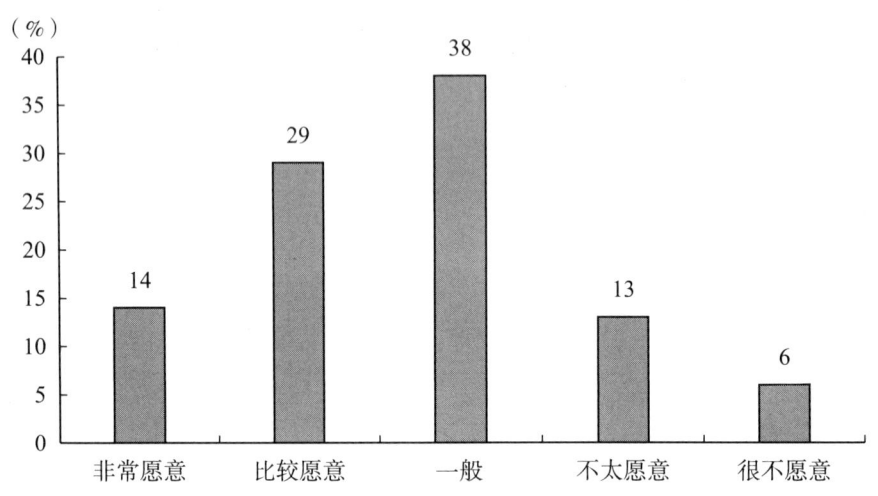

图 6-25　对农民工是否愿意缴纳公积金的分析

资料来源：课题组开展的问卷调查。

而在图 6-26 中，针对农民工务工单位是否愿意为农民工缴纳住房公积金问题，同样最大比例的农民工表示为一般，而认为不愿意的比例累计 37%，认为用人单位愿意缴存的占比 24%，可以看到被调查农民工对用人单位缴存公积金

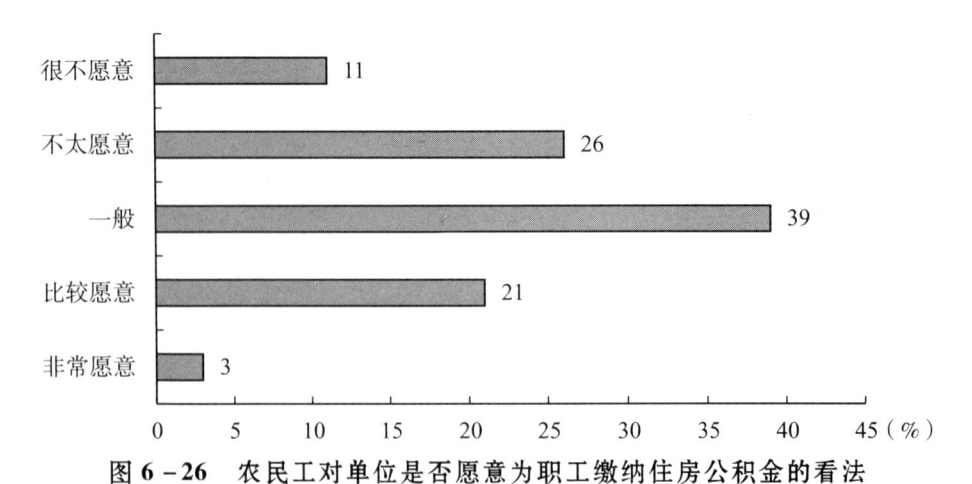

图 6-26　农民工对单位是否愿意为职工缴纳住房公积金的看法

资料来源：课题组开展的问卷调查。

的意愿整体是不强烈的，这也与社会现实相符合。针对住房公积金帮助农民工贷款买房问题（见图6-27），有32%的农民工对此比较高兴，而同样32%的农民工则表示一般开心，表示十分开心的比例为18%，这样来看，累计表示高兴的农民工比例为50%，仅有9%的农民工表示不开心，这个调查结果表明农民工对住房公积金贷款支持其买房的事情是十分开心的，这也奠定了扩大住房公积金覆盖面改革的"群众基础"。

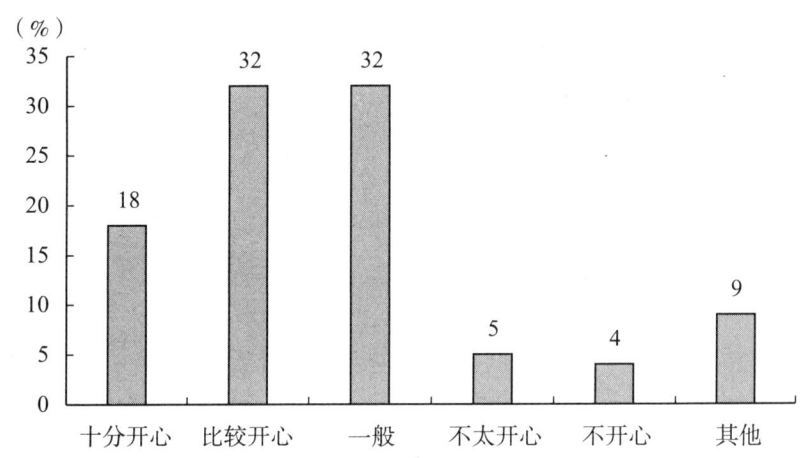

图6-27 农民工是否会因为通过公积金贷款尽快买房而开心

资料来源：课题组开展的问卷调查。

民生建设的推进离不开农民工市民化，实现农民工"住有所居"是城镇化建设的关键。住房公积金的根本功能是住房保障功能，支持城镇化建设是服从和服务于深化改革的需要，而城镇化的关键是农民工市民化。农民工城镇化既要有城镇化意愿，也要有城镇化能力，高房价与低住房保障福利桎梏农民工在城镇定居。住房公积金的住房保障功能与城镇居民住房消费相辅相成，使得住房公积金制度在推进城镇化背景下的住房市场发展过程中，将主要发挥推进保障性住房，建设和提高居民住房消费能力的双重作用。通过住房公积金贷款机制刺激农民工需求，支持农民工购房，帮助农民工在城市安居、安家，将公积金作为农民工市民化的长久之计。现阶段，要使农民工公积金制度在城镇化进程中发挥作用，就要实现住房公积金制度改革上的突破，既要将农民工纳入公积金覆盖范围，又要制定符合农民工群体特征的公积金缴存制度。总之，扩大公积金覆盖面是我国住房公积金制度改革的重要方向之一，建立和完善农民工住房公积金制度既是一项"民生工程"，又是一项"民心工程"。

第四节 农民工购房压力的区域差异性

房价收入比是反映居民购房压力的重要指标（Angel & Mayo, 1996），而不同城市的房价收入比存在差异性（丁祖昱，2013；范超，2016）。同样，房价收入比也是分析农民工购房能力的重要指标（董昕，2013）。因此，本章对农民工在区域市场住房支付能力的衡量所采用的指标是房价收入比。由于农民工在城镇的住房问题主要集中在外出农民工家庭，所以本章具体测度的是外出农民工的住房支付能力。本章整理了《2015年全国流动人口卫生计生动态监测》、中国统计局公布的商品住宅销售价格数据，用商品住宅的套均销售价格比上外出农民工的户均家庭年收入，得出房价收入比（董昕、周卫华，2014）。其中，商品住宅的套均销售价格（元/套），由商品住宅的平均销售价格（元/平方米）乘以城镇人均住房建筑面积（平方米）再乘以城镇居民平均每户家庭人口（人/户）得出（假定每户家庭使用一套住房）；外出农民工的户均家庭年收入（元/户），由假定的农民工家庭户均外出从业人数（人/户）乘以外出农民工的人均年收入（元/人）得出。

一、农民工房价收入比的位序—规模分析

1949年捷夫提出了城市位序—规模分布法则。罗特卡将捷夫模式推广为：

$$\ln p_i = \ln p_1 - q \ln r_i \qquad (6.1)$$

公式（6.1）中，p_i代表第i位城市的人口，其中p_1代表最大规模城市的人口。r_i代表第i位城市的位序，q则为常数。在公式（6.1）中，$\ln p_1$为常数，代表最高等级城市在位序—规模模型上的纵轴截距。$-q$代表回归曲线的斜率，其绝对值的变化代表城市等级结构的变化。本章将位序—规模法引入到农民工房价收入比的城市差异分析中。公式（6.1）中的p_i数据用农民工房价收入比替代城市人口数据，从而得出2015年农民工的房价收入比的位序—规模回归曲线，得到了回归曲线（见图6-28），以及1个一元回归方程，其中系数、方程皆在5%水平上显著。

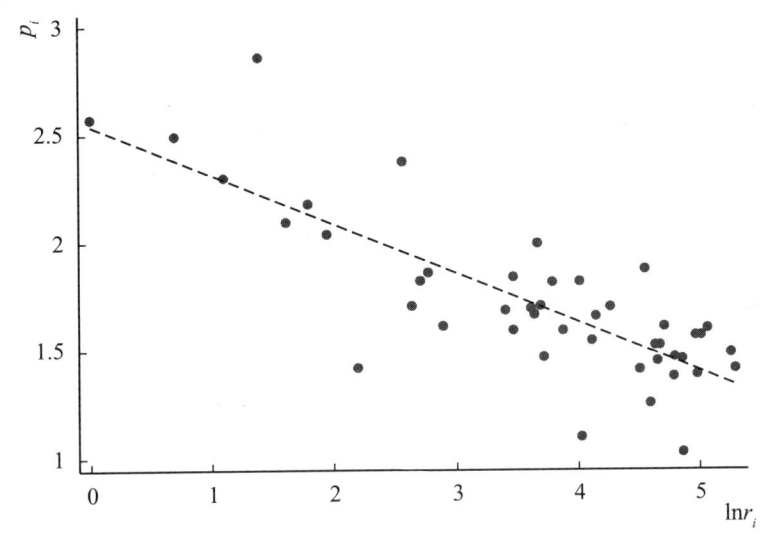

图 6-28　2015 年农民工房价收入比的位序—规模分析

位序—规模分析表明，2015 年中国城市的农民工的房价收入比呈现位序—规模分布的，这也说明了一、二、三、四线城市之间差异巨大。尤其体现在城市位序靠前的农民工的房价收入比显著高于位序靠后的房价收入比。这意味着位序靠前城市的农民工群体面临着更大的购房压力。

回归方程：$y = 2.9108 - 0.4169x$ 　　　　　　　　　　　　　　　　(6.2)

二、农民工购房压力的区域差异性

上述位序—规模分析法是从整体上把握农民工房价收入比在不同等级城市的动态趋势。具体从房价收入比来看（见表 6-7），国际上普遍标准为 4~6 为合理区间，但就中国现状来看，5~7 范围较为合适（董昕，2012），以此标准来看，农民工在一、二线城市的房价收入比远远高于合理范围；而从三、四线城市的房价收入来看，农民工有实现购房的可能性。结合农民工在不同城市的消费支出情况来看，农民工在一、二线城市的消费支出占收入的比重较大，而其中住房消费是主要原因，这也意味着农民工在一、二线城市获得的结余性收入较少。相对于一、二线城市的"高房价"的现实压力，三、四线城市的购房压力较小。因此，合理引导农民工群体在不同城市的住房消费，既可以圆了农民工群体的城市梦，又可以推动房地产市场的健康发展。

表 6-7　　　　　　　　部分城市农民工房价收入比

城市	农民工房价收入比	城市	农民工房价收入比	城市	农民工房价收入比
北京	13.10	贵阳	5.28	包头	6.13
上海	12.11	海口	7.34	湖州	4.58
广州	9.98	兰州	5.50	咸阳	4.25
深圳	17.42	银川	4.34	连云港	4.58
天津	8.12	保定	5.47	九江	3.96
杭州	8.83	嘉兴	4.69	商丘	4.34
南京	7.67	临沂	3.00	日照	4.30
厦门	10.74	芜湖	4.09	开封	4.79
成都	5.50	邯郸	6.16	宜宾	4.79
武汉	6.18	徐州	4.91	阜阳	4.42
哈尔滨	6.42	柳州	6.51	秦皇岛	4.95
西安	5.01	榆林	5.25	赤峰	4.99
合肥	5.39	西宁	4.92	蚌埠	4.10

资料来源：经笔者计算所得。

第五节　住房公积金支持农民工购房的效应与对策

为了深入分析住房公积金在支持农民工群体购房中主要作用，了解影响他们利用住房公积金的主要因素，接下来将采取更为深入的相关分析。

一、数据来源及研究方法

（一）数据来源

本章使用的数据来自住房公积金研究课题组 2015~2016 年的社会调查。该调查根据区域因素及经济发展水平，选取北京、上海、广州、南京、合肥、兰州、临沂、蚌埠等34所大中小城市作为调查地点①，课题组共计发放问卷3 000份，回收问卷2 663份，问卷回收率为88.8%。因研究需要，剔除了缺乏相关变量的样本，最终选取有效样本总数为2 264份，其中调查对象为农民工的共计433份，非农民工群体1 831份。问卷内容主要涵盖调查对象的基本经济情况、购房情况以及不同群体对住房公积金的认知和评价，方便系统分析农民工群体与非农民工群体的住房现状和购房需求。

（二）变量界定

本章旨在考察公积金对住房自有状况的影响，主要被解释变量为"是否已购房"和"有无购房意愿"。在问卷中主要对应的问题是"您现在已经购买自己的住房了吗？""您有购房计划吗？"。前者反映的是农民工群体的购房现状及客观能力，后者则反映农民工定居城市的主观意愿。根据调查对象的真实想法，文中将肯定的答复赋值为"1"，否定的答复赋值为"0"。

本章的解释变量包括"农民工（nmg）"和"住房公积金（hpf）"，根据调查对象的答复，对是农民工的调查对象赋值为"1"，非农民工群体赋值为"0"；对有住房公积金的调查对象赋值为"1"，无住房公积金的调查对象赋值为"0"。同时，为了更好比较分析购房现状，文中设定了农民工与住房公积金的交互变量（nmg_hpf），即缴存公积金的农民工，部分的农民工数量为157人，占比36%。另外，本章选取的控制变量为调查对象的个体特征、经济条件及家庭情况。其中，个体特征具体包括性别（$gender$）、婚姻状况（$marry$）、年龄（age）、文化程度（edu）；经济条件包括工作年限（$work$）、工资（$wage$）、行业（$profession$），家庭情况主要包括家庭人口数（$family$）。表6-8为相关变量的描述性统计。

表6-8　　　　　　变量的基本特征描述

变量名称	变量含义	变量赋值	均值	标准误
$house$	购房情况	未购房=0；已购房=1	0.053	0.224
$house\text{-}plan$	购房计划	未计划购房=0；计划购房=1	0.765	0.424
nmg	农民工	城镇职工=0；农民工=1	0.228	0.419
hpf	公积金	无=0；有=1	0.549	0.498

---

① 注：本章第三部分社会调查问卷所涉及的34所城市分别为：一线城市3所：北京、上海、广州；二线城市8所：杭州、南京、合肥、大连、南昌、唐山、温州、无锡；三线城市12所：沧州、常州、大庆、呼和浩特、济宁、嘉兴、兰州、临沂、台州、威海、芜湖、扬州；四线11所：安庆、蚌埠、马鞍山、秦皇岛、晋中、上饶、渭南、湘潭、宿迁、宿州、肇庆。

续表

变量名称	变量含义	变量赋值	均值	标准误
$gender$	性别	女=0；男=1	0.568	0.496
$marry$	婚姻状况	未婚=0；已婚=1	0.488	0.500
age	年龄	20 岁以下=1；20~30 岁=2；30~40 岁=3；40~50 岁=4；50~60 岁=5；60 岁及以上=6	2.825	1.199
edu	文化程度	没上过学=0；小学=1；初中=2；高中=3；中专/职高=4；大专/高职=5；本科=6；硕士=7；博士=8	4.635	1.801
$work$	工作年限	以问卷实际填写数据为准	10.347	11.023
$wage$	工资	1 万元以下=1；1 万~2 万元=2；2 万~5 万元=3；5 万~10 万元=4；10 万~20 万元=5；20 万~50 万元=6；50 万~100 万元=7；100 万~200 万元=8；200 万元及以上=9	3.825	1.193
$profession$	行业	制造业/采掘业/建筑业=1；贸易餐饮/交通仓储=2；房地产行业/电力、燃气=3；金融行业=4；教育科研/医疗卫生/文化体育等=5；党政机关=6	3.129	1.581
$family$	家庭人口数	以问卷实际填写数据为准	3.856	1.340

资料来源：课题组自制。

（三）分析方法

在以上数据的基础上，本章采用二元 Logistic 回归模型验证住房公积金对住房自有率的影响。作为一种常用的概率型非线性回归模型，Logistic 验证的是分类结果 Y 与若干影响因素 X 之间的变量关系，其基本原理是用一组数据拟合 Logistic 模型，反映 X 对 Y 的作用，从而探究变量之间的依存关系。本章选取的因变量为"农民工（nmg）"和"住房公积金（hpf）"，且皆为二值变量，故构建模型如下所示：

$$P = \frac{\exp(\beta_0 + \sum_{i=0}^{k}\beta_i x_i)}{1 + \exp(\beta_0 + \sum_{i=0}^{k}\beta_i x_i)} \tag{6.3}$$

将 Logistic 回归模型进行线性变换操作之后为：

$$\ln\left(\frac{p}{1-p}\right) = \beta_0 + \beta_1 \cdot NMG + \beta_2 \cdot HPF + \beta_3 \cdot NMG\_HPF + \beta_4 \cdot controls + \mu$$

(6.4)

其中，公式（6.3）中 P 代表的是住房自有率，公式（6.4）中变量 NMG 代表是农民工，变量 HPF 代表的是住房公积金，而变量 NMG_HPF 则代表农民工与住房公积的交互项，变量 $controls$ 则代表可控制变量。在研究方法上，本章首先依据全样本研究主要变量对住房自有率的影响，构建影响模型，分析不同变量对住房的影响，并在模型中加入住房公积金与农民工的交互项，进一步分析影响的差异性；其次是按照我国城市划分标准，将调查对象所在城市划分为一、二、三线及四线城市，构建影响模型，比较研究不同城市的影响差异性；最后选择未购房群体，构建影响模型，分析影响未购房群体的购房意愿的因素。

二、实证结果及分析

（一）住房公积金对住房自有率的影响

依据前文中构建的 Logistic 回归模型，住房公积金对农民工群体与非农民工群体的住房自有率的影响如表 6-9 所示。在全样本模型中，住房公积金对居民的购房有显著的正向影响，这与顾澄龙等（2015）研究结果有异曲同工之处。但就农民工群体来说，其住房自有率较低。而对已缴存住房公积金的农民工群体来说，住房公积金并未帮助其购房。结果表明，尽管住房公积金在我国住房改革中发挥了重要作用，帮助城镇职工实现了"住有所居"，但并未使农民工群体受益。

具体来看，结果显示住房公积金（hpf）支持购房（表 6-9 第一列）。住房公积金能够显著地提高缴存群体的住房自有率，这一方面肯定了住房公积金的住房保障作用，另一方面也证明了住房公积金影响缴存对象的购房需求。结合我国住房公积金制度对住房市场的影响来说，住房公积金已成为城镇职工购房的重要支持，而在近年房价不断上涨的现实背景下，住房公积金贷款的利率低于商业贷款的优势刺激了缴存群体的购房欲望，住房公积金成为城镇职工购房的"显性福利"和"隐性推手"。

比较来看（表 6-9 第二列），农民工（nmg）住房自有率较低。结合现实情况来说，一方面是农民工的购房能力不足抑制了其购房需求，另一方面是房价的不断上涨超过了农民工的经济承受范围，而住房公积金等住房保障政策是房价上涨的推手之一（周蕾等，2012；顾澄龙等，2015）。作为低收入群体，农民工未购房的主要原因是无购房能力，其购房能力主要涉及农民工的首付支付能力以及其还贷能力,而农民工收入较低且不稳定,使其购房能力不足。其次是房价波动导致农民工处于观望状,近年房地产市场波动性较大,持续上涨的房价使得农民工支付能力下降,同时,基于农民工群体知识水平及对房地产市场的了解程度较低,使其购房选择时愈发谨慎①。

尽管样本数据中有 36% 的农民工已缴存公积金（nmg_hpf）,但公积金并未有效提高这部分农民工的住房自有率。究其原因,一方面是缴存住房公积金的农民工群体的购房能力较弱,仅依赖住房公积金无法购房;另一方面,农民工群体对住房公积金的使用方法了解程度较低②,导致住房公积金的使用率较低,无法实现住房公积金支持农民工购房的初衷。

表6-9　　　　　　住房公积金对住房自有率的影响模型

Var.	Logit1	Logit2	Logit3	Logit4
hpf	0.501*** (0.122)			0.477*** (0.138)
nmg		-0.441*** (0.138)		-0.268 (0.180)
nmg_hpf			-0.121 (0.239)	-0.169 (0.296)
$gender$	0.040 (0.105)	0.084 (0.102)	0.047 (0.105)	0.060 (0.105)
age	0.097 (0.092)	0.081 (0.089)	0.091 (0.092)	0.070 (0.093)
$marry$	2.224*** (0.146)	2.239*** (0.142)	2.246*** (0.146)	2.256*** (0.147)
edu	0.183*** (0.039)	0.209*** (0.037)	0.238*** (0.037)	0.163*** (0.040)
$wage$	0.094** (0.043)	0.095** (0.041)	0.109** (0.043)	0.090** (0.043)

---

① 注:根据问卷调查数据:受访农民工中,10% 的农民工因为房价波动而未购房,51% 的农民工未购房原因是资金不足。

② 注:根据调查问卷分析,了解住房公积金使用的农民工仅占 8%,绝大部分农民工不了解住房公积金制度。

续表

Var.	Logit1	Logit2	Logit3	Logit4
family	-0.032 (0.038)	-0.032 (0.037)	-0.035 (0.039)	-0.025 (0.039)
work	0.003 (0.010)	0.005 (0.010)	0.004 (0.010)	0.003 (0.010)
profession	0.064* (0.036)	0.064* (0.035)	0.086** (0.035)	0.053 (0.036)
_cons	-2.970*** (0.345)	-2.716*** (0.352)	-3.041*** (0.346)	-2.735*** (0.368)
N	2 264	2 264	2 264	2 264

说明：***、**、*分别表示1%、5%、10%的显著水平。括号内为标准误。

其他相关因素对住房自有率的影响也呈现出差异性。首先，从个体特征因素来看，性别（gender）、年龄（age）对住房的影响不显著，而文化程度（edu）、婚姻状况（marry）、行业（profession）对购房的影响显著。其次，从经济条件来看，工作年限（work）对购房的影响不显著，而工资（wage）和行业（profession）对住房的影响显著。另外，家庭情况中家庭人口数（family）对住房没有显著的影响。从当前我国房地产的现实状况来看，文化程度、婚姻状况以及工资水平对购房的影响较大。其中，文化程度和工资水平影响购房者的购房能力，而"因婚购房"已经成为青年群体购房的主要"驱动力"。结合农民工群体的购房现状来看，农民工群体的整体文化水平不高①，但文化水平对农民工的购房有较大的影响，工资收入同样影响农民工的购房能力，而在当前现实状况中，农民工受婚姻因素的影响而选择购房的已经成为普遍的社会现象。因此，从其他相关因素来看，影响购房的因素是多样的，且符合我国房地产市场的现实状况。

（二）住房公积金影响住房自有率的城市差异性分析

全样本分析表明，总体上住房公积金提高了住房自有率，但对不同群体的作用存在差异性。为了进一步验证住房公积金对购房的影响效应，探究住房公积金对不同城市的影响是否存在差异性，本章构建了分城市样本模型（见表6-10）。模型中，根据我国城市划分标准，将调查城市划分为一、二、三、四线城市，依

---

① 注：根据2015年中国统计局发布的《农民工监测调查报告》中，75%的农民工文化水平是初中以及以下。

次验证住房公积金对住房自有率的影响。从一线城市来看，住房公积金抑制了住房自有率。而从二线城市来看，住房公积金对住房自有率无显著影响，但已削弱了一线城市的抑制影响。事实上，一、二线城市的高房价已经攫取了住房公积金的住房福利（王先柱等，2017），而缴存公积金的中低收入群体没有购房能力，处于"只缴存不贷款"状态，出现"劫贫济富"现象（陈杰，2010；黄燕芬、李怡达，2017）。同时，农民工群体在一、二线城市的住房自有率较低，而对已缴存住房公积金的农民工群体来说，住房公积金并没有帮助其扎根一线城市。

同时，从三、四线城市来看，住房公积金能够显著地提高居民的住房自有率。三、四线城市的房价较一、二线城市低，住房公积金对住房的促进作用逐渐凸显。住房公积金显著地提高三、四线城市居民的住房自有率，这与这些城市房地产市场现状和居民的购房能力分不开。具体来说，三、四线城市的房地产市场较一、二线城市来说，其房地产市场制定了一系列的鼓励购房政策，包括相对宽松的住房公积金贷款政策，刺激了缴存住房公积金群体的购房需求。同时，三、四线城市的房价相对较低，缴存住房公积金的群体主要为城镇职工，这部分群体具备基础的购房支付能力，在低房价和宽松购房政策的影响下，住房公积金提高了居民的购房需求。

表6-10　　　住房公积金对住房自有率影响的分城市模型

变量名称	一线城市 Logit5	二线城市 Logit6	三线城市 Logit7	四线城市 Logit8
hpf	-1.949*** (0.683)	0.157 (0.247)	1.070*** (0.312)	0.961*** (0.230)
nmg	-1.365 (1.145)	0.004 (0.314)	-0.539 (0.351)	-0.200 (0.303)
nmg_hpf	1.657 (1.332)	0.123 (0.529)	-0.977 (0.672)	-0.246 (0.526)
$gender$	-0.341 (0.397)	0.162 (0.185)	0.094 (0.239)	0.077 (0.183)
age	-0.440 (0.416)	0.386** (0.169)	-0.180 (0.216)	0.108 (0.155)
$marry$	2.504*** (0.522)	2.651*** (0.254)	2.637*** (0.388)	1.621*** (0.248)

续表

变量名称	一线城市 Logit5	二线城市 Logit6	三线城市 Logit7	四线城市 Logit8
edu	0.627*** (0.171)	0.141* (0.078)	0.225** (0.090)	0.161** (0.071)
$wage$	0.426*** (0.165)	0.272*** (0.075)	-0.007 (0.115)	0.023 (0.075)
$family$	0.140 (0.162)	0.011 (0.069)	-0.010 (0.086)	-0.130** (0.064)
$work$	0.086* (0.044)	-0.049*** (0.019)	0.018 (0.022)	0.015 (0.016)
$profession$	-0.034 (0.139)	0.026 (0.068)	-0.027 (0.103)	-0.024 (0.062)
$\_cons$	-5.248*** (1.516)	-3.929*** (0.638)	-2.317*** (0.889)	-1.657*** (0.623)
N	221	768	441	834

注：***、**、*分别表示1%、5%、10%的显著水平。括号内为标准误。

总体来看，住房公积金对不同城市的影响存在差异性，呈现出"阶梯型"城市等级分布（见图6-29），在一线城市表现为"抑制型"，而在二线城市则表现出"缓冲型"，在三、四线城市则出现较明显的"助推型"。然而，农民工群体的住房自有率较低，且住房公积金未帮助农民工购房。究其原因，一方面未享受到住房公积金带来的住房福利，另一方面却要较低的收入来承担高房价，住房公积金制度面临"劫贫济富"的质疑，且存在"马太效应"（陈杰，2010）。如何让农民工平等地享受到公积金的住房福利是本章研究的意义所在。

（三）农民工购房意愿分析

前文分析中，涵盖了已购房群体和未购房群体，为了进一步比较分析住房公积金对住房的影响，现分析未购房群体的购房意愿。研究中发现，住房公积金对未购房群体的购房意愿影响较小。而未购房的农民工群体的购房意愿十分强烈，且缴存公积金的农民工群体也有较强的购房意愿。

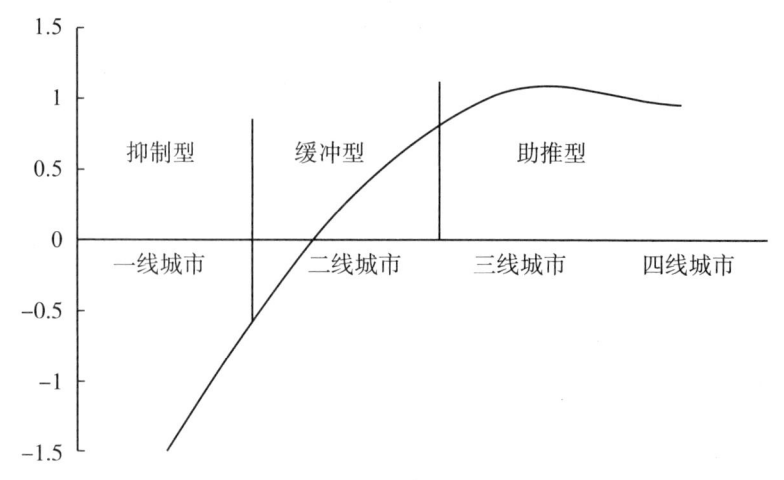

图 6-29　住房公积金支持购房的城市分层

资料来源：课题组自制。

具体来看，分析结果（见表 6-11）显示公积金对购房意愿的影响较小。结合现实情况，一是住房公积金制度现阶段处于改革的关口，存在使用范围较小、使用效率低等问题；二是住房公积金提高了房价，导致低收入群体的购房压力增大。因此，住房公积金并没有提高未购房群体的购房意愿。不同的是农民工群体的购房意愿十分强烈，现阶段，农民工群体扎根城市的意愿越来越强烈，其中新生代农民工融入城市的意愿更为强烈（郭新宇等，2015）。截然相反的是已缴存住房公积金的农民工群体购房意愿不强烈，这也反映了农民工群体未享受到住房公积金的保障性和互助性功能。究其原因，一方面，现阶段仅有少数地方支持农民工缴存住房公积金，但相关制度和政策并不完善；另一方面，农民工群体不了解住房公积金的提取、使用政策，导致住房公积金的住房福利性特征未有效惠及农民工群体，这也反映了住房公积金改革的迫切性。

就农民工群体缴存住房公积金的主观意愿来说，农民工群体缴存住房公积金的意愿十分强烈[①]，这也为全面建立农民工住房公积金缴存制度奠定了"群众基础"。但就农民工务工单位来说，其为农民工缴存公积金的意愿不高，主要原因在于两个方面：一是务工单位追求自身经济利益最大化，不愿为农民工支付住房公积金，而农民工维权意识较弱；二是住房公积金制度相关法律制度急需完善，推行农民工缴存住房公积金制度，需要加强相关立法工作，才能有效保护农民工群体的合法权益。

---

① 调查结果显示，69%的农民工愿意缴存住房公积金，但农民工务工单位为其缴存公积金的意愿仅为49%。

表6-11　　未购房群体的购房意愿模型

	Logit9	Logit10	Logit11	Logit12
hpf	0.061 (0.199)			0.096 (0.219)
nmg		0.452** (0.224)		0.565** (0.277)
nmg_hpf			1.118** (0.542)	0.645 (0.611)
$gender$	-0.105 (0.178)	-0.169 (0.171)	-0.124 (0.178)	-0.139 (0.179)
age	-0.118 (0.124)	-0.084 (0.121)	-0.105 (0.127)	-0.094 (0.129)
$marry$	-0.407* (0.239)	-0.565** (0.228)	-0.429* (0.240)	-0.436* (0.240)
edu	0.069 (0.063)	0.105* (0.057)	0.079 (0.058)	0.104 (0.064)
$wage$	0.154* (0.079)	0.129* (0.073)	0.155* (0.079)	0.165** (0.079)
$family$	0.181** (0.075)	0.161** (0.072)	0.165** (0.076)	0.151** (0.077)
$work$	0.060*** (0.016)	0.061*** (0.015)	0.061*** (0.016)	0.059*** (0.016)
$profession$	0.057 (0.062)	0.105* (0.060)	0.068 (0.062)	0.082 (0.062)
常数项	0.491 (0.551)	0.179 (0.542)	0.419 (0.554)	0.145 (0.569)
N	810	810	810	810

注：***、**、*分别表示1%、5%、10%的显著水平。括号内为标准误。

（四）稳健性检验

为了保障研究的合理性，文中进行了Probit模型检验（见表6-12），其结果是稳健的。同时，为了检验变量中可能存在内生性问题，例如，某个研究对象的工资水平可能对于教育水平和工作年限是敏感的，而教育水平与工作年限之间同样存在相互影响的可能性，这种可能存在的逆向因果关系影响回归结果的真实性。因此，文中对研究对象的工资水平（wage）、教育水平（edu）和工作年限（work）进行内生性处理。通过计算上述控制变量的城市均值（樊纲治、王宏扬，2015），并作为工具变量进行 IV – Logit 和 IV – Probit 回归。回归结果中（见表 6 – 13），解释变量的显著性和拟合优度与表 6 – 9 基本一致，从而验证了文中解释变量的回归结果是稳健的，控制变量中的内生性问题对本章的影响较小。

表 6 – 12　　　　　　　probit 模型稳健性检验

	Probit1	Probit2	Probit3	Probit4
hpf	0.292 *** (0.072)			0.281 *** (0.081)
nmg		−0.259 *** (0.082)		−0.150 (0.107)
nmg_hpf			−0.084 (0.141)	−0.113 (0.175)
gender	0.019 (0.061)	0.046 (0.060)	0.023 (0.061)	0.031 (0.062)
age	0.070 (0.054)	0.060 (0.052)	0.065 (0.054)	0.056 (0.055)
marry	1.358 *** (0.084)	1.365 *** (0.082)	1.373 *** (0.084)	1.374 *** (0.084)
edu	0.105 *** (0.023)	0.121 *** (0.022)	0.138 *** (0.021)	0.094 *** (0.023)
wage	0.057 ** (0.025)	0.057 ** (0.024)	0.065 *** (0.025)	0.054 ** (0.025)
family	−0.020 (0.022)	−0.020 (0.022)	−0.022 (0.022)	−0.016 (0.023)
work	−0.001 (0.006)	0.000 (0.005)	−0.000 (0.006)	−0.001 (0.006)
profession	0.037 * (0.021)	0.036 * (0.020)	0.049 ** (0.020)	0.030 (0.021)

续表

	Probit1	Probit2	Probit3	Probit4
_cons	-1.752*** (0.199)	-1.609*** (0.204)	-1.797*** (0.200)	-1.620*** (0.213)
N	2 264	2 264	2 264	2 264

注：***、**、*分别表示1%、5%、10%的显著水平。括号内为标准误。

表6-13 关于内生性问题的工具变量回归

	IV - Logit	IV - Probit
hpf	0.578*** (0.133)	0.337*** (0.078)
nmg	-0.338* (0.175)	-0.198* (0.104)
nmg_hpf	-0.134 (0.297)	-0.081 (0.175)
gender	0.081 (0.104)	0.038 (0.061)
age	0.048 (0.058)	0.024 (0.033)
marry	2.215*** (0.141)	1.339*** (0.081)
edu	0.293*** (0.072)	0.170*** (0.042)
wage	0.087** (0.042)	0.049** (0.024)
family	-0.020 (0.038)	-0.012 (0.023)
work	0.024* (0.014)	0.014* (0.008)
profession	0.096*** (0.035)	0.054*** (0.020)

续表

	IV – Logit	IV – Probit
_cons	-3.769*** (0.542)	-2.194*** (0.315)
N	2 264	2 264

注：***、**、*分别表示1%、5%、10%的显著水平。括号内为标准误。

农民工市民化是农民工与城市之间的双向选择，就农民工而言既要有定居的意愿，也要有定居的能力，"住有所居"是农民工群体扎根城市的基本因素。本章在系统验证农民工购房压力分层特征基础上，着重研究住房公积金对农民工群体购房的影响，进而回应如何实现"以人为本"的新型城镇化，探究提高农民工幸福感和归属感的可行路径。

本章的主要发现：一是农民工购房压力呈现城市分层特征。在我国房地产市场的区域分化逐步加深的宏观背景下，通过计算农民工在不同城市的房价收入比，验证了农民工购房压力呈现城市分层特征。显然，对在一、二线城市务工的农民工来说，其实现购房的可能性较小，"返乡置业"是农民工实现城市梦的可行途径。与此不同的是，农民工群体在三、四线城市的购房压力相对较小，且有购房的能力和意愿。二是住房公积金制度对住房的影响呈现区域特征。住房公积金对住房自有率的影响呈现城市分层特征，在一、二线城市住房公积金对住房自有率的影响呈现"抑制性"和"缓冲型"，而在三、四线城市呈现"助推性"。这与我国房地产市场的区域特征分不开，在一、二线城市的高房价背景下，住房公积金的福利性并不足以弥补高房价与低收入之间的差距。而对于三、四线城市来说，住房公积金的福利性功能可以帮助居民购房。三是农民工群体的住房自有率较低，但其购房意愿十分强烈，这也反映了农民工群体渴望扎根城市的"心声"。住房公积金作为一项重要的住房福利政策，应该帮助农民工购房，从而实现该制度的"帕累托最优"（王先柱、吴义东，2017）。然而，本章研究发现公积金并未有效提高农民工群体的住房自有率，这是住房公积金制度面临改革的症结所在。

基于以上研究讨论，本章提出以下政策建议：一是全面建立公开规范的农民工住房公积金制度，从根本上打破现阶段住房公积金的公平性问题，才能真正帮助农民工群体。二是利用住房公积金分层引导农民工住房选择。拓宽公积金提取和使用渠道，支持一、二线农民工使用公积金租房及支付相关住房费用。同时，借助公积金异地贷款政策，引导一、二线城市农民工"返乡购房"，三、四线农民工"就近购房"。三是深挖住房公积金制度的金融功能，有效控制住房公积金的扩面风险。农民工住房公积金制度的建立意味着住房公积金的资金池进一步扩大，也对住房公积金制度的金融功能提出了新的要求，应通过建立住房公积金国家住房银行等政策来提高公积金的使用效率。同时，基于农民工群体的流动性强等特征，应加强扩面风险的测控和管理，通过利用大数据等途径，确保农民工住房公积金制度的可持续性。

第七章

住房公积金扩大使用范围

为适应社会经济发展需要和住房市场保障状况，我国的住房公积金使用范围在逐步地演变和完善。深入了解住房公积金扩大使用范围的重大意义和客观必要性，探索住房公积金扩大使用范围的可行性和操作性，是实现住房公积金制度功能转变的重要基础。

第一节 住房公积金扩大使用范围的必要性

住房公积金制度在房改政策体系中的核心地位逐步确立。经过不断改革创新，政府不断出台各种政策法规，以促进住房公积金制度的健康发展。概括而言，住房公积金扩大使用范围的主要原因有以下几方面。

一、住房公积金的目标定位要求适时扩大其使用范围

总体来看，住房公积金在促进住房体制改革、增加住房供应、解决居民住房问题、加快住房金融发展、支持城镇居民住房保障等诸多方面都发挥了积极作用。

根据《条例》，除退出外，缴存人可以提取公积金的主要条件包括："购买、建造、翻建、大修自住住房的""偿还购房贷款本息的""房租超出家庭工资收

入的规定比例的。"以 2017 年为例，全年全国住房公积金提取额达 12 729.80 亿元，占全年缴存额的 67.98%；比上年增长 9.49%。其中，住房消费类提取 10 118.95 亿元，非住房消费类提取 2 610.85 亿元，分别占 79.49%、20.51%；用于租赁住房的仅占 3.49%（见图 7-1）。2017 年末住房公积金提取总额为 73 224.38 亿元，占缴存总额的 58.65%[①]。

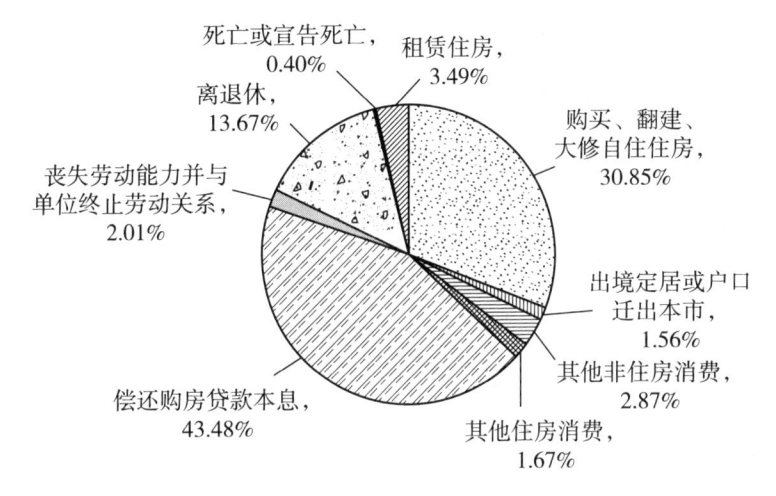

图 7-1　2017 年提取额按提取原因分类占比

随着房改的推进，房地产开发企业成为我国城镇住房建设的主要承担者，个人建房的比例大幅下降，居民主要通过市场购房来改善住房条件。由于住房价格不断上涨，导致中低收入阶层住房支付能力持续下降。而对于租房者说，大部分为中低收入阶层和外来人口，他们被纳入住房公积金范围的比例也很低。这些因素共同决定了住房公积金的多数使用者局限于中高收入者，造成了公积金使用得不公平。具体来说，公积金使用人群之间存在横向不公平，高收入群体使用率较高，中低收入群体使用率低。2017 年住房公积金累计发放贷款 3 082.57 万笔，仅占缴存职工总数的 22.44%；累计个贷发放额 75 602.83 亿元，占归集总额的 75.6%，即约 22% 的缴存人使用了约 75% 的住房公积金归集额[②]。根据清华大学的研究，中高收入群体的公积金使用概率较大，存在逆向补助问题，即"劫贫济富"，这种公积金使用状况无疑进一步扩大了居民收入差距，不可持续。

为了解决这一问题，就需要在住房公积金的用途上逐步扩大范围，让一些以租房为主的中低收入阶层和外来人口能够通过公积金支付房租，或者是支付物业费，在重大疾病时则能够支付医药费，发挥"保命钱"的作用。

[①][②]　数据源自全国住房公积金 2017 年年度报告。

二、促进住房消费的客观现实要求扩大公积金使用范围

住房公积金制度成立之初的主要目的是为住房体制转换筹集资金、减轻改革阻力，具有普惠性福利特征，其筹资基础是以单位强制资助、国家给予免税优惠为核心。住房公积金成立以来，一直以促进城镇住房建设为目标，支持方式随着社会发展背景和住房市场变化而调整。成立之初，住房公积金直接发放的住房建设贷款，对促进住房建设、缓解住房短缺起到了积极作用。当住房开发投资来源逐步市场化以及住房短缺时，住房公积金转而支持住房消费，以提高居民购房支付能力为主要目标。当保障性住房建设兴起、资金短缺、融资困难之际，住房公积金又开始为保障性住房建设提供较低利率、较长期限的贷款。并且，住房公积金的部分增值收益被作为城市廉租住房的建设补充资金，起到了住房保障的作用。成立以来，住房公积金始终贯彻"促进城镇住房建设，提高城镇居民包括低收入阶层居民居住水平"的目标。其中，住房公积金对促进城镇住房建设的贡献相对较大，而在推进廉租房投资建设中的贡献较小。截至2010年末，住房公积金累计用于住房方面的资金大约相当于15%的城镇住宅投资，公积金增值收益提供的廉租房保障资金不到5%。

近年来，住房公积金制度存在和发展与社会经济背景均发生了很大变化，住房领域的问题和政策方向也有所不同。

第一，城镇住房供求形势大为好转，住房政策的主要方向开始调整。住房市场的分化和不平衡发展在相当一段时间内会成为住房市场的突出特征。在经过多年巨额的住房投资后，根据国家统计局提供的数据，2016年我国城镇人均住房面积已经达到36.6平方米，农村达到45.8平方米。从平均数据来看，虽然居住面积尽管离美国还有明显的差距，但已经超越英国的35.4平方米和法国的35.2平方米。总体上看，我国城镇居民的住房条件已经基本脱离总量不足的困境。目前，住房问题主要表现为房价上涨过快，家庭住房支付能力持续下降，新就业群体和中低收入家庭住房问题凸显。2010年国务院就已经发布《中国社会和经济发展"十二五"规划纲要》，明确指出：住房政策主要方向由鼓励市场化向加强政府保障和市场化发展相结合转变，鼓励居民解决住房问题的方式由以购买为主向租赁和购买并举转变，强化各级政府责任，加大保障性住房供给，加强租赁市场发展。

第二，居民收入差距加大。近年，我国城乡之间、地区之间、行业之间、不同群体之间收入差距持续扩大。2016年，国家统计局公布全国收入差距的基尼系数是0.465，相比1994年的0.37，仍是一个较高水平；2016年，城乡居民人

均可支配收入差距为 21 252.8 元，是 1994 年城乡收入差距的 2 275 元的 9.34 倍。未来时期我国将进入中等收入阶段，按照其他国家的经验，这一时期收入差距往往呈现扩大趋势。收入分配差距扩大，已经成为社会高度关注的焦点，任其发展必将成为经济发展和社会稳定的重大隐患。

第三，人口老龄化趋势加快发展。从 2012 年开始，我国劳动年龄人口数量逐步减少。根据全国老龄办预测，2000~2020 年我国 60 岁以上的老年人每年增加约 600 万人，2021~2050 年我国 60 岁以上的老年人每年增加约 620 万人。年长之人由于拥有房改私房，较少使用公积金贷款来购买住房，而年轻人甚至中年人有住房改善愿望，使用公积金贷款来购买住房的比例较高。随着越来越多的拥有自有住房的较年长职工脱离住房公积金制度，这将对住房公积金总量的流动性水平产生很大影响。

住房公积金作为巨量强制性储蓄资金，在历次宏观调控中都发挥一定作用。住房公积金制度由国家通过一定的法律程序建立，政府对其具有直接控制力，从而成为国家干预经济的一种手段。政府可以根据实际需要对住房公积金的缴存比例、利率、使用额度、首付款比例等进行调节，有助于减缓经济波动，维持国民经济的稳定运行。2004 年以来，在历次房地产市场调控中，住房公积金政策也成为其中的重要内容。

可见，如今住房公积金扩大使用范围已不仅是提高公积金本身使用效率的问题，而是服务于国家宏观经济调控的大局，成为推动消费扩大和升级的一个重要组成部分。通过扩大公积金使用范围，一方面可以实现社会保障的目标，另一方面也有利于拉动住房市场发展，在当前的经济形势下具有特殊的意义。

三、扩大公积金缴存面后的潜在需求要求扩大使用范围

新型城镇化要求不断扩大住房公积金的缴存面，与此相适应，也需要扩大住房公积金的使用范围。关于"新型城镇化"的具体任务，李克强总理在政府工作报告中明确提出了解决"三个 1 亿人"的目标：促进约 1 亿农业转移人口落户城镇、改造约 1 亿人居住的城镇棚户区和城中村、引导约 1 亿人在中西部地区就近城镇化。这一目标是在 2013 年底的中央农村工作会议上首次被提出的，实现这一目标的期限是 2020 年。服务新型城镇化建设，要求住房公积金的落脚点，一方面是在农村住房改造建设上，在改善农民住房条件的基础上，带动农村市场投资消费，提高土地集约率，促进城乡一体化；另一方面是住房公积金制度覆盖到农民工，使得住房公积金支持新型城镇化建设具有了一定的实际意义和可操作性。

经过多年的探索，住房公积金制度覆盖到农民工已经从设想变成为现实。

2005年建设部、财政部、人民银行《关于住房公积金管理若干具体问题的指导意见》（以下简称《指导意见》）明确指出："有条件的地方，城镇单位聘用进城务工人员，单位和职工可缴存住房公积金。"《指导意见》虽然未直接使用农民工一词，但进城务工人员涵盖了农民工，这给农民工建立住房公积金制度打开了一扇门，但附加了条件——有条件的地方，农民工能享受住房公积金制度；没有条件的地方，不会强制单位把住房公积金制度覆盖到农民工。给不给农民工建立住房公积金制度带有或然性，农民工几乎没有自主权。《指导意见》之后，建设部、财政部、中国人民银行下发了《关于住房公积金管理几个具体问题的通知》，对《条例》规定的"在职职工"界定为由单位支付工资的各类人员（不包括外方及港、澳、台人员）。按照这个界定，农民工属于"在职职工"。紧接着，《国务院关于解决农民工问题的若干意见》下发，提出"有条件的地方，城镇单位聘用农民工，用人单位和个人可缴存住房公积金，用于农民工购买或租赁自住住房"。至此，针对农民工建立住房公积金的问题第一次以国务院文件形式予以明确，意味着农民工建立住房公积金制度开始起步。在2015年11月住房城乡建设部组织起草《住房公积金管理条例（修订送审稿）》中规定："本条例所称住房公积金，是指单位和职工缴存的具有保障性和互助性的个人住房资金。前款所称单位，是指国家机关、事业单位、企业、有雇工的个体工商户、民办非企业单位、社会团体等组织；所称职工，是指与单位建立劳动关系的劳动者，无雇工的个体工商户、非全日制从业人员以及其他灵活就业人员。"这就更进一步将农民工在内的各类灵活就业人员都覆盖在公积金制度保障范围之内，为新型城镇化建设特别是推动农业转移人口落户城镇提供了有利条件。

一方面，将农民工在内的各类灵活就业人员都覆盖在公积金制度保障范围之内，在扩大了住房公积金缴存面的同时，也增加了住房公积金的使用范围，特别是对于一些低收入的人群而言，在短期内没有能力购房，利用住房公积金来支付房租等就成为新的潜在需求。另一方面，扩大住房公积金使用范围为住房公积金归集扩面增强了政策吸引力。当贷款对象从职工本人扩大到直系亲属，降低首付房款比例，提高最高贷款额度，延长贷款期限，推行灵活的还款方式，取消房地产评估收费时，这些"眼能看到""耳能听到""优惠措施能亲身感受到"的政策，让职工切身感受到住房公积金的优越性，大大增强了制度的吸引力，赢得了社会对住房公积金制度的理解和支持，同时也激发了"制度外职工"建立制度的积极性和主动性。通过个贷业务的发展，促进归集工作的开展，达到"以贷促缴"的目的。

为此有必要拓展公积金支出消费范围，提高公积金的贷款限额，放大公积金的贷款支持力度，将公积金的作用扩展到房产的实物形态领域，包括旧房改造、合作建房和租赁领域，使公积金更加富有效率的多方位多角度发挥作用。积极拓宽公积金的使用范围，使公积金的功能进一步完善和多元化，不仅用于购房贷款，还可用于还贷、医疗、养老、补充失业金、子女上学等方面，放宽或取消公积金使用和提取限制。

拓展公积金适用范围，可以在强化政府调控力度，提高社会保障水平的同时，赋予人民更大的财富支配能力，为消费提供坚实的经济基础和制度保障。一是可以凸显住房公积金的住房保障功能，为社会提供多层次有梯度的购买、改造、合作、租赁的住房改善方案；二是可以通过不断完善一系列的政策法规，充分发挥公积金的资本增值功能，变专款专用为一款多用，发挥公积金资金的经济效益和社会效益；三是可以引导建立和当前的消费水平相当的住房政策价格体系，变潜在的住房消费为现实消费，使买得起房的家庭逐年增加，有条不紊地推进房地产市场的健康发展，起到输血、造血的功能，让全体民众共同享受到改革发展的成果和真正的社会公平，实现民众消费能力的稳步提升。

四、公积金缴存者的现实需求要求扩大使用范围

目前，在住房公积金扩大使用范围现实中的突出需求来自于三个方面：一是缴存者支付房租的需求，即没有自住住房且租赁住房的职工及配偶可以用于支付其房租；二是缴存者支付物业费的需求，即低收入经济困难职工家庭提取住房公积金支付物业服务费；三是缴存者使用住房公积金看病的需求，即当拥有住房公积金账户的民众身患相关重大疾病时，可以提取住房公积金用于疾病的治疗。

从上述住房公积金扩大使用范围的三种现实需求来看，其各自发展趋势是不同的。其中，住房公积金支付房租需求较为稳定，但会随着归集缴纳面的扩展而增多。这是由于扩大公积金覆盖面后有更多低收入群体进入，再加上租购并举、租购同权的进一步发展，有更多人选择在大中城市租房而非购房。住房公积金支付物业费的需求相对较少，但随着低收入经济困难职工家庭的增多而增加。住房公积金支付重大疾病的需求较为稳定，会受到医疗保障制度等因素的影响。

第二节 住房公积金扩大使用范围的典型案例

为了了解住房公积金扩大使用范围的具体现实需求及其实现情况，课题组在调查的基础上对马鞍山市住房公积金支付房租等情况进行了深入分析。主要数据

来源于对马鞍山市住房公积金管理中心的访谈以及马鞍山市住房公积金管理中心财务报告（2010~2014年）。

一、马鞍山市居民收入与潜在需求

2014年马鞍山市国民经济和社会发展情况统计公报显示，年末全市户籍人口227.7万人；其中，农业人口146.1万人，非农业人口81.6万人。根据抽样调查数据发现，2014年全年城乡居民人均可支配收入25 648元，比上年增长10.3%，比同期GDP增速高0.6个百分点。其中，城镇居民人均可支配收入32 560元，增长9%；农村居民人均可支配收入14 969元，增长11.9%。

2014年，马鞍山市城镇非私营单位就业人员年平均工资为57 144元，与2013年的53 582元相比，增加3 562元，同比名义增长6.6%，增幅回落1.1个百分点。扣除物价因素，2014年马鞍山市城镇非私营单位就业人员年平均工资实际增长5.0%。分登记注册类型看，股份合作单位的年平均工资最高，为131 399元，是全市平均水平的2.30倍；第二位是股份有限公司，为64 761元，是全市平均水平的1.13倍；第三位是国有单位，为59 205元，是全市平均水平的1.04倍；年平均工资最低的为集体单位，为39 781元，是全市平均水平的70%。

2014年，马鞍山市城镇私营单位就业人员年平均工资为38 079元，与2013年的31 589元相比，增加6 490元，同比名义增长20.5%，增幅上升10.3个百分点。扣除物价因素，2014年马鞍山市城镇私营单位就业人员年平均工资实际增长18.6%。全省私营单位就业人员年平均工资35 268元，马鞍山市在全省排名第三。

在缴纳住房公积金的职工中，月均工资低于2 000元的占比17.76%；月均工资位于2 000~2 999元的占比40.47%（见表7-1、图7-2）。这表明，在马鞍山市这样的城市中，仍然有一部分职工的收入比较低，他们有着用住房公积金支付房租、物业费或看重大病的潜在需求。

表7-1　　马鞍山市2015年缴纳公积金职工的工资水平

工资水平	人数（人）	比例（%）
2 000元以下	18 443	17.76
2 000~2 999元	42 013	40.47
3 000~3 999元	12 593	12.13
4 000~4 999元	12 405	11.95

续表

工资水平	人数（人）	比例（%）
5 000~7 999 元	14 932	14.38
8 000~9 999 元	1 738	1.67

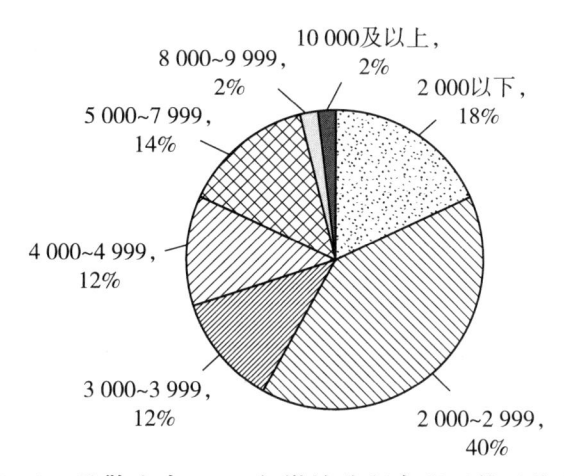

图 7-2 马鞍山市 2015 年缴纳公积金职工的工资水平

二、马鞍山市住房公积金支付房租需求情况

自 2015 年 1 月 1 日实施提取住房公积金支付房租以来，马鞍山市共有 139 户提取住房公积金用来支付房租，其中提取最少的为 414 元/月，提取最多的为 12 000 元/月，平均每户提取了 5 467 元/月用来支付房租。其中提取额在 4 000~6 000 元区间的占大多数，共有 121 户。通过分析马鞍山市用住房公积金支付房租的职工情况，我们可以大体了解这些职工的需求特点：一是从时间上来看，2015 年 7 月开始的需求较大，但之后逐月用公积金支付房租的户数基本保持平稳在每月 25 家左右（见图 7-3）。这说明虽然政策上放开，但公积金支付房租的需求还是有限的。

二是从职工年龄层次看，马鞍山市公积金支付房租职工的年龄分布，46% 的处于 26~35 岁之间；26% 的处于 36~45 岁之间；14% 的处于 46~55 岁之间；13% 处于 25 岁及以下（见图 7-4）。这说明绝大多数提取住房公积金的还是 26~35 岁之间的工作不到 10 年的职工，他们的收入相对较低，储蓄不够，无力购房，更倾向于用公积金来支付房租。

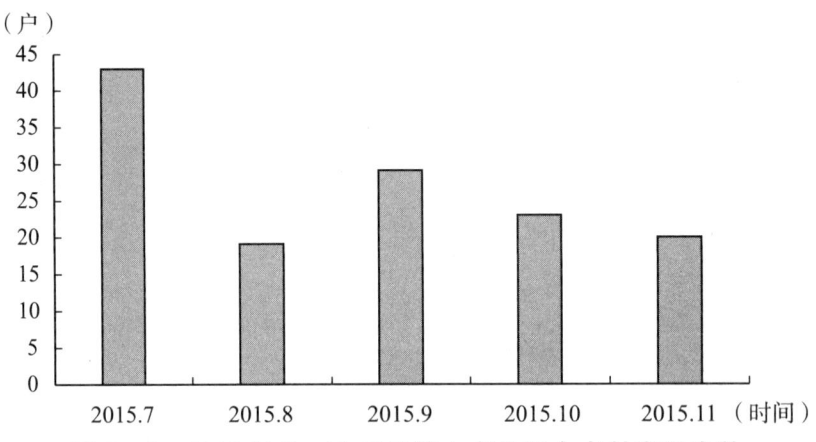

图 7-3　2015 年 7~11 月马鞍山市公积金支付房租户数

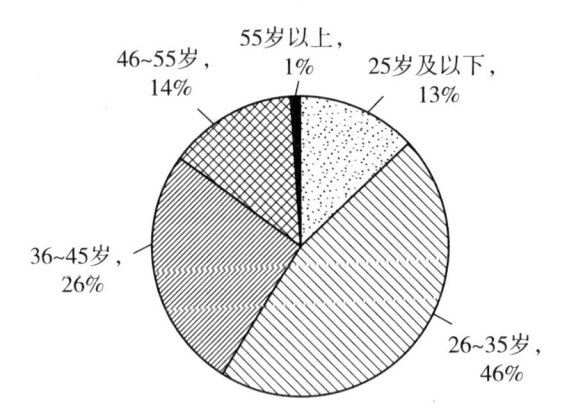

图 7-4　马鞍山市公积金支付房租职工的年龄分布

三是从公积金支付房租的金额（月）分布看，45% 的职工每月支付 4 000 ~ 5 999 元之间；其次为每月支付 6 000 元的为 42%（见图 7-5）；二者合计为 87%，占绝大多数。这表明，每月需要支付的房租数额还是比较高的。

四是从公积金支付房租的职工工作单位性质来看，调查资料显示，有 51% 来自政府及事业单位，有 49% 来自其他企业。这样的分布状况表明，支付房租的需求与单位性质关系不大，主要与年龄关系更大些。

三、马鞍山市住房公积金支付重大疾病需求情况

2012 年以来，马鞍山市住房公积金支付重大疾病的有 445 人，这些支付需求的基本特点主要有：一是在提取的时间上来看，基本上每年第四季度较多，之后逐步下降，呈现出波浪式趋势（见图 7-6）。每季度约有 30 人为重大疾病提取

住房公积金，说明该需求相对稳定。

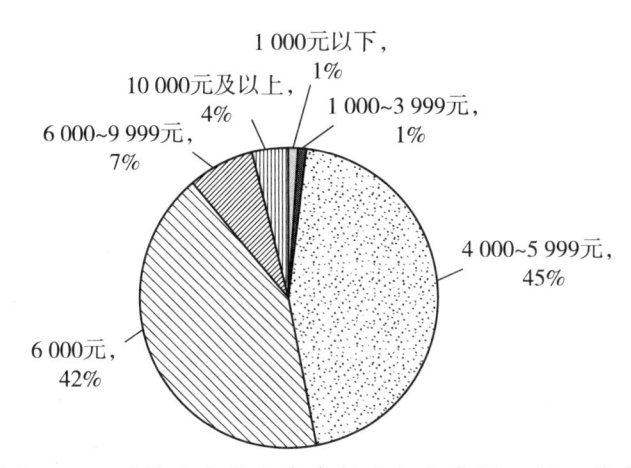

图 7-5 马鞍山市公积金支付房租的金额（月）分布

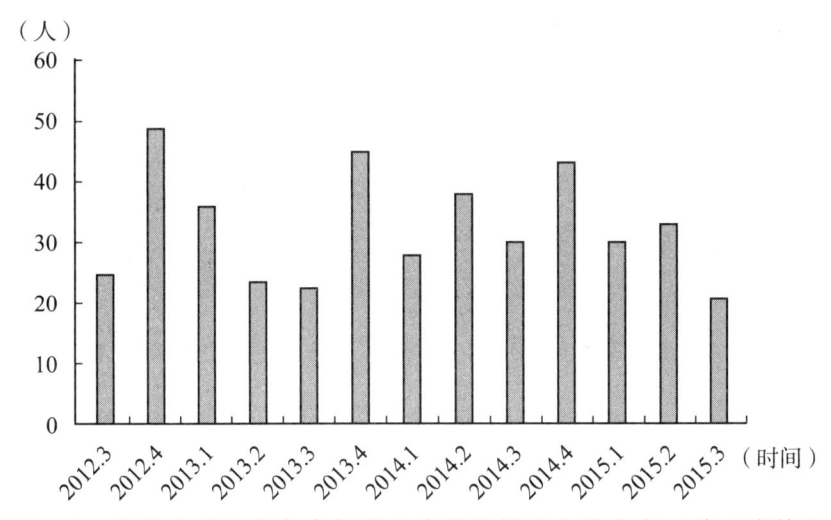

图 7-6 马鞍山市公积金支付重大疾病的提取人数分布（按季度统计）

二是在提取公积金支付重大疾病的金额分布上，有41%在10 000~29 999元之间；36%在30 000~59 999元之间（见图7-7）。这说明，公积金支付确实能够缓解一些家庭的紧急需要，其数额也在有限范围内。

三是在提取职工的年龄分布上，39%在41~50岁之间；32%在51~60岁之间；23%在31~40岁之间（见图7-8）。这表明，通常提取者年龄偏大，这也符合人们身体健康的特点。同时，也表明，在提取住房公积金支付房租的人群与提取住房公积金支付重大疾病的是两个群体，两种需求有可能叠加存在。

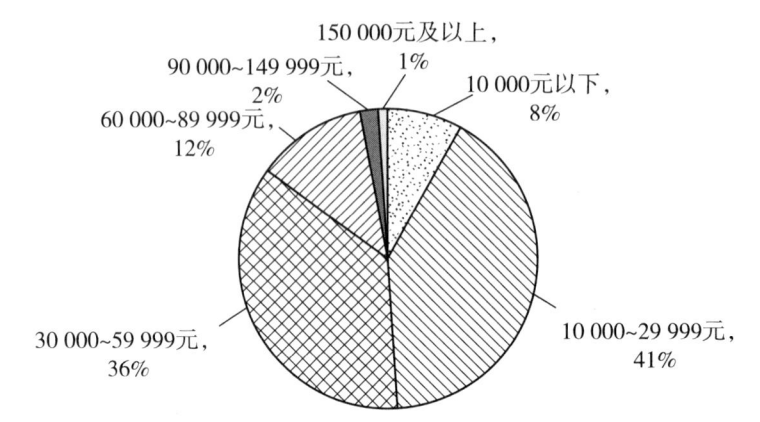

图 7-7 马鞍山市公积金支付重大疾病的金额分布

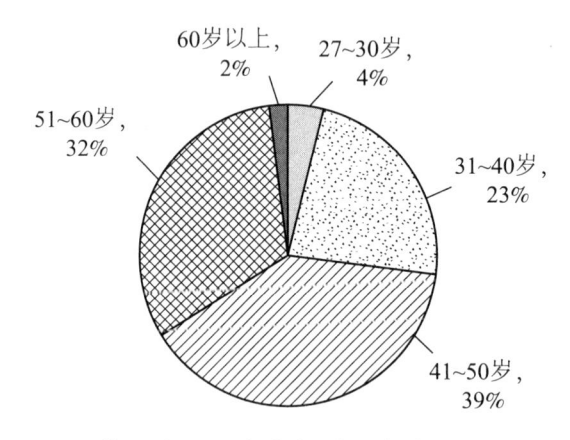

图 7-8 马鞍山市公积金支付重大疾病的职工年龄分布

以马鞍山这样一个中型工业城市为例，从其使用住房公积金支付房租、支付重大疾病等需求来看，住房公积金扩大使用范围不仅客观存在着，在现实中也确实发挥了重要作用，在今后，依然有存在的必要性。

第三节 对住房公积金扩大使用范围的深入思考

虽然说客观上存在着住房公积金扩大使用范围的支付需求，而且一些地方已经探索出了较为可行的规范操作，但是考虑到住房公积金面临的支付风险以及功能的转变，还需要采取多样化的措施，确保住房公积金扩大使用范围做到供求平衡，量力而行。

一、统一调配公积金，降低个别地方的资金压力

目前，住房公积金支付房租等需求在稳定增加，同时各地住房公积金使用率差异较大，有的地方已经面临着支付风险。因此，在公积金现有运营模式下，投资并长期持有公共租赁住房面临的流动性风险很大。如果需要公积金投资并持有公租房，必须改革现有的公积金运营模式，例如成立全省甚至全国的住房公积金管理中心，归集各地余额并统一调配资金。

二、加快建立政策性的住房金融机构，实现多方面保障功能

欧美及日本、新加坡等国的住房政策表明，住房金融体系不仅是政府实施住房公共政策的最有效渠道，也是住房市场健康有序发展的重要保证，凡是有着健全住房金融体系的国家，大都能够有效避免房地产金融泡沫的发生。例如，日本有住宅金融公库，新加坡有中央公积金局，美国有房利美、房地美和吉利美，德国有住房储蓄银行，还有建房互助信贷合作社等。在我国，住房金融建设相对落后。对于现有商业性住房金融来说，住房价格、房地产业发展速度及环保问题目前还不是商业银行主要考虑的问题，而主要是把房贷作为一项新业务，以盈利为目的。所以，我国特别需要政策性的住房金融机构，以体现国家住房福利政策意图。尽管我国仿效新加坡实行了住房公积金制度，但目前政策性金融的功能不够强大，在今后住房公积金制度的改革中，要运用政策手段鼓励住房储蓄，设立专业的住房金融机构。此前，住房和城乡建设部拟将住房公积金中心升格为住房保障银行，此思路将有利于发挥住房公积金和地方住房金融在推进新型城镇化进程中的作用。根据国际经验，设计中的住房保障银行主要包括两部分，即开发贷款和个人贷款，涉及的业务远比目前的住房公积金更多、更复杂、更广，甚至住房保障银行作为银行身份来讲，当前银行所涉及的业务范围都可以涉及。住房保障银行，顾名思义，就是要利用其"政策性"优势，发挥其对于保障性住房、中小套型住宅项目建设的贷款支持力度，发挥其对于中低收入者的住房保障作用，通过住房保障银行的资金进一步落实保障性住房体系建设。住房保障银行成立之后，要通过"差别化"措施与政策，发挥住房保障银行对于首套自住需求、中小套型商品住宅的房贷支持力度。

三、实现各地公积金支付信息共享，从宏观上有效控制风险

为了防范一些违规提取住房公积金的行为，需要进一步实现各地管理中心信息的共享。各地公积金管理中心可以定期交流市场动向，提前预警，从宏观上有效控制风险。特别是要注意资金流动性管理，把控市场的波动，将服务更多职工与确保支付能力结合起来。

住房公积金支付房租等使用范围的扩大，有利于住房公积金充分地发挥作用，是在国家宏观调控政策不断出台的环境下，保障职工住房公积金权益，促进住房公积金事业健康发展的必由之路。在确定这一必要性的基础上，把握和前瞻支付房租等市场需求性的规模和发展趋势。虽然就目前来看，大部分公积金管理中心具有能力来承担这一新的功能，但是支付需求与资金余额之间的矛盾越来越大，必须及时通过规范提取住房公积金来防范风险，在增强住房公积金的金融功能的同时不断发挥其保障功能。

第三篇

制度公平与保障差异

公平与效率是所有制度都关注的两个目标，住房公积金制度在发挥着重要独特作用的同时，其公平性也日益成为社会和学术界关注的对象，也是建立公开规范住房公积金制度所必须重视和解决的重要问题。住房公积金制度的公平性具有一定的复杂性，涉及住房公积金及其收益在不同群体、不同阶段的分配，深入实证研究住房公积金公平性是推动住房公积金制度创新发展的重要基础。

为此，本篇先后研究了住房公积金制度公平性和住房公积金保障差异两个问题，第一个问题分析了住房公积金制度公平性的多方面表现，第二个问题实证检验了住房制度公平性问题所导致的对不同群体的差异化保障效果。

在"第八章：住房公积金制度公平性"中，首先介绍了制度公平以及住房公积金制度公平的主要内涵、影响后果；其次分别讨论了住房公积金的受惠群体公平性研究、缴存标准公平性研究、使用机会公平性研究、收益分配公平性研究；最后对改善住房公积金制度的公平性提出了思路和建议。

在"第九章：住房公积金保障差异"中，首先讨论了住房公积金的定位与运行错位，构建了分析的理论模型，提出了待检验的命题；其次应用住房公积金数据进行了实证分析和稳健性检验；最后对可能的住房公积金保障差异后果提出了评论和分析。

第八章

住房公积金制度公平性

公平性是福利经济学永恒的话题,作为我国住房保障体系的重要组成部分,住房公积金制度集普遍性、强制性、福利性和返还性等诸多特点于一身,其公平性更是备受各界关注。就其公平性而论,我国现行的住房公积金制度存在参与机会、使用规则以及分配结果等方面的不公(刘洪玉,2011),城市中低收入群体的住房问题并未得到根本性解决(Kioe Sheng Yap,2016)。为此,需要从理论上阐述清楚住房公积金制度的内涵、后果及其主要表现。

第一节 制度公平性的内涵与价值

要分析住房公积金制度公平性的现状,就需要对公平、经济公平以及制度公平等内涵及其标准、后果进行了解,形成科学稳固的讨论基础。

一、从公平到制度公平

在日常话语中,公平是指处理事情合情合理,不偏袒某一方或某一个人,即参与社会合作的每个人承担着其应承担的责任,得到其应得的利益。如果一个人承担着少于应承担的责任,或取得了多于应得的利益,这就会让人感到不公平。公平也指按照一定的社会标准(法律、道德、政策等)、正当的秩序合理地待人处世，这是制度、系统、重要活动的重要道德品质。公平包含公民参与经济、政治和社会其他生活的机会公平、过程公平和结果分配公平。公平正义是每一个现代社会孜孜以求的理想和目标，因此，许多国家都在尽可能加大公共服务和社会保障力度的同时，高度重视机会和过程的公平。

罗尔斯（1971）认为：正义是制度的第一属性（first virtue），而且正义即公平。公平就是"社会整体按照特定规则对'基本的善'进行合理分配的过程"，实现社会公平正义的关键在于要设计出合理的制度规范对人们的伦理价值观加以保护。

在经济学中，公平是指有关经济活动的制度、权利、机会和结果等方面的平等和合理。经济公平具有客观性、历史性和相对性。公平或平等不等于收入均等或收入平均。从经济活动的结果来界定的收入分配是否公平，只是经济公平的含义之一。结果公平至少也有财富分配和收入分配两个观察角度，财富分配的角度更为重要。

邢盘洲、刘秀珍（2016）认为社会主义公平包含起点公平、过程公平（机会公平）和结果公平（事实公平），三种基本样态"三位一体"。制度公平落实和推进理念公平的实践功能，对于实现理想的社会起到十分重要的保障作用和桥梁作用。要尽一切可能创设最基本的制度正义，扫除一切公平社会实现的障碍，建立健全各项社会公共服务和社会保障制度。

概括而言，"制度公平"是指制度的理想状态，在这一状态下，每个人都实现了安全和自由，有着均等的生存和发展机会，是对每个人都最有利的社会契约安排。制度公平主要包括三个方面：（1）初始产权界定的平等，这要求一个社会有着健全的产权制度，既使产权界定清晰，又通过财产累进税和财产转移支付使得财产在经济发展中不过分集中，保证人们获取财产收入的机会平等；（2）能力形成的机会平等，这要求一个社会有健全的社会保障制度、教育制度、医疗制度，保证每个人特别是低收入人群能满足基本人类需求，能有起码的教育和医疗条件；（3）获取收益的机会平等，这要求一个社会给予全体成员在经济活动中平等的权利和义务，同类人同等待遇，而不能人为地搞制度分割和制度歧视。总之，制度公平体现着人权、平等、公平、正义的原则（邵红伟，2017）。

二、制度公平的现实要求

制度公平与制度效率是一个矛盾统一体。随着人类社会经济的发展和文明进步，制度公平与制度效率的一致性越来越多。新制度经济学家们重视对制度效率的分析，却忽视了对制度公平性的分析，相反制度公平性的分析是马克思制度分析突出的特点之一。卢现祥（2009）认为可以从制度的普适性上把制度分为两类：一是中性制度，即对社会的每一个人而言有益、或至少不受损的制度，如货币制度以及交通规则的确立等，均可以被算作以公共产品的形式被创造出来并存续下去的增进全社会福利的中性制度；二是非中性制度，即给社会的部分成员带来好处并以另一部分人受损失为代价的制度，如井田制、王莽的币制改革等，则都可归入非中性制度一类。换言之，在中性制度下，没有什么人的利益受损，却至少使一人获益，从而使整个社会福利水平提高。相应地，在非中性制度里，却有人受损，有人获利。制度的非中性主要体现在以下两个方面：一是制度可能只为部门利益或某一个阶级服务，而且还可能损害其他群体或社会整体的利益；二是在人类历史与实现中，一些制度是由独裁者、强势利益集团和政治上的多数派创立的，他们建立这些制度的目的就是牺牲他人利益从而使自己获利。

制度往往是不同利益集团博弈的结果。在非均衡的政治市场上，某一利益集团处于有利地位，另外的利益集团就会千方百计地通过各种渠道影响制度的选择，从而形成有利于本利益集团的制度安排和公共政策。政治家或利益集团所追求的个人利益可以通过社会产出的最大化来实现，这往往会形成一种发展型制度；也可以通过租金最大化来实现，这往往会形成一种掠夺型制度。

在中国的社会环境中，制度公平在事关民生问题上有着多方面体现。刘军伟、刘华（2014）以养老保险制度为例分析提出制度公平在现实中的具体要求。起点公平是指每位参保者所能获得的参与制度机会的均等性状况，具体针对的是对制度规则设计公平方面的要求。实现起点公平就要求在养老保险制度设计中保障每位参保者，无论其社会地位、职业、收入状况、教育背景等如何，都享有与其他人同等的参与制度的机会。起点公平是实现养老保险公平的逻辑起点和基础，只有当所有社会成员按照共同约定的规则参与养老保险制度时，才能从源头上保障他们的平等权利。过程公平主要是指在制度实施过程中参保者在缴费、受制度保障、养老资源分配等方面的均等性状况。实现过程公平就要使所有的制度利益相关者群体都能够享有与他人基本同等的意见表达权、建议权以及监督权，就要求在制度实施过程中始终都能够贯彻人人平等的基本理念。结果公平主要是指参保者在退出劳动力市场后所能享受到的养老保险待遇方面的均等性状况。

三、制度公平性的深远后果

公平的制度不仅有利于效率的提高和社会和谐的发展，而且大大地降低了制度的实施成本和社会运行的交易成本。同样，不公平的制度则容易导致一些社会问题，不利于经济的发展。在我国的渐进式改革过程中，容易出现制度不公平问题。因为渐进式改革是一种有选择的改革，这种选择很容易出现谁先谁后、向谁倾斜等问题，从而会出现机会不均等、特权、既得利益等问题。

据不完全统计，我国城市居民与农民的待遇差别达 47 项之多。社会身份制度在中国表现为"城乡二元结构"，具体包括户籍制度、生产资料占用制度、教育制度、就业用工制度、医疗制度、社会保障制度、养老保险制度、兵役制度、婚姻生育制度、劳动保护制度、居住迁徙制度、政治权利、公民权利等等。中国的社会资源和经济资源的分配是按照身份序列高低的顺序进行的，所有国民的基本权利、生存条件与发展空间都深深依赖于这种社会身份关系。

身份制度、户籍制度与就业用工制度在一定程度剥夺了绝大多数人尤其是农民的发展权和发展机会，窒息了人们的创造性与社会活力，把生产要素中最活跃的因素——劳动力的创造性严重束缚起来，给城乡的社会、经济与文化的协调发展造成严重的破坏。农村的土地、劳动力等资源的流动性障碍制约着农村经济的发展与收入分配的改善。没有制度的公正性，很难实现公平的经济增长。

如何做到制度公平，有学者认为，一是要在罗尔斯的两大正义原则基础上构建正义的制度。自由平等优先原则能否实施是检验制度是否正义的一个首要原则。二是马克思所强调的所有制因素是制度能否公平的基本因素。三是能否做到制度公平的另一个重要因素是民众的参与度及其社会的法治化程度。在其他条件不变的情况下，在制度创新和制度变迁中，公众参与度越高，制度的公平性也会越高（卢现祥、2009）。还有学者提出，要想达到医疗保险制度的全面覆盖及城乡居民的公平化，就必须在法律制度上作出明确的、操作性强的规定，尤其是在筹资机制、公共医疗资源分配等问题上更要给予严格的法律保证（王国惠、尚连山，2013）。

第二节　住房公积金制度公平问题的多种表现

党的十八届三中全会明确提出要建立公开、规范的住房公积金制度，就是要着力解决包括其公平性缺失在内的各种问题，使其更加符合新常态下我国住房市场发展的新要求。近些年来，众多学者围绕着我国现行住房公积金制度的公平性问题展开深入探讨，取得了十分显著的研究成果。本节正是从住房公积金受惠群体、缴存标准、使用机会以及收益分配等四个方面对现有文献进行综述，以期对我国住房公积金制度的公平性问题有更为完整和清晰的认识。

一、覆盖范围有限影响受惠群体的公平性

数十年来，许多新兴经济体和发展中国家都相继推出了各项住房政策，强烈刺激了住房市场的迅猛发展。然而，这种长时间的有限公共参与（limited public involvement）社会住房生产也留下了诸多后遗症（Robert M. Buckley et al.，2016）。住房公积金制度作为我国重要的住房政策之一，目前其保障范围仅定位于城镇在职职工，而大量的个体劳动与自由职业者以及包括广大农民工在内的新市民等，仍然处于住房公积金的覆盖盲区（夏恩德、石璋铭，2009）。这种覆盖面的有限性必然会导致其受益群体的分布不均，顾澄龙等（2016）基于我国2005~2011年55个大中城市的面板数据对住房福利进行了系统分析，研究发现对于未加入住房公积金制度的城镇居民而言，他们将会付出13.5%的额外购房成本。并且，尽管住房公积金制度在我国已经实施了近25年，但是对于绝大多数城镇新市民而言，他们的"候鸟式"生活状态并未从根本上得以改变。而如果将广大新市民也纳入住房公积金的保障范围，那么该群体的购房融资能力和支付能力都将会显著增强，同时其住房条件也将会得到进一步改善（朱晶、左楠，2015）。

我国现行的住房公积金制度因覆盖范围受限导致了其受惠群体的不公，因此，针对这一制度局限性，大部分地区仍然需要在扩大公积金覆盖面上下功夫（夏卫兵、李昕，2014），应该紧紧围绕其制度属性，更加明晰政策性住房金融的定位，着力推进中低收入者的住房消费，进一步发挥住房公积金的住房保障作用（刘丽巍，2013；王先柱、张志鹏，2015）。与此同时，应该清楚地意识到，进城务工的农民工属于有素质群体，并且农民市民化的过程绝非仅仅是其社会身份或者职业的转变，也不仅仅表现为他们居住空间的地域转移，更值得强调的是其思想意识、角色观念、社会权利以及行为模式等一系列的变迁。因此，不论从素质层面或是城镇化的角度来说，在以农民工为代表的新市民群体中实施住房公积金政策在理论上是完全可行的，并且是多赢的（赵利梅，2014）。正因为如此，王先柱、张志鹏（2015）建议不仅可以考虑将自由职业者、个体工商户以及其他灵活就业人员纳入住房公积金制度的保障范围，同时还可以尝试让城镇稳定就业的农民工等新市民依法缴存个人住房公积金。

我国住房公积金制度是在住房建设资金严重匮乏、城市居民住房矛盾十分突出等特定的历史背景下建立的，而随着经济社会的迅猛发展，加上城镇化进程的不断加快等，这种住房矛盾逐渐在新市民群体中日益凸显出来。为了实现全面建成小康社会的奋斗目标，构建更加公平公正的社会秩序，本着住有所居以及共同

富裕的原则，就必须要以解决中低收入群体的住房消费问题为宗旨，并且要逐步扩大住房公积金的保障范围。

二、地区行业差异影响缴存标准的公平性

由于我国现行住房公积金的计缴比例采用的是区间浮动制，不同的行业及企业之间存在较为严重的"肥瘦不均"现象，缴存比例差距极值甚至达到百倍（陈友华，2014），这必然会引起住房公积金收益与收入水平高度正相关的"马太效应"。住房公积金这块穷人的"福利馅饼"如今却为富人"锦上添花"，进一步加剧了社会收入分配差距，丧失了其本应具备的公平性原则。更为严重的是，住房公积金因其缴存基数以及缴存标准不统一，逐渐有沦落为财富转移和逃税避税工具的嫌疑（孙玥，2014）。肖作平、尹林辉（2010）基于34个大中城市的经验证据，指出房价、住房投资、生产总值、城市人口等诸多因素会对住房公积金的缴存比例产生不同程度的影响，并且我国的市场化进程、非国有经济的发展以及要素市场的发育程度等也是其缴存比例的重要影响因素。由此可见我国现行住房公积金制度在缴存标准层面存在较为不公的现象。

针对目前我国不同地区住房公积金缴存比例不公平的现象，中央政府应该以全面增强我国住房公积金系统的资金流动性为重点，依据各地区房价、国内生产总值等宏观经济指标对公积金缴存水平进行指导和调控（曹艳春，2009）。应该根据职工的收入状况合理制定其住房公积金的缴存比例（张达梅，2006），让职工及单位都能承受计缴负担。同时，杨刚、王洪卫（2012）认为公积金制度作为一项住房保障政策，其在缴存比例上应该要更加注重层次性及差异性。也就是将住房公积金的缴存与居民的收入状况相挂钩，中低收入群体的计缴比例和贷款门槛要适度放低，而相应提高高收入群体的缴存比例及贷款要求，以此均衡住房公积金的政策受益面。路君平等（2013）强调必须要严格遵循住房公积金缴存比例"限高保低"的总体思路，依据现实情况进一步规范住房公积金的缴存比例和缴存基数。而陈友华（2014）则提出要对计缴比例进行统一规定，并且对计缴基数进行限定，以此适度改变当前住房公积金"低存低贷"状况与其享用条件的设置。除此之外，周京奎（2012）还指出要采取有效措施减少包括居民收入等在内的各项不确定因素，降低这种不确定性对于住房公积金缴存产生的影响。

综合来看，学者们对于住房公积金缴存标准的公平性问题及解决对策众说纷纭，观点不一。就现有研究而言，我国现行住房公积金制度缴存标准不公的现象较为突出，这不仅会打击社会群体参与住房公积金制度的积极性，还会促使偷、逃、骗公积金等各种不良现象的发生，让制度的实施效果大打折扣。同

时，还要防止住房公积金因缴存标准的漏洞使其成为避税工具，造成居民收入差距的增大以及国家税收的流失。因此，要特别重视现行住房公积金制度在缴存标准方面的制度设计缺陷，结合我国不同地区实情，适当降低当前住房公积金缴存比例，允许生产经营困难企业申请缓存，这将有利于实现社会资源跨期配置的帕累托效率。

三、规则政策变动影响使用机会的公平性

作为住房公积金制度的发源地，新加坡早在 20 世纪 50 年代就开始实施这一政策，这对于新加坡低成本、高质量、高密度、可持续的保障性住房建设以及促进住房消费发挥了重大的历史作用。住房公积金政策的实施本质上是通过调配广大人民的资源，实现了高效率和高水平的住房公共投资（Chris Lewcock，1994）。尽管基于新加坡的经验，但就住房公积金的使用机会而言，目前我国公积金贷款的条例设置尚不科学，贷款政策调整变动较为随意，这不利于广大缴存群体公平地获取公积金贷款，也不利于公积金的科学使用（朱婷，2012）。

同时，住房公积金的使用及其影响效应存在着十分显著的收入、单位类型、职业类型以及职称等诸多层面的差异性（周京奎，2011）。也有部分学者对于当前我国住房公积金的使用状况予以了较为直接的抨击。周威、叶剑平（2009）一针见血地指出住房公积金既非"社会福利"又无"保障功能"，其制度实施的实际效果甚至导致了"多数人受损、少数人受益"的社会不公现象。相比较商业银行，住房公积金的有限优势在于其向缴存人发放的贷款利率稍低于商业银行个人住房贷款利率，但是其并不能改变劳动的供求关系，因此公积金也就难以增加参与者的收入水平，它只不过是将劳动者的部分应得收入转变成了由个人及单位共同缴纳的"储备金"而已。

住房公积金的使用机会公平性一直饱受学界质疑和批判，为了扭转这一尴尬局面，使住房公积金摆脱窘境，杨黎明、余劲（2013）基于 2002~2011 年我国七个二线城市的年度面板数据，提出应该继续实行差别化的住房公积金信贷政策，并且充分发挥公积金政策在保障住房刚性需求层面的积极作用。何代欣（2015）立足于我国住房市场的基本事实，系统性地梳理了新加坡住房公积金制度的历史脉络及最新进展，指出信息不对称和福利效应不显著是当前中国住房公积金改革所面临的重大问题。此外，还应该适当拓展公积金贷款范围，切实精简贷款流程。同时还可以考虑继续扩大公积金贷款的优惠程度，让居民更多地享受到住房公积金带来的购房便利，不断加快构建全国性个人住房抵押贷款担保体系（苑泽明、石敏，2007），推进住房公积金制度在公众使用机会方面的改革与

完善。

相比较而言，现行住房公积金贷款政策的使用效果远逊于商业银行住房贷款制度。由于公积金政策与我国的经济社会转型、财税体制改革以及社会福利制度构建等高度相关，因此在其下一步的改革中，要着重解决住房公积金使用机会的公平性问题，努力使其真正成为一项"取之于民，用之于民"的普惠性住房金融政策。

四、权利义务脱节影响收益分配的公平性

改革开放以来，各项事业所取得的成就令世人瞩目，可城市居民住房问题却一直没有得到根本性解决（Stanley Chi-Wai Yeung & Rodney Howes，2006），住房公积金制度的引入旨在通过收入再分配的方式解决城市居民的住房问题。我国现行的住房公积金增值收益专户存储，用于建立公积金贷款风险准备金、管理中心的管理费用和建设城市廉租住房的补充资金。换言之，虽然住房公积金属于职工个人，但其增值收益却归地方政府，这种制度定位导致职工的义务和权利严重脱节（陆娅楠，2014）。也有学者认为，住房公积金不仅体现了住房保障体系的不公，同时还进一步扩大了这种不公，成为了收入分配差距的"放大器"（李义静，2013），围绕着公积金增值收益的分配问题，理论界形成了国家所有和个人所有两种相对的观点。然而，朱晓喆（2011）却认为，在当前这种城市住房矛盾突出和公积金制度理念发生转变的形势之下，探讨公积金增值收益"姓公还是姓私"的问题是无解的，因为国家所有或者个人所有都无法克服住房公积金在法律逻辑及价值判断上的内在矛盾。

陆娅楠（2014）认为要想破解公积金改革的各种难题，首先应该明确其增值收益的归属权。同时，不可较为随意地更改住房公积金的增值渠道，应依法合理分配其收益（曾筱清、翟彦杰，2006）。万卉（2015）建议要明确公积金专户存款，执行金融同业存款利率，进一步扩大其保值增值的渠道，以此弥补住房公积金制度强制性所导致的社会损失。朱晓喆（2011）结合孳息原理，基于法学视角批判了把住房公积金收益余额纳入国家财政的做法，提倡将其用于廉租房建设，更大程度地惠及全社会公民。王开泉（2015）更是指出应将住房公积金制度逐渐向住房合作银行的方向进行改革。除此之外，还可以将静态收缴模式动态化，并运用公积金生成及流出参数的互动规律，以此实现其收支互动、良性循环（苑泽明、石敏，2007）。杨继君等（2009）甚至提出可以通过企业间的有效磋商，尝试着在供应链中建立联盟公积金制度，从而实现公积金收益在联盟成员中公平合理地进行分配。

收益分配问题直接关系到住房公积金制度的外在公平性，按照住房公积金的私有属性来理解，则其增值收益的所有权应归缴存职工所有。因此在随后住房公积金制度的完善中，要避免将公积金收益余额上交地方财政，提高职工参与该项制度的积极性；再者，不论从法律逻辑还是从经济原理层面来讲，住房公积金增值收益的私有化符合社会公众的根本利益，能够促进社会的公平发展。同时，随着我国经济社会的转型与发展，住房公积金制度应该在构建全社会住房保障体系中扮演重要的角色。

第三节　改善住房公积金制度公平性的思路

上述分析表明，我国住房公积金制度虽然其初衷是解决住房的民生难题，但是在实际运行中却存在着覆盖范围有限影响受惠群体的公平性、地区行业差异影响缴存标准的公平性、规则政策变动影响使用机会的公平性、权利义务脱节影响收益分配的公平性等问题，需要在新时代背景下通过积极的改革创新加以转变。

制度的公正性与效率在许多情况下是并不矛盾的，公正的制度可以大大地提高效率，在我国体制转型的过程中，公正制度的形成与公平的增长是一个互动的过程。2006年，世界银行将《世界发展报告》的主题集中于平等与经济发展。尽管人们一直普遍假定，在发达国家，平等与经济发展之间存在一种替代关系。但是，世界银行以令人信服的理由证明，至少在作为整体的发展中国家中，收入和财富的不平等可能通过两种途径阻碍经济增长。那些拥有权力和财富的人可以并且确实倾向于扭曲不同社会群体之间的资本成本，因而一方面导致资源的浪费和无效配置，另一方面使那些在资源配置中处于不利地位的人们失去了机会。少数有权势的精英阶层还倾向于建立并保持那些只对他们有利的制度和规则，以牺牲更广泛的公众的利益为代价。收入差距并不仅仅是人们得到货币收入多少的差异，实际上在收入差距的背后是不同群体的利益博弈过程，发展中国家的许多不平等不是由人的天赋与勤劳造成的，更多的是由制度因素和不合理的公共政策造成的。所以，要重视制度公正性的理论和政策研究。

归纳现有相关研究发现，虽然其对我国住房公积金制度公平性的研究取得了较为丰硕的成果，但是依然存在几个方面的不足。目前关于住房公积金公平性的研究以定性研究为主，实证研究较少，且多是分散式研究，缺乏整体性和系统性。就其实证研究而言，微观及中观研究证据尚且不足。同时，对公积金公平性一般性介绍较多，而针对性深入研究不够；对其改革建议提得较多，理论分析相对较少。此外，现有文献未能有效结合相关历史背景，导致其容易站在双向对立面，片面夸大或者过于贬低，因此未能对我国住房公积金制度公平性给予公正合理的论述及评价。

为此，需要探讨制度公正性建设的机制和保障条件，强调基础性制度对次级制度安排的权威性和制约性。具体到住房公积金制度上，则需要结合受惠群体、缴存标准、使用机会以及收益分配等多个方面的情况，从制度设计、治理结构与金融因素等角度加以创新完善。

就住房公积金的制度属性而言，其设立的初衷正是定位于促进居民住房消费，因此，结合当前我国住房市场的发展实际，同时为了减小投机需求导致的住房财富转移效应，克服住房市场分配的"有限参与"，下一步有必要逐步扩大住房公积金制度的政策覆盖面，着重关注暂未解决首套住房的社会群体，充分发挥公积金"互助性"的制度优势，通过公积金在住房的货币化分配过程中运用其"杠杆效应"促进社会公平。

在资金归集上，以强制储蓄为基础，逐步转变为以政策优惠为手段，扩大公积金的覆盖范围。个体工商户、自由职业者和其他灵活就业人员可以个人缴存。在城镇稳定就业的农民工也可以依法缴存。从长期来看，最好通过立法，强制要求各用人单位在签订就业合同时就要为员工缴存住房公积金的义务。在相应立法没有完成之前，则需要采取企业税收优惠、购房低息贷款等经济手段吸引更多企业和员工缴存公积金。在资金使用上，公积金提取条件的放宽、对多套房贷款和缴存比例的限制和为公共租赁房建设提供资金的政策都在一定程度上起到了增强公平性的作用。然而，由于住房公积金的工资性特征，中低收入群体的住房消费能力不足，面对高企的房价依然束手无策。因此，如果要继续提升制度的公平性，应当鉴别不同收入水平的缴存群体，通过差异化首付款条件以及贷款利率，对中低收入群体提供更强的政策支持力度，提升其住房消费能力。另外，租房一次性投入资金较少，通过租房解决住房问题相对容易，尤其对收入较低的公众来说无疑是解决住房困难的有效方式，租房已然成为房地产市场发展的一种必然趋势，"租售同权"政策的逐步施行将会进一步推动我国租房市场的发展。所以住房公积金应当为租房提供便利条件，通过简化提取手续、提供贴息补贴等方式鼓励通过租房方式解决住房问题。为实现公积金制度的公平性，可要求公积金制度及其贷款优先考虑中低收入者的购房需求和首套房购房需求。

第九章

住房公积金保障差异

由于住房公积金制度在目标定位上的多重性、可变性，导致了其在制度安排上隐含着诸多不公平的可能性。既然住房公积金的核心定位是住房保障，那么其目标群体主要是中低收入群体，所要解决的是满足基本住房需求的问题。为了了解住房公积金对不同收入群体的保障效果，需要进行系统的分析和检验。

第一节 住房公积金的定位与运行错位

随着我国房地产市场的快速发展，房价持续上涨，房价收入比不断增大，各阶层住房消费支付能力两极分化的问题日益突出。因此，为中低收入家庭提供住房保障成为新时期住房政策的重心所在。在此背景下，政府有义务和责任建立完善的住房保障体系。一方面通过公共财政转移支付手段对低收入群体、生活困难群体、特殊目标群体进行托底性保障；另一方面通过一系列组织制度设计、政策性金融手段，对"夹心层"、社会中间收入群体的住房问题提供援助和支持。作为保障性的住房制度，住房公积金制度显然应该承担着解决中低收入群体住房保障的责任。在明确了住房公积金的政策目标定位之后，对于住房公积金的绩效评价也应该围绕这个政策目标定位来展开。

毋庸置疑，在住房公积金制度建立以来，对于支持和促进职工住房消费、改善居民住房条件的确发挥了重要作用。不过，一些学者对住房公积金制度的潜在缺陷表示了担忧。由于我国现行的住房公积金制度安排出现错位，使得公积金成为住房高需求、居民对高房价有高承受力的主要因素之一（周京奎，2012）。并且我国住房供应结构不合理，适合中低收入阶层支付能力的房源严重匮乏（张恩逸，2008）。地区发展不平衡性也造成了住房公积金作用程度的差异（万卉，2015）。周京奎（2011）指出公积金约束的影响效应存在显著的收入差异，同时城镇家庭在改善住房需求方面，对完善的社会保障体系具有较强的依赖性。杨刚、王洪卫（2012）运用状态空间模型与卡尔曼滤波解法，发现公积金制度虽然增强了居民住房消费能力，但同时也成为了助推房价泡沫化的重要因素之一。

在实践中，住房公积金制度对中低收入群体的保障功能一直有限。2005年人民银行发布的《2004年中国房地产金融报告》中就提到过："公积金对支持中低收入职工购房的效果不明显"。学术界甚至怀疑其存在"劫贫济富"的嫌疑（陈友华，2014；陈峰、邓保同，2015）。也有研究指出，由于住房公积金的作用空间未能准确定位，导致其在市场经济下产生了"劫贫济富"的马太效应（耿杰中，2014）。顾澄龙等（2015）的研究也表明住房公积金制度会显著促进房价上涨，并且其在保障居民住房水平的同时有可能会损害未加入这一制度的群体的住房福利，这部分群体也往往是中低收入家庭。与此同时，结合图9-1不难看出，住房公积金的缴纳和其贷款群体产生了收入偏移，且都近似呈现正态分布的

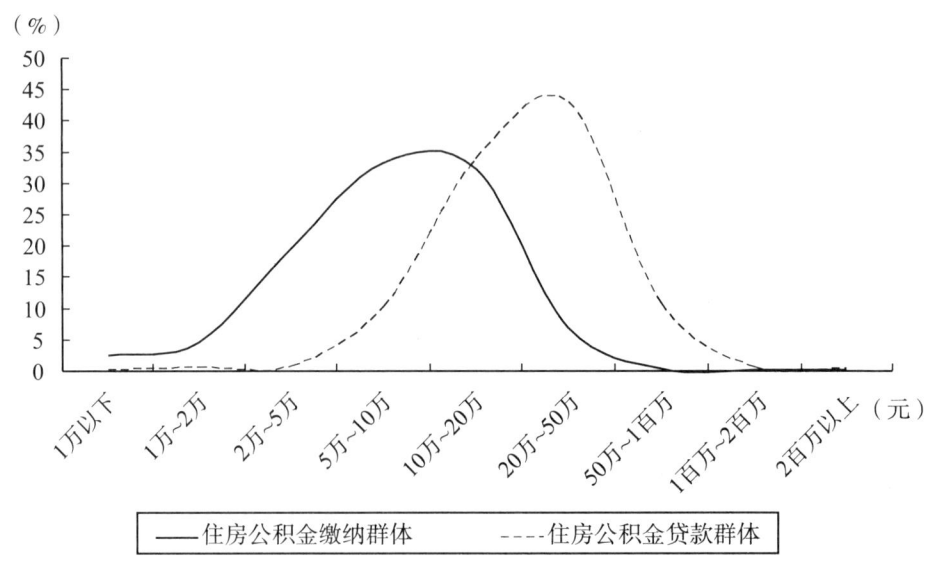

图9-1 收入视角下住房公积金缴纳与贷款群体的偏移曲线

资料来源：2016年中国住房公积金问卷调查。因数据说明与描述统计部分已作详细解释，此处暂不赘述。

特征。具体来说，公积金的缴纳群体年收入主要集中在 5 万～20 万元之间，而贷款使用群体的年收入大体集中于 15 万～50 万元之间。可见，住房公积金的缴纳与使用群体的收入分布并不匹配，且使用群体的收入层次高于缴纳群体，这也初步揭示了住房公积金存在"攫取"的嫌疑。

住房公积金制度安排上的不公平可能性在特定的政策下会成为现实，甚至能够放大，成为影响住房保障和房地产市场变化的重要因素。因为住房公积金制度是一个着眼于长期性的制度安排，一旦受到短期市场政策波动的影响，着眼于短期目标时，该制度内在的保障性、公平性要求必然受到冲击。事实上，为了应对楼市库存压力，公积金对二套房最低首付款比例已降至 20%，并将二套房主纳入公积金贷款支持对象，给予了更高的杠杆，这样有可能助长房价，使得中低收入者更加无法进入住房市场变成业主，从而出现住房市场的"挤出效应"（王先柱、赵奉军，2013）。同时，一线城市和一些明星城市住房需求仍然无法抑制，通过高杠杆给予中高收入者（包括二套房主）公积金贷款来增加住房需求，使得这些城市的公积金缺口越来越大，如近期京沪等多地住房公积金活期存款已明显不足，这将导致首套房公积金贷款申请者等候时间更长，而部分开发商也以此为由将公积金贷款购房者拒之门外，这使得中低收入者陷入更加尴尬的窘境，从而会放大住房公积金制度"攫取"的潜在缺陷。

那么，在现实的住房市场中，是否能找到足够的证据来证实住房公积金制度确实存在"攫取"的嫌疑呢？迄今为止，纵然众多学者纷纷指责公积金制度的不公，但事实证据却显得薄弱单一。一些研究以分析宏观数据为主，且提出的完善意见较多，但支撑依据相对较少，缺乏整体性和系统性。本章则是从微观数据出发，结合当前住房市场变化动态，由表及里，实证探讨我国现行住房公积金缺乏公平性的依据所在，寻找其"互助"还是"攫取"的微观证据，进而就推动住房公积金的公平性改革提出针对性建议，为下一步公积金制度改革提供参考借鉴。

第二节 住房公积金的福利效应机制

为了系统研究住房公积金在现实应用中的保障差异，需要提出可以加以实证检验的命题。基于经济学理论分析，可以提出以下命题：

命题 1：无论是从短期还是长期视角，住房公积金制度的实施对家庭效用的提升作用是客观存在的，并且缴纳额的提高助推了社会各利益群体的效用进一步分化,即住房公积金制度"攫取"的理论存在性。

为了全面探讨住房公积金制度如何增加了受惠者的效用,本章引入短期和长期两种理论模型进行讨论:

理论模型1:短期日常消费固定情形下,住房公积金制度由于不同社会部门的缴纳比例和缴纳基数不同,导致居民效用差异分化。

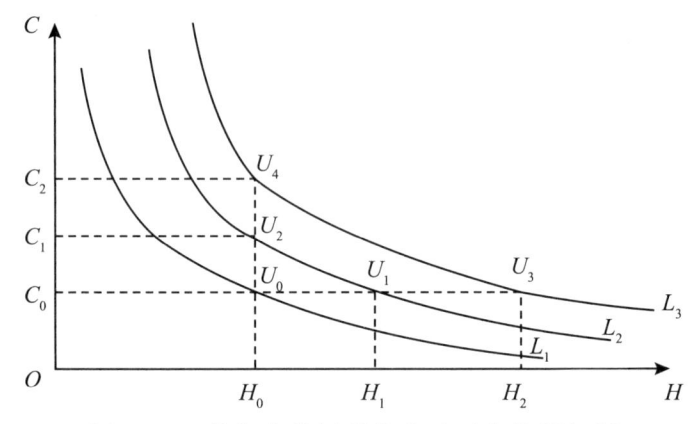

图9-2 公积金的福利效应及反向换算机制

为了便于推导,首先假定家庭其他消费支出是固定不变的常数C_0,这意味着有储蓄、投资等其他经济行为。图9-2中,横轴为居民住房消费额(H),纵轴为其他消费(C),由于边际效用递减规律,无差异曲线凸向原点。在初始状态,假设一个家庭在可支配收入条件下消费支出为C_0,住房支出为H_0,构成一个效用组合点U_0。这一点处于无差异曲线L_1上(曲线上任何一点的效用与U_0相同)。采取住房公积金制度后,等同于在住房消费维度的家庭获取了额外的补助(现行缴纳制度一般为个人和单位缴纳相同比例),使得在其他消费支出C_0不变前提下,家庭的住房支出由H_0增加到H_1,形成新的效用组合点U_1,由于U_1处于无差异曲线L_2上,显然,$U_1 > U_0$。在L_2上的任一点效用与U_1完全相同,即L_2上的$U_1 = U_2$。在U_2上,组合效用点为(C_1,H_0)。换而言之,由于住房公积金的实施,使得家庭所增加的效用按消费支出增加额换算量为$\Delta U_1 = C_1 - C_0$。

为了便于比较不同公积金缴纳额度人群在这一制度中所获取的效用差异,引入无差异曲线L_3,家庭效用组合点为$U_3 = (C_0,H_2)$,等同于$U_4 = (C_2,H_0)$,显然,相比于缴存额度较低的群体,按其他消费支出换算出的效用增量为$\Delta U_2 = C_2 - C_0$。通过以上理论分析,可知因个人缴存比例差异和工资水平差异,公积金将通过乘数效应和基数效应来扩大不同人群的福利差异,即公积金存在不同缴纳比例的部门之间和不同工资水平部门之间发挥着扩大居民效用差异的作用,引发"攫取"的负面效应。

理论模型 2：在长期中，考虑资金约束情形下的福利效应机制。

模型 1 认为在短期中，家庭居民用于其他消费支出是固定不变的常数（一定时期内日常支出由于消费惯性难以变动，还存在储蓄和投资的情形），这意味着公积金缴纳额的增加并不会导致其他消费支出的减少（减少投资和储蓄以保证日常消费和住房消费）。但长期情形下，生命周期理论认为所有收入与消费相等，住房消费和其他消费之间是此消彼长的关系，提高个人缴存额必然会降低其他消费支出，为了便于推导，假设可以为了消费而进行借贷（借贷额等于个人缴存额）。

构建家庭居民长期效用函数：

$$U(C, H) = C^{\alpha} H^{\beta} \tag{9.1}$$

在图 2 的 U_1 和 U_2 点，效用相等为：

$$U_1 = C_0^{\alpha} H_1^{\beta} = U_2 = C_1^{\alpha} H_0^{\beta} \tag{9.2}$$

两边取自然对数后，形成等式关系：

$$\ln U_1 = \alpha \ln C_0 + \beta \ln H_1 = \ln U_2 = \alpha \ln C_1 + \beta \ln H_0 \tag{9.3}$$

进行整理后形成：

$$\ln C_1 / \ln C_0 = (\beta/\alpha)(\ln H_1 / \ln H_0) \Leftrightarrow \frac{C_1}{C_0} = \frac{H_1^{\beta/\alpha}}{H_0} \tag{9.4}$$

即：

$$C_1 = C_0 \frac{H_1^{\beta/\alpha}}{H_0} \Leftrightarrow C_1 - C_0 = C_0 \left[\left(\frac{H_1}{H_0} \right)^{\beta/\alpha} - 1 \right] \tag{9.5}$$

即住房消费增量记为 $2D$（D 为个人公积金缴存额），则有：

$$H_1 = H_0 + 2D \tag{9.6}$$

代入上式，得：

$$C_1 - C_0 = C_0 \left[\left(1 + \frac{2D}{H_0} \right)^{\beta/\alpha} - 1 \right] \tag{9.7}$$

公式（9.7）是表示当个人缴存公积金额为 D（总缴纳额为 $2D$）时，可用其他消费支出换算的效用增量，将其减去因公积金缴纳且维持必备支出而形成的借贷成本 $D(1+r)$，其中 r 为利息率，由此得到一个关于个人缴存额的换算效用增量函数：

$$f(D) = C_0 \left[\left(1 + \frac{2D}{H_0} \right)^{\beta/\alpha} - 1 \right] - D(1+r) = C_0 \left[\left(1 + \frac{2D}{H_0} \right)^{\beta/\alpha} - 1 \right] - C_0 k(1+r)$$

$$= C_0 \left\{ \left[\left(1 + \frac{2D}{H_0} \right)^{\beta/\alpha} - 1 \right] - k(1+r) \right\} \tag{9.8}$$

D 作为收入的一部分，可以看作现有的消费支出的一个比例数（比例为 k）。只要满足 $f(D) > 0$，那么从完整生命周期角度看，即使家庭居民进行借贷来维持住房消费和其他消费之间的平衡，也能够实现效应的增加。显然，公式（9.8）大括号中第一部分是一个关于 D 的幂函数和增函数（$\alpha, \beta > 0$），第二部分是关于占总消费支出的一个比例常数，因此 $f(D) > 0$ 的条件在较大参数空间上适用。因此，从长期来看，命题1依然成立。

命题2：住房公积金使得高收入群体受惠程度更高。

根据生命周期理论，从长期来看，设整个社会的收入 W 全部用于消费，结合前文效用函数表达式，即有：

$$\ln U(C, W) = \alpha_1 \ln C + \alpha_2 \ln(W - C) \tag{9.9}$$

引入居民对于其他物品的消费率 β，且 $0 < \beta < 1$，即 $C = \beta \cdot W$，则公式（9.9）可进一步化成：

$$\ln U(C, W) = \alpha_1 \ln(\beta \cdot W) + \alpha_2 \ln[(1-\beta) \cdot W] \tag{9.10}$$

依据公式（9.10）对收入 W 求偏导并稍作整理，可得：

$$\frac{\partial U(C, W)}{\partial W} = \exp\{\alpha_1 \ln(\beta \cdot W) + \alpha_2 \ln[(1-\beta) \cdot W]\} \cdot \frac{\alpha_1 + \alpha_2}{W} \tag{9.11}$$

显然，由公式（9.11）可知，由于两项乘积因子均为正值，则有 $\frac{\partial U(C, W)}{\partial W} > 0$，因此，可知由住房公积金产生的社会效用大小与居民收入存在正相关关系，即住房公积金使得高收入群体受惠程度更高。

命题3：住房公积金使得城市户口居民受惠程度更高。

根据前文效用函数表达式，可以写出如下效用等式：

$$\begin{aligned}\ln U(C, H) = &\alpha_1 \ln[\theta_1 \cdot \delta \cdot N \cdot W_1 + \theta_2 \cdot (1-\delta) \cdot N \cdot W_2] \\ &+ \alpha_2 \ln[(1-\theta_1) \cdot \delta \cdot N \cdot W_1 + (1-\theta_2) \cdot (1-\delta) \cdot N \cdot W_2]\end{aligned} \tag{9.12}$$

其中，θ_1 和 θ_2 分别表示城市居民和农村居民对于其他物品的消费率，且有 $0 < \theta_1, \theta_2 < 1, \theta_1 > \theta_2$；$\delta$ 表示城镇居民所占比重，可理解为城镇化率；N 表示社会总人口，W_1 和 W_2 分别表示城镇居民和农村居民的收入水平，且设 $W_1 > W_2$。

同理，对城镇居民占比 δ 求偏导并化简整理，则有：

$$\begin{aligned}\frac{\partial U(C, H)}{\partial \delta} = &\exp\{\alpha_1 \ln(\theta_1 \cdot \delta \cdot N \cdot W_1) + \theta_2 \cdot (1-r) \cdot N \cdot W_2 \\ &+ \alpha_2 \ln[(1-\theta_1) \cdot \delta \cdot N \cdot W_1 + (1-\theta_2) \cdot (1-\delta) \cdot N \cdot W_2]\} \cdot \\ &\left\{\left[\alpha_1 \cdot \frac{\theta_1 \cdot W_1 - \theta_2 \cdot W_2}{\theta_1 \cdot \delta \cdot W_1 + \theta_2 \cdot (1-\delta) \cdot W_2}\right] + \alpha_2 \cdot \right. \\ &\left. \frac{(1-\theta_1) \cdot W_1 - (1-\theta_2) \cdot W_2}{(1-\theta_1) \cdot \delta \cdot W_1 + (1-\theta_2) \cdot (1-\delta) \cdot W_2}\right\}\end{aligned} \tag{9.13}$$

由前文分析易知 $\theta_1 W_1 > \theta_2 W_2$，并且根据住房公积金的定义可知，城市居民的住房公积金缴纳总额高于农村缴纳总额，即有 $(1-\theta_1) \cdot W_1 > (1-\theta_2) \cdot W_2$，所以公式（9.13）两项相乘因子均为正值，则有 $\frac{\partial U(C, H)}{\partial \delta} > 0$，基于此，由住房公积金产生的社会效用大小与城镇户籍率存在正相关关系，即住房公积金使得城市户口居民受惠程度更高。

第三节 住房公积金运行错位的经验证据

为了检验上述命题假设，本章进一步采取了基于计量模型的统计数据检验。

一、计量模型设定

本章使用 Probit 模型研究收入和户籍差异情况下住房公积金对消费者购房行为产生的影响。本章所采用的 Probit 模型形式为：

$$Prob(house = 1) = \Phi(\alpha + \beta \cdot gjj\_income\_hukou + \gamma \cdot control + \varepsilon) \quad (9.14)$$

公式（9.14）是研究收入及户籍差异对于住房公积金发挥其作用的 Probit 模型。其中，$\varepsilon \sim N(0, \delta^2)$，$house$ 表示家庭是否已经购买住房，1 表示"是"，0 表示"否"。上述计量模型中的 gjj_income_hukou 表示受访者的收入及户籍状况，为了对应前文所得出的 3 个命题，本章特添加三项交叉项，包括住房公积金与受访者收入状况的交叉项（$g \cdot i$）以及住房公积金、住房公积金与受访者户籍状况的交叉项（$g \cdot h$），住房公积金、受访者收入和户籍三者的交叉项（$g \cdot i \cdot h$），重点考察不同组合状态下居民是否购买住房的不同抉择，且控制变量保持不变。$control$ 表示所有的控制变量，包括年龄（age）、性别（$gender$）、婚姻状况（$marry$）、户籍（$hukou$）、受教育程度（edu）、房价（$price$）、储蓄（$deposit$）和负债（$debt$）等。

二、数据说明与描述统计

本章所选取的样本数据来源于课题组 2015~2016 年对全国数十个城市开展的问卷调查。此次问卷调查本着精益求精、科学设计、随机抽取、求真务实的宗旨和原则，基于课题组成员以及相关领域专家多次论证、并结合本课题所需信息量等设计完成的。调查问卷设计包括 7 大部分，近 200 道题，包括被调查者个人和家庭成员基本信息、家庭经济基本状况、有无购买住房甄别、已购买住房群体的住房基本情况、未购买住房群体的住房基本情况、被调查者对住房公积金的认知现状以及调查误差测度等。题型设置包括单选题、多选题、填空题等，并充分借鉴李克特量表（Likert scale）的设问方式。课题组共计发放问卷 1 000 份，回收问卷 947 份，问卷回收率为 94.7%。从回收的问卷中，剔除信息缺失、答案不符等无效样本，最终得到有效样本 829 份，问卷有效回收率为 82.9%。相比较而言，虽然该样本量不是很大，但是其具备覆盖面广、随机程度高、问卷信息量大等特点，足以依据该样本就本章所研究的问题进行分析。

根据本章计量模型中所涉及的统计变量，根据问卷调查获取的微观数据，我们对其进行赋值处理。表 9－1 显示的是相关变量的描述性统计结果，并对其赋值方法作了简要说明。

表 9－1　　　　　　　　　相关变量的描述性统计

变量名称	变量解释	均值	标准误	变量赋值说明
gij	家庭是否拥有住房公积金	0.60	0.49	是 = 1，否 = 0
$hukou$	户籍	0.78	0.41	城市户口 = 1，农业转移人口 = 0
$income$	收入	2.82	1.38	1 万元以下 = 0，1 万～2 万元 = 1，2 万～5 万元 = 2，5 万～10 万元 = 3，10 万～20 万元 = 4，20 万～50 万元 = 5，50 万～100 万元 = 6，100 万～200 万元 = 7，200 万元以上 = 8
age	年龄	2.59	1.18	30 岁以下 = 1，30～40 岁 = 2，41～50 岁 = 3，51～60 岁 = 4，61～70 岁 = 5，70 岁以上 = 6
edu	受教育程度	4.75	1.64	没上过学 = 0，小学 = 1，初中 = 2，高中 = 3，中专/职高 = 4，大专/高职 = 5，本科 = 6，硕士 = 7，博士 = 8
$gender$	性别	0.56	0.50	男 = 1，女 = 0
$marry$	婚姻状况	0.80	0.40	已婚 = 1，未婚 = 0
$price$	房价	2.19	0.99	50 万元以下 = 0，50 万～100 万元 = 1，100 万～200 万元 = 2，200 万～500 万元 = 3，500 万元以上 = 4

续表

变量名称	变量解释	均值	标准误	变量赋值说明
$deposit$	储蓄水平	2.69	1.71	1万元以下=0,1万~5万元=1,5万~10万元=2,10万~20万元=3,20万~50万元=4,50万~100万元=5,100万~200万元=6,200万~500万元=7,500万~1 000万元=8,1 000万元以上=9
$debt$	负债状况	2.11	1.96	无负债=0,1万~5万元=1,5万~10万元=2,10万~20万元=3,20万~50万元=4,50万~100万元=5,100万元以上=6

三、实证结果分析

对问卷调查所获取的数据进行整理和筛选,通过 Probit 模型进行回归,回归结果如表 9-2 所示。模型 Probit1 与模型 Probit3 分别显示了在住房公积金覆盖下,收入和户籍的差异对于居民买房行为产生的影响。模型 Probit2、模型 Probit4 和模型 Probit5 分别引入了住房公积金与受访者户籍状况的交叉项 ($g \cdot i$),住房公积金与受访者收入状况的交叉项 ($g \cdot h$) 以及住房公积金、收入和受访者户籍三者的交叉项 ($g \cdot i \cdot h$)。模型 Probit6 则是将前 5 个模型中的关键解释变量全部列入到回归过程中。值得注意的是,表 9-2 回归结果中显示的是各变量边际效应。

从表 9-2 实证结果可以看出,变量 gij 回归系数显著为正,表明了住房公积金的确能够在一定程度上为居民购房提供便利,这也肯定了我国住房公积金所发挥的住房保障作用,与命题 1 结论相互吻合。根据回归结果,我们对前文理论模型所得出的命题分别进行逐一证实。第一,模型 Probit1 和模型 Probit2 反映了住房公积金、收入及其交叉项对于购房行为产生的作用,边际效应显著为正,表明了住房公积金更能促使高收入群体买房,实证结果与命题 2 表述内容相吻合,意味着现行的住房公积金使得高收入群体受惠程度更高。第二,模型 Probit3 和模型 Probit4 讨论了住房公积金、户籍及其交叉项对于购房行为产生的作用,回归结果显示其边际效应显著为正且数值较大,说明了相比较而言,住房公积金更能促进城镇居民买房,这与命题 3 推论结果相一致,表明了住房公积金使得城市户口居民受惠程度更高。第三,模型 Probit5 将住房公积金、收入和户籍三者交叉项纳入其中,回归结果显示其边际效应显著为正,这说明了住房公积金更能促进城市高收入群体买房，这也与前文命题2和命题3的表述叠加呼应，即住房公积金使得城市高收入群体受惠程度更高。除此之外，根据回归结果可知，控制变量的边际效应显示出年龄、性别、受教育程度、结婚、储蓄以及负债等与居民购房存在较为显著的正相关关系，而房价上涨则会抑制居民买房。由于控制变量回归结果所包含的信息并非本章研究重点，因此，本章不予赘述。

综上所述，我国现行的住房公积金制度更加偏好于城市户口居民以及高收入群体，使得该部分群体的受惠程度更高。然而，相比较而论，城市户口和高收入群体是社会的"富"者，农业转移人口（新市民）和低收入群体才是这个社会的"贫"者，作为一项十分重要的住房保障，我国住房公积金制度设立的初衷就是要帮助大多数无购房能力的人解决住房问题，实现住有所居，同时，从某种意义上说，住房公积金制度也是收入再分配的一种途径，因此其公平性是最应值得关注的（杨兵，2010）。但从我国当前现实情况来看，住房公积金有违背其初衷的可能，确实存在"攫取"的嫌疑。

表9-2　　　　户籍和收入差异下住房公积金对购房的影响

变量名称	Probit1	Probit2	Probit3	Probit4	Probit5	Probit6
g_{ij}	0.377*** (0.130)	0.106** (0.051)	0.297** (0.133)	0.029** (0.015)	0.069* (0.035)	0.038* (0.021)
$income$	0.011** (0.005)					0.571*** (0.182)
$g \cdot i$		0.100** (0.041)				0.124* (0.063)
$hukou$			0.538*** (0.150)			0.067** (0.033)
$g \cdot h$				0.496** (0.247)		0.140* (0.081)
$g \cdot i \cdot h$					0.136** (0.060)	0.029** (0.069)
age	0.051*** (0.008)	0.050*** (0.008)	0.047*** (0.008)	0.048*** (0.008)	0.048*** (0.008)	0.046*** (0.009)
edu	0.186*** (0.042)	0.182*** (0.042)	0.132*** (0.045)	0.168*** (0.043)	0.168*** (0.043)	0.129*** (0.045)

续表

变量名称	Probit1	Probit2	Probit3	Probit4	Probit5	Probit6
$gender$	0.159*** (0.024)	0.151** (0.026)	0.114*** (0.022)	0.141*** (0.021)	0.147** (0.069)	0.101** (0.043)
$marry$	0.807*** (0.188)	0.804*** (0.188)	0.782*** (0.189)	0.793*** (0.188)	0.797*** (0.189)	0.793*** (0.190)
$price$	-0.401** (0.208)	-0.434** (0.213)	-0.404** (0.209)	-0.381** (0.205)	-0.399** (0.201)	-0.447** (0.206)
$deposit$	0.048** (0.023)	0.035** (0.016)	0.045* (0.023)	0.049** (0.023)	0.032** (0.015)	0.043* (0.024)
$debt$	0.163*** (0.041)	0.160*** (0.041)	0.173*** (0.041)	0.167*** (0.041)	0.157*** (0.041)	0.173*** (0.042)
常数项	-3.480*** (0.366)	-3.379*** (0.373)	-3.412*** (0.366)	-3.279*** (0.378)	-3.211*** (0.383)	-3.238*** (0.392)
N	829	829	829	829	829	829

说明：***、**、*分别表示1%、5%、10%的显著水平。括号内为标准误。

四、稳健性检验

为了进一步验证前文实证结果的可靠性，本章对其进行稳健性检验。结合国家统计局对全国东、中、西部地区的划分办法，我们将调查的全部样本家庭按照其所在地划分为东部地区家庭、中部地区家庭和西部地区家庭，然后针对三个子样本进行 Probit 回归。表 9-3 显示的是按东、中、西部地区区分子样本的 Probit 回归结果，从中可以看出，住房公积金（gjj）、居民收入（$income$）、户籍（$hukou$）以及各个交叉项的回归结果所反映出的边际效应与前文实证结果保持一致，表明前文的研究结论是稳健无偏的，实证结果具有可参考性。

表 9-3　按东、中、西部地区区分子样本的 Probit 回归结果

变量名称	东部地区家庭	中部地区家庭	西部地区家庭
	Probit7	Probit8	Probit9
gjj	0.034** (0.015)	0.102* (0.059)	0.729* (0.374)

续表

变量名称	东部地区家庭	中部地区家庭	西部地区家庭
	Probit7	Probit8	Probit9
$income$	0.107*** (0.013)	0.196* (0.102)	0.279* (0.143)
$h \cdot i$	0.305* (0.155)	0.243** (0.118)	0.116* (0.053)
$hukou$	0.588** (0.282)	0.622* (0.327)	0.613* (0.327)
$g \cdot h$	0.937** (0.396)	0.705** (0.340)	0.266** (0.124)
$g \cdot i \cdot h$	0.362*** (0.004)	0.202*** (0.035)	0.149*** (0.015)
control variables	Yes	Yes	Yes
N	322	283	224

说明：***、**、*分别表示1%、5%、10%的显著水平。括号内为标准误。

除了上述分区域进行稳健性检验之外，前文的回归结果并未考虑到控制变量中可能存在的内生性问题。例如，某个家庭主要成员的学历高低可能对于该家庭的收入水平是敏感的，进而影响家庭的储蓄水平和负债水平。与此同时，储蓄水平和负债水平之间常常存在相互作用，并且也左右着家庭成员对于学历的追求。由此引起的互为逆向的因果关系很可能会导致回归结果有偏。有鉴于此，本章对受教育水平（edu）、家庭储蓄（$deposit$）以及家庭负债（$debt$）的内生性进行处理，我们使用上述变量的城市均值作为这些控制变量的工具变量分别进行IV-Probit和IV-Tobit回归。这种方法所隐含的假设条件即某个家庭的受教育年限、储蓄和负债状况不会影响到这些相关变量的城市均值。从表9-4的工具变量回归结果可以看出，关键解释变量的拟合系数及其显著性水平与前文表9-2中基准回归的结果是基本保持一致的，这也证实了前文关键解释变量的回归结果是稳健无偏的，部分控制变量之间可能存在的内生性问题对于本章的研究结果影响不大。

表 9-4　　　　　　关于内生性问题的工具变量回归

变量名称	(1) IV-Probit	(2) IV-Tobit
gij	0.401** (0.189)	0.218** (0.109)
$income$	0.059** (0.024)	0.028** (0.012)
$g \cdot i$	0.120** (0.054)	0.070* (0.042)
$hukou$	0.542*** (0.157)	0.332*** (0.073)
$g \cdot h$	0.457* (0.235)	0.306** (0.154)
$g \cdot i \cdot h$	0.041** (0.020)	0.032* (0.015)
edu	0.185*** (0.069)	0.076** (0.030)
$deposit$	0.144** (0.065)	0.051** (0.025)
$Debt$	0.039* (0.018)	0.023* (0.011)
$control\ variables$	Yes	Yes
N	829	829

说明：***、**、* 分别表示1%、5%、10%的显著水平。括号内为标准误。

第四节　减小公积金制度所产生的"马太效应"

本章从我国住房公积金制度的发展现状入手，结合当前住房市场的变动轨迹，梳理已有的研究成果，试图回答我国住房公积金制度"互助"还是"劫贫济富"的问题，并提出改革思路。在构造理论模型并提出三个命题的基础上，运用微观调研数据拟合Probit回归模型，并进一步地进行稳健性检验、内生性分析，以及对调研数据进行挖掘解析，保证了实证结果的稳健可靠性，最终得出了以下相关结论：(1) 住房公积金更能促使高收入群体买房，意味着现行的住房公积金使得高收入群体受惠程度更高，存在"嫌贫爱富"的可能；(2) 相比较而言，住房公积金更能促进城市户口居民买房，表明了住房公积金使得城市户口居民受惠程度更高，存在"嫌农爱城"的可能；(3) 住房公积金更能促进城市高收入群体买房，即住房公积金使得城市高收入群体受惠程度更高，这也充分说明了住房公积金制度存在"劫贫济富"的嫌疑。因此，总的来说，虽然住房公积金制度在住房市场上发挥着"蓄水池"和"助推器"的作用，但是也应该清楚地意识到，现行的住房公积金制度存在较为严重的公平性缺失的漏洞，其作用结果并没有与其设立初衷完美匹配，住房公积金的保障性、互助性以及其制度优越性也因此未能很好地凸显出来，这会进一步加重社会收入分配的不公，不利于实现"住有所居"的民生目标。

住房公积金制度本应是穷人的"福利馅饼"，如今却存在着"损不足者奉有余"之嫌疑，这种制度缺陷如果不能得到及时有效的更正和弥补，不仅会丧失其本应有的"普惠"特性，还会因为"逆向补贴"进一步加剧资源的错配，使得社会贫富差距愈演愈烈。具体来说，不同收入阶层的住房支付能力存在较大差别，对于中低收入家庭，该群体迫切需要公积金的住房保障功能实现"居者有其屋"，但令人遗憾的是，住房公积金不仅没有"雪中送炭"，反而将其帮扶对象错误地偏向了中高收入阶层，而该群体本身就已经具备了较强的住房支付力，再加上能够享受公积金低息贷款的优惠政策，这不得不使处于中低收入的"夹心层"家庭"望楼兴叹"。这种较为失衡的制度保障无疑使得其"保障性"、"互助性"和"福利性"等受到质疑和批判，公积金制度"嫌贫爱富"的缺陷可见一斑。也正因为如此，进一步明确住房公积金制度的属性定位、适度扩大该制度覆盖范围以及保障中低收入阶层解决住房问题成为其下一步改革的重点方向和主要任务。

再者，我国当前正处于城镇化不断加快的进程中，而城镇化的要求就包括解决广大农业转移人口的"市民化"问题，如何妥善解决庞大"新市民"队伍的住房问题也一度成为困扰着各级政府的关键难题，因为要想解决该群体的就业、医疗、教育等诸多问题，首先就得解决该群体的住房问题。而当社会各界把目光投向住房公积金时，又不禁会感到任重道远，因为从现实情况来看，住房公积金制度的户籍"门槛效应"使得其暴露出"嫌农爱城"的制度缺陷。也正因为如此，是否应该将农民工等广大农业转移人口纳入住房公积金制度的保障范围已经成为社会各界讨论的热点。

由此看来，我国现行的住房公积金制度公平性缺失弊病已成为"众矢之的"，不论是"嫌贫爱富"还是"嫌农爱城",都构成了该制度"劫贫济富"的充足证据。正是基于此,再加上公积金制度暴露出效率、监管等诸多方面的问题,要求取消住房公积金制度的呼声早已不绝于耳。但是,我们应该理性地意识到,从理论上讲,住房公积金制度能够促进住房消费;从现实情况来看,该制度发挥的作用不容否认,这是对其作用的肯定,也是该制度在我国当前发展阶段需要继续保留和实施的重要依据。我们不能简单地将其取消或寻找制度替代品,而应通过不断地改革完善,努力使其成为实现"住有所居"这一重大民生目标的"加速器"。

总的来说,住房公积金制度虽具有"劫贫济富"的缺陷,但是该制度对于促进居民住房消费所发挥的作用却不容小觑。由于我国的特殊国情和所处的历史阶段,住房市场的发展也可谓是"摸着石头过河"。虽然现阶段我国住房市场的库存积压较为严重,但是仍有较多家庭还未真正解决住房问题。对于该部分群体而言,其目前支付首付款的最主要渠道还是通过自身积攒以及向亲朋借款的传统方式,住房公积金贷款并未能给这部分群体提供预期的购房支持与保障。因此,我们不能无视住房公积金作为长期性住房储金的特征,机械性地将其应用到短期住房市场调控当中,这种"头痛医头、脚痛医脚"的方式必定会让该市场的内在矛盾越积越深,埋下危机的火种。这也就要求对住房公积金制度的属性定位进行再突出和再强化,充分发挥其金融属性,最大限度地减小或消除公积金制度所产生的"马太效应"。

为了从根本上消除住房公积金制度的内在问题,发挥其保障性功能,学者们为此进行了大量卓有成效的探讨。众多学者们呼吁要始终把解决中低收入家庭住房问题作为我国公积金制度改革的出发点(郭士征、张腾,2010;周京奎,2012;刘丽巍,2013;吴志宇,2014;王先柱、张志鹏,2015),着力推动其主体性功能转型,以此实现住房公积金制度的帕累托效率。也有学者认为应当以政策性银行模式改革现有住房公积金管理模式(曾筱清、翟彦杰,2006),并且需要从管理体制、资金归集、资金使用、资金管理、收益分配和监管机制等方面进行系统性改革(王先柱、张志鹏,2015)。此外,赵利梅(2014)表示从理论层面而言,住房公积金应该将农民工覆盖在内,扩大其保障范围,不仅能够促进社会公平,也能加快城镇化进程。席枫等(2015)从房地产市场"去库存"的角度,提出住房公积金政策需要继续维持低门槛、低利率、高效率的总格局。殷俊和彭聪(2014)认为应该围绕着"住有所居"的民生目标,结合城镇化进程,在住房公积金的公平与效率之间进行权衡,并最终形成高效协调的住房保障体系。

然而,就本书从微观数据得出的结论来看,要消除公积金制度在使用上存在的后果不公平，建立公开规范的住房公积金制度，真正发挥住房公积金制度的保障性功能，需要从以下多个层次逐步推进。

首先，尽快转变一些公积金"救市"的短期政策。公积金是一项定位于长期保障的制度安排，过于照顾短期目标，很容易扭曲其制度设计初衷。就目前的政策来看，不能盲目地给住房公积金贷款政策"松绑"，建议暂不提倡或者严格限制公积金支持二套房购房贷款，防止打着楼市"去库存"的口号导致住房公积金的"再劫贫"和"再济富"。

其次，把中低收入群体和首套住房作为公积金的主要保障对象。住房公积金的政策福利要更多地向中低收入群体倾斜，并根据不同家庭类型实行有差别的政策。这是由于住房公积金因其来源成本低、渠道广、较稳定、利率低和长期性等特点，在市场上具有很强的竞争优势，但必须要限定其用途，更加强调保障性住房和中低端商品房，以防止"收益外溢"给高收入阶层（陈杰，2009）。

再次，适当扩大住房公积金政策的覆盖面。力争让住房公积金制度惠及更多的社会群体，提高他们购房的支付能力以及改善他们的居住条件。下一步可以考虑将农民工和个体工商户等纳入住房公积金的覆盖范围。只有通过不断完善住房公积金制度，使其扬长避短，充分发挥其制度优势，住房公积金才能真正成为一种与时俱进的普惠性住房金融，才能为推动我国住房市场健康持续发展注入新的不竭动力。

最后，大力推进公积金管理向政策性银行的转变。为了更好地聚焦住房公积金制度的保障性定位，同时能够适应房地产市场的阶段性变化，发挥一定的金融功能，需要进一步落实党的十八届三中全会所提出的"研究建立住宅政策性金融机构"的决定。成立住房公积金储蓄银行，一方面以保障基本住房消费资金需要为目标，以实现保障性政策目标为核心；另一方面充分发挥住房公积金的金融属性，使其开展储蓄及投融资活动，最大可能地壮大资金规模，并通过多元的经营渠道、灵活的经营方式，实现住房公积金的保值增值。通过政策性银行的建立，就可以从根本上确保住房公积金"解决中低收入群体的住房问题"和"增强公积金的金融功能"这两个制度定位和目标。

第四篇

运行机制与公众评价

住房公积金的运行效率和公平性同样是受到公众关注重视的一个问题，全面科学评价住房公积金的运行效率，发现制约住房公积金运行效率的主要因素，是进一步创新发展住房公积金制度的重要条件。对住房公积金运行机制的评价是一件复杂的事情，需要从多个方面进行，包括运行效率、公众评价以及满意度分析，要对住房公积金的缴存归集、运营使用、资产风险、增值收益进行全程分析。

为此，本篇先后研究了住房公积金运行效率测评、住房公积金制度社会认知和住房公积金制度满意度评价三个方面的问题。前一个问题是在客观数据的基础上进行科学分析评价；后两个问题则是在问卷调查的基础上对公众的主观感受进行分析。通过上述三方面的评价，实现了主观感受与客观测度相结合，科学全面认识住房公积金的运行机制。

在"第十章：住房公积金运行效率测评"中，首先介绍了对住房公积金管理效率的多种评价维度；其次说明了住房公积金管理效率的测评方法；最后用实际数据对住房公积金管理效率进行了测评。

在"第十一章：住房公积金制度社会认知"中，首先介绍了公众对住房公积金制度及管理条例的了解状况，其次分别分析了公众对住房公积金制度作用的总体评价、公众对住房公积金制度公平性的认知、公众对住房公积金制度缴存范围的认知、公众对住房公积金使用便捷性的认知和公众对住房公积金的管理监督的认知,最后在公众认知的基础上对住房公积金运行机制的改进提出了一些建议。

在"第十二章:住房公积金制度满意度评价"中,首先介绍了住房公积金满意度的现有研究进展,其次进行了住房公积金制度满意度的特征分析,再次分析了住房公积金制度满意度的影响因素,最后提出了改进住房公积金制度满意度的思路。

第十章

住房公积金运行效率测评

当前我国住房公积金运行效率到底处在什么程度？又有哪些因素在制约着使用效率的提高？只有解决了这两方面的问题，才能有效提高住房公积金的使用效率。本章通过选取全国 34 个大中城市的住房公积金运行指标为样本，综合运用数据包络分析法（DEA）和 Tobit 模型，从空间和时间两个维度分别对住房公积金的运行效率进行测度和评价，同时试图找到影响公积金运行效率的主要因素。

第一节 住房公积金运行效率的研究基础

住房公积金制度是我国住房制度改革的重要内容和中心环节，二十多年来我国住房公积金制度在不断探索和改革过程中日益完善和规范，成为我国住房保障制度体系的重要组成部分。通过实施住房公积金制度，有效地提高了广大职工特别是中低收入职工购房支付能力，扩大了个人住房消费需求，在推动住房建设、改善群众居住条件、促进住房金融发展、拉动经济增长等方面取得了显著成绩。然而，近年来我国住房公积金制度存在覆盖面有限、使用效率不高、保障作用受限和治理结构设计、决策机制和监管机制不健全等问题，尤其是存在住房公积金账面余额沉淀严重和缴存职工不能利用公积金贷款购房的矛盾，以及有城市账面余额不足但有城市资金沉淀严重的地区性差异问题，引起了社会各界普遍关注

（韩立达、郭堂辉，2009）。

目前学者们研究效率主要分为动态和静态两种方法。动态方法可考察生产技术可变时的效率变动有效率指数和 Luenberger 生产率指标，奥雷阿（2002）将全要素生产率的增长（广义 Malmquist）分解为技术效率增长、技术进步和规模效率，并根据西班牙储蓄银行的数据进行了验证。静态方法包括参数分析法和非参数分析法，其区别为是否需要估计前沿生产函数中的参数。常用的参数法有随机前沿法（SFA），参数法考虑了随机误差的干扰，得出的样本效率离散程度小，便于区分，且能方便检验结果的显著性，但其主要缺陷是为最佳效率边界预定了函数形式，而一旦所定义的函数形式不正确，就会在很大程度上影响所计算的效率值，从而导致效率计量出现偏差。常用的非参数法是数据包络分析法（DEA），该方法最为典型，谢尔曼和戈尔德（1985）最早将其运用到银行效率的研究中，后来陆续有学者效仿。与参数法相比，非参数方法的优点在于无须预先确定生产函数的形式就可评价不同量纲的指标，较易处理多投入多产出的问题，具有较强的客观性。同时，其对样本量要求不大，并允许效率在一定时期内发生变动，不要求对所有样本数据的无效率分布做先定假设。

就现有文献而言，学者们多运用 DEA 方法对住房公积金使用效率进行测量，在实际应用中，投入指标和产出指标有不同量纲，DEA 决策单元的最优效率指标与投入指标值及产出指标值的量纲选取无关，无须任何权重假设，输入与输出权重都是由决策单元实际数据求得最优权重（夏卫兵、李昕，2014；向鹏成、李春梅，2015）。然而国内仍有一部分学者采用不同的方法对公积金效率进行量化测度。周鸿卫（2004）采用层次分析法（AHP），该方法把问题看成一个系统，既有效地吸收了定性分析的结果，又发挥了定量分析的优势。但在应用中存在评价随机性和专家主观不确定性及认识模糊性的问题。有学者采用熵值法对住房公积金绩效进行分析，发现导致住房公积金绩效低下的原因主要包括覆盖面狭窄、沉淀资金多、缺乏收益渠道、法律法规监管体系不完善四个方面。熵值法存在赋权的客观标准，可利用一定的数学模型，通过计算得出属性的权重系数，但是会忽视决策者知识与经验等主观偏好信息，有时会出现权重系数不合理的现象。因此，有学者在此基础上进行改良，利用熵权法客观赋权，模糊层次法主观赋权，建立离差最大化组合赋权法来分析住房公积金绩效，研究发现住房公积金政策在实施过程中效益逐年提高（周鸿卫，2004），这种改良方法既考虑决策者知识、经验等主观偏好信息，又具有一定的客观性、准确性和可靠性。还有学者采用了其他方法，如平衡计分卡法（陈献东，2015）和德尔菲法（王西枘、汪梦，2010）等对住房公积金的使用效率进行了研究。

作为我国住房保障体系的重要组成部分，住房公积金为我国住房建设和住房金融提供发展动力，但住房公积金制度在现实运行中还是暴露了许多问题。诸如，覆盖面不广，使用效率不高，监管机制不健全，归集能力受限等。住房公积金设立的目的是借社会性融资来解决居民住房难的问题，从而实现社会公平与稳定。由于在住房公积金提取和使用方面设立了诸多不合理的禁区，造成了一方面买房人无法提取资金，另一方面大量资金沉淀，导致公积金的效率备受质疑（韩立达、郭堂辉，2009）。住房公积金在不同地区个人贷款发放存在很大差异，全国内呈现出一种区域性不平衡发展状态，即"东多西少、沿海较旺、内地偏缓"。同时，住房公积金归集资金流动性差，使用效率总体不高（甄雅琴，2017）。理论上住房公积金制度覆盖城镇各类职工，但由于目前劳动力流动性较大，加上住房公积金政策普及力度不够，企业与员工对此并不熟知，导致众多职工及大量进城务工人员缴存住房公积金的积极性较低或尚未缴存。同时，经济欠发达地区受制于住房公积金强制征集力不足和基数调整工作执行不到位等因素，导致住房公积金资金归集数量的增长能力有限（骆智娟等，2015）。各地住房公积金立法不完善，缺乏统筹机制，政府支持力度不同以及外部监管不力都会造成住房公积金管理效率低下（夏卫兵、李昕，2014）。

本章之所以选择非参数的 DEA 方法，主要是希望通过一个综合性的指标来对住房公积金中心多投入和多产出效果进行评价。就评价技术本身而言，因为我国住房公积金效率的研究开展比较少，如对我国住房公积金生产函数的形状进行估计，主观性太大，而且采用参数方法估计各类效率函数，如成本函数、标准利润函数和替代利润函数，所需的统计数据也不够。

第二节 住房公积金运行效率的测评方法与指标

一、运行效率的测评方法

（一）DEA 模型

对于传统 DEA 模型来说，如果多个决策单元同时处于生产前沿面，而导致多个决策单元同时有效，模型将无法对有效决策单元的优劣性作进一步评价和比较。安德森和彼得森（1993）建立的基于投入导向的 DEA 模型则弥补了这一缺陷。DEA 模型如下：

假设有 n 个决策单元（DMU），每个 DMU 都有 m 种输入和 s 种输出，其中 $X_j = (X_{1j}, X_{2j}, \cdots, X_{nj})^T > 0$，$Y_j = (Y_{1j}, Y_{2j}, \cdots, Y_{sj})^T > 0$，$X_{ij}$ 为第 j 个 DMU 的第 i 个投入量，Y_{ij} 为第 j 个 DMU 的第 r 个产出量。则对于第 k 个 DMU 对应的超效率值问题如公式（10.1）、公式（10.2）所示：

$$h_k = \max \sum_{r=1}^{s} U_r Y_{rk}$$

$$\begin{cases} \sum_{i=1}^{m} V_i X_{rj} - \sum_{r=1}^{s} U_r Y_{rj} \geq 0, j = 1, \cdots, n, j \neq k, \\ \sum_{i=1}^{m} V_i X_{ik} = 1, \\ U_r \geq \varepsilon, r = 1, \cdots, s, \\ V_i \geq \varepsilon, i = 1, \cdots, m. \end{cases} \tag{10.1}$$

上述问题的对偶问题如公式（10.2）所示：

$$\min \theta_k$$

$$\begin{cases} \sum_{j=1, j \neq k}^{n} \lambda_j X_{ij} + S_i^- = \theta X_k, i = 1, \cdots, m, \\ \sum_{j=1, j \neq k}^{n} \lambda_j Y_{ij} - S_r^+ = Y_k, r = 1, \cdots, m, \\ \lambda_j, S_i^-, S_i^+ \geq 0, j = 1, \cdots, n. \end{cases} \tag{10.2}$$

上述模型计算出的结果分为三类：

（1）若效率值 $\theta > 1$，则表明该决策单元极有效或无可行解；

（2）若效率值 $\theta < 1$，则表明该决策单元未达到有效；

（3）若效率值 $\theta = 1$，则分为两种情况：（a）若模型中松弛变量 S_i^-、S_r^+ 不全为零，则该决策单元为弱有效；（b）若模型中松弛变量 S_i^-、S_r^+ 全为零，则该决策单元为有效但非极有效。

（二）Tobit 模型

利用 DEA 模型测算 34 个大中城市住房公积金运行效率后，还需进一步研究住房公积金运行效率的影响因素及影响程度。超效率 DEA 方法所估计出的效率值分为三个集合，属于截断的离散分布数据，1958 年托宾研究耐用消费品需求时提出的 Tobit 模型能够很好地解决受限或截断因变量的模型构建问题，因此，本章采用 Tobit 模型。Tobit 回归模型如公式（10.3）所示：

$$Y = \begin{cases} Y^* = \alpha + \beta X + \varepsilon, Y^* > 0 \\ 0, Y^* \leq 0 \end{cases} \tag{10.3}$$

公式（10.3）中 Y 为截断因变量向量，X 为自变量向量，α 为截距项向量，β 为未知参数向量，扰动项 $\varepsilon \sim N(0, \sigma^2)$。此时，若用普通最小二乘法（OLS）对模型直接回归，Tobit 模型的参数将是有偏且不一致的，因此本章采用最大似然估计法，对 34 个大中城市住房公积金运行效率影响因素进行分析。

二、变量及数据说明

（一）DEA 模型中的指标体系

学者们就如何定义多产品金融企业的投入和产出，仍存在争论（姚树洁等，2004）。已有研究中主要有生产法、中介法和资产法三种。即使不同学者采用同一方法，但因关注的重点及数据来源不同，投入产出项目的选择也不一样。总体来看，国内学者多采用将中介法与资产法相结合的方式。按照输入指标越小越好，输出指标越大越好的原则构造投入产出指标体系。本章的研究核心是住房公积金运行效率，这决定了输入指标应该为住房公积金累计缴存人数和当期缴存额度。输出指标为住房公积金当期提取额度、贷款人数、贷款金额和当期增值收益。具体指标体系说明如表 10-1 所示。

表 10-1　　　　　　　　超效率 DEA 模型指标体系

分类	指标名称
投入指标	累计缴存人数（万人）
	当期缴存金额（亿元）
产出指标	当期贷款笔数（万笔）
	当期贷款金额（亿元）
	当期提取金额（亿元）
	当期增值收益（亿元）

（二）Tobit 模型中的变量

根据已有的文献并考虑数据资料的可得性，本章进一步选取住房公积金覆盖率（CR）、住房公积金提取率（ER）、住房公积金借贷人数占比（PB）、住房公积金收益率（RE）等变量作为自变量。其中：

（1）公积金覆盖率（CR）= 住房公积金累计缴存人数/城市总人数，反映了住房公积金制度覆盖面的大小；（2）公积金提取率（ER）= 住房公积金累计提取额/住房公积金累计归集额，主要反映了住房公积金支持缴存职工住房需要力度；（3）公积金借贷人数比（PB）=住房公积金累计借贷人数/累计缴存人数，反映了住房公积金用于个人住房贷款的广度规模；（4）公积金收益率（RE）=住房公积金缴存期当期的增值收益/住房公积金缴存当期的缴存总额，主要反映了利用住房公积金所获得的衍生收益。

数据来源于 2015~2017 年历年《各城市住房公积金年报》，数据处理软件采用 DEA 2.0、EMS 1.3 和 Eviews 8.0。

第三节 住房公积金运行效率的实际测算

一、实证结果及分析

（一）基于 DEA 模型的住房公积金效率测算

1. 纯技术效率分析

从 34 个城市的均值来看，纯技术效率在三年期间呈现了波动变化的特征，三年纯技术效率连续上升，从 2015 年的 0.885 上升到 2017 年的 0.923（见表 10-2）。

从东部城市来看，北京、天津、上海和广州 4 个城市连续 3 个年份都达到纯技术效率相对最优值 1，沈阳连续 2 个年份达到纯技术效率相对最优值 1，杭州 2017 年达到纯技术效率相对最优值 1，福州 2015 年达到纯技术效率相对最优值 1，深圳 2016 年达到纯技术效率相对最优值 1。在东部 17 个城市中，厦门平均纯技术效率值最低，深圳纯技术效率变动幅度较大，其他大部分城市纯技术效率趋于上升趋势。

从中西部城市来看，呼和浩特、西宁 2 个城市连续 3 个年份都达到纯技术效率相对最优值 1，太原、乌鲁木齐 2 个城市有 2 个年份达到纯技术效率相对最优值 1，武汉、南宁 2016 年达到纯技术效率相对最优值 1，重庆、银川 2017 年达到纯技术效率相对最优值 1，贵阳、西安 2015 年达到纯技术相对最优值 1。在中西部城市中，昆明平均纯技术效率值最低，除了郑州纯技术效率值趋于逐年下降的特征，其他大部分城市都趋于上升的趋势。

对比来看，东部城市住房公积金纯技术效率整体优于中西部城市，住房公积金纯技术效率值达到或接近 1 的城市大部分属于东部城市，所以需要加强中西部城市住房公积金资源利用的管理水平。

表 10 – 2　　2015~2017 年 34 个大中城市住房公积金资源使用纯技术效率

地区	城市	2015 年	2016 年	2017 年	均值
东部城市	北京	1	1	1	1
	天津	1	1	1	1
	石家庄	0.913	0.912	0.762	0.862
	沈阳	0.925	1	1	0.975
	大连	0.943	0.893	1	0.945
	上海	1	1	1	1
	南京	0.985	0.875	0.867	0.909
	杭州	0.771	0.838	1	0.870
	宁波	0.858	0.897	0.964	0.906
	合肥	0.781	0.964	0.900	0.882
	福州	1	0.779	0.866	0.882
	厦门	0.613	0.816	0.819	0.749
	南昌	0.86	0.83	0.876	0.855
	济南	0.856	0.828	0.937	0.874
	青岛	0.812	0.844	0.956	0.871
	广州	1	1	1	1
	深圳	0.573	1	0.81	0.794
中西部城市	呼和浩特	1	1	1	1
	太原	1	1	0.771	0.924
	长春	0.734	0.883	0.996	0.871
	哈尔滨	0.81	0.698	0.966	0.825
	郑州	0.999	0.803	0.776	0.859
	武汉	0.861	1	0.83	0.897
	长沙	0.966	0.806	0.899	0.890
	南宁	0.817	1	0.973	0.930
	重庆	0.783	0.91	1	0.898
	成都	0.804	0.849	0.804	0.819
	贵阳	1	0.767	0.827	0.865

续表

地区	城市	2015年	2016年	2017年	均值
中西部城市	昆明	0.743	0.781	0.922	0.815
	西安	1	0.73	0.87	0.867
	兰州	0.751	0.961	1	0.904
	西宁	1	1	1	1
	银川	0.947	0.99	1	0.979
	乌鲁木齐	1	0.947	1	0.982
均值		0.885	0.900	0.923	0.903

2. 规模效率分析

从34个城市的均值来看，住房公积金运行的规模效率连续三年维持在较高水平，且呈现上升的趋势，从2015年的0.947上升到2017年的0.987，测算结果表明我国住房公积金运行的整体规模效率良好（见表10-3）。

表10-3　　　　2015～2017年34个大中城市住房公积金
资源使用规模效率

地区	城市	2015年	2016年	2017年	均值
东部城市	北京	0.95	1	1	0.983
	天津	0.991	1	1	0.997
	石家庄	0.95	0.971	1	0.974
	沈阳	0.969	1	1	0.990
	大连	0.918	0.873	1	0.930
	上海	0.973	0.881	0.9	0.918
	南京	0.932	0.901	1	0.944
	杭州	0.918	0.91	1	0.943
	宁波	0.993	0.931	0.997	0.974
	合肥	0.999	0.959	0.987	0.982
	福州	1	0.97	0.989	0.986
	厦门	0.969	0.999	0.98	0.983
	南昌	0.988	0.946	0.982	0.972
	济南	0.96	0.998	0.996	0.985
	青岛	0.961	0.936	0.996	0.964

续表

地区	城市	2015 年	2016 年	2017 年	均值
东部城市	广州	1	0.881	0.985	0.955
	深圳	0.954	0.848	0.904	0.902
中西部城市	呼和浩特	1	1	1	1.000
	太原	1	1	0.986	0.995
	长春	0.999	0.974	0.971	0.981
	哈尔滨	1	0.995	0.964	0.986
	郑州	0.948	0.988	0.992	0.976
	武汉	0.958	0.835	0.988	0.927
	长沙	1	0.999	0.998	0.999
	南宁	0.77	0.958	0.965	0.898
	重庆	0.948	0.895	1	0.948
	成都	0.918	0.818	0.995	0.910
	贵阳	1	0.994	0.999	0.998
	昆明	0.992	1	0.993	0.995
	西安	0.733	0.975	0.997	0.902
	兰州	0.901	0.959	1	0.953
	西宁	0.828	1	1	0.943
	银川	0.794	0.911	1	0.902
	乌鲁木齐	1	0.999	1	1
	均值	0.947	0.95	0.987	0.961

从东部城市来看，北京、天津、沈阳 3 个城市连续 2 个年份都达到规模效率最优值 1，石家庄、大连、南京、杭州、福州和广州 6 个城市在 1 个年份中达到规模效率值最优值 1。在东部 17 个城市中，天津平均规模效率最大，深圳平均规模效率最低；其中大部分城市在 2016 年都呈现下降的趋势，在 2017 年呈现上升趋势，广州和深圳规模效率波动最为明显。

从中西部城市来看，呼和浩特连续 3 个年份达到住房公积金规模效率最优值 1，太原、西宁和乌鲁木齐 3 个城市有 2 个年份达到规模效率最优值 1，哈尔滨、长沙、重庆、贵阳、昆明、兰州和银川 7 个城市在 1 个年份中达到规模效率最优值 1。在中西部城市中，呼和浩特和乌鲁木齐平均规模效率最大，南宁平均规模效率最低，大部分城市规模效率呈现上升的趋势。

对比来看，东部城市与中西部城市规模效率方面差距整体较小，甚至部分中西部城市住房公积金的规模效率比东部城市还要高，说明中西部城市近几年来推广的住房公积金制度取得了较大的效果，从而缩小了与东部城市的差距。

3. 综合效率分析

综合技术效率是纯技术效率和规模效率的乘积，反映二者的综合作用程度。从34个城市的均值来看，综合效率呈现逐年递增的趋势，从2015年的0.839上升到2017年的0.912，测算结果表明我国的住房公积金运行效率越来越好（见表10-4）。

表10-4　　　　2015~2017年34个大中城市住房公积金资源使用综合技术效率

地区	城市	2015年	2016年	2017年	均值
东部城市	北京	0.95	1	1	0.983
	天津	0.991	1	1	0.997
	石家庄	0.868	0.886	0.762	0.839
	沈阳	0.896	1	1	0.965
	大连	0.865	0.779	1	0.881
	上海	0.973	0.881	0.9	0.918
	南京	0.918	0.789	0.867	0.858
	杭州	0.708	0.763	1	0.824
	宁波	0.851	0.836	0.961	0.883
	合肥	0.78	0.925	0.888	0.864
	福州	1	0.756	0.857	0.871
	厦门	0.594	0.815	0.802	0.737
	南昌	0.85	0.785	0.861	0.832
	济南	0.821	0.826	0.933	0.860
	青岛	0.78	0.789	0.952	0.840
	广州	1	0.881	0.985	0.955
	深圳	0.546	0.848	0.732	0.709
中西部城市	呼和浩特	1	1	1	1.000
	太原	1	1	0.761	0.920
	长春	0.733	0.86	0.967	0.853
	哈尔滨	0.81	0.695	0.931	0.812

续表

地区	城市	2015年	2016年	2017年	均值
中西部城市	郑州	0.947	0.793	0.77	0.837
	武汉	0.825	0.835	0.82	0.827
	长沙	0.966	0.805	0.897	0.889
	南宁	0.629	0.958	0.939	0.842
	重庆	0.742	0.814	1	0.852
	成都	0.739	0.694	0.8	0.744
	贵阳	1	0.762	0.826	0.863
	昆明	0.737	0.781	0.915	0.811
	西安	0.733	0.712	0.867	0.771
	兰州	0.676	0.921	1	0.866
	西宁	0.828	1	1	0.943
	银川	0.752	0.903	1	0.885
	乌鲁木齐	1	0.946	1	0.982
	均值	0.839	0.854	0.912	0.868

从东部城市来看，北京、天津和沈阳3个城市有2个年份达到住房公积金综合效率最优值1，其中天津综合效率平均值最大；大连、杭州、福州和广州4个城市有1个年份达到综合效率最优值1，4个城市呈现较大波动状态。在东部17个城市中，平均综合效率最大的城市为天津，最小的城市为深圳，且深圳住房公积金综合效率连续三年均在0.9以下；济南和青岛虽然综合效率不高，但一直趋于上升趋势，其他大部分城市呈现上下波动的特征。

从中西部城市来看，呼和浩特连续3个年份达到住房公积金综合效率最优值1，太原、西宁和乌鲁木齐3个城市2个年份达到综合效率最优值1，重庆、贵阳和兰州3个城市1个年份达到综合效率最优值1，贵阳综合效率上下波动，重庆和兰州均呈现上升趋势。在中西部城市中，平均综合效率最大的城市为呼和浩特，最小的城市为成都，郑州综合效率趋于下降趋势。

对比来看，住房公积金综合效率最高的是中西部地区，但东部地区整体综合效率较为稳定，仍需加强东部和中西部地区的住房公积金管理，提高住房公积金制度的有效性。

4. 规模报酬状况分析

从东部城市来看，南昌连续三年一直处于规模报酬递增的状况，说明南昌投入产出比得到了迅速提升，效率得到了提高；上海、宁波、深圳连续三年一直处于规模报酬递减状况,说明住房公积金配置方面可能存在一定的问题;北京、天津、大连、南京、杭州等城市由规模报酬递减转向规模报酬不变或递增,说明这些城市住房公积金资源配置得到了改善(见表10-5)。

表10-5　　　　2015~2017年34个大中城市住房公积金
资源使用规模报酬状况

地区	城市	2015年	2016年	2017年
东部城市	北京	drs	crs	crs
	天津	drs	crs	crs
	石家庄	irs	drs	crs
	沈阳	drs	crs	crs
	大连	drs	drs	crs
	上海	drs	drs	drs
	南京	drs	drs	crs
	杭州	drs	drs	crs
	宁波	drs	drs	drs
	合肥	drs	drs	irs
	福州	crs	drs	irs
	厦门	irs	drs	irs
	南昌	irs	irs	irs
	济南	drs	drs	irs
	青岛	drs	drs	irs
	广州	crs	drs	drs
	深圳	drs	drs	drs
中西部城市	呼和浩特	crs	crs	crs
	太原	crs	crs	drs
	长春	irs	drs	drs
	哈尔滨	crs	drs	drs
	郑州	drs	drs	irs
	武汉	drs	drs	drs
	长沙	crs	irs	drs
	南宁	irs	irs	irs
	重庆	drs	drs	crs

续表

地区	城市	2015 年	2016 年	2017 年
中西部城市	成都	drs	drs	drs
	贵阳	crs	drs	drs
	昆明	drs	crs	drs
	西安	drs	drs	crs
	兰州	irs	irs	crs
	西宁	irs	crs	crs
	银川	irs	irs	crs
	乌鲁木齐	crs	irs	crs

注：irs = 规模报酬递增；drs = 规模报酬递减；crs = 规模报酬不变。

从中西部地区来看，呼和浩特连续三年规模报酬不变，说明呼和浩特住房公积金资源的投入和产出始终保持一致；武汉、成都连续三年一直处于规模报酬递减，说明武汉和成都在住房公积金配置方面可能存在一定问题；太原、哈尔滨、长沙、贵阳等城市由规模报酬递增或不变转向递减，说明这些城市住房公积金的资源配置规模增长较快，导致投入产出比下降；其他城市由规模报酬递减或不变转向递增，说明这些城市住房公积金的资源配置得到改善。

对比来看，东部地区规模报酬呈现递增趋势，而中西部地区呈现规模报酬递减趋势。意味着与中西部城市相比，东部城市住房公积金覆盖面可进一步扩大，而西部城市公积金资源没有得到充分利用，资源配置效率有待提高。

（二）Tobit 模型回归分析

基于 Tobit 模型对住房公积金运行效率进行影响因素分析结果如表 10 - 6 所示，研究发现：在5%显著性水平下，住房公积金收益率（RE）对住房公积金运行效率有显著影响；在10%的显著性水平下，住房公积金收益率（RE）和住房公积金借贷人数比（PB）对住房公积金运行效率有显著影响。而住房公积金提取率（ER）、住房公积金覆盖率（CR）等变量对住房公积金运行效率的影响没有统计显著性。

住房公积金收益率的系数为正值（0.8961），说明它对住房公积金使用效率的影响是正效应，住房公积金的收益率越高，住房公积金的使用效率就越高，在当前的住房公积金运作模式下，大量参与住房公积金缴存的居民享受到了住房公积金制度带来的福利优惠。住房公积金借贷人数占比的系数为正值（0.5119），说明它对住房公积金运行效率的影响是正效应，公积金贷款人数比也反映了居民利用住房公积金贷款的广度指标,说明借贷人数占比越大,住房公积金的惠及面就越广,住房公积金使用效率就越高。住房公积金提取率的系数为正值(0.2136),说明它对住房公积金使用效率的影响是正效应,公积金提取也是当前住房公积金使用的主要渠道之一,住房公积金的提取率越高,住房公积金使用效率就越高。住房公积金覆盖率的系数为正值(0.0586),说明它对住房公积金使用效率的影响是正效应,住房公积金覆盖率反映了居民可使用住房公积金的广度指标,覆盖率越高,说明住房公积金的惠及面就越广,住房公积金使用效率就越高。

从系数绝对值大小来看,收益率系数最大,其次为借贷人数占比和提取率,最后是覆盖率。说明在当前住房公积金制度下,适当提高公积金增值收益率和贷款额度、放宽住房公积金提取政策、扩大住房公积金惠及人群是提高住房公积金使用效率的当务之急,在进一步扩大住房公积金覆盖范围方面,尤其要关注新市民和城市中低收入群体。

表 10-6　　　　　　　　　Tobit 回归分析结果

变量	系数	标准误	z-统计量	Prob.
公积金收益率(RE)	0.8961	0.5174	1.7317	0.0833
公积金借贷人数占比(PB)	0.5119	0.1202	4.2557	0.0000
公积金覆盖率(CR)	0.0586	0.1335	0.4389	0.6607
公积金提取率(ER)	0.2136	0.1380	1.5474	0.1217
C	0.5793	0.0965	6.0037	0.0000
误差分布				
SCALE：C (6)	0.0968	0.0068	14.2129	0.0000
因变量的均值	0.8693	因变量的标准误		0.1083
回归标准误	0.0993	Akaike 信息准则		-1.7119
残差平方和	0.9478	Schwarz 准则		-1.5566
最大似然值	92.4537	Hannan-Quinn 准则		-1.6490
对数似然值平均	0.9153	总观测值		101

二、结论及建议

本章运用 DEA 方法和 Tobit 模型,对 2015~2017 年我国 34 个大中城市住房公积金运行效率及其影响因素进行实证分析。研究表明：住房公积金综合运行效率整体呈现递增趋势，从 2015 年的 0.839 上升到 2017 年的 0.912。分区域来看，住房公积金综合效率最高的是中西部地区，但东部地区综合效率较为稳定。东部城市住房公积金纯技术效率整体优于中西部城市，纯技术效率值达到或接近 1 的城市大部分位于东部城市。东部城市与中西部城市在规模效率方面整体差距较小，甚至部分中西部城市住房公积金的规模效率比东部城市还要高。本章进一步通过 Tobit 模型实证分析了影响住房公积金运行效率的主要因素，研究表明住房公积金提取率和覆盖率对公积金运行效率影响为正，但统计检验上不显著，而住房公积金的增值收益和借贷人数占比对公积金运行效率有显著的正向影响。基于以上分析，为了提高住房公积金制度的运行效率，提出如下具体建议：

一是打破住房公积金原有制度对缴纳者的限制，将低收入人群纳入制度体系中，尤其是大量农民工。同时，加大住房公积金的执行力度，合理制定低收入人群的缴存基数，限制高收入人群的缴存基数，防止公积金成为隐性福利，进一步发挥公积金的住房保障功能。

二是在资金使用方面，允许跨行政区域调度资金，放宽异地提取条件，积极探索住房公积金的使用渠道。在保证住房公积金提取和发放贷款的情况下，加大公积金支持公租房的建设力度，放宽缴存职工提取公积金的条件，降低提取门槛，有效提高住房公积金的使用效率。

三是调整住房公积金管理机构职能，突破现有制度下公积金管理中心事业单位的局限，遵循市场化原则，吸纳具有金融背景的人才，建立内部专业化队伍，对委托代理银行建立相应的约束激励机制和监管机制，增强企业的责任意识，在保证公积金住房保障功能的条件下，实现公积金的资金安全和保值增值。

四是完善住房公积金信息公开制度，定期向社会发布住房公积金的相关情况。完善监督机制，有效避免公积金系统内部的贪污、挪用等腐败现象。建立网上信息公开查询系统，实现公积金制度体系的公众监督管理。

第十一章

住房公积金制度社会认知

为了完善住房公积金制度，党的十八届三中全会提出要建立公开规范的住房公积金制度，改进公积金的提取、使用和监管机制。为了深入全面地了解公众对于住房公积金的缴存比例、缴存范围、提取使用、管理监督等方面的认知与意见，本章通过问卷调查收集公众对于住房公积金制度及其运行状况的评价。这些主观评价有助于补充客观数据的测评。

第一节 公众对住房公积金制度的总体认知

课题组通过问卷调查，掌握普通民众对于公积金制度本身的作用、公平性、透明性、规范性的看法，为今后住房公积金制度改革提供扎实有效的参考。首先本章统计分析了公众对住房公积金制度及管理条例的了解状况、公众对住房公积金制度作用的总体评价和公众对住房公积金制度公平性的认知，资料均来自课题组开展的问卷调查。

一、公众对住房公积金制度及管理条例的了解状况

公开规范的住房公积金制度需要建立在广大民众特别是公积金缴存人员对其全面深入了解的基础之上。如果公众对于住房公积金制度缺乏足够的了解，也就

难以做到真正的公开规范。图 11-1 反映的是受访者对公积金的了解程度,由数据比例可知,非常了解公积金的人数较少,占比仅为 4.41%;比较了解和了解程度一般的人数占比分别为 23.65% 和 30.02%,表明我国公积金相关知识普及较高;不太了解和不了解的人数占比分别为 24.26% 和 17.65%,这表明仍有相当一部分人对公积金相关知识了解匮乏。

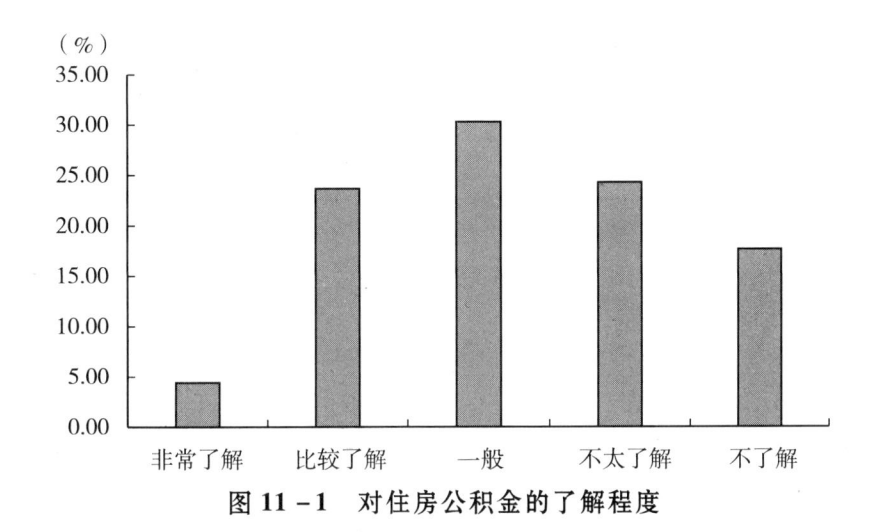

图 11-1　对住房公积金的了解程度

《住房公积金管理条例》是公积金管理的基础性文件,目前正在修订之中。公众对于该条例的了解与关注状况集中反映了其对制度本身的了解状况。如图 11-2 所示,调查统计数据表明,只有少数人对公积金管理条例有一定的了解,其中非常了解和比较了解所占比例分别为 2% 和 9%,还有多数人对公积金管理条例了解程度不高,其中了解一般、不太了解和不了解所占比例分别为 39%、25% 和 25%。

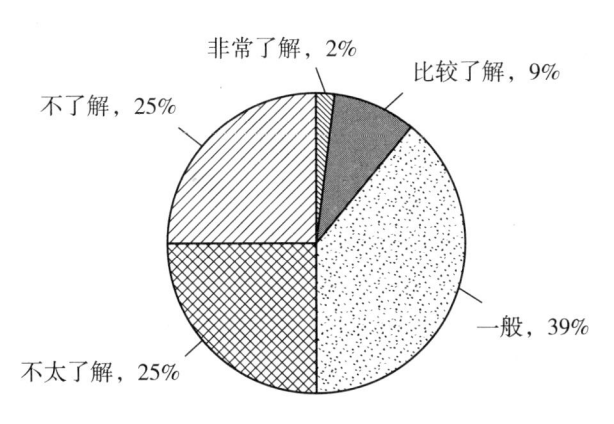

图 11-2　对住房公积金管理条例的了解程度

表 11-1 显示的是受访家庭对于我国住房公积金管理条例修改内容的了解程度，调查数据表明，只有少数人对公积金管理条例的修改内容有一定的了解，其中非常了解和比较了解所占比例分别为 2.21% 和 6.63%；还有多数人对公积金管理条例了解程度不高，其中了解程度一般、不太了解和不了解所占比例分别为 34.28%、29.24% 和 27.64%。

表 11-1　　　　对住房公积金管理条例修改内容的了解程度

了解程度	人数（人）	百分比（%）	累计百分比（%）
非常了解	18	2.21	2.21
比较了解	54	6.63	8.85
一般	279	34.28	43.12
不太了解	238	29.24	72.36
不了解	225	27.64	100
合计	814	100	

二、公众对住房公积金制度作用的总体评价

住房公积金建立以来，在多方面发挥了重要的经济社会功能。公众对住房公积金作用的认知通常会影响到他们缴存住房公积金的积极性。图 11-3 显示的是受访者对公积金的作用评价，其中，认为住房公积金作用很大、作用较大和作用一般的评价占比分别为 10%、25% 和 37%，这表明了大多数人认为公积金能够发挥一定的作用；但部分人并不看好住房公积金，认为其作用不大或者基本没有作用，占比分别为 13% 和 15%。

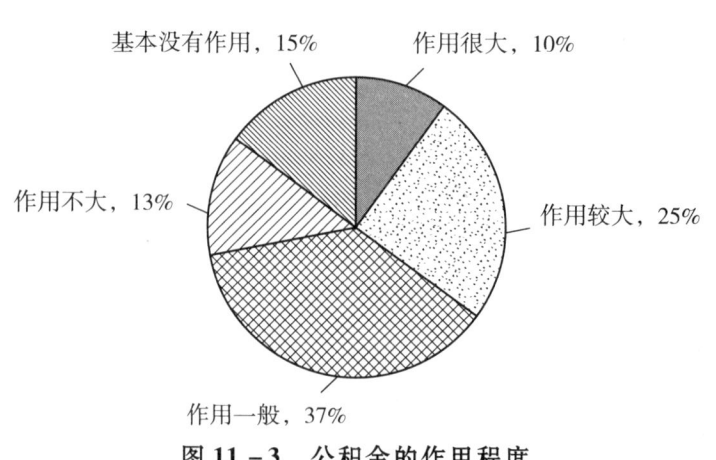

图 11-3　公积金的作用程度

究竟在民众心目中，公积金对于解决家庭住房问题起了怎样的作用？从图 11-4 来看，在住房公积金能否为大多数职工较快、较好地解决住房问题上，只有 8% 的受访家庭对此表示完全赞同，也有超过 1/4 的家庭比较赞同这一说法；很多家庭保持中立态度，这一比例达到 37%；还有累计近三成的受访家庭并不赞同这种说法。

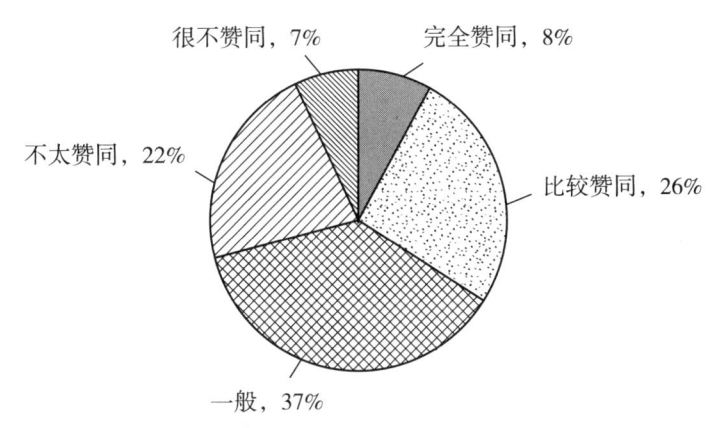

图 11-4 对公积金能够为大多数职工较快、较好地解决住房问题的看法

对住房公积金作用的认知通常也会影响到广大民众缴纳住房公积金的意愿。如图 11-5 所示，非常愿意或比较愿意缴纳住房公积金的人数超过 50%，仅有约 13% 的人不太愿意或很不愿意缴纳。又如图 11-6 所示，少数人认为单位有为职工缴纳住房公积金的意愿。相比较而言，认为单位为职工缴纳住房公积金的意愿较低的人数较多，而且受访者中认为单位为职工缴纳住房公积金的意愿程度一般的人数最多。

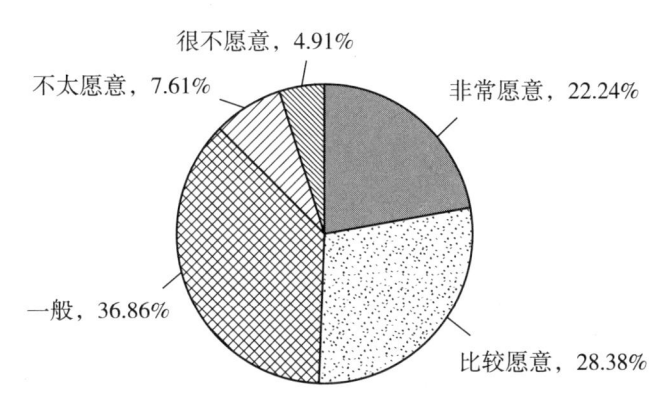

图 11-5 被访者是否愿意缴纳住房公积金

图 11-6　单位是否愿意为职工缴纳住房公积金

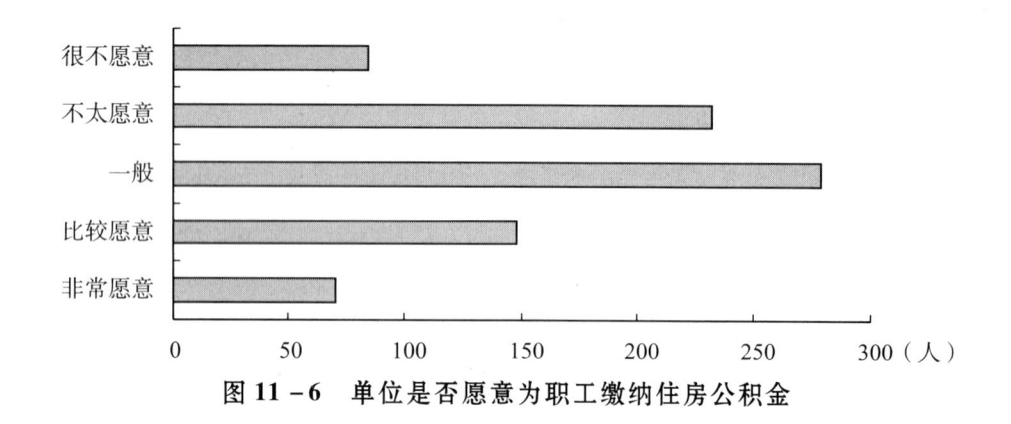

三、公众对住房公积金制度公平性的认知

住房公积金使用的公平性是近年来社会关注的突出问题。如图 11-7 所示，对住房公积金公平性评价的调查结果发现，约有一半受访家庭认为现行的住房公积金制度比较公平或者一般，所占比例分别为 16% 和 40%，只有极少数家庭认为住房公积金制度很公平，近 15% 的家庭认为其不太公平，还有 7% 左右的家庭认为公积金制度很不公平。由此可见，现行住房公积金制度的公平性有待商榷，还有很大一部分群体并不认可住房公积金制度。因此，加快完善我国住房公积金制度已成为当务之急。

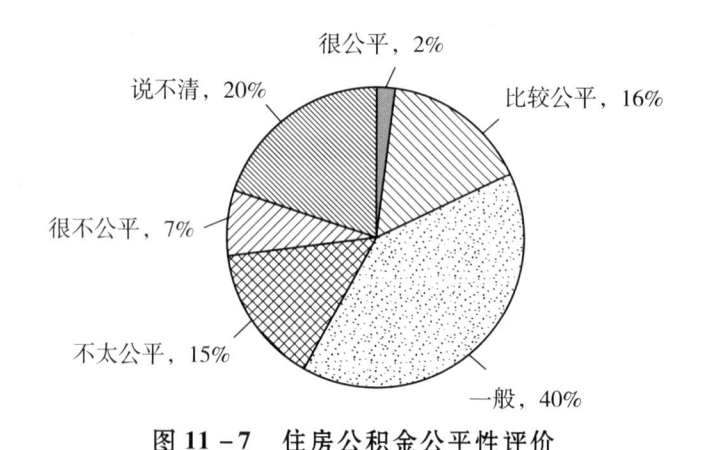

图 11-7　住房公积金公平性评价

就公积金是否存在"劫贫济富"嫌疑的看法而言，如图 11-8 所示，从调查数据来看，有一部分人赞同这种看法，其中非常赞同和比较赞同所占比例分别为 9% 和 18%，还有约 40% 的人看法保持中立。此外，还有一部分认为公积金并不存在"劫贫济富"的嫌疑，其中不太赞同、很不赞同该说法和其他观点的受访家

庭所占比例分别为 16%、4% 和 13%。

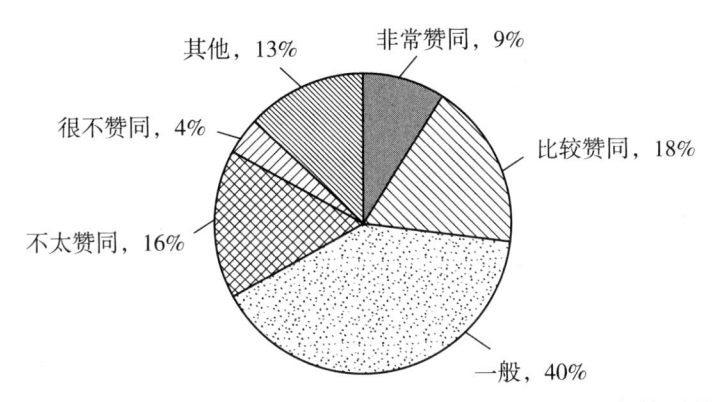

图 11-8　对住房公积金存在"劫贫济富"这一观点的看法

住房公积金出发点是为了实现社会住房公平，帮助一部分群体解决住房问题。对于"住房公积金是否有助于实现社会公平"这一问题，如表 11-2 所示，44% 的受访者认为是有帮助的，起到了一定的作用；约 23% 的受访者则持相反态度，认为不太有作用或者没有作用；此外，尚有约 4% 的受访者提出该制度会加剧社会不公平。

表 11-2　　　　　　　公积金是否有助于实现社会公平

看法	人数（人）	百分比（%）	累计百分比（%）
十分有助于	29	5.68	5.68
较为有帮助	88	17.22	22.9
一般	108	21.14	44.03
不太有作用	103	20.16	64.19
没有作用	19	3.72	67.91
加剧不公平	19	3.72	71.62
说不清	127	24.85	96.48
其他	18	3.52	100

由图 11-9 可知，在购买第三套或者以上的住房群体是否需要继续发放住房公积金贷款的问题上，多数人认为有需要继续发放住房公积金贷款，还有部分人认为视情况而定或者不清楚。

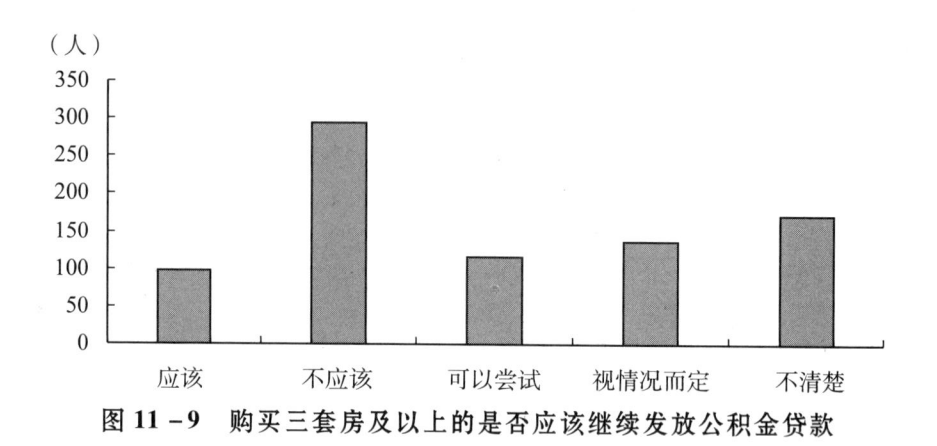

图 11-9 购买三套房及以上的是否应该继续发放公积金贷款

第二节 公众对住房公积金运行状况的认知

为了了解社会公众对住房公积金运行状况的认知和评价，本节针对公众关于住房公积金制度缴存范围的认知、住房公积金使用便捷性的认知和住房公积金的管理监督的认知进行了统计分析。

一、公众对住房公积金制度缴存范围的认知

扩大住房公积金缴存范围是近年来公积金制度改革的重点之一。了解公众心目中是如何看待住房公积金缴存范围和人群也是十分必要的。图 11-10 反映了被访者对于城镇个体工商户以及自由职业人员是否需要缴纳住房公积金的看法，结果表明，近半数受访者认为城镇个体工商户、自由职业人员有必要缴纳住房公积金，其中认为完全需要、比较需要和可以尝试缴纳公积金人数占比分别为 11%、12%、27%；有部分受访者认为应该区别对待，视情况而定，占比约为 36%；除此之外，还有部分人认为其不太需要或完全不需要，累计占比约为 14%。

根据目前公积金的使用现状，有人提出应该继续扩大我国住房公积金的使用范围，为此我们进行了相关调研，如图 11-11 所示，多数人认为我国个人住房公积金使用范围很小、较小或一般，占比约为 60%，仅有约 19% 的人认为我国个人住房公积金使用范围很大或较大，还有约 22% 的人对住房公积金的使用范围不清楚或者其他。

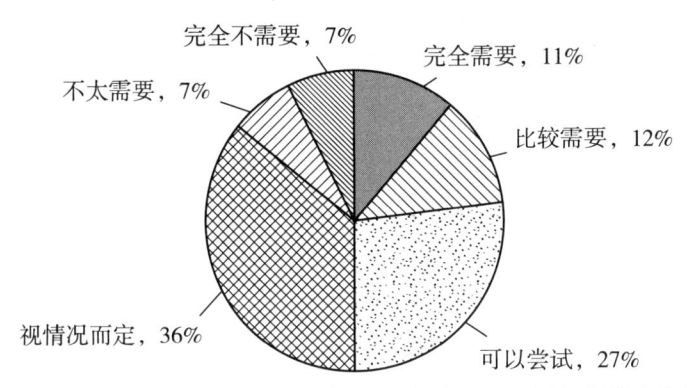

图 11-10 城镇个体工商户、自由职业人员是否需要缴纳公积金

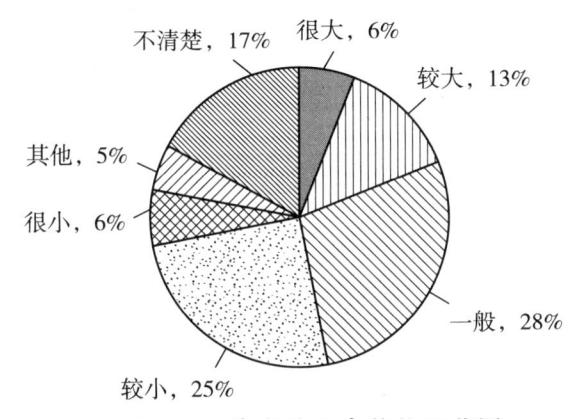

图 11-11 住房公积金的使用范围

图 11-12 显示的是受访者对于住房公积金使用范围是否需要进一步扩大的看法，统计数据表明，多数人认为我国个人住房公积金使用范围较小，其中认为公积金范围十分需要、比较需要进一步扩大的人数占比约为 60%；仅有约 6% 的

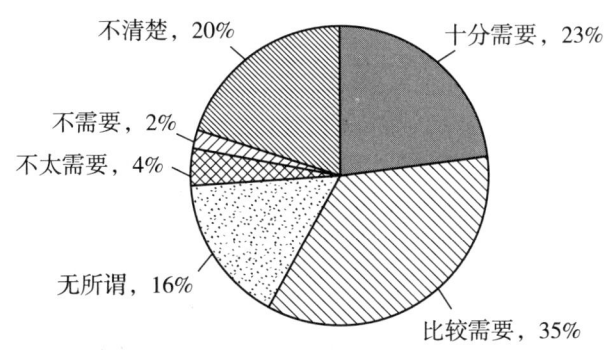

图 11-12 住房公积金的使用范围是否需要进一步扩大

人认为我国个人住房公积金使用范围很大,不太需要或不需要进一步扩大;还有约36%的人对住房公积金的使用范围是否需要进一步扩大表示不清楚或者持无所谓态度。

关于农村是否应该建立公积金制度这一问题,如图11-13所示,大多数人认为应该或者可以进行尝试,少部分的受访者认为不应该在农村建立公积金制度,还有部分的受访者对于在农村是否可以建立住房公积金制度这一问题并不清楚。

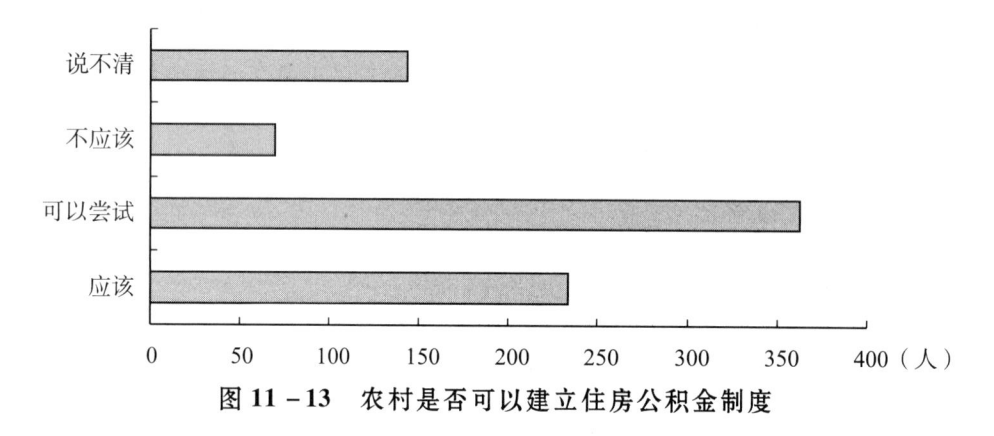

图11-13 农村是否可以建立住房公积金制度

如图11-14所示,相比较已缴存住房公积金家庭,近23%的家庭表示非常愿意将住房公积金以现金的形式可供自由支配,约30%的家庭对此也表示比较愿意。近两成的受访户保持中立,累计只有不到10%的家庭表示不太愿意或者不愿意。

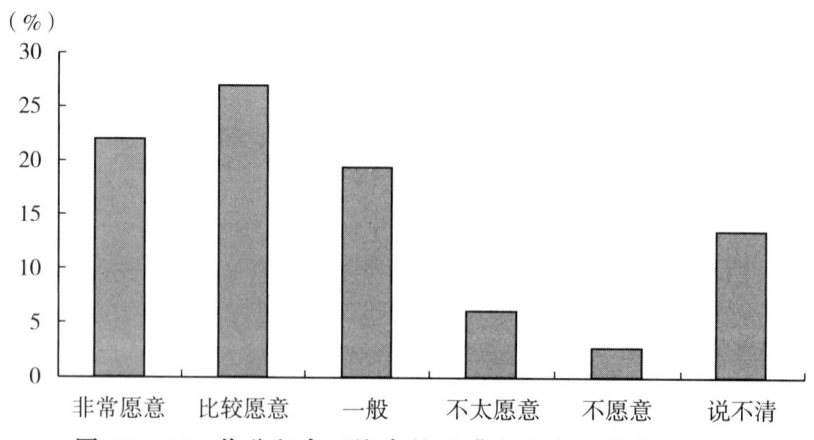

图11-14 将公积金以资金的形式自由支配的意愿程度

二、公众对住房公积金使用便捷性的认知

长期以来，有关住房公积金的提取、贷款既是群众关心的问题，也是管理条例修订完善的方向。针对这一问题，我们进行了专门调查。在办理公积金贷款手续的繁杂程度这一问题上，如图 11-15 所示，有 12% 的人认为办理贷款手续很复杂；有 23% 的人认为贷款手续比较复杂；还有相当一部分人认为办理住房公积金贷款手续繁杂程度一般或表示不清楚，占比分别为 28% 和 27%；除此之外，还有少数人认为贷款手续不太复杂或很便捷，占比分别为 9% 和 1%。

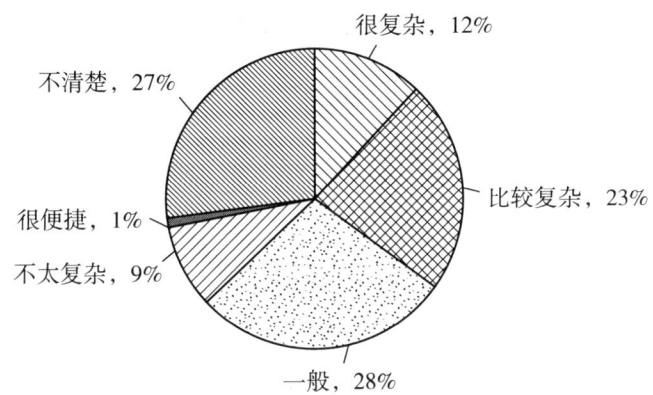

图 11-15 办理住房公积金贷款手续的繁杂程度

图 11-16 显示的是受访家庭对于提取和使用住房公积金方便程度的评价，在受访的家庭当中，超过 200 户认为其便利程度不高，近 90 户认为其很不方便，还有近 200 户家庭表示对此不清楚。只有 120 户左右的家庭认为提取和使用住房公积金很方便或比较方便。由此看来，还需要简化公积金的提取方式，使人们更好地使用公积金。

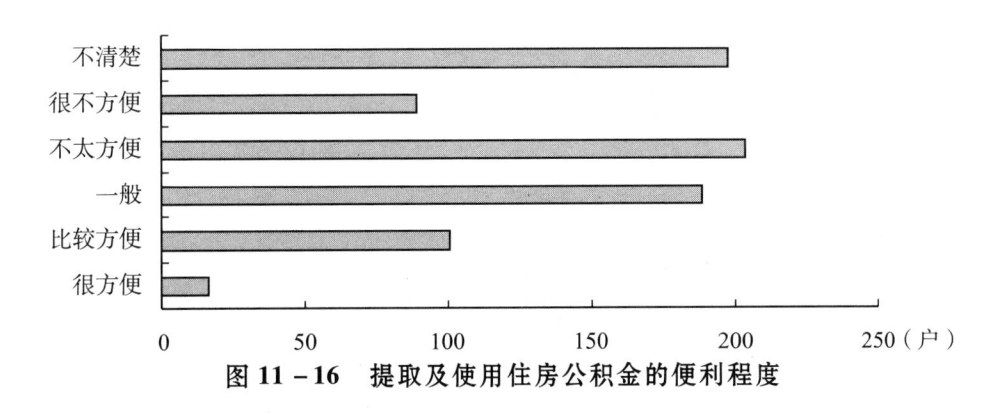

图 11-16 提取及使用住房公积金的便利程度

如表11-3所示，在住房公积金的使用效率方面，约有一半人认为其具有一定效率，其中，认为住房公积金使用效率很高、较高和一般的群体所占比例分别为3.08%、13.28%和33.09%。但仍有一部分家庭认为其效率低下，其中，认为较低和很低的家庭数所占比例分别为15.62%和9.23%。还有25.71%的人表示对公积金使用效率的状况不清楚。

表11-3　　　　　　　住房公积金的使用效率评价

使用效率	人数（人）	百分比（%）	累计百分比（%）
很高	25	3.08	3.08
较高	108	13.28	16.36
一般	269	33.09	49.45
较低	127	15.62	65.07
很低	75	9.23	74.29
不清楚	209	25.71	100

三、公众对住房公积金的管理监督的认知

居民是住房公积金的缴纳者，也是住房公积金的监督者，他们对于公积金管理和监督以及对相关制度的了解程度，直接影响着公积金的管理绩效。调查结果显示（见图11-17），针对住房公积金的管理方式，调查对象的了解程度有所不同。绝大部分的调查对象是不够了解的，约占87%，仅有约13%的调查对象了解住房公积金的管理方式。这就要求相关部门在今后要加大对公积金制度的宣传力度，营造良好的学习氛围，提高居民对公积金制度的认知度。

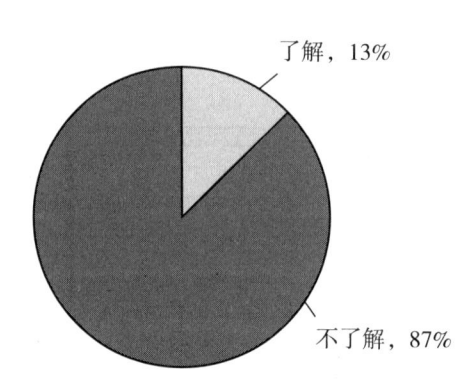

图11-17　对住房公积金管理方式的了解程度

如表 11-4 所示，在住房公积金管理委员会职责的了解程度上，目前绝大多数人对住房公积金管理委员会职责不了解，占比为 92.37%，仅有 7.63% 的人对住房公积金管理委员会职责的有所了解。

表 11-4　　　　对公积金管理委员会职责的了解程度

了解程度	人数（人）	百分比（%）	累计百分比（%）
了解	39	7.63	7.63
不了解	472	92.37	100

如图 11-18 所示，在住房公积金管理委员会人员构成的了解程度上，目前绝大多数人对住房公积金管理委员会人员构成不了解，占比约为 95%，仅有约 5% 的人对住房公积金管理委员会的人员构成有所了解。

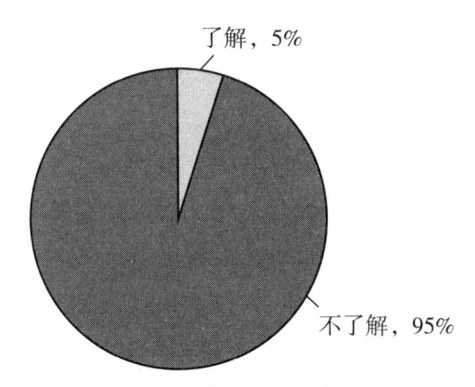

图 11-18　对住房公积金管理委员会人员构成的了解程度

如表 11-5 所示，极少数人对住房公积金管理委员会人员构成满意，其中十分满意、比较满意人员构成的人数占比约为 9%；但由于目前绝大多数人对住房公积金管理委员会人员构成不了解，所以不清楚人员构成的占比最高，占比约为 60%；还有约 32% 的人对住房公积金管理委员会人员构成不满意、不太满意或者无所谓。

表 11-5　　　对住房公积金管理委员会人员构成的满意程度

看法	人数（人）	百分比（%）	累计百分比（%）
十分满意	7	1.37	1.37
比较满意	38	7.45	8.82
无所谓	98	19.22	28.04

续表

看法	人数（人）	百分比（%）	累计百分比（%）
不太满意	47	9.22	37.25
不满意	16	3.14	40.39
不清楚	304	59.61	100

如图 11-19 所示，就住房公积金管理的透明程度而言，少数人认为住房公积金管理透明，其中认为很透明、比较透明构成的人数占比约为 12%；认为住房公积金管理透明一般的人数较多，占比为 27.84%；还有部分人认为住房公积金管理不透明或者不太透明，占比分别为 15.29% 和 4.9%；但多数人对住房公积金管理透明认识不清楚，占比约为 40%。

如表 11-6 所示，关于住房公积金的监督及审查是否需要继续加强这一问题，调查结果显示，超过 61% 的人认为需要进行这一措施，其中 23.81% 的人认为急需加强；相反，认为无需继续加强力度的比率仅不到 7%。

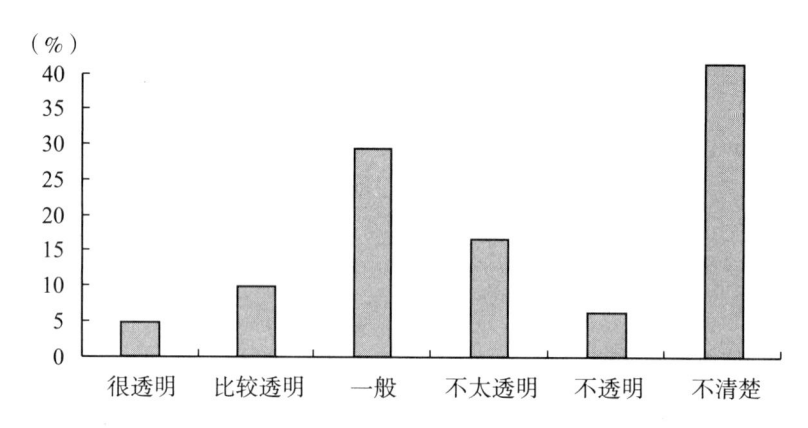

图 11-19 住房公积金管理的透明程度

表 11-6 住房公积金的监督及审查是否需要加强

看法	人数（人）	百分比（%）	累计百分比（%）
急需加强	120	23.81	23.81
较为需要	192	38.1	61.9
无所谓	56	11.11	73.02
不太需要	25	4.96	77.98
不需要	6	1.19	79.17
不清楚	105	20.83	100

第三节 基于公众认知的总结反思和改进方向

住房公积金制度是为了解决城市居民住房建设问题而建立的。在居民消费中用于住房消费的比例过低这一传统体制下，住房公积金抓住住房供需矛盾的症结所在，要求居民对住房消费进行"强制性定向储蓄"，经过一段时间的积累，职工就可以根据自己的能力、需求和偏好用货币化的收入在逐步形成的房屋市场上自主地购房。并且通过互助形式来实现资金的大规模归集。这一制度既是中国住房建设制度的一种创新，也是中国金融领域的一次创新。随着中国房地产市场的发展和新型城镇化进程的加速，住房公积金制度的功能定位也在适应形势逐步转变。一方面，住房公积金的制度在不断完善，其政策性金融的功能日益增强；另一方面，住房公积金的社会作用也在不断拓展，不再局限于住房。住房公积金的金融特性与社会保障功能结合在一起，在推进新型城镇化的战略进程中，能够发挥独特而重要的促进作用。事实上，无论是公积金主管部门还是基层管理机构，都在积极地探索公积金和地方住房金融在新型城镇化建设中的途径和方式。通过课题组调查分析，发现在公积金制度的完善过程中，政府相关部门与社会公众之间在认知上还存在着一定差距，把握这一差距是进一步修订《住房公积金管理条例》的基础。

具体来说，下列认知状况需要得到重视，并与之进行有效的沟通与解决。

（1）无论是缴存住房公积金的民众，还是没有缴存住房公积金的民众，对于住房公积金制度和《住房公积金管理条例》及其修订都了解有限。通常来说，民众对相关条例的了解不足会限制相关制度效能的发挥。为此，建议公积金管理部门增大对住房公积金制度的普及和传播力度，让更多人了解、关注和参与到住房公积金制度的完善中。

（2）虽然大多数人认为公积金能够发挥一定的作用，但部分人并不看好住房公积金，认为其作用不大或者基本没有作用。相比较而言，认为单位为职工缴纳住房公积金的意愿较低人数较多。可见，在完善住房公积金制度的过程中，需要深入协调公积金管理部门、用人单位和职工三者的关系，引导三者追求共同利益。

（3）公平使用住房公积金是社会关注的一个话题。调查表明，现行住房公积金制度的公平性有待提高。从公平性角度来看，还有很大一部分群体并不认可住房公积金制度。因此，加快完善我国住房公积金制度已成为当务之急。

（4）在关于扩大住房公积金范围上，多数人认为我国个人住房公积金使用范围很小、较小或一般。同时，近半数受访者认为城镇个体工商户、自由职业人员有必要缴纳住房公积金。关于农村是否应该建立公积金制度这一问题，大多数人认为应该或者可以进行尝试。

（5）在公积金的具体使用效率上，有相当一部分人认为办理住房公积金贷款手续繁杂程度一般。不过，在受访的家庭当中，仍有约 1/4 的家庭认为其便利程度不高。显然，在这一问题上，依然存在着很大的提升空间。

（6）对于住房公积金制度的建立历史，接近 85% 的受访者并不了解。可见对于这一知识的普及，尚有待提高。针对住房公积金的管理方式，调查对象的了解程度有所不同。绝大部分的调查对象是不够了解的。同时，绝大多数人对住房公积金管理委员会人员构成不了解。在住房公积金的监督及审查是否需要继续加强这一问题上，调查结果显示，超过 61% 的人认为需要进行这一措施。不过，如何发动公众积极参与监管住房公积金的使用，提升其效率，还需要在实践中大胆创新，持续探索。

第十二章

住房公积金制度满意度评价

完善公积金制度,推动制度变革需要从住房公积金制度本身出发,考察居民对住房公积金制度的政策满意度,并根据影响制度满意度的主要因素做出相应调整,使更多居民受益于这一政策,从而提高公积金制度的作用效果和运行效率,并实现住房公积金制度的可持续发展。因此,研究和分析住房公积金制度的满意度情况,不仅有助于改善居民居住福祉,提高居民生活水平,而且具有极其重要的现实意义。

第一节 住房公积金制度满意度的特征分析

一、住房公积金制度满意度的研究进展

住房公积金制度的满意度是指居民基于自身标准对于住房公积金制度做出的满意评价。虽然满意度作为一种主观评价,但因评价主体的个人特征存在一定的差异,现有的文献,关于住房公积金制度的满意度评价较为少见,大多文献集中于分析住房满意度的影响因素。伊贝姆和阿杜沃(2013)采用住房结构、居住环境、住宅管理、社会经济人口统计等31个指标综合评价居民的居住满意度。莫希特等(2010)研究发现住房特征、配套设施以及居住环境对住房满意度有显著

的正向影响，而自身的个体特征则显著降低了住房满意度。黄忠华和杜雪君（2015）研究发现公租房类型、居住环境以及居民所处的社会环境会对住房满意度产生重要影响。埃斯佩兰萨和维多利亚（2008）则认为收入对住房满意度有正向影响，此外是否就业、相互交流、社区类型等同样会影响住房满意度。

近年来，国内学者对于住房满意度的考察主要通过对城镇居民和农村居民进行入户问卷调查。对于城镇居民而言，目前研究集中在住房条件、居住环境和社区配套设施对住房满意度的影响。湛东升等（2014）以北京市为例，采用因子分析法并构建结构方程模型，探究了居民满意度和人口流动的相互关系，发现住房条件、居住环境和社区配套以及交通情况对住房满意度有着重要影响。李培（2010）同样以北京小区居民为调查对象，通过抽样调查利用有序 Oprobit 模型，分析了个人特征、社会特征以及住房特征对居民居住满意度的影响，发现周边配套设施欠缺、地理位置偏僻、职住分离、物业管理较差等降低了居民居住满意度。闫建（2014）以重庆公租房的居民为调查对象，研究发现社区环境、子女小学教育提高了住房满意度，学前教育、公共安全、医疗卫生、文化体育等影响了居民居住满意度。谭清香、张斌（2015）通过对农户的调查问卷发现居住环境、住房质量的改善能有效提升农村居民的居住满意度。居祥（2017）利用徐州市的调查问卷数据，通过因子分析法和构建 Logistic 回归模型分析影响居民政策满意度的 12 个因素，发现住房面积、户籍以及住房公积金或住房补贴对保障房政策的居民满意度产生重要影响。

综上所述，当前的相关文献主要集中在评价居民的住房满意度上，对于住房公积金或者其他政策的满意度分析并不多，因此为了解住房公积金实施效果有必要分析住房公积金政策的满意度评价。鉴于此，本章针对住房公积金制度的满意度评价，主要从以下两个方面进行研究：首先，建立住房公积金制度的满意度测量模型，对影响公积金制度满意度的主要因素（公积金作用效果、使用效率、贷款额度满意度、贷款年限满意度）进行了分析；其次，针对居住情况，考察住房公积金制度对于居民居住满意度的影响。

二、住房公积金制度满意度现实表现

住房作为居民安身立命之所，"住有所居"更是当前中国亟待解决的民生问题。住房公积金政策通过收入保障和低贷款利率为居民家庭提供基本的住房保障，从某种程度而言，居民对住房公积金政策的满意度评价能够反映居民的住房居住效果和住房公积金制度的改革成效。因此，研究住房公积金的政策满意度以及影响因素，对提升居民住房满意度具有重要意义，并能为完善住房公积金制度提供一定的现实依据。

住房公积金制度的满意度评价是居民对目前实行住房公积金政策的认知和直观感受。为了能够客观全面测度居民的住房公积金政策满意度，本章在国内外文献研究的基础上，基于缴纳住房公积金和住房公积金贷款两个维度，从住房公积金使用效率、住房公积金作用效果、住房公积金贷款额度满意度、住房公积金贷款年限满意度四个方面分析居民对住房公积金制度的满意程度。

居民根据个人特征和家庭情况对现行住房公积金制度政策做出判断（见图12-1）。从居民缴纳意愿和公积金作用效果对比来看，居民缴纳住房公积金意愿比较高（约为59%），但是总体上缴纳意愿和公积金的作用效果并不完全匹配，从两者关系上来看，缴纳意愿和公积金的作用效果具有较强的正相关关系。说明住房公积金有一定的作用效果，缴纳住房公积金的居民能够获得公积金贷款和福利收入，因而能够提高居民政策满意度。

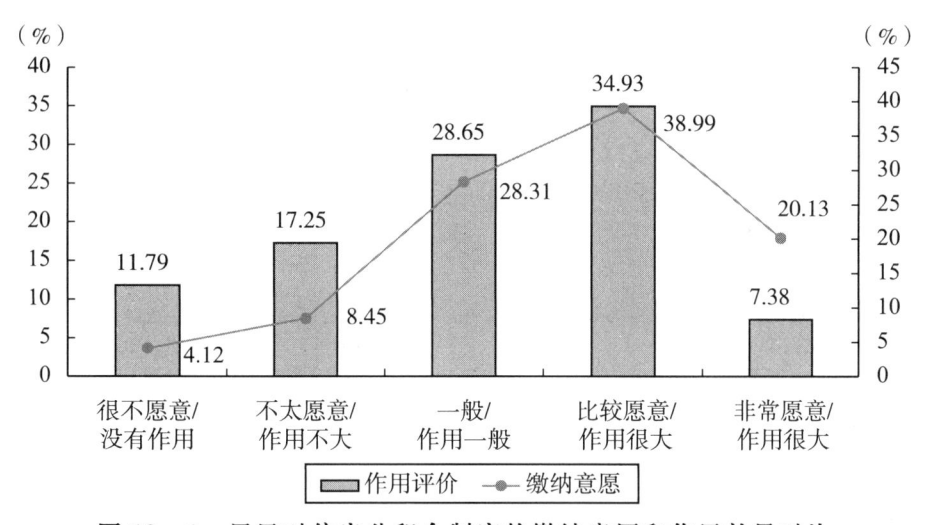

图 12-1 居民对住房公积金制度的缴纳意愿和作用效果对比

从住房公积金政策方面来看，我们用满意（有作用和效率高）、一般以及不满意（没有作用和效率低）来分析居民在政策使用过程中的评价。根据对问卷调查的统计（见表12-1），认为住房公积金作用大的约占42%，仅有约29%的居民认为公积金作用小，相比多数人认为住房公积金还是有一定的效果。但公积金的使用效率总体而言不是很高，认为公积金效率高的居民约占22%，认为公积金效率低的居民约占37%，说明公积金的使用效率并不是很理想。从住房公积金贷款方面分析，约有1/3的居民对于贷款额度和贷款年限不清楚，还有近1/3对贷款额度和贷款年限感觉一般，同向比较，对贷款额度和贷款年限感到满意的居民比不满意要多，这里不满意居民中有部分是因为未利用公积金贷款，因而对于贷款政策并不了解。

其他居民对现行公积金贷款政策总体上是满意的,但可能由于政策存在不完善的地方,无法兼顾大部分人的利益,所以不能做到让所有人都满意。此外,在所有的类别中,居民对住房公积金贷款政策满意度一般的占比极大,说明居民对于现行的公积金制度没有持极端否定态度,只有部分人群由于对制度本身认识不够或者其他原因而对住房公积金感到不满意,但不可否认,该项制度还是满足了部分居民的居住需求,只是在某些方面还需要完善。

表12-1　　　　　　　　住房公积金政策的居民评价表

	满意程度	所占比重（%）		满意程度	所占比重（%）
住房公积金作用效果	没有作用	11.79	住房公积金使用效率	效率很低	23.42
	作用不大	17.25		效率较低	13.77
	作用一般	28.65		效率一般	40.66
	作用较大	34.93		效率较高	18.29
	作用很大	7.38		效率很高	3.86
住房公积金贷款额度	不清楚	30.6	住房公积金贷款年限	不清楚	36.32
	非常不满意	3.9		非常不满意	3.79
	不太满意	10.09		不太满意	8.36
	一般	35.17		一般	36.1
	比较满意	18.73		比较满意	14.43
	十分满意	1.51		十分满意	1

第二节　住房公积金缴纳与贷款满意度的实证分析

基于上述分析和国内外文献研究的基础上,为了能够比较全面、准确地测度居民对住房公积金制度的满意程度,了解不同因素对公积金满意度的影响,下面从缴纳住房公积金和住房公积金贷款两个维度定量分析居民对住房公积金制度的满意程度,采用概率模型进行回归分析,得到住房公积金政策的满意度评价。

一、数据与模型设定

(一) 数据来源与分析

本章研究所采用的数据来自课题组 2016 年城市居民问卷调查,本次调查采取随机抽样和分层抽样法,在全国 25 个城市通过走访调查的形式对不同性质的单位和不同户籍、不同职位的工作者进行调查,调查共发放问卷 2 000 份,并回收有效问卷 1 833 份,回收率为 91.65%。调查问卷主要分为两个部分,第一部分主要分析居民的个人、经济以及家庭特征;第二部分主要涉及居民当前的住房情况以及对住房公积金的认知。由于问卷包含内容较多,一些问题出现漏答、错答的情况,为了能有效利用问卷信息,本章剔除了部分错误、遗漏问卷。因此,在分析相关满意度时,各个问题的样本量可能存在差别。

居民对住房公积金制度的满意度因不同因素而存在差别,本章将个人、家庭因素如性别、年龄、收入、受教育程度、家庭人口等列入考虑。同时,为了最大限度地测度住房公积金制度的满意度水平,从问卷调查数据中选取了住房公积金作用效果、使用效率、贷款额度、贷款年限以及居住满意度作为衡量公积金政策满意度的被解释变量。此外,本章研究发现缴纳住房公积金和住房公积金贷款均能提高居民的居住生活水平,因此,将缴纳住房公积金和住房公积金贷款作为模型的核心解释变量。具体内容及相关变量如表 12-2 所示。

表 12-2 变量的描述性统计

变量名称	变量说明	均值	标准误	最小值	最大值
住房公积金	有公积金 =1,无公积金 =0	0.69	0.46	0	1
住房公积金贷款	有公积金贷款 =1,无公积金贷款 =0	0.28	0.45	0	1
性别	男 =1,女 =0	0.59	0.49	0	1
婚姻	已婚 =1,其他 =0	0.70	0.46	0	1
年龄	以调查问卷填写为准	35.61	11.25	18	80
工作年限	以调查问卷填写为准	13.26	10.88	0	52
受教育程度	初中及以下 =1,高中/中专/职高 =2,大专/高职/本科 =3,研究生及以上 =4	2.61	0.85	1	4

续表

变量名称	变量说明	均值	标准误	最小值	最大值
户籍	城镇 =1，农村 =0	0.70	0.46	0	1
家庭人口	以调查问卷填写为准	3.88	1.34	0	15
家庭收入	1 万元以下 =1，1 万~2 万元 =2，2 万~5 万元 =3，5 万~10 万元 =4，10 万~20 万元 =5，20 万~50 万元 =6，50 万~100 万元 =7，100 万~200 万元 =8，200 万元以上 =9	4.10	1.15	1	9
存款情况	1 万元以下 =1，1 万~5 万元 =2，5 万~10 万元 =3，10 万~20 万元 =4，20 万~50 万元 =5，50 万~100 万元 =6，100 万~200 万元 =7，200 万~500 万元 =8，500 万~1 000 万元 =9，1 000 万元以上 =10	3.18	1.45	1	10
负债状况	无负债 =1，1 万~5 万元 =2，5 万~10 万元 =3，10 万~20 万元 =4，20 万~50 万元 =5，50 万~100 万元 =6，100 万元以上 =7	1.93	1.55	1	7
单位宿舍	单位宿舍 =1	0.10	0.31	0	1
租住商品房	租住商品房 =1	0.30	0.46	0	1
住在父母、亲友家中	住在父母、亲友家中 =1	0.37	0.48	0	1
租住政策性住房	租住政策性住房 =1	0.03	0.18	0	1
居住面积	以调查问卷填写为准	2.22	0.91	1	4
居住满意度	非常不满意 =1，不太满意 =2，一般 =3，比较满意 =4，非常满意 =5	3.49	0.91	1	5
贷款额度满意度	不清楚 =0，非常不满意 =2，不太满意 =3，一般 =4，比较满意 =5，非常满意 =6	3.12	1.58	1	6
贷款年限满意度	不清楚 =0，非常不满意 =2，不太满意 =3，一般 =4，比较满意 =5，非常满意 =6	2.92	1.59	1	6
城市	一线城市 =1，二线城市 =2，三线城市 =3，四线城市 =4	2.70	1.02	1	4

（二）模型设定

由于本章中满意度为序数形式，模型采取李克特五分法[①]，将满意度由"非常不满意"到"非常满意"采用 1~5 相应的序数来表示。不同居民在评价住房公积金制度的满意度时，会得出不同的评价结果，考虑到本章中的被解释变量满意度为多元有序离散变量，这种离散选择无法运用传统的线性模型回归。因此，本章采用有序 Probit（Ordered Probit Model，简称 Oprobit）模型作为估计住房公积金制度满意度模型。

本章选取的重要解释变量是住房公积金和住房公积金贷款，为了深入分析居民对住房公积金政策的满意度评价，模型设定如下所示：

$$y_i^* = \alpha \cdot x_i + \beta \cdot controls_i + \varepsilon_i \tag{12.1}$$

其中，满意度用 y^* 表示，它是可观测变量 y 的映射，并依赖于解释变量 x_i，$controls_i$ 表示控制变量，包括性别、年龄、婚姻、户籍、工作年限、受教育程度、收入水平、家庭人口等，α、β 为待估参数，下标 i 表示样本序号，$\varepsilon_i \sim N(0, \sigma^2 I)$ 表示随机干扰项。因此，关于满意度 y^* 与可观测变量之间的关系可以表示为：

$$y_i = \begin{cases} 1, & \text{如果 } y^* \leq \mu_1 \\ 2, & \text{如果 } \mu_1 < y^* \leq \mu_2 \\ 3, & \text{如果 } \mu_2 < y^* \leq \mu_3 \\ 4, & \text{如果 } \mu_3 < y^* \leq \mu_4 \\ 5, & \text{如果 } y^* \leq \mu_4 \end{cases} \tag{12.2}$$

在公式（12.2）中，$\mu_1 < \mu_2 < \mu_3 < \mu_4$ 为待估参数，潜在变量 y^* 是关于满意度和控制变量的线性回归结果。当潜在变量 y^* 低于临界值 μ_1 时，表示受访者非常不满意，满意度赋值为 1。随着潜在变量值不断升高，受访者的满意程度上升，当潜在变量 y^* 高于临界值 μ_4 时，表示受访者非常满意，满意度赋值为 5。假设随机干扰项服从标准正态分布，即当 $\varepsilon \sim N(0, 1) f(D) > 0$ 时，Oprobit 模型的累计函数分别表示为：

$$P(y = 1 \mid x) = \Phi(\mu_1 - \alpha x)$$
$$P(y = 2 \mid x) = \Phi(\mu_2 - \alpha x) - \Phi(\mu_1 - \alpha x)$$

[①] 具体变量设置：非常不满意 =1，不满意 =2，一般 =3，满意 =4，非常满意 =5，其中，公积金贷款额度和贷款限制设置：不清楚 =1，非常不满意 =2，不满意 =3，一般 =4，满意 =5，非常满意 =6。

$$P(y=3\mid x) = \Phi(\mu_3 - \alpha x) - \Phi(\mu_2 - \alpha x)$$
$$P(y=4\mid x) = \Phi(\mu_4 - \alpha x) - \Phi(\mu_3 - \alpha x)$$
$$P(y=5\mid x) = 1 - \Phi(\mu_4 - \alpha x) \tag{12.3}$$

二、实证结果与分析

（一）居民对住房公积金和住房公积金贷款的满意度分析

首先本章利用 Oprobit 模型来分析住房公积金和住房公积金贷款的政策满意度，模型的估计结果如表 12-3 所示，表 12-3 第（1）、（2）列分别显示了住房公积金的作用效果和使用效率评价。其中，住房公积金的系数为正且在 1% 的水平上显著，说明住房公积金与住房公积金作用效果和使用效率（有效果或效率高表示满意）呈正相关，居民对政策的满意程度随着住房公积金的拥有而上升。换言之，缴纳公积金的居民对公积金政策较为满意，这与前文的趋势图分析较为一致。住房公积金作为住房保障体系的重要组成部分，它是由单位和个人按比例共同出资，相当于一种工资福利，间接提高了居民的家庭收入，拥有住房公积金的居民能借此获得基本的住房保障，其作用效果和使用效率直接反映了居民的切身体会。

表 12-3　住房公积金和住房公积金贷款的居民满意度估计结果

变量名称	Oprobit1	Oprobit2	Oprobit3	Oprobit4
住房公积金	0.722*** (0.079)	0.722*** (0.080)		
住房公积金贷款			0.477*** (0.070)	0.294*** (0.072)
性别	-0.006 (0.060)	0.086 (0.061)	0.020 (0.061)	0.008 (0.062)
未婚（对照组：其他）	-0.372 (0.213)	0.200 (0.231)	-0.320 (0.207)	-0.146 (0.221)
已婚	-0.153 (0.212)	0.189 (0.228)	-0.220 (0.202)	-0.099 (0.214)

续表

变量名称	Oprobit1	Oprobit2	Oprobit3	Oprobit4
年龄	0.024*** (0.008)	0.022*** (0.008)	0.022*** (0.008)	0.032*** (0.008)
工作年限	-0.024*** (0.008)	-0.022*** (0.008)	-0.028*** (0.008)	-0.028*** (0.008)
初中及以下（对照组：本科以上）	-0.229 (0.148)	-0.112 (0.149)	-0.423*** (0.140)	-0.534*** (0.143)
高中/中职	0.036 (0.122)	-0.020 (0.121)	-0.040 (0.118)	-0.391*** (0.121)
大专/本科	0.000 (0.095)	0.125 (0.094)	-0.013 (0.095)	-0.127 (0.097)
户籍	0.136* (0.077)	0.220*** (0.078)	0.290*** (0.076)	0.355*** (0.078)
家庭人数	-0.015 (0.024)	-0.029 (0.024)	0.061** (0.024)	0.062** (0.024)
家庭收入	-0.064** (0.030)	0.034 (0.031)	0.054* (0.030)	0.118*** (0.031)
资产情况	-0.034 (0.024)	-0.024 (0.024)	0.039 (0.024)	0.069*** (0.024)
负债状况	0.118*** (0.019)	0.067*** (0.018)	-0.012 (0.019)	0.086*** (0.020)
城市	-0.021 (0.028)	0.033 (0.028)	0.041* (0.028)	0.010 (0.029)
N	1 381	1 381	1 407	1 407

注：括号内数字为标准误，***、**和*分别表示在1%、5%、10%的水平上具有统计显著性，回归的截断点未列出来。

住房公积金贷款额度与个人还贷能力、房价以及住房公积金余额有关，而住房公积金贷款年限则依赖于退休年龄和居民购置的住房属性，因此，不同居民对于公积金贷款政策的满意程度有所差别。表12-3第（3）、（4）列分别显示了住房公积金贷款额度满意度和住房公积金贷款年限满意度情况，由回归结果可以看出住房公积金贷款的系数值为正，说明公积金贷款能显著提高居民的政策满意度。作为公积金贷款的受惠群体，低利率的住房公积金贷款有效降低了居民的家庭购房负担,利用住房公积金贷款的居民对公积金贷款额度和贷款年限比较满意。

其他的控制变量,年龄对住房公积金政策满意度具有显著的正向影响,我们认为受访者年龄越大,可能越在意"住有所居",追求基本的安身立命之所,因而对于改善居住条件的住房保障制度更为认同,从而促进制度满意度的提升。城镇户籍能够显著提高居民住房公积金政策满意度,当前缴纳公积金的主要群体为城镇居民,住房公积金受惠群体并未涵盖农村居民,如农民工以及其他外出流动人口。相比之下,城镇居民对住房公积金认知更为全面客观,因而具有较高的满意度评价。同时,低学历人群(初中及以下)比高学历人群(硕士及以上)有着更高的住房公积金满意度,可能的解释是低学历人群从事相对简单的体力劳动,对于生活和住房水平要求不高,更容易得到满足,随着学历的增加,高学历人群可能变得更为"挑剔",变得不容易满足。居民的工作年限对于公积金政策的满意度有负向影响,一般而言,工作时间越长缴存的公积金余额越多,公积金贷款的限制也越少,理论上工作年限应与公积金政策满意度呈现正相关关系。这里限于样本量小的缘故,我们无法对此作深入分析,不能给出较为合理的解释。此外,居民婚姻情况、家庭特征、城市区域特征对住房公积金政策满意度影响不一,性别和部分中高学历人群对公积金政策满意度的影响基本不显著。

(二)住房公积金和住房公积金贷款对居住满意度的影响分析

为了验证公积金政策满意度结果的稳健性,本章以居住满意度为被解释变量间接测度居民对住房公积金制度的满意度评价。作为对照,表12-4和表12-5选取相同的变量,采用Ologit进行估计,结果显示,Ologit与Oprobit模型的回归结果非常接近,说明模型的估计结果具有较强的稳健性。

表12-4　　　　　住房公积金的居住满意度估计结果

变量名称	Oprobit5	Oprobit6	Oprobit7	Ologit
住房公积金		0.317*** (0.092)	0.185* (0.103)	0.423** (0.184)
居住面积		0.217*** (0.061)	0.194*** (0.064)	0.381*** (0.116)
单位宿舍(对照组:其他)		-1.006*** (0.181)	-0.974*** (0.200)	-1.822*** (0.361)

续表

变量名称	Oprobit5	Oprobit6	Oprobit7	Ologit
租住商品房		-0.901*** (0.144)	-0.944*** (0.170)	-1.828*** (0.302)
住在父母、亲友家中		-0.409*** (0.124)	-0.368** (0.156)	-0.728*** (0.272)
租住政策性住房		-0.653** (0.264)	-0.583** (0.276)	-1.136** (0.473)
性别	0.020 (0.087)		0.112 (0.094)	0.253 (0.164)
未婚（对照组：其他）	1.944*** (0.424)		1.847*** (0.505)	3.411*** (0.886)
已婚	1.648*** (0.417)		1.705*** (0.496)	3.196*** (0.871)
年龄	-0.010 (0.010)		-0.016 (0.012)	-0.029 (0.020)
工作年限	0.042*** (0.011)		0.028** (0.012)	0.055*** (0.020)
户籍	0.141 (0.088)		-0.007 (0.100)	-0.124 (0.179)
家庭收入	0.117** (0.047)		0.141*** (0.051)	0.245*** (0.090)
资产情况	0.080** (0.036)		0.104*** (0.039)	0.155** (0.069)
负债状况	0.002 (0.066)		0.009 (0.069)	0.064 (0.121)
家庭人数	-0.049 (0.035)		-0.068* (0.037)	-0.137** (0.065)
城市	0.115*** (0.039)	0.065* (0.041)	0.080* (0.042)	0.147** (0.074)
N	654	621	603	603

注：括号内数字为标准误，***、**和*分别表示在1%、5%、10%的水平上具有统计显著性，回归的截断点未列出来。

表 12-5　　　　　住房公积金贷款的居住满意度估计结果

变量名称	Oprobit8	Oprobit9	Oprobit10	Ologit
住房公积金贷款		0.438*** (0.159)	0.417*** (0.160)	0.711*** (0.275)
性别	0.013 (0.087)	0.003 (0.088)	0.004 (0.088)	0.006 (0.154)
未婚（对照组：其他）	1.739*** (0.431)	1.775*** (0.432)	1.834*** (0.433)	3.356*** (0.744)
已婚	1.501*** (0.418)	1.472*** (0.418)	1.550*** (0.419)	2.888*** (0.722)
受教育程度	0.081 (0.057)	0.048 (0.058)	0.071 (0.059)	0.136 (0.103)
年龄	-0.013 (0.010)	-0.011 (0.011)	-0.008 (0.011)	-0.021 (0.019)
工作年限	0.046*** (0.011)	0.044*** (0.011)	0.040*** (0.011)	0.081*** (0.019)
家庭收入	0.102** (0.047)	0.105** (0.047)	0.116** (0.048)	0.208** (0.083)
负债状况	0.003 (0.066)	0.011 (0.068)	0.004 (0.068)	0.016 (0.116)
户籍	0.103 (0.093)	0.079 (0.093)	0.065 (0.094)	0.086 (0.164)
家庭人数	-0.040 (0.035)	-0.029 (0.035)	-0.038 (0.035)	-0.076 (0.061)
资产情况	0.069* (0.036)	0.072** (0.036)	0.077** (0.036)	0.107* (0.063)
城市			0.120*** (0.039)	0.211*** (0.068)
N	654	650	650	650

注：括号内数字为标准误，***、**和*分别表示在1%、5%、10%的水平上具有统计显著性，回归的截断点未列出来。

表12-4显示了住房公积金对于居住满意度影响的估计结果。其中，第

(1)、(2) 列分别展示了居民个人、家庭特征和住房公积金及住房特征变量对居住满意度的影响。第（3）列显示各因素对居住满意度的影响。下面我们以第（3）列为例来分析模型估计结果。住房公积金的系数为正且显著，说明拥有住房公积金能够显著提高居民的居住满意度，很容易理解，住房公积金具有很强的福利收入效应，缴纳公积金能给人带来幸福感和满足感，更多的住房公积金直接增加居民的收入储蓄，因而可能使居民对于住房情况更为满意。

表12-5显示了住房公积金贷款对于居住满意度影响的估计结果。其中，第（1）、（2）列未控制城市区域差异，第（2）列在第（1）列的基础上加入了住房公积金贷款变量，第（3）列则进一步控制公积金贷款变量和城市区域特征。这里我们也以第（3）列作为估计结果分析。模型回归显示，住房公积金贷款能够显著提高居民居住满意度。相比商业贷款，住房公积金贷款利率更低，贷款限制更少，降低了居民的资产负担，可能使得居民对于住房情况更为满意。

同时，居住面积也对居民住房满意度有着正向影响，居住面积的增加意味着家庭成员拥有更大居住空间，能够增强居民住房舒适度，因而可能提升居住满意度。相反，家庭人口越多，每个成员可居空间越少，显得居住空间更加拥挤，因此家庭人口的增加降低居民住房的满意度。相比离异等情况，未婚和已婚居民对居住满意度更高，显而易见，未婚的自由独立性和已婚的安全稳定性都有可能提升居民的居住满意度。工作年限、家庭收入、储蓄资产、城市都对居民居住满意度产生显著影响，可能是因为这些特征都具有很强财富效应，能够直接改善居民的居住环境，并增加了居住的可选择性。对比一、二线城市较高的房价和生活水平，三、四线城市居民财富的收入效应直接影响到居民居住的幸福感和满足感。此外，性别和负债情况对居民居住满意度影响不显著，这可能是样本量过小的缘故。

第三节 住房公积金制度满意度的提升路径

住房公积金制度的满意度评价作为一种主观评判，在一定程度上能够反映住房公积金制度的实施效果，而只有了解住房保障家庭对于当前运行的住房公积金制度的满意度评价情况，才能有针对性地完善住房公积金制度，进而提高住房公积金制度的实施效果。

因此，在利用课题组2016年全国数十个城市的居民调查数据基础上，通过构建有序Probit模型从微观层面分析了住房公积金制度的满意度情况及其影响因素。研究发现，住房公积金的缴纳意愿和公积金的作用效果并不完全匹配，总体上居民对于住房公积金政策的满意度评价并不是很高，在控制了个人特征、家庭特征和区域特征之后进一步分析住房公积金对居住满意度的影响，分析表明，住房公积金和住房公积金贷款对居民居住满意度存在显著的正向影响。此外，对比离异等群体，未婚和已婚居民拥有较高的居住满意度。同时，工作年限、家庭收入、储蓄资产也是提高居民住房满意度的主要因素。

基于以上分析，本章提出如下政策建议：扩大住房公积金制度的覆盖面，进一步完善户籍制度，将农村居民群体纳入住房公积金受惠范围；收入对住房公积金满意度有着较大的影响，应把中低收入群体作为住房公积金的主要保障对象，向中低收入群体倾斜福利，并根据不同家庭资产属性实行有差别的住房公积金政策。

第五篇

管理体制与机构效能

住房公积金管理委员会在住房公积金管理体系中处于核心地位，住房公积金管理中心的日常运行依赖于管委会制定的具体措施，而且需要报请管委会批准，管委会通过住房公积金管理中心进而也可以影响其他住房公积金管理机构的运作。了解住房公积金管理委员会与住房公积金管理中心的基本职能、机构效能以及公众对这两个机构的认知，不仅是改善住房公积金制度的基础，也是科学确立住房公积金管理体制的重要条件。

为此，本篇将集中研究住房公积金管理委员会属性与公众认知、住房公积金管理中心运行与公众认知以及住房公积金管理体制改革三个问题，前两个问题是对机构运行的具体分析，后一个问题是对未来改革的思考。

在"第十三章：住房公积金管理委员会的属性与公众认知"中，首先介绍了住房公积金管理委员会的建立历史、职能和法律属性；其次分析了住房公积金管理委员会的决策有效性；再次分析了社会公众对住房公积金管理委员会的认知状况；最后进行了深入讨论并提出相关改善建议。

在"第十四章：住房公积金管理中心的运行与公众认知"中，首先，介绍了住房公积金管理中心的历史、职责和内部结构；其次，阐述了住房公积金管理中心面临的现实挑战；再次，分析管理中心不同认知维度对制度作用评价的影响；最后，提出了管理中心向政策性住宅机构发展的可行路径。

在"第十五章：住房公积金管理体制改革"中，首先分别介绍了住房公积金的市管理体制、住房公积金的全省统一管理体制和住房公积金的全国统管体制的各自利弊；其次基于住房公积金制度的功能定位，深入讨论了住房公积金管理体制改革的方向。

第十三章

住房公积金管理委员会的属性与公众认知

住房公积金管理的决策机构设立自1999年,当时称为"住房委员会",经2002年《住房公积金管理条例》修改后更名为住房公积金管理委员会(下文简称管委会),并且沿用至今。了解管委会的基本职能、权责和法律属性,了解社会公众对管委会的总体认知,是改善和创新管委会的基础条件。

第一节 管委会的属性与决策有效性

管委会在住房公积金管理体系中发挥着关键作用,自成立以来,不但承担着制定和调整住房公积金的具体管理措施、拟定缴存比例、确定最高贷款额度、审批归集和使用计划、审议增值收益分配方案以及审批归集和使用计划执行情况报告的职能;在最新修订过的《住房公积金管理条例》(下文简称《条例》)中,又赋予其审议呆坏账、审议年度报告的职责。

从图13-1可知,管委会在住房公积金管理体系中处于核心地位,住房公积金管理中心的日常运行依赖于管委会制定的具体措施,而且需要报请管委会批准;管委会通过住房公积金管理中心进而也可以影响其他住房公积金管理机构的运作。由此可见,管委会在住房公积金管理体系中处于核心位置,其决策是否科学直接关系到住房公积金制度的兴衰成败。

一、对管委会的相关研究

作为具有政府背景的决策机构,住房公积金管理委员会应具有广泛性、专业性和权威性,然而在其实际运作中,却出现了地位不明确(路君平等,2013)、权责不明确(周威、叶剑平,2009)、成员的代表性不够(陈友华,2014)、决策的监督缺位和不到位(王先柱、张志鹏,2015)等一系列问题,如果这些问题得不到很好解决,那么以促进城镇住房建设、提高城镇居民生活水平的目的将难以实现,广大城镇居民仍旧被日益高涨的房价问题所困扰,不利于"住有所居"政策目标的实现。基于此,相关研究人员纷纷建言献策,从监管方面、决策方法方面以及管理体系建设方面入手,力图解决管委会当前的缺陷(刘洪玉,2011)。

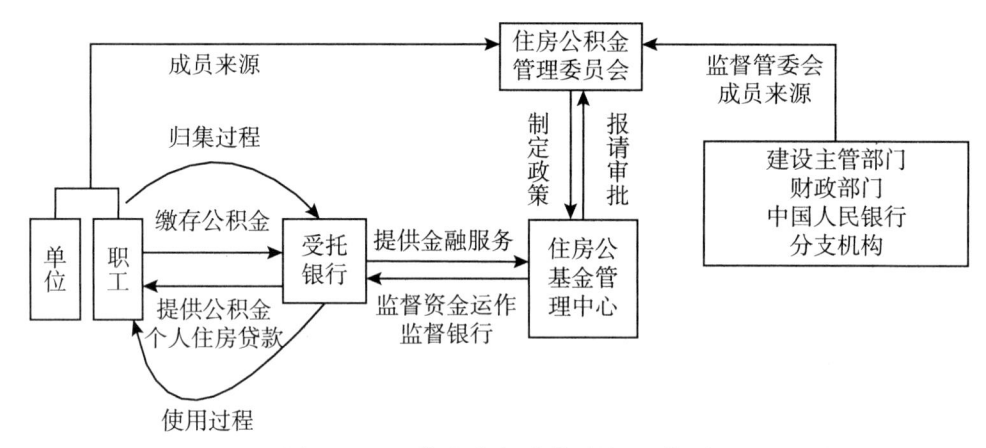

图 13-1 住房公积金管理与运作图

但是,目前鲜有文献对管委会作出全面论述,而且相关的研究多从宏观着笔,缺乏微观数据的支持,其论述难免偏于主观。针对上述情况,我们拟从管委会属性、决策有效性以及机构运行效果三个方面对管委会进行分析,并结合住房公积金制度调查问卷,找出管委会运行中存在的问题,并提出技术上可能、经济上合理、法律上允许、操作上可执行、进度上可实现和政治上能被有关各方所接受的政策建议,推进与完善我国住房公积金管理体系。

二、管委会的基本属性

《住房公积金管理条例中》中明确规定:"直辖市和省、自治区人民政府所在地的市以及其他设区的市(地、州、盟),应当设立住房公积金管理委员会,作为住房公积金管理的决策机构,并赋予其制定和调整具体管理措施等诸多权力。"关于管委会的属性问题,不同专家学者都曾作出自己的论述,从人员构成来看,管委会可以认为是按照"三三制"建立起来的,也就是有关专家、单位代表以及职工代表各占 1/3,以保证决策的科学性和代表性(曾筱清、翟彦杰,2006);从管理方式来看,住房公积金管理机构是一种契约型基金模式的住房公积金管理机构,管委会成员由广大缴存者和相关利益方共同选举产生,并且具有投票权,可以对管委会的运作产生影响(夏恩德、石璋铭,2009);从利益相关方的关系来看,管委会与广大缴存者之间存在决策委托关系,其原因是缴存者人数众多,无法集中行使委托权力,需要管委会代为行使(李珍、孙永勇,2004)。

但是,不难看出,尽管从"三三制"的人员构成来看兼顾了各方的利益,但三方力量并不均衡,各地基本上以政府官员为主,单位代表以及职工代表很少甚至没有人员能够参与其中(夏恩德、石璋铭,2009),因此"三三制"名存实亡。同时,契约基金模式目的是追求和实现投资收益,然而住房公积金主要获利渠道为风险低的存款和投资国债,盈利能力有限,因而契约型基金模式也并不符合当前公积金管理现状。再者,决策委托关系中委托方公积金缴存者与代理方公积金管理委员会之间缺乏必要的参与约束与激励机制,决策委托关系并不稳固,代理方的利益跟决策结果没有必然联系,因而其权力行使缺乏来自委托方的压力,所以委托代理关系并不成立。

管委会是代表广大缴存者行使权力的决策机构,承担着制定管理措施、拟定缴存比例、确定额度以及审批报告等职责;与之相似,董事会同样代表全体股东行使决策权力,决定公司生产经营计划和投资方案、制定公司基本管理制度。由此可见,管委会与董事会拥有类似的权力,都代表各自的经济利益主体发挥决策作用,因而管委会可以看作董事会的一种形式。不过,董事会需要向股东大会报告工作,通过股东大会的投票和表决可以选举和罢免董事会的人员;而管委会受到省、自治区人民政府建设行政主管部门会同同级财政部门以及中国人民银行分支机构的管理和监督,具有浓厚的政府背景,普通缴存者很难对管委会决策施加影响。根据上述分析可以得出,管委会是具有董事会外核以及行政事业单位内核的决策机构。

三、管委会的决策有效性

（一）管委会的人员构成不合理

《条例》中指出："住房公积金管理委员会的成员中，人民政府负责人和建设、财政、人民银行等有关部门负责人以及有关专家占1/3，工会代表和职工代表占1/3，单位代表占1/3。""住房公积金管理委员会主任应当由具有社会公信力的人士担任。"专家和政府部门的人参与可以保证决策的科学性以及权威性，单位代表的加入可以有力推动管委会决策的落实，而工会代表和职工代表的参与更是体现出管委会决策的广泛性。

这项看似合理的人员构成体系在实际执行中却不尽如人意。首先，住房公积金管理委员会主任应当由具有社会公信力的人士担任，但是实际上，管委会主任以及副主任多由同级别的政府官员兼任，使得社会公信力跟权力挂上了钩；其次，工会代表以及职工代表应占总人数的1/3，不过现实中管委会成员中罕有普通职工的身影，难以保证决策的广泛性；最后，管委会成员多由政府人员以及单位领导兼任，由于精力分散，决策的合理性难以得到保障。由上述分析可知，尽管管委会现有的人员构成体现了权威性，有利于推动决策的实施，然而其民主性以及科学性却无从谈起。

（二）管委会与公积金缴存者之间信息沟通不畅

管委会代表广大缴存者行使决策权力，其制定的各项政策应充分考虑到缴存者的利益，在了解缴存者对于管委会的认知情况以及尊重缴存者的意见的前提下再制定决策。同样，广大缴存者也只有对管委会有一定了解的基础上并且拥有畅通的反馈渠道，把自己的意见传达给管委会，才能使管委会的决策具有民主性和合理性。由表13-1可以看出，缴存者对住房公积金管理体系了解程度较低，其中对管委会相关情况的了解程度更不理想；同时从表13-1中也可以得知，缴存者对了解管委会的积极性不足，很少关注公积金政策的发布情况。出现这种情况的原因可能是：一者，普通缴存者很难有机会参与到管委会决策中去，自己的意见难以传达到管委会，因而缺乏了解的积极性；再者，纵观各地住房公积金网站以及其他相关媒介，基本是由管理中心负责，管委会的决策信息也只有通过管理中心的媒介才能得以了解，缺少同缴存者的相互反馈、交流，决策缺乏合理性。

表 13-1　　　　　　　　缴存者对管委会了解情况

变量描述	均值	标准误	变量赋值
您了解我国的住房公积金管理条例吗？	1.51	1.04	不了解=0，不太了解=1，一般=2，比较了解=3，非常了解=4
您了解我国的住房公积金管理条例的修改内容吗？	1.38	1.03	不了解=0，不太了解=1，一般=2，比较了解=3，非常了解=4
您了解检举私自挪用住房公积金等贪腐现象的渠道吗？	0.99	0.80	不了解=0，不太了解=1，比较了解=2，很了解=3
您是否了解管委会的职责？	0.12	0.32	不了解=0，了解=1
您是否了解住房公积金的管理方式？	0.11	0.32	不了解=0，了解=1
您是否了解管委会的人员构成情况？	0.1	0.30	不了解=0，了解=1
您登录城市住房公积金网站吗？	0.48	0.60	没有登录=0，很少登陆=1，经常登录=2
您对住房公积金相关政策信息关注度如何？	1.3	0.86	不关注=0，很少关注=1，偶尔关注=3，经常关注=3

（三）管委会的决策机制缺陷

首先，管委会权责不明确，根据《条例》第三十九条规定："住房公积金管理委员会违反本条例规定审批住房公积金使用计划的，由国务院建设行政主管部门会同国务院财政部门或者由省、自治区人民政府建设行政主管部门会同同级财政部门，依据管理职权责令限期改正。"从中可以看出，管委会决策的错误成本较小，这使得管委会在决策时可以不受顾忌，一旦出现决策风险，无人为之买单；其次，现实中常常出现住房公积金管理中心"代替"管委会决策的情况，使得管委会的决策成为一纸空文；最后，由于信息获取能力、掌握知识程度以及话语权的差异，管委会中政府官员居于绝对的优势，管委会成为其一言堂，公积金的公平性和公益性难以维护。

（四）对管委会监督的缺失

根据《条例》第五章对监管的规定及内容设计可知，尽管对管委会的监督包含行政监管、审计监管以及社会监管，央行、银监会等诸多政府机构都参与其中，然而在实践中，监管效果却不尽如人意。出现这种情况的原因：一是多头监管等于不管；各个监管机构多为平级部门，各有各的立场和利益，针对监管问题难以形成统一的意见。二是监管部门专业性欠缺；对公积金的监管主要以建设部门为主，然而由于其部门的工作性质，对管委会的监管并非其专长，难以承担监管任务。三是社会监督的缺位；现有的法律条例对社会监管的保障很少，普通缴存者由于专业知识不足以及行动力较弱，难以起到监督作用，而且管委会的信息披露不透明，对其监管更是困难重重。

第二节　公众对管委会的认知评价

广大缴存者是住房公积金的主要受益群体，住房公积金的产生就是为了解决他们的住房问题、支持住房保障，因此了解缴存者对于管委会的评价情况，倾听民意、汇集民声，以缴存者的视角发现管委会决策机制中存在的不足之处，通过研究相关对策来解决其关注的问题。因子分析法是现代经济研究中一种重要的方法，也是对样本进行评估的常见手段。本章选取四类共16个变量指标，采用因子分析法中降维的思想，把诸多变量转化成少数具有代表性变量进行统计分析，并量化成因子得分来衡量管委会的运行效果。

一、居民对管委会评价的因子分析

为了研究全国居民对住房公积金管理的认知情况，课题组将基于不同居民的社会特征、经济特征、文化特征、居住特征对全国一、二、三线城市进行问卷调查，并按照一、二、三线对全国各地的典型城市进行抽样调查，剔除无效样本，共选取了509个样本。样本基本覆盖了不同性别、年龄、教育程度、收入状况以及其他特征的居民，具有一定的代表性（见表13-2）。

表13-2　　　　　　　变量测量与描述性统计分析

变量类别	变量含义	变量符号	均值	标准误	变量赋值
总体评价	效率	X1	1.99	0.75	效率很低=0，效率较低=1，效率一般=2，效率较高=3，效率很高=4
	公平性	X2	1.97	0.80	很不公平=0，不太公平=1，一般=2，比较公平=3，很公平=4

续表

变量类别	变量含义	变量符号	均值	标准误	变量赋值
总体评价	作用	X3	1.99	0.81	基本没作用=0，作用不大=1，作用一般=2，作用较大=3，作用很大=4
	安全感	X4	2.09	0.84	很不放心=0，不太放心=1，一般=2，比较放心=3，十分放心=4
了解度	职责	X5	0.12	0.32	不了解=0，了解=1
	人员构成	X6	0.10	0.30	不了解=0，了解=1
	管理方式	X7	0.11	0.32	不了解=0，了解=1
	查询方式	X8	0.12	0.33	不了解=0，了解=1
满意度	提取便利程度	X9	1.97	0.77	很不方便=0，不太方便=1，一般=2，比较方便=3，非常方便=4
	人员构成	X10	1.97	0.75	不满意=0，不太满意=1，无所谓=2，较为满意=3，非常满意=4
	额度限制	X11	1.99	0.74	不满意=0，不太满意=1，无所谓=2，较为满意=3，非常满意=4
	贷款年限	X12	1.95	0.81	不满意=0，不太满意=1，无所谓=2，较为满意=3，非常满意=4
透明度	监管	X13	1.36	0.82	急需加强=0，较为需要=1，无所谓=2，需要=3
	管理	X14	1.26	0.69	不透明=0，不太透明=1，一般=2，透明=3
	关注度	X15	1.05	0.61	不关注=0，很少关注=1，偶尔关注=2，经常关注=3
	检举渠道	X16	1.01	0.61	不了解=0，不太了解=1，比较了解=2，很了解=3

首先，利用 Stata 14 软件对选取的上述 16 个变量进行标准化处理，然后进行相关度分析可知，各个指标之间具有较强的相关性，同一类别的各个变量之间相关度更强。

同时，在因子分析之前，需要通过 KMO 检验来测度样本充分度，检验变量间偏相关大小，Barelett 球形检验用来测度相关矩阵是否为单位矩阵，验证是否适合因子分析。若 KMO 小于 0.5，则无法可以进行因子分子；若 KMO 值介于 0.5 和 0.6 之间，则勉强可行；若 KMO 值介于 0.6 和 0.7 之间，则效果适中；若

KMO 值介于 0.7 和 0.8 之间，则效果较好；若 KMO 值大于 0.8，则效果良好。公众对管委会评价 KMO 值为 0.944，通过了样本充足度检测（见表 13-3）。显著性为 0，原假设不成立，说明变量之间相关性强，适合因子分析。从表 13-3 中可知，卡方值远大于自由度，Barelett 检验可以通过。

表 13-3　　　　　　　KMO 和 Barelett 球形检验结果

检验	项目	结果
KMO 检验	KMO 值	0.944
Barelett 球形检验	近似卡方值	1 720.538
	自由度	120
	显著性水平	0.000

按照特征值大于 1 的原则提取出 2 个公共因子，如表 13-4 所示，前两个公共因子的累计方差贡献率达到 94.13%，已经包含了变量的绝大部分信息。

表 13-4　　　　　　　各因子的特征值及方差贡献率

Factor	Variance	Difference	Proportion	Cumulative
Factor1	7.18507	3.87018	0.6442	0.6442
Factor2	3.31489	2.49778	0.2972	0.9413
Factor3	0.81711	0.50422	0.0733	1.0146
Factor4	0.31289	0.23287	0.0281	1.0426
Factor5	0.08002	0.04911	0.0072	1.0498
Factor6	0.03091	0.01389	0.0028	1.0526
Factor7	0.01702		0.0015	1.0541

通过表 13-5，可以看出第一个公因子对 X1、X2、X3、X4 以及 X9、X10、X11、X12、X13、X14、X15、X16 这 12 个指标解释能力较强，均超过了 0.55；第二个公因子对 X5、X6、X7、X8 具有较强的解释能力。而且进一步可以看出，第一个公因子所对应的指标为总体评价、透明度以及满意度，代表了样本中 64.42% 的信息量，是对管委会评价的首要因子，可以命名为"评价因子"；第二个公因子覆盖了了解度的具体信息，因而可以命名为"了解因子"。

表 13 – 5　　　　　　　　　旋转后的因子载荷矩阵

Variable	Factor1	Factor2	Factor3	Factor4	Factor5	Factor6	Factor7	Uniqueness
X1	0.8427	0.3013	-0.1056	-0.1018	-0.0036	-0.0345	0.0596	0.1729
X2	0.7982	0.2959	-0.1706	0.3428	0.0034	-0.0239	-0.0007	0.1282
X3	0.8353	0.2647	-0.1627	0.3052	0.0392	0.0194	-0.0014	0.1106
X4	0.7981	0.2768	0.1434	-0.081	0.111	-0.0856	0.0048	0.2396
X5	0.3283	0.7772	0.0396	0.0147	-0.0166	-0.0096	0.0069	0.286
X6	0.3421	0.7639	-0.0368	0.0103	-0.0238	-0.0271	-0.015	0.2964
X7	0.3471	0.7699	0.0388	0.038	0.0009	0.0185	-0.0327	0.2824
X8	0.2074	0.5362	0.0759	0.0334	-0.012	-0.0558	0.0512	0.6568
X9	0.8148	0.3344	-0.0514	-0.0296	-0.198	0.029	0.0064	0.1806
X10	0.8526	0.2598	-0.1304	-0.075	-0.0044	-0.0075	-0.059	0.1794
X11	0.83	0.3291	-0.0625	-0.1279	-0.0205	-0.0397	-0.0223	0.18
X12	0.7834	0.3197	-0.1664	-0.1829	-0.0297	0.0338	0.033	0.2198
X13	0.6224	0.1961	0.5759	0.0085	0.0587	0.0314	0.0109	0.2379
X14	0.6351	0.2679	0.5408	0.0331	-0.0635	0.0172	-0.0254	0.2264
X15	0.5657	0.4758	-0.0687	-0.0137	0.0896	0.1069	0.0406	0.4276
X16	0.5572	0.4423	-0.1988	-0.1576	0.0956	0.0289	-0.0442	0.4177

$$F_n = \sum_{i=1}^{16} \beta_i X_i \quad n = 1, 2 \tag{13.1}$$

通过表 13 – 6 得出的各个样本系数以及赋值后的变量值代入公式 (13.1)，得出两个公共因子的样本得分情况，然后以两个公共因子各自的方差贡献率占总方差贡献率的比重为权重加权求和，得出各个样本的综合得分，其表达式为：

$$F = \frac{0.6442 \times F_1 + 0.2972 \times F_2}{0.9413} \tag{13.2}$$

表 13 – 6　　　　　　　　　　因子得分系数

Variable	Factor1	Factor2	Factor3	Factor4	Factor5	Factor6	Factor7
X1	0.16462	-0.05956	-0.11611	-0.27537	0.04663	-0.13886	0.2896
X2	0.1094	-0.01988	-0.15672	0.7198	-0.06689	-0.17672	0.00532
X3	0.21451	-0.1229	-0.20619	0.65815	0.26538	0.19516	-0.0006
X4	0.11082	-0.04038	0.15863	-0.14392	0.31009	-0.2786	0.01425

续表

Variable	Factor1	Factor2	Factor3	Factor4	Factor5	Factor6	Factor7
X5	-0.12399	0.35695	0.02996	0.02386	-0.01426	-0.0441	0.02759
X6	-0.11806	0.33284	-0.021	0.00705	-0.04888	-0.07864	-0.03271
X7	-0.11524	0.34659	0.0246	0.04246	0.02357	0.06181	-0.07107
X8	-0.04142	0.11544	0.02722	0.02642	-0.01337	-0.06656	0.06943
X9	0.11645	-0.02179	-0.02343	-0.07135	-0.74289	0.13663	0.03594
X10	0.17188	-0.10858	-0.14028	-0.23383	0.0287	-0.01208	-0.29613
X11	0.15054	-0.03314	-0.067	-0.28962	-0.01679	-0.15214	-0.10016
X12	0.10525	-0.01527	-0.1646	-0.31681	-0.03081	0.14982	0.11243
X13	0.10768	-0.06085	0.50744	0.04241	0.12388	0.11974	0.05444
X14	0.08746	-0.01031	0.51772	0.0547	-0.13456	0.02853	-0.08805
X15	-0.00628	0.10091	-0.02865	-0.04347	0.16455	0.20857	0.0794
X16	0.00385	0.08037	-0.11308	-0.14613	0.16409	0.07776	-0.08899

从图13-2可以看出，公众对管委会的总体评价大体呈正态分布，人数最多的集中在[6，7)区间内，并且差异较为显著。

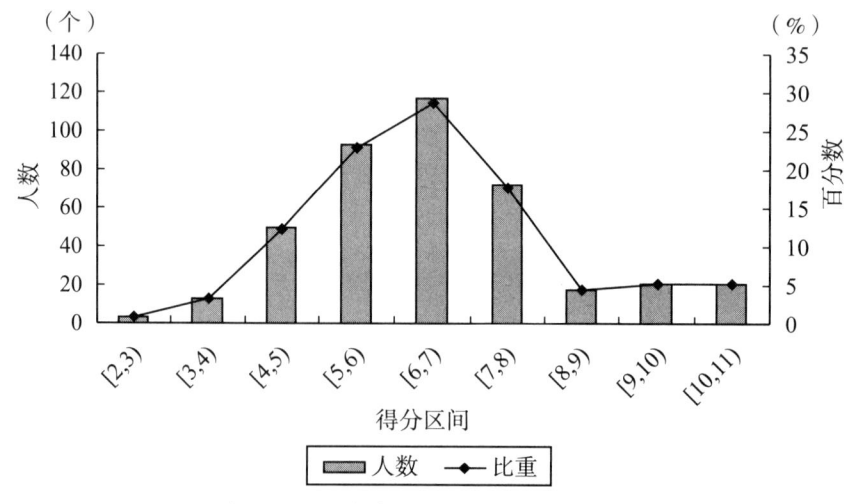

图13-2 公众的因子得分总体情况

二、管委会认知的群体差异分析

不同户籍、收入、城市划分及有无自有住房的居民对公积金管委会评价结果存在明显差异。具体表现在如下几个方面：其一，城镇居民对管委会的认可度高于农村居民，这说明公积金确实起到了住房保障作用，因而城镇居民对管委会持更优态度（见图13-3）。其二，在收入差异方面，中高收入者比低收入者有着更高的管委会评价，这反映出在高企的房价面前，低收入者缺乏购房经济实力，即便有公积金的帮扶但也只能"望楼兴叹"；而中高收入者自身具有较强的住房支付能力，在公积金的支持作用下更易实现购房目标（见图13-4）。其三，在有无自有住房方面，已购住房的群体因其获益于公积金，其对公积金的认可进而促使其对管委会认同度更高（见图13-5）。其四，在城市类别方面，一线城市居民及三线城市居民对管委会的评价均高于二线城市，其中二线城市的得分最低，这可能由于近年来二线城市的房价增长迅速，购房压力随之较快上升，而公积金的增长幅度难以跟得上房价增幅，故而会对管委会产生不满；一线城市由于相对较高的待遇，各项住房保障措施的出台以及居民的低心理预期，对管委会的评价往往较好（见图13-6）。

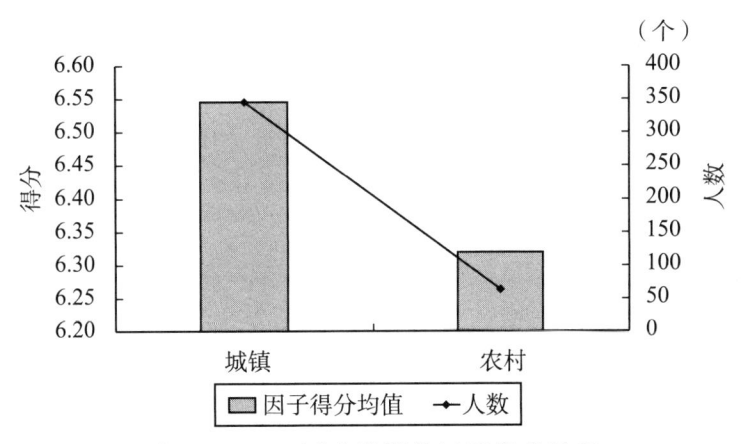

图13-3 不同户籍群体因子得分情况

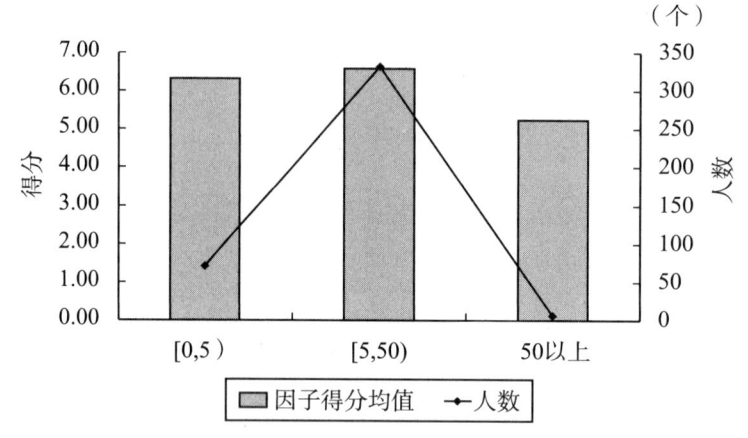

图 13-4　不同收入群体因子得分情况

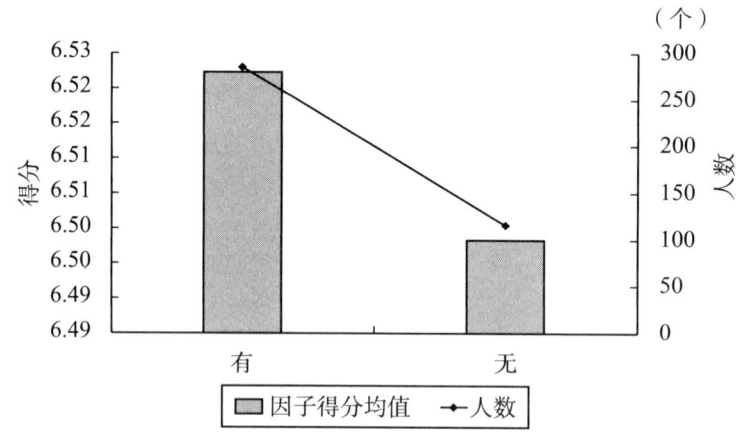

图 13-5　有无自有住房群体因子得分情况

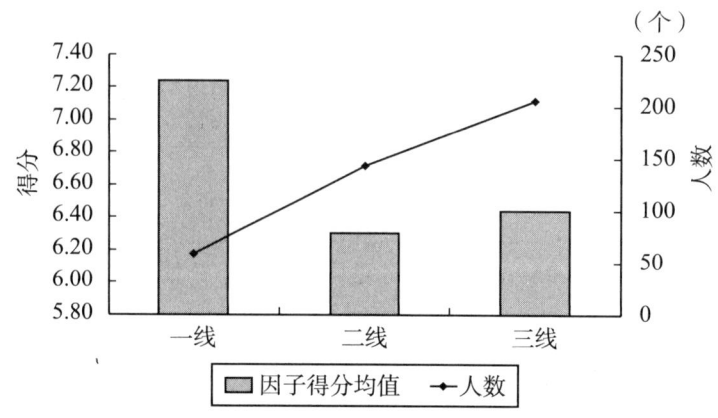

图 13-6　不同类别城市因子得分情况

三、公众对管委会认知的实证研究

为了衡量了解度、满意度以及透明度对公众总体评价的影响,采用因子综合得分作为被解释变量,了解度、满意度以及透明度中最具代表性的指标(分别为职责、人员构成以及管理方式)作为解释变量,以户籍、收入、有无自有住房以及有无公积金等作为控制变量,实证分析公众对管委会总体评价的影响因素(见表13-7)。

表13-7　　　　　　　　　样本的经济社会特征

变量名称	变量赋值	均值	标准误
户籍	城镇=1,农村=0	0.62	0.49
收入	低收入=1,中等收入=2,高收入=3	1.77	0.6
有无自有住房	有=1,无=0	0.56	0.5
有无公积金	有=1,无=0	0.43	0.5
学历	低学历=1,中等学历=2,高学历=3	1.58	0.54

(一)计量模型

本章依据课题组对全国典型城市家庭住房公积金的问卷调查数据,选取线性回归模型进行实证分析,计量模型形式如下:

$$assessment^* = \beta_0 + \sum \beta_i \cdot X_i + \varepsilon_i \tag{13.3}$$

公式(13.3)中,$\varepsilon_i \sim N(0, \delta^2)$,$X_i$表示解释变量集合,$assessment^*$为公众对住房公积金管理委员会评价情况的潜变量。

(二)实证结果分析

从表13-8中可以看出,了解度、满意度以及透明度对管委会评价的影响均十分显著,而且不同户籍、收入、学历以及有无自有住房和公积金的公众对管委会的评价存在差异。具体而言,公众对管委会了解度越高,越能认识到管委会在住房公积金管理体系中发挥的重要作用,助力解决日益困扰公众的住房难题,因而会得到更高的评价。而满意度越高,证明公众认可管委会在发挥住房公积金功能中所起的作用,对把公积金交由管委会决策感到放心,自然对其有更好的评价。透明化管理是当今大势所趋,对于自己的公积金交由谁去决策,如何决策,作为公积金的所有者理应有知情权,而且只有当公众充分了解决策的全过程,才能真正认可管委会作用,提高对它的评价。

表 13-8　　　　公众对管委会总体评价的线性模型估计

	OLS_1	OLS_2	OLS_3	OLS_4
户籍	0.148*** (-0.021)	0.029* (-0.015)	0.113*** (-0.02)	0.034*** (-0.013)
收入	0.040* (-0.021)	0.007 (-0.014)	0.078*** (-0.019)	0.034*** (-0.012)
有无自有住房	0.173*** (-0.021)	0.083*** (-0.015)	0.118*** (-0.02)	0.057*** (-0.013)
学历	0.165*** (-0.021)	0.074*** (-0.015)	0.126*** (-0.02)	0.059*** (-0.013)
有无公积金	0.117*** (-0.021)	0.023 (-0.015)	0.179*** (-0.02)	0.054*** (-0.013)
了解度	0.339*** (-0.022)			0.134*** (-0.014)
满意度		0.587*** (-0.018)		0.412*** (-0.019)
透明度			0.413*** (-0.021)	0.160*** (-0.016)
常数项	-0.002 (-0.02)	-0.003 (-0.014)	0.004 (-0.018)	-0.002 (-0.012)
adj. R^2	0.629	0.821	0.69	0.876
F	143.133	386.441	187.278	444.985
N	504	504	504	504

注:***、**、* 分别表示 1%、5%、10% 的显著性水平;括号内为参数估计量的标准误。

另外,不同经济社会特征的公众对管委会的评价也有所不同,上文已经分析不同户籍、收入以及有无自有住房这三个影响因素对管委会评价产生的差异,这里不再赘述。不同学历的群体对管委会的评价不同,学历越高,就业竞争力相对较强,更有机会选择自己满意的职业,享受更好的待遇,公积金同时也水涨船高,对其评价自然有所提升。拥有公积金的群体能享受管委会的管理服务,提升购房能力,因而评价较好,这也从一个方面反映管委会在发挥公积金作用方面体现了自身的价值。值得注意的是有无公积金对满意度影响不显著,这说明尽管管委会总体表现良好,但在具体决策方面仍然受到诟病,并没有真正赢得享受公积金的公众的好评。

(三) 稳健性检验

为了验证实证结果的可靠性，需要对其进行稳健性检验。根据统计局对全国东、中、西部地区城市的划分办法，把样本按照其所在城市进行划分，然后针对这三类城市进行线性回归。表13-9是按东、中、西部地区划分线性回归结果，可以看出，了解度、满意度以及透明度的回归结果与上文实证结果一致，证实上文回归结果是无偏的，具有可靠性。

表13-9 按东、中、西部地区划分样本的线性回归结果

变量	东部地区 OLS_5	中部地区 OLS_6	西部地区 OLS_7
了解度	0.133*** (-0.022)	0.084*** (-0.024)	0.199*** (-0.027)
满意度	0.468*** (-0.036)	0.399*** (-0.034)	0.373*** (-0.032)
透明度	0.119*** (-0.032)	0.233*** (-0.025)	0.116*** (-0.029)
户籍	0.034 (-0.024)	0.002 (-0.021)	0.031 (-0.022)
收入	0.015 (-0.021)	0.070*** (-0.02)	0.034 (-0.022)
有无自有住房	0.03 (-0.024)	0.026 (-0.021)	0.100*** (-0.022)
学历	0.068*** (-0.025)	0.071*** (-0.02)	0.064*** (-0.023)
有无公积金	0.068*** (-0.026)	0.062*** (-0.021)	0.028 (-0.023)
常数项	-0.032 (-0.021)	0.013 (-0.019)	-0.001 (-0.021)
adj. R^2	0.909	0.88	0.84
F	199.825	150.625	117.029
N	161	165	178

注：***、**、*分别表示1%、5%、10%的显著性水平；括号内为参数估计量的标准误。

第三节　管委会效能的改进思路

针对目前人们对于住房公积金管理委员会认知的现状分析，及住房公积金管委会本身存在的问题，本章提出了以下几条政策建议。

一、增强管委会成员的代表性

在现实中，管委会主任一般都是由政府官员担任，此外管委会委员多为政府人员和单位领导，这样的人员构成说明管委会只能成为政府的附属机构，无法真正行使其决策职责。由表13-10可以看出，公众对管委会的满意度一般，而且普遍认为管委会应由具有社会公信力的人担任，这些人应是自身能力突出而非有权有势。最新修订的《住房公积金管理条例》中规定，住房公积金管理委员会的成员应当包括人民政府负责人，住房城乡建设、财政、人民银行、审计部门负责人、缴存职工代表、缴存单位代表和有关专家。其中缴存职工代表不得低于管理委员会总人数的1/3。因此，应当降低政府官员在管委会成员中的比重，通过严格的筛选制度，选举能真正反映广大职工心声的代表进入管委会，这些人应该是普通职工，并且他们应具备执行能力高、危机处理能力强以及公共关系好这三方面的素质，从而可以更好地履行职责，保障广大公积金缴存者的切身利益。

表13-10　　　　　公众对于管委会人员构成的认知

管委会成员公信力	占比（％）	管委会成员满意度	占比（％）	公积金安全感	占比（％）
公共关系好	14.53	十分满意	4.91	十分放心	10.46
执行力高	15.88	较为满意	20.36	比较放心	22.26
危机处理能力强	15.79	无所谓	44.53	一般	21.53
协调组织能力强	13.05	不太满意	17.65	不太放心	18.61
其他	40.75	不满意	12.55	很不放心	9.75
				其他	17.39

二、提高管委会的信息披露程度

透明化管理是现代管理科学化的大势所趋,是实现民主决策、防范腐败滋生的重要前提和保障。只有公众充分了解管委会的相关信息,才会积极主动地参与进来;而只有管委会的行为让民众充分了解,腐败行为才能无所遁形。除了通过监督的手段,提高信息披露程度,也可以通过有效提升管理效率和水平。如表13-11所示,公众对管委会信息了解度并不理想。因此需要通过建立一个透明公开的信息披露渠道,让更多的居民有机会了解到更广泛的信息,吸收经验丰富和有专业特长的专家参与进来,"众人拾柴火焰高",必将会推进决策体系的健全和优化。最新实施的《中华人民共和国政府信息公开条例》也已将行政公开的原则上升到了法律层面,它要求各级行政机关及负有公共管理职责的组织必须主动公开政府信息,同时明确了公开的方式程序和监督保障的措施。以此为契机,建立起一个公开透明的住房公积管理委员会决策机制势在必行。

表 13-11　　　　　　　公众对于管委会信息了解的认知

管委会透明度	占比(%)	了解公积金的方式	占比(%)	您对公积金政策信息关注度	占比(%)
很透明	2.80	在校读书学习	6.53	经常关注	6.85
比较透明	33.60	听身边人讲解	35.90	偶尔关注	36.60
一般	37.11	去相关机构咨询	19.82	很少关注	36.60
不太透明	19.14	报纸、书刊、电视、网络	22.48	不关注	19.95
不透明	7.35	其他	4.08		
		不了解	11.19		

三、强化对管委会的监管力度

作为住房公积金管理的决策机构,管委会处于核心地位,肩负着制定政策的职责。然而权力是一把双刃剑,用得好可以提高管理体系的运行效率,发挥住房公积金提高居民住房消费能力的作用;用得不好可能会出现不作为和乱作为的现象,因而需要对管委会加强监管,让权力运行在正确的轨道上。通过表 13-12 可以看出，公众对加强对管委会监管的呼声强烈，广大居民是住房公积金的受益群体。因此，首先，应该建立健全信息反馈渠道，鼓励居民对管委会进行监督，积极举报管委会行使权力过程中的不法行为。其次，由于管委会具有浓厚的政府背景，如果让政府承担主要的监管责任，就会出现自己管自己的现象，监管职能则名存实亡。因而应该弱化政府部门的监管职责，让金融、财会那样的专业监管机构对管委会监督，提高监管效率，保障监管的科学性。最后，要加强内部监管，外部监管一般是事后监管，不能有效防范违法违规行为，因而如果要预防不当行为的发生，需要建立提前预防机制，自我监督，防患于未然。

表 13-12　　　　　　　　公众对于管委会监管的认知

对公积金监管力度的看法	占比（%）	对公积金贪腐现象的看法	占比（%）	对揭发公积金贪腐现象渠道的了解	占比（%）
急需加强	23.99	很普遍，无法解决	3.61	很了解	3.35
较为需要	51.39	很普遍，可以解决	26.18	比较了解	21.98
无所谓	15.09	较少见，无法解决	12.60	不太了解	45.82
不太需要	6.91	较少见，可以解决	31.65	不了解	28.85
不需要	2.62	不清楚	25.96		

四、落实管委会的决策地位

《条例》中明确说明"管委会是住房公积金管理的决策机构"，然而在实际情况中，却出现了管委会人员流动性较强、专业性不强和管理中心越俎代庖的现象，管委会并不能发挥应有的作用。从表 13-13 可以看出，大多数公众对管委会相关情况并不了解，因此需要吸收专业性人才和公积金缴存者代表进入管委会，增强管委会决策的科学性和针对性；另外理清管委会和管理中心的权责关系，避免受到其不应有的干预和影响，管委会的人员应当逐步"去行政化"，减少政府人员的比例，使其成为一个可以独立行使职权的常设机构；最后，应当强化管委会成员的权责意识，制定严格的内部奖惩制度，绝大多数管委会成员应当专职从事管委会的相关工作，不应兼有政府或者社会上的工作以免分散精力以及防范以权谋私现象发生。

表 13-13   公众对于管委会决策的认知

对管委会管理方式的了解情况	占比（%）	对管委会职责的了解情况	占比（%）	对管委会人员构成的了解情况	占比（%）
了解	11.79	了解	9.54	了解	7.28
不了解	88.21	不了解	90.46	不了解	92.72

第十四章

住房公积金管理中心的运行与公众认知

在住房公积金管理体系中,作为执行机构的住房公积金管理中心(下文简称管理中心)扮演着核心角色。管理中心作用的发挥不但关系到管理体系运行顺畅与否,更是与公众的切身利益息息相关,因而应当在制度发展进程中予以充分重视。了解住房公积金管理中心的性质与运行中存在的问题,把握社会公众对管理中心的认知,是探索住房公积金管理体制改革的基础。

第一节 管理中心面临的现实挑战

管理中心最初称之为住房资金管理中心,1999年《住房公积金管理条例》(下文简称《条例》)才正式更名并沿用至今。在20多年的发展历程中,管理中心始终承担着审批住房公积金的提取和使用申请、编制和执行住房公积金归集、使用计划、保证住房公积金的保值和归还等重要职能,2015年出台的《条例》(修订送审稿)中更是赋予其编制并公布年度报告、拟定增值收益分配方案、综合考察确定受托银行等职责。从图14-1中可以看出,管理中心不单单需要履行住房公积金管理委员会(下文简称管委会)制定的政策,接受财政部门等的监督,而且还要与缴存者直接接触,提高管理效率和服务质量,努力树立良好的公众形象。

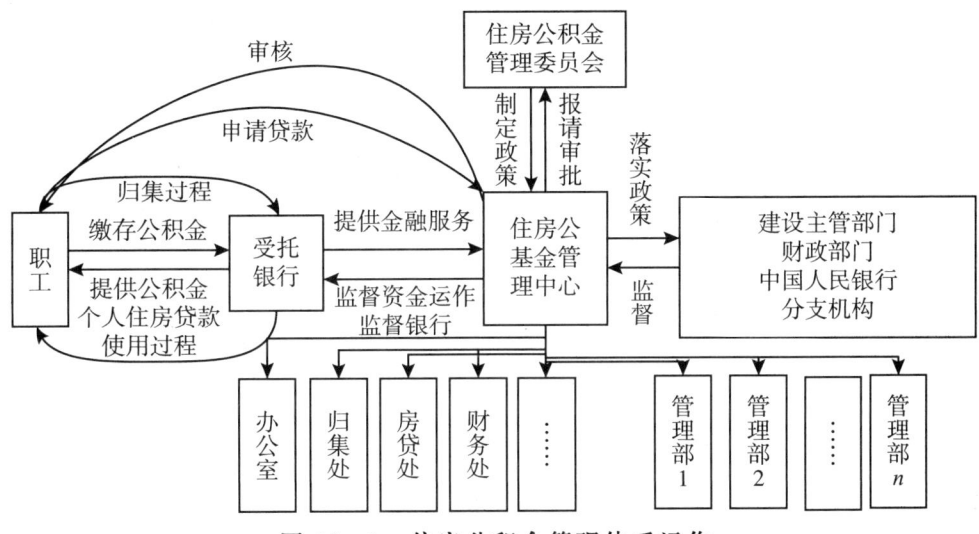

图 14-1 住房公积金管理体系运作

作为有政府背景并兼有资金运营功能的执行机构，管理中心应当在实现政策性也就是为促进广大居民住有所居目标实现的同时也要重视金融功能的提升，为政策目标的实现提供强有力的支持。然而在现实中，对管理中心的批评日增，具体表现在机构的行政性定位与资金管理职能相冲突（陈峰等，2016；徐晓明等，2015；刘丽巍，2013）、管理效率不高（夏卫兵等，2014；耿杰中，2014）、金融功能缺失（黄燕芬等，2017；吴志宇，2014）以及监督不力（葛扬，2015；路君平等，2013）等方面，这些问题的出现表明管理中心在未来发展中面临调整和重塑的需要。

为此，众多学者观点不一，对管理中心未来发展方向的规划可以概括为：一是废止论（张爱菊，2011），认为管理中心已无法为制度提供足够的支持，应当废弃；二是改进论（陈友华，2014），提出应对管理中心进行改进，继续维持原有的行政性职能定位，通过制定统一规范的管理流程、提高服务效率、改善服务态度并适度拓展金融功能的方式修补既有弊端；三是重塑论（王开泉，2015；曾筱清等，2006；汪利娜，2016），指出管理中心应当逐步过渡为政策性住宅金融机构，利用存量资金，与资本市场衔接，提升资金池蓄容能力。通过上述分析可知，已有论述多侧重理论分析，缺乏微观数据的支持，所得出的结论难免偏于主观，管理政策不但是政策的执行机构，更是公众的服务机构，因而需要了解公众对其认知状况并有针对性地改善服务。

本章拟从机构职能定位、管理效率、金融功能以及监管四个方面对当前管理中心运行状况进行分析，并结合对调研问卷数据的实证分析，揭示管理中心运行中所出现的问题，基于此提出针对性的政策建议，以期更好地完善我国住房公积金管理体系并为制度价值的实现提供更加强有力的支持。

一、管理中心职能定位问题

公积金创立初期,上海市政府颁布的《上海市公积金管理中心章程》中把管理中心定义为"非营利的事业经济单位实体",除了公积金的归集、管理和使用等职责外,还可以通过发行债券等方式筹集资金,政策性功能和金融功能兼备。但是在实际操作过程中各地管理中心挪用甚至贪污公积金现象时有发生,管理中心负责人往往利用职务的便利通过投资、参股等方式向其挂靠的经济实体注入资金,并且管理中心负责人本人也同时兼任其挂靠单位负责人职务,更是加大了资金流失的风险。管理中心并非健全的金融机构,缺乏应对风险的能力,一旦出现资金流动性风险,只有缴存者为其买单,管理中心不用承担相应的金融责任。为此,2001年住建部颁布的《关于纠正住房公积金管理中心兴办经济实体、投资、参股问题的通知》中明确禁止住房公积金的投资、参股行为,要求管理中心不得接受任何类型经济实体的挂靠。2002年的《条例》正式把管理中心定义为"直属城市人民政府的不以营利为目的的独立的事业单位",管理中心的事业单位职能定位有助于增强其权威性,保证政策性功能的实现;而且以市为单位的封闭性管理方式也可以增强资金的安全性,避免投融资风险。

由此可见,管理中心的职能定位更侧重于政策性功能的实现,更好地满足不同群体尤其是中低收入群体的住房需求。然而在现实中,管理中心却常常成为地方政府实现短期利益的工具,以2015年为例,住建部多次发文,降低住房公积金存贷款利率和首付款比例,助推楼市"去库存",各地政府也趁此"东风",要求管理中心进一步放松公积金贷款限制,刺激公众的购房欲望。由于公积金的工资性,高收入群体公积金账户资金积累更快,倘若管理中心没有对多套住房公积金贷款进行限制,那么低利率的公积金贷款同时也会激发住房的投资性需求,进而引发房价上涨,加剧中低收入群体的购房困境,违背住房公积金制度的保障性初衷,也难以实现管理中心自身的独立性。

二、管理中心管理效率问题

近年来媒体频频曝光开发商拒绝接受住房公积金贷款,最主要原因就是住房公积金审核时间长、放款慢,开发商投入资金难以回笼。开发商的行为固然违反法律规定,但是同时也暴露出部分管理中心管理效率低下,损害公众利益的情况。公积金缴存者想要提取公积金必须先经过管理中心和受托银行的审核,审核同意之后还需要签订合同和办理相关手续，在这过程中需要携带繁杂的个人证明材料、各类合同以及相关证明，在这过程中如果出现管理中心拖延的情况更是苦不堪言。从表 14-1 可以看出，关于管理中心贷款手续、提取效率以及使用效率的公众评价较低，正面评价均未超过 23%，因此管理中心应当着力提高服务效率，改进服务态度，从而树立更好的公众形象，这也是制度保障性的外在体现。

表 14-1　　　　　　　　　管理中心提取效率公众评价

评价问题		很便捷/很方便/效率很高	不太繁杂/比较方便/效率较高	一般	比较繁杂/不太方便/效率较低	很繁杂/很不方便/效率很低	不清楚	合计
公积金贷款手续	问卷数（份）	171	224	454	416	79	470	1 814
	占比（%）	9.43	12.35	25.03	22.93	4.36	25.90	100
公积金提取便利度	问卷数（份）	85	288	521	275	183	461	1 813
	占比（%）	4.69	15.89	28.74	15.17	10.09	25.42	100
公积金使用效率	问卷数（份）	70	332	738	250	102	322	1 814
	占比（%）	3.86	18.30	40.68	13.78	5.62	19.78	100

资料来源：中国住房公积金制度研究调查问卷。

三、管理中心金融职能提升问题

《条例》中规定住房公积金管理中心是以市为单位封闭管理，各市之间资金互不流通，住房公积金的投融资渠道限制为发放低利率的公积金贷款以及购买国债所获得的收益，这种情况造成住房公积金余缺不平衡，出现"一边喊渴一边沉睡"怪象。一方面，有的地区资金闲置较多，公积金面临缩水危机。以 2017 年为例，根据《全国住房公积金年度报告》的数据显示，当年住房公积金增值收益率仅为 1.57%，尽管与往年相比增值额提升 10 个百分点，然而与 2017 年度 7.5% 的通货膨胀率仍然存在 6% 的利差。另一方面，有的地方连续几年出现个贷率大于100%的现象，流动性风险加剧，然而针对这种情况，管理中心应对乏力，所采取的措施无非是公积金贷款转商业贷款以及公积金贷款轮候发放，不仅损害了公众利益，管理中心的日常运营也困难重重。针对上述问题，2015年《条例》（送审稿）中提出允许管理中心发行个人住房贷款支持证券进行融资以应对流动性风险，另外有闲置资金的地区可以购买高信用等级固定收益产品以实现保值增值目标。尽管《条例》（送审稿）尚未付诸实施，但文件精神却引起关注，许多地区开始探索公积金金融性功能的提升。

四、对管理中心的监管问题

最早对管理中心负有监管责任的是财政部门，1996年出台的《关于加强住房公积金管理意见》中提出，"各市（县）财政部门行使对住房公积金管理的监督"，1999年颁布的《条例》中确立"管委会决策、中心运作、银行专户存储、财政监督"的管理原则，似乎财政部门承担着监督责任，但是以同级监督为主的监督体系难以防止挤占和挪用住房公积金的行为，为此2002年《国务院关于进一步加强住房公积金管理的通知》中要求建设部门、人民银行、审计部门都参与到监管当中，其中财政部门主要对管理中心报送的财务收支预算及管理费用预算进行监督，人民银行主要对办理公积金业务的受托银行进行监督，而审计部门则需要审计管理中心公布的财务报告，后来社会监督也被纳入监督体系当中。在众多监督部门当中最突出的角色当为建设部门，作为牵头部门，建设部门职责不单单需要对公积金的管理和使用实施监督，而且需要会同财政部、人民银行等其他监督部门共同履行监督责任。2008年《国务院办公厅关于印发住房和城乡建设部主要职责内设机构和人员编制规定的通知》中更加明确了住建部对管理中心的监管责任，专门设立住房公积金监管司，监督对公积金的缴存、使用和管理。

由上述分析可知，多个部门均对管理中心承担监管职责，这套看似严密的监管体系其实也隐藏着弊端，首先，住建部是行政部门，而管理中心的主要业务是资金运营，对管理中心的监督并非其所长，监督的专业性难以保证；其次，尽管由住建部牵头其他部门共同对管理中心行使监管责任，但各部门多为平级部门，协调起来难度较大；最后，由于社会公众难以参与到日常管理当中，监督的积极性较低，根据中国住房公积金制度调研问卷数据显示，仅有25%的公众了解对管理中心的检举渠道，缺乏参与积极性。

第二节　社会公众对管理中心的认知状况

一、数据来源与描述性统计

（一）数据来源

本章的数据来自《建立公开规范的住房公积金制度研究》课题组在全国 34 个城市[①]调研所采集到的样本，针对调查家庭的个人信息以及对住房公积金的认知情况，发放问卷 2 000 份，回收问卷 1 836 份，问卷回收率 91.8%，剔除缺少重要变量的样本，最终选取有效样本 1 742 件，尽管样本量不大，但是由于样本分布地域广、个体特征较为均匀、所需信息全面的特点，尤其是对管理中心的提问设计较多，足以充分地了解公众对管理中心的认知情况。

（二）变量的描述性统计

该部分内容主要考察管理中心的公众认知情况对公积金作用评价的影响，主要被解释变量为住房公积金的作用评价，在问卷中所对应的问题为"您认为住房公积金对您的作用如何"，反映公众对住房公积金所持态度。本章根据公众评价的好坏，将变量赋值为 0~4，数值越大代表公众评价越好。本章的解释变量包括公众对管理中心的了解度、透明度、满意度以及效率的认知情况，同样予以赋值，数值越大代表认知情况越好。另外，本章选取的控制变量为调查对象的个体特征和经济特征，其中个体特征包括性别、婚姻状况、年龄、文化程度、户籍和编制，经济特征包括收入、有无自有住房以及有无公积金，具体情况如表 14-2 所示。

---

① 33 个城市包括 3 个一线城市北京、上海和广州；8 个二线城市杭州、南京、合肥、大连、南昌、唐山、温州、无锡；11 个三线城市沧州、常州、大庆、济宁、嘉兴、兰州、临沂、台州、威海、芜湖、扬州；11 个四线城市安庆、蚌埠、马鞍山、秦皇岛、晋中、上饶、渭南、湘潭、宿迁、宿州、肇庆。

表 14-2　　相关变量的描述性统计

	变量名称	变量赋值	均值	标准误	观测值
解释变量	了解度	了解=1，不了解=0	0.17	0.38	1 814
	效率	很不方便=0，不太方便=1，一般=2；比较方便=3，很方便=4	1.86	0.94	1 839
	满意度	很不满意=0，不太满意=1，一般=2；比较满意=3，非常满意=4	2.74	0.91	1 839
	监管	不需要=0，不太需要=1，无所谓=2；较为需要=3，非常需要=4	1.12	0.92	1 839
控制变量	性别	男=1，女=0	0.59	0.49	1 831
	婚姻	已婚=1，未婚=0	0.72	0.45	1 830
	年龄	20岁以下=1，20~30岁=2，30~40岁=3；40~50岁=4，50~60岁=5，60岁以上=6	2.98	1.15	1 833
	文化程度	小学及以下=1，初中=2，高中/中专/大专=3；本科=4，研究生=5	3.41	0.91	1 827
	户籍	城镇=1，农村=0	0.7	0.46	1 825
	编制	没有编制=0，事业编制=1，军队编制=2；行政编制=3	0.71	0.98	1 811
	收入	低收入=1，中低收入=2，中高收入=3；高收入=4	2.28	0.6	1 829
	有无自有住房	有=1，无=0	0.62	0.49	1 789
	有无公积金	有=1，无=0	0.64	0.48	1 833

(三) 不同特征群体对管理中心评价

为了测度管理中心公众评价的群体差异情况，本章选取有无公积金、不同户籍、不同收入状况以及居住在不同城市等级的群体与公众对管理中心的满意度做交叉分析，并采用双轴线柱状图以期更好地呈现群体差异状况，由图 14-2～图 14-5 可以看出，不同特征的群体差异较为明显，具体而言，有住房公积金的群体比无住房公积金的群体对管理中心满意度更好，这一方面充分肯定了管理中心在促进居民住有所居方面作出的贡献，另一方面也体现出管理中心对公积金扩面政策的落实情况并不理想，从而引发了无住房公积金群体的不满。

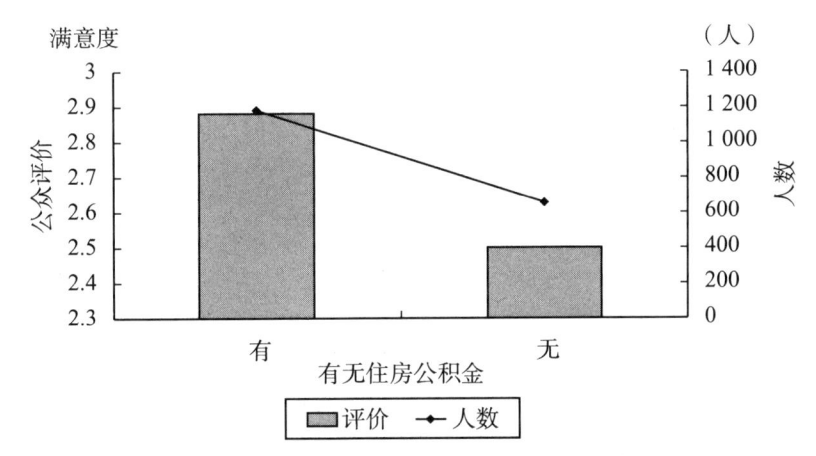

图 14-2 有无公积金群体对管理中心的满意度

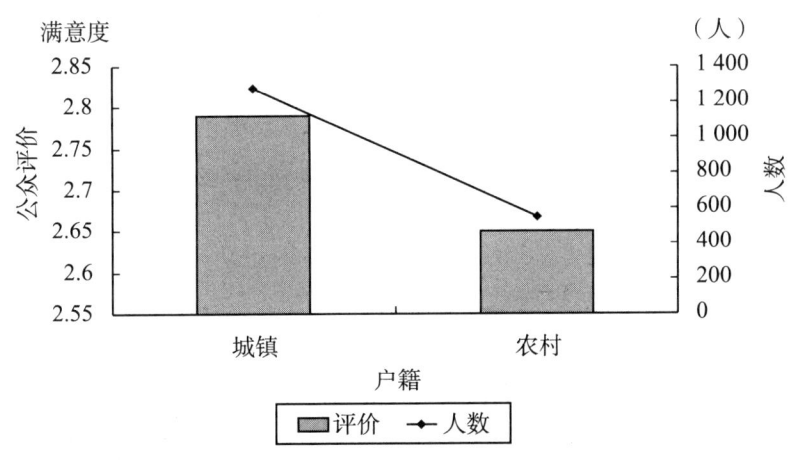

图 14-3 不同户籍群体对管理中心的满意度

图 14-4　不同城市等级群体对管理中心的满意度

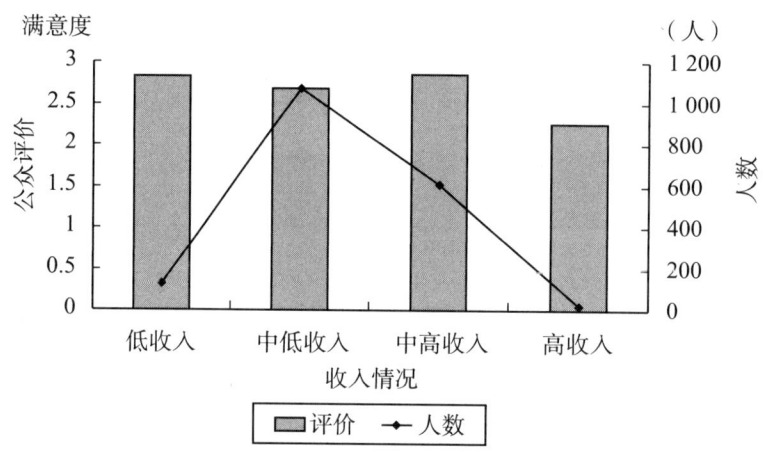

图 14-5　不同收入群体对管理中心的满意度

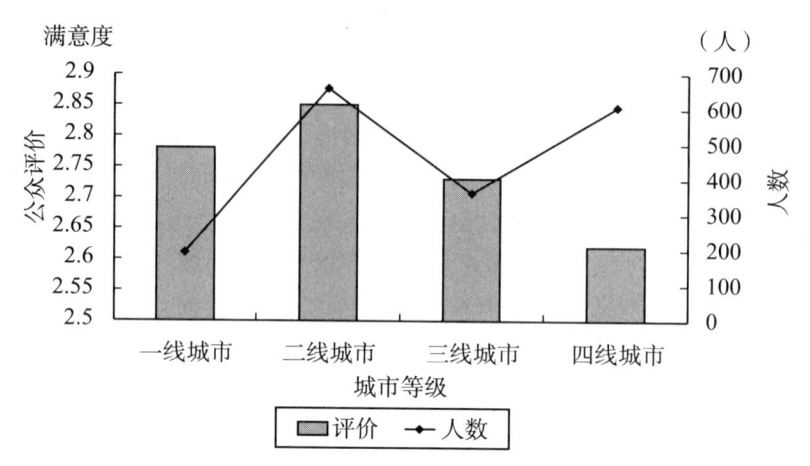

在户籍差异方面，城镇居民对管理中心的满意度明显比农村居民要高，这说明尽管早在2005年政府出台的《关于住房公积金管理若干具体问题的指导意见》中就规定允许有条件的地方常住城镇的农民工可以缴纳住房公积金，然而迄今各地落实情况不一，很多地方管理中心并未采取有力措施有效保障农民工的缴存权益，因而农村户籍的居民难有较好评价。

在城市等级层面，二线城市居民对管理中心的满意度最高，反之四线城市居民对管理中心满意度最低，这反映尽管近年来二线城市房价高涨，然而由于管理中心及时落实相关部门的限购政策，识别不同群体的住房需求层次，着重满足首套房贷款需求，支持改善性住房需求，抑制投资性住房需求，赢得了公众的好评；而四线城市由于公积金闲余资金较多，加之投资渠道缺乏的原因造成资金贬值，难以应对外部金融风险，因而造成公众的不满。

在不同收入群体方面，低收入和中高收入群体对管理中心的评价要高于中低收入和高收入群体，这可以看出，一方面管理中心把闲余资金投入公租房建设满足了低收入群体的住房需求，赢得了他们的好评；另一方面也印证了社会上对于公积金"劫贫济富"的质疑。公积金设立的初衷是解决中低收入群体的住房问题，然而在现实中中高收入却更容易通过公积金低利率的优势实现购房，中低收入缴纳的公积金反而逆向补贴给了中高收入群体，自然会引起他们的不满。

二、实证分析

（一）模型设定

为了更好地测度管理中心公众认知的重要性，本章依据调研样本不同维度公众对管理中心的认知情况，来验证管理中心的公众认知情况对公积金作用评价的影响。本章采用有序 logit 模型（Ordered logit）验证管理中心公众认知情况的重要性。作为一种常用的概率性非线性回归模型，Ologit 验证的是分类结果 Y 与若干影响因素 X 之间的关系，其机理就是用一组经过数据拟合的 Ologit，反映 x 对 y 的作用，从而探究变量之间的依存关系。本章选取的因变量为"您认为住房公积金对您的作用如何"，含有基本没有作用、作用不大、作用一般、作用较大、作用很大五个维度，分别赋值 0～4，模型的基本形式如下：

$$effect_i^* = \alpha_0 + \alpha_1 X_i + \sum \beta_n D_{ni} + \varepsilon_i \quad (14.1)$$

公式（14.1）中，$effect_i$ 代表公众对住房公积金作用的评价，包括基本没有作用、作用不大、作用一般、作用较大和作用很大五种有序评价方式，X_i 表示管理中心的公众认知状况，D_{ni} 代表公众的个人特征、家庭特征以及其他控制变量。下标 i 表示第 i 个公众，ε_i 表示误差项，α_0 为常数项，α_1、β_n 为待估系数。

（二）管理中心的公众认知状况对公积金作用的影响

根据上述构建的 Ologit 回归模型，管理中心公众认知状况对公积金作用评价的影响如表 14-3 所示。模型 Ologit 1～4 分别验证公众了解度、效率、监管和满意度对公积金作用评价的影响，模型 Ologit 5 则是将前面四个模型中解释变量全部列入回归方程中，用于检验解释变量的稳健性。总体而言，管理中心公众不同认知维度对公积金作用的评价均呈显著的正向影响，这充分肯定了管理中心对住房公积金制度作用发挥所起到的关键性作用，为实现住有所居的政策目标做出了重要贡献。

表 14-3　管理中心公众认知对制度评价的 Ologit 模型估计

变量名称	Ologit_1	Ologit_2	Ologit_3	Ologit_4	Ologit_5
性别	-0.058 (0.091)	-0.069 (0.091)	-0.041 (0.09)	-0.055 (0.091)	-0.085 (0.135)
婚姻	0.11 (0.13)	0.237* (0.131)	0.12 (0.13)	0.107 (0.13)	0.178 (0.131)
年龄	-0.01 (0.046)	-0.057 (0.046)	-0.024 (-0.046)	-0.035 (0.046)	-0.057 (0.046)
文化程度	0.021 (0.062)	0.086 (0.062)	0.063 (0.062)	0.03 (0.062)	0.033 (0.063)
户籍	0.088 (0.107)	0.108 (0.107)	0.139 (0.106)	0.151 (0.106)	0.117 (0.108)
编制	0.197*** (0.051)	0.213*** (0.051)	0.2*** (0.051)	0.188*** (0.051)	0.186*** (0.052)
收入	-0.113 (0.073)	-0.223*** (0.073)	-0.12 (0.073)	-0.141* (0.073)	-0.177* (0.074)
有无住房	0.385 (0.103)	0.408*** (0.103)	0.37 (0.104)	0.434*** (0.104)	0.396*** (0.104)
有无公积金	0.951 (0.113)	0.991*** (0.112)	1.03*** (0.113)	0.992*** (0.113)	0.862*** (0.114)
了解度	1.135*** (0.132)				0.853*** (0.135)
效率		0.457*** (0.049)			0.367*** (0.051)
监管			-0.152*** (0.051)		-0.118** (0.052)
满意度				0.262*** (0.049)	0.159*** (0.051)
adj. R^2	0.065	0.052	0.056	0.067	0.08
N	1 742	1 744	1 744	1 744	1 742

注：***、**、* 分别表示 1%、5%、10% 的显著性水平；括号内为参数估计量的标准误。

具体而言，公众对管理中心了解的内容越多，说明管理中心管理越透明，公众对公积金交由管理中心支配更有安全感，同时对管理中心实现其居住愿望更有信心。管理中心的管理效率越高，公众在办理公积金贷款手续时所费时间精力也越少，同时开发商也更乐意接受公积金贷款，购房的便利程度大为提高，自然会对公积金作用作出好评。另外，公众对于管理中心越满意，证明管理中心运行状况良好，可以更有力地落实出台的政策目标，更好地满足公众的住房诉求，支持公积金作用的发挥。最后，对管理中心的监管可以保证管理中心的权力在正确的轨道上行驶，杜绝管理中心以权谋私或者成为地方政府的工具，保障政策性功能的实现，专注于实现住有所居的政策定位。

另外，其他变量也会影响公众对公积金作用的评价。从个体特征来看，性别、年龄、文化程度以及户籍对公积金作用的评价均无显著影响，而编制、收入、有无公积金以及有无自有住房等有经济特征相关的变量对公积金作用的评价影响较为显著。从整体来看，拥有行政编制的公众对公积金作用的评价最为满意，作为行政单位职工，公积金缴存情况自然最为理想，缴存基数和缴存比例也相对较高，因而对公积金作用的评价持正面。从住房自有情况来看，拥有住房的公众对公积金作用的评价更好，他们享受到了公积金的福利性，通过公积金购买到了住房，自然会肯定公积金的作用。拥有公积金的公众对公积金作用的正面评价则说明了公积金的价值，确实可以起到支持住房消费的作用。

（三）稳健性检验

住房公积金管理委员会作为住房公积金的决策机构，管理中心日常业务需要遵照管委会制定的决策执行，是管理中心的直接上级机构，因而公众对管委会的评价与对管理中心的评价直接相关，而且管委会的决策关系到广大公众的切身利益，同样会对公积金作用的评价产生重要影响，因而可以作为检验实证结果合理性的依据，通过管委会公众认知对公积金作用影响的检验发现，公众的了解度、效率、满意度和监管的认知情况对公积金作用的评价依然显著，证明实证结论是稳健的（见表 14-4）。

表 14-4　　管委会公众认知对制度评价的 Ologit 模型估计

变量名称	Ologit_1	Ologit_2	Ologit_3	Ologit_4	Ologit_5
性别	-0.078 (0.091)	-0.059 (0.091)	-0.045 (0.09)	-0.028 (0.09)	-0.064 (0.092)

续表

变量名称	Ologit_1	Ologit_2	Ologit_3	Ologit_4	Ologit_5
婚姻	0.101 (0.13)	0.236* (0.131)	0.118 (0.13)	0.127 (0.13)	0.181 (0.131)
年龄	0.008 (0.045)	-0.046 (0.046)	0.017 (0.046)	-0.021 (0.046)	-0.003 (0.046)
文化程度	0.043 (0.062)	0.119* (0.662)	0.071 (0.062)	0.058 (0.062)	0.093 (0.062)
户籍	0.009 (0.107)	0.09 (0.107)	0.127 (0.106)	0.137 (0.106)	0.046 (0.108)
编制	0.185*** (0.051)	0.197*** (0.052)	0.166*** (0.051)	0.192*** (0.051)	0.144*** (0.052)
收入	-0.18** (0.07)	-0.173** (0.073)	-0.189** (0.073)	-0.113 (0.073)	-0.205*** (0.074)
有无住房	0.425*** (0.103)	0.426*** (0.104)	0.392*** (0.103)	0.373*** (0.103)	0.388*** (0.104)
有无公积金	0.942*** (0.113)	0.892*** (0.114)	1.028*** (0.112)	1.034*** (0.113)	0.807*** (0.114)
了解度	0.551*** (0.048)				0.367*** (0.053)
效率		0.831*** (0.058)			0.696*** (0.6)
监管			0.424*** (0.057)		0.219*** (0.062)
满意度				0.294*** (0.08)	0.411*** (0.082)
$adj.R^2$	0.077	0.092	0.061	0.053	0.111
N	1 744	1 744	1 744	1 744	1 744

注：***、**、* 分别表示1%、5%、10%的显著性水平；括号内为参数估计量的标准误。

第三节 改进管理中心运行的对策建议

基于上述对管理中心面临的主要挑战的分析，通过对社会公众认知影响管理中心评价的实证检验，本节对管理中心现存的问题有了更为深入的了解，也对将来管理中心改革的方向形成了初步的建议。

一、提高管理中心信息披露程度

提高管理中心信息披露程度的关键一步是信息公开，也就是管理中心将担负的职责中与公众相关的部分向社会公开，接受公众监督。《条例》中规定，公积金作为公众财产的一部分，属于其个人所有。因而为确保公众的利益不受侵犯，建立公开透明的信息披露制度是题中应有之义。由上述分析可知，公众对管理中心的了解程度较低，且了解度对住房公积金作用的评价有显著的正向影响，因此只有充分的信息公开，为公众对管理中心工作的了解提供便利，才能提升公众形象。为此，管理中心应当深入推进信息公开工作，大力推进阳光办公，切实保证公众的知情权，进一步拓宽公开渠道、丰富公开内容，建立重大政策听证制度，积极回应人民关切的问题。

二、改进管理中心的服务方式

住房公积金的管理环节涉及缴存、提取和贷款审核等诸多方面，而且每个环节都面临数以万计的公众，并且资金规模的快速增长以及业务的不断扩展更是对改进管理中心的服务方式提出更大的挑战，如何提高管理效率、改善服务态度是管理中心所要面对的主要课题。如何才能改进和加强管理中心服务工作，应从如下几个方面入手：首先，应当简化业务流程，努力缩短业务办理时间，减少审批环节，提升服务效率；其次，管理中心应当提高服务质量，营造良好的服务环境，根据业务需要合理分配网点方便公众办理业务，构建信息化的服务平台，方便业务查询和办理，另外应当配备必要的服务设施，体现人文关怀；最后，应当培养人员的服务意识和业务素质，建立规范的服务制度并以此为基准加大对服务人员的培训力度，建立服务与业绩挂钩的考核体系，规范服务行为。

三、提升管理中心的金融功能

当前,住房公积金治理机制侧重于"行政化",重点在于资金的归集以及安全性的保证,而保值增值和提高效率的要求却被忽视,管委会作用虚化弱化、管理中心体制僵化以及监督缺位现象导致屡屡出现的公积金被骗贷、挪用以及贪污的事件给我们敲响了警钟,提醒公积金治理机制的改革已刻不容缓。鉴于住房公积金强制性以及各地出现的开发商拒绝公积金购房的情况,表明政府的干预不可或缺,因而应采取循序渐进的方式不断改进。在短期内,应当按照信息透明化、服务标准化的要求,改进公积金治理方式,建立省级和国家级住房公积金管理机构,统筹资金调度,提高资金使用效率,并对各市公积金管委会和管理中心直接管理,避免成为地方政府实现短期效益的工具;在长期,应着力把住房公积金管理机构转变为国家政策性住房银行,提升金融功能,通过公积金贷款证券化的方式筹措资金,在保证安全性和流动性的前提下,购买债券、股票等金融工具,提高收益率。

四、强化对管理中心的监管力度

尽管根据《条例》规定,多个部门都应对管理中心履行监督责任,但是现实情况是各个部门协调不畅,作为牵头部门的住建部是行政单位,专业性欠缺,管理中心作为资金运营机构,应当参照政策性银行的监管方式,交由专业的金融机构进行监督,这样更有利于在提升金融功能的同时防控金融风险,保证资金的安全性。另外,应当恢复已经停止多年的住房公积金专项治理工作,纠正管理中心运行过程中出现的不正之风,发现并解决管理中心在履职过程中所出现的困难情况。另外,社会监督也要充分发挥其作用,通过吸收更多普通职工进入管委会,便于了解公积金管理的实际情况,还可以在执行相关政策的同时建立便捷的意见反馈渠道,及时了解工作中经常出现的问题并予以及时纠正。

第十五章

住房公积金管理体制改革

2002年,建设部、财政部、中国人民银行等九部门联合发出《关于住房公积金管理机构调整工作的实施意见》,明确指出:"直辖市和省、自治区人民政府所在地的市以及其他设区的市、地、州、盟只能设立一个住房公积金管理中心,对住房公积金实行统一管理、统一制度、统一核算。"这样一来,国家、省、区三级未设住房公积金管理机构的,原县(市)的住房公积金业务由市管理中心在县(市)设立的分中心或业务经办网点直接办理。本章在文献综述的基础上,比较了住房公积金城市管理体制、全省统管体制以及全国统管的各自利弊,提出了住房公积金管理体制改革的方向。

第一节 住房公积金市(地)管理体制的利弊

当前,住房公积金实行属地化管理体制,不同城市之间的资金运作相对独立和封闭。不可否定的是,这种管理体制具有一定的优势,具体表现在三个层面:一是属地化管理体制能有效缩短住房公积金的管理链条,进而有助于提高资金的内部管理效率。不论在资金的归集、使用、监管等方面,都更容易掌控和运作,克服了城市之间的制度障碍和发展差异;二是住房公积金以城市为管理单元,更加具有制度灵活性。各个城市能根据自身的住房市场实际情况进行针对性的制度设计、管理、调整,甚至可以为各个城市调控住房市场提高了一个良好的工具;

三是住房公积金制度属地化管理体制在一定程度上更能体现出资金的专用性，这种专用性不仅包含了资金功能的专用性，而且还包含了资金使用区域的专用性，即公积金难以进行跨市流通，使用范围往往仅限于缴纳所在地，在一定程度上能够更好地为解决本地居民住房问题提供金融支持。

虽是如此，基于属地化管理的住房公积金运作模式存在诸多弊端。当前建立在市（地）级的住房公积金管理体制与市场经济发展之间的不适应，是住房公积金存在诸多风险和沉淀问题的主要症结。不难看出，现行的住房公积金管理体制还有很多地方需要改进。

一、住房公积金管理体制和机构属性过于多样化

就全国来说，目前的住房公积金管理体制和机构属性五花八门，有属于公务员的机构，也有参公管理的城市，而绝大多数城市的住房公积金管理中心是直属于地方政府的事业单位，而事业单位又分为全额拨款的、差额拨款的、自收自支的。机构规格的多样性让人难以确定住房公积金管理中心的性质，有副厅级的、正处级的、副处级的、正科级甚至没任何级别的。在住房公积金管理体制方面，各地住房公积金管理机构（即住房公积金管理中心）的隶属关系混乱，有的挂靠在财政部门，有的挂靠在建委，有的挂靠在房管局，有的则直接隶属于地方政府或政府部门。而公积金管理机构确实具有特殊性，既有行政决策、行政管理和行政处罚的多种职能，又具有为缴存职工提供住房贷款融资特性的金融服务的特点。

多样化的管理体制之下，各地住房公积金的业务也差别较大。一是住房公积金的覆盖面极不平衡，行业差别较大。有的地方和行业至今没有建立住房公积金制度，监管部门对此熟视无睹。二是缴存比例过多过滥，执行不统一。虽然《条例》明确规定"职工和单位住房公积金的缴存比例均不低于月均工资的5%，有条件的城市可适当提高比例"，但有些城市的比例多达十几，忽视了比例是否科学合理。三是住房公积金业务流程、操作程序五花八门，各自为政，同一业务不在同时间同管理中心办理，手续要求也不相同。这些问题都源于各地在建立住房公积金制度时片面强调自己的独特做法，忽视了住房公积金的同一性。这样，住房公积金管理机构的独立性就难以得到保证。住房公积金管理机构属于事业单位，并非金融机构，但实际上它却发挥着金融职能，发放住房公积金贷款并承担相应的风险，甚至承担着巨大的住房资金保值增值的责任。像这样筹资无成本、负债无风险的运行机制很可能会引发潜在的信用危机乃至社会危机。

二、各地住房公积金管理机构缺乏统一协调的行政管理架构

作为住房公积金管理机构的市（地）管理中心，形成了"下面子孙满堂，上面无爹无娘"的管理格局，这对上情下达和统一监督以及规范管理都极为不利。属地管理各行其政，造成省内住房公积金管理不统一。住房公积金管理机构属于市级政府领导各市区根据地方的需要管理住房公积金，这就使各个城市之间的住房公积金管理无法保持一致，住房公积金手续繁简不一、收费不同、政策不统一，进而造成住房公积金管理机构之间的不平衡（刘丽巍，2011）。

同时，市级住房公积金管理体制缺乏与中央、省以及兄弟市之间业务沟通的渠道，形成"各自为政"的业务发展模式，把本来应该属于全国的一盘棋分割成了各设区城市自己的小棋局。住房和城乡建设部对住房公积金只有监督管理职能，没有行政管理职能。和其他国家机构在同级有政府领导、在上级有业务主管部门的行政管理架构比，住房公积金管理中心有同级政府领导，却没有上级业务主管部门，是目前唯一一个"条条"管理体制中的例外。而且，各管理中心即便是本省内的各管理中心，也很少有上级组织的业务交流机会，工作情况难以沟通，业务管理各自为政，无法取长补短、互通有无，制定的政策不尽一致，异地使用存在诸多不便。甚而，全国的300多个住房公积金管理中心，各自分别管理着数以几亿、几十亿甚或百千亿计的巨额资金。如此庞大的资金需要在各市之间调剂使用以提高利用率，更需要加强监管，也需要保证安全、保值、增值，还需要方便缴存使用，这客观上需要在中央和省设立业务主管部门来统一协调这些事务。

三、决策机构的虚化不利于决策职能的实现

依据《住房公积金管理条例》，住房公积金管理委员会是住房公积金管理的决策机构，但是很多地方并没有真正建立健全住房委员会制度，这样地方政府的分管领导就成为公积金的实际管理者。住房公积金管理制度的上述缺陷，很容易诱发资金管理中的违规现象，滋生腐败行为（刘丽巍，2013）。深入来看，公积金制度的"追踪决策"滞后，政策法规未能"政令畅通""有法不依"的现象未能受到有效制裁，公共管理层面尚未形成"同心协力"的良好环境，公积金归集工作基本处于管理中心"单打独斗"状态。住房公积金的监管体系存在先天性缺失，全国上下没有一个引导、监督的综合监管机构。管委会不是日常工作机构，在重大决策、日常事务管理等重要关节上难以真正发挥职能作用；建设部门的监

管办带有较强的行业属性，且机构级别不高，只是每年要求各地上交一些报表、数据等。由于权威不足，协调、处理相关问题的能力有所不及，监管责任难落实，监管力度缺乏保证。住房公积金管理和运作中的违法违规行为由于缺乏与监管目标相应的具体处罚措施、办法、程序和执法机构，监管部门无法对发现的问题实施及时有效的行政处罚，达不到体制内刚性纠错的目的，增加了资金运行的风险（周威、叶剑平，2009）。

根据现行政策，住房公积金工作的决策权属于设区市成立的住房公积金管理委员会，住房公积金管理委员会日常的会议筹办和决策事项督办工作由房改办或建设（房地产管理）部门承担。由于市住房公积金管理委员会及其办公室不是正式的机构序列，没有编制，没有专职工作人员；况且市住房公积金管理委员会的组成人员除住房公积金管理机构的领导外，其他人员对住房公积金政策、业务不甚熟悉，决策中不可避免地向住房公积金管理机构（或人员）提出的意见一边倒，缺乏认真的判断和思考，所谓的"住房公积金管理委员会决策"往往流于形式。住房公积金管理委员会机构"虚化"，使之难以独立、公正、客观、及时地履行决策职能。

四、住房公积金管理中心机构的管理、监督与业务混合

我国住房公积金的管理实行住房公积金管理委员会决策、住房公积金管理中心运作、银行专户存储、财政监督的原则。在现实工作中，就全国而言，住房公积金监管工作有建设部、人民银行和财政部管。在地方层面上，有省级建设行政主管部门、财政厅、人民银行分行，设区城市人民政府以及所属财政、审计部门、管委员具体管。这种多头监管的结果是力量分散、责任不明，各有各的标准和尺度，缺少科学严密的监督机制。一方面多头监管的功能交叉、标准不一，缺乏沟通，加之管理中心属各级地方管理，未能形成有效合力；另一方面由于管理中心的领导权力过于集中，监管部门也只是看看报表、数据，而没有深入调查和审计，这就容易滋生腐败（曾筱清、翟彦杰，2006）。

根据《条例》规定，住房公积金管理实行管委会决策、管理中心运作、银行专户存储、财政监督的原则，公积金管理中心直属城市人民政府。但在实践中，由于公积金管理中心主体层次低，面对各部门影响力不够，管委会又很大程度上是形同虚设；在中央层面上，按照《条例》规定，住建部会同财政部、中国人民银行拟定住房公积金政策并监督执行，但对各地公积金管理中心基本上没有监管权限。因此，目前事实上形成了多头管理、权责不清、监管欠缺的运行体制（曹文炼等，2016）。由于管理中心并非金融机构，所以基本被排除在地方人民银行、

银监局的监管范围之外。同时，住房公积金的多头监管已经暴露出许多问题，监督主体分散，监督责任不明，地区分割监管，有些地区监管形同虚设，住房公积金管理中心基本上依靠自我管理（刘丽巍，2011）。

由于各市住房公积金管理委员会事实上的"虚化"，不能有效、及时履行决策职能，各市住房公积金管理中心"越庖代俎"就成了自然而然的事情。就住房公积金管理中心本身而言，把国家机构秉行的行政管理、监察监督（这里不同于内部控制和内审监察）、业务经办等"三权分立"原则抛于脑后，集政策制定、业务办理于一身，造成政策制定时过于关注自身发展和自身利益，难以客观公正地落实住房公积金方针政策。

五、住房公积金管理机构的管理效能不够高

由于体制本身的原因，信息管理系统只能由各市住房公积金管理中心自行开发，动辄几十万、上百万的资金使用结果是重复开发。仅一个信息管理系统建设，开支就基本占到各市住房公积金管理中心所有经费支出的一半左右，管理成本占比较高。可以说，与财政部主导的"金财工程"、人力资源和社会保障部主导的"金保工程"以及国家税务总局主导的"金税工程"等信息系统建设相比，全国各地住房公积金业务信息管理系统建设的总支出有过之而无不及，浪费严重。

此外，受机构编制等因素制约，各县级住房公积金管理机构无法合理设置岗位，内部控制薄弱，风险巨大。一般来讲，一个组织机构应该保持适度的规模，以便于人员调配，实现规模效应和集约效应的统一。目前各县级住房公积金管理机构（一般为管理部）编制一般为3人左右。按一般县级机构的编制规则，每个县级住房公积金管理机构应该设置负责人、办公室、会计、出纳、归集提取、住房贷款、审计稽核等至少7个岗位。可以想见，以3人的编制完成7个岗位的配置，其岗位如何合理设置、其内部控制制度如何落实，这些都是必须正视的事情。

六、住房公积金与养老、保险管理难以打通运行

国内外普遍共识，住房保障是社会保障的一个子系统。在国内，住房公积金制度和廉租住房、经济适用住房、住房补贴、公共租赁住房等构成住房保障制度体系。因此，住房公积金制度就是一项社会保障制度的观点毋庸置疑。住房公积金个人账户是用人单位及其职工缴存的用于保障职工基本自住住房需求的长期住

房储金；基本养老保险个人账户是用人单位及其职工缴纳的用于职工退休后保障个人基本生活需求的长期养老储金；基本医疗保险个人账户是用人单位及其职工缴纳的用于保障职工医疗需求的长期医疗储金。三个个人账户的性质特点、价值取向、发展原则、管理手段、覆盖范围、申报征缴办法等方面基本一致，又有各自的用途，互为补充、相得益彰。

然而，在现行政策下，住房公积金个人账户、基本养老保险个人账户、基本医疗保险个人账户分别管理、各自独立运营、专项用于各自的用途，形成的资金规模相对较小，很难达到预期的改革目的。关于个人账户管理方面，住房公积金个人账户由自成体系的住房公积金管理中心专户管理；养老保险个人账户由社会养老保险经办机构管理；医疗保险个人账户由社会医疗保险经办机构管理。住房公积金由住房公积金管理中心管理，养老保险由社会保险事业管理局管理，医疗工伤生育保险由医疗保险事务管理中心管理，失业保险由劳动就业局管理，社会保险费的征缴则由地税部门负责。这样只会造成多处核算、多处管理。花一份钱就能办好的事，却非要花三份以上的钱，社会资源浪费严重。如果这三个个人账户能融通使用，职工在职时用于住房保障、职工退休后用于退休养老、职工大病时保障医疗需求，则个人账户的作用就会显著增大。

目前的住房公积金管理机构是以"解决住房问题"为着眼点设置的，强调了对"住房"的关注而忽视了"人"这一主体，使得人们只从住房保障的角度看待住房公积金管理机构，而没有从社会保障的角度看待之，这就造成机构设置的目标去向异化。这种异化把住房公积金与基本养老保险基金、基本医疗保险基金等社会保险基金人为割裂开来，使住房公积金个人账户缺乏与基本养老保险、基本医疗保险个人账户统筹发展的机会。

第二节　住房公积金省级统一管理的方案

有学者认为应当积极组建省级公积金集中管理中心，从组建省级公积金管理中心角度讲，所建立的公积金集中管理中心应当由省政府直接领导并直接承担监管职责，赋予其对本省住房公积金进行决策管理的权利。同时省级政府应积极出台相应的政策，明确省级公积金管理中心的主体地位，保障其决策权的行使，避免其他职能单位的干预。实行省级公积金管理中心对于全省公积金的统一和集中管理、明确省级公积金管理中心的管理主体地位、实行省级垂直管理、对改变传统不合理的管理体制有着重要作用。组建省级公积金集中管理中心可以有效地将传统的地区市垂直管理的体制转变为全国垂直管理的体制，具有较强的现实意义。其一，保证政策、命令的畅通执行。可以有效防止当地政府对住房公积金管理进行行政干预。改变此前一些机构互相推脱责任、住房管委会职能难以实现的问题，进而实行规范化的运行。其二，可以保证住房公积金这一专项资金的安全，降低资金风险。更为重要的是通过全国垂直管理，可以更好地发挥住房公积金制度的优越性，发挥其整体优势，进而实现各种资源的优化配置，在降低运行成本的基础上，提升其对于城镇职工的保障能力（刘雪美，2012）。

具体而言，建立省级公积金集中管理中心的思路如下：

（1）由省政府直接领导（省建设部门代管）的省级住房公积金管理中心组建，并负责对全省的公积金进行监督管理，行使全省公积金的决策权，制定公积金相关政策，对全省范围内的住房公积金贷款率的高低、资金紧缺及资金沉淀情况，统一平衡，统一调配，最大限度地发挥公积金效能。相应加强省级公积金管理中心对市公积金管理中心及规模较大分中心主任的管理权限，各市公积金管理中心主任及主要分中心主任任免必须征求省级中心的意见，使省中心具有人事发言权。

（2）取消设区城市住房公积金管委会。由市政府直接领导市住房公积金管理中心，对本市住房公积金承担决策、制定相关政策办法以及监管等直接责任，市政府可通过市财政局、审计局加强日常业务监管。

（3）健全市级住房公积金管理中心的管理体制。这是住房公积金管理层衔接中最关键的一环，设置是否合理，直接关系到管理质量。要建成高效体制，有两个方案设想：一是市级住房公积金管理中心直接作为市政府领导的一个部门，负责本地区公积金的具体管理，接受省公积金管理中心的业务指导和监督，其职能重心放在公积金缴存、使用上，将住房公积金贷款业务，全权委托银行办理，风险由银行承担。公积金管理中心只支付贷款手续费和一定比例的风险准备金，与银行只进行贷款资金的拨付和回收本息的往来结算，从而减少部分金融性业务，弱化"准银行"功能。二是市住房公积金管理中心直属于省公积金中心领导，参照商业银行模式，垂直管理，层次清晰，全面管理公积金的缴存、支取、贷款、资金运作业务。其缺陷是与地方配合和衔接存在困难。

实行以上方案后，首先，应当取消有名无实的设区城市住房公积金管委会，将公积金的决策权上收到各级监管机构或省级公积金管理中心；其次，可改革现行城市公积金管理中心负责人的任命方式，上收干部管理权限，并相应建立城市公积金管理中心负责人的异地交流制度；最后，改变目前资金使用上"各自为政、画地为牢"的管理办法，实现全省范围内的资金调度制度。

（4）对分中心区别对待。规模大、管理规范的分中心，为理顺关系，根据建设部等有关文件精神，可让分中心主任兼任省级中心副主任，以利工作研究、贯彻管理和衔接，使"四统一"得以顺利实现。对于管理较差、规模较小的公积金管理分中心可以撤销，直接划给市住房公积金管理中心，改为管理部，人财物由市中心直接管理，涉及县级的利益分配，可将公积金增值收益的一定比例分配给县财政（李珍、孙永勇，2004）。

住房公积金管理体制调整和完善要采取循序渐进的方式，从顶层设计上谋划，在摸着石头过河的实践中创新，努力实现管理体制改革成效的最大化、改革阻力和震荡的最小化。住房公积金管理体制调整完善，总体上可采取近远结合、分步推进的路线图。近期可结合现行管理体制实行，采取全国统一监管、省级统一管理、各个城市"中心"具体运作和相关部门监督的管理体制，即充分发挥住建部对全国住房公积金行业统一监管的职能作用，具体组织实施对《条例》的修订，制定和完善全国统一的管理政策、行业规章、业务操作规范、业务管理系统程序等。省级统一管理，就是在现行设区城市建立"中心"的管理体制基础上，以省为主，设立省级住房公积金管理委员会，负责住房公积金管理决策等，并将省级住建厅住房公积金监管办由现行的一般性行业监管机构，调整充实为实体性监督管理机构，负责本省区域内住房公积金的统一监督管理。省是我国行政管理体制的重要层级，国家要求住房保障工作实行省级人民政府负总责。

党的十八届四中全会中《关于全面推进依法治国若干重大问题的决定》，也从法治建设角度重申，要"强化省级政府统筹推进区域内基本公共服务均等化职责"。而目前省级住房公积金统一管理职能相对虚化、弱化，要通过改革强化住房公积金省级统一管理的职能，提升管理层次、管理水平、管理效能，解决住房公积金制度存在的一些突出问题，以改革的实际成效回应社会。省级统一管理也可采取渐进改革方式推进，前期主要以对重点人、重点岗位的统一管理为主，着重以对所属城市住房公积金管理中心主任的任职资格准入、工作职责履行、廉洁从政等方面的管理为主。对重点岗位的管理，可由省监管办向所属各个城市"中心"统一委派总会计师，履行对派驻地城市"中心"住房公积金业务、财务的监管，直接对省监管办负责。在此基础上，将省级住房公积金监管办充实完善为能直接履行对所属各个城市"中心"统一管理职能的实体性管理机构，如负责所属城市"中心"负责人的职务任免、轮换等。直辖市可由住建部直接派驻监管。可在省级统一管理的基础上，以法律法规授权的形式，赋予住房公积金管理机构一定的金融职能，如建立省级住房公积金资金融通平台，实施住房公积金个人住房贷款资产证券化，直接办理住房公积金缴存、提取和贷款使用等业务，以缩短业务办理链条，降低管理成本。

第三节 住房公积金实现全国统筹管理的设想

研究者认为，远期可根据住房保障和住房公积金制度进一步规范发展需要，以及我国住房金融市场的成熟度，以建立全国性住房公积金管理机构或政策性住房银行作为改革目标，吸收和借鉴国外经验，立足国情，做好目标制度的顶层设计，在目标方案形成后，及时推进住房公积金制度新的改革转型（刘丽巍，2011）。

葛扬、徐晓明（2015）提出将住房公积金管理中心整合改组为国家住宅政策性银行。组织架构采用"总分行制"，即"国家（总）—省（分）—市（支）"。这种模式有利于筹集、调剂资金、提高资金利用效率，同时也有助于抵御风险、增强竞争能力。现有的342个住房公积金管理中心改组为住宅政策性银行的分支机构。国家住宅政策性银行，以现有住房公积金为基础，以政府注资（财政或中央汇金投资公司）、政府信誉为担保，为配合国家新型城镇化发展战略，支持国家的住房政策目标，重点解决中低收入家庭住宅金融融资。具体实施可以采取分步实施方式。首先，建立"省"级机构，统筹省级资金、规范省级管理、标准省级业务；其次，在省统筹的基础上组建国家住宅政策金融机构。

陈杰（2010）构思了以下住房公积金全国体系（见图15-1）：

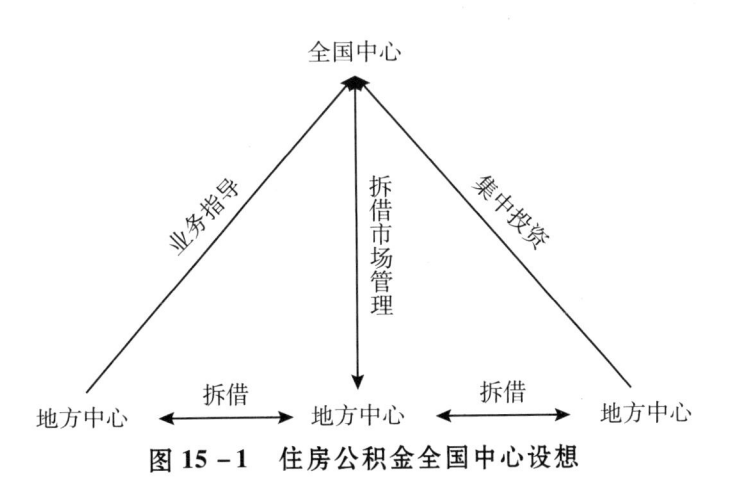

图 15-1 住房公积金全国中心设想

王先柱、张志鹏（2015）认为，关于公积金管理体制，在国家层面进行统一领导和监管，设立统一的省（自治区）住房银行，构建一体化信息管理共享平台。在国家层面设立住房公积金的统一领导和监管机构——国家住房银行，构建一体化信息管理共享平台，实现独立垂直的住房金融管理体制。设立省（自治区）住房银行分行，负责管理本行政区住房公积金，拟定统一的管理政策。省直和企业分支机构全部纳入省级住房银行统筹管理，实现统一决策、统一管理、统一制度、统一核算。以现有设区城市住房公积金管理中心和区（县）住房公积金管理部为依托，设区城市设住房银行分支机构，区（县）设住房银行业务经办网点。

概括而言，学者们认为可以从以下几个方面构建住房公积金的全国管理体制。

（1）建立住房公积金管理新体制。以地级市为单位对住房公积金系统实行垂直管理的模式，逐步过渡到省、国家直接对住房公积金系统实行垂直管理，并在全国实现住房公积金管理"四统一"，即统一管理、统一核算、统一制度和统一决策。

（2）健全住房公积金监管新体系。充实和加强国家、省级监管组织建设，增设市（地）级监管机构，撤销有名无实的管委会，在全国上下形成住房公积金监管新体系。一是加大国家对住房公积金监管的力度，建议在部级内设立住房公积金监管司，专门监管全国住房公积金事项。二是省级住房公积金监管机构升格为法人单位，直接监管本省行政区域内住房公积金的运营，建立完善全省住房公积金管理的配套制度，统一全省的业务操作流程。三是市（地）级监管机构作为省级监管的延伸，专门负责辖区内的住房公积金监管。国家、省、市（地）住房公积金监管体系的建立和完善，对于政令畅通，全面保障住房公积金的安全，必将起着十分重要的作用。

（3）统一住房公积金管理新制度。当前，管理制度建设的重点是完善操作规程，要在全国范围内统一实行住房公积金业务管理各项制度，如《住房公积金归集管理办法》《住房公积金提取管理办法》《个人住房公积金贷款办法》《住房公积金运用管理办法》《住房公积金会计核算和财务管理办法》等，规范各级住房公积金管理的行为，堵塞管理上的漏洞，确保管理中心各项工作有章可循、有法可依。

（4）建立住房公积金管理系统与人民银行征信系统之间的个人信用信息共享机制。首先，此机制有助于住房公积金管理中心、商业银行在开展信贷业务和信用风险管理过程中，快速了解贷款人的基本信息，判断其信用状况，提高发放个人贷款的效率，降低经营运作风险；其次，有助于加强住房公积金监管机构对住房公积金管理的实时监控，及时发现可疑信息，保障资金的安全运行；最后，有助于完善公积金中心信息管理工作，提升住房公积金管理水平，保护其合法权益，促进住房公积金制度健康发展（周道群，2007）。

第四节 住房公积金管理体制的改革方向

为了理顺和改善住房公积金管理体制，提升住房公积金管理效能，使住房公积金的决策、管理、监督落实到位，必须按照中央关于事业单位改革的精神，拿出智慧和勇气，推动住房公积金管理体制和运作方式的改革创新，确保住房公积金行业的稳健发展。

一、逐步理顺从省到全国的住房公积金管理体制

初步设想，在中央和各省（自治区、直辖市）、市、县设立住房公积金管理局（或市、县设立住房公积金管理中心），实行业务统一垂直管理。中央设立国家住房公积金管理局，作为国家住房和城乡建设部管理的二级局，履行全国范围内住房公积金工作的行政管理、监察监督职能；在各省、自治区、直辖市设立住房公积金管理局，履行本省、自治区、直辖市范围内住房公积金工作的行政管理、监察监督职能（在直辖市可以保留住房公积金管理中心作为经办机构，也可以由直辖市住房公积金管理局同时履行经办职能）；在各设区市成立住房公积金管理局（或保留住房公积金管理中心并可以在所辖区设立派出办事机构）；在各县（市）设立县级住房公积金管理局（或住房公积金管理中心）。市、县住房公积金管理局（中心）及其派出机构定位为住房公积金业务经办机构。中央、省（自治区、直辖市）、市、县实行垂直管理。各市、县住房公积金管理中心具体执行中央、省（自治区、直辖市）住房公积金管理局和本级人民政府所制定的政策，实现行政管理、监察监督、业务经办的有效分离。

二、剥离住房公积金管理中心的行政职能

把属于住房公积金管理中心的行政职能剥离出来，包括住房公积金的决策、管理、日常监督和行政执法权划到新组建的直属于各地城市人民政府的住房公积金管理局，同时，住房公积金管理局又承担住房公积金管理委员会的日常管理职责，协调住建部（厅）、局的住房公积金监管部门和财政、审计、监察部门做好外部监督。目前各地实行的是市住房公积金管理委员会代表市政府履行对市住房公积金管理中心的管理职能，而住房和城乡建设部门履行对公积金管理中心的监

管职责。由于市住房公积金管理委员会为非常设机构，很难履行对市住房公积金管理中心的日常管理，往往出现管理难以到位的问题。因此，在新一轮的机构改革中，有必要在市政府和市住房公积金管理委员会下设市住房公积金管理局，履行市住房公积金管理委员会的日常工作职责和从管理中心剥离出来的决策、管理、日常监督和行政执法权。住房公积金运行（包括归集、提取、贷款）、保值增值和服务的职能，则归属住房公积金管理中心，划归为公益二类事业单位。这样一来，能够真正实现住房公积金的管理和运行的适度分离，有利于资金的安全和高效运行。对于缴存余额已经超过5万亿元的住房公积金行业来说，各个城市只需设置一个机构即直属于其人民政府的住房公积金管理局，配备十多人的工作队伍。

三、积极推进"四个统一"的实现

一是统一归集核算方式。住房公积金制度建立以来，各城市自行摸索运作，模式各有不同。在《住房公积金条例》发布和机构调整后，各公积金中心都在积极探索新的管理模式。一些城市先后建立了业务服务大厅，由原来的住房公积金委托银行办理转变为公积金中心与受托银行联合办理。有的公积金中心则实行独立办理，银行在前台业务操作中只负责资金存取和结算，只掌握必要的银行存款账务。在联合办理中，更多的仍是银行和中心均设有一、二、三级账户，把住房公积金核算到个人，但在财务、账目管理上，日结核对有的同步运作，有的迟后运作。在银行不设二、三级账的地方，由公积金中心直接办理住房公积金的审批、汇缴、支取、转入、转出、开户、销户、核算、与单位职工对账等业务。在联合办理中，公积金中心的管理主体地位仍不明确，前台交易与后台监督仍是混岗作业，业务交叉，职责划分不清。在三级账上，由于缴存入账的时间有异，又各自使用不同的软件系统，致使对账经常出现误差，增加了对账难度。

二是统一业务处理软件系统。2002年以来，建设部连续下发了多个文件，要求全国建立住房公积金信息监管系统网络。但从目前看，全国仍缺乏统一协调，应用标准不一致，操作系统数据定义没有标准化。从软件上说，版本过多过滥，应用差距较大，硬件配置情况不一，后续服务也跟不上，资源大量浪费。中小城市管理中心尤其缺少资金和软件人才，商业银行在培训技术业务骨干时，长达3~6个月，而住房公积金中心则没有这样的培训。分散、粗放的管理使住房公积金信息处理系统处于较低的层次。要改变这种情况，应该向商业银行学习，整合资源、统一规划、规模开发，建立统一的住房公积金数据处理中心，实行统一的业务软件处理系统，有利于资金的安全和高效运行，建立标准化管理体系。

三是统一操作规程。建立住房公积金业务操作规程的目的是明确管理中心与承办银行的关系和职责，强化住房公积金归集、使用和管理，实现住房公积金归集、信贷、提取、核算全程管理科学化、规范化、制度化。由于政策不完善、不配套、不严密，住房公积金管理运作没有相应的实施办法和具体的操作规程，部门之间的政策规定缺少必要衔接，不能形成配套管理运作体系，导致住房公积金的调剂范围局限在当地，缺乏资金调剂功能。再加上各地管理中心的做法不同，本该统一的制度却处于各自为政的局面。总之，要形成一套操作性强、配套统一的运转流程和运作体系。特别要打破当前住房公积金在各行政区域内的体内循环和封闭运营，借鉴银行同业拆借、异地存取等业务的运作方法，实现住房公积金在各地之间的调用或拆借，提高资金的聚集使用效益。

四是统一借款合同文本和票据格式。借款合同及其附件包括合同条款规定、借款申请格式、抵押物清单、审核（批）程序的履行等。资金票据如住房公积金开户、汇缴、转移、支取凭证，还有委托合同等。各地管理中心目前都是自行设计和规定合同，有的很复杂，有的很简单，合同条款和票据是否合理，是否合乎法律规定也很难说。为了便于监管，应实行统一的内容和格式，并可在网络上运行，用软件系统处理，使之更规范、更科学（董建斌，2009）。

四、时机成熟后合并组建新的社会保障部门

为了进一步降低管理成本，方便征缴、管理和使用，拓展发展空间。借鉴世界各国社会保障制度（包括住房保障制度），特别是新加坡中央公积金制度的发展经验，摒弃部门利益，考虑将各级住房公积金管理机构与社会保险管理机构统一管理，整合管理资源，降低管理成本，逐步实现住房公积金和社会保险费的统一征缴；逐步实现住房公积金和社会保险业务信息管理系统的统一开发利用，减少浪费；逐步实现住房公积金、基本养老保险、基本医疗保险等个人账户的统一管理、融通使用，建立一个大公积金账户体系（包括住房公积金、养老公积金、保健公积金、教育公积金等个人账户），同时构建由单纯运用统筹基金的基本养老保险、基本医疗保险、失业保险、工伤保险、生育保险构成的社会保险体系，使之形成一个大统账结合的社会保障体系；逐步实现大公积金账户资金和社会保险基金的国家统一投资、运营，实现资金运作的规模效益，确保基金保值增值。也可以考虑设立社会保障银行，统一存储公积金和社会保险等社会保障基金，同时通过金融信贷手段保障公民及其家庭（家庭成员）在自住住房、医疗保健、教育深造等基本保障方面的融资。

第六篇

风险研判与系统防控

随着经济社会的迅猛发展以及住房市场的快速变革，住房公积金制度问题逐渐显露，各类运行风险也成为了各界关注的问题。然而，现有关于公积金运行风险的研究相对有限，且定量研究相对不足，这不仅不利于公积金参与者、监管者和政策制定者合理评估运行风险，也给制度本身的发展和住房市场的稳定增添了较大不确定性。本篇尝试从住房公积金借款人、公积金资金池、公积金管理部门三个维度分别对借款人逾期风险、资金流动性不足风险、操作风险进行梳理和论证，对住房公积金运行风险的概貌进行详细描述，以期对其运行风险现状和风险特征进行细致刻画。在此基础上，提出防控住房公积金风险的思路和措施。

为了实现上述研究目的，本篇研究了以下四个问题：住房公积金贷款风险、住房公积金流动性风险、住房公积金操作风险和住房公积金运行风险管控路径。前三章分别分析了住房公积金风险的三个不同维度，第四章集中提出风险管控的路径。

在"第十六章：住房公积金贷款信用风险"中，首先介绍了住房公积金风险的多个维度；其次分析了住房公积金贷款风险的背景与重点；再次讨论了住房公积金逾期风险的特征与评估；最后提出了学历与住房公积金逾期风险的命题与模型，形成了住房公积金逾期风险的实证结论。

在"第十七章：住房公积金流动性风险"中，首先介绍了日益凸显的住房公积金流动性风险；其次分析了住房公积金流动性现状和住房公积金流动性风险的主要特征；再次对上海市住房公积金流动性风险进行了实证分析；最后总结了住房公积金流动性风险的成因及其应对措施。

在"第十八章：住房公积金操作风险"中，首先介绍了多起住房公积金操作风险的典型案例；其次提供了公众对住房公积金操作风险的认知状况；再次进行了住房公积金操作风险的度量分析；最后对住房公积金操作风险进行了实证分析。

在"第十九章：住房公积金运行风险管控路径"中，首先综合讨论了防控住房公积金多种风险的基本理论观点；其次分别分析了住房公积金贷款信用风险、流动性风险和操作风险的防范路径；最后提出了管控住房公积金风险的具体措施。

第十六章

住房公积金贷款信用风险

历史的教训曾经一次次警诫人们，房地产市场向来是风险的集聚地和爆发地，中央高层也频频要求防范各类金融风险。住房公积金是住房市场的金融工具，集双重特征于一身，因此公积金的风险更应引起人们关注。区分住房公积金风险的不同维度，深入解析住房公积金贷款风险是本章的主要内容。

第一节 住房公积金信用风险的主要类型

概括而言，住房公积金的主要风险源可概括为借款人信用风险、资金流动性风险、操作风险、外部市场风险以及制度和法律风险等。更为确切地说，住房公积金风险整体上可分为系统性风险和非系统性风险，其中，公积金贷款非系统性风险主要涵盖了借款人的信用风险、公积金资金池的流动性风险以及管理部门的操作风险；系统性风险则主要包括外部市场风险、制度和法律风险等。从现有研究来看，学术界关注的焦点是前者。实际上，公积金贷款信用风险拥有两层含义，即还贷逾期风险和提前还款风险；同时，公积金流动性风险也拥有两层含义，即流动性不足风险和流动性过剩风险。因此，需要说明的是，综合考虑现有文献、数据可及性以及风险危害强弱等，本章研究侧重于逾期风险、流动性不足风险和操作风险三个维度。

其一，借款人信用风险是住房公积金贷款最大的风险渠道（赵乃丽，2013），而公积金信用风险从严格意义上可区分为两层含义，即还贷逾期风险和提前还款风险。公积金逾期风险的成因应重点归咎于贷款人的还款能力不足或偿债意愿缺失，导致其不能还款或不想还款，也是包括住房公积金贷款在内的住房抵押贷款最常见的风险种类，这就对管理中心进行贷款决策提出了严格把关的要求，而当前信用担保中缺乏有效的法律保证又加剧了这一风险（刘一佳，2015）。同时，公积金提前还款风险也逐渐引发学术界讨论，虽然提前还款看似信用表征良好，但这对住房公积金的正常运行带来了较大困扰和难度。首先，提前还款干扰了公积金正常资金安排，增加了服务成本；而且，提前还款往往发生在利率下降的时候，进而导致公积金的收益率下降，增加了潜在投资风险（王福林、贾生华，2003；刘洪玉等，2011）。所以，不论是逾期还是提前还款，都加剧了公积金信用风险的程度。

其二，住房公积金流动性风险也逐渐成为近年学者们关注的重点，通常看来，住房公积金的资金规模巨大，然而资金使用效率不是很高，存在大量的资金结余。然而，当各地2015年住房公积金年度报告出炉的时候，有媒体就曾爆料出京沪等地住房公积金收支倒挂，进入了"啃老本"时期，且公积金活期资金池已明显缺水。事实上，在此之前，就有学者已经指出公积金出现流动性危机的观点（陈杰，2010；赵乃丽，2013），再加上近些年市场调控的需求，住房公积金在多地已经捉襟见肘，属地化管理同时也阻碍了资金的跨域调动，进而也出现了流动不均的现状。事实上，住房公积金通过资金共享的方式为住房建设和购买提供了资金支持（Richard J. Buttimer Jr. et al., 2004; Stanley Chi-Wai Yeung & Rodney Howes, 2006），但由于各地区房地产市场分化严重，各类贷款约束条件给公积金资金池设置了"流动阀门"（王先柱、吴义东，2017），中小城市的公积金贷款需求不足，而大城市贷款需求旺盛且流动性风险突出（邹晓梅、张明，2016），这种安排还可能导致公积金对缴存职工住房需求支持力度和公平性不足等问题（徐跃进等，2017）。

其三，住房公积金制度操作风险也一直饱受诟病，各类有关公积金骗存骗贷的新闻案件已屡见不鲜，这主要归咎于当前我国住房公积金存在监管等方面的漏洞（赵乃丽，2013；佟广军，2014）。同时，有学者更加严厉地提出公积金管理体制已经与当前我国经济社会发展形势不相适应，而这种在管理体制上的落后已经成为阻止该制度进一步发展的障碍（陈余芳、黄燕芬，2017）。

其四，除了上述非系统性风险之外，住房公积金制度同时还面临着诸多系统性风险的考验，如经济周期、经济结构调整以及法律制度等也可能会给公积金的运行带来很多不确定性（汪涵、尹中立，2010；黄燕芬、李怡达，2017）。

纵观现有研究成果，关于住房公积金运行风险的研究也有自身的局限和不足之处。在未来住房公积金运行风险研究中，应该充分借鉴现有的学术研究成果，克服在公积金运行风险研究中体系不严、方法不全和时空局限等问题，从而对其进行客观、科学、全面的评价；并在"建立公开、规范的住房公积金制度"目标指引下，提出经得起历史检验的风险管控思路，以此为我国保障性住房政策的优化发展奠定理论基础和提供科学指导。

第二节 住房公积金贷款信用风险的背景与重点

住房公积金贷款风险在学术界和业界至今并没有引起广泛关注，从《全国住房公积金 2017 年年度报告》来看，公积金个人住房贷款逾期率大约维持在 0.02% 水平，这也说明了公积金贷款违约率相对较低。然而，随着住房公积金扩大覆盖面以及支持异地贷款的改革方向日益明确，公积金贷款风险也成为了各界难以回避的问题。回溯历史，1997 年东南亚金融危机和 2008 年美国次贷危机深刻警示着我们楼市是风险的聚集地和爆发地，即使在《新巴塞尔协议》的框架下，市场也不能打破经济周期的魔咒。近年来，我国住房市场呈现出高房价、高库存与高分化等典型特征，其中，以合肥、南京、苏州及厦门为代表的楼市"四小龙"领涨全国，而囿于高空置率下的众多三、四线城市正面临着沦为"鬼城"的危险。不仅如此，楼市在区域和经济发展水平等层面具有显著不均衡性。由此可见，我国住房市场正处于矛盾集中且牵扯面广的尴尬窘境。面对楼市"冰火两重天"，一、二线城市采取"限贷限购"政策使得住房公积金功能不断收缩，而三、四线城市房贷鼓励政策又给住房公积金不断"松绑"，如此互为对立的做法如果不能有效掌控，便会加剧楼市矛盾，增加其波动程度，也会进一步诱发公积金贷款风险。

就现有相关文献而言，学者们认为住房贷款所占比重与银行贷款风险之间存在较为显著的正向关系（Daniel Foos et al.，2010），这主要是由住房贷款信息不对称所造成（Brueckner J. K.，2000；Pavlov A. & S. M. Wachter，2006；张晓玫、宋卓霖，2016）。同时，作为国民经济的支柱性行业，房贷还款期限长、资金总量大且周期性强，很容易产生系统性金融风险（张桥云、吴静，2009）。针对住房公积金贷款来说，其管理体制已经与经济社会发展形势不相适应（陈余芳、黄燕芬，2017），且很多公积金管理中心疏于合同管理，这为之后产生严重的合同纠纷埋下了隐患（刘一佳，2015）。与此同时，我国住房供需矛盾突出，住房公积金贷款标准相对宽松，管理中心缺乏合理的避险手段，公积金信贷风险有不断积累的趋势（Michelle A. Danis & Anthony Pennington‐Cross，2008；宋斌，2009）。国外学者偏向于从房价波动角度研究住房贷款的违约风险。很多学者的研究表明房价是住房贷款违约风险的主要影响因素（Harrison et al.，2002；Downing et al.，2005；Haughwout et al.，2008；Capozza D. R. & R. Van Order，2011；Kau et al.，2011；孙玉莹、闫妍，2014；况伟大，2014；Nadia Benbouzid et al.，2017），并且，房贷风险的冲击又反过来影响了房地产价格波动（Victor Dorofeenko et al.，2014），因此，房价与房贷风险之间具有相互作用关系。

总的来看，学术界将住房贷款风险主要归咎于信息不对称和房地产市场波动，针对当前我国楼市错综复杂的现状，中央政府和地方政府在进行楼市调控时，都应该充分汲取美国、日本等发达国家的历史经验教训，加强对公积金的监管力度（王先柱、吴义东，2017），并结合我国实际，注意平衡长短期政策的相互关系（张晓兰，2016）。就公积金支持楼市去库存这一话题，有学者提出应该放宽住房公积金提取条件，落实住房公积金异地贷款操作，提高住房公积金个人住房贷款实际额度，重点支持职工购买保障性住房和首套普通商品住房（胡祖铨，2016）。

但有学者对此表示了担忧，认为房地产市场与金融市场高度相关，房地产市场库存的累积与住房信贷扩张具有同周期性，因此住房金融在支持去库存的同时必须要做好风险防范措施（康峰，2016），而适度改变"低存低贷"状况与享用条件设置是其未来公积金制度可能的出路（陈友华，2014）。在住房公积金扩大覆盖面这一问题上，该制度在提高职工住房消费能力、保障职工住房水平方面确实发挥了一定的积极贡献（顾澄龙等，2016）。而就广大农民工等群体而言，住房公积金对新生代农民工定居意愿与购房打算具有显著的促进作用，同时对这些群体的城市定居意愿与城市购房关系也起到了正向调节作用（汪润泉、刘一伟，2017）。但即便如此，公积金制度扩面改革也不可能一蹴而就，必须要充分考虑扩面可能带来的风险以及相应的预防和应对办法，需要在原有制度基础上进行缜密调整和完善（彭加亮、罗祎，2016）。

逾期风险是来自住房公积金借款人的主要风险因素，也是住房公积金贷款的最常见风险。各地公积金管理年报中都将逾期额和逾期率等指标纳入公积金风险资产统计范畴。同时，按照国际通常做法，借款人逾期期数达到90天则视为还款违约，而违约则意味着公积金贷款演变成坏账及损失。若大量的逾期借款最终沦为违约资产，就会对公积金资产安全构成严重的威胁，这也正是金融危机的爆发导火索。正因为如此，各界对于住房公积金借款人逾期风险的关注程度与日俱增。

从整体上看，住房公积金逾期风险属于信用风险的范畴，相比较公积金贷款市场风险而言，学术界通常将这两类风险分布状况描述成图 16-1 形状，显然，与市场风险不同的是，信用风险具有损失及收益的不对称性。与此同时，从严格意义上说，住房公积金借款人信用风险不仅包含逾期风险，同时也包含了借款人提前还款风险。但从现有研究、危害程度等方面综合考虑，逾期风险是借款人信用风险的最主要内容，本章重点考察住房公积金借款人逾期风险。

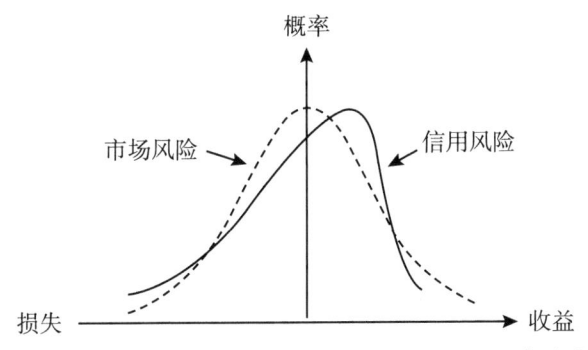

图 16-1 公积金贷款信用风险以及市场风险分布

相比较商业性住房抵押贷款而言，全国住房公积金总体逾期率稍显偏低，近几年一直维持在 0.1‰~0.2‰。主要原因则可能体现在如下三个方面：

一是从宏观背景和经济环境来说，我国经济运行总体稳定，经济呈现出稳中有进、稳中向好的积极态势，这对于居民家庭经济条件的改善有显著的促进作用，同时我国商品房销售价格也有一定的上涨幅度，借款人对未来市场预期较为乐观，这为低水平的住房公积金还贷逾期风险奠定了宏观基础。

二是从住房公积金参与群体结构来说，由于该制度参与主体为城镇在职职工，虽然公积金扩大覆盖面等改革效果日益明显，但目前国家机关和事业单位、国有企业、城镇私营企业及其他城镇企业仍是住房公积金制度参与的主要群体（见图 16-2），因此不论从单位性质还是收入结构等维度来看，该群体的信用状况均较为乐观，这也是维持公积金较低还贷逾期风险极为重要的先决条件。

三是从制度自身设计来说，住房公积金贷款的一项较为突出的特征便是低息，且通常较同期住房商业贷款利率低 2~3 个百分点（见图 16-3），这集中凸显了该制度的政策性和福利性。同时，较低贷款利率意味着住房公积金借款人相比商业贷款借款人拥有更低的还款压力和更低的融资成本，即公积金借款人逾期和违约的机会成本更高，这也构成了公积金还贷逾期风险较低的制度保障。

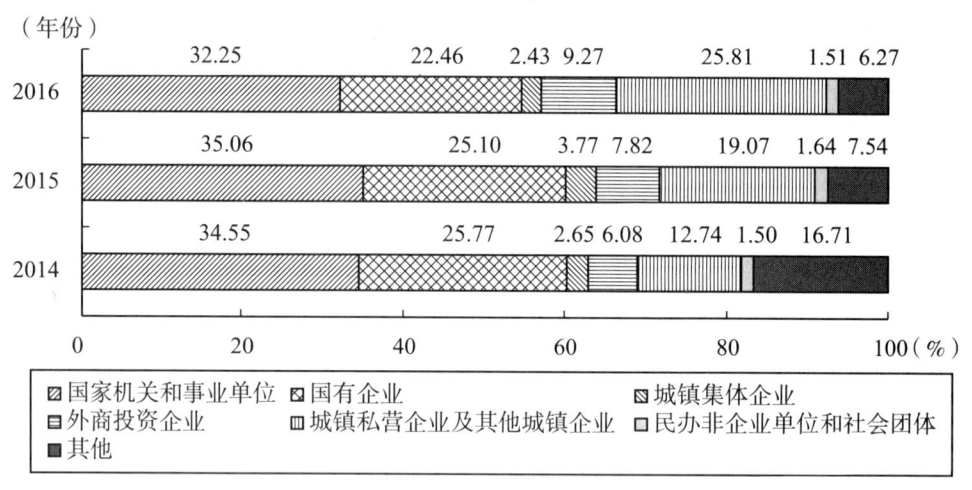

图 16-2　2014~2016 年按单位性质分公积金缴存职工结构

资料来源：《全国住房公积金 2016 年年度报告》。

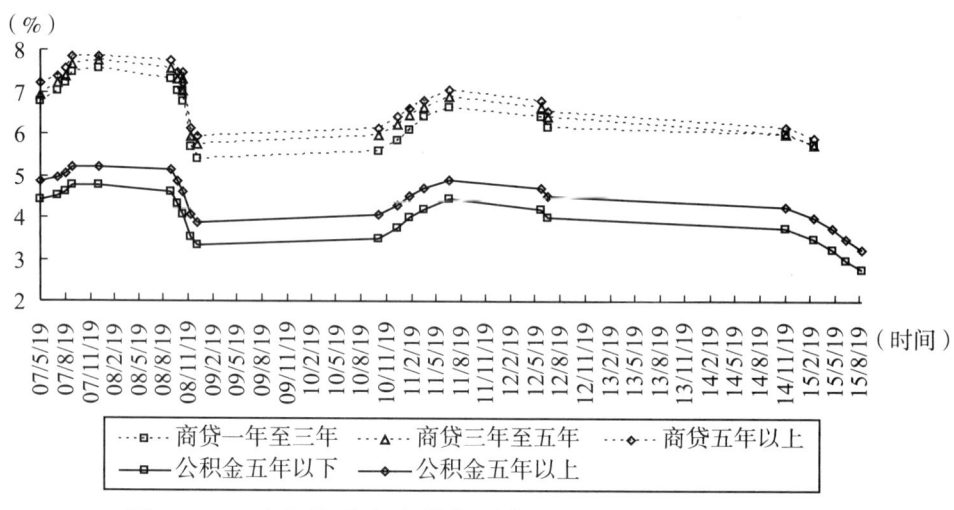

图 16-3　中长期公积金贷款利率和同期商业贷款利率比较

资料来源：由 https://baike.so.com/doc/5350010-5585466.html 和 http://www.csai.cn/loan/1023498.html 整理。

第三节　住房公积金逾期风险的特征与评估

如上文所述，当前我国住房公积金还贷逾期风险总体水平不高，这得益于稳定的宏观环境、优质的参与主体和明显的政策优势，但从近几年全国住房公积金年度报告的统计数据来看，公积金个贷逾期额呈现出加速上涨的趋势，2014～2016 年公积金个贷逾期额分别为 3.16 亿元、4.04 亿元和 7.86 亿元。与此同时，公积金个贷逾期率也有爬升的潜在趋势，最为明显的是 2016 年逾期率为 0.2%，相比较 2015 年增长了近一倍（见图 16-4）。由此可见，虽然当前住房公积金还贷逾期风险整体水平相对不高，但是绝对逾期额和逾期率都有较大的跳跃弹性，且近几年的上涨势头较为明显。所以，若再补充考虑住房公积金作为政策性住房金融的特殊性，同时外部市场的不确定性仍然存在，导致公积金制度正在朝着更加普惠和特惠的方向改革，其逾期风险跳跃弹性大的特征需要进一步关注。

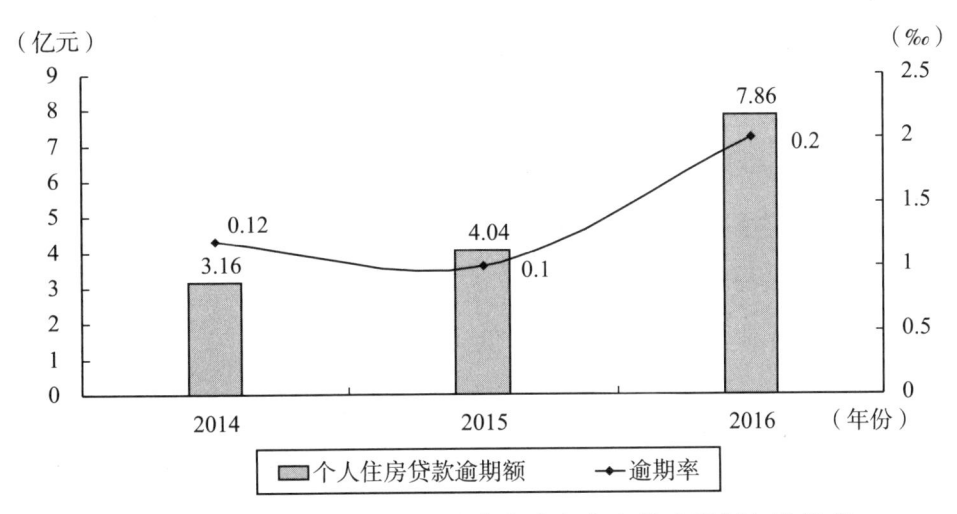

图 16-4 2014～2016 年我国住房公积金个贷逾期额与逾期率

一、逾期风险地区差异大

若从市级层面考虑个人住房贷款逾期额和逾期率，图 16-5 显示了 34 个大中城市 2015 年住房公积金逾期贷款额和逾期贷款率，从图 16-5 中可以看出，各地公积金还贷逾期风险水平波动程度较大。就公积金逾期贷款额而言，其均值为 792.86 万元，且标准误为 1 195.52，由此可见，公积金还贷逾期风险呈现出明显的地区差异。具体来说，太原市公积金逾期贷款率超过了 0.2%，远高于其他样本城市，说明太原市公积金还贷逾期风险相对最高。广州市公积金逾期贷款额已经突破 6 000 万元，且逾期贷款率也达到了 0.06%，因此广州市公积金还贷逾期风险也处在较高水平。另外，长沙、沈阳、呼和浩特、合肥、天津、深圳、福州、乌鲁木齐、长春等城市的公积金还贷逾期风险率相对较小，该子样本囊括了一、二、三线城市，地域分布也横跨了东、中、西部，可见当前公积金还贷逾期风险分布状况尚不具备一般经济及区域规律。

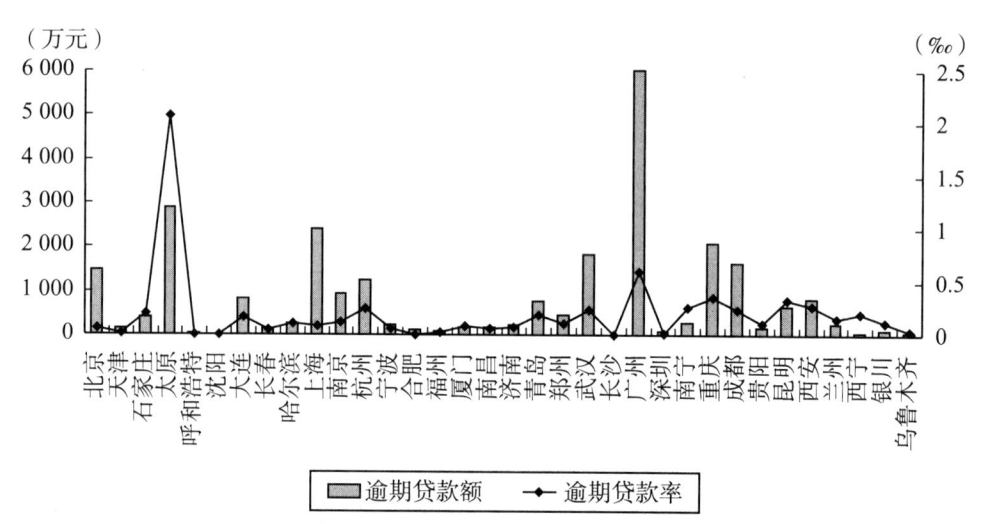

图 16-5　2015 年各市住房公积金逾期贷款额及逾期贷款率

二、逾期风险主要源于中低收入家庭

偿债能力大小直接关系到公积金贷出资金回收的难易程度，这也是公积金还贷逾期风险管理的重要评估项目。中低收入群体因其经济承受能力有限，并且收入波动性往往较强，也因此被认为是还贷逾期风险的主要来源群体。为了进一步测度不同收入家庭的还贷逾期风险水平，根据中国家庭金融调查（CHFS）的最新统计资料结果，我们可以定义房贷家庭的偿付收入比（μ）=每年偿还的金额（π）/当年可支配收入（y），并以此度量各家庭阶层的房贷承受能力与风险程度（见表 16-1）。假若设定风险警戒临界值为 $\mu=0.75$，则最低收入家庭超警戒值的比例为 3.9%，中低收入家庭为 5.1%，中等收入家庭为 1.5%，中高收入家庭为 0.7%，最高收入家庭为 0.7%。从这个意义上说，房贷风险主要源于中低收入家庭。而另据《全国住房公积金 2016 年年度报告》，住房公积金贷款对象中高收入、中等收入以及低收入群体的占比分别为 5.18%、58.86% 和 35.96%，由此可见，占比近 95% 的绝大多数公积金贷款职工均属于中低收入阶层。与此同时，我国公积金制度正朝着扩大覆盖面的方向改革，包括农民工和个体工商户群体等在内的广大中低收入群体将逐渐被纳入政策覆盖范围，这意味着公积金贷款对象将包含更多的中低收入及收入不确定群体。因此，从偿付收入比的角度来说，住房公积金还贷逾期风险值得警惕。

表 16 – 1　　　　　　　各阶层偿付收入比户数分布

各组家庭占全部有房贷家庭的比例（%）		偿付收入比					合计
		低于 0.25	0.25 ~ 0.5	0.5 ~ 0.75	0.75 ~ 1	高于 1	
收入分组	最低	0.1	0.0	0.1	0.0	3.9	4.1
	中低	0.8	1.1	1.1	1.7	3.4	8.1
	中等	3.0	7.4	2.9	0.8	0.7	14.8
	中高	11.5	10.3	1.5	0.3	0.4	23.9
	最高	40.6	7.2	0.6	0.1	0.6	49.1
合计		55.9	26.0	6.3	2.9	8.9	100

三、逾期风险受市场环境影响大

　　和商业性住房抵押贷款类似，住房公积金借款人的还款行为也与宏观经济环境息息相关，当宏观市场发展较热、市场预期向好的时候，借款人的还款积极性相对较高，而当宏观市场逐渐降温、市场预期不确定性增加的时候，借款人的还款积极性也将受到打压，增加借贷市场主动逾期的可能性。具体来说，以上海市为例，从该市历年住房公积金逾期率拟合图可以发现，公积金借款人逾期率总体上虽然相较商业银行抵押贷款偏低，但也存在较为明显的波动趋势。尤其是在 2008 年美国次贷危机之前，公积金贷款逾期率持续下降。而在次贷危机之后，公积金贷款逾期率总体上呈现出上涨态势，且每年的逾期水平波动幅度较大，走势也更具不可预测性（见图 16 – 6）。由此可见，住房公积金个贷逾期率受经济周期等宏观环境的影响十分明显。

　　借款人逾期风险是各类授信机构风险管控最为关注的内容之一，逾期风险评估对于商业性住房贷款和公积金贷款都显得尤为重要，这直接关系到贷出资金的回笼安全性和缴存职工的财产权益。为此，本章采集了我国某重点城市 2005 ~ 2014 年住房公积金历史存贷数据，检测到共计约 173 317 笔公积金贷款记录，包含了住房公积金借款人基本信息、贷款信息、还款信息、逾期信息和公积金缴存信息等，本章据此展开实证研究。若从住房公积金还款逾期视角进行描述，则相应的统计指标主要包括逾期期数、逾期金额、逾期频率和累计逾期次数。

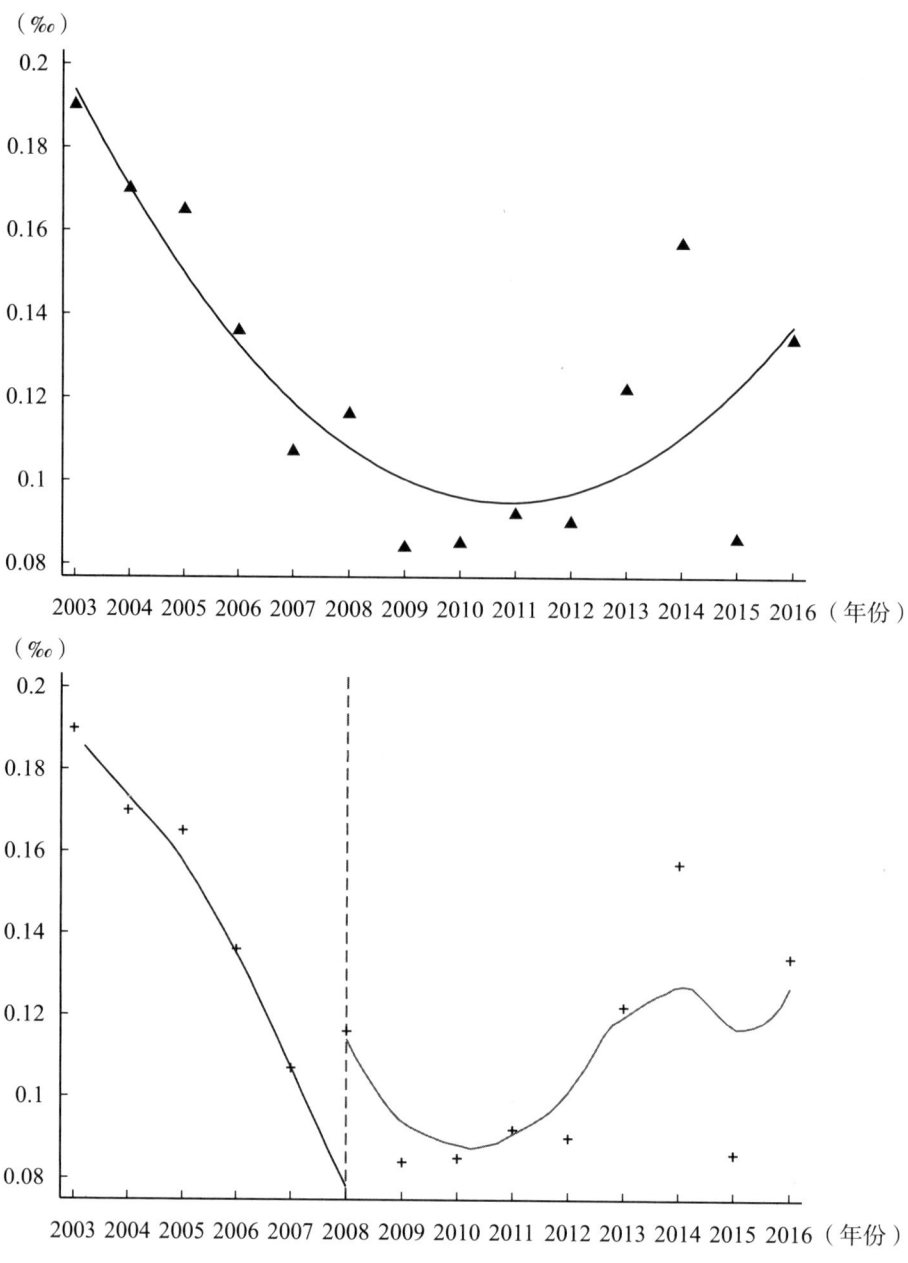

图 16-6 2003~2016 年上海公积金逾期率拟合图和断点拟合图

第一，从住房公积金还款逾期期数统计结果来看，出现过 30 天逾期的样本主要集中于 2005 年 7 月至 2007 年 3 月和 2008 年 6 月至 2009 年 4 月。同时，多数公积金借款人逾期还款属于短期行为，即出现过 60 天逾期最多的月份中，60 天逾期占总贷款次数的比重约为 0.5%。而对于出现过公积金还款 90 天逾期

（即违约）的样本量则更为少数（见图 16-7）。由此可见，对于该重点城市而言，住房公积金贷款还款逾期行为较为常见，且大多数贷款逾期行为相对较轻，极少数借款人出现 60 天逾期或者违约。

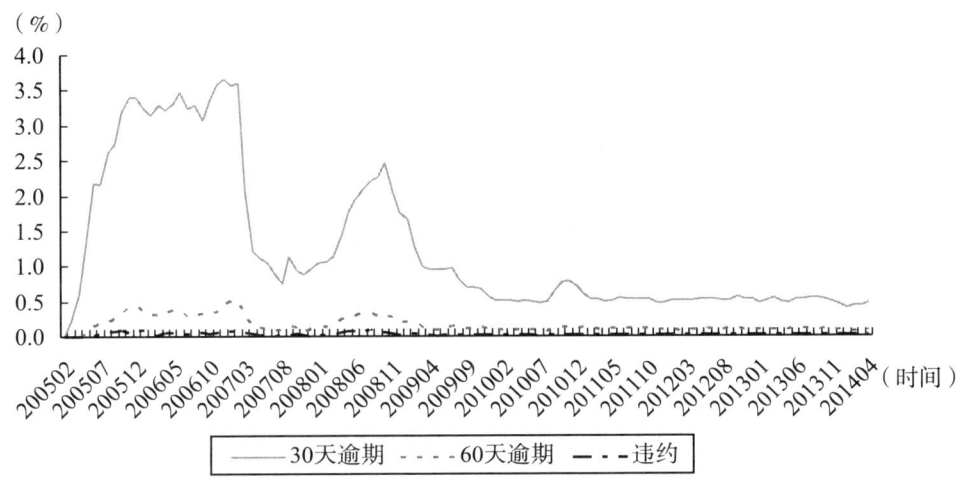

图 16-7　住房公积金还款逾期期数

第二，从住房公积金还款逾期金额来看，总体上逾期金额呈现出持续上涨的态势，这也进一步说明了住房公积金还贷逾期风险虽然总体逾期率不高，但由于缴存总额的逐年上涨，导致了公积金贷款绝对逾期金额涨幅较大且增速明显（见图 16-8）。同时，公积金还款逾期金额还表现出明显的阶段性特征，即具有一定的周期性，逾期金额在整体上涨的过程中也存在明显的短期下滑过程。此外，公积金逾期本金和利息也存在逐步上涨的态势。因此，遏制和管控住房公积金还贷逾期风险具有重要的现实必要性。

第三，从住房公积金还款月逾期频率来看，图 16-9 报告了该重点城市住房公积金还款月逾期频率。约有 13 000 笔公积金贷款月逾期频率组中值为 0.03 且比重最高，占比约为 27%。其次，超过 9 000 笔贷款的月逾期频率为 0.05，占比约为 20%。同时，近 8 000 笔贷款月逾期频率为 0.01，占比约 15%。除此之外，住房公积金月还款逾期频率随着组中值的增加呈现出递减趋势。值得注意的是，在所有的逾期还款中，约有 2% 的贷款还款月逾期频率超过了 50%，这种高风险的贷款尤为值得关注。

图 16-8 住房公积金还款逾期金额及本息

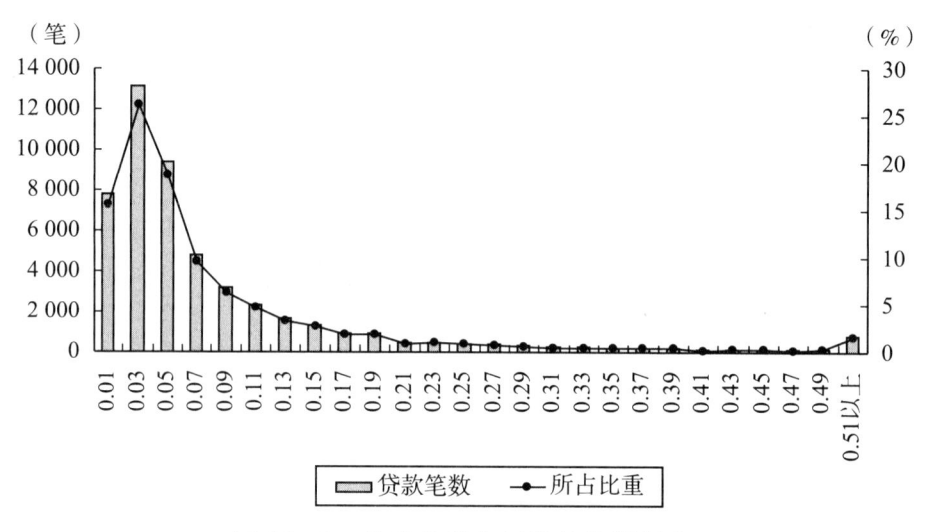

图 16-9 住房公积金还款月逾期频率

注：横轴为住房公积金月逾期频率组中值。

第四，从住房公积金贷款还款累计逾期次数来看，公积金还款主要以月为时间单位，很多公积金借款人存在多次逾期的情形，这也给管理部门尤其是风控部门带来了众多挑战。如表 16-2 所示，在所有的公积金贷款笔数中，约 71.12% 的贷款尚未出现逾期情形，而剩余累计仍有 30% 的公积金贷款出现了不同程度的逾期状况。具体而言，12.29% 的贷款还款累计逾期次数为 1 次，这部分借款人的信用水平仍然值得肯定，很有可能由于疏忽遗忘等客观原因导致其还款逾期。然而，出现 2 次及以上累计逾期次数的公积金贷款笔数仍占比近 16.59%。这种多次逾期的行为暴露出公积金借款人的信用水平堪忧，且对于公积金贷款损失程度的影响也最大。除此之外，我们进一步考察了公积金贷款相对逾期金额情况（即累计逾期金额占贷款总额的比重），从该案例城市的统计结果来看，对于所有的逾期样本，近 75% 的公积金贷款相对逾期金额低于 10%，这同时也意味着对于逾期贷款，仍有近 1/4 的公积金贷款相对逾期金额超过了 10%。这也再次印证了公积金还贷逾期风险管控的重要性和必要性。

表 16-2　　　　　　住房公积金贷款还款累计逾期次数

累计逾期次数（次）	对应贷款笔数（笔）	所占比重（%）	相对逾期金额组中值（%）	对应逾期次数（次）	所占比重（%）
0	123 261	71.12	1	31 120	16.57
1	21 302	12.29	3	50 238	26.75
2	9 556	5.51	5	28 785	15.33
3	5 323	3.07	7	17 833	9.50
4	3 360	1.94	9	12 482	6.65
5	2 110	1.22	11	7 007	3.73
6	1 483	0.86	13	5 292	2.82
7	1 154	0.67	15	5 090	2.71
8	872	0.50	17	4 603	2.45
9	686	0.40	19	3 078	1.64
10	543	0.31	21	2 213	1.18
11	509	0.29	23	726	0.39
12	376	0.22	25	4 180	2.23
13	308	0.18	27	351	0.19
14	262	0.15	29	512	0.27
15	216	0.12	31	265	0.14
16	209	0.12	33	3 921	2.09
17	182	0.11	35	161	0.09
18	169	0.10	37	196	0.10
19	152	0.09	39	219	0.12
20	131	0.08	41	261	0.14

续表

累计逾期次数（次）	对应贷款笔数（笔）	所占比重（％）	相对逾期金额组中值（％）	对应逾期次数（次）	所占比重（％）
20 以上	1 153	0.65	41 以上	9 245	4.92
合计	173 317	100	合计	187 778	100

至此，本章通过绝对指标和相对指标的描述统计展示了案例城市的住房公积金贷款还款逾期情况概貌。那么，住房公积金借款人的逾期风险究竟受哪些因素的影响？这些因素又是如何影响借款人逾期还款可能性？如何识别不同群体的还款逾期风险水平？诸如此类疑问便成为了各界共同关心的话题，这也是公积金贷款管理部门进行逾期风险管控的最重要前提。

第四节 住房公积金逾期风险的命题与模型

虽然学术界对于住房公积金逾期风险的研究相对有限，但此类研究在商业银行和 P2P 等借贷市场中的探索应用已经屡见不鲜。同时，大量研究表明借款人个体特征会显著影响其信用水平，如学历、年龄、性别、收入、婚姻等。并且，很多城市已将借款人个体特征纳入其还贷逾期风险评估的指标体系。为了进一步探究借款人特征对于其逾期风险的影响，本章选择公积金借款人学历水平展开研究，旨在通过微观数据详细论证学历在住房公积金借贷中的意义，以期起到举一反三、抛砖引玉的作用。

事实上，国内外关于学历与个人信用的相关研究并不少见，例如：迟国泰等（2015）运用支持向量机方法，对中国某全国性大型商业银行 2044 个农户的实证研究发现学历是区分违约状态的关键指标之一；廖理等（2015）通过对 P2P 平台的经验研究，发现高学历借款者如约还款概率相对更高，即高等教育年限增强了借款人的自我约束能力。类似地，罗方科、陈晓红（2017）通过构建二分类 Logistic 信用风险评估模型，任燕燕等（2017）通过双边随机前沿分析方法（SFA），也得到了近似的结论。国外研究中，查尔芬和德扎（2017）的研究甚至还发现父母的受教育程度能够影响到子代信用状况。布隆伯格（2011）、布库罗尤（2013）、富多（2013）通过对比实验发现教育状况对于青少年的信用水平能产生显著影响。

即便如此，住房公积金借款市场的逾期风险研究尚为稀缺，且学历对于借款人逾期的讨论维度较为单一，在方法和数据层面都存在较大的完善空间。因此，为了进一步探讨公积金借款人学历与其逾期水平的相互关系，本章结合该重点城市的微观面板数据展开实证研究。

若从研究框架上进行梳理总结，可以从逾期期数、相对逾期金额、逾期频率和频数三个维度渐次展开，通过选取借款人作为研究案例，从总体关系、被动逾期、主动逾期层面探讨学历对于借款人还款逾期风险的影响。同时，文章又以借款人借款时年龄为切入点，分析了学历对于逾期风险影响的年龄效应。图16-10直观展示了学历视角下住房公积金借款人还款逾期风险分析框架。

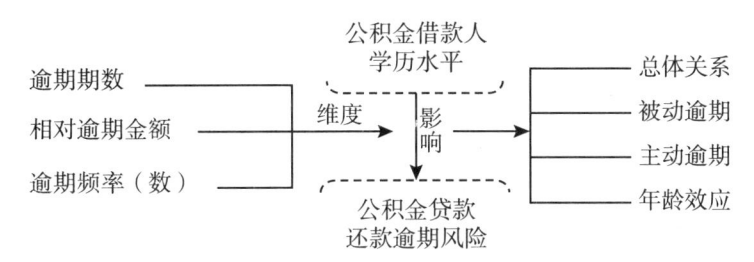

图 16-10　学历视角下住房公积金借款人还款逾期风险分析框架

这一分析框架也给公积金借款人其他个体特征变量对于逾期风险的影响研究提供了一个相对完备的范式，首先通过多维度分析判断某一特征变量与公积金借款人还款风险的一般性规律，然后通过交互效应研究进一步锁定低风险借款人的具体特征区间，以此较为准确地研判不同借款人的逾期风险状况。图16-11报告了住房公积金借款人还款逾期风险一般性分析框架。

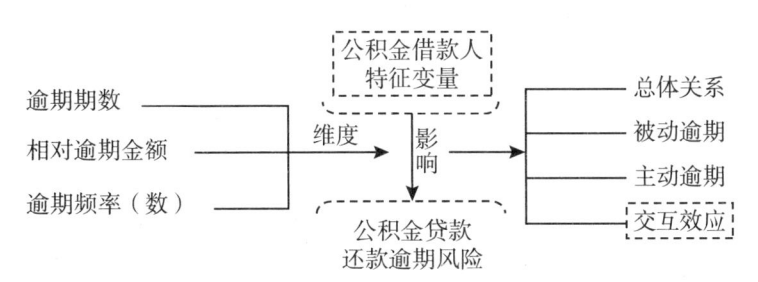

图 16-11　住房公积金借款人还款逾期风险一般性分析框架

一、学历影响公积金还款逾期的命题

基于上述文献梳理和理论分析，本章首先从学历对借款人逾期行为的影响层面，参考国内外多数学者的研究成果，提出待证命题：

命题1：住房公积金借款人高学历总体上对其还款逾期行为产生抑制作用。

但仅分析总体影响还不足以充分论证学历对借款人逾期行为的影响，为此，本章进一步从作用机制层面进行分析。首先，借款人收入下降会削弱其还贷能力，在此情形下，较高学历能否约束借款人按时还贷？其次，住房市场价格下跌或者增速放缓时，意味着住房面临贬值的风险，借款人的还贷意愿往往受挫，在此情形下，较高学历能否约束借款人按时还贷？除此，随着年龄的增大，家庭收入等其他信号可能会淡化学历信号在信用识别中的作用，即学历对逾期行为的影响程度是否会随着年龄发生变化？针对上述问题，本章再次提出如下三项命题。

命题2：住房公积金借款人收入下降时，高学历有助于减少其被动逾期行为。

命题3：住房市场价格增速放缓时，受教育程度越高的住房公积金借款人主动逾期行为相对更少。

命题4：学历对于借款人的逾期行为影响具有一定的年龄弱化作用，即年轻的高学历群体具有相对更好的住房公积金还款信用。

基于此，本章将围绕上述四项命题进行实证研究。

二、公积金逾期行为研究的变量与模型

表16-3详细报告了本章实证部分所用变量及其说明，数据类型包括连续变量和哑变量。其中，根据多维度分析的需要，实证分析的被解释变量包括公积金借款人还款逾期期数、逾期金额比例（累计逾期金额/贷款额度）、逾期发生频数、逾期发生频率，即本章从绝对指标和相对指标、逾期资金和逾期次数等全方位探讨借款人学历水平与住房公积金逾期风险的相互关系。关键解释变量为公积金借款人学历程度，且以本科及以上学历（接受过高等教育）为考察组，本科以下学历为对照组。同时，公积金借款人月收入水平、所购住房市场价格、以及借款人年龄（考察组为31~45岁和46岁及以上，对照组为30岁及以下）也是本章实证部分的关键解释变量。除此之外，本章还引入了公积金借款人初始还款收入比、初始贷款价值比、是否负债、是否本地户口、性别、有无职称、是否体制内、是否组合贷款、担保类型、房屋类型（对照组为现房）、所购住房所处位置（对照组为城区）、贷款期限等作为实证研究的控制变量。解释变量、被解释变量和控制变量的均值、最大值、最小值和标准误均已列示在表16-3中。

表 16-3　　　　　　　　　实证研究变量选取与说明

变量名称	变量解释	变量类型	均值	最小值	最大值	标准误
$yqjebl$	逾期金额比例	连续变量	0.0029	0	1.0155	0.0335
$yqye\_qmlj$	累计逾期金额	连续变量	77.5119	0	103 616.15	726.4592
xl_bkjys	本科及以上	哑变量	0.577	0	1	0.494
$rtiys\_zdhk$	初始还款收入比	连续变量	0.3627	0.0063	2.932	0.201
$oltv$	初始贷款价值比	连续变量	0.6186	0.0258	0.9701	0.1647
$jtfz2$	初始家庭是否负债	哑变量	0.0048	0	1	0.0691
$age31\_45$	31~45岁	哑变量	0.5402	0	1	0.4984
$age46up$	46岁及以上	哑变量	0.1516	0	1	0.3586
$bdhk$	本地户口	哑变量	0.9165	0	1	0.2766
$female$	女性借款人	哑变量	0.375	0	1	0.4841
zc_you	有职称	哑变量	0.3536	0	1	0.4781
$dwxz\_tzn$	体制内就业	哑变量	0.5747	0	1	0.4944
zhd	组合贷款	哑变量	0.0222	0	1	0.1473
$dblx\_zxcy$	指定担保类型	哑变量	0.8806	0	1	0.3243
$fwlx2\_spfqf$	商品房期房（对照现房）	哑变量	0.3737	0	1	0.4838
$fwlx2\_zcf$	政策性住房（对照现房）	哑变量	0.2268	0	1	0.4188
$fwlx2\_jzf$	集资合作建房（对照现房）	哑变量	0.0522	0	1	0.2225
$fwlx2\_esf$	二手房（对照新房）	哑变量	0.2955	0	1	0.4563

续表

变量名称	变量解释	变量类型	均值	最小值	最大值	标准误
$ssqx\_jjq$	近郊区（对照城区）	哑变量	0.4327	0	1	0.4955
$ssqx\_yjq$	远郊区（对照城区）	哑变量	0.0729	0	1	0.2600
$yqqs$	逾期期数	连续变量	0.0429	0	8	0.3101
yq_Sum	逾期发生频数	连续变量	1.0834	0	88	3.4587
$yqpl$	逾期发生频率	哑变量	0.0248	0	1	0.0708
$mortgage$	贷款额度	连续变量	445 327.54	10 000	6 580 000	262 934.93
$fwdj\_real$	购房单价	连续变量	8 446.74	581.6223	57 082.91	5 228.18
$repay$	月均还款额	连续变量	2 826.57	176.1726	25 539.49	1 463.99
$income$	初始家庭月收入	连续变量	7 813.83	511	196 240	5 668.88
$dkqx$	贷款期限	连续变量	20.647	1	30	7.2734
$hp\_increase\_pre6a$	前6个月平均的房价同比增长率	连续变量	0.2377	-0.0427	0.7026	0.1915

接下来我们对所有检验的命题的计量模型进行设定。

由于住房公积金借款人的还款逾期期数表现为逾期持续的时间，因此符合风险分析（hazard hnalysis）的运用范畴①，而针对参数回归对于分布假定过于严苛的缺点，在比例风险模型（Proportional Hazard Model）的框架下，本章选取应用更为广泛的 Cox 比例风险模型，以此度量学历对于公积金借款人逾期期数的影响状况，其计量形式设定如公式（16.1）：

$$Hazard_i(t) = Hazard_0(t) \cdot \exp(\alpha_i Education_i + \sum_m \beta_m Affordability_{m,i}$$
$$+ \sum_n \lambda_n Equity_{n,i} + \sum_k \gamma_k Controls_{k,i} + \upsilon_i + \varepsilon_{i,t} \quad (16.1)$$

其中，$Hazard_i(t)$ 表示贷款 i 在 t 时刻的违约危险率，$Hazard_0(t)$ 表示基准危险率的时间变动趋势，$Education_i$ 表示公积金借款人受教育水平的虚拟变量；Afford-

---

① 又称生存分析（survival analysis）或久期分析（duration analysis）等。

$ability_{m,i}$ 表示公积金借款人的支付能力相应变量，具体包括借款人初始还款收入比、初始家庭收入、贷款额度、家庭负债以及还款期收入变化等变量；$Equity_{n,i}$ 表示住房公积金借款人权益特征的相应变量，具体包括初始贷款价值比、还款期内房价变化等；$Controls_{k,i}$ 表示其他控制变量，具体包括公积金借款人年龄、职称、性别、工作单位性质、房屋区位、贷款年份、贷款类型和担保方式等；v_t 为住房公积金还款时间固定效应，$\varepsilon_{i,t}$ 为随机干扰项。

与此同时，当借款人的收入情况出现较大程度下降时，其还款能力和还款积极性必将受到负面影响。因此，本章探讨当公积金借款人工资收入下降幅度达到或超过上月工资水平20%时的还款逾期状况。为此，本章引入借款人受教育程度与其收入下降20%以上（哑变量）的交互项，研究公积金借款人学历与被动逾期的关系。

除了上述借款人因收入水平下降而可能产生的被动逾期外，所购房屋市场价格的大幅缩水也将引起理性借款人主动违约。因此，引入公积金借款人受教育程度与其所购房屋前六个月平均价格同比增速的交互项，研究公积金借款人学历与主动逾期的关系。

很多研究还发现借款人年龄与其违约率存在反向关系（平新乔、杨慕云，2009；洪露，2014；罗方科、陈晓红，2017），但廖理等（2015）基于"人人贷"[①]数据，运用生存分析模型研究发现借款人年龄与违约风险没有显著关联。甚至还有研究发现借款人年龄越高，违约可能性越强（马九杰等，2004）。由此可见，现有关于借款人年龄和信用状况的研究结果存在分歧尚未形成统一共识。为验证前文命题4，计量模型引入借款人受教育水平与其年龄的交互项。需要说明的是，本章将借款人年龄的对照组设定为30岁以下，实验组分别为31~45岁以及46岁以上。

第五节 住房公积金逾期风险的实证结论

通过该重点城市2005年2月至2014年4月住房公积金历史存贷面板数据，共搜集了600多万条公积金还款记录，本章逾期风险实证研究部分据此展开。

---

① 人人贷全称是人人贷商务顾问（北京）有限公司，成立于2010年，是网络借贷信息中介服务机构，也是中国早期成立的网络借贷信息中介服务平台之一，致力于为高成长人群提供线上信贷及出借撮合服务。网址：https://www.renrendai.com/。

一、逾期风险实证研究

(一) 公积金借款人学历与逾期的总体关系研究

表 16-4 报告了住房公积金借款人学历与其还款逾期总体关系的实证结果。首先,从 Cox 比例风险模型的运行结果来看,高等教育对于公积金借款人逾期行为产生负向抑制作用,虽然高学历对于公积金还款逾期 30 天和逾期 60 天没有显著关系,但却显著减少了还款违约行为(逾期 90 天及以上)。由此可见,正如命题 1 所述,住房公积金借款人高学历总体上对其还款逾期行为产生抑制作用。

其次,从借款人家庭可支付能力视角分析其逾期行为,显然初始家庭还款收入比、初始贷款价值比、初始家庭负债与公积金借款人逾期风险和违约风险存在显著正向关联。而从年龄视角分析,总体上 31~45 岁借款人逾期率显著高于 30 岁及以下更年轻的借款人,而较为有趣的是,46 岁及以上借款人的逾期及违约风险显著低于 30 岁及以下的年轻群体。从房屋实际价格角度来看,住房实际价格与逾期率之间存在显著负向关系,这也意味着从逾期层面来说,高房价有助于削弱借款人的还款逾期心理。

表 16-4 住房公积金借款人学历与其还款逾期的总体关系

变量	Cox 模型		
	逾期 30 天	逾期 60 天	逾期 90 天及以上
本科及以上学历	-0.006 (0.029)	-0.064 (0.050)	-0.181*** (0.059)
初始还款收入比	0.114 (0.071)	0.279** (0.114)	0.461*** (0.127)
初始贷款价值比	0.733*** (0.099)	1.199*** (0.170)	1.165*** (0.200)
初始有其他负债	0.485*** (0.129)	0.625*** (0.225)	0.761*** (0.253)
借款时年龄 31~45(对照组:30 岁以下)	0.156*** (0.030)	0.125** (0.053)	0.167*** (0.062)
借款时年龄 ≥46(对照组:30 岁以下)	0.010 (0.048)	-0.265*** (0.085)	-0.242** (0.102)

续表

变量	Cox 模型		
	逾期 30 天	逾期 60 天	逾期 90 天及以上
本地户口	-0.250*** (0.047)	-0.162** (0.080)	-0.188** (0.093)
女性借款人	-0.043 (0.026)	-0.074 (0.047)	-0.136** (0.056)
有职称	-0.181*** (0.028)	-0.225*** (0.049)	-0.243*** (0.060)
体制内	-0.104*** (0.028)	-0.220*** (0.050)	-0.198*** (0.058)
组合贷款	0.182** (0.078)	0.017 (0.173)	-0.213 (0.210)
指定担保类型	-0.248*** (0.050)	-0.231*** (0.083)	-0.249** (0.101)
商品房期房（对照组：现房）	0.056 (0.060)	0.097 (0.109)	0.018 (0.131)
政策性住房（对照组：现房）	0.052 (0.071)	0.117 (0.122)	-0.033 (0.145)
集资合作建房（对照组：现房）	0.445*** (0.082)	0.567*** (0.144)	0.324* (0.169)
二手房（对照组：新房）	-0.256*** (0.060)	-0.291*** (0.110)	-0.472*** (0.134)
近郊区（对照组：城区）	-0.221*** (0.033)	-0.300*** (0.054)	-0.384*** (0.066)
远郊区（对照组：城区）	-0.409*** (0.080)	-0.489*** (0.124)	-0.814*** (0.152)
购房单价对数	-0.143*** (0.054)	-0.177* (0.091)	-0.365*** (0.101)
贷款期限 0~5 年	-0.044 (0.061)	-0.143 (0.111)	-0.233 (0.147)

续表

变量	Cox 模型		
	逾期30天	逾期60天	逾期90天及以上
贷款期限 6~10 年	-0.771*** (0.055)	-0.628*** (0.085)	-0.574*** (0.112)
贷款期限 11~15 年	-0.693*** (0.049)	-0.650*** (0.082)	-0.668*** (0.102)
贷款期限 16~20 年	-0.434*** (0.034)	-0.420*** (0.058)	-0.412*** (0.068)
贷款期限 21~25 年	-0.323*** (0.051)	-0.394*** (0.090)	-0.376*** (0.104)
贷款年份固定效应	yes	yes	yes
还款时间固定效应	yes	yes	yes
还贷间隔固定效应	no	no	no
样本量	6 694 461	6 694 461	6 694 461

注：***、**、*分别表示1%、5%、10%的显著性水平；括号内为参数估计量的标准误。

（二）公积金借款人学历与被动逾期的关系研究

根据上文，住房公积金借款人学历高低与还款逾期在总体上呈现出负相关关系，即高学历的借款群体相对逾期风险较小。但这只是总体层面的一般性研究结果，还不足以充分说明高学历借款人的信用状况在其他境况下仍然保持比较优势，比如当公积金借款人家庭收入出现下滑时的情况。因此，本章继续从被动逾期的视角出发，研究借款人学历与其被动还款逾期的联系，即考虑借款人家庭收入下降时学历对其还款逾期的影响。

从表16-5显示的实证结果来看，当公积金借款人在还款过程中月工资收入环比降幅达到或超过20%时，其逾期风险和违约风险将会出现明显加深，即工资收入变动率能够显著影响借款人的还款行为。而当我们进一步考察借款人学历水平与其工资收入下降20%的交互项，可以看出实证结果均不显著，再结合公积金借款人学历回归系数显著为负，则可得出如下结论：不仅受过高等教育的借款人总体资信状况更优，而且当工资收入水平下降时，高学历的公积金借款人仍能保持更低的还款逾期率。这也充分证明了前文命题2的推断论述，即住房公积金借款人收入下降时，高学历有助于减少其被动逾期行为。

表16-5　住房公积金借款人学历与其被动逾期的实证结果

变量	Cox模型		
	逾期1个月	逾期2个月	逾期3个月及以上
本科及以上学历	-0.029 (0.034)	-0.079 (0.060)	-0.207*** (0.073)
工资收入降低≥20%	0.174*** (0.055)	0.320*** (0.107)	0.349** (0.153)
本科及以上学历×工资收入降低≥20%	0.007 (0.072)	0.023 (0.143)	0.068 (0.215)
前6个月平均房价同比增长率	-0.683*** (0.052)	-0.422*** (0.114)	-0.206 (0.176)
初始还款收入比	0.068 (0.083)	0.284** (0.126)	0.562*** (0.152)
初始贷款价值比	0.854*** (0.109)	1.293*** (0.194)	1.221*** (0.241)
初始有其他负债	0.479*** (0.135)	0.801*** (0.240)	0.983*** (0.262)
借款时年龄31~45（对照组：30岁以下）	0.154*** (0.033)	0.086 (0.060)	0.141* (0.073)
借款时年龄≥46（对照组：30岁以下）	0.015 (0.055)	-0.323*** (0.101)	-0.301** (0.125)
其他控制变量	yes	yes	yes
贷款年份固定效应	yes	yes	yes
还贷间隔效应	no	no	no
样本量	5 585 052	5 585 052	5 585 052

注：***、**、*分别表示1%、5%、10%的显著性水平；括号内为参数估计量的标准误。

（三）公积金借款人学历与主动逾期的关系研究

前文不仅详细论证了住房公积金借款人学历与其还款逾期的总体关系，也实证研究了学历视角下公积金借款人的被动逾期行为。当然，除收入下降时的被动逾期行为之外，房价波动也可能会对公积金借款人主动逾期行为产生影响。因此，本章进一步对住房公积金借款人学历与其主动逾期关系进行实证研究。

表16-6展示了公积金借款人学历与其主动逾期的实证结果。该模型引入公积金借款人所购房屋前六个月平均房价增速，以此刻画房价波动状况。显然，实证结果表明房价增速与公积金贷款还款逾期之间存在显著负向关系，尤其对于短期逾期行为的抑制效果最为明显，而对还款违约行为的抑制作用不够显著。更进一步地，本章考察借款人受教育程度与房价增速交互项对于其逾期行为的影响，回归结果显示该交互项的作用结果并不显著，同时结合学历对借款人违约行为显著负相关，因此当房价增速放缓时，受过高等教育的公积金借款人逾期和违约行为相对更少，这也意味着学历与借款人还款主动逾期风险之间存在负相关关系，这也支持了命题3的理论表述。

表16-6　　住房公积金借款人学历与其主动逾期实证结果

变量	Cox 模型		
	逾期1个月	逾期2个月	逾期3个月及以上
本科及以上学历	-0.058 (0.042)	-0.115 (0.079)	-0.223** (-0.107)
前6个月平均房价同比增长率	-0.752*** (0.080)	-0.509*** (0.170)	-0.251 (-0.243)
本科及以上学历×前6个月平均房价同比增长率	0.120 (0.100)	0.154 (0.221)	0.088 (-0.325)
工资收入降低≥20%	0.177*** (0.036)	0.332*** (0.072)	0.382*** (-0.109)
初始还款收入比	0.068 (0.083)	0.284** (0.126)	0.561*** (-0.152)
初始贷款价值比	0.854*** (0.109)	1.293*** (0.194)	1.221*** (-0.241)
初始有其他负债	0.478*** (0.135)	0.801*** (0.240)	0.984*** (-0.262)
借款时年龄31~45（对照组：30岁以下）	0.154*** (0.033)	0.086 (0.060)	0.141* (-0.073)
借款时年龄≥46（对照组：30岁以下）	0.016 (0.055)	-0.323*** (0.101)	-0.301** (-0.125)

续表

变量	Cox 模型		
	逾期 1 个月	逾期 2 个月	逾期 3 个月及以上
其他控制变量	yes	yes	yes
贷款年份固定效应	yes	yes	yes
还贷间隔效应	no	no	no
样本量	5 585 052	5 585 052	5 585 052

注：***、**、* 分别表示 1%、5%、10% 的显著性水平；括号内为参数估计量的标准误。

(四) 年龄效应下公积金借款人学历与还款逾期的关系研究

本章已从住房公积金借款人学历与其总体逾期风险、被动逾期风险和主动逾期风险三个维度开展了实证研究，且研究结果均表明借款人学历在公积金借贷市场具有重要价值，即高学历能够显著抑制公积金贷款还款逾期及违约行为。但通过前文文献梳理，发现随着借款人年龄的变化，往往其信用状况和还款风险也随之改变。那么，对于高学历群体，年龄的改变对于该部分公积金借款人的还款信用又会产生怎样的影响呢？

为进一步锁定高等教育对于不同年龄公积金借款人的还款信用约束状况，本章继续将借款人学历与年龄的交互项引入 Cox 比例风险模型进行实证研究。由于本章将借款人年龄实验组设定为两组，即 31~45 岁和 46 岁及以上，对照组则为 30 岁及以下借款人，因此也涉及两项交互项，包括借款人学历与 31~45 岁年龄的交互、学历与 46 岁及以上年龄的交互。

表 16-7 报告了年龄效应下住房公积金借款人学历与还款逾期的实证结果，与前文实证结果有所不同的是，在引入了交互项作为关键解释变量后，公积金借款人年龄与其还款逾期风险存在递减关系，即年龄越大，总体信用状况越佳。然后，通过考察交互项可以看出，回归系数均显著为正，通过将其与年龄变量回归系数进行对照，显然，对于均接受过高等教育的公积金借款人而言，年龄的增加反而提升了该群体的还款逾期可能性，且年龄越大，逾期率也随之提高，这与单独考察年龄对借款人信用的作用结果存在明显的差异。因此，学历对于借款人的逾期行为影响具有一定的年龄弱化作用，即年轻的高学历群体具有相对更好的住房公积金还款信用，这也从实证层面验证了前文命题 4 的猜想准确性。

表16-7　年龄效应下住房公积金借款人学历与还款逾期的实证结果

变量	Cox 模型		
	逾期1个月	逾期2个月	逾期3个月及以上
本科及以上学历	-0.252*** (0.054)	-0.409*** (0.097)	-0.595*** (0.116)
借款时年龄31~45（对照组：30岁以下）	-0.033 (0.054)	-0.199** (0.092)	-0.143 (0.104)
借款时年龄≥46（对照组：30岁以下）	-0.195*** (0.069)	-0.638*** (0.128)	-0.745*** (0.155)
本科及以上学历×借款时年龄31~45	0.294*** (0.066)	0.466*** (0.116)	0.499*** (0.140)
本科及以上学历×借款时年龄≥46	0.445*** (0.109)	0.703*** (0.182)	1.151*** (0.236)
工资收入降低≥20%	0.178*** (0.036)	0.332*** (0.072)	0.385*** (0.109)
前6个月平均房价同比增长率	-0.684*** (0.052)	-0.423*** (0.114)	-0.207 (0.176)
初始还款收入比	0.075 (0.083)	0.295** (0.126)	0.580*** (0.152)
初始贷款价值比	0.850*** (0.109)	1.286*** (0.194)	1.210*** (0.241)
初始有其他负债	0.475*** (0.135)	0.794*** (0.241)	0.977*** (0.262)
其他控制变量	yes	yes	yes
贷款年份固定效应	yes	yes	yes
还贷间隔效应	no	no	no
样本量	5 585 052	5 585 052	5 585 052

注：***、**分别表示1%、5%的显著性水平；括号内为参数估计量的标准误。

为增强实证结果的稳健性，本章继续从公积金借款人逾期金额比例的视角构建OLS模型，被解释变量为借款人逾期金额占其公积金贷款总量的比值。实证结果与前文高度吻合，即住房公积金贷款还款逾期风险与借款人学历之间存在反向关系，且年轻的高学历群体信用状况表现相对更佳（见表16-8）。除此之外，本章进一步探讨了借款人学历与其逾期频率和逾期频数的关系,逾期频率为观察期内每位借款人逾期次数所占总还款月数的比重(月均逾期次数),逾期频数为观察期内每位借款人的逾期次数。OLS 回归结果表明,即便从住房公积金借款人还款逾期频率和频数来看,30 岁及以下年轻高学历贷款群体的信用状况均表现更优,这与前文的研究结论相互契合(见表 16-9)。

表 16-8　住房公积金借款人学历与相对逾期金额的实证结果

变量	OLS_1 总体状况	OLS_2 被动逾期	OLS_3 主动逾期	OLS_4 年龄效应
本科及以上学历	-0.00007** (0.00003)	-0.00002 (0.000)	-0.00001 (0.000)	-0.00059*** (0.000)
工资收入降低≥20%		0.00104*** (0.000)	0.00087*** (0.000)	0.00087*** (0.000)
本科及以上学历×工资收入降低≥20%		-0.00032*** (0.000)		
本科及以上学历×前6个月平均房价同比增长率			-0.00011 (0.000)	
本科及以上学历×借款时年龄31~45				0.00072*** (0.000)
本科及以上学历×借款时年龄≥46				0.00106*** (0.000)
前6个月平均房价同比增长率		-0.00101*** (0.000)	-0.00094*** (0.000)	-0.00101*** (0.000)
初始还款收入比	0.00024*** (0.00007)	0.00013* (0.000)	0.00013* (0.000)	0.00015* (0.000)
初始贷款价值比	0.00215*** (0.00009)	0.00169*** (0.000)	0.00169*** (0.000)	0.00168*** (0.000)
初始有其他负债	0.00188*** (0.00019)	0.00193*** (0.000)	0.00192*** (0.000)	0.00192*** (0.000)
借款时年龄31~45(对照组:30岁以下)	0.00024*** (0.00003)	0.00017*** (0.000)	0.00017*** (0.000)	-0.00033*** (0.000)
借款时年龄≥46(对照组:30岁以下)	-0.00034*** (0.00005)	-0.00044*** (0.000)	-0.00044*** (0.000)	-0.00098*** (0.000)

续表

变量	OLS_1 总体状况	OLS_2 被动逾期	OLS_3 主动逾期	OLS_4 年龄效应
其他控制变量	Yes	yes	yes	yes
常数项	0.06000*** (0.00200)	0.02654*** (0.000)	0.02653*** (0.000)	0.02702*** (0.000)
贷款年份固定效应	Yes	yes	yes	yes
还款时间效应	Yes	no	no	no
还贷间隔效应	Yes	yes	yes	yes
样本量	6 735 883	5 613 426	5 613 426	5 613 426
可决系数	0.016	0.013	0.013	0.013

注：***、**、*分别表示1%、5%、10%的显著性水平；括号内为参数估计量的标准误。

表16-9　住房公积金借款人学历与逾期频率、逾期频数的实证结果

变量	OLS_5 逾期频率	OLS_6 逾期频数
本科及以上学历	-0.004*** (0.001)	-0.180*** (0.032)
本科及以上学历×借款时年龄31~45	0.008*** (0.001)	0.332*** (0.038)
本科及以上学历×借款时年龄≥46	0.008*** (0.001)	0.359*** (0.056)
初始还款收入比	0.001 (0.001)	-0.002 (0.044)
初始贷款价值比	0.014*** (0.001)	0.646*** (0.058)
初始有其他负债	0.018*** (0.003)	0.955*** (0.130)
借款时年龄31~45（对照组：30岁以下）	-0.006*** (0.001)	-0.245*** (0.032)
借款时年龄≥46（对照组：30岁以下）	-0.011*** (0.001)	-0.506*** (0.037)

续表

变量	OLS_5 逾期频率	OLS_6 逾期频数
其他控制变量	yes	yes
常数项	0.080*** (0.006)	1.770*** (0.301)
贷款年份固定效应	yes	yes
贷款观察期月数	no	yes
样本量	173 222	173 222
可决系数	0.024	0.091

注：***表示1%的显著性水平；括号内为参数估计量的标准误。

二、主要结论与展望

本章以公积金借款人学历为例展示了还贷逾期风险评估方法。从政策启示层面进行归纳分析，虽然30岁左右或者刚工作不久的高校毕业生工作稳定性不强，收入水平不高，资产积累尚未形成，未来的不确定性较大。但由于"安居乐业"（就业）、"筑巢引凤"（婚姻）和"三十而立"（社会融入）等方面的需求，该社会夹心层拥有较强的住房需求。与此同时，通过本章研究发现这部分群体的信用状况相对更优，即便在收入下滑或者房价增速下跌时，该群体的信用水平都能保持较好的优质性、稳定性，主动逾期和被动逾期的可能较小，且年轻群体的信用水平相对更佳。所以从购房必要性和风控可行性两个层面分析，应该适当加大对受过高等教育的年轻群体住房支持，一方面能够助力该群体实现"安居梦"，顺利融入社会，另一方面有利于吸引人才，让更多有文化的年轻群体住有所居、成家立业。所以，对于民生改善和社会发展无疑都是件有益的举措。

事实上，很多城市也在积极寻求年轻、高学历群体（尤其针对高校毕业生）的住房问题解决之道，如：2017年合肥、武汉、长沙、南昌、成都五个省会城市已经开始鼓励在校大学生缴纳个人住房公积金；2017年济南市针对非济南籍大学生公积金贷款政策放宽，购房首付比降至30%；2016年沈阳市对于毕业8年内的大中专毕业生，允许其在购买商品房时可提取本人、配偶、父母及法律条件许可的第三人账户内住房公积金支付购房首付款；宜昌市从2014年起，对于高校毕业生在购买首套普通自住商品住房，且正常缴存住房公积金满6个月的，即可按规定申请公积金住房贷款，这比一般要正常缴存住房公积金达1年才能贷款提前了 6 个月；2014 年宁波市高校毕业生在符合贷款有关规定及具备还贷能力的前提下，住房公积金贷款额度可上浮 20%。本章实证研究结论也为公积金支持高校毕业生实现住房需求提供了风险层面的理论保障。当然，在进行制度针对性设计时仍需考虑其他相关因素，且要把握好优惠力度，否则容易招致怀疑和诟病，甚至产生副作用。

第十七章

住房公积金流动性风险

流动性均衡是资金管理的重要目标,对于住房公积金这一规模庞大的长期性住房储金,维持适度的流动性是其可持续发展的重要前提。根据现代商业银行的定义,住房公积金流动性即在不承担任何损失的前提下,满足对各种资金需求的能力。然而,自2015年以来,各地住房公积金流动性不足的现象屡有发生,如京沪等地公积金已经收不抵支,资金池缺水明显。究其缘由,受近几年房地产市场调控的影响,地方政府越来越倾向于使用公积金政策,公积金贷款额度有所上涨、使用门槛降低、楼市交易活跃,尤其在房地产市场去库存的背景下,部分城市积极鼓励通过公积金贷款购房,导致资金贷款量迅速增加。一方面公积金归集额因制度等限制增长相对较为缓慢;另一方面公积金个贷额却和市场冷热程度联系紧密。随着政策调整和市场过热,部分城市公积金个贷额快速上涨,甚至超过归集额,公积金流动性不足的风险正在引起越来越多的社会关注。

第一节 住房公积金流动性现状分析

在内外因素的共同作用下,近年来,北京、上海、广东、江苏、福建、山东、湖北、安徽、江西等地已经陆续出现公积金资金缺口、流动性不足的症状,部分地市公积金个贷率更是史无前例地超过了100%。即便从全国层面来看,据《全国住房公积金2016年年度报告》显示,公积金个人住房贷款率也已达

88.84%。而根据住建部、财政部、中国人民银行发布的《关于住房公积金管理若干具体问题的指导意见》规定：各地住房公积金贷款余额原则上不应超过住房公积金缴存余额的80%，达到或超过80%的，要及时调整有关贷款政策。显然，当前我国住房公积金个贷率已经远远突破了80%这条红线。由此可见，住房公积金流动性不足的风险已经到了亟待解决的时候。虽是如此，2016年黑龙江、陕西、内蒙古、宁夏、甘肃、青海、西藏等地公积金个贷率仍不足75%，这使得公积金在陷入流动性不足危机的同时，还表现出流动性冷热不均的现象。因此，住房公积金流动性风险值得高度警惕和未雨绸缪，尤其在当前建立住房市场长效机制和实现全体人民住有所居的政策目标指引下，化解公积金流动性风险、补足政策性住房金融短板已成为当务之急。

学术界对于住房公积金流动性风险的关注大多集中在最近两年，而早在2010年，有研究就已经指出住房公积金个贷率增速过快，资金严重供不应求，产生流动性紧缺问题，其根本原因在于管理机构的非专业性和公积金属地化管理体制所致（陈杰，2010）。当时也有研究认为在制定公积金缴存比例、贷款利率时，并未充分考虑地区差异和收入差异，也没有与居民住房支付能力、住宅价格建立联动机制（周京奎，2010）。在此之后，有关住房公积金流动性风险的研究逐渐开始丰富。为有效管控公积金流动性不足的风险，学术界认为可以设立全国住房公积金管理中心，允许资金异地调度和使用（刘洪玉，2011；高波，2017）。同时，国家住房公积金管理机构应该对流动性不足的城市予以有偿资金支持（路君平等，2013），还可以通过建立中央住房公积金银行对各地区进行流动性统筹（黄燕芬、李怡达，2017）。并且在强制性缴存不变的前提下，可将"低存低贷"政策调整为"平存低贷"甚至"高存低贷"（刘丽巍，2013）。近来更为普遍的观点则是进一步通过住房公积金制度改革凸显政策性金融功能，将其转轨为国家政策性住宅金融机构（徐晓明、葛扬，2015；王开泉，2015；汪利娜，2016；王先柱、吴义东，2017），以及通过资产证券化等方式缓解公积金资金压力（沈正超等，2015）。

作为我国一项规模庞大的长期住房储金，住房公积金必须要维持一定的流动性以确保其稳健经营和可持续发展。总的来看，住房公积金存贷款与普通商业银行存贷款有很大可比性，二者都必须要保持足够的余额以确保流动性需求（陈杰，2010），银监会对于商业银行的贷款进行了较为严格的约束，不仅设立了法定存款准备金制度，还规定了存贷比（贷款额与存款额之比）不得超过75%这一红线。类似地，住房公积金也需计提相应额度进行风险准备，同时，若我们以75%这一临界值来衡量公积金流动性风险水平，则可发现2014年全国公积金存贷比仅略高于50%，且各地公积金存贷比均不足75%，位于警戒线之下

（见图 17-1）。然而，2015 年公积金存贷比的全国平均值已高达 75%，且近半数地区超过该临界值，这意味着 2015 年我国各地公积金贷款相对其缴存产生了较大增幅（见图 17-2）。并且上海、天津和江西的公积金存贷比甚至已超过 120%，这为公积金流动性不足敲响了警钟。

同时，从 2015 年我国各地住房公积金存贷比分布状况来看，总体上公积金流动性充足度自东向西逐渐提高，但由于资金的地域跨界流动性不强，各地存贷政策不完全一致，以及房地产市场区域分化明显等因素的影响，部分地区的公积金流动性不遵循其地域空间分布规律。如东部沿海省份山东和广东等地公积金资金充足度高于其他东部地区，西部地区陕西、广西和重庆的公积金可流动性也要明显高于周边中西部省份。所以，对各地住房公积金流动性风险的认知不能笼统地依据其地域分布进行预判，需要更加具体地深入各地实情。由于我国《住房公积金管理条例》第十条明确规定公积金的管理权限归各市所有[①]，城市人民政府

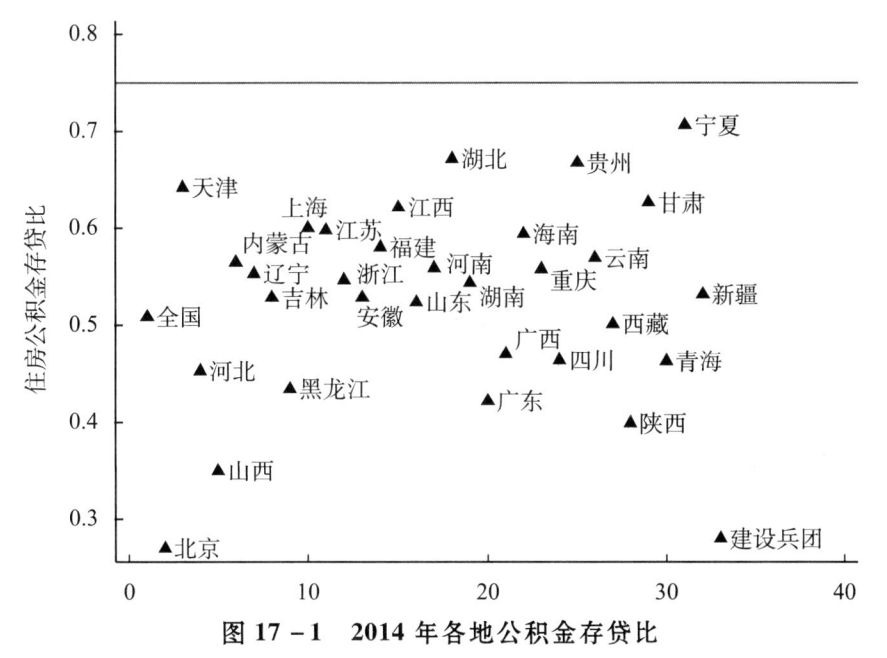

图 17-1 2014 年各地公积金存贷比

资料来源：《全国住房公积金 2014 年年度报告》和《全国住房公积金 2015 年年度报告》；住房公积金存贷比 = 公积金个贷额/公积金归集额 ×100%；图 17-1 和图 17-2 中实分割线表示公积金存贷比为 75%，图 17-2 中上下两条虚分割线分别表示公积金存贷比为 100% 和 50%。

---

① 《住房公积金管理条例》第十条：直辖市和省、自治区人民政府所在地的市以及其他设区的市（地、州、盟）应当按照精简、效能的原则，设立一个住房公积金管理中心，负责住房公积金的管理运作；县（市）不设立住房公积金管理中心。

图 17-2 2015年各地公积金存贷比

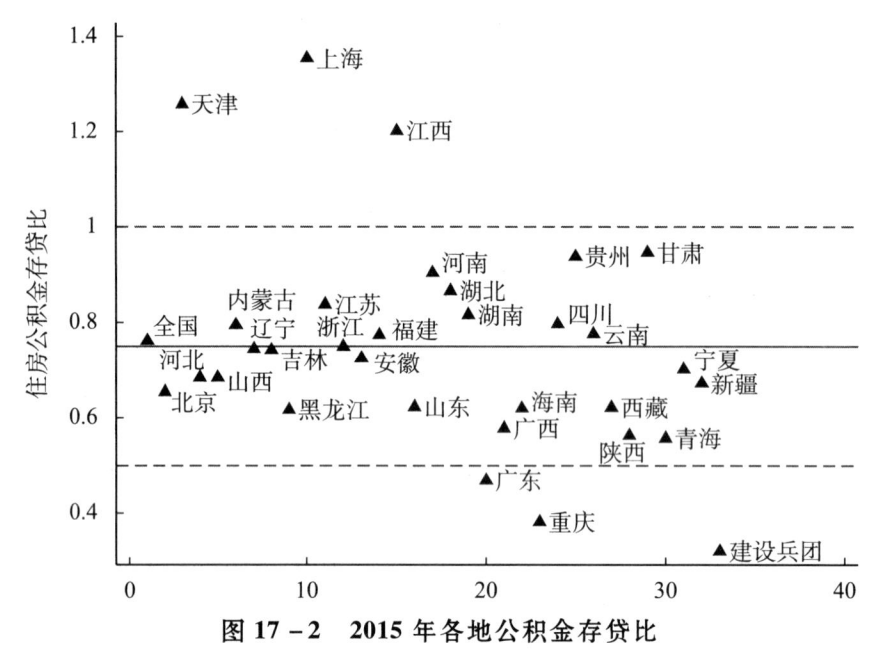

资料来源：《全国住房公积金2014年年度报告》和《全国住房公积金2015年年度报告》；住房公积金存贷比=公积金个贷额/公积金归集额×100%；图17-1和图17-2中实分割线表示公积金存贷比为75%，图17-2中上下两条虚分割线分别表示公积金存贷比为100%和50%。

具体负责资金归集、住房贷款以及增值收益分配等各项政策安排，因此从市级层面入手探讨住房公积金的流动性风险更具理论依据和现实意义。

从市级层面来看，2015年各大中城市住房公积金存贷比也无序分布在警戒线75%的上下两侧（见图17-3）。其一，从城市经济发展水平层面对比，虽同处一线城市行列，但上海和天津的公积金存贷比已远超警戒值且突破120%，而北京、深圳和广州则相对偏低，上海和广州可谓公积金存贷比的"两极"。二线城市中，哈尔滨、南昌、武汉、南京、合肥等地公积金存贷比高于75%，但杭州、石家庄、济南、重庆等该指标值低于警戒水平。其二，从城市区位分布层面对比，东部城市上海、天津、沈阳、大连、南京公积金存贷比高于北京、石家庄、杭州、济南、青岛、深圳、广州等，中西部城市南昌、武汉、太原、合肥该指标值高于南宁、西安、西宁、昆明、重庆等。由于每个城市公积金资金规模悬殊较大，为了更加准确地反映各地公积金存贷错位程度，本章还考察了2015年相关大中城市的住房公积金存贷差（见图17-4）。就存贷差反映的情况来看，北京、广州两地的公积金流动性相对充足，"顺差额"（缴存额大于个贷额）近乎400亿元，而上海、哈尔滨的公积金流动性相对不足，"逆差额"（缴存额小于个贷额）接近300亿元，其他城市公积金存贷差较为集中地分布在0~200亿

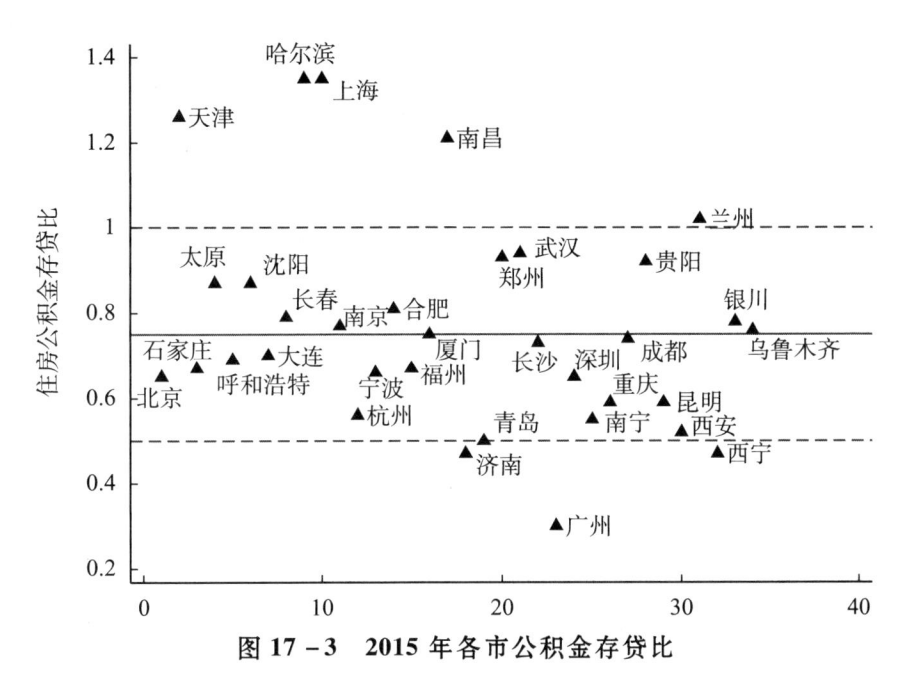

图 17-3　2015 年各市公积金存贷比

资料来源：2015 年各市住房公积金年度报告，图 17-4 同。

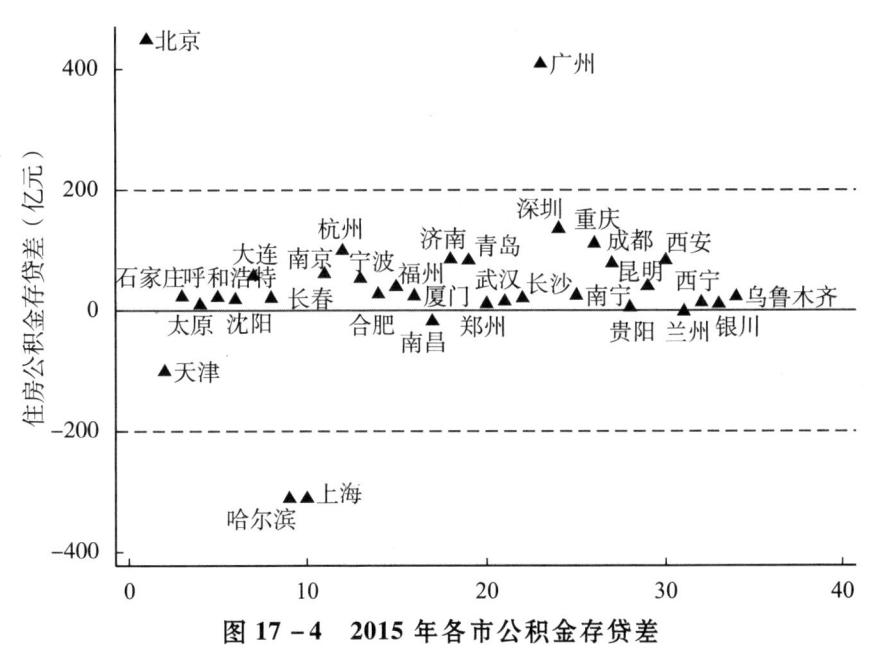

图 17-4　2015 年各市公积金存贷差

住房公积金存贷差 = 公积金归集额 - 公积金个贷额。实分割线表示公积金存贷差为 0，上下两条虚分割线分别表示公积金存贷差为 200 亿元和 -200 亿元。

元的区间，但如果将提取以及准备金等支出项目考虑在内，那么大多数城市公积金可谓捉襟见肘。由此可见，公积金流动性不足风险已经成为多数城市共同面临的难题，这也关系到公积金的可持续性发展。

总体了解和掌握我国住房公积金的流动性现状，并在此基础上分析其基本特征，是认识和防控住房公积金流动性风险的基础。

一、住房公积金融资规模日益扩大

从近5年住房公积金实缴职工及其增量趋势来看，2012年公积金缴存职工数量就已经突破1亿，且近五年缴存人数保持持续增加势头，2016年公积金实缴职工已达13 064.5万人，足见其覆盖人群范围越来越广。就每年净增实缴职工数量而言，总体上保持在500万~1 000万人的区间，且在2014年达到峰值，当年公积金净增实缴职工超过1 000万人（见图17-5）。显然，在城镇化进程不断加快、农村转移人口持续涌入城市以及住房公积金扩面改革不断推进的背景下，全国住房公积金参缴人数呈现出逐年递增的态势。

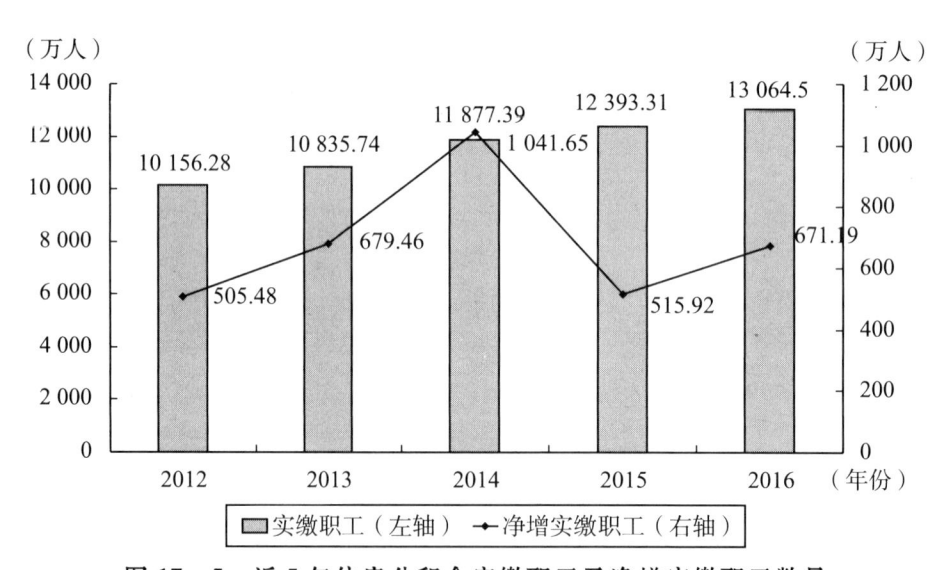

图17-5 近5年住房公积金实缴职工及净增实缴职工数量

资料来源：全国住房公积金2016年年度报告。

在住房公积金缴存群体规模日益壮大的基础上，近5年公积金年度缴存额和缴存余额都表现出较为稳定的增长趋势。其中，公积金年度缴存额从2012年的不足1万亿元，到2016年的16 562.88万亿元，五年之内几乎实现翻一番。公积金缴存余额也表现为节节攀升，从2012的26 805.1亿元上涨到2016年的

45 627.85 亿元，年均增长额近 5 000 亿元。全国住房公积金缴存额增长率虽有放缓迹象，但仍维持在12%之上，且2016年又开始回升（见图17-6）。这也显示出住房公积金融资规模日益扩大的强大后劲。

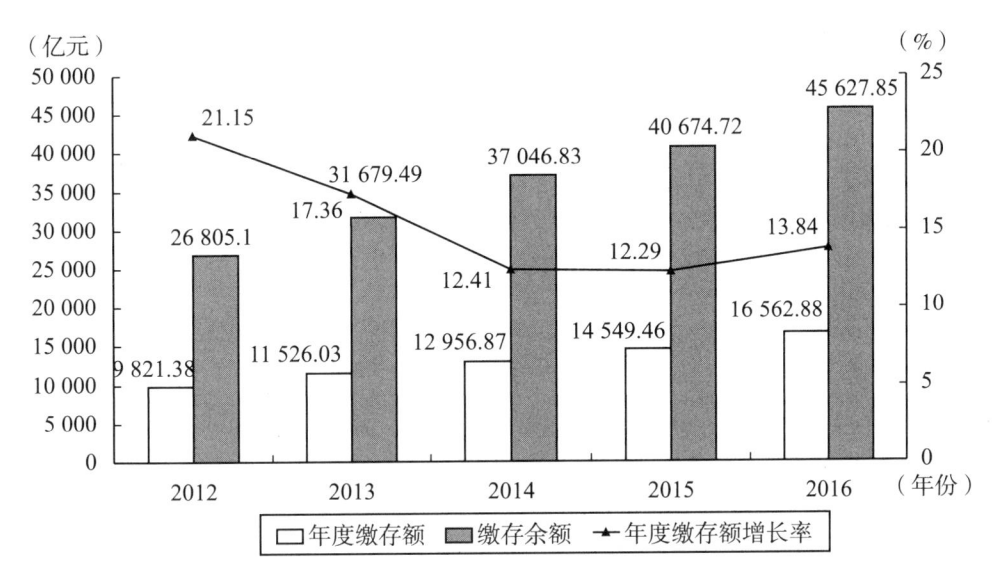

图 17-6　近 5 年住房公积金年度缴存额及缴存余额

资料来源：全国住房公积金2016年年度报告。

从省级层面来看，2014~2016年各地区住房公积金实缴单位和实缴职工数量总体上都呈现出不同程度的上升趋势。与此同时，上海、广东、江苏、浙江的住房公积金实缴单位和职工数量显著高于其他省份，实缴单位大多位于20万~30万个之间，实缴职工在800万~1 800万人之间，且逐年涨幅十分明显。其次，北京、辽宁、浙江、福建、山东住房公积金实缴单位和职工相对较多，实缴单位在10万~20万个之间，实缴职工在400万~800万人之间，逐年涨幅较为明显。相比较而言，重庆、贵州、青海、宁夏、新疆、西藏等省份住房公积金实缴单位和实缴职工规模较小，而且逐年涨幅不太明显，甚至出现负增长。其余地区住房公积金实缴单位和职工数量分别在5万个、200万人上下波动，逐年涨幅相对偏缓（见图17-7）。由此可见，在各地区住房公积金缴存规模日益提升的大趋势下，实缴单位和职工人数存在着较大的地区间差异，且东部地区公积金资金盘明显大于中西部地区，这与地区间人口分布、城市化水平等因素密不可分。

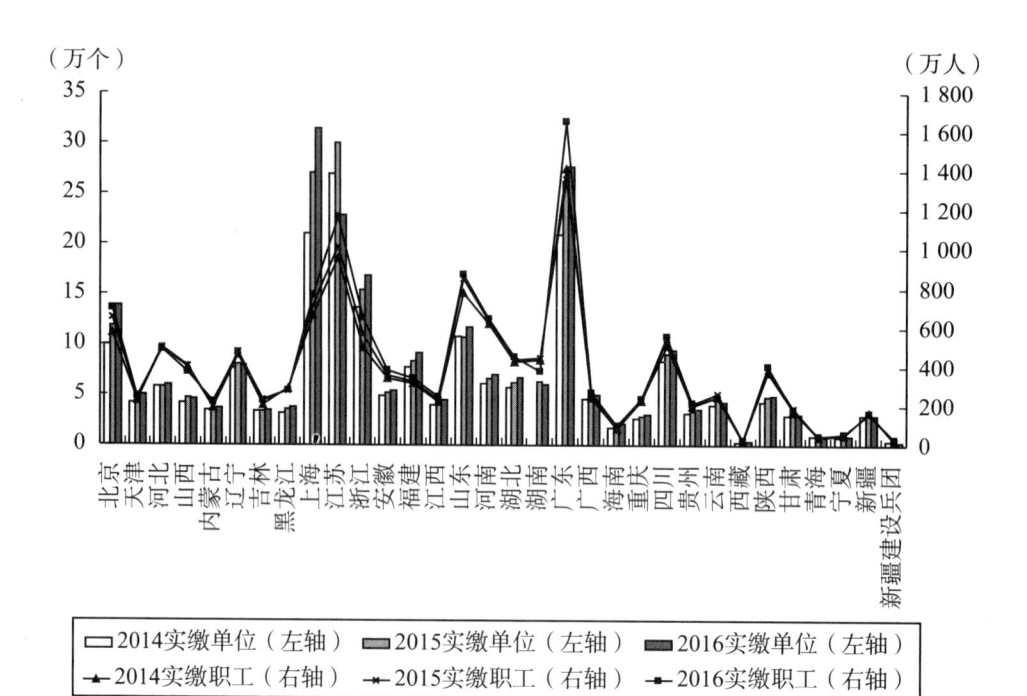

图 17-7　2014～2016 年各地区住房公积金实缴单位与实缴职工数量

资料来源：2014～2016 年全国住房公积金年度报告。

从 2014～2016 年各地区住房公积金缴存额、缴存总额以及缴存余额来看，总体而言，各地公积金缴存额、缴存总额和缴存余额大多出现一定涨幅。具体观察可知，北京、上海、江苏、广东、浙江、山东和辽宁各年缴存额相对较高，接近 2 000 亿元；而西藏、青海、宁夏、云南等地各年缴存额相对偏低。缴存总额各地区之间差异表现得十分明显，其中，北京、辽宁、上海、江苏、浙江、山东和广东各年缴存总额明显较高，缴存总额大致在 4 000 亿～12 000 亿元之间，且每年涨幅明显；而江西、贵州、西藏、甘肃、青海、宁夏和建设兵团各年缴存总额较低，均在 2 000 亿元以下，每年缴存总额浮动不太明显。就缴存余额而言，北京、辽宁、上海、江苏、浙江、山东和广东相对于其他地区较高，大约为 2 000 亿～4 000 亿元，而江西、贵州、西藏、甘肃、青海、宁夏等地缴存余额均未超过 2 000 亿元（见图 17-8）。这也再次说明各地区住房公积金融资规模日益扩大，同时东、中、西部的层次化差异十分突出。

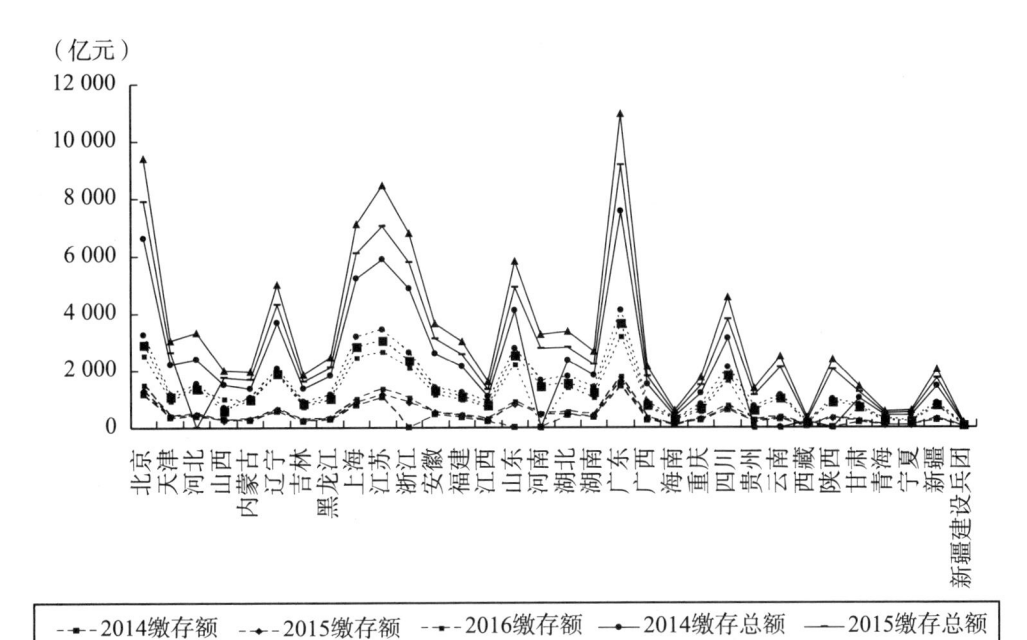

图 17-8　2014~2016 年各地区住房公积金缴存额、缴存总额及缴存余额

资料来源：2014~2016 年全国住房公积金年度报告。

二、住房公积金使用效率不断提高

近 5 年来，全国住房公积金年度提取额连年增加，从 2012 年的 4 907.98 亿元提高到 2016 年的 11 626.88 亿元，提升幅度达 1 倍多，且 2014~2015 年公积金提取额增长程度最大。同样地，住房公积金提取总额也快速上升，由 2012 年的 23 593.43 亿元提高到 2016 年的 60 463.59 亿元。并且 2015 年公积金提取总额增幅最为明显，较 2014 年增长了超过 10 000 亿元。同时，从公积金提取率来看，过去 5 年一直保持在 50% 以上的较高水平，且 2015 年和 2016 年均已突破 70%，公积金提取率峰值为 2015 年的 75.52%，相较于 2014 年提高了近 17 个百分点（见图 17-9）。显然，近几年来，我国住房市场交易旺盛，增加了城镇居民对于公积金的提取需求。同时，2015 年开始实施的楼市去库存政策使得多地通过降低公积金使用门槛、提高使用上限等方式促进住房消费，再加上公积金自身的提取范围扩展也必然使得其提取额和提取率出现明显提高。

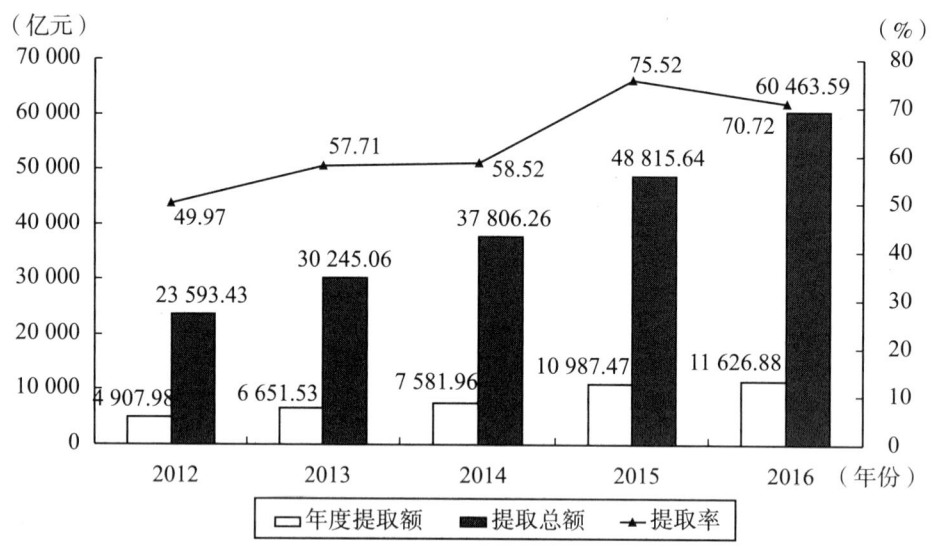

图 17-9 近 5 年住房公积金年度提取额、提取总额及提取率

资料来源：全国住房公积金 2016 年年度报告。

发放个人住房贷款作为住房公积金的最主要业务，从近 5 年的数据来看，公积金年度个贷额除了 2014 年稍有回落外，其他年份均呈现上涨态势，尤其 2015 年和 2016 年涨幅尤为明显。与此同时，住房公积金贷款余额从 2012 年的 16 553.84 亿元上升到 2016 年的 40 535.23 亿元，已经突破 4 万亿元，2015 年和 2016 年上涨幅度约为 8 000 亿元。再者，公积金个贷率曲线斜率向上，并且 2015 年跃升至 80.8%，2016 年更是高达 88.84%（见图 17-10），这一现象一方面显示出住房公积金使用效率逐年提高，另一方面也表明住房公积金总体上已经出现流动性不足的危机。若不及时采取有效管控措施，住房公积金很有可能出现收不抵支、资金池萎缩的风险。

从省级层面来看，2014~2016 年各地区住房公积金个贷全年发放额、累计发放额及贷款余额总体上均具有上升趋势，其中，北京、上海、江苏、浙江、山东、广东、辽宁等省份近 5 年个贷发放额、累计发放额和贷款余额较其他地区均显得较高，且公积金贷款累计发放额及贷款余额涨幅更加明显。与此同时，上海、江苏 2016 年公积金贷款累计发放额已经超过 6 000 亿元，北京、广东也已超过 5 000 亿元。相比较而言，山西、吉林、江西、甘肃、青海、宁夏、西藏住房公积金贷款额不高，且波动幅度较为温和（见图 17-11），这与其体量规模和住房市场具有较强关联性。因此，由区域对比可知，住房公积金使用效率正在逐年提高，但也存在较为明显的区域异质性。

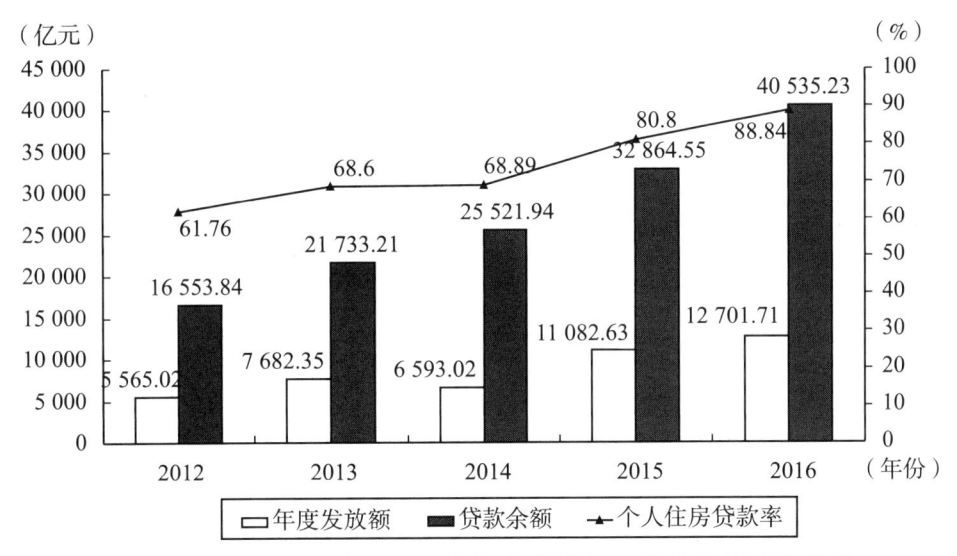

图 17-10 近 5 年住房公积金年度发放额、贷款余额及个贷率

资料来源：全国住房公积金 2016 年年度报告。

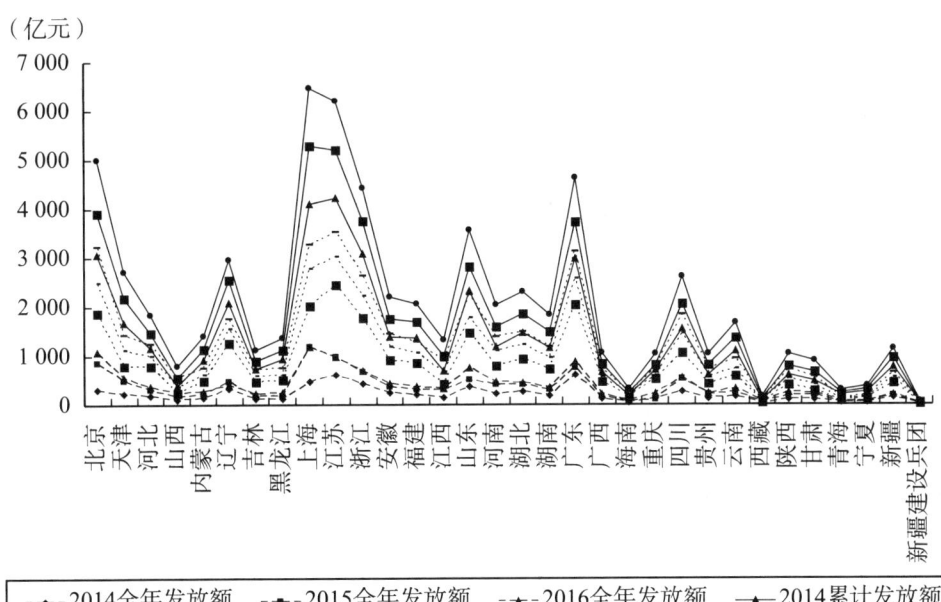

图 17-11 2014~2016 年各地区住房公积金个贷全年发放额、累计发放额及贷款余额

资料来源：2014~2016 年全国住房公积金年度报告。

三、住房公积金存量水平逐渐下跌

住房公积金收支状况影响其存量水平，而存量水平进一步关系到公积金流动性程度。显然，无论是公积金年度缴存额、提取额还是贷款额，总体上均呈现出逐年增长的态势。但相比较而言，住房公积金年度缴存额增长速度较为平稳，而提取额和贷款发放额的波动幅度相对较大（见图17-12），所以公积金的存量水平更多受支取端的影响，且随着个贷规模的提升，公积金存量水平被不断压缩。

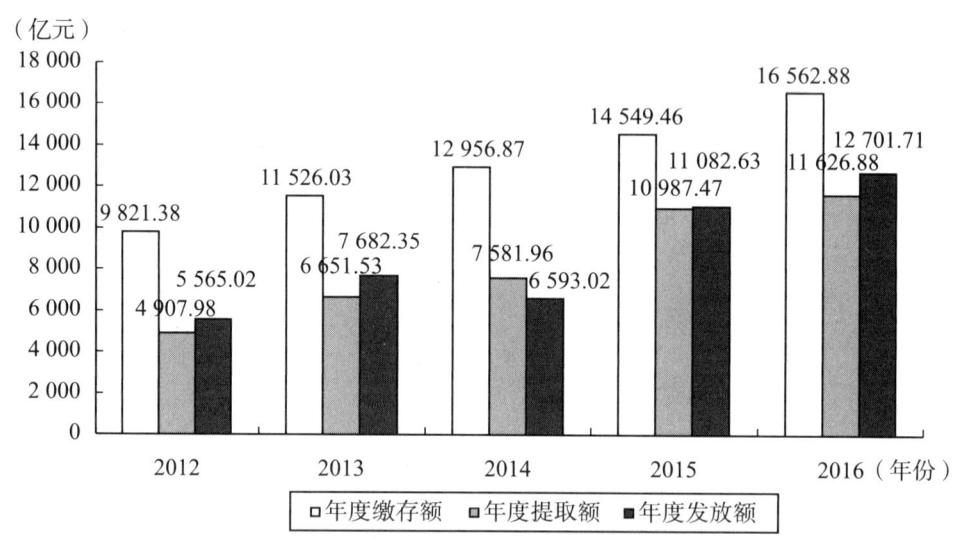

图17-12 近5年全国住房公积金年度缴存额、提取额及个贷发放额
资料来源：全国住房公积金2016年度报告。

再者，从近5年住房公积金缴存余额、提取总额及个贷余额的走势来看，公积金缴存余额的增长速度明显不及提取总额和个贷余额增速，且在2014年，提取总额已经反超缴存余额。截至2016年，公积金提取总额已达60 463.59亿元，而缴存总额为45 627.85亿元，公积金个贷余额也正在逐渐向缴存余额步步逼近，到2016年个贷发放额已达40 535.23亿元（见图17-13）。由此可见，住房公积金存量水平正在不断快速下跌，流动性不足的危机不容小觑，若不及时通过政策调整等有效措施扭转这种趋势，住房公积金将在可预见的未来出现全国层面的"赤字"，这将对该制度的可持续发展带来严峻挑战。

从市级层面来看，2016年一线城市北京、上海、广州等地住房公积金支取各项指标均显著高于其他城市。多数大中城市公积金个贷余额已经接近或者超过缴存余额，这与全国层面数据反映出的结论相一致，即住房公积金存量水平已经

（亿元）

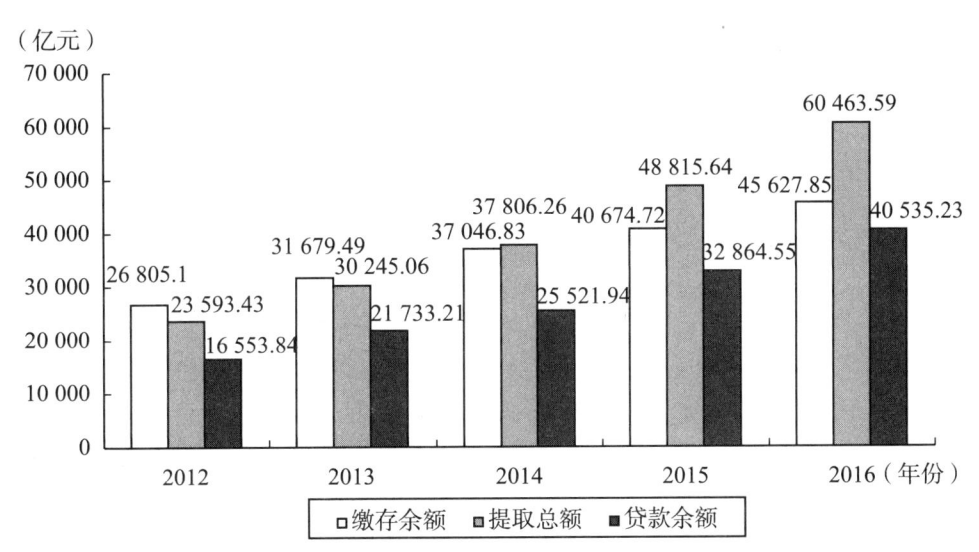

图 17-13　近 5 年全国住房公积金缴存余额、提取总额及个贷余额

资料来源：全国住房公积金 2016 年年度报告。

处于较低水平。即便在中西部城市，虽然公积金各项支取指标低于东部城市，但收支差距也明显较小，尤其表现在个贷余额与缴存余额的已经处于临界状态，所以公积金资金池存量规模收缩值得高度警惕（见图 17-14）。

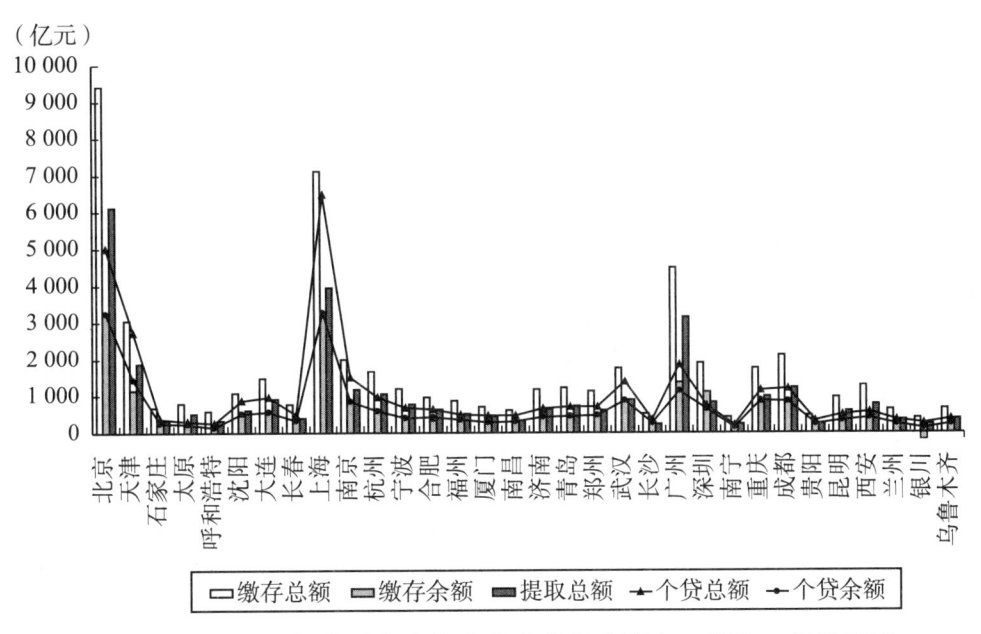

图 17-14　2016 年主要大中城市住房公积金缴存、提取、贷款情况

资料来源：各市住房公积金 2016 年年度报告。

第二节 住房公积金流动性风险的主要特征

在全面了解住房公积金流动性状况基础上,我们进一步分析总结出住房公积金流动性风险的若干特点。

一、住房公积金流动性不足趋势明显

由各地区住房公积金存贷比(即贷款余额/缴存余额)的取值和趋势可知,近三年全国公积金存贷比连年攀升,2014~2016年存贷比分别为68.89%、80.80%和88.84%,存贷比的提高意味着住房公积金流动性不足已成趋势。从省份数据来看,各地公积金个贷率也呈现明显上升态势,且分布区间大多位于60%~100%之间。北京、天津、上海、江苏、浙江、福建、安徽、江西、重庆、贵州等地公积金存贷比大多高于全国均值,2015年天津最先突破100%,随后上海、江苏、浙江、安徽、福建、江西、贵州也均跨越了100%。而山西、黑龙江、青海、西藏等地存贷比相对较低。从整体上看,东部地区存贷比相对高于中西部地区(见图17-15)。总之,住房公积金存贷比高位运行且持续上涨已经暴露出其流动性不足趋势明显。

从2014~2016年主要大中城市住房公积金个贷率来看,近年来总体上各个城市个贷率呈现上浮趋势,而且大多数城市公积金个贷率处在80%~100%之间,个贷率超过100%的城市也不在少数,如:北京、沈阳、上海、南京、厦门、福州等,且天津、合肥2016年公积金个贷率已经突破120%(见图17-16)。因此,住房公积金流动性不足的风险正在成为普遍现象,并且程度在不断加深。

二、住房公积金区域间流动性不均

从2014~2016年各省住房公积金存贷差(缴存余额—贷款余额)来看,总体上各地区存贷差出现了不同程度的下降,再次验证了住房公积金流动性风险日益凸显的事实。除此之外,北京、天津、上海、江苏、浙江、福建、安徽等地公积金存贷差下降幅度尤为明显,且显示为负值,表明上述地方公积金已经出现收支倒挂现象,尤为严重的为天津市,其公积金存贷差已经接近-300亿元。其

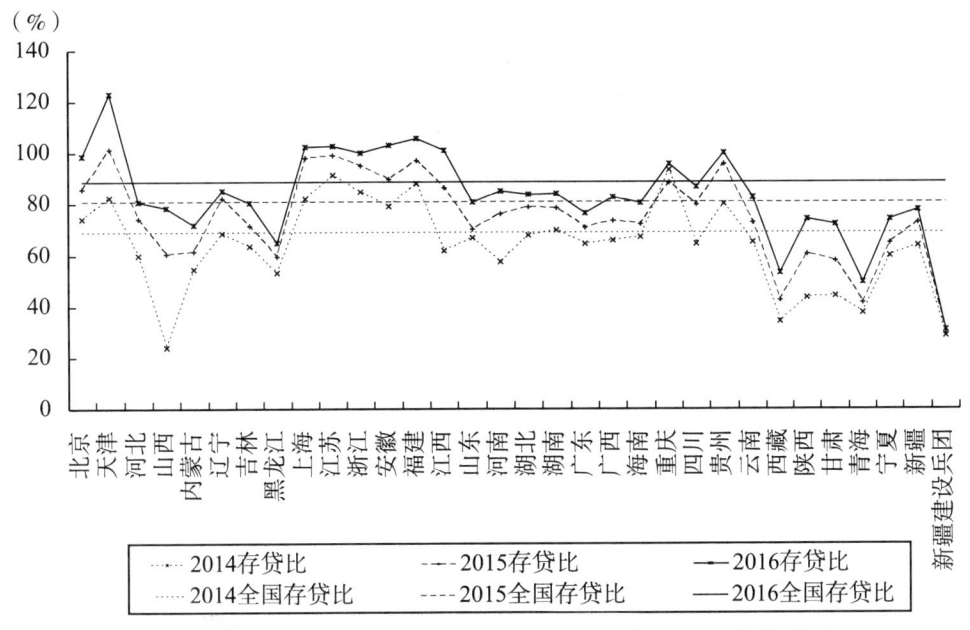

图 17-15　2014~2016 年全国及各地区住房公积金存贷比

资料来源：2014~2016 年全国住房公积金年度报告。

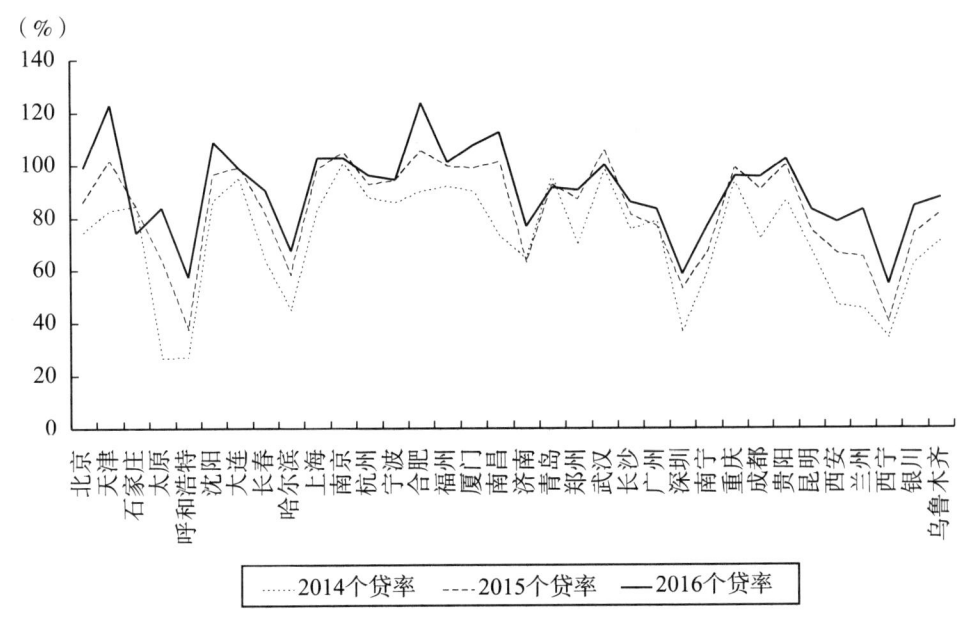

图 17-16　2014~2016 年主要大中城市住房公积金个贷率

资料来源：2014~2016 年各市住房公积金年度报告。

次，山东、广东公积金存贷差目前相对较高，均处于 500 亿元以上。而重庆、贵州、宁夏和建设兵团住房公积金存贷差均保持在 100 亿元之内，且三年来变化幅度不大（见图 17-17）。这说明了各地住房公积金不仅存在流动性不足的风险，同时也存在流动性不均的问题。

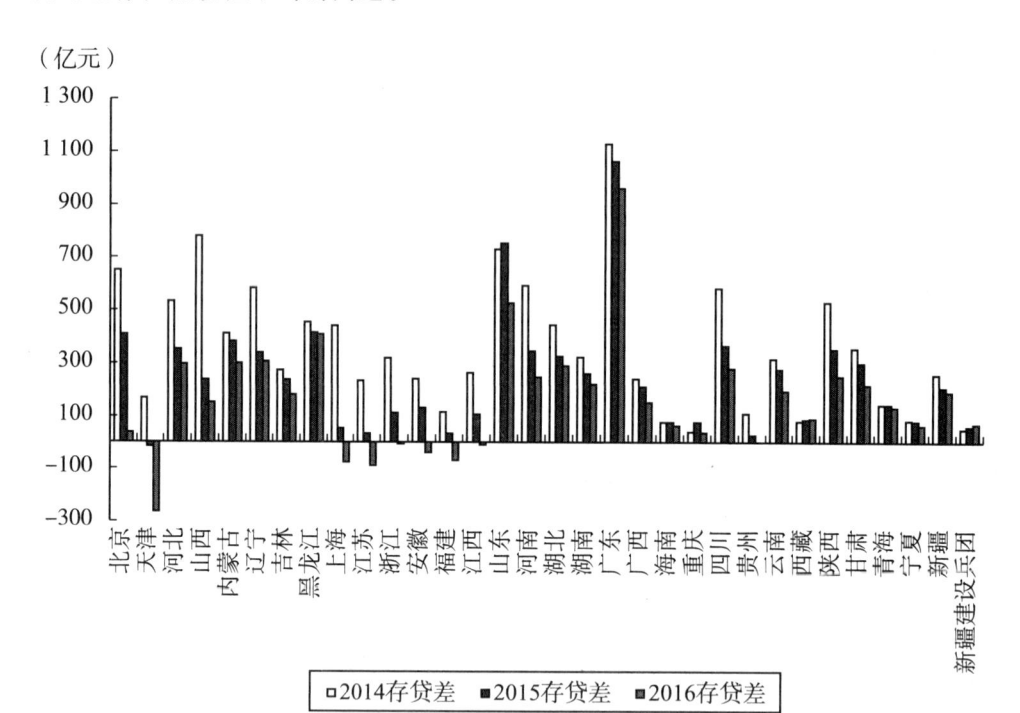

图 17-17　2014~2016 年各地区住房公积金存贷差

资料来源：2014~2016 年全国住房公积金年度报告，数据经计算得出。

与此同时，2014~2016 年主要大中城市住房公积金存贷差也表现出较为类似的规律，即各个样本城市公积金存贷差存在显著差异，2014 年南京最早出现了公积金负存贷差，随后，2015 年天津、合肥、福州、武汉公积金存贷差也由正转负。2016 年，公积金存贷差为负值的城市包括天津、沈阳、上海、南京、合肥、厦门、南昌和贵阳等。除此之外，仍有很多城市住房公积金存贷差目前尚为正值。因此，住房公积金不仅存在流动性不足的风险，同时这种风险分布情况具有地区差异性，即区域间流动性不均（见图 17-18）。

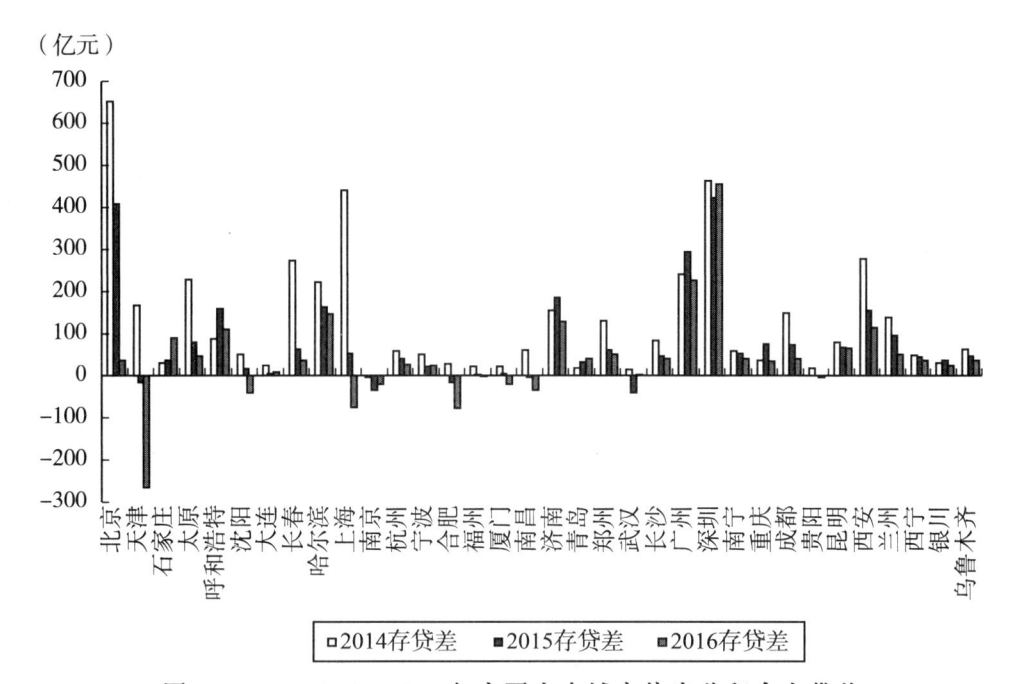

图 17-18　2014~2016 年主要大中城市住房公积金存贷差

资料来源：2014~2016 年各市住房公积金年度报告，数据经计算得出。

三、住房公积金流动性跳跃弹性较大

通过对 2014~2016 年主要大中城市住房公积金缴存额、个贷额同比增长率分析，可以发现各省公积金缴存额同比增长率变化较为缓和，而各地区公积金个贷额同比增长率波动明显。且相比较而言，2014 年各地公积金个贷额同比增长率波动缓和，而 2015 年公积金个贷额同比增长波动幅度相对最大，且大多位于 45%~100% 的浮动区间，北京、上海、厦门、济南、深圳、成都、呼和浩特、贵阳等省份个贷额同比增长率更是突破 100%。可 2016 年公积金个贷额同比增长率有所回落，尤其东部地区城市增长率降幅较为明显。这可能源于各地开始注意到公积金流动性不足的风险，所采取的相应措施产生了一定的政策效应。总之，住房公积金缴存额同比增长率保持相对稳定，而个贷额同比增长率振幅较大，因此公积金的流动性主要取决于支取端，且跳跃弹性较大（见图 17-19）。

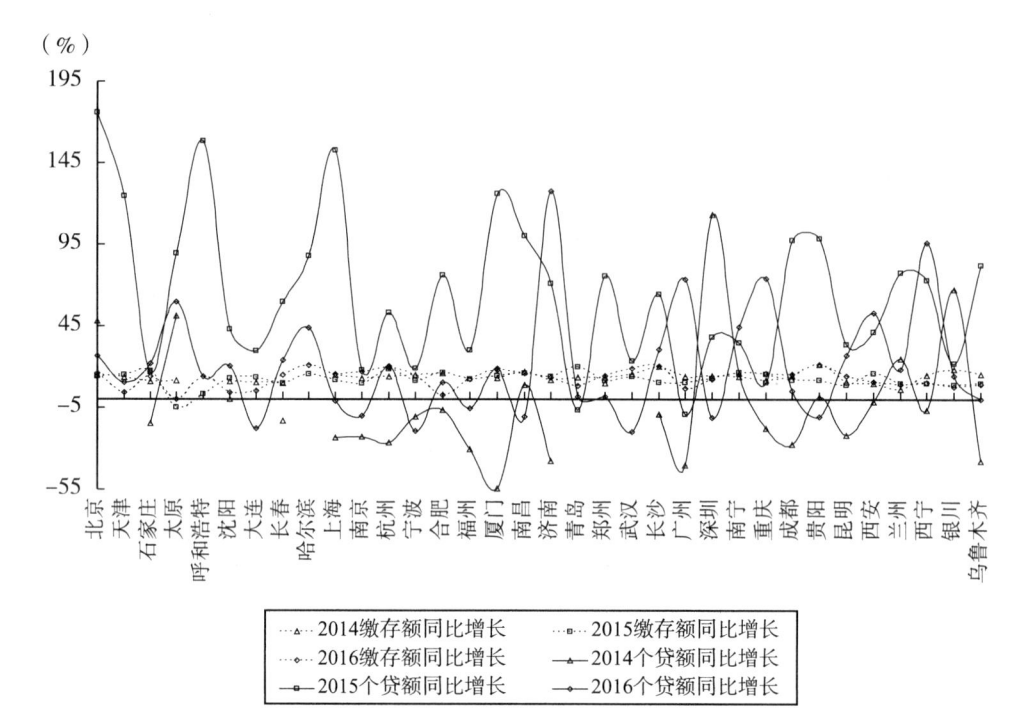

图 17-19 2014~2016 年主要大中城市住房公积金缴存额、个贷额同比增长率
资料来源：2014~2016 年各市住房公积金年度报告。

同样地，2014~2016 年我国主要大中城市住房公积金个贷率同比增长率也呈现出明显浮动态势，从整体上看，除个别城市外，大部分城市 2016 年个贷率同比增长率都低于 2015 年。2016 年，大连、南京、青岛和武汉均出现了个贷率同比负增长，即个贷率增速有所下跌，但天津、太原、呼和浩特和合肥均保持较高的个贷率同比增长率，且超过了 20%（见图 17-20）。这从侧面说明相关地市住房公积金政策调整有利于个贷率增速变缓甚至下跌，暂时性缓解了住房公积金流动性不足加剧的风险。与此同时，这也再次验证了图 17-14 中的结论，即住房公积金流动性不足风险主要体现在个贷层面，个贷率自身变化幅度相对很大，更能显著影响公积金流动性走向。

四、住房公积金流动性对住房市场波动高度敏感

从 2016 年各地区住宅商品房价格同比增长率及住房公积金个贷率的相互走势看，虽然二者走势起伏较大，都具有较为显著区域差异性，但大体上二者间存在较为明显的反向关系，即住宅价格同比增长速度越快，住房公积金个贷率则相对走低。这种现象表明公积金市场需求度与住房市场波动和住房市场景气程度存

在明显关联，尤其对房价波动程度高度敏感（见图17-21）。

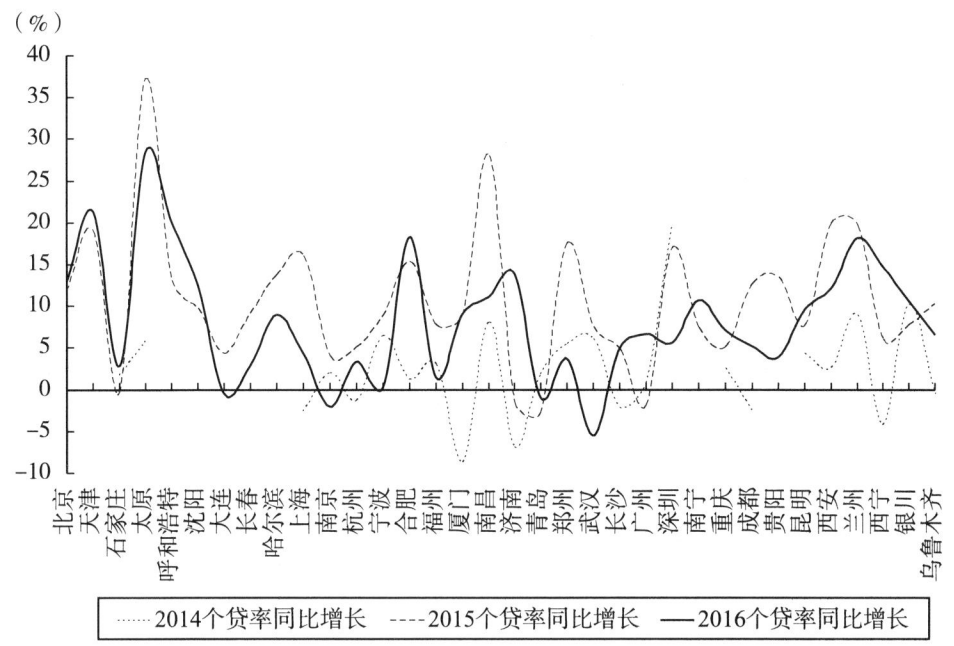

图 17-20 2014~2016 年主要大中城市住房公积金个贷率同比增长率

资料来源：2014~2016 年各市住房公积金年度报告。

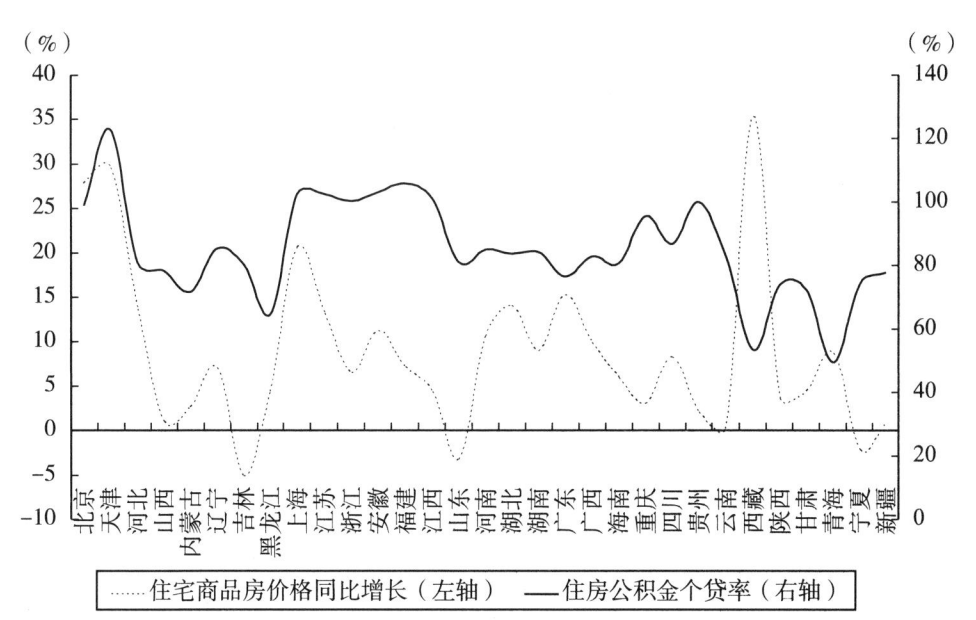

图 17-21 2016 年各地区住宅商品房价格同比增长及住房公积金个贷率

资料来源：全国住房公积金 2016 年年度报告。

市级层面住宅商品房价格同比增长及住房公积金个贷率也同样具有显著负向相关性，一般而言，住宅价格同比增速越高，对应的住房公积金个贷率则相对偏低（见图17-22），这从市级层面验证了住房公积金贷款需求量与住房价格波动之间存在相互关联，原因可能在于房价上升抑制了住房消费，进而也使得住房公积金贷款额相应降低。

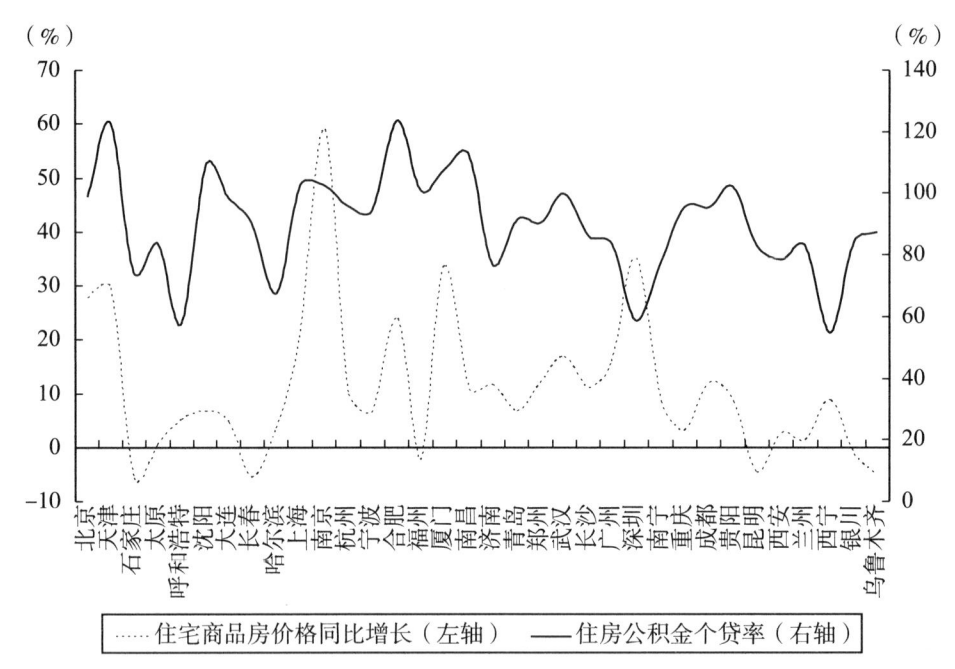

图17-22 2016年主要大中城市住宅商品房价格同比增长及住房公积金个贷率
资料来源：国家统计局网站、2016年各市住房公积金年度报告。

第三节 上海市住房公积金流动性风险的实证分析

虽然公积金制度在上海市的制度根基最为牢固，市场环境最为合宜，但由前文的对比分析可知，不论从公积金存贷比还是存贷差来说，上海市公积金流动性不足风险已经相当严重，因此我们选取上海市为例，进一步探讨住房公积金流动性风险。

一、上海市住房公积金流动性风险描述

基于新加坡中央公积金的经验借鉴，我国住房公积金制度于20世纪90年代在上海市率先试点建立，经过近25年的改革与发展，这一制度已经覆盖了超过两亿多城镇在职职工。图17-23显示了自21世纪以来上海市住房公积金历年归集额、个贷额和存贷比的基本走势，由图17-23可知公积金归集额和个贷额二者均呈现出加速上涨的态势，且在2014年之前，除个别年份（如2007年和2009年）之外，上海市公积金缴存额普遍高于个贷额，而2015年和2016年缴存额却都低于当年个贷额。同时，由其历年公积金存贷比曲线可知，该指标超过警戒水平75%已屡见不鲜，且在美国次贷危机前后更是突破了100%，而经历了5年左右的缓和，最近两年上海市公积金存贷比又再次突破100%。因此，上海市公积金流动性风险需要引起我们足够重视。

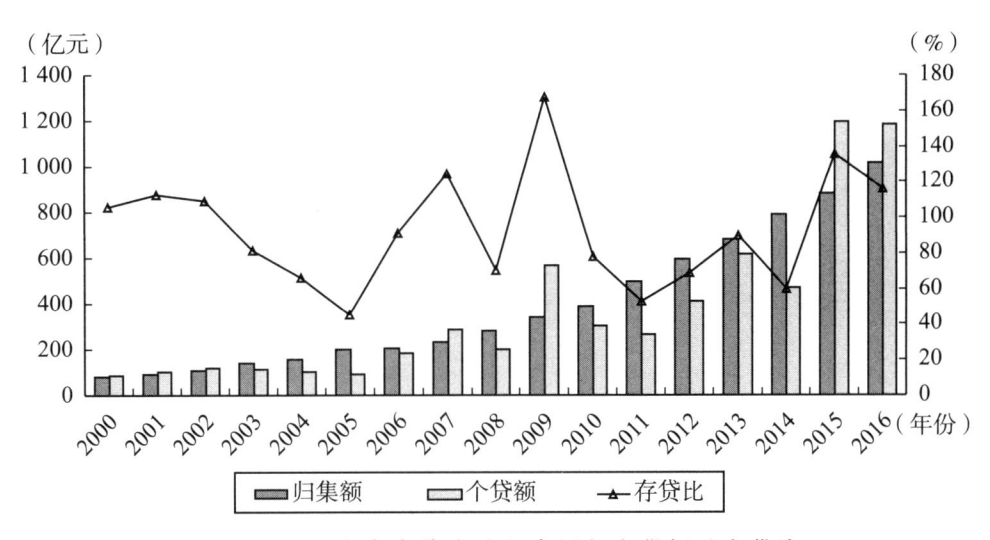

图17-23　上海市住房公积金历年存贷额及存贷比

资料来源：上海市历年住房公积金年度报告。

住房公积金不仅普遍存在"入不敷出"的流动性危机，同时还面临着不可忽视的贷款还款逾期和违约这一现实难题，贷款资金回笼缺口无疑又进一步加剧了住房公积金的流动性不足风险，而且这种还款违约还将导致公积金缴纳群体的利益受损，引发更严重的社会问题。那么，我国住房公积金的个贷逾期率具体情况究竟如何？以上海市为例，从该市历年住房公积金逾期率拟合图来看（见图17-24），公积金逾期率总体上虽然相较商业银行抵押贷款偏低，但其存在不断上涨

的趋势。同时,公积金个贷逾期率受经济周期等宏观环境的影响十分明显,结合断点拟合图可以看出,上海市公积金逾期率在 2008 年出现了显著的"弹跳",经过近 6 年的时间才逐渐退回危机前水平,正因为个贷逾期等风险的存在,公积金管理中心需要计提一定比例资金作为风险准备金,仅 2016 年上海市提取贷款风险准备金就已高达 31.25 亿元。由此可见,住房公积金受到供给端(体现在缴存等方面)和需求端(体现在贷款、风险和提准等方面)的双向挤压,且挤压程度有明显的加强态势,因此这也再次论证了上海市住房公积金流动性不足风险值得社会警惕。

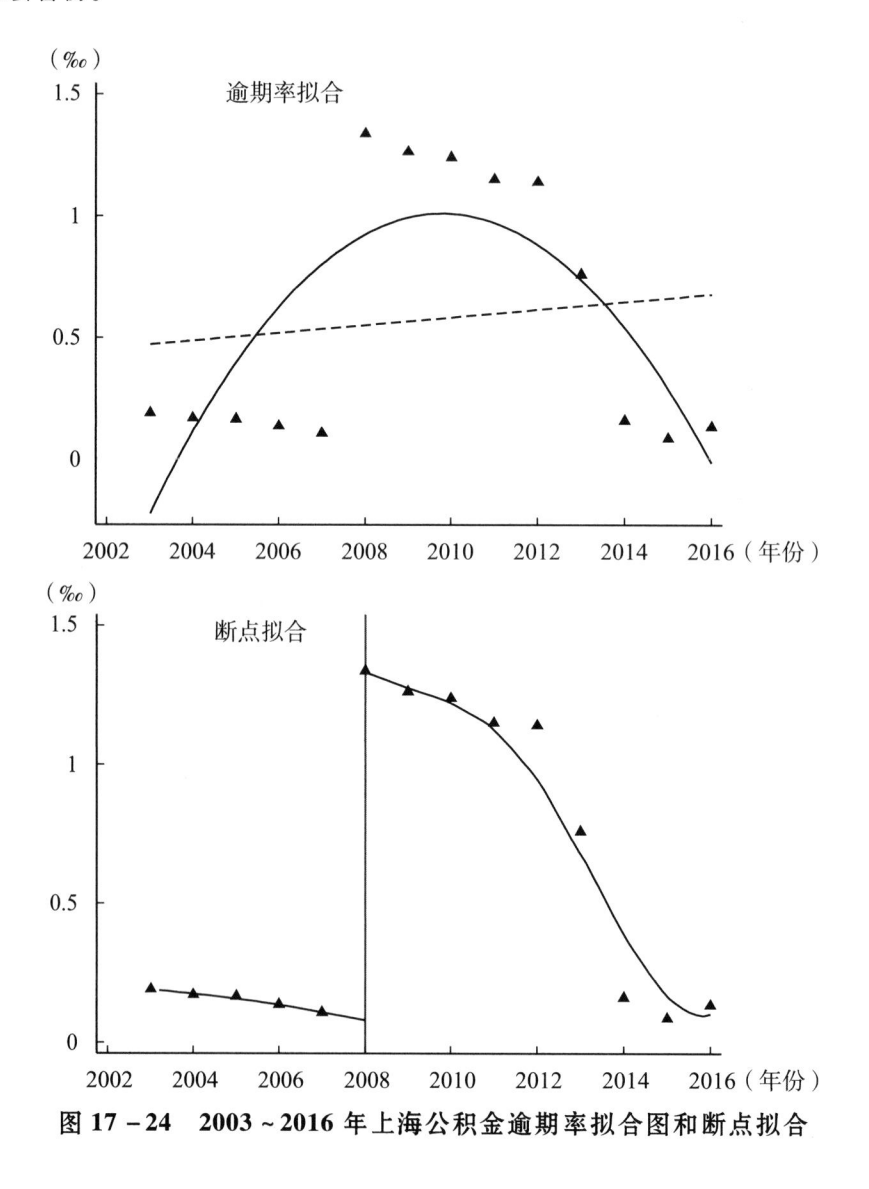

图 17-24　2003~2016 年上海公积金逾期率拟合图和断点拟合

二、公积金流动性风险的 Monte Carlo 模拟

由前文分析可知,上海市住房公积金流动性不足的风险在近两年表现得愈发突出,然而,这种现象究竟是短期特征还是长期趋势,还有待于进一步考量和估算,同时这种预测对于住房公积金管理中心提前管控公积金流动性风险具有重要的实践意义。由于公积金制度在上海市建立至今不过二十余年,难以运用传统的参数或非参数估计方法,而蒙特卡罗模拟(Monte Carlo simulation)的方法可以较好地克服数据不足的问题,产生相对准确的预测数据(樊欣、杨晓光,2005),其理论基础为大数定律,基本思想是重复模拟所需变量的随机过程,且这些变量从事先给定的概率分布中进行抽取。本章正是选取蒙特卡罗模拟方法对上海市住房公积金流动性风险进行合理推断和预测,预测内容包括三个方面,即公积金归集额、个贷额和存贷比。

首先,对上海市住房公积金归集额进行蒙特卡罗模拟。根据上海市历年住房公积金归集额的数据特征[①],我们将归集额增长率的增长率近似看作服从正态分布,即对其产生随机数(模拟10 000次),并据此计算出第 n 年的住房公积金归集额预测值,具体可写为:第 n 年的住房公积金归集额 = [1 + (1 + 归集额增长率的增长率) × 2016 年增长率]$^{n-2016}$ × 2016 年归集额。同时,为了确保模拟结果的准确度,本章预测了之后四年上海市住房公积金归集额大致状况,如图 17 - 25 ~ 图 17 - 28 所示。从模拟结果分析可知,上海市公积金归集额呈现出不断增加的态

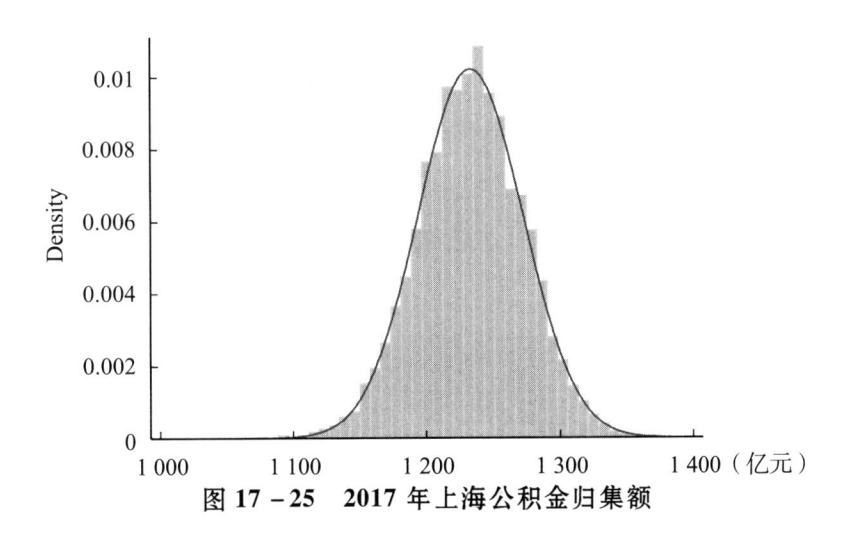

图 17 - 25　2017 年上海公积金归集额

[①] 限于篇幅,本章未报告具体数据分析过程,感兴趣的读者可向作者索取。下同。

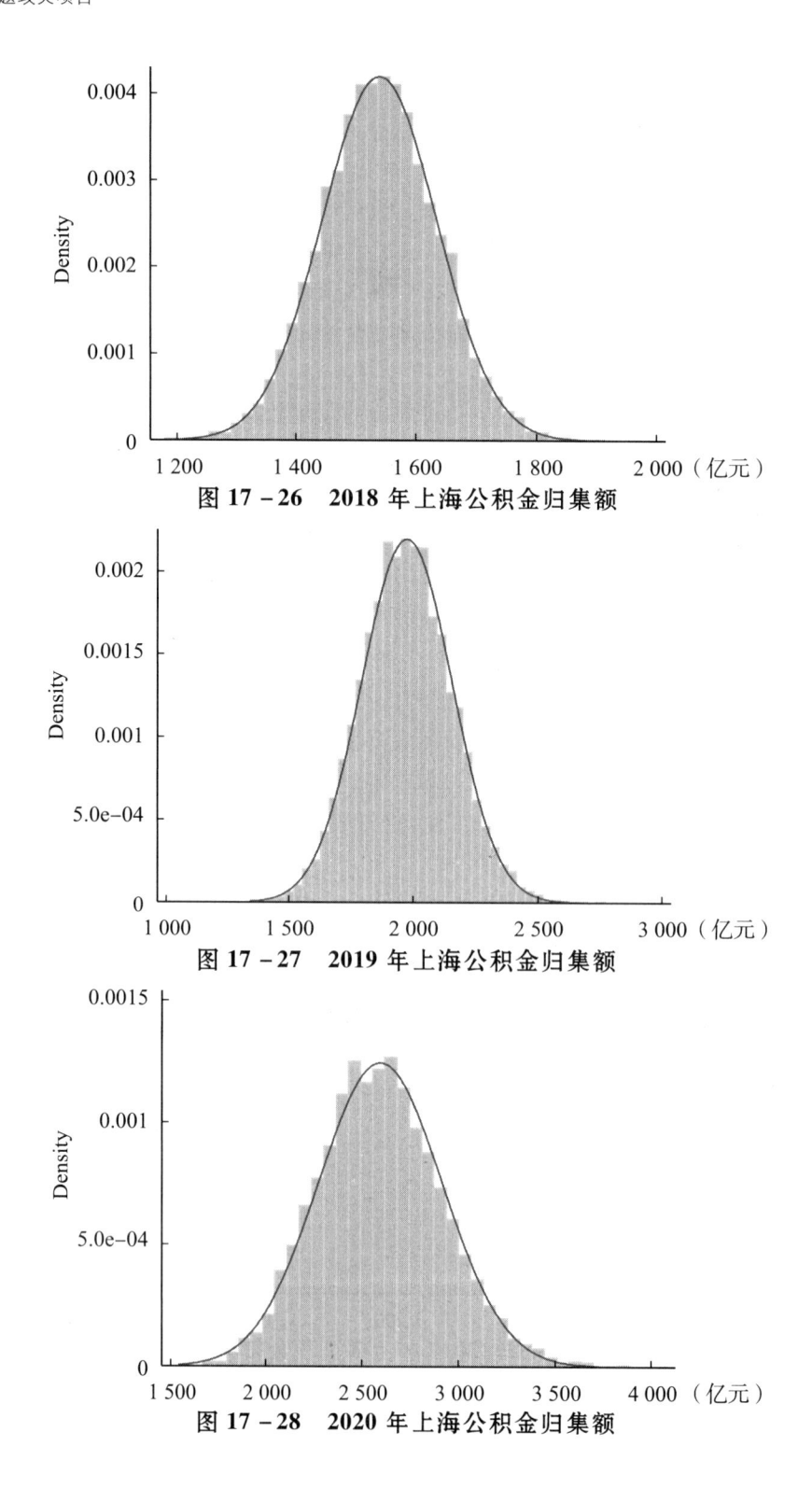

图 17-26　2018 年上海公积金归集额

图 17-27　2019 年上海公积金归集额

图 17-28　2020 年上海公积金归集额

势，2017~2020 年资金缴存规模预计将分别超过 1 200 亿元、1 500 亿元、2 000 亿元和 2 500 亿元，这表明按照历年上海市住房公积金归集额的走势推测，未来几年该市公积金归集额还将呈现出持续增加的趋势，且每年的增幅约在 300 亿~500 亿区间内。当然，住房公积金归集额的不断增加对于缓解其资金流动性压力具有一定的好处，但我们仅根据归集额的预测值还不能判断出公积金流动性压力未来变化情况，需要对其贷款额进行合理预测，进而对比两者差值或比值变化情况来估计住房公积金流动性风险状况。

基于此，本章接下来对上海市住房公积金个贷额进行蒙特卡罗模拟。同样地，根据上海市历年住房公积金个贷额的数据特征，我们将个贷额增长率近似看作服从正态分布，并对其产生随机数（模拟 10 000 次），据此计算出第 n 年上海市住房公积金个贷额预测值，其计算公式具体为：第 n 年的住房公积金个贷额 = $(1 + 个贷额增长率)^{n-2016} \times 2016$ 年个贷额。同时，考虑到预测准确度，预测了 2017~2020 年上海市住房公积金个贷额未来走势，如图 17-29~图 17-32 所示。根据蒙特卡罗模拟结果分析可知，公积金个贷额规模也呈现出持续扩大的态势，具体来讲，2017~2020 年上海市公积金个贷额预测均值分别突破 1 500 亿元、2 200 亿元、3 500 亿元和 5 000 亿元，相比较前文归集额的预测结果可知，住房公积金个贷额预计绝对值和增长幅度均高于归集额，所以，上海市公积金存贷差及存贷比的估计值均将呈现出上涨态势，这也意味着该市公积金流动性不足的风险在未来几年将不断加大。然而，公积金存量不足和收支倒挂不仅对于该项住房金融制度本身发展可持续性带来不确定性，同时对于楼市发展及调控也带来了巨大的考验，短期内容易引发断贷、轮候和摇号以及下调贷款额度等，有损缴

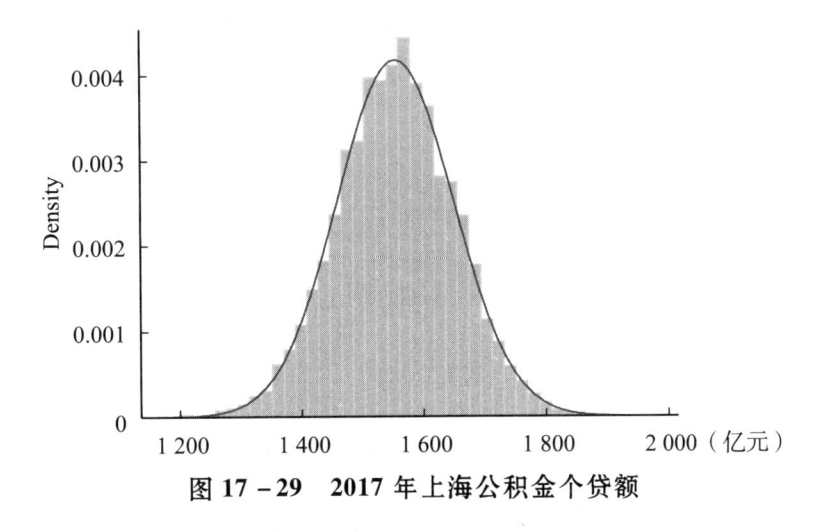

图 17-29 2017 年上海公积金个贷额

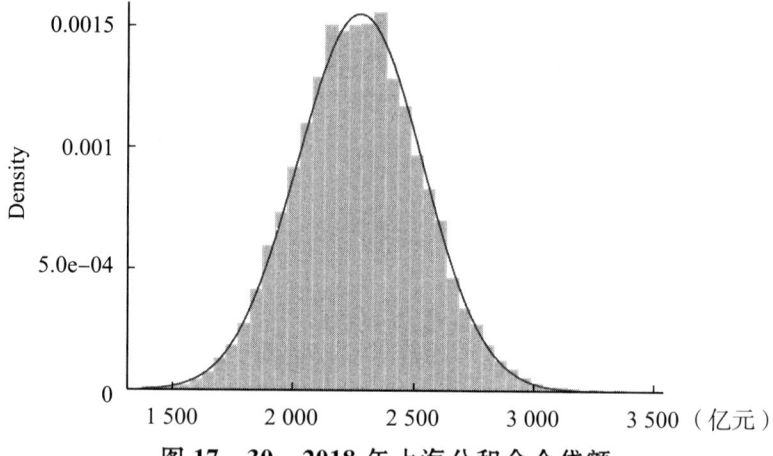

图 17-30　2018 年上海公积金个贷额

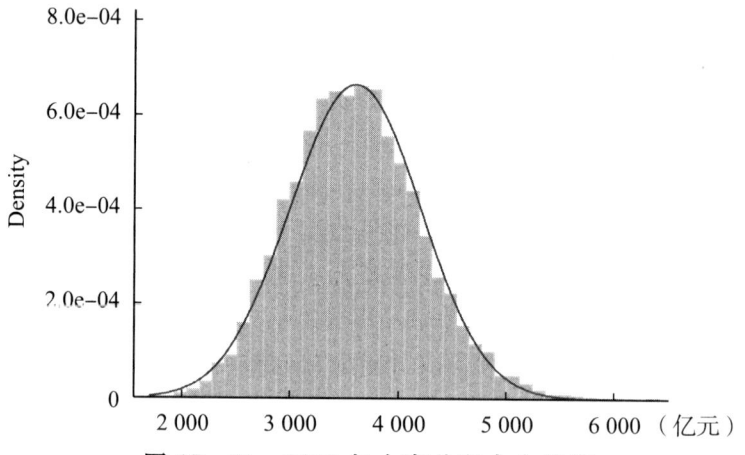

图 17-31　2019 年上海公积金个贷额

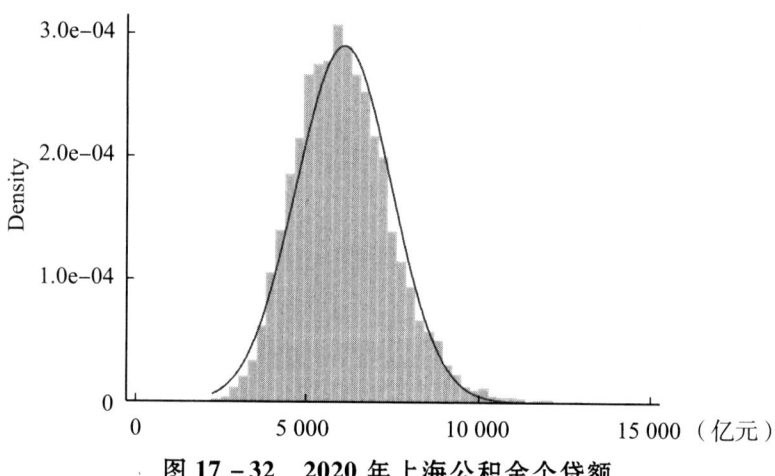

图 17-32　2020 年上海公积金个贷额

存职工的权益，弱化公积金的保障性和互助性。长期内则可能引发公积金个贷市场的波动，挫伤职工缴存积极性，进一步加大收支差距，使得公积金这一制度安排的发展前景令人担忧。因此，"管中窥豹，可见一斑"，从上海市反映的情况来看，我们不能把公积金流动性不足的风险简单看作短期内阶段性和个别性的正常现象，相反，这种风险具有范围扩张、持续加剧和危害加深的特征，其已经到了亟待解决的时候。

为了更进一步验证前文上海市住房公积金流动性不足风险将不断加深的结论，本章继续对上海市公积金存贷比进行蒙特卡罗模拟和预测，以确保预测结果的稳健性和可靠性。同理，结合上海市历年住房公积金存贷比的数据特征，我们将存贷比增长率近似看作服从正态分布，并对其产生随机数（模拟10 000次），据此计算出第 n 年上海市住房公积金存贷比预测值，其计算公式具体为：第 n 年的住房公积金存贷比 = $(1 + 存贷比增长率)^{n-2016} \times 2016$ 年存贷比。同时，为了确保预测精度以及和上文结果进行比对，本章也对2017~2020年上海市住房公积金存贷比进行预测，结果如图17-33~图17-36所示。显然，上海市公积金存贷比预测均值高于1，且逐渐增大到1.5左右，由此可见，从公积金存贷比的视角来看，上海市公积金也同样面临着流动性不足加剧的风险。综上，不论从收支两侧比照还是其存贷比角度，未来几年上海市住房公积金都存在着入不敷出的流动性风险，且风险程度有加深趋势。

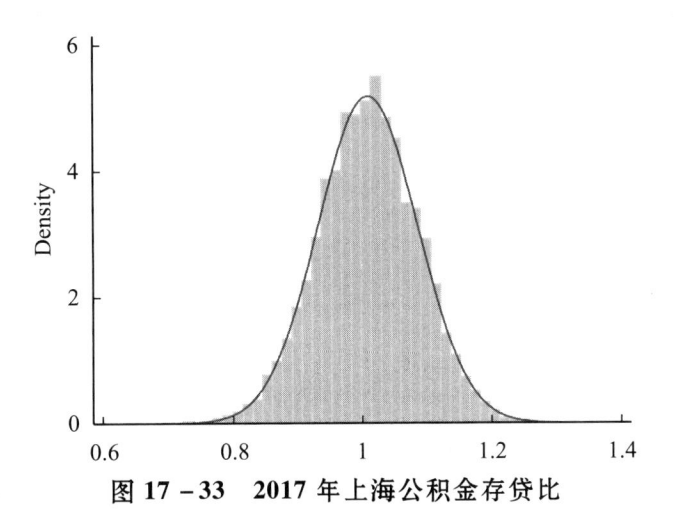

图17-33 2017年上海公积金存贷比

图 17-34 2018 年上海公积金存贷比

图 17-35 2019 年上海公积金存贷比

图 17-36 2020 年上海公积金存贷比

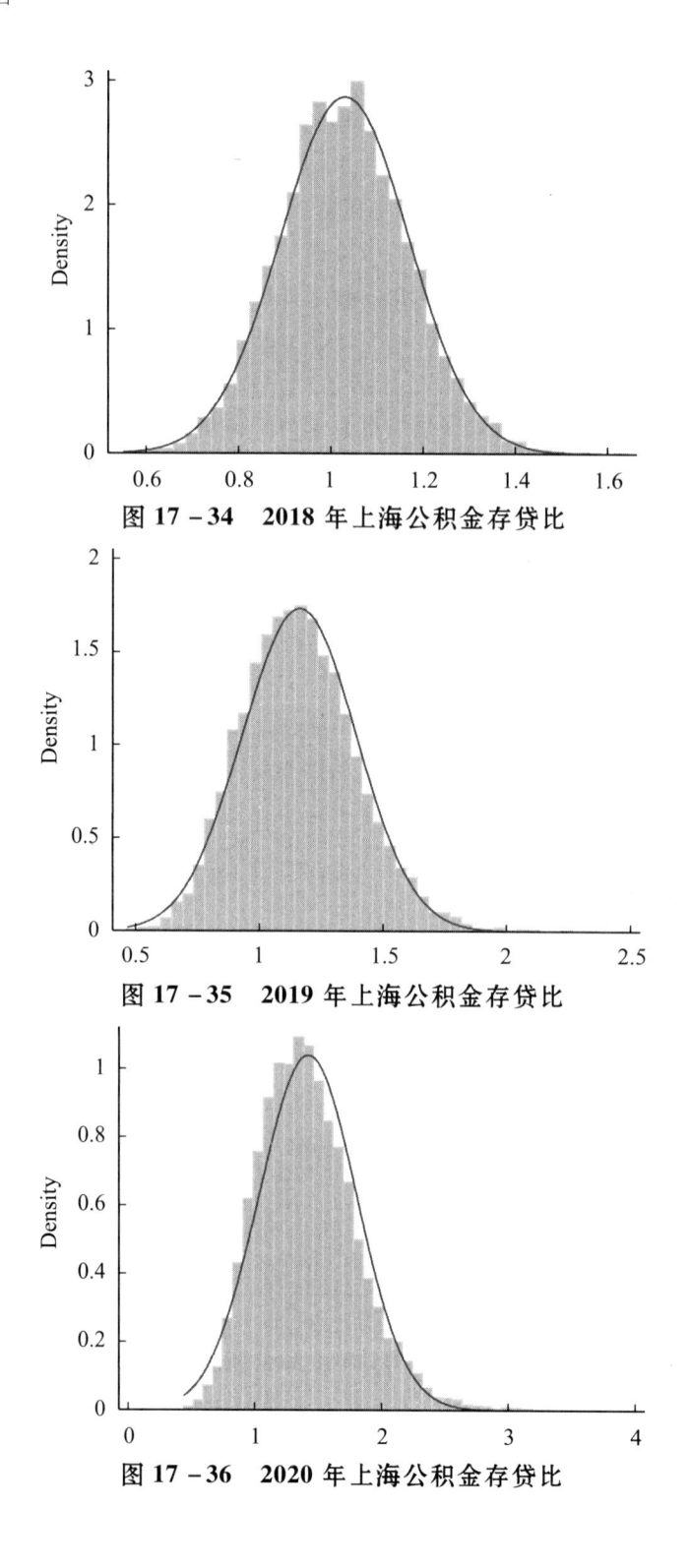

第四节　住房公积金流动性风险的成因及其应对措施

基于上述分析和讨论，我们可以对当前住房公积金流动性风险的成因进行总结，并在此基础上，对已有的应对措施加以整理和分析。

一、住房公积金流动性风险主要成因

（一）住房公积金属地化封闭经营

当前，我国住房公积金资金管理以城市为单位，实行属地化封闭经营。这是公积金区别于其他商业性金融的一大特征，分散化运营模式虽有利于强化各市的决策自主性，但也因此衍生出诸多不适及制度问题。由于各个城市经济发展程度、城市化水平、住房市场状况、人口数量以及政策设计等各方面存在显著差异，导致住房公积金在缴存、提取、发放个人贷款等方面均有明显不同，因而公积金流动性水平也各不相同。这种差异不仅体现在不同省份之间，也体现在同一省份的不同城市之间，造成了公积金流动性不足与流动性不均共存的局面。东部地区以及经济发展水平较高的一、二线城市住房公积金个贷率相对偏高，有些地方甚至已经突破100%，公积金收支倒挂、入不敷出；而在中西部地区以及经济欠发达的三、四线城市，住房公积金个贷率相对偏低，部分地市甚至仅在60%左右，公积金结余较多，沉淀资金量巨大。而以城市为单位的属地化运行模式切断了公积金的区域流动和调剂通道，加剧了公积金流动性不足和流动性不均的风险。

（二）住房公积金管理中心非营利性

我国《住房公积金管理条例》（以下简称《条例》）明确规定"住房公积金管理中心是直属城市人民政府的不以营利为目的的独立的事业单位"，这一定位无疑在很大程度上限制了住房公积金政策性金融功能的发挥，资金的保值增值渠道十分狭窄。虽然《住房公积金管理条例（修订送审稿）》已经对公积金投融资方式进行了扩充，但现行的管理框架仍未将修订内容真正落地实施。公积金管理中心机械性地开展资金归集、存储等业务，数以万亿计的住房公积金失去了金融

活性，这显然难以持续性满足庞大的资金提取、贷款等支出性需求。因此，当前管理中心的非营利性在一定程度上使得住房公积金片面追求政策功能，而忽视了金融功能的发挥，不利于公积金流动性的提升。

（三）缺乏资本充足率和准备金制度

按照巴塞尔协议的要求，商业银行资本充足率应达到8%，同时央行对商业银行实行法定存款准备金制度，且允许商业银行缴存超额准备金。除此，商业银行还可通过再贷款和再贴现业务补充资金需求，同业拆借也可让商业银行进行头寸调整。而与商业银行不同的是，当前住房公积金管理中心没有自有资本，且尚未建立完善的准备金制度，这使得当城市住房公积金流动性不足时，没有任何后续资金用以周济，也没有其他外来资金进行补充，即缺乏了最后一道流动性风控屏障，最终将导致公积金流动性不足的问题加剧。虽然《条例》第二十九条规定了住房公积金的增值收益应当存入住房公积金管理中心，在受委托银行开立的住房公积金增值收益专户，用于建立住房公积金贷款风险准备金、住房公积金管理中心的管理费用和建设城市廉租住房的补充资金，但并未对各市公积金管理中心风险准备金提取比例、额度等进行具体要求。总之，资本充足率和准备金制度的缺乏，使得管理中心在面临公积金流动性不足和失衡时难以做出应急反应。

（四）住房公积金制度改革的影响

近年来各地住房公积金制度改革频率明显加快，比如扩大制度覆盖面、公积金缴存实行"限高保低"、扩大资金使用范围等。虽然各类改革措施成效显著，且有利于保障制度公平、提高运营效率，但诸如上述种种改革必然会影响公积金缴存和使用额度。同时，制度改革可能并未充分兼顾长短期政策搭配以及不同区域之间差异化政策设计。其一，对于扩大公积金覆盖面而言，虽然短期内看似有利于筹集更多资金，有助于缓解短期资金流动性不足的问题，但扩面对象通常属于"新市民"群体，以个体工商户、农民工等为代表，公积金扩面的同时也会带来资金长期需求的提升，可能会给资金流动性带来更大压力。其二，"限高保低"的政策要求本质上为了提高制度公平性，但以往国有企业和事业单位等缴存主体的较高缴存比例被迅速下压，无疑也加重了公积金流动性不足的程度。其三，扩大公积金使用范围能够提高资金运作效率，但同时也在短期内增加了公积金支取金额，更是加剧了公积金流动性不足的风险。

（五）外部市场环境的冲击

除了住房公积金制度本身的政策设计外，外部市场环境也对公积金流动性产生了不可忽视的冲击作用，这大致体现在房价上涨、楼市去库存、人口老龄化以及商业银行房贷空间压缩等方面。首先，近年来我国住房市场表现出过热迹象，具体表征为地王频现、房价飙升、交易旺盛等，住房市场的持续火热刺激了居民对公积金低息贷款需求的增加，导致公积金个贷率持续攀升。其次，自2015年楼市去库存政策实施以来，多地通过放开公积金贷款等方式促进住房消费，这显然增加了短期内公积金的贷款负担。同时，当前我国人口老龄化程度不断加深，退休后的城镇职工可以通过销户的方式全额提取公积金账户余额，这使公积金提取额一直呈现逐年上涨的态势。此外，2014年以来，银监会一直强调要严格控制房地产贷款风险，以及中央银行多次降息的做法使得银行对住房贷款加强了限制，这同样也增加了公积金贷款的市场需求。

二、住房公积金流动性风险应对措施梳理

沈正超等（2014）所做的《住房公积金流动性风险管理研究报告》中提出，可从备付金率、现金流量等角度综合分析住房公积金流动性状况，并制定了相关评估标准（见表17-1）。

表17-1　　　　　　住房公积金流动性状态评估标准

监测指标及标准		流动性评估
静态评估	动态评估	
连续3个月 个贷率≤80% 备付金率≥10%	（储备资产加权值+即期资金的流入）/预计未来一个月政策性资金需求≥6	过剩
连续3个月 80%＜个贷率≤90% 5%≤备付金率＜10%	3≤（储备资产加权值+即期资金的流入）/预计未来一个月政策性资金需求＜6	正常
连续3个月 90%＜个贷率≤95% 2%≤备付金率＜5%	1≤（储备资产加权值+即期资金的流入）/预计未来一个月政策性资金需求＜3	偏紧
连续3个月 个贷率＞95% 备付金率＜2%	（储备资产加权值+即期资金的流入）/预计未来一个月政策性资金需求＜1	不足

同时，国内部分省市公积金管理中心已尝试着通过各种措施应对公积金流动

性不足和过剩的问题（见表17-2）。

表17-2　部分省市解决住房公积金流动性问题措施

资金状况	应对措施		省市举例（公积金管理中心）
流动性不足	调整政策	限制提取	广州
		贷款轮候	烟台、浙江多数城市
		紧缩贷款政策	南京、盐城、天津等
	"公转商"		北京、无锡、盐城、常州、湖州、安徽省直机关
	借用房改资金		上海
	资金调剂		内蒙古自治区、绍兴、杭州、温州、济宁
流动性过剩	"商转公"		温州
	放宽提取条件		北京
	提高贷款额度		南京、温州

据前文研究结论，当前我国住房公积金流动性问题主要体现在资金存量减少和增量不足方面，为积极应对公积金流动性不足的风险，不少城市已开始采取各种应对措施，如限制公积金提取额度、实行贷款轮候制、紧缩贷款政策、公积金贷款转商业贷款、借用房改资金等。若将2016~2018年初部分省市住房公积金流动性管理办法进行梳理，可以看出各地住房公积金管理中心正通过各项政策调整，从不同的角度化解公积金流动性危机，例如启动贷款预警机制、保留备付资金，开展住房公积金异地贷款业务，实行"提取、贷款二选一"政策，以个人住房贷款率为指标设立三个预警等级等（见表17-3）。

表17-3　近期部分省市住房公积金流动性管理办法

发布省市	发布日期	文件名称	政策调整主要内容
云浮	2018/02/11	《云浮市住房公积金贷款业务二级预警通告》	为防范和控制住房公积金资金流动性风险，在住房公积金贷款业务二级预警期间，需办理个人住房抵押贷款的职工，应结合实际，合理选择商业性住房贷款或住房公积金贷款
宿州	2018/01/12	《宿州市住房公积金资金流动性风险预警机制暂行办法》	根据住房公积金资金供求状况，构建符合供求状况的预警系统和矛盾防范化解机制，实现住房公积金资金运行有序、规范、合理

续表

发布省市	发布日期	文件名称	政策调整主要内容
广东省	2017/11/22	《广东省住房公积金资金流动性风险预警和管理的指导意见》	建立住房公积金资金流动性风险预警和管理制度，根据资金运行情况，参照国家有关规定，将住房公积金个人住房贷款率85%设为预警临界点，按照预警等级由低到高，分为三个预警等级
资阳	2017/10/16	《关于调整住房公积金使用相关政策的通知》	为解决住房公积金资金使用率过高的问题，有效防范住房公积金流动性风险：1. 调整最高贷款额；2. 实行存贷挂钩机制；3. 实行差别化贷款政策；4. 实行"提取、贷款二选一"政策
三明	2017/07/07	《关于部分调整住房公积金贷款政策的通知》	为保持住房公积金资金流动性，防范住房公积金运行风险，暂停办理"商业贷款转公积金贷款"业务，待全市住房公积金个贷使用率低于95%时，按相关规定恢复办理
荆州	2017/06/28	《关于调整住房公积金使用政策的通知》	为进一步防范住房公积金流动性风险，停止执行缴存职工购买、建造、大修自住住房又取又贷政策等
福州	2017/06/23	《关于加强福州住房公积金资金流动性管理的通知》	1. 停止向购买第三套（及以上）住房的职工家庭发放住房公积金贷款；继续停止向第三次（含）使用住房公积金贷款和尚未结清住房公积金贷款的职工家庭发放住房公积金贷款。2. 除五城区外，在福州七县（市）范围内购房的职工家庭，首次申请使用住房公积金贷款购房的，首付款比例不低于30%；第二次申请使用住房公积金贷款购房的，首付款比例不低于40%
东莞	2017/05/12	《关于个人住房公积金贷款执行相应流动性调节系数的通知》	2017年6月起将住房公积金流动性调节系数调整为1.4

续表

发布省市	发布日期	文件名称	政策调整主要内容
新余	2017/04/21	《关于调整我市住房公积金使用政策的通知》	为有效防控住房公积金流动性风险,加强资金流动性管理,保障住房公积金可持续运行:1.调整购房提取政策;2.调整偿还贷款提取政策;3.暂停办理商业住房贷款转住房公积金贷款业务
许昌	2017/04/20	《关于加强公积金流动性风险防控规范使用政策的通知》	规范购房提取、偿还自住房商业贷款提取以及提取使用范围;实施贷款额度动态调整,控加强楼盘风险防控,并且加强信用风险防控
滁州	2017/04/14	《关于暂停受理商转公业务的通知》	为切实防控流动性风险,决定自2017年4月17日起,暂停受理商业贷款转住房公积金个人住房贷款业务,恢复事宜另行通知
池州	2017/03/17	《池州市住房公积金流动性风险防控方案》	将住房公积金个贷率降至90%以下的合理区间,保持住房公积金运行的安全性、连续性和可持续性
安徽省	2017/03/14	《安徽省住房公积金资金流动性风险预警机制实施办法》	根据资金运行情况,预警级别由低到高分为一、二、三等级;当预警级别达到最高,必要情况下可通过实行住房公积金贷款轮候发放政策,控制住房公积金资金流出速度
九江	2016/12/20	《关于调整和规范住房公积金使用政策的通知》	从住房公积金互助性、公平性、可持续性考虑,仅对个别政策进行适度调整,扭转每月住房公积金资金负增长,使住房公积金在化解房地产库存中持续发挥应有作用。此外,切实防范公积金资金流动性风险,确保住房公积金良性运行
湖北省	2016/11/28	《关于进一步规范住房公积金使用有关问题的通知》	进一步用好用足公积金,积极发挥住房公积金对解决住房民生和房地产去库存的支持作用,同时高度重视住房公积金流动性缺口,防范融资运营风险

续表

发布省市	发布日期	文件名称	政策调整主要内容
莆田	2016/08/05	《关于部分调整住房公积金政策的通知》	为有效缓解住房公积金资金流动性紧张的压力,更好地支持广大中低收入家庭职工的购房需求,将在全市范围内开展住房公积金公转商贴息贷款业务,当住房公积金个贷使用率低于85%时,适时开展住房公积金异地贷款业务
宁波	2016/06/20	《关于取消住房公积金"提取还贷"余额留存的通知》	为了缓解住房公积金资金的流动性风险,从2016年6月1日起,一年一取和按月提取偿还公积金贷款,均取消留存贷款额度5%的余额的政策。原来在账户内留存的金额将根据还贷金额和缴存金额的核算,由公积金业务系统自动计算逐渐转入提取人账户
扬州	2016/05/25	《关于调整我市住房公积金部分使用政策的通知》	为防范住房公积金资金流动性风险,拟从2016年6月1日起调整部分住房公积金使用政策:1. 适当收紧提取范围;2. 适当下调还款能力系数,将住房公积金贷款还贷能力系数由目前的0.4下调为0.3;3. 适当限制贷款对象和贷款次数
扬州	2016/03/15	《关于加强住房公积金资金流动性风险控制的意见》	1. 及时启动贷款预警机制;2. 保留必要的备付资金;3. 认真做好"公转商"贴息贷款业务;4. 统筹使用资金
丽江	2016/03/01	《关于切实加强流动性风险管理的规定》	1. 住房公积金贷存比指标即个贷率,其合理区间为不低于75%且不高于85%;2. 按照我市住房公积金贷存比高于85%时,应当适度紧缩贷款规模,有效防控流动性风险的原则,启动"熔断机制",对于购买、建造第三套及以上住房的,不再提供住房公积金贷款

第十八章

住房公积金操作风险

住房公积金运行风险不仅包含借款人逾期（违约）风险、资金池流动性风险，同时来自公积金管理部门的操作风险也不容忽视。近几年来，有关公积金骗存、骗贷、套取、挤占、挪用等事件曝光屡见不鲜，各界对此的关注程度也日益提升。因此，分析和总结住房公积金操作风险的特征、成因，有助于提出科学合理的风险防控措施。

第一节 住房公积金操作风险的典型案例

现有研究将公积金贷款操作风险划分为制度性风险、主观性风险、过失性风险和失效性风险。由此可见，公积金操作风险主要来源于制度设计层面和人为操作层面。公积金自身本就面临较大外界压力，若实际操作和资金监管等层面再出现较多的恶性案件，这无疑给其社会形象带来负面性影响。因此，加大住房公积金操作风险管控力度、加强团队自身建设和制度优化也显得十分重要。

为了加强住房公积金资金监管力度，确保资金安全有效使用，2010年住建部、财政部、发改委、中国人民银行、审计署、银监会六部门联合发布《住房公积金督察员管理暂行办法》，在全国范围内试行派驻公积金督察员制度，对各地公积金管理委员会决策、管理中心运作等进行监管，对挤占挪用、骗提骗贷等违法违规行为进行核查，足见住建部等部门对于公积金资金安全的重视程度。监察员制度的实施有助于降低公积金操作风险的发生率,但想要从根源上消除这一风险仍然任重道远。各地公积金提取中介仍如雨后春笋般增长,风险事件仍时有发生,且不乏涉及金额巨大、涉事人员众多、危害波及较广等典型案例,这也再次给住房公积金的贷款资金监管带来了较大的压力。

为此,2012 年 2 月,住建部下发《关于进一步加强住房公积金监管工作的通知》中,明确提出目前公积金管理存在监管工作落实不到位、工作力量薄弱、监管手段单一、监管能力不足等问题。在此背景之下,各地又加大住房公积金监管和违法惩处力度。如 2013 年福建省规定公积金骗贷者 5 年之内不得申请贷款;2014 年山西省建立省、市、县三级联网住房保障综合监管平台、部门联动审核机制和住房保障诚信档案;2017 年嘉兴市公安局、财政局等十部门联合出击,建立公积金骗取、骗贷"黑名单",并禁止"黑名单"成员 3 年内进行公积金提取与贷款。种种迹象表明公积金运作部门的"紧箍咒"不断收紧,尤其在全国反腐高压的态势下,各界对此的关注程度也日益提升。

近十余年来,住房公积金领域出现的渎职、贪污、受贿、挪用、骗取等刑事案件也开始逐渐走进人们的视线,权威媒体的此类新闻报道更让各界意识到了加强住房公积金贷款资金操作管理的重要性。为了对公积金操作风险有更为深刻、清晰的认识,本章以时间为序,选取各地相对具有代表性的 5 起历史案例,并据此剖析公积金操作风险的基本特征和社会危害,进一步为明晰公积金操作风险管控路径提供事实依据。

一、全国住房公积金第一案

原湖南省郴州市住房公积金管理中心主任李某贪污、挪用上亿元公积金一案,2005 年在湖南省郴州市中级人民法院一审宣判。法院判处李某死刑,剥夺政治权利终身,并处没收个人全部财产。据悉,李某在 1999~2004 年期间,利用伪造材料和以公积金作抵押等手段向银行申请贷款,涉案金额达 1.2 亿元,用于澳门豪赌或个人挥霍,案发后检察机关仅追回 4 000 余万元,给国家和人民造成了巨大的经济财产损失[①]。

该案是住房公积金操作风险中极具代表性的历史案件,因涉案人员多、涉案金额大、案情复杂,检察机关搜集的证据多达数百页,也是郴州市自新中国成立以来判处的涉案金额最大、涉案人员最多、社会影响最广的特大职务犯罪案件,被称为"全国住房公积金第一案"。作为市级住房公积金管理中心的负责人,对

---

① 资料来源:新浪新闻中心,全国住房公积金第一案开审。

于住房公积金管理运行的操作程序十分熟悉,也往往更能够捕捉公积金贷款程序上的漏洞,这也意味着公积金操作风险往往来源于管委会内部人员的主观因素。因此,加强队伍建设、提高监管水平、预防和惩治公积金贪腐具有较强的实践意义。

二、北京公积金渎职第一案

2006年10月,北京市东城区人民法院开庭审理了曾任北京住房公积金管理中心东城管理部外企营业厅个贷员梁某,他此前负责公积金贷款审核业务。遗憾的是,该个贷员出于所谓的"朋友情谊"和每笔3 000元的"好处费",在明知公积金借款人申请材料不符要求的情况下,依然准予放贷,致使北京住房公积金被骗取金额高达1994万元。其中1 300多万元用于支付房款,600余万元被人为挥霍。该起案件给北京住房公积金管理中心造成人民币940.3万元的特大经济损失,个贷员梁某也为此受到了法律的严惩①。

该案被称为北京公积金渎职第一案,也是一种典型的渎职、受贿案。个贷员是接触公积金借款人的直接责任人,其往往最了解借款人的信息真实性以及借款意图,因此,一旦丧失信念、失去原则,则会给非法借贷"开绿灯",造成难以挽回的损失。虽然问题都出自公积金管理中心内部人员身上,但与全国住房公积金第一案不同的是,该案的当事人并非中心主要负责人,而是经常接触一线业务的员工,且犯罪动机源于受贿。由此可见,公积金管理中心的内部人员不论职务高低,都有可能因个人主观因素引发操作风险。因此,减少和杜绝公积金管理中心内部人员职务犯罪刻不容缓,这也是一项长期任务。

三、襄阳住房公积金受贿案

2011年1月,湖北省襄阳市住房公积金管理中心原党组书记、主任毕某,因犯受贿罪、挪用公款罪,被枣阳市人民法院一审两罪并罚,判处有期徒刑十一年。该案件起因是襄樊市某房地产开发公司监事赵某以高息借款,毕某授意自己单位员工(吴某及解某)在赵某未提供担保等手续、贷款材料不全的情况下,分别从该市住房公积金管理中心贷款20万元。随后毕某又伙同吴某及解某筹资100万元以高息借给该公司。同时,毕某还利用职务便利,为5家房地产开发公司违规贷款提供便利,先后6次接受开发商贿赂,共131万元现金。此外,毕某还为

---

① 资料来源:人民网,北京公积金渎职第一案。

他人承接自己单位办公楼装修工程提供帮助,并受贿 3 万元现金[①]。

这起案件属于典型的上下合谋,各谋私利,导致住房公积金被非法挪用。从案件的当事人视角来看,与前文的两则案例有所不同,本案同时涉及了公积金管理中心主要责任人和下属信贷员,这种违法线索往往显得更加隐蔽和复杂。并且,住房公积金资金规模巨大,且往往和借款人及开发商有所交集,因此利益链很容易形成,这种利益交换也致使公积金贷款资金蒙受损失。因此,面对如此规模庞大的资金池,如果缺乏全面、透明、有效的监管机制,就为暗箱操作等违法行为提供了可乘之机。所以,切断利益链的形成和延伸是公积金风险管控的重要思路。

四、通化住房公积金挪用案

2013 年 5 月,吉林省通化市住房公积金管理中心原党组书记、主任车某被查处,车某及部分下属涉嫌违法挪用住房公积金高达 11.25 亿元,这个数字比被称为"全国公积金第一案"的郴州公积金案涉案资金高出十余倍。其因涉嫌挪用公款罪、违法运用资金罪、渎职罪等,被移交检察院依法追究刑事责任。自 2003 年通化市住房公积金管理中心成立起,车某与多名下属监守自盗,疯狂挪用住房公积金贷给房地产开发商,与开发商、银行合谋骗取住房公积金和国家保障房试点项目贷款,违规分配增值收益挤占公积金,种种大胆手法令人触目惊心[②]。

显然,这起案件的显著特点包括涉案金额巨大、涉案人员众多、时间跨度较长等,大量的群众举报也在很大程度上推动了该案的立案进程。首先,该案充分说明了住房公积金贷款资金池的庞大资金流使得操作风险十分突出;其次,这种内外合谋以及审计力度不足导致了违法者侥幸躲过了十年。由此可见,住房公积金往往更需要社会的监督,充分发挥社会舆论监督作用,这也契合公积金属于缴存者个人财产的属性。所以,一方面要加强制度建设,强化审计监督;另一方面还需拓宽群众监督渠道,促进公积金运行透明化。

五、汕头住房公积金非法提取案

2016 年 3 月,广东省汕头市查获一起通过伪造住房公积金管理中心印章和购房合同,替公积金缴存职工向缴存银行骗批骗提公积金的案件,捣毁了以肖某、刘某为首的两个制假、诈骗犯罪团伙,查破骗取住房公积金系列案件 42 宗,涉

[①] 资料来源:人民网,襄阳住房公积金受贿案。
[②] 资料来源:新浪财经,通化住房公积金挪用案。

案总金额高达 526 万元。该团伙利用互联网和微信圈等发布广告，或通过电话招引、房产中介介绍等形式，联系不具备提取公积金条件的当事人，并通过伪造住房公积金管理中心印章及伪造购房合同的方式，为当事人套现个人住房公积金，每次收取 8%～20% 不等的手续费[①]。

与前面四起案例有所不同的是，该案表明外界也有不法分子将目标瞄准了住房公积金，且抓住了人们想要提取公积金的需求，因此这才导致了这条违法链的形成。所以，住房公积金贷款资金操作风险不仅来源于内部人员及制度本身，同时部分缴存职工的套现意愿也催生了违法"中介"的产生，这也为公积金的资金管理带来了更大的挑战。因此，公积金贷款操作风险的管控需要双管齐下，不仅要对公积金管理中心的管理运行进行规范，同时也要提防职工的骗提、骗贷行为，加大公积金提取和贷款申请的审查力度。

第二节 公众对住房公积金操作风险的认知

总的来说，基于前文对于住房公积金管理体系的梳理，以及代表性案例的展示，足见公积金操作风险是其风险体系中的重要组成部分，也是发生频率相对较高、直接影响公积金资金安全的风险来源。尤其在当前住房公积金制度饱受各界质疑和诟病的情况下，规避和防范其操作风险显得尤为重要。

中国住房公积金制度研究课题组 2016 年 7 月至 8 月对全国 16 个城市展开了实地问卷调查[②]，共计投放问卷 2 000 份，剔除无效问卷后，我们最终遴选出 1 686 份有效样本。从受访群众对于住房公积金制度的评分情况来看（100 分制），该制度的主要得分位于 60～90 区间段，属于中等偏上水平，说明公众对于住房公积金制度总体上较为满意，这也奠定了该项制度需要继续延续和发展的群众基础（见图 18-1）。

然而，虽是如此，公众对于住房公积金在管理层面存在的问题褒贬不一，甚至持不满和否定看法的比例居多。若从资金贪腐度、制度透明度、人员满意度、监管需求度四个维度综合考察住房公积金操作风险的公众认知，便能对公积金操作风险程度进行整体把控，接下来我们将结合实地问卷调研数据，围绕上述四个方面对公积金操作风险的公众基本认知进行逐一描述。

---

① 资料来源：网易新闻，汕头住房公积金非法提取案。
② 实地调查的 16 座城市分别为：北京、上海、南京、合肥、南昌、安庆、嘉兴、芜湖、临沂、唐山、六安、无锡、宿州、马鞍山、宣城、蚌埠。

（分数）

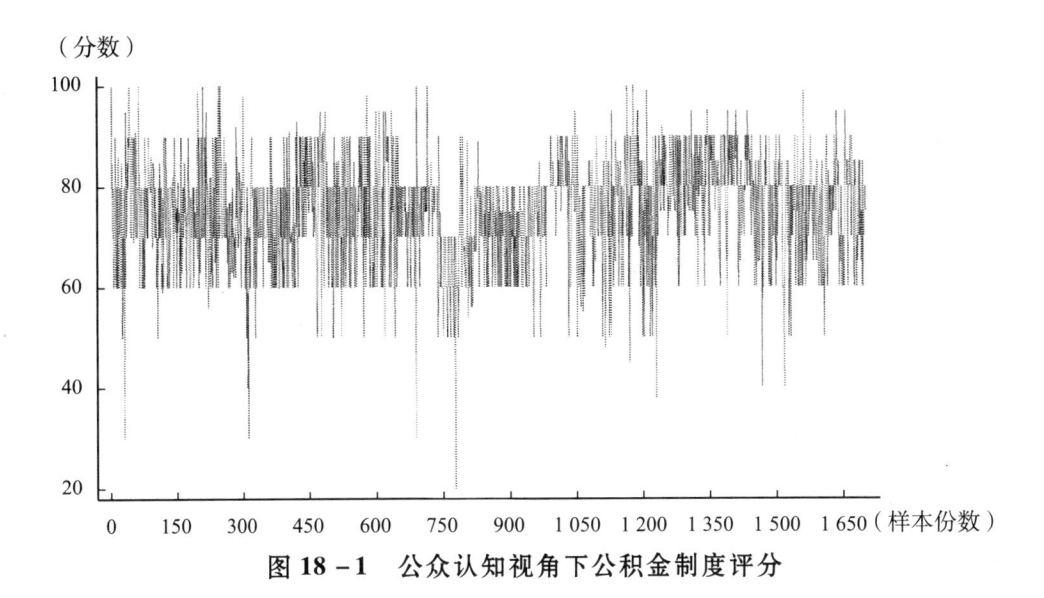

图 18-1　公众认知视角下公积金制度评分

其一，就公积金存在资金贪腐这一问题而言，近年来有关该类案例已经数见不鲜，且涉案金额相对巨大，这也使住房和城乡建设部不得不部署采用"异地互检"等方式对各地公积金进行专项督查和检查。但即便如此，住建部也未能完全消除公积金贪腐、挪用、骗提、骗贷等风险事件的发生。从调查结果来看，共计超过一半的受访者认为公积金贪腐现象较为普遍，且近四成的公众更是认为公积金贪腐现象无法得到有效解决（见图 18-2），说明防控公积金资金贪腐的任重道远。

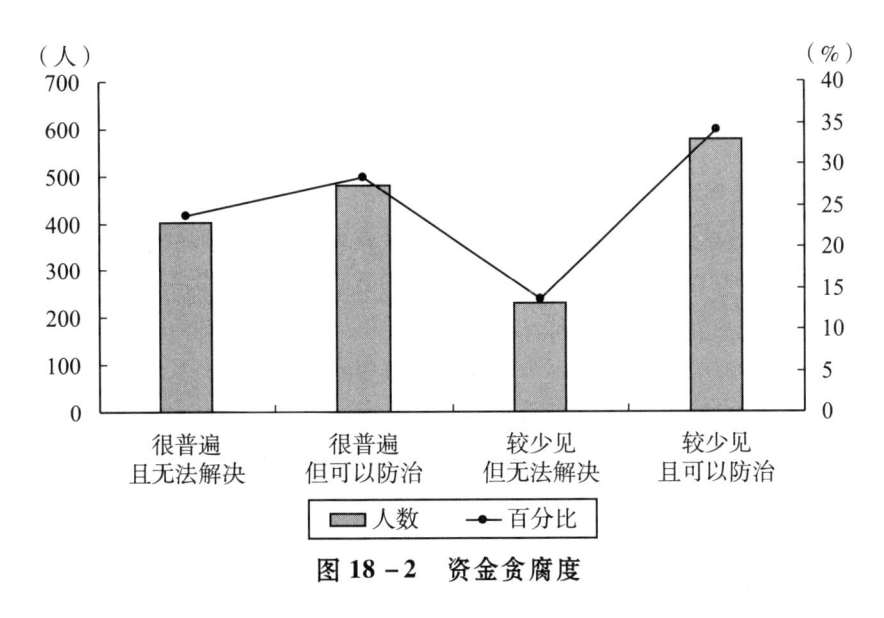

图 18-2　资金贪腐度

第十八章　住房公积金操作风险

其二，党的十八届三中全会明确要求建立公开、规范的住房公积金制度，这也对公积金管理中心的管理制度透明化改革提出了新要求。然而，从公积金制度的透明度来看，公众对此的认可度并不理想，超过40%的受访者认为当前我国住房公积金各项管理制度不透明或者不太透明，这无疑给公积金管理中心的公众形象带来了较大的负面影响（见图18-3）。同时，这种缺乏透明的管理体制将进一步导致人们对于公积金产生信任危机，不利于广大城市在职职工及单位自觉遵守公积金相关制度规定并履行其缴存工作。因此，如何提升管理制度的透明度也成为了管理中心下一步的重点任务。

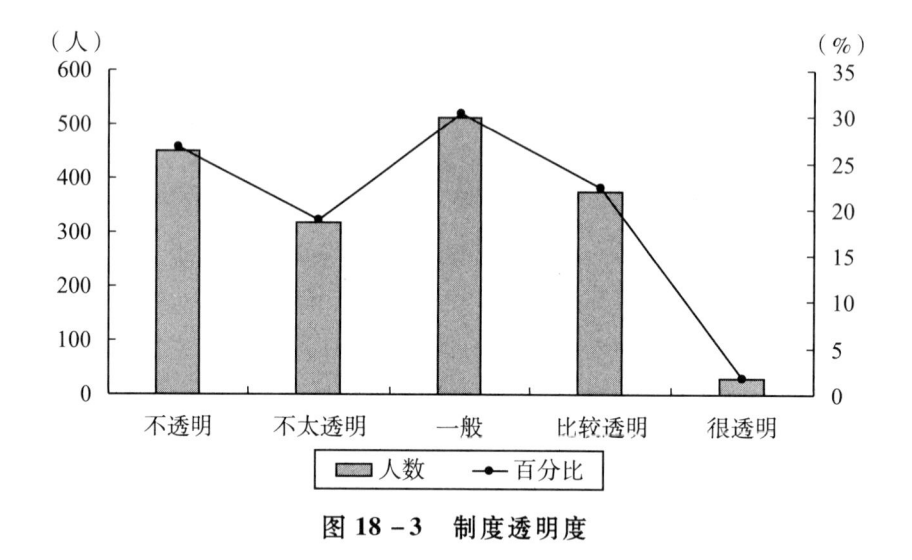

图18-3 制度透明度

其三，《住房公积金管理条例》第八条明确规定："住房公积金管理委员会的成员由三部分构成，一是人民政府负责人和建设、财政、中国人民银行等部门负责人及有关专家，二是工会代表和职工代表，三是单位代表，且各占管委会总人数的1/3"，这种安排的初衷是维护广大缴存职工及缴存单位的合法权益，增强职工群体和单位群体的知情权、话语权，但事实往往表现为政府行政人员占据话语主动权，职工和单位代表的决策参与程度不够，超过半数的职工对于住房公积金管理委员会人员表示不满意（见图18-4），而这种不满容易引发和加深社会公众对于公积金制度的误解，所以规范人员构成和决策过程显得尤为必要。

其四，强有力的监督管理体系能够在很大程度上减少公积金操作风险在内的各项风险发生，也是管控风险事件的重要手段。《住房公积金管理条例》规定了财政部门、审计部门以及缴存单位和职工拥有对公积金的监督权利。而从实际调查结果来看，公众对于当前公积金的监管力度和效果并不满意。超过半数受访者认为住房公积金监管力度较需要加强，近三成受访者认为急需加强公积金的监管力度（见图18-5）。由此看来，加强和落实住房公积金贷款资金的监管已经成为公众诉求。

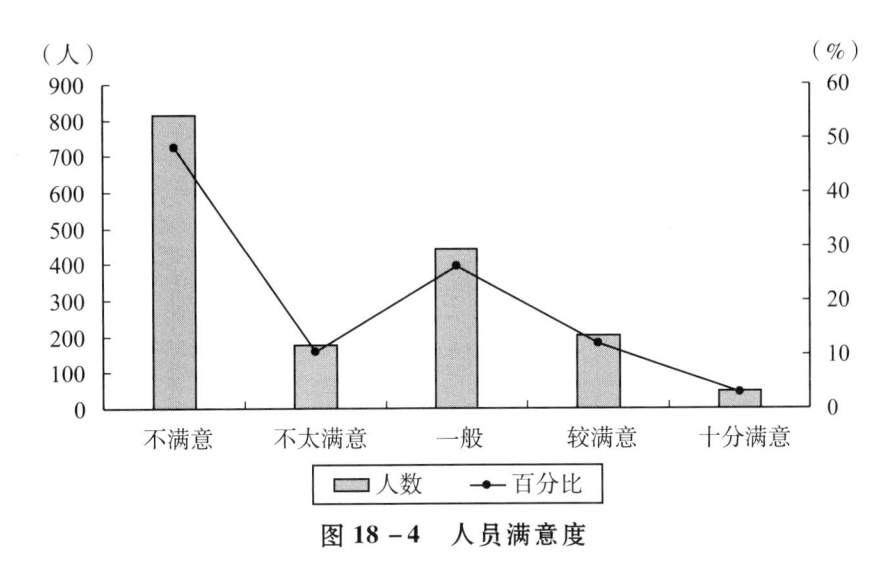

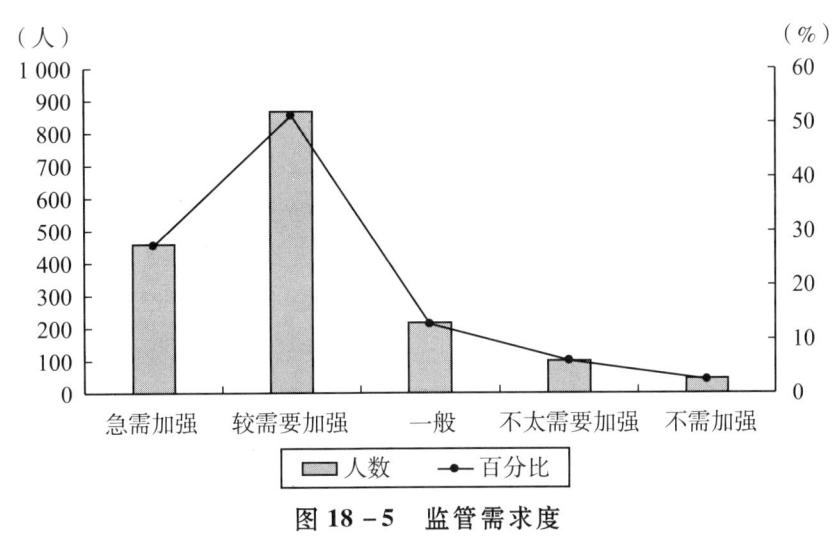

图18-4 人员满意度

图18-5 监管需求度

与此同时，图18-6报告了受访者对于违反《住房公积金管理条例》情形的认知。显然，公众对于公积金业务操作和使用规范并非十分了解，且仅对与自己息息相关的业务程序相对熟悉，如提取、使用住房公积金以及设立公积金专户等。而对于住房公积金管理中心使用公积金增值收益、委托业务机构、建立职工明细账、发放有效凭证、购买国债等知晓程度较低。公众对住房公积金管理规范的一知半解也导致了难以真正开展监督工作。

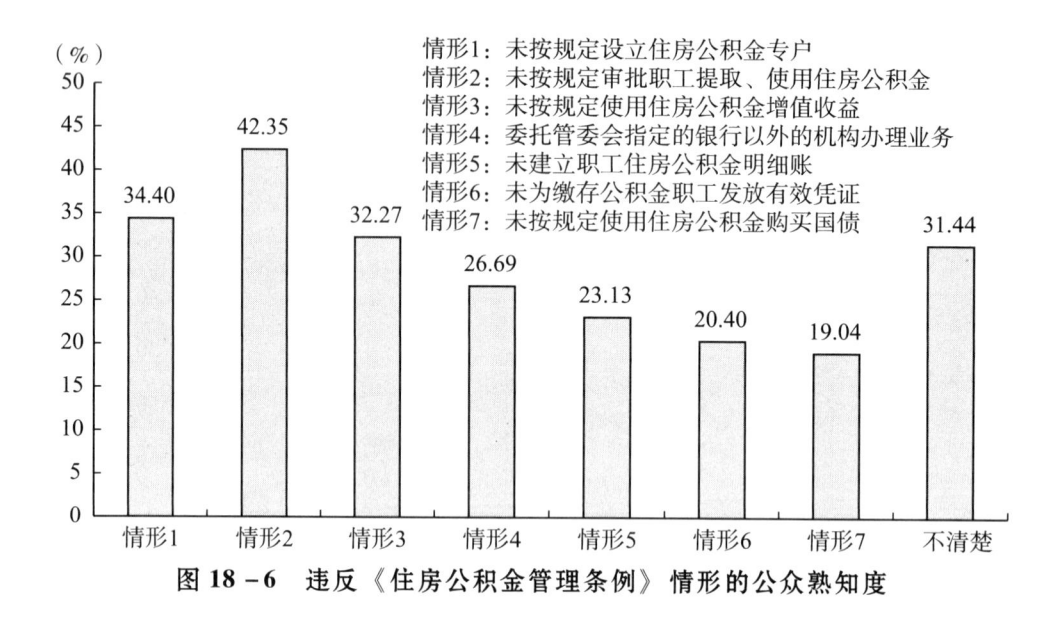

情形1: 未按规定设立住房公积金专户
情形2: 未按规定审批职工提取、使用住房公积金
情形3: 未按规定使用住房公积金增值收益
情形4: 委托管委会指定的银行以外的机构办理业务
情形5: 未建立职工住房公积金明细账
情形6: 未为缴存公积金职工发放有效凭证
情形7: 未按规定使用住房公积金购买国债

情形1: 34.40; 情形2: 42.35; 情形3: 32.27; 情形4: 26.69; 情形5: 23.13; 情形6: 20.40; 情形7: 19.04; 不清楚: 31.44

图18-6 违反《住房公积金管理条例》情形的公众熟知度

第三节 住房公积金操作风险的量化评估

为了更加准确地测度公众认知视角下住房公积金操作风险程度，本节依据16个城市的调查数据开展统计分析，运用主成分分析方法（Principal Component Analysis，PCA）定量度量受访群体对于住房公积金操作风险的个人认知度。具体来说，本章从资金贪腐度（Corru）、制度透明度（Trans）、人员满意度（Satis）和监管需求度（Super）四个维度综合考量公积金操作风险。各变量赋值说明如表18-1所示。

表18-1 住房公积金操作风险评估体系及变量说明

类别	具体维度	变量名	赋值说明
资金层面	贪腐度	Corru	无贪腐=100，较少见且可防治=75，较少见且不可防治=50，很普遍且可防治=25，很普遍且不可防治=0
制度层面	透明度	Trans	很透明=100，较透明=75，一般=50，不太透明=25，不透明=0
人员层面	满意度	Satis	十分满意=100，较为满意=75，一般=50，不太满意=25，不满意=0

续表

类别	具体维度	变量名	赋值说明
监管层面	需求度	Super	不需加强 = 100，不太需要加强 = 75，一般 = 50，较需要加强 = 25，急需加强 = 0

基于此，通过主成分分析，各主成分特征值与方差贡献率如表 18 - 2 所示，本章按照累计方差贡献率大于 85% 这一准则，选取前三个主成分（87.50%）进行分析。因此，可将住房公积金贷款资金操作风险综合评价函数写为：

$$HPFMR_i = 0.3987 \times Comp1_i + 0.2501 \times Comp2_i + 0.2262 \times Comp3_i \quad (18.1)$$

表 18 - 2　　　　　各主成分的特征值及方差贡献率

主成分	特征值	差值	方差贡献率	累计方差贡献率
Comp1	1.5947	0.5941	0.3987	0.3987
Comp2	1.0006	0.0960	0.2501	0.6488
Comp3	0.9046	0.4046	0.2262	0.8750
Comp4	0.5001		0.1250	1.0000

表 18 - 3 报告了各主成分对应的特征向量矩阵，由于选取前三个主成分进行分析，因此可将前三个主成分的线性计算表达式表示如下：

$$\begin{cases} Comp1_i = 0.3880 * Corru_i + 0.6201 * Trans_i + 0.5589 * Satis_i - 0.3906 * Super_i \\ Comp2_i = 0.7489 * Corru_i + 0.1734 * Trans_i + 0.5526 * Satis_i + 0.3221 * Super_i \\ Comp3_i = 0.3669 * Corru_i + 0.3974 * Trans_i - 0.1133 * Satis_i + 0.8334 * Super_i \end{cases}$$

$$(18.2)$$

表 18 - 3　　　　　各主成分对应的特征向量矩阵

变量	Comp1	Comp2	Comp3	Comp4	Unexplained
Corru	0.3880	-0.7489	0.3669	0.3925	0.0000
Trans	0.6201	0.1734	0.3974	-0.6537	0.0000
Satis	0.5589	0.5526	-0.1133	0.6079	0.0000
Super	-0.3906	0.3221	0.8334	0.2216	0.0000

基于函数公式（18.1）和公式（18.2），可以代入计算每位受访者对于住房公积金贷款资金操作风险的主成分得分值。同时，根据表 18 - 1 的变量赋值说明，可知得分值越高，表明个体感知操作风险程度越低，主成分得分越低则相应

的操作风险越高。为了更加直观地反映出公积金操作风险的公众认知情况,我们将主成分得分值绘制在图 18-7 中。显然,得分值普遍位于 10~50 的区间,相对偏低,这也意味着公众视角下住房公积金操作风险仍处在较高水平。

因此,不论从前文的描述统计还是通过主成分得分的度量,均能看出社会公众对于当前我国住房公积金的管理水平认可度并不高,这不仅影响住房公积金制度的公众形象,还会为公积金操作风险事件的发生提供滋生土壤。所以,必须正视公积金操作风险历史案例的教训和公众对于公积金管理现状不满的事实,积极推动公积金管理体制改革与创新。

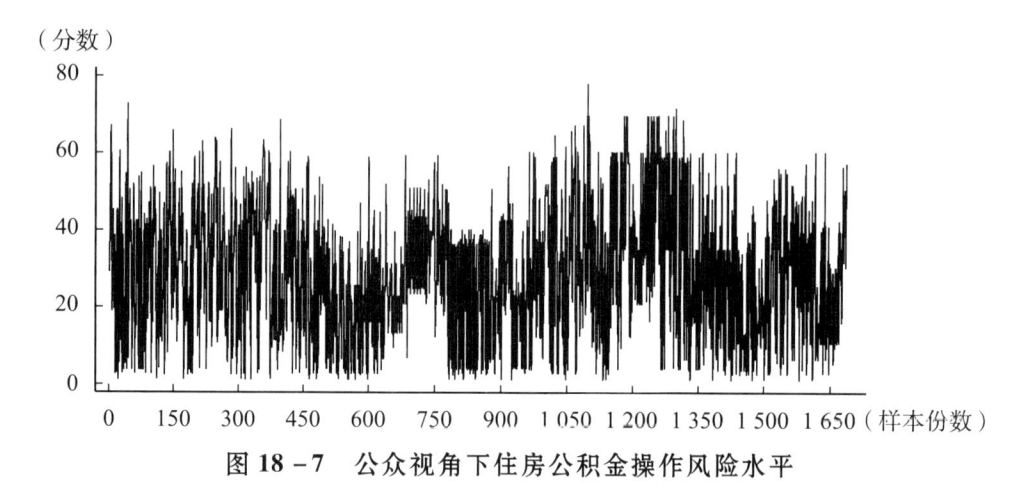

图 18-7 公众视角下住房公积金操作风险水平

第四节 住房公积金操作风险的实证研究

前文反映了公众对于公积金管理部门违反《住房公积金管理条例》情形的熟知度并不高,这也意味着公众与公积金管理部门之间存在一定的信息不对称现象(asymmetric information)。现代经济学观点认为,信息不对称往往会引发逆向选择(adverse selection)和道德风险(moral hazard)。国内外很多研究表明,信息不对称往往也意味着各类风险发生的可能性增加(尹志超、甘犁,2011;Snorre-Lindset et al.,2014;周宏等,2014;Ugo Albertazzi et al.,2015;钱龙,2015;Michi Nishihara & Takashi Shibata,2017;Wahyoe Soedarmono et al.,2017)。基于此,本节进一步展开实证研究,探讨公积金管理方式(Manage)、管委会职责(Committe)、管委会成员构成(Staff)和账户管理(Account)的公众了解度对于公积金操作风险(HPFMR)的影响情况。

一、数据与变量

表 18-4 报告了该部分实证研究主要变量描述性统计及赋值说明。需要说明的是，被解释变量 HPFMR 来源于上文主成分得分值，关键解释变量为虚拟变量形式。同时，本部分实证模型还引入了相关控制变量，如受访者性别（Sex）、年龄（Age）、受教育程度（Edu）、户口（Hukou）、家庭年收入（Income）、是否缴纳公积金（HPF）、是否购房（House），且控制变量均为虚拟变量或者定序变量。

表 18-4　　　　　　　主要变量描述性统计及赋值说明

变量说明	变量符号	均值	标准误	变量赋值说明
公积金操作风险	HPFMR	28.8881	17.3292	主成分得分值
公积金管理安全感	Safety	2.7701	0.9899	十分放心=4，比较放心=3，一般=2，不太放心=1，不放心=0
性别	Sex	0.5953	0.4910	男=1，女=0
婚姻状况	Marry	0.7185	0.4499	已婚=1，未婚=0
年龄	Age	3.1044	1.1544	20岁以下=1，20~30岁=2，30~40岁=3，40~50岁=4，50~60岁=5，60岁以上=6
受教育程度	Edu	4.8960	1.6461	没上过学=0，小学=1，初中=2，高中=3，中专/职高=4，大专/高职=5，大学本科=6，硕士研究生=7，博士研究生=8
户口	Hukou	0.7094	0.4542	城镇=1，农村=0
家庭年收入	Income	4.1390	1.1404	1万元以下=1，1万~2万元=2，2万~5万元=3，5万~10万元=4，10万~20万元=5，20万~50万元=6，50万~100万元=7，100万~200万元=8，200万元以上=9
是否有公积金	HPF	0.7073	0.4552	有=1，无=0
是否购房	House	0.6280	0.4835	已购房=1，未购房=0
公积金管理方式	Manage	0.1230	0.3285	了解=1，不了解=0
公积金管委会职责	Committe	0.1058	0.3853	了解=1，不了解=0

续表

变量说明	变量符号	均值	标准误	变量赋值说明
公积金管委会成员	$Staff$	0.0741	0.2620	了解 = 1，不了解 = 0
公积金账户管理	$Account$	0.3872	0.4872	熟悉 = 1，不熟悉 = 0

从四个关键解释变量的描述统计结果来看，总体上公众对于住房公积金管理体系的了解程度十分欠缺，不论是对公积金管理方式（见图18-8），还是管委会职责（见图18-9）以及管委会成员构成（见图18-10），对此了解的群体占比仅为10%左右，绝大部分群体对此较为生疏。而相对乐观的是，公积金账户管理方式与公众接触机会更多，因此了解程度稍高，但占比也不足40%（见图18-11）。由此可见，虽然住房公积金制度作为我国政策性住房金融体系的主要

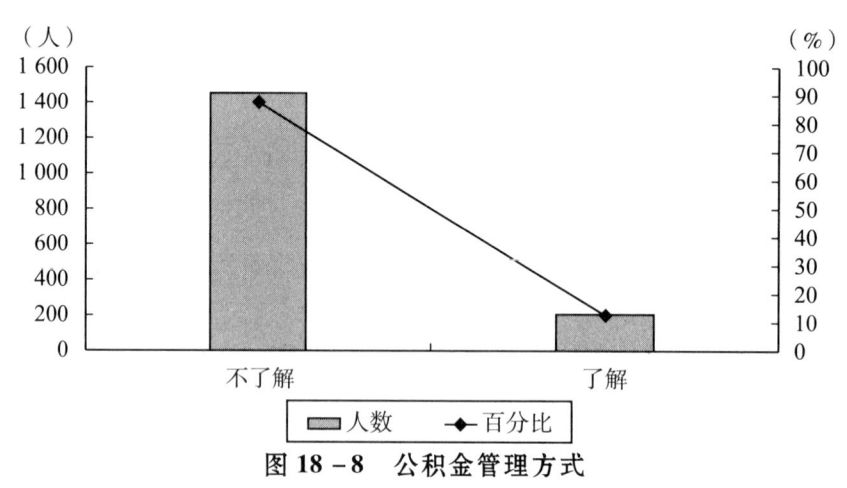

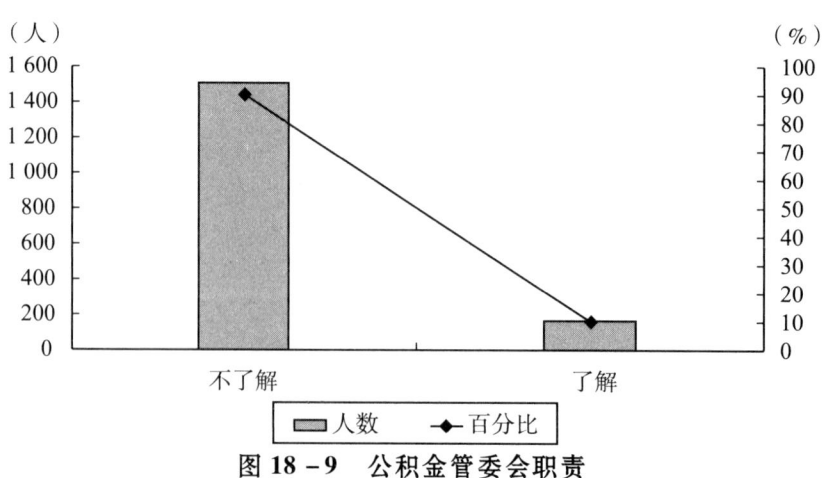

图 18-8　公积金管理方式

图 18-9　公积金管委会职责

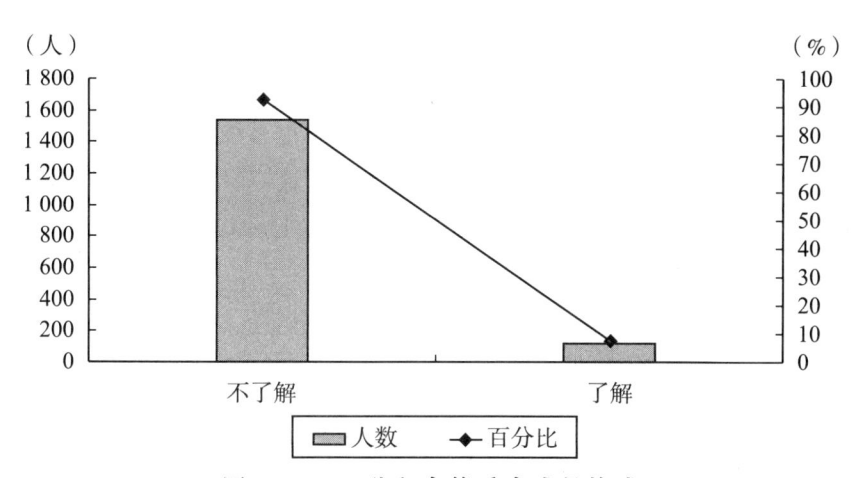

图 18-10　公积金管委会成员构成

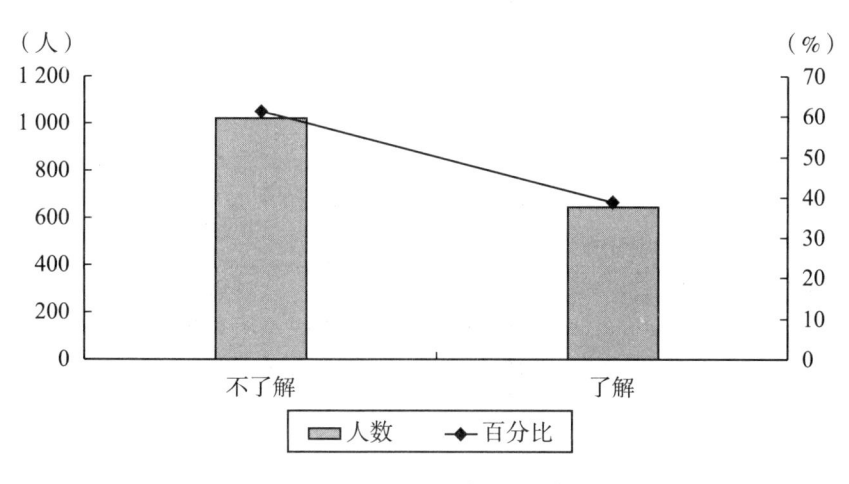

图 18-11　公积金账户管理

部分，但人们对此了解度十分有限，这也可能成为公众对公积金制度存在偏见以及公积金操作风险的重要导火索。所以，我们基于信息不对称情况下住房公积金操作风险展开实证研究。

二、操作风险实证研究

基于前文分析，选取普通最小二乘法（OLS）对住房公积金操作风险进行实证研究，构建的计量模型形式如公式（18.3）所示：

$$HPFMR_i = a_0 + a_1 \times Manage_i + a_2 \times Committe_i + a_3 \times Staff_i \\ + a_4 \times Account_i + a_5 \times Control_i + \varepsilon_i \quad (18.3)$$

公式（18.3）中，被解释变量为公积金操作风险的公众认知值（HPFMR），关键解释变量为公积金管理方式（Manage）、管委会职责（Committe）、管委会成员构成（Staff）和账户管理（Account）的公众了解度，$Controls_i$ 表示所有控制变量集合，干扰项 $\varepsilon_i \sim N(0, \delta^2)$。表 18-5 报告了信息不对称下住房公积金操作风险影响因素，从实证结果来看，各关键解释变量的回归系数均显著为正，这表明公众对于公积金管理方式、管委会职责、管委会成员构成和账户管理的了解程度能够显著影响其对公积金贷款资金操作风险的认知水平。

表 18-5　信息不对称下住房公积金操作风险影响因素分析

	OLS_1	OLS_2	OLS_3	OLS_4	OLS_5
Sex	0.798 (0.879)	0.837 (0.880)	1.059 (0.854)	1.041 (0.907)	0.597 (0.866)
$Marry$	2.175* (1.279)	2.381* (1.279)	1.932 (1.251)	2.672** (1.321)	1.703 (1.264)
Age	-1.569*** (0.453)	-1.570*** (0.453)	-1.550*** (0.442)	-1.742*** (0.466)	-1.555*** (0.446)
Edu	-0.645* (0.330)	-0.428 (0.330)	-0.596* (0.322)	-0.648* (0.344)	-0.773** (0.328)
$Hukou$	2.197** (1.061)	2.122** (1.065)	2.465** (1.030)	2.596** (1.094)	2.341** (1.043)
$Income$	0.804** (0.376)	0.892** (0.376)	0.597 (0.366)	0.928** (0.389)	0.496 (0.372)
HPF	4.928*** (1.104)	4.785*** (1.110)	4.341*** (1.074)	3.983*** (1.185)	3.986*** (1.134)
$House$	-0.041 (1.027)	0.290 (1.027)	0.428 (1.001)	0.365 (1.065)	0.165 (1.016)
$Manage$	14.002*** (1.283)				3.343** (1.695)
$Committe$		11.114*** (1.073)			2.901** (1.310)
$Staff$			22.547*** (1.542)		16.843*** (2.264)
$Account$				4.053*** (0.985)	1.780* (0.952)
$\_cons$	24.938*** (2.434)	23.768*** (2.426)	25.293*** (2.360)	24.651*** (2.524)	26.586*** (2.405)

续表

	OLS_1	OLS_2	OLS_3	OLS_4	OLS_5
$adj.\ R^2$	0.104	0.097	0.153	0.045	0.161
N	1 527	1 538	1 528	1 532	1 484

注：***、**、* 分别表示1%、5%、10%的显著性水平；括号内为参数估计量的标准误。

三、稳健性检验

为确保表18-6中实证结果的稳健无偏性，本章通过替换被解释变量 $HPFMR$ 进行稳健性检验。具体来说，稳健性检验中被解释变量替换为受访者对于其所缴存住房公积金的安全感评价（$Safety$）。由于该变量为定序变量，因此本章选取有序Logit模型（Ordered Logit Model）进行稳健性分析，计量模型形式设定如下式所示：

$$safety_i^* = \beta_0 + \beta_1 \times Manage_i + \beta_2 \times Committe_i + \beta_3 \times Staff + \beta_4 \times Account + \beta_5 \times Controls + \varepsilon \quad (18.4)$$

公式（18.4）中，$\varepsilon_i \sim N(0, \delta^2)$，$Controls_i$ 表示所有控制变量集合，$Safety_i^*$ 为公积金管理安全感的潜变量。随着潜变量的取值变化，公积金管理安全感 $Safety_i$ 也在0到4之间取不同的整数值，具体可以表示为：

$$Safety = \begin{cases} 0 & if\ Safety^* < cut1 \\ 1 & if\ cut1 < Safety^* < cut2 \\ 2 & if\ cut2 < Safety^* < cut3 \\ 3 & if\ cut3 < Safety^* < cut4 \\ 4 & if\ SafetyY^* > cut4 \end{cases}$$

其中，$cut1$、$cut2$、$cut3$、$cut4$ 为潜变量的临界值。

表18-6报告了有序逻辑回归稳健性检验结果。显然，检验结果表明，关键被解释变量与公积金资金安全感之间也存在显著的正向关联。因此，与前文表18-5结果保持一致，表明前文的实证结果具有稳健性和可靠性。

表18-6　　　　　　　　稳健性检验结果

	Ologit_1	Ologit_2	Ologit_3	Ologit_4	Ologit_5
Sex	0.171 (0.105)	0.151 (0.105)	0.155 (0.105)	0.148 (0.106)	0.150 (0.108)

续表

	Ologit_1	Ologit_2	Ologit_3	Ologit_4	Ologit_5
$Marry$	0.300* (0.154)	0.297* (0.154)	0.247 (0.156)	0.404*** (0.156)	0.351** (0.159)
Age	0.087 (0.055)	0.086 (0.054)	0.094* (0.055)	0.061 (0.055)	0.059 (0.056)
Edu	0.192*** (0.039)	0.195*** (0.039)	0.183*** (0.039)	0.149*** (0.040)	0.159*** (0.040)
$Hukou$	0.012 (0.130)	0.030 (0.130)	0.048 (0.130)	0.123 (0.131)	0.102 (0.133)
$Income$	0.001 (0.046)	−0.006 (0.045)	−0.017 (0.046)	−0.037 (0.046)	−0.042 (0.047)
HPF	0.763*** (0.140)	0.719*** (0.140)	0.750*** (0.141)	0.376*** (0.144)	0.405*** (0.147)
$House$	−0.303** (0.125)	−0.304** (0.124)	−0.306** (0.126)	−0.486*** (0.127)	−0.461*** (0.129)
$Manage$	0.362** (0.151)				−0.080 (0.198)
$Committe$		0.306* (0.159)			0.035 (0.160)
$Staff$			0.592*** (0.192)		0.375 (0.266)
$Account$				1.149*** (0.115)	1.079*** (0.118)
$cut1\_cons$	−1.762*** (0.340)	−1.855*** (0.340)	−1.915*** (0.342)	−2.195*** (0.347)	−2.189*** (0.352)
$cut2\_cons$	−0.422 (0.309)	−0.505 (0.308)	−0.573* (0.310)	−0.834*** (0.314)	−0.831*** (0.319)
$cut3\_cons$	1.414*** (0.305)	1.334*** (0.303)	1.263*** (0.305)	1.100*** (0.309)	1.072*** (0.313)
$cut4\_cons$	3.185*** (0.316)	3.097*** (0.314)	3.035*** (0.315)	2.975*** (0.319)	2.963*** (0.324)
N	1 326	1 332	1 322	1 327	1 287

注：***、**、* 分别表示1%、5%、10%的显著性水平；括号内为参数估计量的标准误。

四、结论与思考

本章重点分析了住房公积金贷款资金操作风险,系统梳理了当前公积金管理体系,并结合全国住房公积金第一案、北京公积金渎职第一案、襄阳住房公积金受贿案、通化住房公积金挪用案和汕头住房公积金非法提取案等五起较具代表性公积金操作风险案例展开探讨,较为全面地论述了公积金操作风险的特征和趋势。同时,结合微观调查数据,对公积金管理体制公众评价进行了描述统计,通过主成分分析方法定量度量了公众认知视角下公积金操作风险水平。此外,基于信息不对称视角实证探讨了公积金操作风险影响因素。

研究结果表明,当前我国住房公积金运行操作过程中依然不乏涉及金额巨大、涉事人员众多、危害波及较广风险案件的发生,公众对于公积金管理体制的认可度并不理想,且存在较为严重的信息不对称问题,而公众对于公积金管理方式、管委会职责、管委会成员构成和账户管理的了解程度能够显著影响其对公积金贷款资金操作风险的认知水平,且随着了解程度的加深,职工对于自己所缴公积金的安全感随之增强。因此,要从资金、制度、人员和监管等层面入手,加强公积金贷款资金管理力度,克服信息不对称下的道德风险,提高公积金管理水平和公众形象。

第十九章

住房公积金运行风险管控路径

本篇前面三章分别深入研究了住房公积金贷款逾期风险、流动性风险和操作风险,介绍了这些多维度风险的表现、特征以及后果,探讨了其成因和已有的防范措施。本章进一步集中深入分析我国住房公积金风险管控的总体思路及各类措施。

第一节 住房公积金信用风险管控的基本观点

"工欲善其事,必先利其器",对我国住房公积金制度进行系统性优化和改革,既是群众呼声,又是新时代提出的新要求。就公积金运行风险管控而言,国内外学者作了大量且卓有成效的探索。

就现有相关文献而言,学者认为住房贷款所占比重与银行贷款风险之间存在较为显著的正向关系(Daniel Foos et al.,2010),这主要是由住房贷款信息不对称所造成(Brueckner J. K.,2000;Pavlov A. & S. M. Wachter,2006;张晓玫、宋卓霖,2016)。同时,作为国民经济的支柱性行业,房贷还款期限长、资金总量大且周期性强,很容易产生系统性金融风险(陈雪楚等,2012)。针对住房公积金贷款来说,其管理体制已经与经济社会发展形势不相适应(陈余芳、黄燕芬,2017),且很多公积金管理中心疏于合同管理,这为之后产生严重的合同纠纷埋下了隐患(刘一佳,2015)。与此同时,我国住房供需结构性矛盾突出,住房公积金贷款标准相对宽松，管理中心缺乏合理的避险手段，公积金信贷风险有不断积累的趋势（Michelle A. Danis & Anthony Pennington-Cross, 2008；宋斌，2009）。国外学者偏向于从房价波动角度研究住房贷款的违约风险。很多学者的研究表明房价是住房贷款违约风险的主要影响因素（Harrison et al., 2002；Downing et al., 2005；Haughwout et al., 2008；Capozza D. R. & R. Van Order, 2011；Kau et al., 2011；孙玉莹、闫妍，2014；况伟大，2014；Nadia Benbouzid et al., 2017），并且，房贷风险的冲击又反过来影响了房地产价格波动（Victor Dorofeenko et al., 2014），因此，房价与房贷风险之间具有相互作用关系。

总的来看，学术界将住房贷款运行风险主要归咎于信息不对称和房地产市场波动，针对当前我国楼市错综复杂的现状，中央政府和地方政府在进行楼市调控时，都应该充分汲取美、日等发达国家的历史经验教训，加强对公积金的监管力度（王先柱、吴义东，2017），并结合我国实际，注意平衡长短期政策的相互关系（张晓兰，2016）。

就公积金支持楼市去库存这一话题，有学者提出应该放宽住房公积金提取条件，落实住房公积金异地贷款操作，提高住房公积金个人住房贷款实际额度，重点支持职工购买保障性住房和首套普通商品住房（胡祖铨，2016）。但有学者对此表示了担忧，认为房地产市场与金融市场高度相关，房地产市场库存的累积与住房信贷扩张具有同周期性，因此住房金融在支持去库存的同时必须要做好风险防范措施（康峰，2016），而适度改变"低存低贷"状况与享用条件设置是其未来公积金制度可能的出路（陈友华，2014）。在住房公积金扩大覆盖面这一问题上，该制度在提高职工住房消费能力、保障职工住房水平方面确实发挥了一定的积极贡献（顾澄龙等，2015）。而就广大农民工等群体而言，住房公积金对新生代农民工定居意愿与购房打算具有显著的促进作用，同时对这些群体的城市定居意愿与城市购房关系也起到了正向调节效应（汪润泉、刘一伟，2017）。但即便如此，公积金制度扩面改革也不可能一蹴而就，必须要充分考虑扩面可能带来的风险以及相应的预防和应对办法，需要在原有制度基础上进行缜密调整和完善（彭加亮、罗祎，2016）。

为此，需要重新审视公积金功能定位，厘清基本保障目标，诠释住房消费含义（李燕、刘传哲，2016），通过建立地市、省级和中央的三级公积金管理运行机制，统筹全国范围内的公积金，保持其充足的流动性，同时可发行适当的金融产品，扩大公积金资金来源渠道，进一步放大公积金余额的资本效应（陈余芳、黄燕芬，2017）。并且，也有不少学者建议设立国家住宅政策性金融机构（周京奎，2012；徐晓明、葛扬，2015；王开泉，2015），以及混合所有制住房储蓄银行或住房基金等（汪利娜，2016），在充分盘活存量资金的基础上，把握资金安全底线，对个贷率过高的地区，可以考虑增加公积金缴存年限限制，通过制度化手段控制公积金资金流出速度（陈峰、邓保同，2016）。

在住房公积金监管层面，很多学者也对此进行了较为全面的讨论，并说明这主要是由住房公积金管理效率不高、资金运营风险持续加大等所致，因此强化对公积金的监管具有很强的必要性。

但是，住房公积金在监管层面尚未形成约束机制，这显然不利于资金的安全、有效利用。尤其在近些年我国各地住房公积金领域贪腐案件层出不穷的情况下，加强公积金的监管已经迫在眉睫。为此，要提高缴存职工的知情权、话语权以及决策参与权等，同时要实现公积金管理的法制化、制度化和透明化（王先柱、吴义东，2017）。此外，在构建住房公积金绩效评价体系时，除财务指标外，还应该将内部管理和居民满意等纳入评价框架（陈献东，2015）。

与此同时，当前我国住房公积金管理中心属于行政化机构，实行管委会决策、中心运作、银行专户存储以及财政监督的管理体制，且管委会成员采取"三三制"构成办法①。但从全国抽样调查数据来看，将近85%的受访群体对住房公积金管理机构及人员构成并不了解（王先柱等，2016）。与此同时，公积金在管理过程中不断暴露出效率低和风险高等问题，这也倒逼政府不得不对现有的公积金管理机构及其运营方式进行调整和规范。同时，学术界对于机构改革的呼声也日益增高（黄修民，2010；李运华、殷玉如，2015），甚至建议就形式松散、风险承担与决策不对称等问题，取消管委会这一决策机构（万卉，2015）。而在2006年，就有学者指出该问题的要点在于分离住房公积金管理中心两方面的职能（曾筱清、翟彦杰，2006），一方面是行使政府授权的职能，另一方面则是企业化经营的职能，且要通过制度化手段解决对管理机构的监管与法律责任追究的问题。为此，刘洪玉（2011）指出应设立全国层面公积金管理中心，同时有学者建议构建一套完备的制约机制，并通过去行政化致力于建设专业化金融管理机构（杨巧，2014），如住房合作银行（王开泉，2015）、混合所有制住房储蓄银行或住房基金等（汪利娜，2016）。

第二节 住房公积金贷款信用风险的管控路径

住房公积金贷款风险管控从思路设计上总体可以分为贷前风险管控和贷后风

---

① 《条例》第八条规定：住房公积金管理委员会的成员中，人民政府负责人和建设、财政、人民银行等有关部门负责人以及有关专家占1/3，工会代表和职工代表占1/3，单位代表占1/3。

险管控,其中,贷前风险管控重点在于根据贷款申请者的个人信息资料和家庭经济资料等对其还款能力(ability)和还款意愿(desire)进行评估,从而确定具体的贷款方案,如是否放贷、贷款额度和贷款期限等。当然,只进行贷前风险评估还不足以应对公积金贷款风险的可能损失,并且公积金贷款的抵押及担保制度也只能在违约实际发生的情况下才有效,一方面抵押物有可能遭遇市值缩水而导致公积金贷款回收困难,另一方面这种"亡羊补牢"的做法显得较为被动,不利于公积金管理中心的正常运行。此外,目前管理中心建立的风险准备金制度虽然能够冲销损失,确保公积金资金池的流动性,但风险损失相当于由全体缴存职工共同承担,这种做法显然不利于公积金的长期发展。所以,占据公积金贷款风险评估的主动权、对贷款过程进行持续跟踪监测显得十分必要,也就是要对贷后贷款者的风险事件(accident)进行相关性分析,研究其对贷款者正常还款概率 p_i 的实际影响。基于此,我们可以认为公积金贷款风险水平与贷款者偿债能力、偿债意愿和风险事件之间存在某种函数关系,即可表示为:

$$p_i = F(偿债能力,偿债意愿,风险事件)$$

假设这种关系表现为线性函数,将公积金贷前和贷后的风险水平作如下估计:

$$\begin{cases} p_{i0} = \lambda_0 \cdot ability_i + \beta_0 \cdot desire_i + \mu_0 & (贷前) \\ p_{i1} = \lambda_1 \cdot ability_i + \beta_1 \cdot desire_i + \gamma_1 \cdot accident_i + \mu_1 & (贷后) \end{cases}$$

将贷前和贷后风险管控有效结合,才能真正意义上降低公积金贷款损失的可能。

一、差异化贷款利率下公积金贷前风险管控

根据 Merton 模型的重要基本假定,债务人的资产价值低于债务时将产生违约行为。由此可假设公积金贷款者的违约概率实际上是还款到期日 T 时刻其家庭资产价值 V_T 低于债务 F 的概率。基于此,结合期权理论中又一重要假定,即资产价值服从标准几何布朗运动,则有:

$$\tilde{V}_t = V_0 \cdot \exp\left[\left(\mu - \frac{\sigma^2}{2}\right) \cdot T + \sigma\sqrt{T} \cdot \tilde{Z}\right]$$

其中,$\tilde{Z}$ 服从标准正态分布,即 $\tilde{Z} \sim N(0,1)$;μ 和 σ^2 分别是 $\frac{d\tilde{V}_t}{\tilde{V}_t}$ 的均值和方差。

由此可知,第 i 个公积金贷款者违约概率 p_i' 为:

$$p_i' = P\{V_T \leqslant F\}$$
$$= P\left\{V_0 \cdot \exp\left[\left(\mu - \frac{\sigma^2}{2}\right) \cdot T + \sigma\sqrt{T} \cdot \tilde{Z}\right] \leqslant F\right\}$$
$$= P\left\{\left(\mu - \frac{\sigma^2}{2}\right) \cdot T + \sigma\sqrt{T} \cdot \tilde{Z} \leqslant \ln\left(\frac{F}{V_0}\right)\right\}$$
$$= P\left\{\tilde{Z} \leqslant \left\{\ln\left(\frac{F}{V_0}\right) - \left(\mu - \frac{\sigma^2}{2}\right) \cdot T\right\} \middle/ \sigma\sqrt{T}\right\}$$
$$= \Phi\left\{\left\{\ln\left(\frac{F}{V_0}\right) - \left(\mu - \frac{\sigma^2}{2}\right) \cdot T\right\} \middle/ \sigma\sqrt{T}\right\}$$

由于履约与违约互为对立事件,则正常还款概率 p_i 为:
$$p_i = 1 - p_i'$$
$$= 1 - \Phi\left\{\left[\ln\left(\frac{F}{V_0}\right) - \left(\mu - \frac{\sigma^2}{2}\right) \cdot T\right] \middle/ \sigma\sqrt{T}\right\}$$
$$= \Phi\left\{\left[\ln\left(\frac{V_0}{F}\right) + \left(\mu - \frac{\sigma^2}{2}\right) \cdot T\right] \middle/ \sigma\sqrt{T}\right\}$$

进一步地,通过代入住房公积金贷款申请者的相关经济数据,即可对上式中的 μ 和 σ^2 进行参数估计,进而得出第 i 个公积金贷款者的正常还款概率 p_i,且若 r_i 为公积金贷款利率,B_i 为公积金贷款资金总量,ρ 为国债收益率,k 为抵押品的变现率,C_i 为抵押品价值。目标函数为:
$$\max \Omega = p_i \cdot (1 + r_i) \cdot B_i + (1 - p_i) \cdot k \cdot C_i - (1 + \rho) \cdot B_i$$

考虑到贷款者抵押担保资产与住房公积金管理中心放贷资金均会产生利息收入,且抵押资产的折现价值不能低于贷款资金,因此可将其约束条件写为:
$$\text{s. t.} \quad k \cdot (1 + \rho) \cdot C_i \geqslant (1 + \rho) \cdot B_i$$

引入约束条件下的拉格朗日乘子 λ,则可得拉格朗日函数表达式为:
$$L = p_i \cdot (1 + r_i) \cdot B_i + (1 - p_i) \cdot k \cdot C_i - (1 + \rho) \cdot B_i$$
$$+ \lambda \cdot [k \cdot (1 + \rho) \cdot C_i - (1 + \rho) \cdot B_i]$$

根据求解极值方法,可得:
$$\begin{cases}\frac{\partial L}{\partial B_i} = p_i \cdot (1 + r_i) - (1 + \rho) - \lambda = 0 \\ \frac{\partial L}{\partial C_i} = (1 - p_i) \cdot k + \lambda \cdot k = 0\end{cases}$$

由此,可解得公积金管理中心的最优贷款利率决策为: $r_i = p_i^{-1} \cdot \rho$。

显然,公积金最优贷款利率 r_i 是正常还款率 p_i 的反比例函数。假设参数一年期国债收益率 $\rho = 2.500\%$,则我们可以根据正常还款概率 p_i 的不同取值计算出公积金管理中心贷款利率 r_i 的最优取值,图 19-1 为风险管控下住房公积金贷款利率最优取值曲线,显然,该曲线表现为向右递减的凹函数。

公积金最优贷款利率

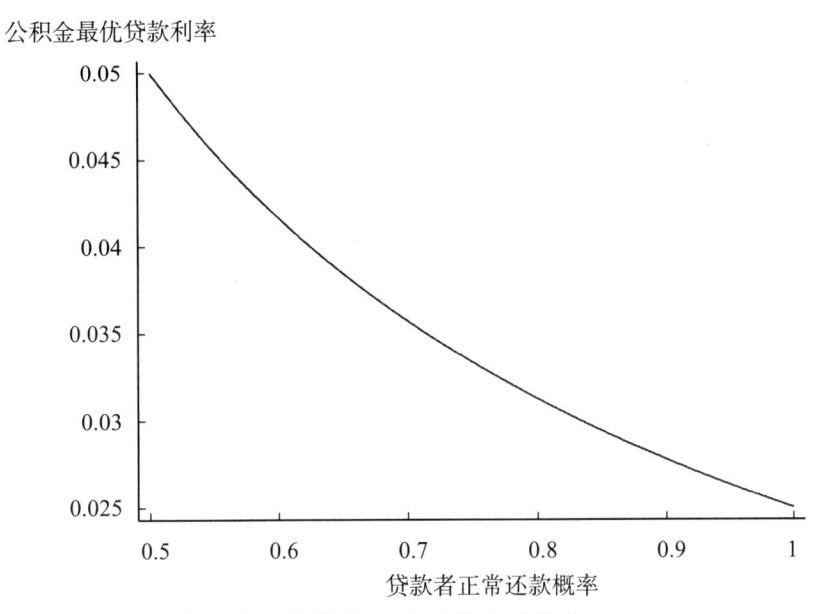

图 19 - 1　住房公积金贷款利率最优取值曲线（$\rho = 2.500\%$）

同时，表 19 - 1 报告了 p_i 取值分别为 100%、90%、80%、70%、60% 及 50% 时的 r_i 的最优解。当 $p_i < 50\%$ 时，意味着该贷款者还款概率偏低，公积金管理中心可不予准贷。

表 19 - 1　　　　　　　贷款利率的最优取值选择

正常还款概率 p_i（%）	100	90	80	70	60	50	< 50
公积金贷款年利率 r_i（%）	2.500	2.778	3.125	3.571	4.167	5.000	不予准贷

二、信用等级跃迁下公积金贷后风险管控

由于住房公积金贷款的还款过程相对较长，贷款者很有可能遭遇事先未知的风险事件，进而影响该贷款者的信用等级，即正常还款概率。因此，在前文公积金差异化贷款利率的贷前风险管控下，管理中心还有必要对贷款者的还款信用等级进行持续关注和评判，并对贷后出现的风险事件分析预警，及时调整贷款方案，最大程度确保公积金贷款资金的回笼安全。为此，本章基于信用等级跃迁作进一步分析。

假若住房公积金贷款信用评级体系有 n 个非违约状态，其中 1 表示最好的信用水平，2 表示次好，以此类推，n 则表示信用水平最差，而 $n+1$ 表示违约状态。一般来说，n 取值为 7，则信用等级分别表示为 AAA、AA、A、BBB、BB、

B、CCC 和 D，D 意味着违约。

设有 K 个时期的样本数据，则贷款者绝对跃迁概率计算公式可以表示为：

$$p_h^{i,j} = \sum_{t=1}^{k} w_t^i \frac{T_t^{i,j}}{N_t^i} \quad i=1,\cdots,n \text{ 且 } j=1,\cdots,n \text{ 且 } \sum_{t=1}^{k} w_t^i = 1$$

其中，$T_t^{i,j}$ 为发生信用跃迁的样本数，且单个时期平均概率都被赋予绝对概率 w_t^i，每期按照观察到的相对大小赋予权重，则有：

$$w_t^i = \frac{N_t^i}{\sum_{s=1}^{k} N_s^i}$$

因此，公积金贷款者信用等级跃迁矩阵可以写成如下形式：

$$\prod(h) = \begin{bmatrix} p_h^{1,1} & p_h^{1,2} & \cdots & p_h^{1,n+1} \\ \cdots & \cdots & \cdots & \cdots \\ p_h^{n,1} & p_h^{n,2} & \cdots & p_h^{n,n+1} \\ 0 & 0 & \cdots & 1 \end{bmatrix}$$

加上最后一行，跃迁矩阵转化为方阵，可以将最后一行理解为一种吸收状态，即违约者下一期仍会继续违约。如标准普尔评级的信用跃迁矩阵为：

$$\prod(h) = \begin{bmatrix} 90.81 & 8.33 & 0.68 & 0.06 & 0.12 & 0.00 & 0.00 & 0.00 \\ 0.70 & 90.65 & 7.90 & 0.64 & 0.06 & 0.14 & 0.02 & 0.00 \\ 0.09 & 2.27 & 91.05 & 5.52 & 0.74 & 0.26 & 0.01 & 0.06 \\ 0.02 & 0.33 & 5.95 & 86.93 & 5.30 & 1.17 & 0.12 & 0.18 \\ 0.03 & 0.14 & 0.67 & 7.73 & 80.53 & 8.84 & 1.00 & 1.06 \\ 0.00 & 0.11 & 0.24 & 0.43 & 6.48 & 83.46 & 4.07 & 5.20 \\ 0.22 & 0.00 & 0.22 & 1.30 & 2.38 & 11.24 & 64.86 & 19.79 \\ 0.00 & 0.00 & 0.00 & 0.00 & 0.00 & 0.00 & 0.00 & 100 \end{bmatrix}$$

结合该矩阵，图 19-2 刻画了贷款者信用等级跃迁概率轨迹，且从左往右各线条对应的初始信用等级为由高到低。从图 19-2 看出，贷款者的信用等级跃迁主要存在以下三点显著特征：一是除了我们人为设定的吸收态，不论初始状态下贷款者的信用等级如何，都会发生跃迁的可能，这说明了信用跃迁的"必然性"；二是从信用跃迁矩阵的主对角线数值变化来看，贷款者信用等级跃迁概率与其初始状态下信用等级之间存在较为显著的关联性，具体而言，初始信用等级越高，其发生跃迁的可能性越小，反之越大，这反映了信用跃迁具有"分化性"；三是总体来看，贷款者信用等级更容易发生"右偏"，即信用相比较更容易向等级较低的方向跃迁，这表明了从统计概率上讲，信用跃迁具有"从劣性"。综合来看，正是由于住房公积金贷款者信用等级存在跃迁的"必然性""分化性"和"从劣性"，因此，对公积金贷后风险管控显得尤为重要。

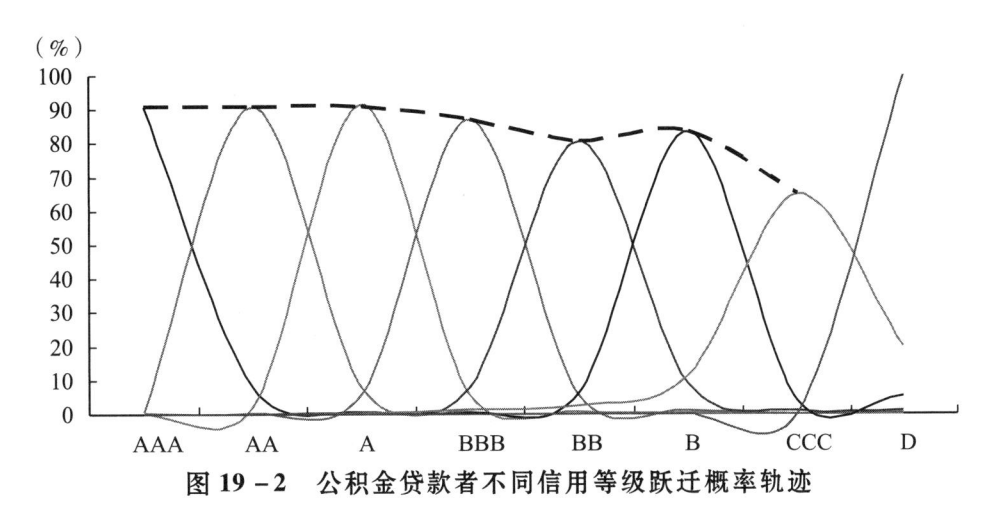

图 19－2　公积金贷款者不同信用等级跃迁概率轨迹

如图 19－3 所示，我们将公积金贷前风险划分为四个象限，其中，第Ⅰ象限为偿债能力和偿债意愿的"双高"叠加区，这也表明该象限的风险值相对较小，而第Ⅱ象限和第Ⅲ象限则分别表示为"高意愿、低能力"和"高能力、低意愿"的贷款者集合，贷款风险水平相比较有所提高，而风险度最高的区域为第Ⅳ象限，表现为偿债能力和偿债意愿的"双低"重叠。因此，通过前文对公积金贷前风险的定量度量，可以将其直观定位到该坐标系中，进而确定该贷款者的风险区间，并通过调整相应的贷款利率等措施对公积金贷款风险加以管控。然而，贷款者在还款过程中的风险事件可能会对其风险区间产生变动，如

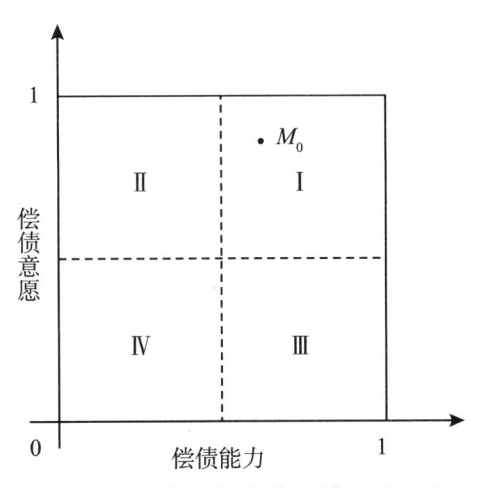

图 19－3　公积金贷前风险评估区间

原本位于第Ⅰ象限初始风险度为 M_0 的贷款者在贷后风险区间可能会向其他区间移动，这将导致其还款违约率发生变化，住房公积金管理中心也有必要对此进行干预（见图 19-4）。

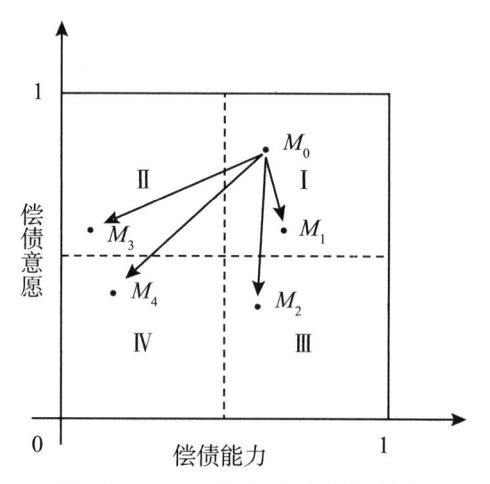

图 19-4 公积金贷后风险监测

更进一步，若将贷款者偿债能力、偿债意愿和风险事件表示成一个三维坐标系（见图 19-5），那么贷后风险事件对贷款风险区间的影响程度则可以更加直观地得以反映，即初始风险水平点表现在垂直方向上的位移量。但即便如此，我们依旧很难直观且准确地判断每个区间点所对应的风险水平高低，即需要对偿债

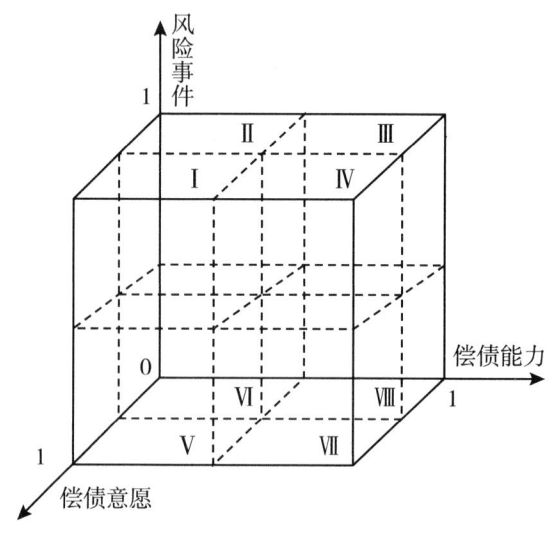

图 19-5 公积金贷后风险区间三维图

能力、偿债意愿和风险事件这三项指标进行附加权重，然后综合评判三维风险区间中每个点所对应的风险水平。这里我们可以采用"颜值"比对的办法，通过三者相应权重（如1:1:1）对整个立体风险区间进行上色，并根据风险水平高低由第Ⅷ区间（低风险）向第Ⅱ区间（高风险）依次渐变（见图19-6），各个点的"颜值"便是该点对应的风险值，最终便可通过"颜值"比对的方法直观准确判断出贷款者的贷后风险变动状况，住房公积金管理中心可以依据不同的"颜值"区间制定相应的贷款方案和风控措施等。

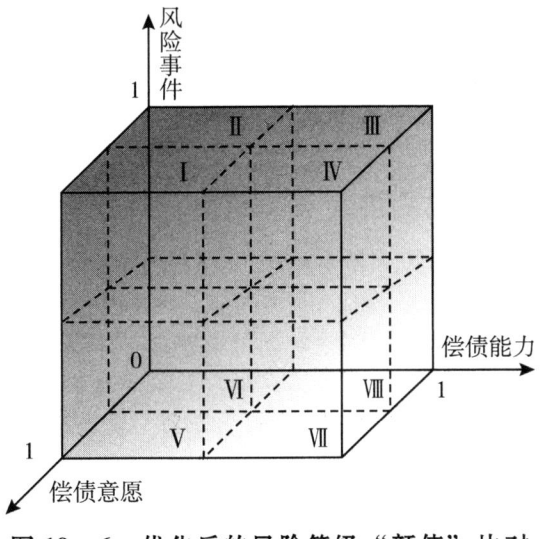

图 19-6 优化后的风险等级"颜值"比对

三、公积金风险贷款管控的具体举措

（一）完善公积金贷款风险评级体系

目前住房公积金贷款风险评级主要侧重于贷款者信用评级，这是由于信用风险是住房公积金贷款风险的主要表现形式，信用评级是对贷款者贷前资质审核的重要内容，也是对个人还款能力及其还款意愿的综合评定。且公积金贷款信用评级指标主要包括三个方面，即贷款者个人基本信息、公积金缴存信息以及公积金贷款信息。虽然这种评级办法有效性较强，但仍有弥补和提升的空间。第一，需要进一步补充相关重要风险评级指标。由于公积金贷款风险不仅仅来源于贷款者信用风险，还包括市场波动风险等。因此，应该从贷款者购房动机（主要区分投机性购房还是消费性购房）、拟定购房位置、房价水平及其波动状况、国家相关调控政策等多维度入手，将贷款者信用评级与宏观市场预期紧密结合起来，构建更为完整的公积金贷款风险评级体系。第二，需要对公积金贷款风险等级进一步量化度量。当前公积金管理中心的风险评级相对定性化，而商业银行风险评级体系的演化和发展启示我们应该用现代化的技术手段甄别贷款风险水平，更加精准有效。例如，住房公积金管理中心可以借鉴商业银行贷款风险管理中信用评分模型、CreditRisk+模型、KMV模型、CreditMetrics模型、宏观模拟模型、RAROC模型和模糊综合评判模型等技术手段对贷款者风险水平进行定量度量，使得公积金贷款风险管理更加科学且高效。此外，在"互联网+"的时代背景下，通过大数据等方法度量公积金贷款风险也正成为各界探讨的话题。

（二）建立公积金贷款风险预警机制

由于公积金贷款还款周期较长，在还款期内，贷款者的风险等级很有可能发生跃迁，如果不能及时对贷款者风险进行监测和预警，则很有可能造成意想不到的贷款违约损失。为了最大限度降低住房公积金贷款风险发生的可能性，并能在风险发生之后及时减少其带来的经济损失，住房公积金管理中心有必要进行全面且连续的贷款风险预警。第一，需要对住房市场动态环境进行跟踪监测。外在市场环境将直接或间接对贷款者个体行为产生影响，这其中就包括当地房价波动幅度及波动方向、政府调控政策的出台及变动情况、抵押物市场价值的变化状况等。例如，房价的剧烈下降会增加公积金贷款者主动违约的风险，抵押物市场价值的下降会增加公积金贷款可能损失的程度。由此可见，对住房市场的持续观测有利于及时掌握市场变动轨迹，进而对公积金贷款者的反应作出预判。第二，需要对公积金贷款者的信用水平进行跃迁管理。由于贷款者的收入、工作、职务、家庭以及公积金缴存情况等都处于动态变化之中，而这些变量正是其信用水平的重要衡量指标，这也意味着公积金贷款者的信用水平并非一成不变，而这又直接影响贷款风险程度，所以对贷款者的信用水平展开跟进分析意义重大。对于信用水平出现明显恶化的贷款者要及时进行风险预警，并调整相应的贷款方案。与此同时，社会各界对于将农民工等群体纳入公积金保障范围的呼声越来越高，而该部分群体具有相对明显的收入不稳定性和不确定性等特征，因此建立公积金贷款风险预警机制显得尤为重要。

（三）构建公积金贷款保险制度

住房公积金除了在政策性框架下进行风险管控外，还可以尝试在市场化运作中实现风险转移，贷款保险制度便是风险转移一种有效的市场化举措。在此之前，我国部分城市公积金贷款实行过保险制度。但由于国有银行改革等多方面因素，导致包括商业银行贷款和公积金贷款在内的保险制度被取消。事实上，公积金贷款保险制度是对贷款者与管理中心之间的借贷合同进行担保，当贷款者发生违约时，公积金管理中心不仅可以将抵押物进行抵押，还可以依照保险条例向保险人索取损失补偿，而保险人则可以履行代位追偿权。由此看来，住房公积金贷款保险制度可以理解为担保加抵押，这种双重保障可以进一步增强公积金管理中心抵御风险能力。为了使得公积金贷款办理过程更加高效，在实际操作过程中，公积金管理中心可事先通过贷款风险评级体系对贷款者风险等级进行甄别，若其违约水平高于门槛值则需要该贷款者购买信用保险（如设定为10%），风险水平低于门槛值则可按照浮动利率标准进行放贷，而风险水平高于门槛值则可进一步依据贷款者违约风险水平制定相应的保险费率。与此同时，住房公积金贷款保险机构还需要肩负对房屋进行公证及评估工作，这有助于简化公积金管理中心评估程序，提高贷款发放效率及服务质量。除此之外，住房公积金贷款保险制度可以为社会更多收入阶层的群体提供贷款服务，这也增强了当前我国公积金制度扩面改革的可行性。因此，公积金贷款保险制度具有很强的理论意义和现实价值。

（四）制定各类风险等级应对预案

在完善住房公积金运行风险评级体系和建立公积金运行风险预警机制的基础上，还需要针对不同信用等级的借款人制定不同的贷款方案，同时，需要进一步针对借款人还贷过程中出现的信用跃迁制定相应的应对预案。本章第二节从差异化贷款利率的视角论述了公积金贷前逾期风险管控思路，且从信用等级跃迁的视角进一步阐释了公积金贷后逾期风险管控思路。这也为公积金管理部门制定不同风险等级应对预案提供了部分参考，即通过贷款对于公积金借款人的偿债能力、偿债意愿、市场波动预期等进行综合预判，对该借款人的正常还款概率进行前瞻性估计，并根据该概率制定相应的公积金贷款方案，包括对应的贷款利率。根据理论分析，风险管控视角下公积金最优贷款利率与其正常还款概率存在反比例函数关系，如当借款人的资信状况十分优越，则可以考虑以近似国债收益率水平的利率进行放贷；当借款人信用状况偏低时，则贷款利率相应提高甚至不予贷款。与此同时，在借款人还款期内，收入变化、市场波动等因素可能会对其正常还款概率产生影响。因此，若当预警系统测评出该借款人逾期风险上升时，则管理部门上调其还款利息，并及时对其进行还贷提示，确保第一时间生成应对预案；当借款人逾期风险下降时，则管理部门可下调其还款利息，以示对其信用状况改良的肯定，增加其逾期机会成本，使公积金借款人尽量保持较好的还款信用履行合同。当然，差异化贷款利率只是公积金还贷逾期风险管控思路的一个维度，期待以此抛砖引玉，通过一整套政策工具包实现灵活应对公积金借款人还贷过程中各类逾期风险状况的目标。

第三节 住房公积金流动性风险的管控路径

在前面有关住房公积金流动性风险研究的基础上，借鉴相关的公积金风险管控理论和经验，提出针对流动性风险的基本管控路径和具体措施。

一、规范公积金扩面和异地贷款制度

推动住房公积金扩面改革已经成为各界热议的话题，对农民工和个体工商户等城市群体实行制度保障的呼声也越来越高，各地纷纷开始着手公积金扩面尝试，甚至将其纳入公积金管理考核范畴。然而，在当前多地出现公积金流动性不足的情况下，大范围扩面容易导致提取和个贷等短时间内较快增加，这将进一步加剧资金流动性不足的风险。与此同时，打通公积金的流动通道，放开公积金异地贷款的改革步伐正在不断加快。住建部推行的全国住房公积金异地转移接续平台实现了"账随人走、钱随账走"，方便跨省就业职工办理公积金异地转移接续业务，满足缴存职工跨地区购买住房的资金使用需求。但由于不同城市房价收入比存在显著差异，这种举措无疑将使得一、二线城市公积金向三、四线城市过渡，进而导致部分城市公积金更为紧缺。由此可见，不论是公积金的扩面改革还是放开异地贷款业务，虽然其出发点都体现着制度本身"互助性"和"保障性"的普惠特征，但这种社会资源的稀缺性要求公积金在改革的同时需要兼顾资金池的承载能力，否则将会适得其反，甚至引发更为严重的后果。因此，住建部及各地公积金管理中心在进行政策改革调整时，需要综合考虑不同城市公积金流动性充足度等指标，循序渐进地推进扩面工作，公积金异地转移接续平台也需要吸纳流动性相对充足的地市，通过更加具体可行的改革措施确保公积金流动性不受威胁。

二、减少或中止公积金救市任务

随着中央"三去一降一补"五大供给侧结构性改革任务的提出，"去库存"成为各地楼市的主基调，住房公积金也一度成为缓解房地产市场库存压力的重要利器，诸如降低首付比例、降低贷款利率、提高贷款额度等一系列优惠性政策不

断出炉。虽然楼市库存压力在持续减弱，但这其中难免会滋生更多的买房投资者，住房成交量的一片火爆再次刺激了房价，使其迎来新一轮上涨。同时，住房公积金资金池的大量"放水"使其资金存量规模日益萎缩。纵观房价与公积金存量"逆行"的演化过程，其关键之处在于忽视了住房公积金作为一项长期性住房储金的设立初衷，将其应用于阶段性楼市调控之中，赋予了公积金短期救市任务，这种"寅吃卯粮"的做法虽然有助于缓解眼前压力，但并不利于建立楼市的长效机制，同样也进一步模糊了住房公积金的属性，加剧其流动性不足的风险。因此，要明确公积金的基本定位，即对于政府的短期救市行为，不建议将公积金作为调控工具参与其中。同时，住房公积金在一定程度上鼓励了住房投资（Mingzhe Tang & N. Edward Coulsonb，2016），对于城市居民购买二套住房，应慎用公积金对二套房提供资金支持，管理中心应建立相关甄别体系，识别二套房为改善性住房还是投资性住房，通过制度性安排严防缴存职工通过公积金贷款进行购房投资。

三、拓宽公积金保值增值渠道

自世界银行对住房公积金制度公平及效率等问题给出评价以来，公众对于该制度"保障性"和"互助性"褒贬不一，由于公积金的所有权归缴存职工所有，所以实现其保值增值也是维护广大缴存职工合法权益的具体表现，其资金使用效率和公平等问题也会在一定程度上得以解决，同时也能增加资金池的流入量，进而对增强公积金流动性做出贡献。因此适当拓宽住房公积金保值增值渠道是制度改革亟须迈出的一步。据《全国住房公积金 2016 年年度报告》，2016 年末我国住房公积金缴存总额 106 091.76 亿元，缴存余额 45 627.85 亿元，如此规模庞大的住房储金若处于"沉睡"状态十足可惜，如何按照"保一限二禁三"的原则，在支持缴存职工基本住房消费的基础上，用好用活存量公积金是当前社会各界关注的热点，而目前管理条例仅允许可将部分资金用于购买国债，公积金增值渠道总体偏窄。下一步应该注重发挥公积金的金融属性，通过设立政策性住房银行的方式盘活公积金存量资金，在相对市场化的运作中实现公积金保值增值。与此同时，通过政策性住房银行的方式降低管理运营成本，并在一定程度上解决当前住房公积金难以互联互通、金融属性不足等问题。

四、构建公积金同业拆借机制

当前我国住房公积金流动性不足并非所有城市的共同问题，而是带有明显的区域性差异和分化等特征，这是由于制度安排产生的各市公积金"流动性壁垒"所致，不同地区的归集额、贷款额和房价等悬殊较大，公积金流动性充裕程度也各不相同。部分城市闲置资金较多，大额资金"躺在账上"，使用效率偏低，也不利于保值增值；而部分城市公积金收支倒挂，存在入不敷出的流动性不足风险，公积金这种明显的区域不平衡性也是亟待解决的现实难题。鉴于此，可以考虑尝试建立全国住房公积金资金调剂平台，构建公积金同业拆借机制。从全国层面来讲，同业拆借机制能够提高公积金的使用效率；从拆借双方来讲，拆出方能够发挥闲置资金的使用价值，获得更多的增值渠道，拆入方可以通过拆借资金弥补本地区公积金短期资金不足问题，缓解流动性压力，所以双方都有参与拆借市场的积极性，进而实现互利共赢。当然，为了规范公积金同业拆借市场操作，需要制定标准化拆借框架，并由公积金上级管理部门报批，双方签订拆借协议，明确拆借金额、利率、期限等，以确保拆借资金的回笼安全。此外，在"商转公"和"公转商"等资金融通方法的启示下，住房公积金甚至还可以参与银行业同业拆借市场，这对降低部分城市公积金流动性不足的风险也有很大作用。

第四节 住房公积金操作风险的管控路径

住房公积金操作风险的存在既有体制机制和监督管理上的原因，也有一些工作人员个人的思想行为原因，对于此类风险的防范和管控路径不同于贷款风险和流动性风险，有其独特之处。

一、创新公积金管理方式

《住房公积金管理条例》第三十一条明确要求地方财政部门需对行政区划内公积金归集、提取和使用情况等予以监督，即遵循"财政监督"的原则。同时，第三十三条也规定公积金管理中心应依法接受审计部门的审计监督。事实上，当前公积金以市为单位的属地化管理模式使得该"不以营利为目的的事业单位"已逐渐成为了各市重要的行政抓手，这也在某种程度上"绑架"了公积金的作用发挥，导致其逐渐偏离了制度设立初衷。因此，在下一步改革中，大体上可以采取远近结合、分步实施的管理方式。具体而言，近期可考虑试点设立省级管理、全国监管的运行方式，充分发挥住建部对全国住房公积金的统筹作用。所谓省级管理，即在当前城市住房公积金管理中心的基础上，设立全省公积金管理中心，负责公积金的总体决策，并对各市公积金运行予以监督，进而提升管理层次和管理水平，使其与住建部进行工作对接和政策传达更具效力。远期则可以根据我国住房金融市场的发展需求和市场发展程度，以建立住房政策性银行为改革方向，在顶层设计的指引下，逐步推进住房公积金制度的转型发展。

二、明晰公积金管委会职责

《住房公积金管理条例》第九条列出了住房公积金管理委员会的六项职责，但当前我国公积金管理中依然存在权责不清的问题，且尽管管委会决策、管理中心运作、银行专户存储、财政监督这一运行原则看似清晰，但由于公积金管理中心直属城市人民政府，公积金管委会主体层次相对不高，影响力和约束力有限。因此，这进一步导致公积金管委会在很大程度上"形同虚设"，原有的决策权被削弱。同时，财政部门以及审计部门监管的中心在于公积金资金层面，而对管委会的职责缺少监督权限。如此诸多因素形成了多头管理、权责不清和监管欠缺的运行状况。为此，需要对公积金管委会的职责进一步明晰。首先，在公积金管理条例的基础上，由住建部牵头，制定更为全面、完善的管委会职责条例、规章制度、业务规范框架，各市在此基础上，结合地方实情，拟定更为具体、详尽的职责划分办法，并报批省级管理部门许可。其次，进一步明确公积金管委会的管理架构，采取全国监管、省级统一、市级负责的垂直管理模式，做到层次清晰，进而落实公积金的缴存、提取、贷款和其他运作等各项业务。除此之外，设立公积金省级监管督导机构，对公积金管理委员会的工作落实等情况予以监督，并实行业绩考核制度，确保管委会的各项职责落到实处。

三、优化公积金管委会成员

《住房公积金管理条例》第八条明确要求住房公积金管理委员会的成员构成中，人民政府负责人和建设、财政、人民银行等有关部门负责人以及有关专家占1/3，工会代表和职工代表占1/3，单位代表占1/3。"三三制"的制度要求体现了公积金管委会的相关决策要充分体现各方利益，反映各方诉求，充分保障广大缴存职工和缴存单位的合规利益。但从现实情况来看，管委会内部成员结构不仅有可能不符合"三三制"要求，同时职工代表和单位代表的设置容易流于形式，难以获得应有的决策权。此外，很多操作风险事件的发生都和管委会成员的腐败相关。因此，优化公积金管委会成员有助于进一步体现政治性住房金融的制度优势，同时能有效减少操作风险的发生概率。首先，应加强对管委会主要负责人的工作监管，对关键人物和关键环节进行合理监督制约，可由省级管理部门向各市管理中心派驻总会计师，实现对公积金业务、财务运行的监管。其次，省级管理部门负责各市公积金管委会的负责人任免、轮换，直辖市公积金管委会负责人由住建部直接委派和任免。除此之外，应加强公积金管委会成员廉政思想教育，对其任职资格进行把关，严格按照"三三制"的要求进行选人用人。

四、强化公积金账户管理

在住房公积金现行的管理体制下，随着资金吞吐量的攀升以及业务范围的扩展，而与之相配套的权力制约机制和监管机制建设相对滞后，这也导致部分城市公积金管理中心成为了违规违法的"重灾区"。因此，在缴存职工申请提取、贷款的时候，公积金个贷员应对申请材料进行细致核实，实行责任追究制。同时，通过构建省级公积金管理中心，实时监管各市公积金资金池的动态变化，对于异常变动要及时查验，确保资金流向的透明度。且将最终决策权集中到省级层面，各市编制公积金月度、季度和年度运行情况，并报送省级管理中心。这不仅能够对各地公积金运行情况进行实时跟踪，同时可在全省范围内实现资金调度，统筹调配、余缺互补，促进住房公积金金融功能发挥。此外，通过各市日报、公积金网站、新闻播报等方式，提高住房公积金社会公众的知情权；建立咨询热线、主任信箱等，拓宽公积金社会监督、检举渠道；多措并举提升住房公积金的账户管理水平。

第七篇

国际模式与经验借鉴

在解决中低收入群体住房问题上，大多数国家都采取了适合自己国情的政策性住房金融模式。虽然这些政策性住房金融模式所应用的金融工具有所差异，但其功能都是相同的，即为住房筹集资金。住房公积金制度作为其中的一种住房金融模式，在新加坡得到了广泛的应用。在了解了我国住房公积金制度的现状之后，需要进一步借鉴国际住房金融模式的做法，从而为我国住房公积金制度下一步的改革以及建立公开规范的住房公积金制度提供参考。

为此，本篇主要介绍和分析了新加坡中央公积金制度和国外政策性住房金融模式。

在"第二十章：新加坡中央公积金制度借鉴"中，首先介绍了新加坡中央公积金制度的建立过程及其主要内容；其次分析了新加坡中央公积金制度的成效与存在的问题；最后提出了新加坡中央公积金制度对我国住房公积金制度改革的借鉴之处。

在"第二十一章：国外政策性住房金融模式借鉴"中，首先介绍了多种政策性住房金融模式，包括以强制储蓄为特征的政策性住房金融、以自愿储蓄为特征的政策性住房金融、以专项债券为特征的政策性住房金融和以担保为特征的政策性住房金融；其次专门分析了美国住房贷款证券化的做法；最后分析了各国政策性住房金融制度安排的共同特征及其对我国的启示。

第二十章

新加坡中央公积金制度借鉴

自1956年以来，新加坡的中央公积金制度（CPF）被普遍认为是一个行之有效的多维社会保障制度。作为一项强制性的员工储蓄计划，中央公积金制度不仅避免了其他社保制度因人口老龄化产生的财政问题，还显著改善了新加坡国民的居住水平，使得新加坡成为发达国家中住房自有率最高的国家之一。本章主要讨论三个问题，一是讨论新加坡的公积金制度建立的历程、运行与成效；二是其制度实施过程中的经验与教训；三是谈谈对我国公积金制度改革的启示。

第一节 新加坡中央公积金制度的主要内容

第二次世界大战以后，英国很快建立起了福利国家制度，这对当时仍处于英国殖民统治下的新加坡产生了重大影响。为了巩固对新加坡的统治，英国殖民政府于1953年12月11日通过了公积金法案。1955年7月，《中央公积金法》正式颁布，并建立了中央公积金制度。中央公积金制度建立的初衷并非是想移植英国的福利制度，其实是为了避免向殖民地的未来退休人员支付退休金的责任。英国政府将公积金设计成了员工的强制性储蓄账户，这与现代社会保障中的基金积累制非常类似，即会员的收益仅来源于其工作年限中缴纳的金额及其利息。1959年6月，新加坡获得自治。其自治政府在1960~1964年的发展计划宣言中指出，应该避免实行直接改善社会福利的计划，因此，新加坡政府并不赞成在当时实施

413

社会保险计划，而是继续实行提供养老收入的公积金制度。

一、新加坡中央公积金制度的发展历程

纵观中央公积金制度的发展过程，大体可以分为以下几个阶段：

第一阶段（1955~1965年）为初创阶段。中央公积金实行初期，政府颁布《中央公积金法》的唯一目的是解决绝大多数中小企业雇员的养老问题。因此，工作的重点主要是理顺各方面的关系，根据社会成员的不同情况制定相应政策。该制度规定已在养老金制度下受雇的公务员不受中央公积金制度的影响；少数已设有雇员福利基金的大公司可以要求豁免参与中央公积金制度；其余企业按规定的10%的公积金缴交率（雇主和雇员各缴交5%）实行。同时，还规定工资低于一定限额的雇员本人可以不缴纳公积金，以保证其基本生活需要。另外，政府还通过多种形式进行宣传，加深民众对中央公积金制度的认识和了解，增强其对新制度的适应。

第二阶段（1965~1978年）为调整阶段。1965年8月，新加坡最终获得独立。由于实施十年的中央公积金制度获得了社会各界的普遍支持，因此，新政府开始在更广阔的范围进行探索。1968年9月1日，新加坡开始了中央公积金制度下的第一个计划——公共住房计划。该计划允许公积金成员动用自己的中央公积金储蓄购买建屋发展局（1968年创建）建造的享有补贴的低造价组屋，这标志着公积金的使用范围开始放宽。1975年9月，公积金开始被允许用于购买建屋发展局建造的没有补贴、设施更为齐全的较高造价的住宅。

第三阶段（1978~1993年）为发展阶段。随着经济的快速发展，而中央公积金积累的资金仅仅用于解决养老和住宅问题，这已经不能满足社会需要。因此，公积金的使用范围进一步扩大，使用层次也在提高。1978年，公积金可用于购买新加坡公共汽车公司的股票，既能使公积金会员通过投资股票获利，又促进了公共交通更好地为本国民众服务；1981年，开始允许会员动用公积金去购买私人建造的高级住宅；1984年，会员可以使用公积金支付医疗费用，购买医疗保险。在中央公积金制度建立后的几十年里，新加坡政府根据社会发展的实际需要，陆续地推出了有关退休保障、医疗保健、住房保障、家庭保障、增进资产等5大类16项计划，使一项简单的养老储蓄制度发展成为了一个具有综合功能的社会保障体系。

第四阶段（1993年至今）为完善阶段。经过中央公积金制度几十年来的发展实践，1994年，新加坡政府对未来30年的国民年龄构成、生活水平状况、公积金积累程度以及与社会保障体系的适应程度等诸多方面情况的变化走向进行了

超前预测,并开始采取了相应的完善措施。针对以前实施计划的不足,政府逐步引入包括养老、医疗、住宅、投资等各方面的补足计划,使得中央公积金制度发展得更加完善。同时,随着新加坡人口逐渐老龄化,公积金制度也在进一步改革,包括提高最低储蓄金要求和申请年龄要求。

时至今日,新加坡中央公积金制度的指导原则仍然没有改变。例如,2012年,新加坡政府副总理尚达曼认为:"无论公积金制度设计得多好,退休后的养老金充足性仍然以个人承担工作和储蓄责任为前提。"经过55年的运作,中央公积金制度的涵盖范围不断扩大,除了包括养老支出,人们可动用储蓄购买房屋外,会员也可用它来购买寿保,或者负担本身或子女的教育费用以及投资获认可的金融产品等。目前,中央公积金计划已经覆盖了新加坡绝大多数公民和永久居民。2016年新加坡总人口达560万人,建立公积金账户的有380万人。

二、新加坡中央公积金制度的主要内容

(一)新加坡中央公积金计划的管理组织结构

新加坡的中央公积金计划由中央公积金局统一管理,由劳工部制定有关政策并进行监督。中央公积金局虽然隶属于劳工部,但性质是半官方机构,实行董事会领导下的总经理负责制,依法独立工作,其他部门不得干预其日常事务。董事会由董事会主席、总经理和其他10名董事会成员组成,均由劳工部部长在得到总理的同意后任命,任职3年或更短,由劳动部部长决定。10名董事会成员包括2名政府官员、2名雇主代表、2名雇员代表和4名有关专家。中央公积金局的主要业务包括征收费用、保存记录、支付收益和投资所积累的基金。相关投资决定由另外两个非常重要的政府机构执行,分别是新加坡货币管理局和新加坡政府投资管理公司。其中,新加坡货币管理局负责中央公积金对国债和银行存款的投资管理;而新加坡政府投资管理公司负责把积累的基金投资于国内的住房和基础设施建设等方面,也负责把大量资金投资于外国资产以获取较高的收益,这些投资收益成为新加坡庞大的外汇储备的一个重要来源。

新加坡所采取的这种集中管理体制具有明显的优点。首先,由于没有大量的私营管理机构参与,避免了恶性竞争,几乎不负担营销成本,而且具有规模效应,所以运作成本很低。其次,由于中央公积金局董事会成员由各方代表构成,其制定的有关政策能够比较广泛地反映各方的利益和意志,也能集思广益,及时发现问题和解决问题。最后,由于劳工部制定政策并进行监督而不参与具体事务,相对独立的中央公积金局制定具体政策并承担一些日常事务,但把大量的投

资管理职能交给了货币管理局和政府投资管理公司并对其进行监督,所以能够形成一个多方相互制约机制,既有效遏制了腐败行为,又保证了制度的运作高效。更重要的是,这种集中管理模式使得新加坡政府可以把中央公积金所积累的资金用在社会经济发展最需要的地方,成为政府调控经济的有力工具。

(二) 新加坡中央公积金的积累方式

中央公积金缴费来自雇主和雇员,而政府只给予让利、让税的优惠。公积金的实施范围包括政府机关、各类企业、事业单位的所有雇主及雇员,包括临时雇员、试用期雇员、月薪雇员、日薪雇员、周薪雇员、部分时间雇员、计件雇员等。在实施范围上,使全部资产所有者和劳动者均参与。

根据新加坡中央公积金条例规定,55 周岁以下的会员拥有的个人账户分为普通账户(公积金的 72.5%)、医疗储蓄账户(公积金的 17.5%)和专用账户(公积金的 10%)。年满 55 周岁后,会员账户分为退休账户和医疗储蓄账户。具体如表 20 – 1 所示。

表 20 – 1 新加坡的公积金账户

	普通账户	专用账户	医疗储蓄账户
使用内容	购买住房、支付被认定的保险和投资产品、支付高等教育	退休以及投资被认定的与退休有关的金融产品	住院、医疗保险、其他被认定的医疗服务
年利率	2.5%	4%	4%
缴费率	1% ~ 23%	1% ~ 9.5%	7% ~ 9.5%
最低存款 (2014 年满 55 岁者)	155 000 新元		43 500 新元

资料来源:新加坡《中央公积金法令》。

缴费率与参加公积金计划成员的年龄相关,青壮年多缴,50 周岁后分年龄段递减。缴费按不同年龄段分别以不同比例计入各个账户,普通账户计入比例按年龄递减,医疗账户按年龄递增。缴费率从最初 10% 上升到 1984 年最高的 50%;1986 年后下调,总费率维持在 40% 以下;到了 2003 年以后,政府将总费率的目标范围调整到 30% ~ 36% (雇主 16%、雇员 20%)。50 周岁及以下雇员的缴费率为 36%,50 ~ 55 周岁、55 ~ 60 周岁、60 ~ 65 周岁、65 周岁以上分档递减至 11.5%。在 45 ~ 50 周岁雇员的缴费率 36% 中,计入普通账户 19%、特别账户8%、医疗账户9%。雇主缴纳公积金的月薪上限为5 000新元[①]。

(三) 新加坡中央公积金制度的保障内容

新加坡的公积金存款以及利息都是免税的。公积金利率虽然是由政府决定，但与市场紧密联系在一起，都是新加坡四家主要的国内银行——新加坡发展银行、华侨银行、华联银行、大华银行的一年期定期存款利率的算术平均值，且中央公积金法案规定最低利率为2.5%。医疗储蓄账户和特别账户比普通账户增加1.5%，为4%。特别账户、医疗储蓄账户和退休账户的利率与政府10年债券利率挂钩，在此债券利率上再增加1%；如果低于4%，则执行4%[②]。事实上，自20世纪90年代以来，普通账户和医疗账户的利率已经高于各自所挂钩的利率水平。

新加坡中央公积金是在不断地改革、完善中发展壮大起来的，主要表现在具体实施计划的逐渐增加和改进上。这些计划主要包括以下几个方面：

(1) 养老方面。由于中央公积金建立伊始就是为了强制进行养老储蓄，因此有关养老的政策并没有很大变动。直至1987年，新加坡政府开始实行"最低存款计划"。为了应对人口老龄化，政府多年来逐步提高最低提取年龄和最低存款金额。2009年，政府推出公积金终身入息计划，以管理预期寿命延长所带来的风险。公积金终身入息计划是基于风险共担的原则设计的，年金增值的利息在会员之间共享。这种风险共担的计划实际上已经对公积金制度设立的原则有所偏离。

(2) 住房方面。自20世纪60年代以来，政府支持"居者有其屋"为国家的建设目标。1968年，政府开始允许低收入者在不超过购房款首付20%的限度内动用其公积金储蓄来购买低造价的政府组屋；1975年，又将政策进一步放宽到允许中等收入者购买造价较高的政府住房和城市开发公司提供的住房；1977年，该计划被扩大到允许军人购买国防部的组屋。同时，如果公积金会员普通账户上的存款不够支付的，可以向建屋发展局申请住房贷款。1981年6月，新加坡政府又推出了"特准居住财产计划"，其主旨在于允许动用公积金储蓄购买私人建造的住宅。该计划的推行，改变了以往公积金不会流向私人产业的模式，使得政府组屋与私人房产之间开始出现竞争，一定程度上增强了公积金的保值增值能力。1981年11月实施的"住房保障计划"是为保障会员及其家属住房的保险计划，主要是为解决在意外情况下的住房贷款的偿还问题。这也使得中央公积金制度不再仅仅局限于单纯的自我保障，而开始出现了少量的社会保障。目前，在住

[①②] 资料来源：新加坡《中央公积金法令》。

房方面，主要有三个计划，分别是公屋计划（public housing scheme）、私产计划（private property scheme）和家庭保护计划（home protection scheme）。

（3）医疗方面。1984年7月，中央公积金账户里开始设立保健储蓄账户，其缴纳率至少达到了雇员月薪的6%。该账户储蓄可用于支付公积金会员及其家属在政府创办的医院中就医的医疗费用和购买政府认可的医疗保险。但设立保健储蓄的初衷并非是为了建立个人的医疗保障，而是为了使医院收费得到保障。为此，在1990年7月，新加坡政府又开始实行了"健保双全计划"，旨在帮助那些因长期患病而陷入医疗费用支付困境的公积金会员。政府在2013年进一步宣布了"终身健保双全计划"以期完全替代医疗账户。

（4）投资方面。为了给予会员更大的自主性来管理和增值公积金储蓄，1986年5月新加坡政府推出了"特准投资计划"。允许公积金储蓄投资的主要目的是让愿意承担更多风险的会员提高他们的退休养老金。当时，普通账户只要超过最低存款，就可以动用总储蓄额的20%进行投资。多年来，公积金储蓄的投资条件不断放宽。

（5）其他方面。新加坡政府还根据国民的具体需求，制定并实施了诸如"特准教育计划""家庭保障计划""就业入息补助计划"等，以进一步发展和完善中央公积金计划。其中公积金教育计划于1989年推出，根据该计划，会员可以使用自己的普通账户储蓄支付子女、配偶和自己的学费。但是，任何因为教育发生的提取都必须连本带息归还到原来的账户，以保证退休需要。

第二节 新加坡中央公积金制度的成效与问题

新加坡中央公积金制度得以顺利实施，与李光耀本人的观念有着莫大的关系。自20世纪60年代以来，新加坡政府将"居者有其屋"定位为国家的建设目标。李光耀认为，住房的拥有感对新加坡社会至关重要，因为这个社会还缺乏对住房公积金的认同。"居者有其屋"计划起初是为了给住在贫民窟的人提供住房，提高了认同感，推动了新加坡的政治、经济社会的稳定，并赋予了执政集团人民行动党的政治合法性。

一、资产建设理论与中央公积金制度的成效

从理论上来看，中央公积金制度与20世纪90年代发展起来的资产建设理论

暗合。按照该理论，传统的收入社会政策，以低水平的救助来维持被救助者的基本生活，在一定程度上维护了社会中所存在的阶层分化和不平等，这反而不利于缩小整个社会的收入差距。而资产社会政策，以促进穷人资产的形成、提高穷人自我发展能力为目标，通过资产尤其是房产的拥有可以促进穷人摆脱自身穷人身份，缩小社会收入差距和减少社会中的不平等，从长远上看来更具有积极的社会效应。资产社会政策中，政策的实施将拥有财产提升到第一位，财产是获得非经济资源的条件，也是形成经济资源和非经济资源两性循环的条件。在政策取向上，收入社会政策将政策的重点放在政府控制的社会保险账户和各项社会服务计划上，而资产社会政策主要是政府支持的个人发展账户。新加坡中央公积金制度支持下的"居者有其屋"计划正是资产社会政策的典范。

2012年9月，新加坡副总理尚达曼表示：公积金帮助新加坡人拥有了自己的房子，并有助于使得"居者有其屋"成为社会保障体系的重要支柱。这是新加坡社会保障制度的一个独特特征——这不仅仅是工人在公积金中的金融储蓄。事实上，公积金制度和住房政策给予了中低收入工人一份资产。即使新加坡收入最底层的20%的家庭，其4/5以上也拥有自己的住房，这是独一无二的。这也意味着绝大多数的劳动人口通过房屋增值分享了经济发展的成果。

按照"居者有其屋"计划，公积金储蓄可以用来购买新加坡建屋发展局的一套组屋。在该方案实施之初，公积金储蓄仅仅能支付组屋总价的一部分，以确保退休储蓄不会被花光。后来经过逐步放开，购房的全部费用都可用公积金储蓄支付。到1981年，该计划扩展到私人开发商的房产。

另外，政府还出台了鼓励住房资产货币化的计划，从而可以把那些快要退休的人的财富释放出来。例如，"房契回购计划（LBS）"允许年长房主通过向建屋发展局返售部分资产，来补足他们的退休账户储蓄。而"乐龄安居花红"则鼓励某些家庭大屋换小屋。老年人对这种住房资产货币化的最初反应是非常冷淡。2014年，政府宣布进一步完善房契回购计划，使其更具吸引力，满足更多家庭的需求。

半个世纪以来的发展证明，新加坡的社会保障制度是一个成功的典范，取得了举世瞩目的成就。公共建设和投资提供了巨额资金，也增强了新加坡政府的财务能力，使其避免了某些发展中国家为发展工业而大量依赖外国银行提供资金的情形。它不仅使新加坡在较短的时间内实现了人民"老有所养、病有所医、居者有其屋"，而且又促进了新加坡经济的快速增长。

总体上看来，新加坡公积金制度之所以取得如此成效，除了得益于其独树一帜的保障理念和人民行动党的执行力之外，其他一些条件也不可忽视，包括成熟的金融市场环境。新加坡是世界金融业中心之一，拥有数量众多的金融机构和健全的金融服务体系以及高素质的金融人才。另外，完善的法律体系和严格的执法规则也是该制度良好运行的条件。

二、中央公积金制度存在的问题

（一）新加坡的中央公积金制度社会共济性差

中央公积金制本质是强制个人储蓄，是完全的个人账户式，缺乏社会统筹，与现代意义上的社会保障制度在本质上有很大差异，特别是因其不具备社会再分配的功能，因而长期以来备受许多经济学家的责难。这种模式将社会保障私有化，退休者的社会保障权益来自本人在工作期间的积累，工资越高，存款额越大，其所享受的社会保障待遇越高。反之，一些低收入者或年轻人在相当长的时间内难以积累到足以购房的存款额，难以享受到公积金所能够带来的益处，不能很好地体现社会保障的公平性、互济性特征。该项制度只具有强制储蓄性质，缺乏互助、互济、分担风险的功能，缺乏社会统筹，不能发挥社会保障调剂互助功能，社会化程度低。不过，新加坡也在不断地改革这种完全基金积累的社会保障制度。譬如，2007年针对低收入工人的"就业入息补助计划"以及2009年推出的"公积金终身入息计划"。

（二）公积金制度的多重目标难以兼顾

新加坡的公积金制度被专门用来满足多重目标，而不仅仅是住房。实际上，公积金的主导目标是为新加坡居民的养老提供保障，但在实际运行过程中，住房、医疗、教育包括最低收入工人的补助也成为了公积金制度的目标。这样一来，多次提取公积金满足多个目标，最终会导致退休储蓄被耗尽，从而降低退休充足性。根据调查，在2014年，有大约一半的公积金会员在年满55周岁时满足了政府制定的最低存款要求。而同时实现退休充足性和"居者有其屋"的目标被批评为相互矛盾的问题。批评者认为，许多新加坡人用大量公积金储蓄购买和升级住房，却不愿将这些房屋变现，因此容易导致退休资金不足。

（三）"父爱主义"带来过度储蓄并导致需求缩减

由于中央公积金实际上是一种强制储蓄，因此在一定程度上降低了消费，难以满足国内有效需求。2016年，新加坡GDP为4 100亿新元，而公积金账户余额已经达到3 288亿新元，占据了该国GDP的80%。可以说，政府掌管了来自人民的巨大财富。而事实上，新加坡的公积金储蓄已大大超过其能够在国内再投资的限度，而国民又不被允许动用这笔储蓄用于社会消费，直接的结果就是过度储蓄。这种"父爱主义"的过度管制也引发了很多人的不满，有人认为这表明政府是冷漠的、不理性的，不愿意帮助自己的民众，为其提取公积金提供便利，甚至在个人困难时期也是如此。2014 年，新加坡出现了少有的针对公积金制度的抗议①。

第三节 新加坡中央公积金制度对我国的启示

我国住房公积金制度在建立之初就参考了新加坡的中央公积金制度。发展至今，在全面了解新加坡中央公积金制度最新成效与问题的基础上，可以结合我国国情特点，进行多方面的借鉴。

一、公积金制度的成功必须与住房市场的供给体系相联系

新加坡的住房体制层次分明，以公共住房为主，私人住宅为辅，包括"廉租房—组屋—执行共管公寓"和"私人公寓—有地私宅"，为公民、永久居民和海外投资者都提供住房。1964 年，新加坡正式推出"居者有其屋"计划，成立建屋发展局（Housing & Development Board，HDB），为居民提供公共住房。1967 年，新加坡推出《土地征用法令》，逐步将土地收归国有，将土地强制征用，无偿划拨给建屋局。政府提供的低息贷款和居民购房贷款是建屋局的主要资金来源，所以，大量低廉土地和政府注资的支持，是组屋低价的保证（见表 20-2）。

---

① 新加坡中央公积金局 2014 年 5 月宣布，新加坡公积金最低存款余额的下限从 2014 年的 148 000 新元调高至 155 000 新元。会员在 55 岁或之后要提取公积金时，必须达到最低存款额要求；户头余额若少过这个数额，则须全数保留，不得自由支取。2014 年 6~7 月，数千人多次在新加坡唯一被允许进行公开示威的芳林公园举行"还我公积金"的示威集会，抗议公积金制度。据举办方估计，出席 2014 年 6 月 7 日集会的民众约 6 000 人，以该国标准来看堪称"大规模"。

表20-2　　　　　　　　　　新加坡住房类型

住房类型	2016年占存量房比例（%）	内容
组屋（HDB Flats）	80	新加坡有82%的居民住在组屋。只有新加坡公民可购买；永久居民可以购买二手组屋
共管公寓（executive condominium）		一种类似于组屋和公寓之间的住房，旨在帮助处于夹心层（家庭月收入低于12 000新币）的新加坡人以低于私人住宅的价格拥有公寓，只有符合条件的新加坡人可以购买。自住5年后可以转让给其他公民或永久居民，10年后可卖给外国人
无地私人住房	14.4	一般配有包括俱乐部、操场、健身房、游泳池和网球场在内的全套设施，分为高级公寓和普通公寓，外国人也可以购买
有地私人住房	5.3	有属于住宅的草坪和花园等，外国人和新加坡永久居民不能购买

资料来源：新加坡统计局，经笔者整理。

相比之下，我国的住房公积金的缴纳者面临的是一个商品化的住房市场。尽管在1998年房改过程中提出建立多层次供应体系，并要求以经济适用房为主，但后来住房市场的发展其实偏离了这个目标。由于住房市场供应的商品房价格高涨，一些城市房价收入比逐渐失衡甚至远超出正常水平，这意味着如果不考虑租赁，单靠公积金制度已经无法满足普通居民的住房消费。很多城市即使提高了公积金贷款额度，但消费者购买普通商品房也必须依赖组合贷款，甚至组合贷款中的商业贷款已经是公积金贷款的数倍，这些城市的公积金贷款已成鸡肋。这并不是我国住房公积金制度本身的过失。但是，如果期待住房公积金能够促进包括新市民在内的城镇居民住房消费，那么住房和土地供给体系的改革必不可少。

二、公积金制度的公平与差别化的住房信贷政策

新加坡的公积金制度对不同收入居民采取了差别化的住房信贷政策，为了让居民买得起组屋，建屋局还向居民发放贷款，申请贷款的条件是单身人士月收入6 000新币，普通家庭月收入12 000新币以下。居民可以申请到房款90%的贷款（新单位的贷款上限是购买价格的90%，转售单位的贷款上限是转售价格或市场

估值的90%，以低价者为准，收入上限远高于中位数 2 500，可见新加坡的组屋可以覆盖超过半数的人，实际上是82%），以高于中央公积金利率1%进行浮动利率计息，最大还款期是25年或者到贷款者65周岁，以较短的为准。对于不符合住建局申请资格的居民，还可以向银行申请住房贷款，银行住房抵押贷款的申请金额是以还款期、是否有房贷记录为标准的，最高还款期30年，最高贷款金额是房款的80%[①]。非公民和高收入群体则可通过组屋转售和私人住宅市场购买住房，这也意味着高收入居民无法获得优惠贷款。

相比之下，我国的公积金制度缴纳的主体和中坚力量是城市的中高收入群体，由于发展轨迹和国情不一致，即使通过扩面将中低收入者纳入公积金制度体系，但实际使用贷款的群体往往是中高收入群体。这在第九章中已经得到充分展现，如何保障公积金制度的公平性，体现其互助储金的性质，需要考虑差别化的住房信贷政策。即中低收入者在获得公积金贷款方面应该优先考虑，而中高收入者应主要通过商业贷款来实现购房需求。完全像新加坡一样拒绝高收入者获得公积金优惠贷款也是不现实的，但是我国允许中高收入者重复申请公积金贷款就已偏离公积金的互助属性了。

为实现公积金制度的公平性，可要求公积金制度及其贷款优先考虑中低收入者的购房需求和首套房购房需求，同时可考虑将公积金增值收益以现金补助的形式支持首套房购房。实际上，一些发达国家对首次购房有着多种多样的补助计划。如表20-3所示。

表 20-3　　　　业主制社会中的首次购房补助及其目标

国家和时间	首次购房补助的形式	放大的意识形态	供给侧激励	地区政策
澳大利亚（1964年至今）	广泛支持所有首次购房者	自有住房提供了家庭积累财富和退休后获得安全的最好方式	与住房供给目标明确挂钩，购买新房补助更大	在首府外的非市区购买补助更大
新西兰（1959~1987）	广泛支持家庭成为房主	自有住房提供了家庭积累财富和退休后获得安全的最好方式	与住房供给目标明确挂钩	

---

① 资料来源：新浪财经，新加坡住房制度启示录：新加坡如何实现"居者有其屋"。

续表

国家和时间	首次购房补助的形式	放大的意识形态	供给侧激励	地区政策
美国（2003年至今）	支持穷人和少数族裔成为房主	通过为穷人和少数族裔提供储蓄和积累资产来提高社会凝聚力	在内城区与城市更新挂钩	
挪威（1982年至今）	有针对性地支持低收入和特殊需要的群体	自有住房能降低贫困并使得社会更平等		
加拿大（1970年代中期）	有针对性地支持低收入购房者	为了家庭安全和创造财富	在新房建设下降期刺激供给增加	
英国（1970年至今）	起初广泛的购买权折扣，后来有针对性地支持租户、首次购房者和关键工人	上升的住房自有率是民主有产社会的关键特征	刺激住房供给增加以满足首次购房者和关键工人的住房	为关键工人在昂贵的南部城市提供支持，同时在苏格兰为农村居民提供支持

资料来源：各国住房建设与管理部门网站，经笔者整理。

三、公积金制度的平稳持续运行必须与时俱进并获得公众的信任

2014年，新加坡发生了一场涉及6 000多人的公众抗议，这场抗议主要针对公积金制度日益复杂、使用和提取缺乏灵活性以及储蓄不足以支付退休金等问题。对政府来说，公众抗议出乎意料，它一直认为中央公积金是一个最值得信赖和高度评价的制度。仔细研究抗议的深层次原因，仍然在于新加坡人口不断老龄化而政府不愿意改革制度，结果首鼠两端，引发了公众对该制度信任感的下降。在1955年推出公积金制度时，会员年满55周岁可一次性提取所有公积金储蓄，随着预期寿命的提升和人口老龄化，新加坡政府在1984年也曾经试图提高提取年龄以适应退休年龄的增大，然而退休年龄虽然提到了60周岁，但55周岁提取公积金储蓄一直没有改变。政策制定者不愿意调整提取年龄，并构建了一个最低存款计划，限制过早提取公积金储蓄。

对调高最低存款和最低提取年龄的不满，加上对公积金使用的严格限制以及

对退休资金充足性的担忧，一些人对该制度的持续运行产生了怀疑。公积金制度有许多不同的计划构成，每个计划都覆盖了住房、医疗、教育和其他目标的某些方面，这些制度的条款往往很难理解，政府的沟通不畅加剧了这种局面。

四、公积金制度的实施离不开其严格的政策和法律保障

以组屋为例，居民申请组屋时提供的材料如果存在弄虚作假，可能会受到 5 000 新元罚款或 6 个月监禁，严重的可能两项并罚。为了保证组屋物尽其所用，不会被滥用来抵债、高价买卖，新加坡政府也制定了严格的转售限制。首先，购买者最低持有年限是 5 年；其次，购买转售组屋的人必须是新加坡居民或永久居民，所以永久居民的家庭可以在组屋的转售市场上购买；最后，转售的整个过程必须在建屋局登记，并且流程完整。

从缴纳环节来看，如果雇员发现雇主未登记或者未缴款的，可以向公积金局投诉。中央公积金局经常主动抽查巡视，一旦发现雇主涉嫌拖欠交款，公积金局就会向雇主发出第一次通知，并征收附加费。如到期雇主仍未缴纳款项，公积金局会采取两种方法。一是准备起诉材料交律政司，由法院除以刑罚；初犯者最高刑罚是罚款 10 万新元和监禁 6 个月，再犯者加倍。二是代表雇员起诉至小额索偿法庭，追讨所欠款项。如果雇主提出没有能力缴纳相关款项，公积金局甚至可以提起雇主破产申请。

第二十一章

国外政策性住房金融模式借鉴

政策性住房金融的核心功能是为中等及以下收入群体的住房生产和消费提供金融支持。许多国家已经建立了各具特色，适合国情的政策性住房金融模式。这些模式的差异主要在于资金怎么来、怎么管、怎么用。本部分按照资金的来源，分类解析了美国、日本、德国、英国、新加坡、巴西、墨西哥、韩国等具有代表性国家的具体做法。在此基础上，总结了国外政策性金融政策的主要经验和教训，以期为我国发展政策性住房金融体系提供借鉴和参考。

第一节 政策性住房金融的实现模式

依据资金筹措方式的不同，可以将国际上主要的政策性住房金融分为以强制储蓄为特征、以自愿储蓄为特征、以专项债券为特征和以担保为特征的政策性住房金融。

一、以强制储蓄为特征的政策性住房金融

这一模式的核心是政府强制居民进行住房（专项）储蓄，由此汇集住房贷款资金，参加者可获得优惠住房贷款。典型做法包括：新加坡的中央公积金（见前一章）、巴西的失业与保障公积金以及墨西哥的公积金制度。

(一) 巴西的政策性住房金融模式

巴西的政策性住房金融主要由巴西国家住房银行和社会保障就业基金会负责，这一制度曾在墨西哥、阿根廷、萨尔瓦多等拉丁美洲国家得到推广。

在机构设置上，巴西国家住房银行是巴西政府住房计划的融资主体和主管机构，也是独立的政策性住房金融机构。巴西国家住房银行的资金来源一是强制性储蓄系统，即失业与养老保障公积金；二是自愿储蓄体系，同时可以发行一些债券。失业与养老保障公积金具有强制性，要求雇主按工资总额的8%缴纳保障就业基金，存入每个雇员的存款账户，作为个人的福利基金。参加基金会的工人失业、退休、医疗费用均可从该账户提取，工人参加基金会5年之后，即可用账户内资金购买住房，偿还贷款。自愿储蓄具有低存低贷，运转相对容易等特点。长期可以转化为住房抵押贷款。对低收入家庭实行优惠利率，贷款利率优惠依收入高低不同而递减，收入越高，利率越高，最高收入不享受优惠利益。

巴西国家住房银行只对中低收入家庭发放贷款，但是通过商业银行如"大众住房公司"等中间机构发放，作为这些机构对低收入住房户发放补贴贷款的再贷款，不直接向家庭提供贷款，对低收入家庭实行优惠利率。

(二) 墨西哥的政策性住房金融模式

墨西哥通过立法，1972年开始在全国范围内推行公积金制度。在机构设置上，主要是三大住房基金机构力量，分别是全国劳动者住房公积金（针对私营企业人员）、国家公务员社会保险住房公积金（针对公务人员），以及全国人民住房公积金（针对失业人员）。全国劳动者住房公积金的管理机构是一个全国统一的法人机构。

在资金来源上，包括：（1）要求雇主强制缴存，雇主单方面缴纳月工资的5%，住房公积金纳入了社会保险资金体系，统一归集；（2）可以发行债券；（3）抵押贷款的还本付息，每月直接扣除借款人的公积金用于还贷，还可从借款人工资里最高扣除25%用于还贷；（4）投资收益，主要是购买国债，2012年开始可投资资本市场。在管理层面，上层是国家住房委员会，掌握实质性的与公积金贷款配套的政府补贴资源及分配权力；下层是专业化的运行机构即上述三大机构，完全独立运作。

墨西哥的法律保障完善，公积金机构相当强势，基本上做到凡是在私营部门社会保险协会登记的劳动者100%缴纳公积金；公积金机构从1992年起不再参与住房建设投资，已成为专业的住房抵押贷款机构；劳动者先存后贷，缴纳18个月后可以申请公积金贷款；收入越低，贷款利率越低；同时严格审查借款人的资质，分数达标后才可获得贷款；政府补贴与贷款相结合；收入较低、首次利用公积金贷款者，可以获得政府的补贴。

二、以自愿储蓄为特征的政策性住房金融

自愿储蓄以德国、法国、英国为代表，其共同做法是通过契约吸纳存款使其成为住房贷款来源资金；住房贷款发放与存款有的挂钩，有的不挂钩。

（一）德国的政策性住房金融

德国的政策性住房金融体系不断发展，逐步由住房主导型转变为市场导向型，目前已经形成了以契约储蓄制度为核心，多渠道融资系统和多样化贷款为主体的金融体系。德国3 800万套住房，其中1 800万套通过住房储蓄的融资方式实现[①]。

在机构设置上，一是地方各邦政府参与或直接投资设立住房建设促进的政策性金融机构；二是由全国31家住房储蓄银行构成的合同住房储蓄贷款融资服务体系，分别为12家地方各邦住房储蓄银行和19家私人住房储蓄银行。住房储蓄银行以互助为目的设立，带有很强的政策扶持特性。一方面固定利率、低息互助；另一方面采取住房储蓄奖励，参加住宅储蓄可以得到政府的奖励。

在资金来源上，一是合同住房储蓄贷款为主；二是联邦政府发放对中低收入家庭建购住房和私人投资建造低租金住房优惠利率贷款资助。(1) 合同住房储蓄贷款。合同住房储蓄贷款是基于住房储蓄基础之上的一份期权合同。住房储蓄存、贷款不同步，只有借款人履行了合同规定的储蓄义务，才拥有获得低利率贷款的权利。客户先与银行签订一份规定一定金额与一定期限的住房储蓄合同，客户按月向银行存款，在存款总额达到合同金额的40%~50%时，方可向银行申请合同全额的购房贷款。(2) 中低收入家庭优惠资助。国家和私人共同投资，主要以国家控制为主，承建公益性的大众住房。住房建成以后，主要以出租为主，根据联邦政府颁布的《民房建设资助法案》，享受政府资助建购住房的对象为全国中低收入家庭。同时允许各邦根据本地实际情况，制定符合本地区的具体执行标准。

（二）英国的政策性住房金融模式

20世纪80年代开始，英国个人住房抵押贷款经营主体、住房供给主体等发

[①] 资料来源：搜狐新闻，评论：保障低收入者住房权需要多层次保障体系。

生巨大变革，为英国个人住房贷款消费者提供了种类丰富的贷款产品和便利，并推动英国住房市场成为世界上最活跃的市场之一。英国的住房金融在此背景下发展起来。

在机构设置上，以英国建筑社模式（又称建房协会）为代表。英国各地的建筑社在历史上发挥了非常重要的作用，曾经在20世纪80年代一度占据住房贷款的80%以上。在20世纪90年代金融改革之后，建筑社虽然仍占有一席之地，但地位明显下降。建筑社的资金来源主要是股东投资和存款，二者占其负债总额的93%，其中有72%以上的资金来源于股票的发行，房屋互助协会的股票在法律上同公司股票有些近似，但在实际运用上更像银行的存款。股票因收益较高，比一般存款更具有吸引力。同时，存款也是一个重要的资金来源。建筑社将其所筹集资金的80%用于房地产抵押长期贷款，贷款期长达20年以上，其余20%则用于投资中央和地方政府的债券。因为建筑社一直是英国政府扶持的最大住房金融机构，政府对它采取了一系列优惠政策，包括：租赁户在购买所租赁的公共住房时在房价、抵押贷款方面享受政府给予的多项优惠，还有产权分享政策、以租促售政策等。

三、以专项债券为特征的政策性住房金融

在这种模式下，购房人贷款需要通过专属按揭银行和债券转手系统在市场上发行房屋抵押债券进行融资，其融资额度、期限、利率需要和债券发行金额、期限、利率完全匹配。代表性国家有丹麦和韩国。

（一）丹麦的政策性住房金融模式

丹麦房屋抵押债券最初在1795年发行，在制度制定上充分体现了对债券投资人的保护。购房人贷款需要通过专属按揭银行和债券转手系统在市场上发行房屋抵押债券进行融资，其融资额度、期限、利率需要和债券发行金额、期限、利率完全匹配。这意味着，按揭银行所承担的风险只限于借款人违约带来的信用风险，而其他市场风险则通过发行抵押债券转移到金融市场，从而实现了信用风险和市场风险的分离。对于债券投资者来说，由于利率风险等是任何债券（包括国债）都具有的市场风险，丹麦模式的风险转移并没有给投资者增加任何额外的不利因素。

丹麦房屋抵押债券是世界上唯一获得穆迪最高即时支付指数评级的抵押债券。这意味着，即使发行债券的按揭银行破产倒闭，债券投资者仍然会及时从资产抵押池中获取利息和本金。丹麦房屋抵押贷款有着非常低的信用违约率。数据

显示，2010~2011年，平均每年由于信用违约而被按揭银行接管并拍卖的房屋数量仅为245套。另外，2011年丹麦抵押贷款拖欠率仅为0.6%，远远低于美国的优质贷款拖欠率的8%和次级贷款拖欠率的33%。① 这在很大程度上反映出丹麦房屋抵押债券的优质信用等级。

（二）韩国的政策性住房金融模式

韩国的政策性住房金融机构主要通过设立国民住宅基金制度。国民住宅基金是为了促进住房建设、支持低收入家庭购买住房，于1981年设立的政府管理基金。该机构由国土海洋部负责管理，具体的贷款委托友利银行（韩国第二大商业银行）管理。友利银行在全国范围内再委托，最终由农协银行、新韩银行、韩亚银行和中小企业银行四个金融机构负责具体业务。受托金融机构应当在每个月20日之前向国土资源部报告基金收入和运行状况，并且每年2月份提交国民住宅基金的计算报告书。同时，受托金融机构应当设立国民住宅基金的专门专户，以明确基金的收支状况。

国民住宅基金的资金来源上，包括三大块：（1）国民住宅债券。由政府发行，利率很低，强制当事人购买。例如，购买不动产、汽车等需要政府部门予以登记确认的物品时，按照物品价格的一定比例购买国民债券；与政府签订房地产开发建设合同时，按照合同确认指标的一定比例购买国民住宅债券，买得越多，其获得优先购买的可能性越大。（2）要约储蓄。事先预定申请购买住房，为了将来购买住房而进行储蓄。储蓄方式为按月储蓄，没有地区差异，每月定期缴纳一定金额。（3）住宅彩票和利息收入。根据韩国《彩票基金法》第32条规定：将彩票出售收益、无人领取彩票收入以及其他彩票运营收入按照一定比例提供给国民住宅基金，用于自有住宅及公共租赁住宅的建设。利息收入主要是指国民住宅基金贷款所产生的收益。

韩国住房抵押贷款公司是韩国的另一个重要融资机构，目标是通过住宅基金，长期、稳定地将市场上的资金引入住房进入体系，扩充住房金融基础。2003年，韩国设立了住房金融公司，合并了原来的住房抵押贷款公司，该机构不是贷款机构，而是由贷款机构按照该公司决定的基准，替代它提供贷款，然后公司买入抵押贷款后发行抵押贷款支持证券（MBS）。

对公共租赁房建设有政府财政支持，例如30年期的只租不售的公共租赁房，使用面积在35平方米以下的，财政负担开发建设费用的40%；35~45平方米的，财政负担20%；超过45平方米的，财政负担10%。

---

① 资料来源：中国金融信息网《丹麦房屋抵押债券成金融危机中投资者避风港》。

四、以担保为特征的政策性住房金融

担保是以美国、加拿大、日本等国家政策性住房金融的主要筹资方式。

(一) 美国的政策性住房金融模式

美国的住房保障政策随着社会经济、家庭居住条件以及金融工具等因素的变化在不断调整。借助灵活多变的金融工具，同时结合政策、税收、行政等手段，政府可以有效引导社会资本在住房领域内的流动。

美联储、储贷机构监管办公室、住房和城市发展部以及住房金融监管局则构成了美国的住房金融监管体系。在机构设置上，美国有着多样化的贷款发放机构。提供住房抵押贷款的经营主体（如储贷协会、互助储蓄银行、商业银行、抵押银行和其他的贷款提供机构）和住房抵押贷款担保机构［如政府经营的联邦住宅管理局（FHA）、退伍军人管理局（VA）以及大量的私营担保机构］构成了美国住房金融一级市场；二级住房金融市场金融机构从事住房金融证券化业务，主要由"房利美"（FNMA）、"房地美"（FHLMC）和"吉利美"（GNMA）三大住房抵押贷款证券化企业和不胜枚举的住房抵押贷款证券化投资机构组成。

美国房地产抵押贷款市场是美国住房金融体系的核心。通常分为两级市场：一级市场是借款人和提供资金的金融机构和组织发生交易的市场；二级市场是金融机构和组织将住房抵押贷款的债券出售给投资者的市场。发放住房抵押贷款的金融机构和组织通过出售证券化的住房抵押贷款，向广大投资者筹集资金。

美国公共政府政策金融体系的核心是政府利用金融手段对公共住房实行补贴。属于补贴供应方的方式包括：政府直接投资、优惠贷款、政府担保、税收优惠。属于补贴需求方的则是租金券补贴。

(二) 日本的政策性住房金融模式

第二次世界大战后的日本住房投资建设资金匮乏，住宅业发展缓慢。在此背景下发展起来的政策性金融支持对日本住宅市场发展、改善全体国民住房条件和提升住房品质均产生了不可低估的作用。日本的政策性住房融资主要分为三大类型：住宅金融支援机构融资、财产形成型住宅融资和自治体融资。

2007年，拥有50多年历史的住宅金融公库改组为住宅金融支援机构，不再依赖国家的财政投资和补助金，而成为自主经营、自负盈亏的独立行政法人。同时，其业务范围进行了大幅度的变革，主要的融资对象从住宅金融公库时代的建房、购房者转变为提供住宅信贷的金融机构。此前，住宅金融公库的资本金100%来自政府注资，但其营运的资金来源于：（1）财政投融资体制贷款；（2）中央政府给予的息差补贴；（3）以公营特殊法人名义发行的特殊债券；（4）回收的借贷资金等。

住宅金融支援机构主要通过间接手段，为金融机构的住宅信贷业务提供支持。其主要业务包括：（1）证券化支援业务，支持民间金融机构为广大民众提供长期的住宅贷款；（2）住房融资保险业务，为民间金融机构的住房贷款提供支持；（3）灾后重建融资业务。向受灾地区的民众提供长期的、固定利率的低息贷款。财产形成型住宅融资的主要对象是工薪阶层和公务员。申请人必须在工作地持续完成1年以上的财产形成型储蓄，且储蓄账户余额达到50万日元以上。自治体融资则由各级地方政府提供，用于直接融资、融资斡旋以及民间贷款的利息补助。

第二节 美国"两房"贷款证券化的经验做法

"两房"是美国政策性住房金融的重要形式，借鉴美国"两房"贷款证券化中的有效做法，可以为我国住房公积金制度的发展提供一定参考。

一、背景分析

很多学者指出公积金贷款证券化可以实现效率目标和公平目标。2015年9月，住建部等部门在《关于切实提高住房公积金使用效率的通知》中支持公积金贷款资产证券化，并将其作为提高公积金使用效率的重要途径。邹晓梅、张明（2016）研究表明公积金贷款证券化有利于提高公积金的使用效率，促进住房消费，缓解去库存压力。叶光亮等（2011）指出公积金贷款支持证券有利于提高公积金的流动性，支昕宇等（2016）指出住房公积金贷款证券化可以改善住房信贷融资和风险管理模式，汪为民（2016）提倡建立政府主导型公积金贷款证券化模式。目前，住房公积金贷款证券化试点工作已在多个城市开展。如表21-1所示，2015年至今，已有多个城市的住房公积金管理中心试点公积金贷款证券化。其中，上海作为住房公积金制度试点城市，也紧跟公积金贷款证券化的时代步伐，大规模地推出该类证券。住房公积金资产证券化可以盘活公积金存量，也是国家进行房地产"救市"的重要手段之一。

表21-1　　　　　　　近年公积金贷款资产证券化情况

时间	发起机构	发行金额（亿元）
2015年6月	武汉住房公积金管理中心	5.00
2015年8月	常州住房公积金管理中心	6.19
2015年12月	上海住房公积金管理中心	69.63
2015年12月	三明住房公积金管理中心	5.00
2016年1月	泸州住房公积金管理中心	5.00
2016年3月	湖州住房公积金管理中心	5.14
2016年3月	杭州住房公积金管理中心	9.04
2016年3月	武汉住房公积金管理中心	17.60
2016年4月	苏州住房公积金管理中心	20.00

资料来源：各城市住房公积金管理中心。

美国是全球资产证券化最典型的国家。资产证券化的创新给美国带来了高效率的住房金融市场。住房抵押贷款支持证券（MBS）是以住房抵押贷款为基础资产的资产支持证券，是美国最具代表性的资产证券化产品。1970年，吉利美首次发行住房抵押贷款支持证券，紧随其后的是房地美（Freddie Mac）在1975发行了MBS，良好的市场反响使得房利美（Fannie Mae）在1981年也加入了MBS发行行列，经过激烈的市场角逐，房利美和房地美成为MBS市场上最具竞争力的发行机构。MBS的盛行刺激了美国房地产市场的发展，直到2008年次贷危机的爆发，MBS一度成为了"罪魁祸首"，而房利美和房地美也身置风口浪尖。即便如此，时至今日，MBS在美国住房金融市场中仍扮演着重要的角色，也是解决住房贷款融资问题以及激发住房金融市场活力的重要工具。MBS跌宕起伏的发展历程是美国"两房"发展状况的真实写照，研究MBS对美国住房金融市场的影响，可以为我国公积金贷款证券化研究提供宝贵的历史经验。

二、美国"两房"的发展现状

2008年次贷危机使得美国的"两房"成为世界的焦点，至今人们仍对房利美、房地美"谈虎色变"。虽然美国的住房抵押贷款市场为全球最大，但次贷危机依旧打破了住房抵押贷款市场的发展"神话"，一度使得美国的房地产陷入"釜底抽薪"的困境，导致金融市场爆发多米诺骨牌效应。

美国住房金融体系的发展分为四个阶段（张宇、刘洪玉，2008），20世纪30年代之前为"探索阶段"，30~60年代为"制度化阶段"，70~80年代为证券化阶段，90 年代后为深化完善阶段。其中，自 20 世纪 70 年代开始兴起的住房抵押贷款证券化是美国住房金融体系的创新点。这种证券化是在依靠一级市场融资的传统融资模式基础上，开拓性的将贷款出售并实现再贷款的二级市场融资模式（Lea，1994）。房利美、房地美和吉利美三家机构是特殊目的机构（SPV），先从一级市场购买住房贷款，打包后在二级市场发行 MBS，获取新的融资（Liu，2000）。经过几十年的发展过程，二级市场的规模越来越大，MBS 产品不断创新，又衍生出分级偿还房产抵押贷款证券（CMO）、抵押债务证券（CDO）等产品（见图 21-1），大量的机构投资者、个人、银行等市场参与者推动着美国住房抵押贷款证券化市场的繁荣。自由化、证券化的住房金融体系在促进美国房地产市场发展的同时，也埋下了隐患，次贷危机的爆发才彻底将美国住房抵押贷款证券化的弊端暴露，房利美和房地美成为了"罪魁祸首"。次贷危机在给美国房地产市场带去严峻考验的同时，也推动了美国住房金融体系进入了新的调整期。

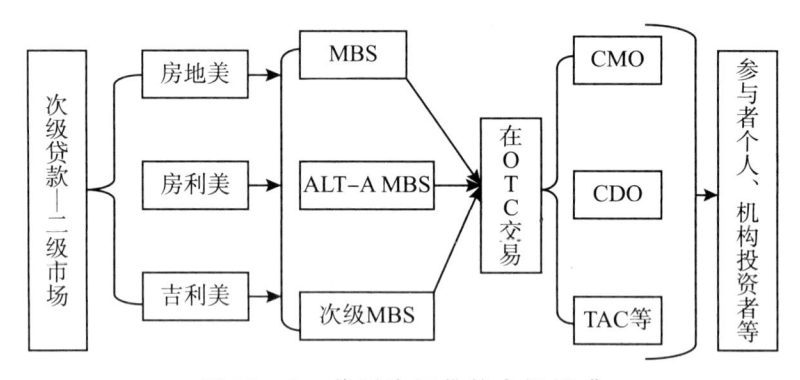

图 21-1 美国次级贷款市场模式

美国政府采取的救助政策使得"两房"重焕生机。在次贷危机爆发后，美国对"两房"施行国有化，这也说明了在美国住房金融市场上公共住房金融体系与商业住房金融市场之间是相辅相成的。次贷危机爆发后，美国政府和英国政府采取的救市措施有异曲同工之处，图 21-2 反映了金融危机后，两国政府皆实行扩张型财政政策，持续的经济刺激计划使得次贷危机的影响逐步弱化。美国住房抵押贷款相关证券的发展过程呈波动型，由图 21-3 可以看到，美国住房抵押贷款相关证券涵盖房地美住房抵押贷款相关证券、房利美住房抵押贷款相关证券和吉利美住房抵押贷款相关证券，其中房地美住房抵押贷款相关证券、房利美住房抵押贷款相关证券占据主导地位。图中可以看到 2003 年和 2009 年分别出现两个峰值，2003 年的峰值主要受美国经济刺激计划的影响，使得抵押贷款证券市场全面铺开，2009 年的峰值，与美国次贷危机后的经济政策显著相关。图 21-4 反映了房利美和房地美在 1981~2015 年期间的经营情况，从净利息收入以及总资产走势图可以看到"两房"的发展状况呈现波动型上涨趋势，虽然经历了2008年次贷危机期间的短暂回落，但是整体保持在较高的水平上，从而不难看出"两房"已重焕生机。

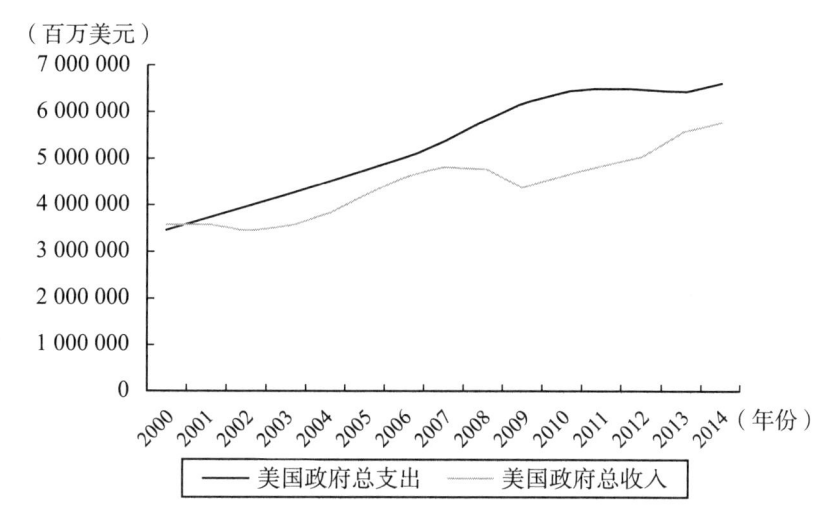

图 21-2　2000~2014 年美国政府总支出与总收入趋势线

资料来源：OECD（经济合作与发展组织）。

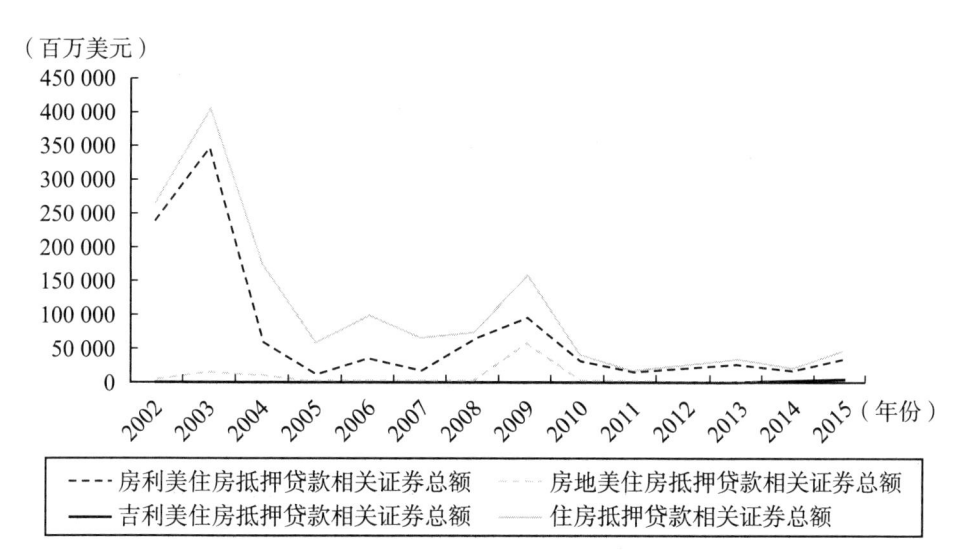

图 21-3　2002~2015 年美国住房抵押贷款相关证券总额趋势图

资料来源：美国联邦住房金融局。

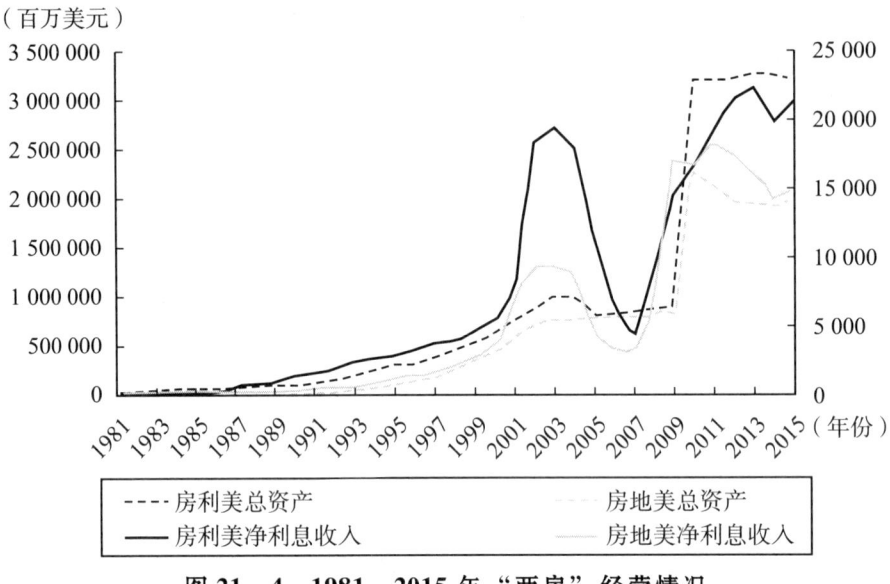

图 21-4 1981~2015 年"两房"经营情况

资料来源：美国联邦住房金融局。

次贷危机爆发前，资产证券化使得美国房地产市场蓬勃发展，危机爆发时，美国住房金融市场受到了沉重的打击，美国政府积极的救市政策与严格的监管政策"双管齐下"使得房地美和房利美顺利渡过难关。房利美和房地美的资产证券化道路既经历了"光鲜亮丽"的 30 年发展期，也经历了"备受质疑"的次贷危机调整期，如今，房地美和房利美重新获得市场的认可和消费者的信赖，美国住房金融市场也已呈现新的发展趋势。整体来看，资产证券化使得美国住房金融市场的金融服务分工合理，政府的监管加强也保证了"两房"各司其职，提高了整个金融体系的运行效率，保障了美国住房金融市场资金的灵活调动，使得美国房地产市场持续发展。2016 年 5 月，美国房利美购房信心指数升至 85.3，创历史新高，这也进一步显示了住房抵押证券在美国市场良好的发展态势，从侧面说明美国已形成了一套完整的应对机制来管理和运行房利美和房地美，从而也给我国住房公积金贷款证券化带来了信心，为公积金贷款证券化提供了宝贵的发展经验。

三、贷款证券化对房地产市场的影响与效应

本章从美国联邦住房金融局公布的房利美、房地美经营数据中，选取了 1975~

2015年期间"两房"发行的住房抵押贷款支持证券（MBS）总额[①]和美国房屋出售总数（HS）。同时，为了保证数据的完整性，本章选取了房地美房价指数（HPI）数据（经过季节性调整）。由于所用数据均是时间序列的数据，先通过平稳性检验，然后在满足同阶差分平稳的条件下，再做Johansen协整检验、Granger因果关系检验，最后使用VAR模型的脉冲响应函数来分析变量间的影响关系，以及影响的方向和程度。

为了避免存在伪回归现象，先使用ADF（Augmented Dickey – Fuller）法对变量做单位根检验。经过单位根检验，住房抵押贷款支持证券（MBS）、房屋出售总数（HS）以及房地美房价指数（HPI）均为一阶单整（见表21 – 2）。

表21 – 2　　　　　　　　ADF单位根检验结果

变量	检验形式(C, T, n)	1%临界值	5%临界值	10%临界值	ADF统计量	平稳性
HS	(C, 0, 1)	-3.16	-2.94	-2.61	-2.55	非平稳
ΔHS	(C, 0, 1)	-3.62	-2.94	-2.61	-4.14	平稳
MBS	(C, 0, 0)	-3.61	-2.94	-2.61	-1.81	非平稳
ΔMBS	(C, 0, 0)	-3.61	-2.94	-2.61	-7.63	平稳
HPI	(C, 0, 0)	-3.61	-2.94	-2.61	-3.23	非平稳
ΔHPI	(C, 0, 1)	-3.61	-2.94	-2.61	-6.25	平稳

协整检验是检验变量之间是否存在长期稳定的关系的重要工具，变量MBS、HS和HPI皆是1阶单整，符合检验协整关系的前提条件，Johansen协整检验可以很好地检验变量之间的协整关系。最大特征值检验表明变量在5%显著水平下有一个协整方程，即各变量之间存在长期稳定的关系。最大特征根统计量在至多有一个协整关系的原假设下大于相应的临界值，说明接受原假设，综合迹检验和特征根检验，说明MBS、HS和HPI存在协整关系，即住房抵押贷款支持证券（MBS）美国房屋出售总数（HS）、房地美房价指数（HPI）存在长期稳定关系（见表21 – 3）。

[①] 1981年房利美开始发行MBS产品，故本章数据中"两房"MBS总额在1975~1980年为房地美发行总额。

表 21-3　　　　　　　变量之间的 Johansen 协整检验结果

原假设	特征值	迹统计量	5%临界值	P 值**
None*	0.533046	46.817520	29.797070	0.0002
At most 1*	0.323792	17.118090	15.494710	0.0282
At most 2	0.046553	1.859175	3.841466	0.1727

注：*表示在5%的显著性水平下拒绝原假设。

格兰杰（Granger）因果检验不是检验逻辑上的因果关系，本质上是检验变量间的先导滞后关系，判断一个变量能在多大程度上被另一变量的滞后值所解释。通过因果检验结果可以看出住房抵押贷款支持证券是美国房屋出售总数的 Granger 原因，也是房价指数的 Granger 原因（见表 21-4）。

表 21-4　　　　　　　　　格兰杰因果检验结果

原假设	卡方值	自由度	P 值	校检结果
HS 不是 MBS 的 Granger 原因	0.6712	1	0.4179	不拒绝
MBS 不是 HS 的 Granger 原因	2.4751	1	0.0242	拒绝
HPI 不是 MBS 的 Granger 原因	0.0164	1	0.8987	不拒绝
MBS 不是 HPI 的 Granger 原因	10.8543	1	0.0022	拒绝

脉冲响应分析前，需要检验 VAR 模型的稳定性，只有稳定的 VAR 模型，脉冲响应函数才会收敛，脉冲响应分析才有意义。检验结果表明 VAR 模型是稳定的，我们在 VAR 模型上建立脉冲响应函数，即假设在某一时刻给定随机误差项一个标准误大小的冲击，而这种冲击会通过传递，影响内生变量的当期值和未来值。从图 21-5 可以看出，MBS 对 HS、HPI 皆有正向影响。其中，MBS 对 HS 在第 4 期冲击作用达到最大，MBS 对 HPI 在第 2 期冲击作用达到最大。

实证模型佐证了美国"两房"的良好发展态势，MBS 对美国住房金融市场发挥着积极的促进作用。通过验证 1975~2015 年房利美、房地美发行的住房抵押贷款支持证券对同期的美国房屋出售总数、房地美房价指数的实证分析，可以看到抵押贷款支持证券整体上对房地产市场的影响是正向和积极的，实证结果肯定了房地美和房利美的历史作用和存在的意义。在次贷危机爆发后，美国"两房"成了众矢之的，大众对房利美、房地美的印象停留在次贷危机时期。事实上，"两房"在次贷危机爆发前对美国住房金融市场发展有推动作用，盘活了住房金融市场，次贷危机后，美国政府采取了国有化政策，加上严格的金融监管，"两房"重新焕发生机，促进了住房消费，推动美国住房金融市场继续发展。

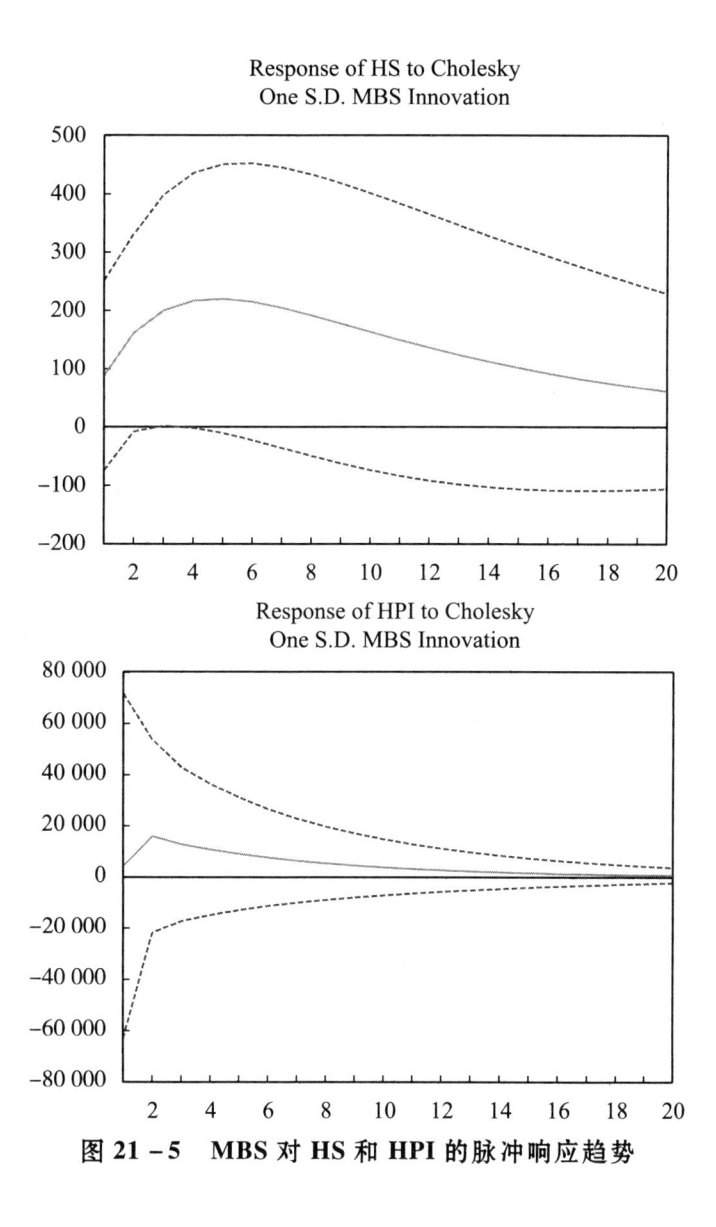

Response of HS to Cholesky
One S.D. MBS Innovation

Response of HPI to Cholesky
One S.D. MBS Innovation

图 21-5 MBS 对 HS 和 HPI 的脉冲响应趋势

第三节 经验借鉴与政策启示

伴随着我国经济社会的发展，住房公积金制度所面临的主要矛盾也随之改变，刘洪玉（2011）指出制度环境的变化成为制约住房公积金制度发展主要矛盾。一方面，"劫贫济富"是住房公积金面临的质疑点之一，2006 年 11 月 14

日,世界银行指出中国的住房公积金收益对象主要为高收入者,陈杰(2010)认为住房公积金存在"马太效应",顾澄龙等(2015)通过数据分析发现住房公积金制度提高了拥有公积金的城镇居民的住房福利,降低了未加入住房公积金制度的城镇居民的住房福利。陈梅(2012)、万卉(2015)、李运华等(2015)一针见血地指出住房公积金的使用情况背离了其普惠制的初衷。另一方面,住房公积金面临盘活存量以及住房保障金融功能发挥不到位的压力。陈黎(2014)认为住房公积金正面临利率低、房价高的贬值压力。王先柱(2015)指出公积金制度的金融功能无法保障导致其难以实现保值增值的目的,也无法提高住房消费水平。马克群(2013)、邹晓梅、张明(2016)研究发现公积金使用效率在不同城市存在巨大的差距。邹晓梅、张明(2016)认为住房公积金的杠杆率较低。这些问题的存在都将导致公积金的资金池越来越小,阻碍了资源的使用效率,影响住房公积金的有效覆盖面,最终导致公积金的住房保障功能受限。

为了进一步完善政策性住房金融模式,拓展我国住房公积金制度的范围与功能,需要参考国际上住房金融的成功做法。纵观各国的政策性住房金融模式,虽然在资金的来源、管理和使用上存在着较大差别,但也有一系列共同的做法。

第一,各国普遍建立了支持中低收入人群住房的金融制度安排,具体方式依据发展阶段、收入水平和人口规模等因素来确定。

与其他住房政策一样,政策性住房金融政策的关注重点是提高中等及中等以下收入群体的住房支付水平,通过金融支持培育和提升居民住房消费能力。政策性住房金融的基本特点是公益、互助和政策扶持,因此政策性住房金融政策又具有鲜明的收入分配调节功能,在维护社会公平、推进新型城镇化建设中可以发挥重要作用。

概括而言,通常在发展阶段比较高、市场发育水平高、收入水平比较高和城镇化水平较高的国家,更倾向于采取商业资本市场的制度安排和合同储蓄的制度安排。同时以公共住房银行作为补充。相对而言,一些人口规模小、市场发育程度低和收入水平低的国家则更倾向于采取强制住房储蓄的制度安排。

第二,各国的政策性住房金融政策都需要充分发挥金融市场功能,采用多种金融手段和政策工具实现政策目标。

金融市场在资产交易、资金筹措、资本运营和风险防范等方面可以发挥重要作用。利用市场手段有利于全面发挥公积金的金融功能,增强资金运营效率,实现公积金的保值增值和风险防范作用,构建具有中国特色的住房金融系统。

运用多种金融市场工具能提高竞争效率、克服市场失灵,有效统筹和动员多方面资金、增加资金的流动性、保障资金的安全性、降低融资成本,增强资金运营效率,充分发挥公积金的金融功能,实现公积金的保值增值和风险防范作用。

此外，住房金融体系建设需要与社会保障体系、金融体系、财税体系的有效衔接。

第三，各国对政策性住房金融制度都进行了国家统一管理，在运行模式上是市场机制与政府调控不同程度的结合。

纵观各国，政策性住房金融制度都是由国家进行统一管理，即使是自愿储蓄，也得到了政府一定程度的支持。从本质上来看，政策性住房金融制度都是市场机制与政府调控在不同程度上的结合，通过市场机制、市场手段来提高资金的使用效率，通过政府调控来确保支持中低人群住房政策目标的实现。

在强制住房储蓄的制度安排下，政府的作用较强，采取的行政手段包括强制储蓄，雇主配比，储蓄利息免税等。在公共住房银行的制度安排下，政府所扮演的角色是资本提供者、管理者，其作用强度较高。在合同住房储蓄的制度安排下，政府的主要角色是储蓄配比奖励、储蓄利息收入免税等，其作用强度为中等。在商业资本市场的制度安排下，政府对住房贷款的损失/收益承担着担保与保险的功能，其作用较弱。

第四，各国政策性住房金融都取得了一定的社会效果，其功能随着社会需求转变而转变。

在不同发展阶段，政策性住房金融的目标与功能是逐步发展的。从理论上来说，政策性住房金融资金的使用，既可以支持住房供应，也可以支持住房消费。通常在解决住房短缺的问题之后，都转变为支持住房消费。

在一个国家发展水平较低，住房供不应求的阶段，政策性住房金融的主要目标是希望通过政府的干预和引导可以更快更有效增加住房供应。在增加总量以降低住房成本的总体目标下，一般又把重点放在增加住房市场中因为微利而相对稀缺的中低价位住房、廉价公共租赁住房的供应上。主要的政府行为包括公共建房计划、鼓励资助私人建房、修建和运营公共租赁住房等。与此相适应的公共住房金融工具包括：政府向公共与私营的住宅建造商以及个人通过财政直接提供住房开发资金、赠予住房维修资金，更为普遍的是提供低息开发贷款、贷款贴息、贷款担保，此外还包括向住房建造者或租房组织提供税收优惠、利息抵税等。

随着经济发展水平的提升，住房供求矛盾得到缓解。公共住房政策的目标则转换为直接向居民提供住房消费的补助，提高他们对住房消费的支付能力。主要是希望保证最低收入阶层也能拥有社会最低限度的住房居住水平，缩小居民阶层之间对住房支付能力的两极分化。与此相适应，所采取的公共住房金融工具主要包括：向居民直接提供的各种补助和补贴，包括购房赠款、低息贷款、贷款利息抵税，以及直接向居民发放住房开支的补助——住房津贴。

第八篇

公开规范与改革路径

在本书前面七篇深入研究的基础上,我们已经总体上了解了我国住房公积金制度在实际运行中的基本状况,也发现了与扩大覆盖面、增强金融功能这两个新时代新要求在体制机制方面的不适应,并带来了潜在的风险。本篇集中探讨如何通过改革创新,以公开规范为标准,以功能提升为途径,推动我国住房公积金制度焕发出更强生命力。

为此,本篇专题研究了两个问题,一个是分析了我国住房公积金制度改革如何实现公开规范目标;另一个是分析了我国住房公积金应该采取哪些有助于提升其全新功能的改革措施。

在"第二十二章:住房公积金制度改革思路"中,首先介绍了当前公开规范已经成为住房公积金改革的目标共识;其次分析了公众对公开规范住房公积金制度的认知状况;最后提出了提升住房公积金制度公开规范水平的思路。

在"第二十三章:建立中国特色的政策性住宅金融机构"中,首先介绍了公积金制度改革的方案选择;其次分析了基于住房公积金制度新功能的方案选择;最后提出了实现住房公积金政策性金融功能的举措和政策建议。

第二十二章

住房公积金制度改革思路

住房公积金制度在我国已经"移植"成长了近二十多年,其所发挥的住房保障作用不容否认。但随着我国住房市场的快速发展,从 1999 年国务院颁布《住房公积金管理条例》至今,该制度已经进行了数次调整与修缮。如何有效维持住房公积金制度"共济互助"的优良品质,使其"取之于民,用之于民",已经成为该制度提升"公众形象"和实现可持续发展必须攻克的难题。了解社会公众对于住房公积金"公开规范"的认知状况,是形成改革思路的重要基础。

第一节 公开规范成为住房公积金制度改革共识

回溯住房公积金制度的历史是认识现状的必要条件。改革开放以来,我国经济进入快速发展时期,但由于建设资金匮乏等因素的制约,住房生产未能跟上城市人口的增长步伐,城市居民的住房问题一直没有得以有效解决。与此同时,包括保障房建设在内的城镇住房改革也在不断尝试,然而却遇到了包括二手房市场缺乏、房地产行业较为落后、土地和财产立法不明以及物业管理支持不力等诸多障碍,造成这些障碍的核心问题就是缺乏完备的住房金融体系。而当时位列"亚洲四小龙"之一的新加坡通过中央公积金政策(CPF)建造了全国超过 3/4 的住宅,这也让其一度成为居民住房自有率最高的市场经济国家。为了动员和集结房地产开发资金,上海市借鉴新加坡中央公积金政策的经验,1991 年率先试点建立住房公积金制度（HPF），随后该制度便在我国全面推广。住房公积金制度通过强制性住房储蓄为住房信贷和住房建设提供了重要资金来源，它也成为了世界上最大的社会住房金融计划。

为了规范公积金制度的运营操作，1999年国务院正式颁布了《住房公积金管理条例》，并在2002年对其进行了第一次修订。以此为基础的住房公积金制度在建立之初就是将公开规范作为其方向和意志；在此后的一系列住房公积金政策上也是为了促进公开规范的实现。不过，在现实的运行过程中，我国住房公积金制度与完全的公开规范还存有一定差距，特别是在面向社会公众、面向低收入群体、面向金融功能方面还需要不断提升。

党的十八届三中全会明确指出要"健全符合国情的住房保障和供应体系，建立公开规范的住房公积金制度，改进住房公积金提取、使用、监管机制"，这不仅是对该制度所暴露出缺陷的总结概括，更是为其在新的历史时期明确了改革原则和指明了改革方向。站在社会公众的视角来看，虽然住房公积金制度为促进居民住房消费和改善居民居住条件做出了重大历史贡献，但是公众对其熟知度和认可度却并不尽如人意（见图22-1）。这种制度设计与现实结果产生的落差也引发社会公众对住房公积金何去何从的积极讨论，怎样建立一套"公开规范"住房公积金制度已经成为各界思考的重大问题。

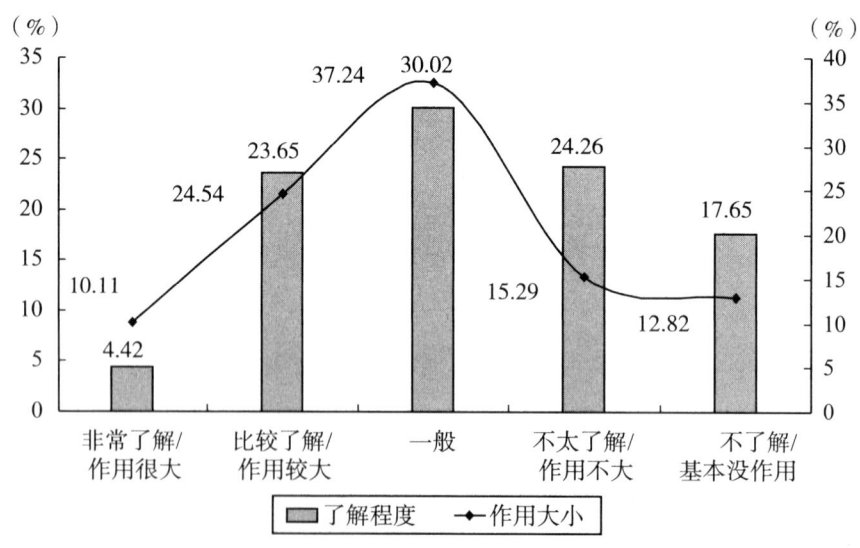

图 22-1 公众对住房公积金制度的了解程度及作用评价

资料来源：2015~2016年课题组问卷调研。因下文已作详细解释，此处暂不赘述。

住房公积金制度的公开规范的运行不仅是广大群众的内在诉求，也受到了学术界的高度关切。学者们从不同视角对我国公积金制度在公开、公平、效率、监管等方面的问题进行了解析，提出了许多有针对性的意见。曾筱清、翟彦杰（2006）指出住房公积金本质上具有工资性且归缴存职工所有，但其权能却受到一定限制。陈杰（2010）认为住房公积金存在较为严重的流动性危机，周京奎（2011）提出公积金的影响效应存在显著的群体差异，社会地位较高的群体在改善住宅结构特征需求方面获得了公积金更多的支持。同时，有关住房公积金"劫贫济富"的批判声早已不绝于耳，但耿杰中（2014）则认为这项"帽子"太大，不能强加于公积金。葛扬等（2015）总结出公积金制度存在公平失衡、效率弱化、监管疲软、功能异化、风险加剧、服务滞后和矛盾突出等多方面问题。此外，顾澄龙等（2016）还质疑住房公积金制度会助推房价上涨。

究其缘由，我们未对公积金的基本属性进行全面深刻的研判，并且，立法不完善、监管不力、统筹机制欠缺、业务模式及工资标准不一引发了公积金管理效率存在差异。与此同时，诸如老龄化、城镇化、市场化等外部环境的变化暴露了公积金的内在缺陷；而住房市场的快速发展、保障体系的相对滞后以及收入分配结构调整等放大了该制度的不足；即便如此，现阶段住房公积金制度仍有保留的价值。下一步改革中，应努力扩大制度覆盖面，规范缴交基数及比例等。尤其要重视公积金的资金安全和风险控制，为此，可将公积金管理机构转变为政策性住宅金融机构，即朝着建立政策性住房银行方向发展。李文静（2013）认为住房公积金制度应以促进公平为目标，而陈峰、邓保同（2015）则并不赞同，指出应将公积金金融功能与其保障功能的内在协调作为未来改革的主要方向。同时，在当前房地产市场去库存的阶段性背景下，要继续维持公积金低门槛、低利率和高效率的总格局，但不能盲目调整住房公积金政策。此外，对于住房公积金的保值增值而言，张昊等（2010）的研究还发现半年期定期存款与三年期凭证式国债对于公积金而言具有相对较高的投资价值。

总之，纵观现有的相关文献，对于住房公积金的研究早已成为房地产市场研究的重要部分，公积金的是非功过既有内在因素，也有外在原因，我们不仅要分析该制度的现实状况，也要追溯其历史脉络。不过，现有研究也表明，对于住房公积金制度的改革共识也在逐步形成，建立"公开规范"住房公积金制度不仅是政府的改革取向，也已经成为越来越多学者的共识。为了更加了解住房公积金在公开规范层面的具体状况，本章以公众的认知为研究视角，以微观调研数据为基础，多维度构建评价体系，解读不同群体的认知差异及其原因，并据此提出住房公积金制度的未来改革方向。

第二节 公开规范住房公积金制度的公众认知

"公开规范"既是制度运行实际效果的最终体现，也是社会公众的普遍认知。如果社会公众对于住房公积金制度的相关信息不了解、不熟悉，对于具体的管理、监督和使用流程不知道、不会用，在住房公积金的公开规范显然就存有差距。为此，推动公开规范住房公积金制度的建设和改革，首先需要系统掌握社会公众对于其认知状况。

一、评价体系的构建

为了探寻公众对住房公积金制度认知水平的群体特征与影响因素，本章首先尝试着对认知水平进行定量测度。在此需要说明的是，本章所选取的样本数据来源于《建立公开规范的住房公积金制度研究》课题组2015～2016年对全国数十个省份的家庭开展的问卷调查[①]，该调查基于课题组成员以及相关领域专家多次论证、不断完善等过程设计完成。课题组共计发放问卷1 000份，回收问卷947份，问卷回收率为94.7%。从回收的问卷中，剔除信息缺失、答案不符等无效样本，最终得到有效样本829份，问卷有效回收率为82.9%。虽然该样本量相对而言并非很大，但是因其具备样本覆盖面广、随机程度高、问卷信息量大等特点，我们足以依据该样本就本章所研究的问题进行分析。为了对住房公积金制度的公众认知水平进行科学的评价，本章综合选取了15项评价变量，囊括了总体评价、公平、效率、监管、制度设置以及意愿及效果等，旨在对住房公积金制度的公众认知水平进行科学全面的衡量。表22-1报告了公积金制度评价变量的描述性统计结果及变量取值的相关说明。

---

① 样本数据来源于课题组一期调研结果，二期调研目前正在全国16座城市展开。

表 22-1　　公积金认知水平评价相关变量的描述性统计

变量类别	变量解释	变量名	均值	标准误	变量取值说明
制度总体评价	作用效果总体评价	X1	2.01	1.18	很大=4，较大=3，一般=2，不大=1，没用=0
	制度设计总体评价	X2	1.79	0.48	很完善=3，需继续完善=2，不太有用=1
	公平性总体评价	X3	1.86	0.82	很公平=4，比较公平=3，一般=2，不太公平=1，很不公平=0
	使用效率总体评价	X6	1.80	0.87	很高=4，较高=3，一般=2，较低=1，很低=0
	监管安全感总体评价	X10	2.15	1.05	十分放心=4，比较放心=3，一般=2，不太放心=1，很不放心=0
制度公平性评价	"劫贫济富"评价	X4	2.13	0.92	非常赞同=4，比较赞同=3，一般=2，不太赞同=1，很不赞同=0
	促进社会公正评价	X15	1.78	1.03	十分有效=4，较为有效=3，一般=2，不太有作用=1，没有作用=0
使用效率评价	提取及使用方便度评价	X5	1.59	0.89	很方便=4，比较方便=3，一般=2，不太方便=1，很不方便=0
监管效果评价	管理人员构成评价	X13	1.92	0.62	十分满意=4，比较满意=3，无所谓=2，不太满意=1，不满意=0
	管理透明度评价	X14	1.87	0.76	很透明=4，比较透明=3，说得过去=2，不太透明=1，不透明=0
制度设置评价	贷款额度设置满意度评价	X11	1.88	0.78	十分满意=4，比较满意=3，一般=2，不太满意=1，不满意=0
	贷款年限设置满意度评价	X12	1.97	0.76	十分满意=4，比较满意=3，一般=2，不太满意=1，不满意=0

续表

变量类别	变量解释	变量名	均值	标准误	变量取值说明
意愿及效果评价	公积金互助感受评价	X7	2.27	0.96	十分欣慰=4,比较欣慰=3,一般=2,不太欣慰=1,不欣慰=0
	公积金贷款购房感受评价	X8	2.46	0.96	十分开心=4,比较开心=3,一般=2,不太开心=1,不开心=0
	缴纳意愿评价	X9	2.55	1.07	非常愿意=4,比较愿意=3,一般=2,不太愿意=1,很不愿意=0

二、认知水平的度量

在构建了住房公积金制度的评价体系基础上,本章尝试着对公众的公积金制度认知水平进行定量测度。由于主成分分析法是现代经济分析中的一项重要方法,也是进行系统评估的常用手段,因此本章运用主成分分析法（Principal Component Analysis，PCA）来实现上述度量。表22-2显示了15个主成分的特征值及方差贡献率等,本章按照累计方差贡献率高于85%这一准则,由于第11个主成分（Comp11）对应的特征值所解释的方差累计比例已达到86.39%,因此本章提取前11个主成分进行分析。

表22-2　　　　　　各主成分的特征值及方差贡献率

主成分	特征值	差值	方差贡献率	累计方差贡献率
Comp1	3.6353	2.2267	0.2424	0.2424
Comp2	1.4086	0.2445	0.0939	0.3363
Comp3	1.1641	0.0740	0.0776	0.4139
Comp4	1.0901	0.0594	0.0727	0.4865
Comp5	1.0307	0.1253	0.0687	0.5553
Comp6	0.9054	0.0670	0.0604	0.6156
Comp7	0.8385	0.0463	0.0559	0.6715
Comp8	0.7921	0.0402	0.0528	0.7243

续表

主成分	特征值	差值	方差贡献率	累计方差贡献率
Comp9	0.7519	0.0352	0.0501	0.7744
Comp10	0.7167	0.0917	0.0478	0.8222
Comp11	0.6250	0.0451	0.0417	0.8639
Comp12	0.5799	0.0708	0.0387	0.9026
Comp13	0.5092	0.0159	0.0339	0.9365
Comp14	0.4933	0.0341	0.0329	0.9694
Comp15	0.4592		0.0306	1.0000

表 22-3 列出了各个主成分所对应的特征向量矩阵，结合前文表述，我们容易据此写出前 11 个主成分的线性表达式①，基于此，利用表 22-2 中各主成分的方差贡献率进行权重赋值，可得住房公积金制度的公众认知水平综合评价函数（ $y_i = \sum_{i=1}^{11} \beta_i \times Comp_i$ ）线性表达式为：

$$y_i = 0.2424 \times Comp1 + 0.0939 \times Comp2 + 0.0776 \times Comp3 + 0.0727 \times Comp4$$
$$+ 0.687 \times Comp5 + 0.0604 \times Comp6 + 0.0559 \times Comp7 + 0.0528 \times Comp8$$
$$+ 0.0501 \times Comp9 + 0.0478 \times Comp10 + 0.0417 \times Comp11 \qquad (22.1)$$

至此，通过公式（22.1），本章已经测算出所有受访者对于我国住房公积金制度的认知水平 y_i②。从图 22-2 的住房公积金制度认知水平分布特征可知，总的来说，认知水平大致呈现正态分布形状，且公众对于该制度的认知水平得分大多集中于 [2, 3.5) 区间。同时，认知水平的差异性也表现得较为明显。

三、公众认知水平的群体差异分析

从总体上看，受访者对公积金制度的认知水平均值 $\mu = 2.714$，标准误 $\delta = 0.800$。显然，不同受访群体对于住房公积金制度的认知存在一定的差异性。表 22-4 反映了其认知水平的群体特征及差异，通过选取是否买房、有无住房公积金、户籍、是否有过公积金贷款、婚姻状况、年龄结构、年收入和学历等不同维度对受访者的住房公积金制度认知水平作进一步分类探讨。

---

① 篇幅有限，此处暂不对前个主成分线性表达式进行逐一列举。
② 由于数据量较多，限于篇幅，这里未报告详细数据表。

表22-3　各主成分所对应的特征向量矩阵

Variable	Comp1	Comp2	Comp3	Comp4	Comp5	Comp6	Comp7	Comp8	Comp9	Comp10	Comp11	Comp12	Comp13	Comp14	Comp15	Unexplained
X1	0.3250	0.2696	-0.2789	-0.1661	-0.0167	0.2416	0.0258	-0.0181	0.1330	-0.0237	0.2272	-0.3852	-0.2983	-0.2014	-0.5558	0.0000
X2	0.2728	0.0521	-0.3183	-0.2107	0.2309	0.0028	-0.2074	0.1421	0.6778	-0.1884	-0.0071	0.1600	0.1949	0.0911	0.3062	0.0000
X3	0.2457	-0.1924	-0.2682	-0.1425	0.0997	-0.3233	0.2982	0.5269	-0.2695	0.3229	0.3626	0.1271	-0.0174	0.0239	0.0633	0.0000
X4	-0.0556	0.3464	0.4038	0.1659	0.5522	0.3871	0.1204	0.0953	0.0738	0.2264	0.3064	0.1801	-0.1187	0.0480	0.0922	0.0000
X5	0.2803	-0.2364	-0.2377	0.3429	0.3022	0.2084	0.1660	-0.1782	-0.1004	0.0914	-0.2760	0.1855	0.4106	0.1984	-0.4005	0.0000
X6	0.3213	-0.1999	-0.2074	0.3363	0.1300	0.0929	0.1521	-0.3142	-0.1042	-0.0332	-0.0373	-0.2147	-0.3794	-0.2298	0.5451	0.0000
X7	0.2605	0.3820	0.0698	0.0713	0.0193	-0.3853	0.2081	-0.1914	-0.1558	-0.5000	0.1051	0.1652	-0.1547	0.4574	-0.0410	0.0000
X8	0.2835	0.4625	0.1647	-0.0223	-0.0143	-0.2086	0.1606	0.0095	-0.1012	0.0460	-0.2358	0.0040	0.4244	-0.5932	0.0928	0.0000
X9	0.3069	0.2110	-0.0002	-0.0099	-0.2617	0.1446	-0.4210	-0.1751	-0.2277	0.3657	0.2338	-0.2196	0.2955	0.3698	0.2267	0.0000
X10	0.3160	0.0349	0.0842	0.1876	-0.0799	0.0205	-0.5390	0.3054	-0.1476	0.0274	-0.2929	0.4199	-0.3956	-0.1065	-0.1166	0.0000
X11	0.2050	-0.0851	0.0956	-0.2891	-0.4780	0.5446	0.3803	-0.0088	-0.0265	-0.1292	0.0262	0.3946	0.0042	0.0004	0.1201	0.0000
X12	0.1785	-0.1951	0.3151	0.5406	-0.2577	0.0288	0.0370	0.3996	0.2281	-0.2842	0.2441	-0.2757	0.1989	-0.0118	-0.0459	0.0000
X13	0.2479	-0.1623	0.3641	-0.3973	0.2565	0.0870	0.0704	0.2447	-0.1248	-0.0772	-0.4481	-0.4364	-0.0572	0.2531	0.0592	0.0000
X14	0.1918	-0.4098	0.2849	-0.2735	0.2462	-0.0740	-0.2952	-0.3017	-0.1592	-0.2623	0.4180	0.1289	0.1400	-0.2787	-0.1108	0.0000
X15	0.2457	-0.1632	0.3537	-0.0130	-0.1628	-0.3339	0.1651	-0.3016	0.4713	0.4900	-0.0504	0.0797	-0.1890	0.0712	-0.1400	0.0000

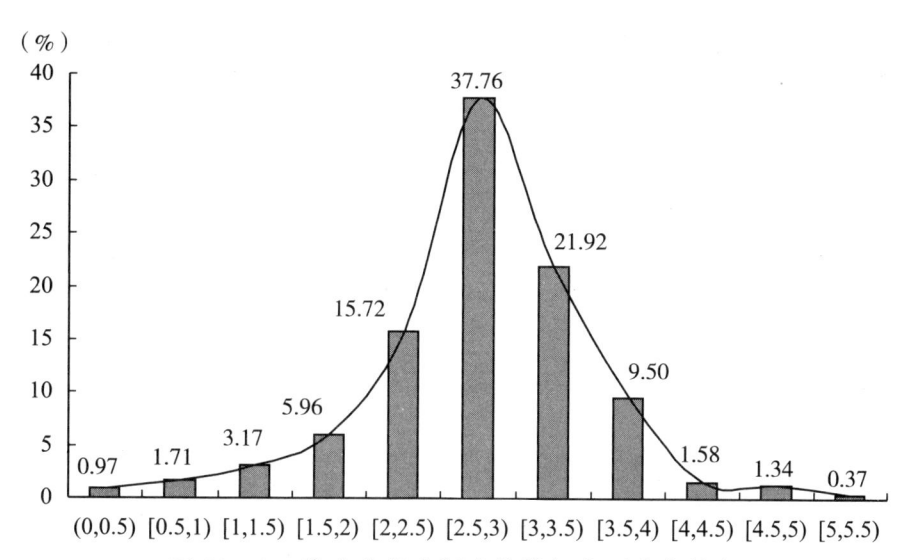

图 22-2　住房公积金制度的认知水平分布特征

表 22-4　住房公积金制度认知水平的群体特征及差异分析

群体类别	类别细分	类别代码	认知水平均值	认知水平标准误	认知水平方差
基准线	全部受访者	无	2.714	0.800	0.640
A. 是否买房	A. 是	AA	2.760	0.773	0.598
	B. 否	AB	2.699	0.755	0.570
B. 有无公积金	A. 有	BA	2.803	0.731	0.534
	B. 无	BB	2.647	0.805	0.648
C. 户籍	A. 城镇	CA	2.722	0.792	0.627
	B. 农村	CB	2.701	0.810	0.656
D. 是否有过公积金贷款	A. 是	DA	2.879	0.743	0.552
	B. 否	DB	2.705	0.722	0.521
E. 婚姻状况	A. 已婚	EA	2.720	0.800	0.640
	B. 未婚	EB	2.707	0.769	0.591
F. 年龄结构	A. 30 岁以下	FA	2.756	0.705	0.497
	B. 30~40 岁	FB	2.715	0.961	0.924
	C. 41~50 岁	FC	2.769	0.786	0.618
	D. 51~60 岁	FD	2.619	0.822	0.676
	E. 61 岁以上	FE	2.463	0.570	0.325

续表

群体类别	类别细分	类别代码	认知水平均值	认知水平标准误	认知水平方差
G. 年收入	A. 1 万元以下	GA	2.511	0.952	0.906
	B. 1 万~2 万元	GB	2.565	0.769	0.591
	C. 2 万~5 万元	GC	2.772	0.815	0.664
	D. 5 万~10 万元	GD	2.784	0.804	0.646
	E. 10 万~20 万元	GE	2.707	0.645	0.416
	F. 20 万~50 万元	GF	2.741	0.938	0.880
	G. 50 万~100 万元	GG	2.450	0.995	0.990
	H. 100 万~200 万元	GH	2.392	0.989	0.978
	I. 200 万元以上	GI	2.030	0.730	0.533
H. 学历	A. 没上过学	HA	2.550	0.947	0.897
	B. 小学	HB	2.506	0.850	0.723
	C. 初中	HC	2.618	0.779	0.607
	D. 高中	HD	2.749	0.775	0.601
	E. 中专/职高	HE	2.518	0.963	0.927
	F. 大专/高职	HF	2.719	0.742	0.551
	G. 大学本科	HG	2.783	0.791	0.626
	H. 硕士	HH	2.899	0.604	0.365
	I. 博士	HI	2.834	0.673	0.453

依据测算结果可知，不同受访群体的认知差异性较为明显。具体来说，买房群体对于住房公积金的认知水平高于暂未购房者，并且享有住房公积金的受访者以及有过公积金贷款的群体对于该制度持更加肯定的态度，从某种意义上说，这说明了住房公积金对于居民购房确实产生了促进的正面作用。就户籍差异而言，城市居民对于住房公积金制度的认知水平略高于农村居民，而从婚姻状况来看，已婚群体的认知水平高于未婚群体，由于城市居民和已婚群体的购房率通常分别高于农村居民和未婚群体，其对公积金的使用频率也相对较高，因此，这与前面的分析结果相互吻合。从年龄结构分析，大体来说，不同群体对于住房公积金制度的认知水平与年龄呈现负相关关系，50 岁以下的年轻群体更加认同该制度。由于住房公积金制度这项"舶来品"自 20 世纪 90 年代才开始实施，至今已有 25 年，因此，该制度主要对于"70 后"群体购房开始产生作用和影响，结合上

述分析，这也解释了住房公积金制度反映在年龄结构上的认知差异现象。就收入层次而言，由于低收入群体的房价收入比相对较高，即使其享有住房公积金，但是无异于杯水车薪，该群体难以支付高额房价。相反，高收入群体的房价收入比相对较低，具有较强的住房支付能力，因此其购房与否对于公积金是缺乏弹性的。

从数据结果分析，公积金制度的认知度总体近似服从正态分布的特征，即年收入位于5万~50万元的"夹心层"相对而言更加认同该制度，而年收入位于5万元以下的低收入群体和位于50万元之上的高收入群体对于公积金制度都不敏感，这与上述判断结果相互支撑。从受访者的学历层次来看，住房公积金制度的认知水平与居民的受教育程度之间总体表现出正相关关系，随着知识的积累，居民对于公积金制度的评价也更为全面与客观，同时，学历的高低往往也影响着家庭的收入水平等，这也对购房选择产生间接影响，所以这种正向关联性与前文解析相互吻合，并行不悖。

依据表22-4的测算结果，本章将住房公积金的认知均值和方差进行组合，将散点（μ, δ^2）绘制在四象限二维坐标系中（见图22-3）。其中，第Ⅰ象限表示高均值和高方差，第Ⅱ象限表示低均值和高方差，第Ⅲ象限表示低均值和低方

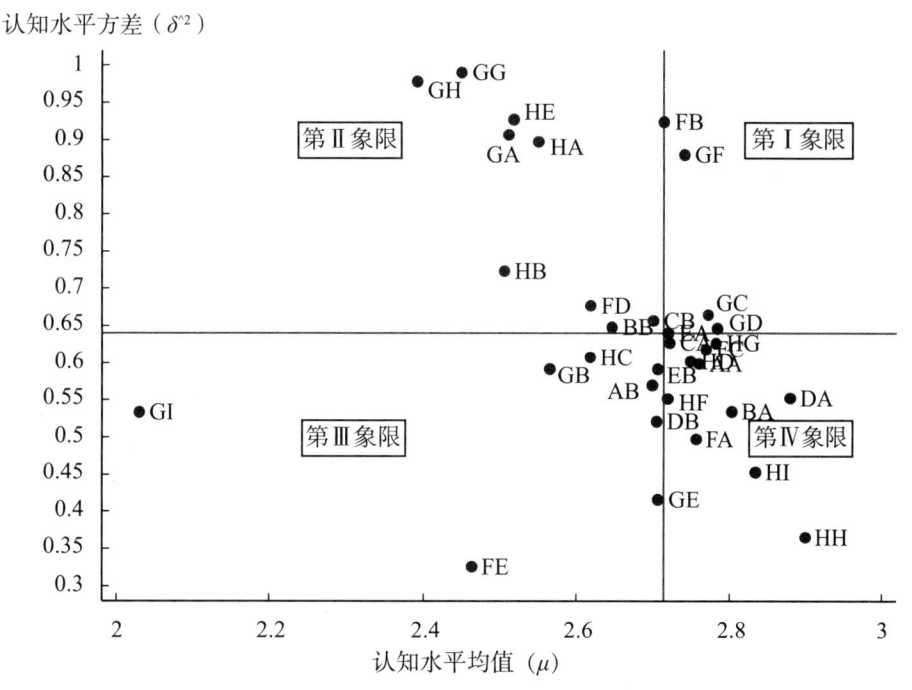

图 22-3　住房公积金制度认知水平群体差异的四象限散点

注：两条基准线分别表示全体受访者的认知水平均值（$\mu = 2.714$）和方差（$\delta^2 = 0.640$）。

差，第Ⅳ象限表示高均值和低方差，可见，落在第Ⅳ象限的散点代表着该群体的认知水平普遍最优，以此可以更为直观地观测公积金认知水平的群体特征和差异。由图22-3可知，第Ⅳ象限的散点密集度相对最高，象征着大多数群体对于住房公积金制度持肯定的态度，这也意味着住房公积金制度被大多数社会群体所认同，该制度所发挥的作用不容否定。与此同时，处在第Ⅲ象限的散点数量相对次之，说明了也有不少居民对于公积金制度的作用存在质疑。值得注意的是，该象限出现了两个异常点（GI和FE），对于收入相对很高的群体而言（GI），其对于住房公积金制度的认知度大多很低（低均值和较低方差并存），这是由于该群体的住房支付能力很强，他们的购房行为与公积金的相关性并不显著。而对于社会老龄群体而言（FE），由于该群体的购房时间与住房公积金制度的设立时间并不吻合，导致了他们没能体会到公积金所带来的购房便利性，对于该制度也并非十分熟悉，这也使得老龄群体对于住房公积金的认知度普遍不高（较低均值和低方差并存）。

从第Ⅱ象限的情况来看，处于收入数轴线两侧的高收入群体（GH和GG）和低收入群体（GA）对住房公积金的认知水平均不高（较低均值），且各群体内部出现了较为明显的分歧（高方差），这可能是由公积金制度覆盖不均造成的。此外，第Ⅰ象限附近的散点中，对于正处于购房年龄段的群体而言（FB），他们对于公积金的认知度较为居中（纵向均值线上），但分化程度较重，无独有偶，处于中高收入的群体也是如此（GF），这种"功过参半"的认知特征无疑显示出住房公积金制度较为尴尬的处境。需要说明的是，由于分组类别较多，此处不便逐一列举介绍。

第三节　住房公积金制度公开规范水平的提升路径

根据前文主成分分析法测算的住房公积金制度认知水平可知，不同社会群体对于该制度的认知水平存在差异，而这种认知差异正体现了该制度的覆盖特征以及作用利弊等，这也为其进一步改革完善提供了重要思路。结合此次问卷调研结果，本章就如何提升住房公积金制度的认知水平以及进一步改革与完善住房公积金制度提出了以下五点建议。

一、逐步扩大住房公积金制度覆盖面

一直以来，住房公积金制度主要着眼于解决城镇在职职工的住房消费问题，而伴随着城镇居民住房自有率的快速提升以及我国城镇化进程的不断加快，广大农业转移人口、城市个体工商户以及自由职业人员等群体的住房问题也逐渐成为了各界热议的话题。表22-5中调查结果也进一步表明了现阶段我国仍有较多家庭未能通过公积金贷款购房，且将上述群体纳入公积金制度覆盖范围的呼声较高。就住房公积金的制度属性而言，其设立的初衷正是定位于促进居民住房消费，因此，结合当前我国住房市场的发展实际，同时为了减小投机需求导致的住房财富转移效应，克服住房市场分配的"有限参与"，下一步有必要逐步扩大住房公积金制度的政策覆盖面，即要着重关注暂未解决首套住房的社会群体，充分发挥公积金"互助性"的制度优势，通过公积金在住房的货币化分配过程中运用其"杠杆效应"促进社会公平。

表22-5　　　　　公众对于住房公积金制度扩面的认知

对将农业转移人口纳入保障范围的看法	占比（%）	对将个体工商户、自由职业人员纳入保障范围的看法	占比（%）	受访者周围公积金贷款购房人数	占比（%）
应该	28.89	完全需要	11.07	很多	11.71
可以尝试	44.69	比较需要	14.88	较多	23.80
不应该	8.64	可以尝试	26.81	一般	34.28
说不清	17.78	视情况而定	35.79	较少	16.28
		不太需要	7.13	很少	13.93
		不需要	4.31		

二、适度扩充住房公积金使用范围

我国现行的《住房公积金管理条例》明确规定了六类可提取账户存储余额的情形[①]，且限定了在购买、建造、翻建、大修自住住房时缴存职工方可申请公积

[①]《住房公积金管理条例》第二十四条规定的可以提取住房公积金账户存储余额的六种情形：（一）购买、建造、翻建、大修自住住房的；（二）离休、退休的；（三）完全丧失劳动能力，并与单位终止劳动关系的；（四）出境定居的；（五）偿还购房贷款本息的；（六）房租超出家庭工资收入的规定比例的。

金贷款。的确,这与公积金制度的设计初衷并不矛盾。然而,目前仍有很多收入"夹心层"及低收入群体因其住房支付能力有限而难以购买首套房,住房公积金的"强制归集"导致了按定期存款基准利率执行的"强制储蓄",使得该群体的公积金变相沦为了"退休金""失业金"和"养老金"。从表22-6的调查统计结果可知,公众对于现阶段住房公积金的使用范围并非十分认可,公积金仍需要适度扩大其提取与使用范围,应该考虑让其对于缴存者在大病、教育以及购买大件等方面予以资金支持,发挥相关政策尤其是"五险一金"的作用互补,打好政策"组合拳",增强住房公积金的保障性和灵活性。

表22-6　　　　　公众对于住房公积金使用范围的认知

对使用范围的看法	占比(%)	对扩大使用范围的看法	占比(%)	应获准申请使用的情形	占比(%)
很大	5.64	十分需要	22.54	大病	26.90
较大	12.50	比较需要	35.22	教育	21.67
一般	28.06	无所谓	15.64	购买大件	18.64
较小	25.12	不太需要	3.94	创业	15.48
很小	6.25	不需要	2.46	其他	4.50
其他	5.27	不清楚	20.20	不清楚	12.82
不清楚	17.16				

三、进一步增强住房公积金流动效率

公积金通过货币化、社会化和法制化的形式持续归集住房储金,发挥着"蓄水池"的作用,并通过给缴存职工提供低息贷款促进住房消费。而为了确保贷款资金的回笼安全,公积金贷款的条件也受到了不同程度的约束与限制,包括缴纳年限、贷款期限、贷款担保、贷款利率和贷款用途等,只有少数闲余资金可用于购买低风险和低收益的国债。种种贷款条件的约束无疑给公积金"资金池"设置了流动"阀门"。作为一项重要的住房金融,公积金的流动性障碍必将导致其运行效率难以提升。从住房公积金管理中心的角度来看,保证公积金的安全无可厚非;但从贷款需求者的角度来看,较高的"门槛"必然导致其获取贷款的难度增大甚至被拒之门外(见表22-7);并且从全社会的角度来看,这种较为统一而保守的运营方式抑制了住房公积金金融属性的发挥,不利于公积金这一社会资源实现"帕累托最优"。在下一步公积金制度改革中,应综合考量"资金池"的"净流量",在确保提取和贷款安全的前提下,可以考虑针对不同家庭实行差别化的贷款政策，如对于中低收入尤其是缺乏首套房的群体，适当放宽其贷款条件，给予更多的贷款优惠；而对于高收入群体，贷款条件适度拔高。此外，继续推进公积金缴存的异地互认，增强资金的跨域流动效率。

表 22-7　　　　公众对于住房公积金流动效率的认知

对贷款条件的看法	占比（%）	对贷款便利度的看法	占比（%）	对使用效率的看法	占比（%）
十分苛刻	4.16	很方便	2.09	很高	3.08
比较苛刻	33.90	比较方便	12.65	较高	13.28
一般	28.89	一般	23.71	一般	33.09
较为宽松	15.75	不太方便	30.68	较低	25.87
十分宽松	5.09	很不方便	19.69	很低	14.23
不清楚	12.21	不清楚	11.18	不清楚	10.45

四、切实加强住房公积金监管力度

住房公积金本质上是缴纳职工的专户存储资金，其所有权归职工个人所有，从某种意义上讲也是职工工资的重要组成部分，正因为如此，住房公积金具有较强的社会敏感性，所以对其进行充分有效的监督管理显得十分重要。然而，近年来，骗取、挪用和超缴住房公积金的贪腐案例已屡见不鲜。追其缘由，公积金管理中心置于金融监管机构视野之外，逐渐成为管理大笔款项的特权机构，同时，公积金监管体系看似完备，但却是"九龙治水，形同虚设"。如何打破公积金管理混乱、各自为政、案件频发等监管漏洞已成为公众关切（见表 22-8）。而要对住房公积金实施有效的监管，就必须使其摆脱"上级监管太远、同级监管太弱、社会监管无效"的尴尬境地，解决其政策法规不健全和社会参与不充分的问题，打破原先"多头管就无人管"的局面，保障缴纳者的知情权、话语权和决策参与等权利，努力实现公积金管理制度化、法制化和透明化。

表 22-8　　　　公众对于住房公积金监管力度的认知

个人公积金安全感	占比（%）	对管理透明度的看法	占比（%）	对加大监察力度的看法	占比（%）
十分放心	10.46	很透明	3.06	急需加强	30.63
比较放心	22.26	比较透明	10.45	较为需要	33.91

续表

个人公积金安全感	占比（%）	对管理透明度的看法	占比（%）	对加大监察力度的看法	占比（%）
一般	21.53	一般	35.58	无所谓	15.86
不太放心	18.61	不太透明	23.54	不太需要	5.06
很不放心	9.75	不透明	5.88	不需要	1.48
其他	6.52	不清楚	21.49	不清楚	13.06
不清楚	10.87				

五、努力搭建住房公积金政策宣传平台

作为一项重要的住房政策，公积金制度关系社会众多家庭的福利及保障，因此，该制度需要搭建专门的信息披露平台，以实现各项政策信息及时发布、居民适时了解、意见征集、政策反馈、效果评估等各项实用功能。目前各个地市虽基本建立了住房公积金门户网站，但总的来说，依然存在更新不及时、功能不完备、信息不全面、宣传不到位等诸多亟待解决的问题。从社会公众的视角来看，其了解公积金政策的途径相对传统和单一、对政策宣传渠道了解程度不高以及对政策关注程度不积极（见表22-9），这些无疑会给住房公积金的公众认知度大打折扣。因此，需要致力于搭建公积金政策宣传平台，将面对面宣传、媒体宣传和客服服务等方式充分结合，努力做到创新活动载体、联合媒体推广和深化政策解读，更加深入服务大厅、企业、社区和楼盘，积极做好住房公积金政策调整的宣传和答疑工作，如安康市巧借"五个平台"做实公积金政策宣传（传统媒体、新兴媒体、上门服务、文化社团、公益人士），以此提升住房公积金制度的公众认知。

表22-9　　　　　公众对于住房公积金政策宣传的认知

了解公积金政策途径	占比（%）	公积金网站了解程度	占比（%）	对公积金政策关注程度	占比（%）
在校学习	4.82	了解，经常登录	2.98	经常关注	4.88
周围人讲解	23.91	了解，很少登录	28.45	较少关注	32.93
机构咨询	20.34	不了解	58.39	很少关注	36.71
报刊、电视、网络	25.71	其他	10.19	不关注	25.49
其他	7.76				
不了解	17.65				

第二十三章

建立中国特色的政策性住宅金融机构

"解决中低收入群体的住房问题"和"增强公积金的金融功能"是公积金制度设计的基础。依据这一基本制度定位，结合当前我国公积金制度现状，可以对主要的三个改革方案进行比较评价。在确定改革方案的基础上，进一步提出完善我国住房公积金政策性金融功能的措施和对策建议。

第一节 住房公积金制度改革的方案选择

目前，关于中国公积金制度改革，学术界借鉴国际经验并主要提出了三种方案，分别是：政策性住房银行模式、基金运作模式、增强金融功能的强制储蓄模式。

一、政策性住房银行模式的可行性分析

将公积金管理机构直接调整为政策性住房银行，则各公积金中心就会转变为政策性银行。在这一模式下，公积金管理机构完全按照银行或企业的法则运营，即通过进一步弱化政府行政角色，实现从行政机构向金融机构的实质性转变。公积金不再是一个行政单位，而是一个政策性金融部门。

现有的住房公积金的运营、监管已经基本具备了金融机构的基本特征，也在

不断从过去"代管"模式转变为"只管"模式。通过只管模式，管理中心对住房公积金的资金运营、增值收益、风险管控等把控能力逐渐提高，对资金的盈利性、流动性、安全性的意识日益增强。住房公积金的金融功能较过去有所提高，在一定程度上，按照银行模式来运作和管理资金。

关于政策性住房银行方案的提出，主要依据党的十八届三中全会以来的国家层面顶层设计。其明确指出："研究建立住宅政策性金融机构。"成立住房公积金储蓄银行，就可以充分发挥住房公积金资金的金融属性，使其以保障基本住房消费资金需要为目标，开展储蓄及投融资活动，最大可能地壮大资金规模；也就是通过多元的经营渠道、灵活的经营方式，在满足基本住房消费资金需要的基础上，实现住房公积金的保值增值。

这样的改革方案看起来能够一步到位，并且也有德国等国成功的先例。考虑到政策性住房银行本身的金融属性，其运行效率也会较高。不过，就目前的实际情况来看，将公积金中心直接转变为住房银行还是存在着一定困难。最关键的问题是，现在的银行已经发展成为一种高度专业化、信息化和市场化运行的机构，没有一个长期的建设和经营，是很难真正具有银行功能的。我国的公积金管理中心都是脱胎于行政机构，长期以来其金融功能主要交给银行代理，缺乏现代银行所需要的最基础的技术条件、人员条件和组织条件。

二、基金运作模式的可行性分析

基金运作模式类似于新加坡的中央投资局的运营模式，即政府将公积金的运营委托给独立的第三方机构进行运作，政府是资金的委托人，基金机构是受托人，缴费群体是受益人。但与传统的商业型基金模式相比较，这一基金并非将资金的收益最大化作为首要目标，而是兼顾商业利益与社会公平。政府并未与资金的管理职能完全剥离，公积金中心有职责来督促或监管基金的运作，在商业利益与公平间做出权衡，维护社会公平。

在基金运作模式中，公积金中心不再具体管理资金的运作，而是侧重于对资金运行方向和社会公平方面的考量和政策引导。在管理体制上，根据资金池相机决定。如果资金池分省运作，中央只是提方向，由各省负责监管；如果资金池能够实现全国统一管理，则由中央主导。在监管体制上，由政府进行外部监管，主要是对事权的监管；由基金从安全性、盈利性和流动性角度出发，实行内部监管，主要是对资金的监管。

基金模式的优势在于：更有利提高资金的运行效率，实现管理者与运营者的分离；可以更好发挥政策性住房金融机构的本质，为低收入群体带来资金保值增值。这一制度模式的困难之处在于：需要重新建立一个专门进行公积金投资的基金，这样专业性机构的建立和运营并非短期内可以完成。进一步来说，由于公积金的安全性要求，基金的许多高风险投资和增值功能很难采用。一些风险低的资金运营又完全可以通过现有的机构来实现。这样看来，增加一个基金机构，所能带来的收益有限，但需要付出的组织建设成本很高。

三、增强金融功能的公积金模式的可行性分析

这一模式内生于现行的行政管理体制，即在机构设置上仍是事业编制管理，但在管理上更加强调统一规范，在功能上增加某些金融功能，即更强调用利率手段调节资金使用方向，对资金进行多元化运作，扩大投融资业务范围，包括尝试委托商业银行进行短期的资金拆借、中长期的债券发行，更加注重对资金的合规监管。

具体来说，在强化金融功能的公积金模式下，公积金中心仍然是事业机构，既担负着对政策的把握，同时也增加了资金运作的任务。在管理体制上，第一种是直接由中央政府进行"大一统"管理；第二种是分中央和省两级分级管理。在监管体制上，主要由住建部集中监管。

这一模式的优势在于：只是对现有模式的优化改造，能够充分借助现有运行平台，不用另起炉灶，改革成本相对较小；同时，在现有条件下，能够有针对性地解决当前存在问题，快速扩大资金池，改革成效更为明显，对于解决当前住房市场波动问题能够及时发挥作用。从长远来看，这样的渐进式改革，既可以为今后的改革奠定基础，也有利于适应形势发展变化，灵活调整公积金制度。

第二节 实现住房公积金制度新功能的方案选择

在对上述三种公积金制度改革方案的分析基础上，我们着眼于深化改革，立足现实情况，以"解决中低收入群体的住房问题"和"增强公积金的金融功能"两个基本问题为依据，认为当前还是应该采取"强化金融功能的公积金模式"。具体来说，该模式的主要内容如下：

第一，在管理体制上，在国家层面进行统一领导和监管，设立统一的省（自治区、市）住房公积金管理机构，构建一体化信息管理共享平台。

当前的公积金管理体制或者省级层面的公积金管理体制无法应对公积金覆盖

面扩大后的流动性风险，难以充分发挥公积金的金融功能，需要从全国层面对以公积金为主体的住房金融进行统筹管理。具体来说，首先，在国家层面设立住房公积金的统一领导和监管机构，构建一体化信息管理共享平台，实现独立垂直的住房金融管理体制。其次，要设立省（区、市）住房公积金管理机构，该机构为直属省（区、市）人民政府的独立事业单位，机构性质为公益二类。负责管理本行政区住房公积金，拟定统一的管理政策，制定业务规范和操作流程，编制资金归集使用计划，实施人员管理和绩效考核制度，开发全省（区、市）统一的业务运行系统，对本行政区住房公积金进行统一核算，拟定增值收益分配方案等。省直和企业分支机构全部纳入省级公积金管理机构统筹管理，实现统一决策、统一管理、统一制度、统一核算。再次，以现有设区城市住房公积金管理中心和区（县）住房公积金管理部为依托，设区城市设立住房公积金管理分支机构，区（县）设立住房公积金业务经办网点，保持现有管理格局基本不变。住房公积金管理分支机构和业务经办网点负责住房公积金归集、提取、贷款等具体业务运作。

第二，在资金归集上，以强制储蓄为基础，以政策优惠为手段，扩大公积金的覆盖范围。

要让更多的中低收入群体能够享受到公积金制度的优惠条件，就必须不断扩大公积金的覆盖面。个体工商户、自由职业者和其他灵活就业人员可以个人缴存。在城镇稳定就业的农民工也应依法缴存。从长期来看，最好通过立法，强制要求各用人单位在签订职工就业合同时就有为员工缴存住房公积金的义务。在相应立法没有完成之前，则需要采取企业税收优惠、购房低息贷款等经济手段吸引更多企业和员工缴存公积金。

第三，在资金使用上，依据收入级别，采取差别化利率调节，扩大资金使用的项目。

发挥公积金的功能，就是要有效解决中低收入群体的住房问题，为此，可以由中央银行划定一个浮动的利率区间，以防范金融风险。住建部则根据市场状况和不同群体的收入水平，进行差别化利率调节。即依据收入水平将住房贷款利率划分为几个不同的档次，收入水平越低，利率就越低。

同时，为了扩大公积金的覆盖面，还需要不断扩大公积金的使用领域。一方面，可以放宽公积金使用条件，用于住房消费相关的装修、物业费用等；并探索将公积金与基本医疗保险制度的结合，研究将公积金的使用范围扩大到购房、治病、养老、互助和子女教育等方面的可行性。另一方面，为解决低收入群体的首付款难题，可以积极探索将农村的土地或农宅在确权基础上进行抵押贷款。

第四，在资金管理及收益分配上，以利率招标来选择商业银行，在资金保值增值的基础上，进行资金的跨地调度。

在公积金的管理上，宜采取利率招标，由那些更有竞争力的银行来经营管理。各省公积金管理机构划拨业务资金，管理备付金，确定银行存储结构和国债购买额度，实现资金保值增值。拟定收益分配方案，计提风险准备金、管理费用。为调动市（区、县）住房公积金管理分支机构的积极性，分支机构归集的住房公积金应首先保证本市（区、县）的提取和个人住房贷款，结余资金由省级住房公积金管理机构统筹使用。中央作为总体调控，委托各省具体管理，资金运营相对独立，必要时对资金的余缺可进行跨省调度。

第五，在监管机制上，设立专业化监管机构，协调多部门的监管资源进行专业监管。

省级统筹住房公积金管理机构成立后，有必要提高住房公积金监管层次。可成立国家住房公积金监督管理局，建立职能配置完善、岗位设置科学的专业化监管机构和团队，直接对省级住房公积金管理机构实施监管，增强住房公积金监管的权威性和专业性。国家住房公积金监管局负责全国住房公积金政策措施的制定，建立监控、督察、问责、追究、评估和绩效考核等管理制度，协调财政、审计、中国人民银行、银监会、监察等部门的监管资源，对住房公积金制度进行自上而下的全过程、专业监管。

第三节 提升住房公积金政策性金融功能的举措

无论是现实公开规范的住房公积金制度建设目标，还是扩大住房公积金覆盖面，增强住房公积金解决中低收入群体住房难题的政策取向，都是建立在提升住房公积金政策性金融功能的基础之上。为此，我们提出下列提升住房公积金政策性金融功能的主要举措和政策建议。

第一，健全资金供给机制——坚持居住优先、民生优先的政策导向，重塑住房公积金互助本质，有序推进公积金制度扩面改革，化解公积金发展不平衡、不充分的结构性矛盾。

作为住房公积金的典型特征之一，对城镇在职职工的强制性缴存机制从制度初始延续至今，在很大程度上为公积金资金供给提供了有力保障。但即便如此，多地住房公积金仍收不抵支，普遍面临着较为突出的流动性不足风险。与此同时，住房公积金制度的政策性本应体现在对中低收入群体的住房保障上，但遗憾的是大量新市民还未被制度有效覆盖，而商业性住房金融则定位于中高收入群体。基于现阶段我国政策性住房金融领域的软肋和不足，提升住房公积金政策性金融的首要任务是要健全资金供给机制。

从短期来看，住房公积金在保持城镇在职职工强制缴存的基础上，进一步扩大制度覆盖面，将无雇工的个体工商户、非全日制从业人员以及其他灵活就业人员纳入保障范围，体现出政策性住房金融的互助优势。当然，推进住房公积金制度扩面改革并不能一蹴而就，应当充分考虑新市民群体的工作和收入等稳定程度，预估可能出现的扩面风险，掌握资金动态平衡。同时，若对扩面群体实施强制缴存措施难免会引起政策误解，建议对新增群体实行自愿缴存办法。即在短期内，住房公积金实行"强制＋自愿"缴存双轨制。而从长期来看，在着力解决公积金发展不平衡、不充分的结构性矛盾下，考虑到强制缴存不利于资源优化配置和维护市场经济秩序，有违契约精神（宋跃晋，2014），为建立房地产市场长效机制和政策性住宅金融机构，构建住房公积金市场化供给机制，应逐步放开强制性缴纳硬性约束，全面提升资金归集弹性和韧性。

第二，优化资金管理模式——破除住房公积金属地化经营壁垒，疏通公积金跨区域流动通道，全面谋划各地区资金时间维度调整和空间维度布局，促进公积金区域间协调发展。

住房公积金实行以市为单位的属地化运营模式，在增强了地方管理权限的同时，也成为了制约住房公积金政策性金融功能提升的瓶颈，给资金流通和资金监管带来了制度障碍。其一，封闭化运行实际上是人为对住房公积金资金流动设置了阀门，不利于资金的跨界整合融通；而由于我国城市间差异明显，尤其表现在房地产市场冷热不均，属地化管理加剧了各地公积金资金的供求矛盾，造成了公积金流动性不足和流动性不均共存的现象。其二，分散化运作不利于充分发挥住房公积金规模优势，数以万亿计的公积金分散于数百个市级单位，难以形成合力，也很难从根本上实现用好用活住房公积金。其三，属地化管理对住房公积金的统一监管制造了困局。国家层面的政策调整需要层层传导，不仅效率不高，还容易产生信息不对称。并且设置如此众多级别对等的公积金管理中心，容易引发操作风险且难以监控。除此之外，各地公积金政策存在一定程度上的差异性，也容易造成公积金监管部门和地方政府之间权责不明确。

优化住房公积金管理模式，关键在于突破属地化经营的制度瓶颈，赋予公积金合理的流动权限。同样地，这项改革仍需分步推进。首先需要建立资金跨市流动的融通平台，设立省级政策性住宅金融机构试点，如省级住房银行，以省级单位统一监管，引导资金在各市之间调剂余缺，不仅能够缓解公积金流动性不足城市的资金压力，还能提高公积金流动性过剩城市的资金使用效率，这也是区域经济协调发展的具体体现。其次，构建各省住房公积金拆借机制，即在实现公积金跨市流动基础上，进一步推动公积金跨省流动；并以此为依托，构建全国性的政策性住宅金融机构，如国家住房银行，真正实现全国公积金互联互通，不仅提升效率，还在很大程度上缓解公积金供求矛盾。此外，在调整住房公积金监管体系的同时，需要重新界定中央和地方的事权。诚然，住房公积金管理模式的重心上移能够引导各地区资金时间维度调整和空间维度重组，挖掘公积金的最大潜力，在加强个体互助的基础上实现区域互助，即在提升公积金金融功能的同时又进一步彰显了政策的保障性。

第三，改进资金使用方式——整合住房公积金存量资源，调整增量配置，重点支持住房刚性需求和住房租赁市场发展，拓宽公积金投融资渠道，提高公积金保值增值能力。

现阶段我国住房公积金的主要使用途径仍可归结为提取和贷款，其中贷款包括个人住房贷款和支持保障性住房建设试点项目贷款，只有少量资金用于购买国债等。显然，住房公积金相对单一的资金使用方式不仅限制了其功能的发挥，也削弱了资金保值增值能力。具体而言，住房公积金的功能主要定位于满足居民购房的刚需，但由于住房价格持续攀升，公积金支持购房的作用力也在持续减弱，这种现象在一、二线城市表现得尤为突出。而在推进住房市场租购并举的政策导向下，现阶段公积金对于支持住房租赁的贡献还相对不足。与此同时，规模庞大的资金库缺乏金融化手段进行运转，导致资金的沉淀率较高，保值增值能力十分有限，外加通货膨胀的压力，公积金账户也往往处于负利率状态，这无疑增加了职工缴存住房公积金的机会成本。

提升住房公积金政策性金融功能的关键之处在于合理、有效配置资金资源。一是坚持住房公积金取之于民，用之于民的基本理念，不仅要满足居民提取、贷款的基本需求，还要对住房公积金基本功能进行延伸，主要在满足购房刚需的基础上，加强对住房租赁市场的政策支持。放宽提取住房公积金支付房租条件，尤其针对一、二线城市职工和中低收入群体，赋予公积金租房融资相对更低的利息成本，减轻缴存职工租房压力，鼓励更多城市居民通过租房形式实现住有所居，改善居住条件。不同城市要根据地方实情，因地制宜制定住房公积金差别化政策，明确租房提取条件，规范租房提取额度，简化租房提取要件，提高提取审核效率，防范骗提套取行为。二是要合理拓宽住房公积金投融资渠道，虽然住房公积金属于保障性住房政策范畴，但片面追求政策属性而放弃金融属性，这实际上是对政策性住房金融的误读，也不利于住房公积金制度的可持续发展。在保证住房公积金满足居民提取、贷款前提下，可将存量资金用于购买国债、大额存单、地方政府债券、政策性金融债等高信用等级固定收益类产品。同时，有条件的城市应积极推行公积金个人住房贷款资产证券化业务，盘活贷款资产，或通过贴息等方式进行融资，融资成本可从其增值收益中列支。

第四，完善资金风控体系——建立住房公积金运行风险监测、评估、预警、防控四级响应机制，有效应对公积金金融创新中的各类风险，守住不发生系统性金融风险的底线。

相比较商业金融而言，住房公积金运行风险相对较低，主要原因可以归纳为三类：一是由于参缴群体主要是有稳定工作和稳定收入的城镇在职职工，且单位性质大多属于国有企业、事业单位以及相对优质的民营企业，显然这部分群体的收入较高、工作稳定性强。二是由于住房公积金贷款利率相对更低，一般低于同期住房商业贷款1~2个百分点，公积金贷款低息优势减轻了贷款职工的还款压力。三是由于宏观经济环境保持相对稳定，尤其房地产市场预期较为乐观，近些年房价上涨势头明显，这也大大降低了贷款人主动违约的风险。虽是如此，住房公积金运行风险仍不容忽视，流动性风险、信用风险和操作风险依旧是其面临的主要风险，且近期公积金流动性不足风险已成为各地共同面临的难题。而随着扩面改革的持续推进和公积金金融功能的不断提升，风险敞口越来越多，已知风险可能会不断加深，同时也可能滋生未知风险。

防范和管控住房公积金运行风险是制度改革的基本前提和重要保障，需要通过建立监测、评估、预警、防控四级响应机制，防控公积金各类运行风险。当前应高度重视住房公积金流动性风险，很多地、市住房公积金个贷率已经突破100%，公积金入不敷出、收支倒挂，资金池规模快速萎缩，现阶段主要应对措施包括限提限贷、轮候贷款、降低额度、提高利率、公转商等，但这些办法并非长效机制，同时还损害了缴存职工的合法权益；可依靠供给侧改革化解流动性风险，提高住房公积金政策性金融功能，一是通过建立弹性缴存机制扩大资金归集总量，二是通过突破属地化经营模式实现资金全国共享，三是通过拓宽投融资渠道增强资金运行活力。与此同时，要特别重视住房公积金尤其是扩面群体贷款信用风险，建立公积金贷款大数据平台，实现跨部门信息共享，实施信用评级和动态监测，实行差别化贷款政策。此外，通过创新管理、明晰权责、优化团队，有力防控住房公积金操作风险。

参 考 文 献

[1] Allen、Gale:《理解金融危机》,中国人民大学出版社2010年版。

[2] 曹艳春:《我国城镇公积金保障水平测度及其与经济发展水平适应性分析》,载于《当代财经》2009年第11期。

[3] 陈伯庚、顾志敏、陆开和:《城镇住房制度改革的理论与实践》,人民出版社2003年版。

[4] 陈峰、邓保同:《住房公积金贷款新政的公平与效率分析》,载于《社会科学战线》2016年第8期。

[5] 陈峰、邓保同:《住房公积金制度普惠的测度与评估》,载于《华中师范大学学报(人文社会科学版)》2015年第1期。

[6] 陈杰:《公积金"账随人走"的深层意蕴》,载于《人民论坛》2017年第22期。

[7] 陈杰:《我国保障性住房的供给与融资:回顾与展望》,载于《现代城市研究》2010年第9期。

[8] 陈杰:《住房公积金制度改革的基本思路》,载于《中国房地产》2009年第12期。

[9] 陈梅:《我国住房公积金制度的法律完善》,载于《合作经济与科技》2012年第11期。

[10] 陈淑云、李嘉:《资产证券化能否解决住房公积金流动性不足》,载于《中国房地产》2016年第10期。

[11] 陈献东:《住房公积金运营绩效审计评价指标体系研究》,载于《南京审计学院学报》2015年第2期。

[12] 陈永伟、史宇鹏、权五燮:《住房财富、金融市场参与和家庭资产组合选择——来自中国城市的证据》,载于《金融研究》2015年第4期。

[13] 陈友华:《住房公积金制度:问题、出路与思考》,载于《山东社会科学》2014年第3期。

［14］陈余芳、黄燕芬：《供给侧改革背景下的我国住房公积金制度改革研究》，载于《现代管理科学》2017 年第 3 期。

［15］陈玉京：《中美住房金融理论与政策——房地产资本运动的视角》，人民出版社 2009 年版。

［16］陈志国：《新视角：制度安排、政府干预与效率——新加坡中央公积金制度再透视》，载于《财经科学》2000 年第 6 期。

［17］迟国泰、潘明道、程砚秋：《基于综合判别能力的农户小额贷款信用评价模型》，载于《管理评论》2015 年第 6 期。

［18］戴国强、刘川巍：《我国商业银行个人住房贷款提前偿付模型的实证研究》，载于《财贸经济》2007 年第 6 期。

［19］邓保国、傅晓：《农民工的法律界定》，载于《中国农村经济》2006 年第 3 期。

［20］丁富军、吕萍：《转型时期的农民工住房问题——一种政策过程的视角》，载于《公共管理学报》2010 年第 1 期。

［21］丁祖昱：《中国房价收入比的城市分异研究》，载于《华东师范大学学报（哲学社会科学版）》2013 年第 3 期。

［22］董昕：《动态趋势与结构性差异：中国住房市场支付能力的综合测度》，载于《经济管理》2012 年第 6 期。

［23］董昕：《中国农民工住房问题的历史与现状》，载于《财经问题研究》2013 年第 1 期。

［24］董昕、周卫华：《住房市场与农民工住房选择的区域差异》，载于《经济地理》2014 年第 12 期。

［25］樊欣、杨晓光：《我国银行业操作风险的蒙特卡罗模拟估计》，载于《系统工程理论与实践》2005 年第 5 期。

［26］范超、王雪琪：《我国 35 个大中城市房价——持久收入比研究》，载于《统计研究》2016 年第 8 期。

［27］罗方科、陈晓红：《基于 Logistic 回归模型的个人小额贷款信用风险评估及应用》，载于《财经理论与实践》2017 年第 1 期。

［28］冯长春、李天娇、曹广忠、沈昊婧：《家庭式迁移的流动人口住房状况》，载于《地理研究》2017 年第 4 期。

［29］高波：《房地产税收财政困境与突破路径》，载于《中国经济报告》2017 年第 2 期。

［30］高波、王辉龙、李伟军：《预期、投机与中国城市房价泡沫》，载于《金融研究》2014 年第 2 期。

[31] 高波、王文莉、李祥：《预期、收入差距与中国城市房价租金"剪刀差"之谜》，载于《经济研究》2013年第6期。

[32] 高波：《我国城市住房制度改革研究——变迁、绩效与创新》，经济科学出版社2017年版。

[33] 革昕、张巍、王塔瑚、程华、谈从炎：《从国际经验看中国企业减负中的"五险一金"改革》，载于《财政研究》2017年第7期。

[34] 葛扬、徐晓明、贾春梅：《我国住房公积金制度演化的回顾与展望》，载于《华东经济管理》2015年第3期。

[35] 耿杰中：《住房公积金发展与改革的若干思考》，载于《探索与争鸣》2014年第4期。

[36] 顾澄龙、周应恒、严斌剑：《住房公积金制度、房价与住房福利》，载于《经济学（季刊）》2016年第1期。

[37] 郭宏宇：《住宅金融市场发展的两难困境——从美国住宅金融市场改革看住房保障与财政风险的两难抉择》，载于《经济社会体制比较》2011年第4期。

[38] 郭士征、张腾：《中国住房保障体系构建研究——基于"三元到四维"的视角》，载于《贵州社会科学》2010年第12期。

[39] 郭新宇、李想、潘扬彬：《农民工住房需求特性研究——基于县城农民工住房需求函数的实证分析》，载于《农村经济》2015年第11期。

[40] 韩立达、郭堂辉：《我国住房公积金制度运行的绩效、问题及对策》，载于《华东经济管理》2009年第6期。

[41] 韩立达、李耘倩：《我国廉租房制度发展演变及对策研究》，载于《城市发展研究》2009年第11期。

[42] 浩春杏：《对住房公积金制度公正性的社会学探讨——社会排斥的理论视角》，载于《哈尔滨工业大学学报（社会科学版）》2010年第1期。

[43] 何代欣：《住房公积金制度与住房福利分配的他国镜鉴》，载于《改革》2015年第5期。

[44] 洪露：《住房按揭贷款违约损失率预测模型研究》，载于《金融论坛》2014年第1期。

[45] 胡宁生：《构建公共部门绩效管理体系》，载于《中国行政管理》2006年第3期。

[46] 胡祖铨：《我国房地产去库存研究》，载于《宏观经济管理》2016年第4期。

[47] 黄大志、亚得列·雅蒲、张占力：《新加坡：从普遍提供公共住房到

满足日益增长的私人住房需求》，载于《经济社会体制比较》2013年第4期。

［48］黄静、胡昊、屠梅曾：《我国住房公积金制度有效性分析》，载于《武汉理工大学学报（信息与管理工程版）》2009年第5期。

［49］黄兴文：《住房体制市场化改革》，中国财政经济出版社2009年版。

［50］黄修民：《由韩国住房金融制度看中国公积金制度的改革和完善》，载于《经济与管理研究》2010年第3期。

［51］黄燕芬、李怡达：《关于我国住房公积金制度改革顶层设计的探讨》，载于《国家行政学院学报》2017年第2期。

［52］黄燕芬、张超：《加快建立"多主体供给、多渠道保障、租购并举"的住房制度》，载于《价格理论与实践》2017年第11期。

［53］吉姆·凯梅尼著，王滔译：《从公共住房到社会市场——租赁住房政策的比较研究》，中国建筑工业出版社2010年版。

［54］季明明：《国家社会福利保障体系的成功典范——新加坡中央公积金制度研究》，载于《改革》2000年第2期。

［55］贾康、刘军民：《中国住房制度改革问题研究》，经济科学出版社2007年版。

［56］金俭：《中国住宅法研究》，法律出版社2004年版。

［57］马九杰、郭宇辉、朱勇：《县域中小企业贷款违约行为与信用风险实证分析》，载于《管理世界》2004年第5期。

［58］居祥、黄贤金、金雨泽、汤其琪、顾璟冉：《现行保障房政策的居民响应及影响因素分析——以江苏省徐州市为例》，载于《东南大学学报（哲学社会科学版）》2015年第17期。

［59］康峰：《三四线房地产融资风险》，载于《中国金融》2016年第24期。

［60］康书隆、余海跃、刘越飞：《住房公积金、购房信贷与家庭消费——基于中国家庭追踪调查数据的实证研究》，载于《金融研究》2017年第8期。

［61］康耀江、张健铭、文伟：《住房保障制度》，清华大学出版社2011年版。

［62］亢飞：《改革开放以来中国城镇住房政策的演变》，载于《党史研究与教学》2013年第5期。

［63］况伟大、李涛：《土地出让方式、地价与房价》，载于《金融研究》2012年第8期。

［64］况伟大：《中国住房抵押贷款拖欠风险研究》，载于《经济研究》2014年第1期。

［65］李斌：《分化的住房政策》，社会科学文献出版社2009年版。

［66］李锋：《住房公积金发展史》，中国建筑工业出版社2016年版。

[67] 李海明:《住房公积金的法律属性与功能定位》,载于《改革与战略》2012年第10期。

[68] 李培:《经济适用房住户满意度及其影响因素分析——基于北京市1184位住户的调查》,载于《南方经济》2010年第4期。

[69] 李文静:《住房公积金之分配正义——兼谈〈住房公积金管理条例〉修订中关于"职工"范围的争议点》,载于《法学杂志》2013年第6期。

[70] 李修林、董意凤:《中低收入者住房金融模式分析》,载于《管理世界》2011年第9期。

[71] 李燕、刘传哲:《我国住房公积金制度改革的实质与向度研究》,载于《山东社会科学》2016年第3期。

[72] 李扬、汪利娜、殷剑峰:《普遍住房保障制度比较和对中国的启示》,载于《财贸经济》2008年第1期。

[73] 李永友:《房价上涨的需求驱动和涟漪效应——兼论我国房价问题的应对策略》,载于《经济学(季刊)》2014年第2期。

[74] 李勇刚、高波:《信贷约束对住宅市场的影响效应——基于动态面板模型的研究》,载于《中南财经政法大学学报》2012年第2期。

[75] 李勇辉:《城镇居民住宅消费保障制度》,中国经济出版社2005年版。

[76] 李珍、孙永勇:《新加坡中央公积金管理模式及其投资政策分析》,载于《东北财经大学学报》2004年第4期。

[77] 李智:《廉租房房地产投资信托的域外经验及其借鉴》,载于《法商研究》2012年第3期。

[78] 梁土坤:《适应转化:新生代流动人口定居意愿的实证研究及其政策意涵》,载于《中国人口·资源与环境》2017年第2期。

[79] 梁云芳、高铁梅:《中国房地产价格波动区域差异的实证分析》,载于《经济研究》2007年第8期。

[80] 廖理、吉霖、张伟强:《借贷市场能准确识别学历的价值吗——来自P2P平台的经验证据》,载于《金融研究》2015年第3期。

[81] 刘洪玉:《推进与完善住房公积金制度研究》,科学出版社2011年版。

[82] 刘丽巍:《我国住房公积金管理体制及运营模式改革探讨》,载于《中国房地产》2011年第14期。

[83] 刘丽巍:《我国住房公积金制度的现实挑战和发展方向》,载于《宏观经济研究》2013年第11期。

[84] 刘一佳:《住房公积金合同管理中法律风险管理体系建立》,载于《中国房地产》2015年第1期。

[85] 刘一伟：《住房公积金与农民工定居城市的关联度》，载于《重庆社会科学》2017 年第 1 期。

[86] 龙朝阳、邓依伊、鲍维杰：《新加坡中央公积金模式的实施利弊浅析》，载于《湖湘公共管理研究（第二卷）》2010 年第 8 期。

[87] 卢现祥：《论制度的公平性》，载于《江汉论坛》2009 年第 8 期。

[88] 陆娅楠：《公积金增值收益该归谁？》，载于《人民日报》2014 年第 17 期。

[89] 路君平、李炎萍、糜云：《我国住房公积金制度的发展现状与对策研究》，载于《中国社会科学院研究生院学报》2013 年第 1 期。

[90] 吕晖蓉：《美、日住房金融体系的功能比较及启示》，载于《财经科学》2012 年第 2 期。

[91] 毛丰付：《住房的政治经济学：国际政治经济学的一个新视界》，载于《经济学家》2012 年第 7 期。

[92] 毛中根：《城市住房制度改革研究领域的一部佳作——评高波等著〈我国城市住房制度改革研究：变迁、绩效与创新〉》，载于《经济学家》2018 年第 2 期。

[93] 孟艳：《我国住房金融的体系重构与政策优化》，经济科学出版社 2013 年版。

[94] 彭加亮、罗祎：《建立和完善面向农民工的住房公积金制度研究》，载于《华东师范大学学报（哲学社会科学版）》2016 年第 6 期。

[95] 平新乔、杨慕云：《信贷市场信息不对称的实证研究——来自中国国有商业银行的证据》，载于《金融研究》2009 年第 3 期。

[96] 钱凯：《改革和完善我国住房公积金制度的观点综述》，载于《经济研究参考》2007 年第 24 期。

[97] 钱龙：《信息不对称与中小企业信贷风险缓释机制研究》，载于《金融研究》2015 年第 10 期。

[98] 钱争鸣、李海波、于艳萍：《个人住房按揭贷款违约风险研究》，载于《研究》2010 年第 S1 期。

[99] 任燕燕、徐美娟、王越：《P2P 网络借贷市场利率主导权偏离程度的研究——基于双边随机前沿模型》，载于《数理统计与管理》2017 年第 4 期。

[100] 尚莉：《新型城镇化背景下我国住房公积金制度改革方向探究——基于发展中国家的经验分析》，载于《现代管理科学》2015 年第 11 期。

[101] 沈正超、杨华凯：《深化我国住房公积金制度改革的思考》，载于《上海房产》2015 年第 3 期。

[102] 盛光华、张天舒：《新生代农民工主观幸福感影响因素的识别与分析》，载于《青年研究》2015 年第 6 期。

[103] 宋斌：《次贷危机与我国住房信贷风险防范》，载于《财经科学》2009 年第 5 期。

[104] 宋跃晋：《论住房公积金法律性质及其强制缴存义务》，载于《暨南学报（哲学社会科学版）》2014 年第 7 期。

[105] 孙博：《集中式综合社会保障及市场化运作：新加坡中央公积金制度借鉴与启示》，载于《清华金融评论》2014 年第 8 期。

[106] 孙玉莹、闫妍：《基于压力测试的我国某商业银行房贷违约率评估》，载于《系统工程理论与实践》2014 年第 9 期。

[107] 孙玥：《我国住房公积金制度路径选择》，载于《价格理论与实践》2014 年第 6 期。

[108] 谭清香、张斌：《农村居民住房满意度及其影响因素分析——基于全国 5 省 1000 个农户的调查》，载于《中国农村经济》2015 年第 2 期。

[109] 佟广军：《我国住房公积金制度的变迁及其现实状况》，载于《重庆社会科学》2014 年第 5 期。

[110] 万卉：《论完善住房公积金社会公平的法律制度》，载于《财经问题研究》2015 年第 S1 期。

[111] 汪利娜：《房地产泡沫的生成机理与防范措施》，载于《财经科学》2003 年第 1 期。

[112] 汪利娜：《政策性住宅金融：国际经验与中国借鉴——兼论中国住房公积金改革方案》，载于《国际经济评论》2016 年第 2 期。

[113] 汪润泉、刘一伟：《住房公积金能留住进城流动人口吗？——基于户籍差异视角的比较分析》，载于《人口与经济》2017 年第 1 期。

[114] 汪为民：《探索政府主导型住房公积金贷款证券化模式》，载于《中国房地产》2016 年第 24 期。

[115] 王春光：《新生代农村流动人口的社会认同与城乡融合的关系》，载于《社会学研究》2001 年第 3 期。

[116] 王东、秦伟：《农民工代际差异研究——成都市在城农民工分层比较》，载于《人口研究》2002 年第 5 期。

[117] 王福林、贾生华：《个人住房抵押贷款提前还款风险及其管理探析》，载于《价格理论与实践》2003 年第 4 期。

[118] 王捷：《住房公积金：理论思考与实践创新》，江苏大学出版社 2012 年版。

[119] 王金明、高铁梅：《对我国房地产市场需求和供给函数的动态分析》，载于《中国软科学》2004 年第 4 期。

[120] 王开泉：《住房公积金制度的他国镜鉴：透视住房合作银行》，载于《改革》2015 年第 6 期。

[121] 王凯、侯爱敏、翟青：《城市农民工住房问题的研究综述》，载于《城市发展研究》2010 年第 1 期。

[122] 王丽艳、王澍蔚、王振坡：《在全面深化改革背景下发展住房租赁市场》，载于《中国房地产》2014 年第 4 期。

[123] 王西柄、汪梦：《住房公积金制度管理绩效实证研究——以成都市为例》，载于《改革与战略》2010 年第 7 期。

[124] 王先柱、吴义东：《公众认知视角下住房公积金制度的改革》，载于《郑州大学学报（哲学社会科学版）》2017 年第 2 期。

[125] 王先柱、吴义东：《住房公积金"互助"还是"攫取"？——基于中国调查数据的实证研究》，载于《上海经济研究》2017 年第 6 期。

[126] 王先柱、张志鹏、吴义东：《住房公积金制度的公众评价与社会认知》，载于《中国房地产蓝皮书》2016 年版。

[127] 王先柱、张志鹏：《住房公积金制度的改革方向与现实选择》，载于《哈尔滨工业大学学报（社会科学版）》2015 年第 4 期。

[128] 王先柱、赵奉军：《"金九银十"——房地产市场季节性的实证检验》，载于《经济体制改革》2013 年第 1 期。

[129] 王永凤：《住房公积金基本住房互助保障作用研究——确定住房公积金个人贷款额度的方法》，载于《中国行政管理》2015 年第 2 期。

[130] 文龙娇、李录堂：《农地流转公积金制度设想初探——基于农户农地流转意愿视角》，载于《中国农村观察》2015 年第 4 期。

[131] 吴志宇：《论住房公积金制度主体性功能的重塑》，载于《现代经济探讨》2014 年第 10 期。

[132] 向鹏成、李春梅：《基于 DEA 的住房公积金制度运行效率研究——以重庆市为例》，载于《建筑经济》2015 年第 7 期。

[133] 肖文海：《完善住房公积金制度的理论与实践》，中国财政经济出版社 2008 年版。

[134] 肖作平、尹林辉：《我国住房公积金缴存比例的影响因素研究——基于 34 个大中城市的经验证据》，载于《经济研究》2010 年第 S1 期。

[135] 新加坡国立大学李光耀公共政策学院：《拯救中央公积金：恢复公众对新加坡推许储蓄体系的信任》，载于《比较》2015 年第 5 期。

［136］徐保满：《房地产金融》，科学出版社 2007 年版。

［137］徐晓明、葛扬：《我国住房公积金制度改革路径研究——基于建立国家住宅政策性金融机构的视角》，载于《福建论坛（人文社会科学版）》2015 年第 4 期。

［138］徐跃进、吴璟、刘洪玉：《住房公积金政策与缴存职工收益》，载于《统计研究》2017 年第 5 期。

［139］闫建：《公租房社区服务满意度探讨——基于重庆市六大公租房社区千份问卷的实证数据分析》，载于《理论探索》2014 年第 4 期。

［140］杨兵：《我国住房公积金制度公平性研究》，载于《社会保障研究》2010 年第 6 期。

［141］杨刚、王洪卫：《公积金制度对上海住房市场量价波动的影响研究》，载于《财经研究》2012 年第 1 期。

［142］杨继君、许维胜、吴启迪、黄武军：《基于合作博弈的联盟公积金制度在供应链中的应用》，载于《系统工程理论与实践》2009 年第 3 期。

［143］杨菊华：《制度要素与流动人口的住房保障》，载于《人口研究》2018 年第 1 期。

［144］杨黎明、余劲：《我国住房公积金贷款对房价影响的动态研究——基于 2002－2011 年七个二线城市的面板数据》，载于《南京农业大学学报（社会科学版）》2013 年第 5 期。

［145］杨思远：《中国农民工的政治经济学考察》，载于《中央民族大学》2005 年第 Z1 期。

［146］杨赞、张欢、赵丽清：《中国住房的双重属性：消费和投资的视角》，载于《经济研究》2014 年第 S1 期。

［147］姚长辉：《中国住房抵押贷款证券创新研究》，北京大学出版社 2001 年版。

［148］姚树洁、冯根福、姜春霞：《中国银行业效率的实证分析》，载于《经济研究》2004 年第 8 期。

［149］叶光亮、邓国营、黎志刚：《个人住房贷款行为与房贷调控的有效性分析》，载于《经济研究》2011 年第 S1 期。

［150］叶倩：《完善住房公积金制度之对策》，载于《湖南社会科学》2007 年第 4 期。

［151］殷俊、彭聪：《基于公平视角下住房公积金权益模式改革探析》，载于《理论月刊》2014 年第 11 期。

［152］殷俊、彭聪：《住房公积金制度参缴影响因素分析及改革路径选择》，

载于《社会保障研究》2016年第6期。

[153] 尹志超、甘犁：《信息不对称、企业异质性与信贷风险》，载于《经济研究》2011年第9期。

[154] 应红：《中国住房金融制度研究》，中国财政经济出版社2007年版。

[155] 苑泽明、石敏：《住房公积金财务运作模式创新研究》，载于《当代财经》2007年第3期。

[156] 曾筱清、翟彦杰：《我国住房公积金的法律属性及其管理模式研究》，载于《金融研究》2006年第8期。

[157] 湛东升、孟斌、张文忠：《北京市居民居住满意度感知与行为意向研究》，载于《地理研究》2014年第2期。

[158] 张爱菊、孟莲：《存续与废弃：我国住房公积金制度研究——以住宅权保障为视角》，载于《法学杂志》2011年第11期。

[159] 张东：《住房金融》，中国财政经济出版社2004年版。

[160] 张恩逸：《住房公积金制度在住房保障中应发挥主导作用》，载于《宏观经济研究》2008年第6期。

[161] 张昊、冯长春、宋祥来：《住房公积金投资组合研究》，载于《城市发展研究》2010年第1期。

[162] 张泓铭：《解决农民工住房问题的一些基本设想》，载于《华东师范大学学报（哲学社会科学版）》2016年第6期。

[163] 张琪：《发达国家保障性住房建设的做法与启示》，载于《经济纵横》2011年第11期。

[164] 张桥云、郎波：《美国住房金融市场：运行机制、监管改革及对中国的启示》，载于《经济社会体制比较》2011年第3期。

[165] 张桥云、吴静：《美国住房抵押贷款市场：风险转移与回流、扩散与放大机制——兼论美国次级贷款危机的形成原因》，载于《经济学家》2009年第2期。

[166] 张晓晶、孙涛：《中国房地产周期与金融稳定》，载于《经济研究》2006年第1期。

[167] 张晓兰：《美日房地产泡沫与去库存的启示》，载于《宏观经济管理》2016年第6期。

[168] 张晓玫、宋卓霖：《保证担保、抵押担保与贷款风险缓释机制探究——来自非上市中小微企业的证据》，载于《金融研究》2016年第1期。

[169] 张宇、刘洪玉：《美国住房金融体系及其经验借鉴——兼谈美国次贷危机》，载于《国际金融研究》2008年第4期。

[170] 赵利梅、陈红霞：《博弈论视角下农民工住房公积金运行的症结分析及政策建议》，载于《农村经济》2016 年第 10 期。

[171] 赵利梅：《理论和实践：实施农民工住房公积金制度的探讨——以四川省成都市为例的实证分析》，载于《农村经济》2014 年第 12 期。

[172] 赵乃丽：《住房公积金支持保障房建设的风险及其应对》，载于《学术交流》2013 年第 7 期。

[173] 赵胜民、罗琦：《金融摩擦视角下的房产税、信贷政策与住房价格》，载于《财经研究》2013 年第 12 期。

[174] 赵晔琴、梁翠玲：《融入与区隔：农民工的住房消费与阶层认同——基于 CGSS 2010 的数据分析》，载于《人口与发展》2014 年第 2 期。

[175] 周宏、林晚发、李国平：《信息不确定、信息不对称与债券信用利差》，载于《统计研究》2014 年第 5 期。

[176] 周鸿卫：《基于 AHP 的银行绩效内部评价方法》，载于《宁夏大学学报（自然科学版）》2004 年第 1 期。

[177] 周京奎：《公积金约束、家庭类型与住宅特征需求——来自中国的经验分析》，载于《金融研究》2011 年第 7 期。

[178] 周京奎：《收入不确定性、公积金约束与住房消费福利——基于中国城市住户调查数据的实证分析》，载于《数量经济技术经济研究》2012 年第 9 期。

[179] 周京奎：《我国公共住房消费融资模式及绩效分析》，载于《河北经贸大学学报》2010 年第 3 期。

[180] 周京奎：《我国公共住房消费融资现状、问题及模式选择》，载于《城市问题》2010 年第 7 期。

[181] 周蕾、谢勇、李放：《农民工城镇化的分层路径：基于意愿与能力匹配的研究》，载于《中国农村经济》2012 年第 9 期。

[182] 周威、叶剑平：《住房公积金制度的法律与经济分析——写在变法之前》，载于《经济体制改革》2009 年第 1 期。

[183] 周威、叶剑平：《住房公积金制度及其改革方案建议》，载于《江西社会科学》2009 年第 4 期。

[184] 周薇、黄道光：《解读新加坡老年社会福利：基于中央公积金制度之外的思考》，载于《东南亚研究》2015 年第 5 期。

[185] 周雯珺、袁志忠：《拓宽中国住房公积金投资渠道的博弈分析》，载于《经济与管理》2012 年第 2 期。

[186] 周小川：《新加坡的职工保障：公积金制度》，载于《经济社会体制比较》1992 年第 4 期。

[187] 周志凯:《新加坡中央公积金投资运营分析及对中国的启示》,载于《社会保障研究》2010 年第 6 期。

[188] 朱晶、左楠:《我国现行农民工住房公积金的运行症结与制度构建——基于农民工商品房购买行为的研究视角》,载于《理论探讨》2015 年第 2 期。

[189] 朱婷:《公积金贷款标准模型化的一个尝试》,载于《东南学术》2012 年第 2 期。

[190] 朱婷:《浅议住房公积金的性质》,载于《社会保障研究》2012 年第 1 期。

[191] 朱婷:《住房公积金问题研究》,社会科学文献出版社 2012 年版。

[192] 朱晓喆:《论公积金增值收益余额的财产权归属》,载于《上海财经大学学报》2011 年第 1 期。

[193] 朱妍、李煜:《"双重脱嵌":农民工代际分化的政治经济学分析》,载于《社会科学》2013 年第 11 期。

[194] 祝仲坤、冷晨昕:《农民工住房公积金制度的运行现状——基于中国劳动力动态调查数据的分析》,载于《城市问题》2017 年第 3 期。

[195] 祝仲坤:《农民工住房公积金制度的"困境摆脱"》,载于《改革》2016 年第 7 期。

[196] 祝仲坤:《住房公积金与新生代农民工留城意愿——基于流动人口动态监测调查的实证分析》,载于《中国农村经济》2017 年第 12 期。

[197] 卓萍:《构建公共项目绩效评估模型的开发思路》,载于《华东经济管理》2009 年第 9 期。

[198] 邹晓梅、张明:《公积金贷款证券化:中国试点,国际经验与政策建议》,载于《国际金融》2016 年第 3 期。

[199] 左楠:《农村住房公积金制度建设探讨》,载于《农村经济》2013 年第 6 期。

[200] Albertazzi U., Eramo G., Gambacorta L. and Salleo C., *Asymmetric Information in Securitization: An Empirical Assessment*, Journal of Monetary Economics, 2015, Vol. 71, pp. 33 - 49.

[201] Albrecht J., Gautier P. A. and Vroman S., *Directed Search in the Housing Market*, Review of Economic Dynamics, 2015, Vol. 19, pp. 218 - 231.

[202] Allen J., Grieder T., Peterson B. and Roberts T., *The Impact of Macroprudential Housing Finance Tools in Canada*, Journal of Financial Intermediation, 2017.

[203] Beer, A., E. Baker, G. Wood, and P. Raftery, *Housing Policy, Housing Assistance and the Well Being Dividend: Developing an Evidence Base for POST - GFC Economies, Housing Studies*, 2011, Vol. 26, pp. 1171 - 1192.

[204] Benbouzid N., Mallick S. and Pilbeam K., *The Housing Market and the Credit Default Swap Premium in the UK Banking Sector: A VAR Approach, Research in International Business and Finance*, 2017, Vol. 02, pp. 01 - 15.

[205] Blomberg T. G., Bales W. D., Mann K., Piquero A. R. and Berk R. A., *Incarceration, Education and Transition from Delinquency, Journal of Criminal Justice*, 2011, Vol. 4, pp. 355 - 365.

[206] Brueckner, J. K., *Mortgage Default with Asymmetric Information, Journal of Finance and Economics*, 2000, Vol. 20, pp. 251 - 274.

[207] Buckley R. M., Kallergis A. and Wainer L., *The Emergence of Large - Scale Housing Programs: Beyond a Public Finance Perspective, Habitat International*, 2016, Vol. 54, pp. 199 - 209.

[208] Bucuroiu, F., *Trainers that Make a Difference. Gipsy Children in between Education and Delinquency, Procedia - Social and Behavioral Sciences*, 2013, Vol. 2, pp. 130 - 134.

[209] Calza A., Monacelli T. and L Stracca, *Housing Finance and Monetary Policy, Journal of the European Economic Association*, 2013, Vol. 11, pp. 101 - 122.

[210] Capozza, D. R. and Order, R. V, *The Great Surge in mortgage Defaults 2006 - 2009: The Comparative Roles of Economic Condition, Underwriting and Moral Hazard, Journal of Housing Economics*, 2011, Vol. 20, pp. 141 - 151.

[211] Cerutti E., Dagher J. and Dell'Ariccia G., *Housing Finance and Real - Estate Booms: a Cross - Country Perspective, Journal of Housing Economics*, 2017, Vol. 15.

[212] Chalfin, A. and M., Deza, *The Intergenerational Effects of Education on Delinquency, Journal of Economic Behavior & Organization*, 2017, Vol. 7, pp. 1 - 19.

[213] Chen, J. and L., Deng, *Financing Affordable Housing Through Compulsory Saving: The Two - Decade Experience of Housing Provident Fund in China, Housing Studies*, 2014, Vol. 7, pp. 937 - 958.

[214] Chen, J., *The Institutional Dilemma of and Reform Proposals for Housing Provident Fund in China, Journal of Public Administration*, 2010.

[215] Cheshire L., Walters P. and Rosenblatt T., *The Politics of Housing Consumption: Renters as Flawed Consumers on a Master Planned Estate, Urban Studies,*

2010, Vol. 47, pp. 2597 – 2614.

[216] Chetty R., Sándor L. and Szeidl A., *The Effect of Housing on Portfolio Choice*, Journal of Finance, 2017, Vol. 72.

[217] Clark W., Deurloo W. and Dieleman F., *Housing Consumption and Residential Crowding in U. S. Housing Markets*, Journal of Urban Affairs, 2010, Vol. 22, pp. 49 – 63.

[218] Danis, M. A. and P. C., Anthony, *The Delinquency of Subprime Mortgages*, Journal of Economics and Business, 2008, Vol. 60, pp. 67 – 90.

[219] Den, L., *Financing Affordable Housing Through Compulsory Saving: The Two – Decade Experience of Housing Provident Fund in China*, Housing Studies, 2014, Vol. 29, pp. 937 – 958.

[220] Dorofeenko V., Lee G. S. and Salyer K. D., *Risk Shocks and Housing Supply: A Quantitative Analysis*, Journal of Economic Dynamics & Control, 2014, Vol. 45, pp. 194 – 219.

[221] Downing C., Stanton R. and Wallace N., *An Empirical Test of a Two – Factor Mortgage Valuation Model: How Much Do House Prices Matter*, Real Estate Economics, 2005, Vol. 33, pp. 681 – 710.

[222] Eickmeier S., Hofmann B. and Policy M., *Housing Booms and Financial (Im) Balances*, Macroeconomic Dynamics, 2013, Vol. 17, pp. 830 – 860.

[223] Eriksen, M., *The Market Price of Low – Income Housing Tax Credits*, Journal of Urban Economics, 2009, Vol. 66, pp. 141 – 149.

[224] Fleischer, Friederike, *"To Choose a House Means to Choose a Lifestyle." The Consumption of Housing and Class – Structuration in Urban China*, City & Society, 2010, Vol. 19, pp. 287 – 311.

[225] Foos D., Norden L., and Weber M., *Loan Growth and Riskiness of Banks*, Journal of Banking & Finance, 2010, Vol. 34, pp. 2929 – 2940.

[226] George, J. M. and G. R., Jones, *Understanding and Managing Organizational Behavior*, Beijing: Peking University Press, 2002, pp. 248 – 250.

[227] Gillies, J. and C., Curtis, *The Structure of Local Mortgage Markets and Government Housing Finance Programs*, Journal of Finance, 2012, Vol. 10, pp. 363 – 375.

[228] Glaeser E. L., Gottlieb J. D. and Tobio K., *Housing Booms and City Centers*, American Economic Review, 2012, Vol. 102, pp. 127 – 133.

[229] Goswami G., Tan S. and Waisman M., *Understanding the Cross-section of*

the U. S. Housing Bubble: The Roles of Lending, Transaction Costs, and Rent Growth, Journal of Macroeconomics, 2014, Vol. 15.

[230] Guerrieri V., Hartley D. and Hurst E., Endogenous Gentrification and Housing Price Dynamics, Journal of Public Economics, 2013, Vol. 100, pp. 45 – 60.

[231] Hartley, D., The Effect of Foreclosures on Nearby Housing Prices: Supply or Dis – Amenity?, Regional Science and Urban Economics, 2014, Vol. 49, pp. 108 – 117.

[232] Haughwout A., Peach R. and Tracy J., Juvenile Delinquent Mortgage: Bad Credit or Bad Economy, Journal of Urban Economics, 2008, Vol. 64, pp. 246 – 257.

[233] He C., Wright R. and Zhu Y., Housing and liquidity, Review of Economic Dynamics, 2015, Vol. 18, pp. 435 – 455.

[234] Hiu – Ying, C., Housing Assets to the Elderly In Urban China: To Fund or to Hedge?, Housing Studies, 2017, Vol. 32, pp. 638 – 658.

[235] Hodkinson, S., The Private Finance Initiative in English Council Housing Regeneration: A Privatisation too Far?, Housing Studies, 2011, Vol. 26, pp. 911 – 932.

[236] Iacoviello, M. and M., Pavan, Housing and Debt over the Life Cycle and over the Business Cycle, Journal of Monetary Economics, 2013, Vol. 60, pp. 221 – 238.

[237] Iacoviello, M., House Prices, Borrowing Constraints and Monetary Policy in the Business Cycle, American Economic Review, 2005, Vol. 95, pp. 739 – 764.

[238] Jordà ò., Schularick M. and Taylor M. A., Macrofinancial History and the New Business Cycle Facts, NBER Working Papers, 2016, Vol. 31, No. 1, pp. 213 – 263.

[239] Jr R. J. B., Gu A. Y. and Yang T. T., The Chinese Housing Provident Fund, International Real Estate Review, 2004, Vol. 01, pp. 1 – 30.

[240] Kau J. B., Keenan D. C. and Li X., An Analysis of Mortgage Termination Risks: A Shared Frailty Approach with MSA – Level Random Effects, Journal of Real Estate Finance and Economics, 2011, Vol. 42, pp. 51 – 67.

[241] Kuang, P., A Model of Housing and Credit Cycles with Imperfect Market Knowledge, European Economic Review, 2014, Vol. 70.

[242] Lang, B. J., Location Incentives in the Low – Income Housing Tax Credit: Are Qualified Census Tracts Necessary?, Journal of Housing Economics, 2012,

Vol. 21, pp. 142 – 150.

[243] Leung, T. and K., Tsang, *Anchoring and Loss Aversion in the Housing Market: Implications on Price Dynamics*, China Economic Review, 2013, Vol. 24, pp. 42 – 54.

[244] Lewcock, C., *Cities of the Future Successful Housing Solutions in Singapore and Surabaya*, Habitat International, 1994, Vol. 04, pp. 152 – 153.

[245] Lindset S., Lund A. C. and Persson S. A., *Credit Risk and Asymmetric Information: A Simplified Approach*, Journal of Economic Dynamics & Control, 2014, Vol. 39, pp. 98 – 112.

[246] Lis, P., *Relationships Between the Finance System and Housing Markets*, Working Papers, 2015, Vol. 99.

[247] Liu, D., *Exporting Mortgage Insurance Beyond the United States*, Housing Finance International, 2000, pp. 32 – 41.

[248] Michael, L., *The Applicability of Secondary Mortgage Markets to Developing Countries*, Housing Finance International, 1994, pp. 20 – 23.

[249] Mulder, C. H., *Homeownership and Family Formation*, Journal of Housing and the Built Environment, 2006, Vol. 21, No. 3, pp. 281 – 298.

[250] Nishihara, M. and T., Shibata, *Default and Liquidation Timing under Asymmetric Information*, European Journal of Operational Research, 2017, Vol. 263, pp. 321 – 336.

[251] Orea, L., *Parametric Decomposition of Genralized Malmquest Productivity Index*, Journal of Productivity Analysis, 2002, Vol. 18, pp. 5 – 22.

[252] Oswald, A., *A Conjecture on the Explanation for High Unemployment in the Industrialized Nations*, 1996, http://www2.warwick.ac.uk/fac/soc/economics/research/workingpapers/1995 – 1998/twerp_475.pdf.

[253] Paciorek A. and T., Sinai, *Does Home Owning Smooth the Variability of Future Housing Consumption?*, Journal of Urban Economics, 2011, Vol. 71, pp. 244 – 257.

[254] Paciorek, A., *Supply Constraints and Housing Market Dynamics*, Journal of Urban Economics, 2013, Vol. 77, pp. 11 – 26.

[255] Pavlov, A. and S. M., Wachter, *The Inevitability of Market Wide Underpricing of Mortgage Default Risk*, Real Estate Economics, 2006, Vol. 34, pp. 479 – 496.

[256] Rappaport, J., *The Effectiveness of Homeownership in Building Household*

Wealth, *Federal Reserve Bank of Kansas City*, 2010, http: //www. kansascityfed. org/publicat/econrev/pdf/10q4Rappaport. pdf.

[257] òscar Jordà, Schularick M. and Taylor A. M. , *The Great Mortgaging: Housing Finance, Crises and Business Cycles*, Economic Policy, 2014, Vol. 31, pp. 107 – 152.

[258] Sherman, H. and F. , Gold, *Bank Branch Operating Efficiency: Evaluation with Data Envelopment Analysis*, Journal of Banking and Finance, 1985, Vol. 9, No. 2, pp. 297 – 315.

[259] Soedarmono W. , Sitorus D. J. and Tarazi A. , *Abnormal Loan Growth, Credit Information Sharing and Systemic Risk in Asian Banks*, Research in International Business and Finance, 2017, Vol. 42, pp. 1208 – 1218.

[260] Spahr, R. and Sunderman M. , *The U. S. Housing Finance Debacle, Measures to Assure Its Non – Recurrence, and Reform of the Housing Gses*, Journal of Real Estate Research, 2014, Vol. 36, pp. 59 – 86.

[261] Su F. , *Rural Housing Consumption and Social Stratification in Transitional China: Evidence from a National Survey*, Housing Studies, 2012, Vol. 27, pp. 667 – 684.

[262] Tanaka T. , Camerer C. F. and Neuyen Q. , *Risk and Time Preferences: Linking Experimental and Household Survey Data From Vietnam*, American Economic Review, 2010, Vol. 100, pp. 557 – 571.

[263] Tang, M. and N. E. , Coulson, *The Impact of China's Housing Provident Fund on Homeownership, Housing Consumption and Housing Investment*, Regional Science and Urban Economics, 2016, pp. 199 – 209.

[264] Tang, M. Z. and N. E. , Coulson, *The Impact of China's Housing Provident Fund on Home Ownership, Housing Consumption and Housing Investment*, Regional Science and Urban Economics, 2017, Vol. 63, pp. 25 – 37.

[265] Titman, S. , *The Effects of Anticipated Inflation on Housing Market Equilibrium*, Journal of Finance, 2012, Vol. 37, pp. 827 – 842.

[266] Tomita, M. , *Comparative Analysis of Juvenile Delinquency and Non Delinquency*, Social and Behavioral Sciences, 2013, Vol. 84, pp. 1138 – 1142.

[267] Vasoo, S. and J. , Lee, *Singapore: Social Development, Housing and the Central Provident Fund*, International Journal of Social Welfare, 2003, Vol. 4.

[268] Wang, S. , *State Misallocation and Housing Prices: Theory and Evidence From China*, American Economic Review, 2011, Vol. 101, pp. 2081 – 2107.

[269] Wang, X. and Y., Wen, *Housing Prices and the High Chinese Saving Rate Puzzle*, China Economic Review, 2012, Vol. 23, pp. 265 – 283.

[270] Wong, T. C. and A., Yap, *From Universal Public Housing to Meeting the Increasing Aspiration for Private Housing in Singapore*, Habitat International, 2003, pp. 361 – 380.

[271] Yap, K. S., *The Enabling Strategy and Its Discontent: Low-income Housing Policies and Practices in Asia*, Habitat International, 2016, Vol. 54, pp. 166 – 172.

[272] Yeung, C. W. and R., Howes, *The Role of the Housing Provident Fund in Financing Affordable Housing Development in China*, Habitat International, 2006, Vol. 30, No. 2, pp. 343 – 356.

[273] Yi, C. and Y., Huang, *Housing Consumption and Housing Inequality in Chinese Cities During the First Decade of the Twenty – First Century*, Housing Studies, 2014, Vol. 29, pp. 291 – 311.

[274] Yilan, X., *Mandatory Savings, Credit Access and Home Ownership: The Case of the Housing Provident Fund*, Urban Studies, 2017, Vol. 54, pp. 3446 – 3463.

[275] Zhang H., Feng C. and Song X., *Study on the Portfolio of Housing Provident Fund*, Urban Studies, 2010.

[276] Zhang, W., *China's Monetary Policy: Quantity Versus Price Rules*, Journal of Macroeconomics, 2009, Vol. 31, pp. 473 – 484.

[277] Zhou, J., *Housing Provident Funds Constraints, Family Type and Housing Characteristics Demand: Evidence from China*, Journal of Financial Research, 2011, Vol. 7, pp. 70 – 84.

[278] Zhu B., Betzinger M. and Sebastian S., *Housing Market Stability, Mortgage Market Structure, and Monetary Policy: Evidence From the Euro Area*, Journal of Housing Economics, 2017, Vol. 37, pp. 1 – 21.

[279] Zou, H. Z., *Contradictions in China's Affordable Housing Policy: Goals vs. Structure*, Habitat International, 2014, pp. 8 – 16.

教育部哲学社会科学研究重大课题攻关项目成果出版列表

序号	书　名	首席专家
1	《马克思主义基础理论若干重大问题研究》	陈先达
2	《马克思主义理论学科体系建构与建设研究》	张雷声
3	《马克思主义整体性研究》	逄锦聚
4	《改革开放以来马克思主义在中国的发展》	顾钰民
5	《新时期　新探索　新征程——当代资本主义国家共产党的理论与实践研究》	聂运麟
6	《坚持马克思主义在意识形态领域指导地位研究》	陈先达
7	《当代资本主义新变化的批判性解读》	唐正东
8	《当代中国人精神生活研究》	童世骏
9	《弘扬与培育民族精神研究》	杨叔子
10	《当代科学哲学的发展趋势》	郭贵春
11	《服务型政府建设规律研究》	朱光磊
12	《地方政府改革与深化行政管理体制改革研究》	沈荣华
13	《面向知识表示与推理的自然语言逻辑》	鞠实儿
14	《当代宗教冲突与对话研究》	张志刚
15	《马克思主义文艺理论中国化研究》	朱立元
16	《历史题材文学创作重大问题研究》	童庆炳
17	《现代中西高校公共艺术教育比较研究》	曾繁仁
18	《西方文论中国化与中国文论建设》	王一川
19	《中华民族音乐文化的国际传播与推广》	王耀华
20	《楚地出土戰國簡册［十四種］》	陈　伟
21	《近代中国的知识与制度转型》	桑　兵
22	《中国抗战在世界反法西斯战争中的历史地位》	胡德坤
23	《近代以来日本对华认识及其行动选择研究》	杨栋梁
24	《京津冀都市圈的崛起与中国经济发展》	周立群
25	《金融市场全球化下的中国监管体系研究》	曹凤岐
26	《中国市场经济发展研究》	刘　伟
27	《全球经济调整中的中国经济增长与宏观调控体系研究》	黄　达
28	《中国特大都市圈与世界制造业中心研究》	李廉水

序号	书　名	首席专家
29	《中国产业竞争力研究》	赵彦云
30	《东北老工业基地资源型城市发展可持续产业问题研究》	宋冬林
31	《转型时期消费需求升级与产业发展研究》	臧旭恒
32	《中国金融国际化中的风险防范与金融安全研究》	刘锡良
33	《全球新型金融危机与中国的外汇储备战略》	陈雨露
34	《全球金融危机与新常态下的中国产业发展》	段文斌
35	《中国民营经济制度创新与发展》	李维安
36	《中国现代服务经济理论与发展战略研究》	陈　宪
37	《中国转型期的社会风险及公共危机管理研究》	丁烈云
38	《人文社会科学研究成果评价体系研究》	刘大椿
39	《中国工业化、城镇化进程中的农村土地问题研究》	曲福田
40	《中国农村社区建设研究》	项继权
41	《东北老工业基地改造与振兴研究》	程　伟
42	《全面建设小康社会进程中的我国就业发展战略研究》	曾湘泉
43	《自主创新战略与国际竞争力研究》	吴贵生
44	《转轨经济中的反行政性垄断与促进竞争政策研究》	于良春
45	《面向公共服务的电子政务管理体系研究》	孙宝文
46	《产权理论比较与中国产权制度变革》	黄少安
47	《中国企业集团成长与重组研究》	蓝海林
48	《我国资源、环境、人口与经济承载能力研究》	邱　东
49	《"病有所医"——目标、路径与战略选择》	高建民
50	《税收对国民收入分配调控作用研究》	郭庆旺
51	《多党合作与中国共产党执政能力建设研究》	周淑真
52	《规范收入分配秩序研究》	杨灿明
53	《中国社会转型中的政府治理模式研究》	娄成武
54	《中国加入区域经济一体化研究》	黄卫平
55	《金融体制改革和货币问题研究》	王广谦
56	《人民币均衡汇率问题研究》	姜波克
57	《我国土地制度与社会经济协调发展研究》	黄祖辉
58	《南水北调工程与中部地区经济社会可持续发展研究》	杨云彦
59	《产业集聚与区域经济协调发展研究》	王　珺

序号	书名	首席专家
60	《我国货币政策体系与传导机制研究》	刘　伟
61	《我国民法典体系问题研究》	王利明
62	《中国司法制度的基础理论问题研究》	陈光中
63	《多元化纠纷解决机制与和谐社会的构建》	范　愉
64	《中国和平发展的重大前沿国际法律问题研究》	曾令良
65	《中国法制现代化的理论与实践》	徐显明
66	《农村土地问题立法研究》	陈小君
67	《知识产权制度变革与发展研究》	吴汉东
68	《中国能源安全若干法律与政策问题研究》	黄　进
69	《城乡统筹视角下我国城乡双向商贸流通体系研究》	任保平
70	《产权强度、土地流转与农民权益保护》	罗必良
71	《我国建设用地总量控制与差别化管理政策研究》	欧名豪
72	《矿产资源有偿使用制度与生态补偿机制》	李国平
73	《巨灾风险管理制度创新研究》	卓　志
74	《国有资产法律保护机制研究》	李曙光
75	《中国与全球油气资源重点区域合作研究》	王　震
76	《可持续发展的中国新型农村社会养老保险制度研究》	邓大松
77	《农民工权益保护理论与实践研究》	刘林平
78	《大学生就业创业教育研究》	杨晓慧
79	《新能源与可再生能源法律与政策研究》	李艳芳
80	《中国海外投资的风险防范与管控体系研究》	陈菲琼
81	《生活质量的指标构建与现状评价》	周长城
82	《中国公民人文素质研究》	石亚军
83	《城市化进程中的重大社会问题及其对策研究》	李　强
84	《中国农村与农民问题前沿研究》	徐　勇
85	《西部开发中的人口流动与族际交往研究》	马　戎
86	《现代农业发展战略研究》	周应恒
87	《综合交通运输体系研究——认知与建构》	荣朝和
88	《中国独生子女问题研究》	风笑天
89	《我国粮食安全保障体系研究》	胡小平
90	《我国食品安全风险防控研究》	王　硕

序号	书　名	首席专家
91	《城市新移民问题及其对策研究》	周大鸣
92	《新农村建设与城镇化推进中农村教育布局调整研究》	史宁中
93	《农村公共产品供给与农村和谐社会建设》	王国华
94	《中国大城市户籍制度改革研究》	彭希哲
95	《国家惠农政策的成效评价与完善研究》	邓大才
96	《以民主促进和谐——和谐社会构建中的基层民主政治建设研究》	徐　勇
97	《城市文化与国家治理——当代中国城市建设理论内涵与发展模式建构》	皇甫晓涛
98	《中国边疆治理研究》	周　平
99	《边疆多民族地区构建社会主义和谐社会研究》	张先亮
100	《新疆民族文化、民族心理与社会长治久安》	高静文
101	《中国大众媒介的传播效果与公信力研究》	喻国明
102	《媒介素养：理念、认知、参与》	陆　晔
103	《创新型国家的知识信息服务体系研究》	胡昌平
104	《数字信息资源规划、管理与利用研究》	马费成
105	《新闻传媒发展与建构和谐社会关系研究》	罗以澄
106	《数字传播技术与媒体产业发展研究》	黄升民
107	《互联网等新媒体对社会舆论影响与利用研究》	谢新洲
108	《网络舆论监测与安全研究》	黄永林
109	《中国文化产业发展战略论》	胡惠林
110	《20世纪中国古代文化经典在域外的传播与影响研究》	张西平
111	《国际传播的理论、现状和发展趋势研究》	吴　飞
112	《教育投入、资源配置与人力资本收益》	闵维方
113	《创新人才与教育创新研究》	林崇德
114	《中国农村教育发展指标体系研究》	袁桂林
115	《高校思想政治理论课程建设研究》	顾海良
116	《网络思想政治教育研究》	张再兴
117	《高校招生考试制度改革研究》	刘海峰
118	《基础教育改革与中国教育学理论重建研究》	叶　澜
119	《我国研究生教育结构调整问题研究》	袁本涛 王传毅
120	《公共财政框架下公共教育财政制度研究》	王善迈

序号	书名	首席专家
121	《农民工子女问题研究》	袁振国
122	《当代大学生诚信制度建设及加强大学生思想政治工作研究》	黄蓉生
123	《从失衡走向平衡：素质教育课程评价体系研究》	钟启泉 崔允漷
124	《构建城乡一体化的教育体制机制研究》	李　玲
125	《高校思想政治理论课教育教学质量监测体系研究》	张耀灿
126	《处境不利儿童的心理发展现状与教育对策研究》	申继亮
127	《学习过程与机制研究》	莫　雷
128	《青少年心理健康素质调查研究》	沈德立
129	《灾后中小学生心理疏导研究》	林崇德
130	《民族地区教育优先发展研究》	张诗亚
131	《WTO主要成员贸易政策体系与对策研究》	张汉林
132	《中国和平发展的国际环境分析》	叶自成
133	《冷战时期美国重大外交政策案例研究》	沈志华
134	《新时期中非合作关系研究》	刘鸿武
135	《我国的地缘政治及其战略研究》	倪世雄
136	《中国海洋发展战略研究》	徐祥民
137	《深化医药卫生体制改革研究》	孟庆跃
138	《华侨华人在中国软实力建设中的作用研究》	黄　平
139	《我国地方法制建设理论与实践研究》	葛洪义
140	《城市化理论重构与城市化战略研究》	张鸿雁
141	《境外宗教渗透论》	段德智
142	《中部崛起过程中的新型工业化研究》	陈晓红
143	《农村社会保障制度研究》	赵　曼
144	《中国艺术学学科体系建设研究》	黄会林
145	《人工耳蜗术后儿童康复教育的原理与方法》	黄昭鸣
146	《我国少数民族音乐资源的保护与开发研究》	樊祖荫
147	《中国道德文化的传统理念与现代践行研究》	李建华
148	《低碳经济转型下的中国排放权交易体系》	齐绍洲
149	《中国东北亚战略与政策研究》	刘清才
150	《促进经济发展方式转变的地方财税体制改革研究》	钟晓敏
151	《中国—东盟区域经济一体化》	范祚军

序号	书名	首席专家
152	《非传统安全合作与中俄关系》	冯绍雷
153	《外资并购与我国产业安全研究》	李善民
154	《近代汉字术语的生成演变与中西日文化互动研究》	冯天瑜
155	《新时期加强社会组织建设研究》	李友梅
156	《民办学校分类管理政策研究》	周海涛
157	《我国城市住房制度改革研究》	高 波
158	《新媒体环境下的危机传播及舆论引导研究》	喻国明
159	《法治国家建设中的司法判例制度研究》	何家弘
160	《中国女性高层次人才发展规律及发展对策研究》	佟 新
161	《国际金融中心法制环境研究》	周仲飞
162	《居民收入占国民收入比重统计指标体系研究》	刘 扬
163	《中国历代边疆治理研究》	程妮娜
164	《性别视角下的中国文学与文化》	乔以钢
165	《我国公共财政风险评估及其防范对策研究》	吴俊培
166	《中国历代民歌史论》	陈书录
167	《大学生村官成长成才机制研究》	马抗美
168	《完善学校突发事件应急管理机制研究》	马怀德
169	《秦简牍整理与研究》	陈 伟
170	《出土简帛与古史再建》	李学勤
171	《民间借贷与非法集资风险防范的法律机制研究》	岳彩申
172	《新时期社会治安防控体系建设研究》	宫志刚
173	《加快发展我国生产服务业研究》	李江帆
174	《基本公共服务均等化研究》	张贤明
175	《职业教育质量评价体系研究》	周志刚
176	《中国大学校长管理专业化研究》	宣 勇
177	《"两型社会"建设标准及指标体系研究》	陈晓红
178	《中国与中亚地区国家关系研究》	潘志平
179	《保障我国海上通道安全研究》	吕 靖
180	《世界主要国家安全体制机制研究》	刘胜湘
181	《中国流动人口的城市逐梦》	杨菊华
182	《建设人口均衡型社会研究》	刘渝琳
183	《农产品流通体系建设的机制创新与政策体系研究》	夏春玉

序号	书　名	首席专家
184	《区域经济一体化中府际合作的法律问题研究》	石佑启
185	《城乡劳动力平等就业研究》	姚先国
186	《20世纪朱子学研究精华集成——从学术思想史的视角》	乐爱国
187	《拔尖创新人才成长规律与培养模式研究》	林崇德
188	《生态文明制度建设研究》	陈晓红
189	《我国城镇住房保障体系及运行机制研究》	虞晓芬
190	《中国战略性新兴产业国际化战略研究》	汪　涛
191	《证据科学论纲》	张保生
192	《要素成本上升背景下我国外贸中长期发展趋势研究》	黄建忠
193	《中国历代长城研究》	段清波
194	《当代技术哲学的发展趋势研究》	吴国林
195	《20世纪中国社会思潮研究》	高瑞泉
196	《中国社会保障制度整合与体系完善重大问题研究》	丁建定
197	《民族地区特殊类型贫困与反贫困研究》	李俊杰
198	《扩大消费需求的长效机制研究》	臧旭恒
199	《我国土地出让制度改革及收益共享机制研究》	石晓平
200	《高等学校分类体系及其设置标准研究》	史秋衡
201	《全面加强学校德育体系建设研究》	杜时忠
202	《生态环境公益诉讼机制研究》	颜运秋
203	《科学研究与高等教育深度融合的知识创新体系建设研究》	杜德斌
204	《女性高层次人才成长规律与发展对策研究》	罗瑾琏
205	《岳麓秦简与秦代法律制度研究》	陈松长
206	《民办教育分类管理政策实施跟踪与评估研究》	周海涛
207	《建立城乡统一的建设用地市场研究》	张安录
208	《迈向高质量发展的经济结构转变研究》	郭熙保
209	《中国社会福利理论与制度构建——以适度普惠社会福利制度为例》	彭华民
210	《提高教育系统廉政文化建设实效性和针对性研究》	罗国振
211	《毒品成瘾及其复吸行为——心理学的研究视角》	沈模卫
212	《英语世界的中国文学译介与研究》	曹顺庆
213	《建立公开规范的住房公积金制度研究》	王先柱

序号	书名	首席专家
214	《现代归纳逻辑理论及其应用研究》	何向东
215	《时代变迁、技术扩散与教育变革：信息化教育的理论与实践探索》	杨浩
216	《城镇化进程中新生代农民工职业教育与社会融合问题研究》	褚宏启 薛二勇
217	《我国先进制造业发展战略研究》	唐晓华
218	《融合与修正：跨文化交流的逻辑与认知研究》	鞠实儿
219	《中国新生代农民工收入状况与消费行为研究》	金晓彤
......		